다문화 가족과 초등학생을 위한
[세계 국기 한글&영문 살펴보기]

대한민국
Republic of Korea

가나
Ghana

그레나다
Grenada

그리스
Greece

그린란드
Greenland

나미비아
Namibia

나이지리아
Nigeria

남아프리카공화국
South Africa

네덜란드
Netherlands

네팔
Nepal

노르웨이
Norway

니카라과
Nicaragua

뉴질랜드
New Zealand

대만
Taiwan

덴마크
Denmark

도미니카공화국
Dominican Republic

독일
Germany

동티모르
East Timor

라오스
Laos

러시아
Russia

레바논
Lebanon

르완다
Rwanda

리히텐슈타인
Liechtenstein

마다가스카르
Madagascar

마셜제도
Marshall Islands

마카오
Macau

말레이시아
Malaysia

말리
Mali

멕시코
Mexico

모로코
Morocco

몰타
Malta

몰디브
Maldives

몽골
Mongolia

미국
United States of America(USA)

미얀마
Myanmar

방글라데시
Bangladesh

바베이도스
Barbados

베트남
Vietnam

북한
North Korea

베네수엘라
Venezuela

벨기에
Belgium

베냉
Benin

보츠와나
Botswana

보스니아헤르체고비나
Bosnia and Herzegovina

볼리비아
Bolivia

브라질
Brazil

브루나이
Brunei

사우디아라비아
Saudi Arabia

세이셸
Seychelles

세네갈
Senegal

세인트루시아
Saint Lucia

수단
Sudan

소말리아
Somalia

솔로몬제도
Solomon Islands

스리랑카
Sri Lanka

스웨덴
Sweden

스위스
Switzerland

스코틀랜드
Scotland

스페인
Spain

슬로바키아
Slovakia

시리아
Syria

싱가포르
Singapore

아랍에미리트
United Arab Emirates

아루바
Aruba

아르헨티나
Argentine

아이슬란드
Iceland

아일랜드
Ireland

영국
United Kingdom(UK)

에티오피아
Ethiopia

에스토니아
Estonia

우루과이
Uruguay

우크라이나
Ukraine

오만
Oman

오스트레일리아
Australia

오스트리아
Austria

요르단
Jordan

온두라스
Honduras

이라크
Iraq

이스라엘
Israel

인도
India

이란
Iran

이집트
Egypt

이탈리아
Italy

인도네시아
Indonesia

일본
Japan

자메이카
Jamaica

중국
China

중앙아프리카 공화국
Central African Republic

조지아
Georgia

차드
Chad

체코
Czech

칠레
Chile

키리바시
Kiribati

키르기스스탄
Kyrgyzstan

카자흐스탄
Kazakhstan

카탈로니아
Catalonia

캄보디아
Cambodia

캐나다
Canada

케냐
Kenya

쿠바
Cuba

쿠웨이트
Kuwait

크로아티아
Croatia

타지키스탄
Tajikistan

탄자니아
Tanzania

태국
Thailand

튀르키예
Türkiye

튀니지
Tunisia

토고
Togo

통가
Tonga

파나마
Panama

파키스탄
Pakistan

팔라우
Palau

페루
Peru

포르투갈
Portugal

폴란드
Poland

프랑스
France

핀란드
Finland

필리핀
Philippines

헝가리
Hungary

홍콩
Hong Kong

휴대하기 편리한
초등학교 전학년用

국어
초등
사전

가나북스

머리말

　이 사전은 다문화 가족 및 초등학교 어린이들의 학습에 도움을 주기 위하여 실생활에 필요한 낱말을 모아 엮은 것이다.

　사전은 부피가 커 휴대하기가 불편하다는 단점을 보완하여 손쉽게 소지할 수 있도록 크기를 최대한 줄였다.

　설명만으로 부족한 내용에 그림을 넣어 이해에 도움이 되게 하였고 그에 적당한 예문을 실어 실생활에 여러모로 활용할 수 있게 하였다.

　또한 흥미를 주기위하여 속담 풀이·수수께끼·사자성어·비슷한 말·반대말 등을 부록으로 곁들였고 글로벌 주요국가의 세계 지도를 넣었다.

　아울러 부족한 점이 있더라도 양지하시어 유용하게 활용되기를 원한다.

🐌 일러 두기

① 본 사전의 낱말

표기 기준	예시	
한자	각지 (各地) 사욕 (私慾) 발언 (發言) 농어촌 (農漁村)	당선 (當選) 반역 (反逆) 누적 (累積)
단어의 장·단	사:례 냉:정 연:탄 경:계	박:쥐 겹:다 배:출 변:덕부리다
단어의 품사	남편 명 결코 부 버리다 부	예쁘다 형 버르적거리다 자 타 뉘 인대
인명·문학 작품명	이순신 소공녀 베토벤	돈키호테 정도전 삼국사기

② 낱말의 배열

1) 모든 낱말은 첫소리의 닿소리와 가운뎃소리가 되는 홀소리, 끝소리가 되는 받침의 차례로 벌여 놓았다.

첫소리	ㄱ ㄲ ㄴ ㄷ ㄸ ㄹ ㅁ ㅂ ㅃ ㅅ ㅆ ㅈ ㅉ ㅊ ㅋ ㅌ ㅍ ㅎ
가운뎃소리	ㅏ ㅐ ㅑ ㅒ ㅓ ㅔ ㅕ ㅖ ㅗ ㅘ ㅙ ㅚ ㅛ ㅜ ㅝ ㅞ ㅟ ㅠ ㅡ ㅢ ㅣ
끝소리 (받침)	ㄱ ㄲ ㄳ ㄴ ㄵ ㄶ ㄷ ㄹ ㄺ ㄻ ㄼ ㄽ ㄾ ㄿ ㅀ ㅁ ㅂ ㅄ ㅅ ㅆ ㅇ ㅈ ㅊ ㅋ ㅌ ㅍ ㅎ

2) 같은 글자로 된 낱말의 배열은 우리말을 한자나 외래어보다 앞에 놓았다.

③ 풀이

1) 낱말의 뜻을 정확하고 간단하게 이해할 수 있도록 되도록 쉬운 말로 풀이하였고 거기에 따르는 많은 예문을 적절하게 넣었다.

2) 뜻이 여러 가지로 이용되는 것은 가장 중요한 순으로 부터 ①, ②, ③, … 순서로 벌여 놓았다.

3) 비슷한 말·반대말을 각 단어의 예문 앞에 실어 다양한 단어의 종류를 배치하였다.

④ 발음

단어 중에서 길게 소리나는 소리마디는 그 오른쪽에 : 표를 붙였다.

⑤ 부호

명	명사	부	부사	반	반대말
의명	의존 명사	조	조사	본	본디말
인대	인칭 대명사	준	준말	큰	큰말
지대	지시 대명사	두	접두사	①, ② … 뜻의 갈래	
자	자동사	미	접미사	예	실제의 예문
타	타동사	어미	어미	:	긴 소리 표시
피동	피동사	구	관용구	[ ]	어형 변화 표시
사동	사역 동사	관	관형사		
형	형용사	수	수사		
보형	보조 형용사	비	비슷한 말		

🐚 찾아 보는 법 ···

　우리 한글은 글자 한자 한자가 닿소리와 홀소리 글자를 합쳐서 된 것이다.

　예를 들어 "가정"이라는 두 글자는 'ㄱㅏ' 'ㅈㅓㅇ'의 다섯 개 낱자로 되어 있는 것이다. ㄲ·ㄸ·ㅃ·ㅆ·ㅉ과 같은 된 소리는 ㄱ·ㄷ·ㅂ·ㅅ·ㅈ의 맨 끝자리에 한꺼번에 몰아서 수록하였으므로 낱자의 순서에 따라 찾으면 된다. 가령 "미안하다"라는 말을 찾으려면 'ㅁㅣㅇㅏㄴㅎㅏㄷㅏ'의 차례로 찾아야 하며 "똑똑하다"라는 말을 찾으려면, 한꺼번에 'ㄸㅗㄱㄸㅗㄱㅎㅏㄷㅏ'로 찾는다.

　표준말이 아닌 사투리를 찾을 때에는 사투리이기 때문에 사전에 없을 수 있으므로 표준말로 고쳐서 찾아야 한다. '나마리'를 찾을 때 '잠자리'를 찾으면 쉽게 그 뜻을 찾을 수 있다.

　복수형(~들, ~을)으로 찾으려면 복수를 뺀 형태, 가령 '동무들이'와 '학생들을'과 같은 말을 찾자면 '동무/들/이' 또는 '학생/들/을'로 분리하여 찾아야 한다.

　그리고 낱말을 찾을 때는 반드시 으뜸꼴로 찾아야 한다. 예를 들어서 '간다/갔다/갑니다' 등은 '가다'를 찾고 각각 '-ㄴ다/-았-/-다/-ㅂ니다'들은 따로 찾아야 한다. '큰/작은' 따위는 '크다/작다'를 찾고 '-ㄴ/-은'은 따로 찾아야 한다. '웃는/들리니' 따위는 '웃다/듣다'를 찾아야 하고 '작아서/흘러'들은 '작다/흐르다'들을 찾아야 한다.

ㄱ

ㄱ

ㄱ〔기역〕 한글 닿소리의 첫째 글자.

가:[명] ①물건의 바깥쪽을 향하여 끝이 난 곳. ②끝이 난 곳. [비] 가장자리 [반] 가운데

가감승제(加減乘除) [명] 더하기, 빼기, 곱하기, 나누기.

가격(價格)[명]① 물건의 값.[예] 이 물건의 가격은 얼마인가요? ②시세.

가결(可決)[명] 옳다고 결정함. [예] 그 안건은 가결되었다.

가경(佳景)[명] 아름다운 경치.

가곡(歌曲)[명] ①노래. [예] 그가 가곡을 불렀다. ②노래의 곡조. [예] 가곡이 무척 구슬프다.

가공(加工)[명] 인공을 더함. [예] 가공된 물질.〔~하다〕

가구(家具)[명] ①살림살이에 쓰는 도구. ②세간. [예] 가구를 장만하다.

가극(歌劇)[명] 노래와 음악을 섞어가면서 하는 연극.

가급적(可及的)[부] ① 되도록 ②될 수 있는 대로. [예] 가급적 빨리 돌아오라.

가까이 [부] ①가깝게. [예] 우리 마을 가까이에 큰 나무가 있습니다. ②친근하게. [예] 서로 가까이들 지내세요.

가꾸다 [동] ①생명을 잘 자라게 하여주다. ②예쁘게 가다듬다. [예] 화초를 가꾸다.

가끔 [부] ①때때로. ②종종. ③이따금. ④여러 번. [예] 그 사람은 가끔 우스운 소리를 잘 합니다.

가난뱅이 [명] 돈과 재물이 없는 사람. [반] 부자.

가내(家內)[명]집 안.[예] 가내 공업.

가냘프다 [형] 가늘고 약하다. [비] 연약하다. [반] 억세다.[예] 저 아이는 몸이 약하고 퍽 가냘프게 생겼다.

가늘다 [형] ①굵지 않다. ②소리가 작다. ③넓이가 좁다. ④몸이 파리하다.[반] 굵다.

가:능(可能)[명] 될 수 있음. 할 수 있음. [반] 불가능 [예] 그 일은 너에게 충분히 가능하다.〔~하다〕

가다듬다 [타] ①정신을 차리다. [예] 정신을 가다듬어라. ②마음을 써서 일을 처리하다. ③허랑한 마음을 버리다. ④목청을 바로 차리다.

가닥 [명] 한 군데 딸린 낱낱의 줄.

가담(加擔)[명] ①무리에 낌. [예] 그 조직에 가담하다. 덤벼들다. ③도와 주다.〔~하다〕

가댁-질 [명] 서로 피하고 서로

잡고 하며 노는 아이들의
장난. 〔～하다〕.

가:두(街頭)몡 시가의 드러난
길거리. 몐 가두 행진.

가두다탄 ① 잡아다 옥에 넣
다. 몐 범인을 가두다. ② 드
나드는 자유를 빼앗다. ③
나오지 못하게 하다.

가득뮌 많이 있는 것. 몐 병
에 물이 가득 차 있다.

가득하다혱 ① 꽉 차다. 몐 휴
지통이 가득하다. ② 많이
있다. 몐 돈이 가득하다. ③
넘도록 차다. ④ 넉넉하다.

가득히뮌 가득하게. 몐 물건
이 창고에 가득히 쌓였다.

가뜬하다혱 ① 몸이 가볍다.
몐 목욕을 하고 나니 몸이
가뜬하다. ② 걸리는 것이
없다. ③ 홀가분하다. ③ 깨
끗하다.

가라앉다제 ① 물 밑으로 잠
기다. 몐 사람이 가라앉다.
② 천성이 침착하다. ③ 진
정되다. ④ 부은 것이 내리
다. ⑤ 기운이 약해지다. 팬
뜨다.

가락몡 ① 음악의 곡조. 몐 가
락이 구슬프다. ② 실 만들
때 실을 감는 굵은 쇠.

가락지몡 금은으로 만든 손가
락에 끼는 고리. 몐 반지. 몐
어머니의 가락지.

가람몡 강의 옛말.

가랑비몡 이슬비. 가는 비.

가랑이몡 두 다리 사이. 다리
와 다리 사이.

가랑잎몡 말라서 떨어지는 나
뭇잎. 팬 낙엽. 몐 가랑잎 떨

어지는 가을.

가래몡 ① 흙
을 파 헤치
는 기구. ②
숨통에서 토
하는 담. ③
가래나무의
열매. 호두
와 비슷함.

〈가래〉

가래톳몡 허벅다리 언저리가
부어서 몹시 아픈 멍울.

가:량(假量)몡 ① 쯤. 몐 10시
가량 올거야. ② 수효와 분
량을 대강 나타내는 말. 몐
우리 집에 있는 책들 가운
데 3분의 1 가량은 소설이
다.

가려내다탄 분간하여 추리다.
몐 정답을 가려내다.

가:련(可憐)혱 ① 불쌍함. ②
가엾음. 몐 가련한 소녀. 〔～
하다〕

가렵다혱 ① 살갗을 긁고 싶
다. ② 하는 짓이 좀스럽고
잔작스럽다.

가령(假令)뮌 이를테면. 예를
들어 말하면. 팬 가사. 몐 내
가 가령 선생님이, 된다면
페스탈로찌가 되겠다.

가로몡 옆으로. 좌우로 건너
지른 모양새. 팬 세로

가로 글씨몡 옆으로 써 나가
는 글씨. 팬 세로 글씨.

가로눕다제 ① 가로 또는 옆
으로 눕다. ② 길게 바닥에
눕거나 누운 것처럼 놓여
있다. 몐 폭풍에 쓰러진 나
무가 길에 가로누워 있다.

가로 맡다탄 남의 일을 참견

하다. 남의 할 일을 자기 가 담당하다. [예] 기운이 세다고 남의 싸움을 가로 맡다.

가:로수 (街路樹) [명] 길거리에 심은 나무.

가르다 [타] ① 쪼개다. ② 따로따로 구별하다. ③ 나누다. ④ 시비를 판단하다.

가르치다 [타] ① 알아 듣게 하다. ② 지식을 가지게 하다. ③ 할 수 있도록 지도하다. [비] 지도하다. [반] 배우다.

가리다 [타] ① 택하다. ② 골라 가지다. ③ 덮다. ④ 보지 못하게 싸다. [비] 감추다.

가리마 [명] 머리털을 한 가운데로 가른 곳.

가마 [명] 조그만 집 모양 같이 생긴 것으로 사람을 태워서 앞뒤에서 둘 또는 넷이 메고 다니게 된 탈것. [예] 신부가 가마를 타고간다.

〈가마〉

가마니 [명] 곡식을 담는 짚으로 만든 섬의 한 가지.

가만가만 [부] 가만히 가만히. [비] 살금살금. [예] 가만가만 걸어다녀라.

가만히 [부] 살그머니. 넌지시. ② 소리 없이. [예] 너는 왜 가만히 앉아만 있느냐? ③ 몰래.

가:망 (可望) [명] 될 만한 희망. [비] 희망. [예] 가망이 없다.

가:면 (假面) [명] ① 말과 행동이 같지 아니하고 다른 것. ② 탈. ③ 거짓.

가:멸다 [형] 살림이 넉넉하다.

가무 (歌舞) [명] 노래와 춤.

가문 (家門) [명] 그 집안의 신분 또는 지위 [예] 그 집안은 명문 가문이다.

가물 [명] 비가 오랫동안 오지 않는 날씨. 가물음의 준말. [비] 한발. 가뭄.

가뭄 [명] 가물음의 준말. [반] 장마.

가방 [명] 여행할 때 가지고 다니는 가죽이나 헝겊으로 만든 상자.

가볍다 [형] ① 무게가 적게 나타나다. ② 보람이 많지 않다. ③ 착실한 맛이 적거나 없다. [반] 무겁다.

가보 (家寶) [명] ① 한 집안의 보배. ② 대대로 전하여 온 집안의 보물. [예] 이것은 우리 집의 가보다.

가:부 (可否) [명] 옳은가 그른가의 여부.

가:분수 (假分數) [명] 분모보다 분자가 큰 분수.

가빈 (家貧) [명] 집이 가난함. [예] 가빈하다.

가뿐하다 [형] ① 매우 가볍다. ② 몸이 가볍다. ③ 걸리는 것이 없다.

가쁘다 [형] 힘에 겨워 숨쉬기가 어렵다.

가사 (家事) [명] 살림살이에 관한 일. [예] 가사를 돌보다.

가사 (歌詞) [명] 노래의 내용이 되는 글.

가산 (加算) [명] ① 더하여 셈함.

ㄱ

② 덧셈. 가법. 🖭 감산. 〔~
하다〕

가산(家産)🖲 한 집안의 재산.

가새-표(一標)🖲 「×」의 이름.
틀린 것을 표시할 때 많이
씀.

가:설(假設)🖲 우선 임시로
베풀어 차림. 🖲 가설극장.
〔~하다〕

가세(家勢)🖲 집안 살림의 형
편. 🖲 가세가 기울다.

가세(加勢)🖲 세력을 더함.
〔~하다〕

가:소롭다(可笑一)🖲 ① 대수
롭지·않다. ② 우습고 아니
꼽다.

가-속도(加速度)🖲 속도를 점
점 늘임.

가수(歌手)🖲 노래를 부르는
것으로 직업을 삼는 사람.

가스(gas)🖲 ① 공기처럼 모
양이나 부피가 없는 것. ②
등불이나 땔감으로 쓰이는
기체.

가슴🖲 ① 목과 배 사이의 부
분. ② 옷깃을 여미는 곳. ③
마음.

가시🖲 바늘같이 뾰족하게 돋
아난 부분.

가시다🖲 변하여 없어지거나
바뀌어지다. 🖲 상처가 가시
다. 🖽 깨끗이 씻어 새롭게
하다. 🖲 물통을 가시다.

가시덤불🖲 ① 가시가 많은
덤불. ② 인생의 험한 경로.

가:식(假飾)🖲 거짓 꾸밈. 〔~
하다〕

가야-금(伽倻琴)🖲 =가얏고.

가얏-고(伽倻一)🖲 우룩이 만

들었다는 12줄이 있는 현악
기의 하나. 가야금.

가업(家業)🖲 그 집안의 직업.

가:-없다🖲 그지 없다. 헤아
릴 수 없다. 🖲 한없다. 🖲
가없는 하늘.

가열(加熱)🖲 어떤 물질에 더
운 기운을 줌. 🖭 냉각. 〔~
하다〕

가엾다🖲 형편이 딱하고 불
쌍하다. 🖲 불쌍하다. 🖲 거
지가 가엾다.

가옥(家屋)🖲 사람이 사는 집.
🖲 훌륭한 가옥.

가요(歌謠)🖲 민요·유행가 따
위의 총칭. 🖲 국민가요.

가운(家運)🖲 집안의 운수.
🖲 가운이 좋지 않다.

가운데🖲 ① 시간이나 사물
따위의 안 쪽 부분. ② 복판.
③ 사이. 속.

가위🖲 옷감·종이 따위를 잘
라 베는 데 쓰는 기구.

가위🖲 추석. 한가위. 🖲 가위
날에는 널뛰기를 한다.

가을🖲 한 해 네 철의 셋째 철.
날씨가 신선함. 🖭 봄.

가을-걷이〔一거지〕🖲 가을에
곡식을 거두는 일. 🖲 추수.

가을 보리🖲 가을에 씨를 뿌
려 이듬해 첫 여름에 거두
는 보리.

가을-철🖲 가을 절기. 🖲 가을
철에는 추수를 한다.

가-일층(加一層)🖲 한층 더함.
🖲 더한층. 한층 더.

가입(加入)🖲 어떠한 단체에
듦. 🖭 탈퇴. 🖲 가담. 🖲 우리
단체에 가입한 회원들.

〔~하다〕.

가작(佳作)圓 ①꽤 잘된 작품. ②당선 다음 가는 작품.

가장團 여럿 가운데 어느 것 보다 더. 圓제일. 으뜸. 圓 가장 아름다운 여인.

가장(家長)圓 집안의 어른.

가:장(假裝) ①거짓으로 꾸밈. 圓 가장 행렬. ②임시로 꾸밈. 〔~하다〕

가:장자리圓 물건의 둘레. 물건의 가를 이룬 선. 언저리. 圓 가운데.

가:재圓 게와 새우의 중간 모양으로 개울의 바위 틈에 사는 동물. 〔가재〕

가정(家庭)圓 ①가족이 함께 살고 있는 집안. ②집의 울안. 집안. 圓 가정에는 웃음과 평화가 있어야 한다.

가:정(假定)圓 임시로 정함. 〔~하다〕

가정 교:사(家庭敎師)圓 남의 가정에서 그 집의 자녀를 가르치는 사람.

가정 법원(家庭法院)圓 가정문제와 소년 문제를 다루는 지방 법원.

가정-부(家庭婦)圓 돈을 받고 남의 집안 일을 하는 여자.

가정 부인(家庭婦人)圓 가정에서 살림하는 부인. 圓 직업 부인.

가족(家族)圓 한 집안의 친족. 圓식구. 圓 우리 가족은 5사람이다.

가족 계:획(家族計劃)圓 자식을 알맞게 낳아 기르려는 계획. 圓 가족계획을 실현하자.

가죽圓 동물의 몸의 껍질을 이룬 질긴 물질.

가중(加重)圓 ①더 무겁게 함. ②형벌을 더함. 圓 형벌이 가중되었다. 〔~하다〕

가지圓 종류. 圓 한 가지. 두 가지.

가지圓 원 줄기에서 갈라진 줄기.

가지-각색(―各色)圓 여러 가지의 모양과 형태. 圓 가지 가지. 圓 옷의 모양도 가지가지다.

가지다団 ①제 몸이나 마음에 지니다. ②제 것이 되게 하다. 圓 버리다.

가지런-하다圓 여러 끝이 고르게 되어 있다.

가지-치다재 초목의 가지가 번식하다. 団 초목의 곁가지를 베어 내다.

가:짜(假―)圓 참 것같이 꾸민 거짓 것. 위조한 것. 圓 거짓. 圓 진짜.

가:책(呵責)圓 꾸짖음. 책망함. 圓 양심의 가책. 〔~하다〕

가축(家畜)圓 인가에서 기르는 짐승. 개·닭·돼지 따위. 圓 집짐승.

가:출(家出)圓 집에서 뛰쳐나오는 일. 圓 가출 소년.

가치(價値)圓 값어치. 보람. 圓 가치있는 일.

가친(家親)圓 자기 아버지를 일컫는 말. 圓 가친의 생신.

가파르다 휑 땅이 아주 비탈지
다. 빤 평평하다.

가:표(可票) 몡 찬성을 나타내
는 표. 빤 부표.

가풀-막 몡 가파른 땅바닥. 비
스듬히 누운 바닥.

가풀막-지다 휑 땅이 가풀막
으로 되어 있다.

가풍(家風) 몡 한 집안의 풍
습이나 규율.

가-하다(加一) 탄 보태다. 더
하다. 빤 감하다. 예 노력을
가하다.

가해:-자(加害者) 몡 남에게
해를 끼친 사람. 빤 피해자.

가호(加護) 몡 ① 보호하여 줌.
② 신이 보호해 줌. 예 신의
가호가 있기를 빕니다.〔~
하다〕

가:혹(苛酷) 몡 매우 까다롭고
모짊.

가:히(可一) 몡 가하게. 빤 능
히. 예 네 뜻은 가히 짐작하
겠다.

각(角) 몡 ① 뿔. ② 모난 귀퉁
이. ③ 「각도」의 준말.

각-가지(各一) 몡 여러 가지.

각각(各各) 몡 따로따로. 제 각
기.

각-개(各個) 몡 따로따로 된
하나 하나.

각광(脚光) 몡 ① 무대 위의 배
우의 몸을 비추어 주는 광
선. ② 세상에 화려하게 날
림을 일컬음. 예 신인 가수
로 각광을 받다.

각-국(各國) 몡 여러 나라들.
각 나라.

각기(脚氣) 몡 비타민 B 부족

으로 다리가 붓는 병.

각기(各其) 몡 저마다. 예 각각.

각도(角度) 몡 선·면 따위가
서로 만나서 이룬 각의 크
기.

각별(各別) 몡 유다름. 특별함.
예 각별한 주의.

각본(脚本) 몡 연극의 무대 장
치, 배우의 대사 따위를 적
은 글. 예 각본대로 하다.

각-부(各部) 몡 ①「각 부분」
의 준말. ②「행정 각부」의
준말.

각-색(各色) 몡 ① 여러 가지.
② 각각의 빛깔.

각서(覺書) 몡 의견·희망 등을
상대편에 전달하기 위한 문
서.

각선-미(脚線美) 몡 여자 다리
의 아름답게 보이는 곡선
미.

각성(覺醒) 몡 잘못을 깨달아
정신을 차림. 예 각성하여
일에 충실하다.〔~하다〕.

각시 몡 ① 작게 만든 여자 인
형. ② 갓 시집 온 색시.

각양(各樣) 몡 여러 가지 모
양.

각오(覺悟) 몡 ① 도리를 깨쳐
알아냄. ② 미리 깨달아 마
음을 작정함. 빤 결심. 〔~
하다〕

각위(各位) 몡 ① 여러분. ②
각각의 자리.

각의(閣議) 몡 국무 위원들의
회의.

각자(各自) 몡 각각의 자신.
몡 제각기. 예 다치지 않게
각자 조심하자.

각재(角材)圈 네모지게 켜낸 재목.

각-종(各種)圈 각 종류. 가가 지.몐 백화점에는 각종 물건이 진열되어 있다.

각지(各地)圈 ① 각 지방. ② 여러 곳.몐 각처.

각지 각처(各地各處)圈 여러 지방. 여러 곳.

각-처(各處)圈 ① 여러 곳.② 행정 기구의 여러 부처.

각축-전(角逐戰)圈 승부를 다투는 싸움.

각-층(各層)圈 여러 층. 각각 의 층.

각-파(各派)圈 ① 각각의 파 벌.② 한 일가 중의 각각의 파.

각하(閣下)圈 높은 지위에 있 는 사람을 높여 일컫는 말.

각-호(各戶)圈 호적상의 각 집.閉집집이.

간圈 ① 소금 성분. ② 짠 맛 의 정도.

간:(肝)圈 ① 뱃속에 있는 내 장의 한 가지. ② 음식에 쓰 는 짐승의 간장.

간:간 대:소(衎衎大笑)圈 재 미있게 소리내어 웃음.〔~ 하다〕

간:간-이(間間一)閉 ① 드문 드문. 때때로.몐 간간이 들 려오는 기적 소리. ② 듬성 듬성.

간간:-하다圈 감칠 맛이 있 게 조금 짠 듯하다.

간격(間隔)圈 물건과 물건과 의 거리.

간:결(簡潔)圈 간단하고 깨끗

함.몐 복잡.몐 간결한 문장.

간계(奸計)圈 간사한 꾀.

간-곡(懇曲)圈 간절하고 곡진 함.몐 절실.몐 간곡히 부탁 하다.

간교(奸巧)圈 나쁜 꾀가 많음.

간난(艱難)圈 몹시 힘들고 어 려움.

간-단(簡單)圈 간략하고 단출 함.몐 단순.몐 복잡.몐 간 단하면서도 쓸모가 있다.

간-단 명료(簡單明瞭)圈 간 단하고 분명함.쭌 간명.

간:단 없:다(間斷一)圈 끊임 없다.

간:담-회(懇談會)圈 정답게 이야기하는 모임.몐 간담 회가 열린다.

간:략(簡略)圈 복잡하지 아니 함.몐 간략한 형식.

간-막이(間一)圈 사이를 막는 일, 또는 그 막는 물건.〔~ 하다〕

간-만(干滿)圈 간조와 만조. 몐 간만의 차.

간:망(懇望)圈 간절히 바람. 몐 간절한 간망.〔~하다〕

간-밤圈 지난밤. 어젯밤.

간병(看病)圈 병자의 옆에 있어,보살피며 구완하여줌. 몐 극진한 간병을 하다.〔~ 하다〕

간부(幹部)圈 단체나 기관의 중심이 되는 사람.

간부 후:보생(幹部候補生)圈 군대의 장교가 되기 위하 여 교육을 받고 있는 사람.

간사(奸詐)圈 잘 속이는 재주 가 있음.

간선(幹線)圏 본간이 되는 중요한 선.២ 본선.

간섭(干涉)圏 권한 밖의 일에 무리하게 참견하여 자기의 의사에 따르도록 하려는 일.២ 참견.២ 남의 일에 간섭하지 마라.〔~하다〕

간성(干城)圏 나라를 지키는 무인. 군인.

간:소(簡素)圏 수수하고 꾸밈이 없음.២ 검소.២ 간소한 차림.

간수圏 잘 거두어 보호함.២ 책을 잘 간수하여라.〔~하다〕

간수(看守)圏①교도소에서 죄인을 감독하는 사람. ② 보살피고 지킴.

간:식(間食)圏①군음식. ②샛 밥.២ 간단한 간식은 건강에 해롭지 않다.〔~하다〕

간신(奸臣·姦臣)圏 간사한 신하.

간신(艱辛)圏 몹시 힘들고 고생스러움.

간신-히(艱辛—)튀 겨우. 가까스로.២ 도둑을 간신히 붙들었다.

간악(奸惡)圏 간사하고 악독함.២ 간악한 사람이 되어서는 안된다.

간:언(諫言)圏 윗사람에게 간하는 말.២ 임금님께 간언하다.〔~하다〕

간:의(簡儀)圏 조선시대 세종 때 해·달·별 따위의 움직임을 보기 위하여 만든 기계.

간:이(簡易)圏 간단하고 쉬움.

간:이-역(簡易驛)圏 정거장의 설비를 전연 아니 하거나 간단하게 하고 정거만 하는 역.

간장(—醬)圏 음식의 간을 맞추는 검붉은 액체.

간:장(肝腸)圏①뱃속에 있는 간이나 창자.②애가 타서 녹을 듯한 심정.

간:절(懇切)圏 지성스럽고 절실함.២ 간곡.២ 간절한 기도.

간:접(間接)圏 중간에 남을 통하여 서로 대함.២ 직접.២ 간접적인 만남.

간:접-세(間接稅)圏 상품에 대한 세금을 만들거나 파는 사람에게 내게 하여 간접적으로 사는 사람에게 부담시키는 국세·주세·물품세 따위.

간:접-적(間接的)圏 직접이 아니고 간접인 것.២ 직접적.

간조(干潮)圏 바다의 썰물이 가장 낮게 된 상태. 간물 때.២ 만조.២ 이 시간이면 간조다.

간주(看做)圏 그러한 듯이 보아 둠. 그렇다고 침.〔~하다〕

간지럼圏 간지러운 느낌.២ 그 아이는 간지럼을 잘 탄다.

간직圏 잘 지니어 둠.២ 보관. 간수.២ 잘 간직해 두어라.〔~하다〕

간척(干拓)圏 바다 따위를 막고 물을 빼어 육지로 만드는 일.〔~하다〕.

간척-지 (干拓地)圀 간척 공사를 하여 이룬 땅. 특히 경작지.

간:첩 (間諜)圀 적정을 염탐하는 사람. 웹스파이.오열.예 남파된 간첩.

간:청 (懇請)圀 간절히 청함. 간절히 부탁함. 웹애원. 예 간청하는 모습이 가엾다. 〔~하다〕

간:친 (懇親)圀 친하게 사귐. 〔~하다〕

간:친-회 (懇親會)圀 간친의 목적으로 모이는 회.

간:택 (簡擇)圀 여럿 중에서 골라냄. 예 간택된 비서.〔~하다〕

간판 (看板)圀 가게 이름 따위를 적어 일정한 장소에 달아 놓는 물건.

간:편 (簡便)圀 간단하고 편리함. 웹간단. 웹복잡.

간:-하다 (諫一)圁 윗사람에게 잘못된 일을 고치도록 말하다.

간행 (刊行)圀 서적 따위를 인쇄하여 발행함. 예 교지 간행.〔~하다〕

간행-본 (刊行本)圀 간행된 책.

간호 (看護)圀 병든 이를 보살펴 주거나, 늙은이·어린이 등을 돌보아 줌. 웹간병.구완. 예 부상자 간호. 〔~하다〕

간호병 부대 (看護兵部隊)圀 간호원만으로 된 군대.

간호-사 (看護師)圀 병원에서 간호에 종사하는 사람. 웹

간호부. 구칭 : 간호원

간호 학교:(看護學校)圀 간호사가 될 사람을 가르치는 학교.

간:혹 (間或)囝 이따금. 어쩌다가. 웹혹간. 예 간혹 새 소리가 들린다.

갇히다〔가치ー〕 가둠을 당하다.

갈개-발圀 연의 아래 부분의 좌우 양쪽 귀퉁이에 붙이는 쐐기 모양의 긴 종잇조각.

갈구 (渴求)圀 몹시 애써서 구함.〔~하다〕

갈기다圁 후려치다.

갈다圁 딴 것으로 바꾸다. 예 이름을 갈다.

갈:다圁 문질러 칼날이 서게 하다. 예 칼을 갈다.

갈:다圁 흙을 파 뒤집다. 웹 일구다. 예 밭을 갈다.

갈-대 (ー때)圀 강가나 축축한 곳에 나는 대나무 비슷한 풀.

갈등〔ー뜽〕**(葛藤)**圀 ① 일이 얽히어 풀기 어려운 형편. ② 서로 다툼.

갈라-지다圂 하나이던 것이 깨어져 쪼개지거나 금이 가다. 예 친구 사이가 갈라지다.

갈래圀 한 군데로부터 갈라져 나간 부분. 예 두 갈래로 갈라지다.

갈려-가다圂 전근되어 다른 곳으로 가다.

갈림-길圀 몇 갈래로 갈린 길.

갈망 (渴望)圀 목마른 듯이 몹

시 바람. [~하다].

갈매기 圏 바닷물 새. 비둘기보다 좀 큰 물새로 몸빛이 희며 바다에서 흔히 볼 수 있음. 물갈퀴가 있어 헤엄도 잘 치며 고기를 잡아 먹고 삶.

갈:물이[-무지] 圏 논밭을 갈아 뒤집어 엎는 일.

갈-발 圏 갈대가 많이 난 들.

갈비 圏 가슴통을 둘러싼 뼈.

갈색[-쌕](褐色) 圏 거무스름한 주황빛.

갈-수록[-쑤-] 🖫 점점 더욱더.

갈이 圏 논밭을 가는 일. 하룻동안 혼자 갈 만한 밭의 넓이.

갈-증[-쯩](渴症) 圏 물을 몹시 마시고 싶은 감각.

갈채(喝采) 圏 소리를 내어 떠들며 칭찬함. 📵 우뢰와 같은 갈채를 보내다. [~하다]

갈-초(-草) 圏 겨울에 마소에게 먹이기 위하여 초가을에 베어 말린 풀.

갈퀴 圏 나뭇잎 따위를 긁어 모으는 기구 〈갈 퀴〉

갈팡-질팡 🖫 방향을 정하지 못하고 이리저리 헤매는 모양. 📵 허둥지둥. 📵 갈팡질팡 어찌할 바를 모르다. [~하다]

갈포(葛布) 圏 칡의 섬유로 짠 베.

갉다 🖫 ① 면 따위를 문지르다. ② 갈퀴 따위로 긁어 모

으다. ③ 남의 잘못을 헐뜯다.

갉아 먹다 🖫 ① 이로 갉아서 먹다. 📵 쥐가 책을 갉아 먹었다. ② 남의 재물을 뜯어서 먹다.

감: 圏 감나무의 열매.

감: 圏 무엇을 만들거나 바탕이 되는 재료. 📵 옷감.

감:각(感覺) 圏 ① 자극에 의해 생기는 느낌. 📵 감각이 둔하다. ② 알고 깨달음.

감감-하다 圏 아득하여 적적하다.

감:개(感慨) 圏 마음에 사무치게 깊이 느낌.

감:개 무량(感慨無量) 圏 감개가 한이 없음.

감:격(感激) 圏 ① 몹시 고맙게 느낌. ② 마음에 깊이 느껴 분발함. 📵 감동. 📵 해방의 감격. [~하다]

감금(監禁) 圏 가두어 자유를 속박하고 감시함. [~하다].

감:기(感氣) 圏 추위로 인하여 코가 막히고 두통·열이 나는 병. 📵 고뿔.

감내(堪耐) 圏 참고 견딤. 📵 감당. [~하다]

감당(堪當) 圏 일을 능히 견디어 냄. 📵 감내. 📵 이것은 도저히 내 힘으로 감당할 수가 없다. [~하다]

감독(監督) 圏 보살피어 잘못이 없도록 시킴, 또는 그 직무를 맡은 사람. 📵 감시. 📵 방임. 📵 철저한 감독. [~하다]

감:-돌:다 🖼 ① 빙빙 여러 번

돌다.②은근히 느껴지다.

감:동(感動)**명** 깊이 마음에 느낌.**예** 그 책에서 큰 감동을 받았다.〔~하다〕

감:동-사(感動詞)**명** =감탄사.

감:루(感淚)**명** 감격하여 나오는 눈물.

감:명(感銘)**명** 크게 느끼어 마음에 새김.〔~하다〕

감미(甘味)**명** 단 맛.**예** 커피의 맛이 감미롭다.

감방(監房)**명** 죄수를 가두어 두는 방.**예** 살인자는 감방에 갇히었다.

감:봉(減俸)**명** 봉급을 줄임.**반** 가봉.**예** 일을 잘 하지 못해서 감봉되고 말았다.〔~하다〕

감:사(感謝)**명** ① 고마움. ② 고마운 마음으로 사례함.**비** 사례.**예** 감사장.**반** 원망.〔~하다〕

감사(監司)**명** 조선 시대의 벼슬 이름. 지금의 도지사.

감사(監査)**명** 감독하고 검사함.〔~하다〕

감:상(感想)**명** 느끼어 일어나는 생각.**비** 소감.**예** 음악감상.

감:상(感傷)**명** 무엇에 느끼어 마음이 아픔.

감:상(感賞)**명** 마음에 느끼어 칭찬함.〔~하다〕

감상(鑑賞)**명** 예술 작품을 음미함.〔~하다〕

감:상-문(感想文)**명** 느낀 바 생각을 적은 글.

감:상-적(感傷的)**명** 사소한 일에도 슬퍼하기 쉬운 마음의 상태.

감:소(減少)**명** 줄어짐.**반** 증가.**예** 인구감소.〔~하다〕.

감:속(減速)**명** 속도를 줄임.〔~하다〕

감수(甘受)**명** 불만없이 달게 받음.**예** 모든 고난을 감수해내다.〔~하다〕.

감:수(減收)**명** 수입이나 농작물의 수확이 줄어짐.**반** 증수.〔~하다〕

감수(監修)**명** 책의 저술·편집을 감독함.〔~하다〕

감:수-성〔-썽〕(感受性)**명** 외계의 인상을 받아들이는 능력.

감시(監視)**명** 잘못되는 일이 생길까 염려하여 늘 보살핌.**비** 감독.**방** 방임.**예** 철저한 감시를 하다.〔~하다〕

감식(鑑識)**명** 사물의 좋고 나쁨을 살피어 알아 봄.**예** 감식의 능력.〔~하다〕

감:-싸다目① 휘휘 감고 싸다.②약점을 덮어 주다.

감:액(減額)**명** 액수를 줄임.**반** 증액.〔~하다〕

감언 이:설〔-니-〕(甘言 利說)**명** 남의 마음에 드는 달콤한 말.**예** 감언이설에 넘어가지 마라.

감:염(感染)**명** ① 병에 걸림.**예** 전염병에 감염되었다. ② 다른 것에 느끼어 그것을 닮아 같이 됨.〔~하다〕

감옥(監獄)**명** 죄인을 가두어 두는 곳.

감:원(減員)**명** 현직에 있는 사람의 수를 줄임.**반** 증원.

ㄱ

[예] 사원의 감원. 〔~하다〕.

감자 [명] 둥근 알뿌리를 먹는 농작물의 하나.

감:전(感電)[명] 전기에 감응함. [예] 감전에 조심하라. 〔~하다〕.

감:점〔-쩜〕(減點)[명] 점수를 줄임. [예] 감점시켜라. 〔~하다〕.

감:정(感情)[명] 느끼어 일어나는 마음. [비] 기분. 심정.

감정(鑑定)[명] 사물의 참과 거짓, 선과 악 따위를 분별함. 〔~하다〕.

감:정-적(感情的)[명] 감정에 치우친 모양. 흥분하는 모양. [예] 감정적으로 일을 처리해선 안된다.

감주(甘酒)[명] =단술.

감:지-덕지(感之德之)[부] 분에 넘친 듯이 고맙게 여기는 모양. [예] 그것만이라도 감지덕지 합니다. 〔~하다〕.

감쪽 같다 [형] 꾸미거나 고친 표가 안 나다.

감찰(監察)[명] 남의 행동을 감시하여 살핌. 〔~하다〕.

감찰(鑑札)[명] 허가한 표로 관청에서 내어 주는 패.

감:촉(感觸)[명] ① 외계의 자극에 접하여 느낌. ② 닿았을 때의 기분. 〔~하다〕.

감추다 [타] 숨기다. 숨기어 두다. [예] 물건을 감추다.

감:축(減縮)[명] 줄여서 적게 함, [예] 살 물건을 감축시켜라. 〔~하다〕.

감:탄(感歎)[명] 깊이 마음에 느끼어 탄복함. [비] 탄복. 〔~하다〕.

감:탄-사(感歎詞)[명] 느낌을 나타내는 말. 느낌씨.

감:퇴(減退)[명] 줄어져 약해짐. [예] 식욕 감퇴. [반] 증진. 〔~하다〕.

감투 [명] ① 말총 따위로 만들어 쓰는 옛날 모자의 한 가지. ② 벼슬. [예] 감투싸움.

감:투(敢鬪)[명] 용감하게 싸움. 〔~하다〕.

감:행(敢行)[명] 용감하게 행함. [비] 결행. [예] 인천상륙작전을 감행하다. 〔~하다〕.

감:형(減刑)[명] 형벌을 가볍게 함. 〔~하다〕.

감:화(感化)[명] 영향을 받아서 마음이 변함.

감:회(感懷)[명] 느끼어 생각함. [비] 회포. [예] 오랜만에 만나니 감회가 새롭다. 〔~하다〕

감흥(感興)[명] 느끼어 일어나는 흥취. [비] 감개.

감:히(敢—)[부] 두려움을 무릅쓰고. [예] 감히 거역하느냐.

갑(甲)[명] 차례의 첫째를 가리키는 말.

갑(匣)[명] 물건을 담는 작은 상자. [비] 상자.

갑(岬)[명] 바다로 뾰족하게 내민 땅.

갑갑-증(—症)[명] 갑갑하게 여기는 마음.

갑갑-하다 [형] 마음 속이 시원히 트이지 아니하여 답답하다. [비] 답답하다. [반] 시원하다. [예] 방안에만 있으니 갑갑하다.

갑문(閘門)[명] 운하나 도크 따

위에서 배를 통과시키기 위하여 수면의 높낮이를 고르게 하는 장치.

갑부 (甲富) 몡 첫째 가는 부자.

갑신정변 (甲申政變) 몡 1884년 12월, 우정국 낙성식을 기회로 개화파가 보수파를 몰아내고자 일으킨 정변.

갑오 경:장(甲午更張) 몡 조선 고종 임금 때 (1894년) 옛날 식인 정치 제도를 근대적으로 고친 일.

갑옷 (甲一) 몡 옛날에 싸움을 할 때 입던 옷.

〈갑옷〉

갑자기 틧 생각할 여유없이 급히. 뻬 별안간.

갑절 몡 한 수량을 두 번 합친 것. 예 저금이 갑절로 늘다.

갑종 (甲種) 몡 첫째 가는 종류.

갑판 (甲板) 몡 군함이나 큰 배위에 철판이나 나무로 깐 넓고 평평한 바닥.

값 몡 ① 사물이 지니고 있는 중요성. 뻬 가치. 가격. ② 댓가.

값 나가다 짜 좋고 귀하여 값이 많은 액수에 이르다. 예 값 나가는 물건.

값-어치 〔값一〕 일정한 값에 적당한 분량이나 정도. 뻬 가치. 예 일할 값어치만큼 돈을 받다.

값-지다 몡 값을 많이 지니고 있다.

갓 몡 어른이 된 남자가 머리에 쓰던 모자.

갓 틧 금방.

갓-나다 짜 이제 막 나다.

갓난-애 몡 난지 얼마 안 되는 아이.

〈갓〉

강 (江) 몡 크고 길게 흐르는 내. 뻬 하천.

강-가 (江一) 몡 강의 가장자리에 닿은 땅. 뻬 강변. 뻪 강심.

강 감찬 (姜邯贊) 몡 〔949~1032〕고려 때 공신.1018년에 거란 장수 소 손녕이 10만군사로 쳐들어왔을 때 장군은 상원수로 임명되어 성동 대천 (평안 북도의 강)을 막아 놓고 적군을 기다리고 있다가 강물을 트고 급습하여 거란군을 크게 물리쳤음. 후에 안국공신의 호를 받음.

강강-수월래 몡 여자들이 하는 민족적인 춤.

강경 (強勁·強硬) 몡 굳세게 꽉 버티어 굽히어 않음. 예 강경한 태도.

강고 (強固) 몡 굳세고 튼튼함.

강:구 (講究) 몡 좋은 방법을 연구함. 〔~하다〕

강국 (強國) 몡 강한 나라.

강군 (強軍) 몡 싸우는 힘이 센 군대.

강권 〔一꿘〕 (強權) 몡 억지로 누르는 힘

강권 발동 〔一꿘一똥〕 (強權發動) 몡 강권을 실제로 행사함. 〔~하다〕

강기 숙정 (綱紀肅正) 몡 관기가 바르고 엄숙함. 〔~하다〕

강:단(講壇)圏 강의나 설교를 하기 위해 만든 단.

강:당(講堂)圏 강의나 의식따 위를 하는 큰 마루방. 예 강 당에서 조회를 하다.

강대(強大)圏 튼튼하고 큼. 반 약소. 예 강대국가.

강대-국(強大國)圏 세계 여 러 나라 가운데서 국력이 센 나라. 반 약소국.

강-더위圏 오랫 동안 가물고 찌는 더위. 예 지독한 강더위 가 계속되다.

강도(強度)圏 강렬한 정도.

강:도(強盜)圏 폭력으로써 남 의 재물을 빼앗는 도둑. 예 밤늦게 강도를 만났다.

강:독(講讀)圏 글을 읽고 그 뜻을 밝힘. 〔~하다〕

강:등〔降等〕圏 등급을 내림. 〔 ~하다〕

강력(強力)圏 강한 힘. 힘이 셈. 반 무력.

강렬(強烈)圏 강하고 맹렬함. 예 강렬한 세력.

강령(綱領)圏 으뜸이 되는 큰 줄거리.

강릉(江陵)圏 강원도 동해안 에 있는 도시 이름. 명승 고 적으로 유명하며 경포대·해 운정·보현사 등이 있음.

강:매(強賣)圏 강제로 팖. 강제로 처분해 버린 물건. 〔 ~하다〕

강-바람圏 가물고 몹시 부는 바람.

강변(江邊)圏 강가. 물가.

강변 도:로(江邊道路)圏 강가 를 따라 만들어 놓은 도로

강병(強兵)圏 굳센 병사.

강:사(講士)圏 강연회의 연사.

강:사(講師)圏 학교의 부탁을 받아 강의하는 선생.

강산(江山)圏 ① 강과 산 ② 강 토. 예 산천. 예 금수강산.

강-새암圏 시기하는 마음. 질 투. 〔~하다〕

강:설(降雪)圏 눈이 내림. 또 는 내린 눈. 〔~하다〕

강 소천(姜小泉) 〔1915~ 1963〕함경 남도 고원에서 출생. 동요·동시 시인이며 소년 소녀 소설을 쓴 소설가. 「새벗」·「어린이다이제스트」 의 주간과 대학 강사도 지냈 음. 작품집으로는 「호박꽃 초롱」·「꽃신」·「진달래와 철 쭉」·「조그만 사진첩」·「꿈을 찍는 사진관」·「종소리」·「무 지개」·「인형의 꿈」 등이 있 음.

강:수-량(降水量)圏 비·눈· 우박 등으로 지상에 내린 물 의 총량.

강습(強襲)圏 손해를 돌보지 않고 공격을 강행함. 〔~.하 다〕

강:습(講習)圏 학문 따위를 연구하여 연습함. 예 꽃꽂이 강습. 〔~하다〕

강:습-회(講習會)圏 강습 하 기 위한 모임. 예 요리 강습 회.

강아지圏 개의 새끼. 예 귀여 운 강아지.

강압(強壓)圏 강제적으로 억 누름. 예 억압. 〔~하다〕

강압-적(強壓的)圏 강한 힘으

로 억누르는 상태.
[비] 억압적.

강약(强弱)[명] 강함과 약함.

강:연(講演)[명] 여러 사람에게 이야기를 함. [비] 연설. [예] 교수님의 강연. 〔~하다〕.

강:요(強要)[명] 무리하게 요구함. [예] 해 달라고 강요하다. 〔~하다〕.

강:우-량(降雨量)[명] 어떤 기간 중에 그 지방에 온 비의 양. [예] 많은 강우량.

강:의(講義)[명] 서적이나 학설의 뜻을 강설함. 〔~하다〕.

강자(強者)[명] 힘이 강한 사람.

강적(強敵)[명] 강한 적.

강:점(強占)[명] 강제로 점거함. 〔~하다〕.

강정 [명] 찹쌀 가루로 만든 과자의 한 가지.

강:제(強制)[명] 남의 자유의사를 억누르고 무리로 행함. 억지로 시킴. [예] 강제 노역. 〔~하다〕.

강:제 노동(強制勞動)[명] 국가의 권력으로 강제로 시키는 노동.

강:조(強調)[명] 세게 내세워 말함. 힘차게 부르짖음. [예] 강조하여 소리지르다. 〔~하다〕.

강:조 주간(強調週間)[명] 어떠한 일을 강조하는 주간.

강진(強震)[명] 심한 지진.

강철(鋼鐵)[명] 기계나 칼날 같은 데 쓰이는 단단한 쇠.

강-추위 [명] 몹시 심한 추위.

강취(強取)[명] 강제로 빼앗음.

강타(強打)[명] ① 강하게 침. [예] 강타한 공이 담을 넘어갔다. 〔~하다〕. ② 치명적인 타격을 가함.

강:탈(強奪)[명] 힘으로 억지로 빼앗음. [예] 돈 뭉치를 강탈하다. 〔~하다〕.

강토(疆土)[명] 국경 안에 있는 한 나라의 땅. [비] 영토.

강풍(強風)[명] 세게 부는 바람.

강:하(降下)[명] 아래로 향하여 내림. 〔~하다〕.

강-하다(剛—)[형] 단단하다. [반] 유하다.

강-하다(強—)[형] 세고 힘 있다. [비] 세다. [반] 약하다. [예] 우리 국군은 강하다.

강한-자(強—者)[명] ① 힘이 센 사람. ② 권력이나 지위가 높은 사람.

강:행(強行)[명] 강제적으로 시행함. 〔~하다〕.

강:행-군(強行軍)[명] 무리함을 무릅쓰고 먼 거리를 가는 행군. 〔~하다〕.

강호(江湖)[명] ① 강과 호수. ② 너른 세상.

강호(強豪)[명] ① 세력이 강하여 대적하기 힘든 상대. ② 아주 강한 티임.

강화(強化)[명] 강하게 함. 〔~하다〕.

강:화(講和)[명] 싸우던 나라끼리 평화를 의논함. 〔~하다〕.

강화-도(江華島)[명] 서해안의 한강·임진강·예성강 하구에 있는 섬. 화문석과 인삼으로 유명함. 〔293km²〕.

갖다 [형] 골고루 다 있다. 구비하다.

갖다 国「가지다」의 준말.

갖은 翻 골고루 갖춘. 빤 온갖. 예 갖은 고생을 다 하다.

갖추-갖추 團 골고루 갖게. 골고루 갖추어. 예 바닷가에 가면 여러 종류의 조개를 갖추갖추 얻을 수 있다.

갖추다 国 쓰임을 따라 모든 것을 갖게 차리다. 예 시설을 갖추다.

같다 圈 다르지 않다. 빤 다르다.

같은-또래 圈 어떤 정도나 연령이 거의 같은 무리.

같이 (가치) 團 ① 같게. ② 함께.

갚다 国 도로 돌리어 주다. 예 빚을 갚다.

개(個·箇)團의 낱으로 된 물건의 수효를 세는 말. 예 과자 두 개.

개:가(改嫁)圈 시집 갔던 여자가 다시 다른 남자에게 시집 감. 〔~하다〕

개간(開墾)圈 거친 땅을 개척하여 논밭을 만드는 일. 〔~하다〕

개간-지(開墾地)圈 개간한 땅.

개강(開講) 강의를 개시함.

개:-개(箇箇)圈 낱낱.

개:과 천:선(改過遷善)圈 허물을 고치어 착하게 됨. 〔~하다〕

개관(開館)圈 회관 따위를 설비하여 놓고 처음 엶. 빤 폐관. 〔~하다〕

개교(開校)圈 처음 세운 학교에서 학교 일을 시작함. 빤 폐교. 〔~하다〕

개구리 圈 물가에 사는 동물. 올챙이 때는 아가미로 숨을 쉬고, 자라면 허파로 숨을 쉼.

개:-구멍 圈 대문짝 밑에 개가 드나들게 터 놓은 구멍.

개구-쟁이 圈 장난이 심한 아이.

개국 공신(開國功臣)圈 나라를 세울 때에 공훈이 있는 신하.

개근(皆勤)圈 하루도 빠짐없이 출석·출근함. 〔~하다〕

개근-상(皆勤賞)圈 개근한 사람에게 주는 상.

개:-나리 圈 이른 봄에 노란 빛깔의 꽃이 피는 키가 작은 나무.

개:다 짜 날이 맑아지다.

개:다 国 이부자리·옷 등을 접어 겹치다.

개똥 벌레 圈 배 끝에 파르스름하게 불을 켜는 벌레.

개:량(改良)圈 고치어 좋게 함 빤 개선. 예 부엌 개량.〔~하다〕

개:량-종(改良種) 圈 개량한 종자.

개:-머리 圈 총 자루의 밑부분.

개:명(改名)圈 이름을 고침. 〔~하다〕

개:미 圈 땅 속이나 썩은 나무에서 질서 있는 사회 생활을 하는 곤충의 하나.

개발(開發)圈 미개지를 개척하여 발전시킴. 예 자원의 개발. 〔~하다〕

개발-권(開發權)圈 ① 산업을 일으키어 천연 자원을 인간의 생활에 유용하게 하는 일을 할 수 있는 권리. ② 밀림 지대의 나무를 베어 내고 개척하는 권리.

개방(開放)圓 금지되었던 것을 마음대로 드나들도록 터놓음. 예 문호 개방. 〔~하다〕

개벽(開闢)圓 ① 하늘과 땅이 처음으로 생김. ② 하늘과 땅이 어지럽게 뒤집힘. 〔~하다〕

개:별(個別)圓 낱낱이 따로 나눔. 〔~하다〕

개비圓 나무 토막의 조각.

개:비(改備)圓 갈고 다시 마련함. 〔~하다〕

개:선(改善)圓 잘못을 고치어 좋게 함. 비 개량. 반 개악. 예 도로개선. 〔~하다〕

개:선(凱旋)圓 싸움에 이기고 돌아옴. 예 개선하는 용사들 〔~하다〕

개:선 장군(凱旋將軍)圓 싸움에 이기고 돌아온 장군.

개설(開設)圓 처음으로 열어 차림. 〔~하다〕

개:성(個性)圓 개인의 타고난 특별한 성질. 예 개성이 뚜렷한 아이.

개성(開城)圓 경기도의 한 시. 고려 시대의 서울이었으며, 선죽교가 있음. 특산물로서 인삼이 유명함.

개수-통(一桶)圓 설거지 통.

개숫-물圓 그릇을 씻은 물.

개시(開市)圓 시장을 열어 물건을 팔기 시작함. 〔~하다〕

개시(開始)圓 처음으로 시작함. 비 시작. 반 완료. 예 탁구

연습을 개시하다. 〔~하다〕

개:악(改惡)圓 고쳐 도리어 나쁘게 됨. 반 개선. 〔~하다〕

개업(開業)圓 영업을 시작함. 비 개점. 반 폐업. 예 병원을 개업하다. 〔~하다〕

개:와(蓋瓦)圓 ① 지붕에 기와를 이음. ② = 기와.

개운:-하다혱 산뜻하고 가볍다.

개울圓 골짜기에서 흘러내리는 작은 물. 비 개천. 예 맑은 개울.

개원(開院)圓 ① 국회 따위에서 회의를 엶. ② 병원이나 학원 등을 엶. 〔~하다〕

개으르다혱 움직이기를 싫어하는 버릇이 있다. 준 게으르다. 반 부지런하다. 예 움직이기를 싫어하는 그는 무척 게으르다.

개으름圓 개으른 버릇이나 태도. 준 게으름.

개:인(個人)圓 낱낱의 사람. 반 단체. 예 개인 활동.

개:인-전(個人展)圓 예술 작품의 개인적인 전람회.

개:입(介入)圓 사이에 끼어 들어감. 예 내 일에 개입하지 말라. 〔~하다〕

개:작(改作)圓 고치어 지음. 〔~하다〕

개장(開場)圓 어떠한 자리를 열어 입장을 하게 함. 반 폐장. 〔~하다〕.

개전(開戰)圓 전쟁을 시작함. 반 종전. 〔~하다〕

개점(開店)圓 ① 처음으로 영업을 시작함. ② 아침에 가게

문을 열고 장사를 시작함.빤 개업.빱 폐점. [~하다].

개:정 (改正)뗑 고치어 바르게 함.몐 법을 개정함. [~하다].

개:정 (改定)뗑 고치어 다시 정함. [~하다].

개:조 (改造)뗑 다시 고쳐 만듦.몐 집을 개조하다. [~하다].

개:-죽음뗑 가치 없는 죽음.몐 개죽음을 당하다. [~하다].

개:찰 (改札)뗑 차표 따위를 조사함. [~하다].

개찰 (開札)뗑 입찰한 결과를 비교하여 조사함. [~하다].

개척 (開拓)뗑 거친 땅을 갈고 일구어서 기름지고 좋은 땅으로 만드는 일. 개간. 개발.몐 판로 개척. [~하다].

개척-자 (開拓者)뗑 새로운 것을 열어서 닦아 놓은 사람빤 선구자.

개척 정신 (開拓精神)뗑 개척해 나가려는 정신.

개척-지 (開拓地)뗑 개척한 땅.

개천 (開川)뗑 개골창. 작은 시내.빤 개울.몐 개천에서 용 났다.

개천-절 (開天節)뗑 국경일로 우리 나라의 건국을 기념하는 날. 10월 3일.

개최 (開催)뗑 어떤 회합을 주장하여 여는 일.몐 독서회를 개최하다. [~하다].

개:축 (改築)뗑 다시 고쳐 짓거나 쌓음.몐 집을 개축하다. [~하다].

개키다 邼 이부자리·옷 따위를 잘 포개다.

개:탄 (概歎·慨嘆)뗑 분히 여겨 탄식함. [~하다].

개통 (開通)뗑 새로 낸 도로나 철도·다리 등의 통행을 처음으로 시작함.몐 개통식. 지하철 개통. [~하다].

개펄뗑 갯가의 진흙 땅.

개폐:-기 (開閉器)뗑 전기 회로를 떼었다 붙였다 하는 장치. 두꺼비집. 스위치.

개표 (開票)뗑 투표한 결과를 열어 셈함. [~하다].

개학 (開學)뗑 방학이 지나 다시 수업을 시작함. [~하다].

개항 (開港)뗑 항구를 개방하여 외국 무역을 시작함. [~하다].

개:헌: (改憲)뗑 헌법의 내용을 바꿈.몐 개헌안. [~하다].

개:혁 (改革)뗑 새롭게 뜯어 고침. [~하다].

개화 (開化)뗑 문화가 발달되어 사상과 풍속이 진보됨. [~하다].

개회: (開會)뗑 회의를 시작함.빤 폐회.몐 개회사. [~하다]

객 (客)뗑 찾아온 사람. 손님.

객관 (客觀)뗑 나 하나와의 관계를 벗어나서 있는 그대로를 봄.빤 주관.

객담 (客談)뗑 직접 필요 없는 이야기.빤 잡담. [~하다].

객사 (客死)뗑 타향에서 죽음. [~하다].

객석 (客席)뗑 손님이 앉는 자

리. 凹 좌석. 凹 주인석.
凹 객석이 꽉 찼다.

객-식구(客食口)圈 원 식구 외
에 덧붙은 식구. 凹 군식구.

객실(客室)圈 여관 같은 데서
손님을 거처하게 하거나 또
는 접대하는 방.

객지(客地)圈 자기 집을 떠나
임시로 가 있는 곳. 凹 타향.

객차(客車)圈 손님을 태우는
자동차나 기차.

객토(客土)圈 토질을 좋게 하
기 위하여 논밭에 넣는 흙.

객혈(喀血·咯血)圈 폐병 따위
로 인하여 피를 토함. 〔~
하다〕.

갯-마을圈 강이나 시내가 바
다로 흘러 들어가는 곳에 있
는 마을.

갯-벌圈 바닷물이 드나드는
모래톱.

갱:년-기(更年期)圈 성숙기에
서 노년기로 들어가는 시기.

갱도(坑道)圈 ① 땅 속에 뚫은
길. ② 광산의 갱내에 통한
길.

갱부(坑夫)圈 광석을 캐내는
인부.

갱:생(更生)圈 도로 살아남.
〔~하다〕.

갱:신(更新)圈 다시 새로워짐.
새롭게 고침. 〔~하다〕.

갸:룩-하다圈 하는 일이 훌륭
하고 장하다. 凹 갸룩한 일
을 했구나.

갸름:-하다圈 좀 긴 듯하다.

갸우뚱-거리다타 의심스럽다
는 듯이 고개를 이쪽저쪽으
로 기울어지게 흔든다.

갸웃-거리다자타 무엇을 보
려고 고개를 자꾸 기울이다.
〔~하다〕.

거:국(擧國)圈 온 나라. 전국.
凹 거국적인 행사.

거:금(巨金)圈 거액의 돈. 많
은 돈.

거기대 그 곳. 甼 그 곳에. 凹
여기.

거꾸로甼 차례나 방향이 반대
로 되게. 쭌 가꾸로.

거:년(去年)圈 지난 해. 작년.

거누다타 몸이나 정신을 겨우
바로 잡다.

거느리다타 손 아래에 데리고
있다. 凹 다섯식구를 거느린
아버지.

거늑:-하다圈 넉넉하여 마음
이 아주 흐뭇하다.

거:닐다자 ① 목적 없이 한가
히 걷다. 凹 공원을 거닐다.
② 이리저리 발을 옮기며 왔
다 갔다 하다.

거:대(巨大)圈 엄청 나게 큼.
凹 막대. 凹 미미.

거:동(擧動)圈 몸을 움직이는
태도.

거:동圈 임금의 나들이. 〔~하
다〕.

거두다타 ① 흩어진 것을 모
아 들이다. 凹 빨래를 거두
다. ② 뒤를 잘 보살피어 주
다. 凹 짐승을 거두다.

거:드름圈 거만스러운 태도.
凹 거드름 피우지 말라.

거:들다타 일을 도와 주다. 凹
어머니의 일을 거들다.

거들떠 보다타 알은 체하고 보
다.

거듭 国 이미 한 일을 되풀이하는 일. 예 연습을 거듭하다. 閂 다시 덧포개어. 〔~하다〕

-거라 미 움직임을 나타내는 말 밑에 붙어 명령의 뜻을 나타내는 말. 예 빨리 가거라.

거:래 (去來) 图 돈이나 물건을 서로 꾸고 갚거나 주고 받고 하는 일. 〔~하다〕

거:래-처 (去來處) 图 거래하는 곳.

거:룩-하다 图 성스럽고 훌륭하다.

거룻-배 图 돛을 달지 않은 작은 배.

거류 (居留) 图 외국의 거류지에 삶. 〔~하다〕

거류-민 (居留民) 图 거류지에 살고 있는 외국인.

거류-지 (居留地) 图 외국인의 거주·영업을 허가한 지역.

거르다 国 찌끼가 있는 액체를 체 같은데 받쳐 국물을 짜내다. 예 체에 거르다.

거르다 国 차례를 건너 뛰다.

거름 图 농작물이 잘 자라게하기 위하여 주는 양분. 예 비료. 예 거름을 주어 잘 자라게 하다.

거름 더미 图 거름을 쌓아 둔 더미.

거리 图 사람이나 차가 많이 다니는 길. 「길거리」의 준말. 예 거리에서 친구를 만났다.

거:리 (距離) 图 두 곳 사이의 먼 정도. 예 그곳까지의 거리는 약 1km쯤 된다.

거리끼다 邳 ① 서로 방해가 되다. ② 마음에 걸려 꺼림칙하

다.

-거리다 미 같은 움직임을 잇달아서 함을 나타내는 말. 예 덜렁거리다.

거:만 (倨慢) 图 겸손하지 않음. 남을 업신여겨 김. 예 거만한 행동은 옳지 못하다.

거:머리 图 동물의 살에 붙어 피를 빨아 먹는 물벌레.

거머:쥐-다 国 탐스럽게 쥐다.

거:멓다 톙 좀 심하게 검다. 예 햇볕에 탄 얼굴이 거멓다.

거:목 (巨木) 图 엄청나게 큰 나무. 예 백년이 넘은 거목이다.

거무죽죽:-하다 톙 고르지 못하고 깨끗하지 못하게 거무스름하다.

거문고 图 오동나무의 긴 널로 속이 비게 짜고 그위에 줄 여섯을 건 악기.

거:물 (巨物) 图 큰 인물이나 건물.

거미 图 그물 같은 집을 지어 놓고 벌레가 걸리면 그 양분을 빨아 먹고 사는 벌레.

거:부 (巨富) 图 아주 큰 부자. 예 장안에서 제일가는 거부이다.

거:부 (拒否) 图 ① 아니라고 물리쳐 버림. ② 회의의 결의를 거부함. 예 그 법인은 자기의 법행을 부인한다. 〔~하다〕

거북 图 등과 배에 단단한 딱지가 있는 동물. 바닷가에 살며 기어다님.

거북-선 (一船) 图 조선 시대에 이순신 장군이 왜군을 무찌르기 위하여 만든 쇠로 된 거

북 모양의 배.

거:북-하다 웹 ① 몸이나 마음이 편 안하지 못 하다. ② 말 하기 어렵다. 〈거북선〉

거:사 (擧事) 웹 큰 일을 일으 킴. 〔~하다〕.

거세다 웹 거칠고 세다. 예 파 도가 거세다.

거:수 (擧手) 웹 손을 위로 들어 올림. 예 거수 경례. 〔~하 다〕.

거스르다 国 ① 반대되는 길을 잡다. ② 거스름 돈을 내주다. 예 버스를 타고 돈을 거스르 다. ③ 순종하지 않다.

거:액 (巨額) 웹 많은 액수의 돈. 예 사업에 거액을 투자했다.

거:역 (拒逆) 웹 명령이나 뜻을 어김. 〔~하다〕.

거울 웹 물체의 형상을 비추어 보는 물건. 예 신문은 사회 의 거울이다.

거위 웹 집에 서 기르는 새의 일종. 몸빛은 회 고 목이 길 며 부리는 황금색임. 〈거위〉 헤엄은 잘 치나 날지 못함. 예 거위를 많이 기른다.

거위 튀김 웹 거위를 끓는 기 름 속에 넣어 튀긴 것.

거의 웹 모자람이 없을 만큼. 삐 대개. 예 시간이 거의 다

되었다.

거:인 (巨人) 웹 몸이 유난히 큰 사람.

거저 웹 공으로 그냥.

거적 웹 새끼와 짚 따위로 엮 어서 자리처럼 만든 물건.

거적-때기 웹 거적의 조각.

거:절 (拒絶) 웹 남의 요청을 물리침. 삐 거부. 밴 승낙. 예 돈을 꿔 달라기에 거절했다. 〔~하다〕.

거:제 대:교 (巨濟大橋) 교 경 상남도 통영군과 거제군을 잇는 긴 다리. 폭 12m, 길이 740m임.

거:제-도 (巨濟島) 웹 경상 남 도 남동부의 남쪽 바다에 있 는 섬으로 우리 나라 둘째로 큰 섬. 산이 많고 농토가 적 어 반은 농사로, 반은 고기 잡이로 생활함. 〔389km²〕.

거:족 (擧族) 웹 온 겨레붙이.

거:족-적 (擧族的) 웹 온 민족 이 참가하거나 관계되는 것. 예 거족적인 행사.

거주 (居住) 웹 일정한 곳에 살 고 있음. 또는 그 사는 곳. 〔~하다〕.

거죽 웹 물체의 겉 부분. 밴 속.

거:지 웹 얻어 먹고 사는 사람. 삐 걸인.

거지-왕자 (-王子) 웹 트웨인 이 지은 소설 이름. 얼굴이 꼭 같은 거지와 왕자가 옷을 바꾸어 입게 되어 거지는 왕 자가 되고 왕자는 거지노릇 을 하면서 여러 가지 재미있 는 일이 일어난 끝에 다시 본 시대로 된 왕자와 거지는 다

정한 동무가 된다는 줄거리임.

거:짓 몡 속이거나 정말이 아닌 것.

거:짓-말 몡 사실과 틀리게 꾸미어 하는 말.

거:짓-일 몡 사실이 아닌 것을 사실같이 꾸민 일.

거처(居處) 몡 늘 있음, 또는 있는 곳. 〔~하다〕.

거치다 邓 무엇에 걸려서 스치다. 国 지나는 길에 들르다.

거치적-거리다 邓 자꾸 여기저기 걸리고 닿다.

거칠다 혱 ① 잘 가다듬어지지 않다. ② 온순하지 않고 난폭하다.

거침-없:다 혱 중간에 아무 거치는 일이 없다. 막힘이 없다. 예 거침없이 흐르는 냇물.

거푸-집 몡 ① 부어서 만든 물건의 문형. ② 도배를 할 때 '에 붙지 않고 들뜬 빈 틈.

거:행(擧行) 몡 ① 명령대로 실행함. ② 어떤 의식을 치름. 예 식을 거행하다. 〔~하다〕.

걱정 몡 무슨 일에 염려가 되어 속을 태우는 일. 凹 근심. 凹 안심. 〔~하다〕.

걱정-스럽다 혱 걱정거리가 있어 보이다.

건:각(健脚) 몡 잘 걷는 센 다리.

건:강(健康) 몡 몸에 탈이 없고 튼튼함. 凹 건전. 凹 허약. 예 건강한 몸.

건:강-체(健康體) 몡 건강한

몸. 凹 허약체.

건:국(建國) 몡 나라를 세움. 凹 개국. 〔~하다〕.

건:국 사:업(建國事業) 몡 나라를 세워서 일으키는 일.

건:너 몡 맞은 편의 방향.

건:너 가다 国 건너서 저쪽으로 가다. 凹 건너 오다.

건:너다 邓国 한편에서 맞은편으로 가다. 〔~하다〕.

건:너-편 몡 마주 대한 저 편.

건:넌-방(一房) 몡 대청을 건너 안방의 맞은 편에 있는 방.

건:널-목 몡 철로와 도로가 엇갈린 곳.

건:네다 国 ① 물품 따위를 남에게 옮겨 주다. ② 남에게 말을 붙이다.

건:네 주다 国 건너게 하여 주다.

건달(乾達) 몡 빈 주머니로 난봉피며 다니는 사람.

건더기 몡 국물에 섞인 덩어리.

건:립(建立) 몡 만들거나 지어서 세움. 凹 건설. 〔~하다〕.

-건마는 꼬 이미 말한 사실과 같지 아니한 사실을 말하려할 때 쓰는 말. 준 -건만.

건:망-증〔-쯩〕(健忘症) 몡 잊기를 잘 하는 성질. 예 그는 건망증이 심하다.

건몸-달다 邓 제 혼자로만 몸이 달아서 공연히 애를 쓰다.

건:물(建物) 몡 집 따위의 세워 이룬 건조물. 예 고층 건물.

걸걸-하다 (傑傑一)휑 성질이 쾌활하다.

걸:다 휑① 거름에 식물의 양분될 만한 성분이 많다. ② 액체가 묽지 않고 툭툭하다.

걸:다 타① 물건을 달아매다. ② 말·싸움을 붙이다. 예 싸움을 걸다.

걸레 휑 더러운 곳을 훔치는데 쓰는 누더기 헝겊.

걸리다 자① 마음에서 떠나지 않고 거리끼다. 예 집안 일이 마음에 걸리다. ② 날짜나 시간이 얼마 동안 들다.

걸:-맞다휑 격에 맞게 어울리다.

걸:상〔一쌍〕(一床)휑 걸터 앉는 의자의 한 가지. 비의자. 예 걸상에 편히 앉으세요.

걸음휑 두 발을 번갈아 앞으로 옮겨 놓는 동작.

걸음-마휑 어린애에게 걸음을 걸으라고 시키는 소리.

걸작〔一짝〕(傑作)휑 아주 훌륭한 작품. 예 걸작 소설집.

걸:치다자 두 끝이 서로 맞닿아서 겹치다.

걸:터-앉다〔一따〕자 온 몸의 무게를 실리고 걸어앉다.

걸핏-하면 튀 툭하면. 예 그는 걸핏하면 제 자랑을 한다.

검:(劍)휑 크고 긴 칼.

검:객 (劍客)휑 검술에 능한 사람. 비검사.

검:거 (檢擧)휑 잡아 감. 비구속. 〔一하다〕.

검:다 (一따)휑 빛깔이 먹 빛같다. 반희다.

검둥-이휑① 살빛이 검은 사람을 놀리어 이르는 말. ② 흑인. ③ 털 빛이 검은 개를 귀엽게 일컫는 말.

검:문 (檢問)휑 사람의 신분을 조사하여 옳고 그름을 물어. 봄. 예 정류장에서 검문을 당했다. 〔一하다〕.

검:문-소 (檢問所)휑 검문하는 곳.

검불휑 마른 풀이나 나뭇잎.

검:-붉다〔一따〕휑 검은빛에 붉은빛이 나다.

검:사 (檢事)휑 죄 지은 사람을 조사하고 재판을 하여 벌을 받도록 하는 일을 맡은 공무원.

검:사 (劍士)휑=검객.

검:사 (檢査)휑 사실을 조사하여 옳고 그름을 판가름 함. 비조사. 예 그 일을 검사해 주기 바란다. 〔一하다〕.

검:사-기 (檢査機)휑 검사하는 기계.

검:사-장 (檢査場)휑 검사를 하는 곳. 예 체력 검사장은 학교 운동장이다.

검:산 (檢算)휑 계산의 맞고 틀림을 검사함. 예 계산 후에는 검산을 해보아라. 〔一하다〕.

검:색 (檢索)휑 검사하여 찾아 봄. 〔一하다〕.

검:소 (儉素)휑 사치하지 않고 꾸밈이 없이 순박함.비소박. 예 검소한 생활. 반사치, 화려.

검:술 (劍術)휑 칼을 잘 쓰는 재주.

검:시(檢屍)**명** 시체를 검사함.
〔~하다〕.

검:안(檢眼)**명** 시력을 검사함.
〔~하다〕.

검:약(儉約)**명** 절약하여 낭비
하지 아니함. **반** 검소. **예** 검
약하게 생활하라. 〔~하다〕.

검:역(檢疫)**명** 전염병을 예방
하기 위해, 교통기관의 승객
을 진찰 또는 소독함. 〔~
하다〕.

검:진(檢診)**명** 병이 있고 없
음을 검사하는 진찰. **예** 검진
을 다녀가다. 〔~하다〕.

검찰-청(檢察廳)**명** 법무부
에 속하여 검찰 사무를 보는
관청.

검:출(檢出)**명** 검사하여 냄.
〔~하다〕.

검:토(檢討)**명** 내용을 충분히
검사하며 따져 나감.**예** 계획
을 검토하다. 〔~하다〕.

검:-푸르다**형** 검은빛을 조금
띠면서 푸르다.

겁 (怯)**명** 무섭고 두려움. **예**
겁이 많은 사람.

겁-나다(怯―)**자** 무섭고 두렵
다.

겁-쟁이(怯―)**명** 겁이 많은
사람.

겉**명** 바깥으로 드러난 쪽. **반**
거죽.**반** 속. **예** 겉만 깨끗하
다.

겉-가죽**명** 거죽을 싼 가죽. 외
피.

겉-늙다**자** 나이보다 퍽 늙어
보이다.

겉-대중**명** 겉으로 어림친 대
중.**반** 눈대중.

겉-돌:다**자** 따로 돌다.

겉-마르다**자** 겉만 마르다.

겉-옷〔겉―〕**명** 겉에 입는 옷.
반 속옷.

겉-잡다**타** 대강 어림치다.

겉-장**명** 여러 장으로 된 것의
맨 겉에 있는 종이. **반** 표지.
반 속장.

겉-짐작**명** 겉만 보고 하는 짐
작.

겉-치레 **명** 겉만 잘 꾸민 치
레.

겉-치장(―治粧)**명** 겉만의 꾸
밈새.

게**대명** **부** 「거기」의 준말. **예** 게
좀 앉아라.

게다가**부** 거기에다.그런데다.
그러하여서. **예** 예쁘고 게다
가 우등생이다.

게:시(揭示)**명** 여럿에게 알리
려고 내붙여 두루 보게 함.
반 고시. **예** 그 내용은 게시
해 두었다. 〔~하다〕.

게:시-판(揭示板)**명** 게시를
하려고 일정한 곳에 세운 판
대기.

게:양(揭揚)**명** 높이 달아 올
림. **예** 국기 게양. 〔~하다〕.

게:양-대(揭揚臺)**명** 국기 같
은 것을 걸기 위하여 높이
만들어 놓은 대. **예** 국기 게
양대.

게우다**타** 먹었던 것을 도로
토하다.

게으르다**형** 활동하기를 싫어
하는 버릇이 있다. **반** 부지런
하다. **예** 그는 일하기 싫어
하고 무척 게으르다.

게으름**명** 게으른 버릇이나 태

도.

게으름-쟁이 🖲 행동이 느리고 움직이기를 싫어하는 성미나 버릇이 몸에 배어 굳어 버린 사람.

게울러 빠:지다 🖲 썩 게으르다.

게임 (game) 🖲 경기. 시합. 예 게임이 시작되다.

게임 세트 (game set) 🖲 시합이나 승부가 끝남.

게:재 (揭載) 🖲 신문 등에 글이나 그림을 실음. 〔~하다〕.

겨 🖲 벼나 밀·보리 따위에서 벗겨진 껍질.

겨:냥 🖲 목표를 겨누는 일. 〔~하다〕.

겨누다 🖽 목적하는 물건을 맞히려고 방향과 거리를 똑바로 잡다. 예 총을 겨누다.

겨드랑-이 🖲 양편 팔이 몸에 붙은 밑 부분의 오목한 곳.

겨레 🖲 한 조상에서 태어난 자손들. 비 민족. 동포.

겨루다 🖽 서로 버티고 힘을 견주다. 예 영수와 힘을 겨루다.

겨룸 🖲 서로 힘을 견주는 일.

겨를 🖲 일을 하다가 쉬게 되는 틈. 비 여가. 예 쉴 겨를이 없다.

겨우 🖲 ① 근근히. 어렵게. 힘들여. ② 기껏하여 고작. 비 간신히. 예 산수 문제가 어떻게나 까다롭던지 겨우 풀었다.

겨우-내 🖲 온 겨울 동안. 예 겨우내 얼었던 땅.

겨울 🖲 네 철 중에 가장 추운

계절. 반 여름.

겨울-새 🖲 가을이면 찾아와 겨울 동안 살다가 봄이 되면 날아가는 철새. 우리 나라의 겨울새에는 기러기·청둥오리·두루미·개똥지빠귀 등이 있음.

겨울-잠 🖲 개구리·뱀 등과 같이 땅 속에서 겨울을 지내는 것.

겨-죽 🖲 쌀 속겨로 쑨 죽.

격동 (激動) 🖲 ① 심히 움직임. 예 격동하는 세계 정세. ② 깊이 느껴서 마음이 몹시 움직임. 〔~하다〕.

격려 (激勵) 🖲 어떤 일을 더욱 힘차게 하도록 용기를 북돋워 줌. 예 꼭 우승하라고 선수들을 격려하였다. 〔~하다〕.

격렬 (激烈) 🖲 몹시 맹렬함. 예 격렬한 싸움.

격리 (隔離) 🖲 사이를 메어 놓음. 예 공범은 격리시켜 놓아라. 〔~하다〕.

격분 (激奮) 🖲 몹시 흥분함. 〔~하다〕.

격식 (格式) 🖲 격에 어울리는 방식. 예 격식에 따라 편지를 썼다.

격심 (激甚) 🖲 몹시 지나치게 심함. 비 치열. 예 격심한 경쟁.

격언 (格言) 🖲 속담 등과 같이 사리에 꼭 들어 맞아 교훈이 될 만한 짧은 말토막. 비 금언.

격전 (激戰) 🖲 격렬하게 싸움 〔~하다〕.

격전:-지(激戰地)圈 격전을
한 곳.

격증(激增)圈 갑자기 늘거나
붙어남.✪ 격감. ◉ 인구의
급격한 격증. 〔~하다〕.

격찬(激讚)圈 몹시 칭찬함.◉
그 작품에 대해 격찬하다.
〔~하다〕.

격추(激墜)圈 비행기 따위를
쏘아 멸어뜨림.◉적군의 비
행기를 격추시키다. 〔~하
다〕.

격침(擊沈)圈 군함을 사격하
여 침몰시킴.◉ 군함을 격
침시키다. 〔~하다〕.

격퇴(擊退)圈 적을 쳐서 물리
침.◉적군을 격퇴시키다.
〔~하다〕.

격투(格鬪)圈 서로 맞붙어 싸
움.〔~하다〕.

격투(激鬪)圈 격렬한 싸움.
〔~하다〕.

격파(擊破)圈 쳐부숨. 쳐서 깨
뜨림.◉적군을 격파한 이
순신 장군.〔~하다〕.

겪다目 힘든 일을 당해내다.

견디다잼目 참아 이겨내다.
✪ 참다.◉ 고통을 견디다.

견:문(見聞)圈 보고 들음. 또
는 보고 들은 지식.◉ 견문
이 풍부하다.〔~하다〕.

견:습공(見習工)圈 남이 하는
일을 보고 익히는 공원. ✪
숙련공.

견:식(見識)圈 보고 들어 아는
지식과 학식.

견실(堅實)圈 튼튼하고 충실
함.

견:학(見學)圈 실지로 보고

지식을 얻음. ✪ 견습. ◉ 신
문사 견학.〔~하다〕.

견:-해(見解)圈자기가 본 의
견과 해석.

결:다잼 기름기가 배다.

결다目① 대·갈대·싸리채 같
은 것을 엮어 짜다.② 여럿
이 가로 서서 서로의 어깨에
팔을 올려 꽉 끼다.◉ 어깨
를 결다.

결과(結果)圈어떤 원인에 의
해서 이루어진 결말의 상태.
✪ 결말.✪원인.◉ 노력한
결과 성공하였다.

결국(結局)圈 일의 끝장.✪끝
장에 이르러.✪ 필경.◉ 우
리가 결국 이겼다.

결근(缺勤)圈출근하지 아니
함. 〔~하다〕.

결단-성 (一딴썽)(決斷性)圈
결단력이 있는 성질.◉사람
은 결단성이 있어야 한다.

결렬(決裂)圈① 갈래갈래 찢
어짐.②의견이 안 맞아 해
결을 못 봄.◉ 회담이 결렬
되다. 〔~하다〕.✪ 분열.

결론(結論)圈 말이나 글의 끝
맺는 부분.

결리다잼①가슴이나 옆구리
같은 데가 딱딱 마쳐 아프다
② 거리끼어 더 나아가지 못
하다.

결막-염〔一념〕(結膜炎)圈 삼
눈의 한 가지. 결막에 생기
는 염증.

결말(結末)圈일의 끝맺음.✪
결과.

결박(結縛)圈두 손을 뒤,혹은
앞으로 묶음.◉ 경찰에게 결

박당했다. [~하다].
결백(潔白)[명] 깨끗하고 흼. [비] 청백. [예] 결백한 생활.
결백-성(潔白性)[명] 결백한 성질.
결부(結付)[명] 연결하여 붙임. [예] 무슨 일이든지 그렇게 결부시키진 마세요. [~하다].
결빙-기(結氷期)[명] 물이 어는 시기.
결사[―싸](結死)[명] 죽음을 결심함. [예] 결사 반대. [~하다].
결사-적(―싸―)(結死的)[명] 죽기를 각오하고 덤비는 것. [비] 한사코. [예] 결사적인 싸움을 벌이다.
결산[―싼](決算)[명] 수입·지출의 연말 또는 월말의 계산. [예] 결산보고. [~하다].
결석(―썩)[缺席][명] 나가야 될 자리에 나가지 아니함. [반] 출석. [~하다].
결성[―썽](結成)[명] 조직을 이룸. [예] 결성식. [예] 작년에 결성된 회사. [~하다].
결손[―쏜](缺損)[명] ① 수입보다도 지출이 많게 됨. ② 손해남.
결승[―씅](決勝)[명] 최후의 승패를 결정함. [~하다].
결승(結繩)[명] 새끼로 매듭을 맺음.
결승 문자[―씅―짜](結繩 文字)[명] 글씨가 없던 시대에 새끼 매듭의 모양과 수로 자기의 뜻을 나타내던 글자.
결실[―씰](結實)[명] ① 초목에 열매가 맺힘. ② 일이 잘 여물어짐. [예] 노력의 결실. [~하다].
결심[―씸](決心)[명] 마음을 꽉 작정함. [비] 각오. 결의. [예] 그 일을 하겠다고 결심했다. [~하다].
결연(結緣)[명] 인연을 맺음. [예] 자매 결연. [~하다].
결의(決意)[명] 뜻을 굳게 결정함. [반] 부결. [~하다].
결재[―째](決裁)[명] 아랫 사람이 만들어 올린 안건을 헤아려 승인함. [예] 결재된 서류. [~하다].
결전[―쩐](決戰)[명] 승부나 흥망이 결정되는 싸움. [~하다].
결점[―쩜](決點)[명] 부족하거나 충분하지 못한 점. [비] 단점. [반] 장점. [예] 인사성이 바르지 못한 것이 나의 결점이다.
결정[―쩡](決定)[명] 어떻게 하겠다고 정해버림. [비] 작정. 확정. [예] 소풍을 가기로 결정하였다. [반] 미정. [~하다].
결정[―쩡](結晶)[명] ① 규칙 바르게 엉겨 이루어짐. ② 노력 등의 결과로 이루어진 것. [예] 성공은 노력의 결정이다. [~하다].
결제[―쩨](決濟)[명] 처결하여 끝냄. [~하다].
결-코(決―)[부] 「결단코」의 준말. 결단하여 딱 잘라서 말할 수 있게. [예] 결코 지지 않겠다.
결투(決鬪)[명] 원한이나 말다툼이 있을 때 서로 싸워서 승패를 결정함. [~하다].

결판(決判)圀 옳고 그름을 가려 판정함. 硏 무엇이 옳은지 결판내자. [~하다].

결함(缺陷)圀 흠이 있는 구석. 硏 결점.

결합(結合)圀 하나로 합침. 硏 결합 공동체. [~하다].

결핵(結核)圀 ① 결핵균이 맺혀 생기는 망울. ② 폐결핵.

결행(決行)圀 결단하여 실행함. [~하다].

결혼(結婚)圀 남녀가 부부의 관계를 맺음. 硏 혼인. 硍 이혼. 硏 결혼하여 부부가 되다. [~하다].

겸사-겸사㽵 한꺼번에 여러 가지 일을 하는 모양. 硏 겸사겸사해서 한번 들렀어요.

겸상(兼床)圀 한 상에서 두 사람이 먹도록 차린 상. 硍 외상. 硏 손님과 겸상해서 먹었다. [~하다].

겸손(謙遜)圀 남을 높이고 자기를 낮춤. 硏 공손. 硍 거만. 硏 겸손한 사람.

겸연-쩍다(慊然-)圀 ① 너무 미안하여 낯이 · 화끈거리는 느낌이 있다. ② 조금 부끄러운 듯이 열없다. 硍 무안하다.

겸용(兼用)圀 하나를 가지고 두 가지 이상 일에 겸하여 씀. [~하다].

겸-하다(兼-)㽵 ① 다른 사물을 합쳐 포함하다. ② 본래의 일 밖에 다른 일을 더 맡아 하다. 硏 반장과 부반장을 겸하다.

겹圀 ① 넓고 얇은 것이 포개어진 것. ② 사물이 거듭됨. 硍 홑. 硏 겹옷.

겹겹-이㽵 거듭 쌓인 모양. 硍 첩첩이. 硏 옷을 겹겹이 끼어 입다.

겹:다圀 ① 힘이 부치다. ② 감정이 동하여 억제할 수 없다. 硏 흥에 겨워 춤을 추다.

겹-집圀 여러 채가 겹으로 된 집.

겹-치다㽵㽵 여럿을 포개어 덧 놓다. 거듭 쌓이다.

경(經)圀 기도문과 주문. 硏 경을 읽다.

-경(頃)㽵 어떤 시간의 전후를 어림잡아 일컫는 말. 硏 5시 경.

경계(境界)圀 사물이 서로이어 맞닿는 자리. 硍 지경. 硏 경계선.

경:계(警戒)圀 뜻밖의 일이 생기지 않도록 미리 조심함. 硍 주의. 硍 방심. [~하다].

경계-선(境界線)圀 지경을 가르는 선.

경:고(警告)圀 조심하라고 알림. 硏 경고문. [~하다].

경:고-문(警告文)圀 경고하는 글.

경-공업(輕工業)圀 부피에 비하여 무게가 비교적 가벼운 제품을 생산해 내는 공업. 硍 중공업.

경과(經過)圀 ① 때의 지나감. ② 일을 겪는 과정. 硏 경과 보고. [~하다].

경기(景氣)圀 물건의 매매나 거래의 상태. 硏 경기가 회복

되지 않는다.

경:기 (競技)圏 「경기 운동」의 준말. 비 시합. 〔~하다〕.

경기-장 (競技場)圏 운동 경기를 하는 장소. 비 운동장. 예 야구 경기장.

경기 평야 (京畿平野)圏 한강 하류 및 임진강 하류 지방에 걸쳐 발달한 평야.

경내 (境內)圏 한 구역 안. 맨 경외. 예 법주사 경내.

경농 (耕農)圏 농사를 지음.〔~하다〕.

경단 (瓊團)圏 찹쌀가루 등으로 밤톨만한 크기로 둥글게 만든 떡.

경:대 (鏡臺)圏 거울을 짜넣고 화장품을 넣도록 서랍을 만들어 꾸민 화장대.

경:례 (敬禮)圏 공경의 뜻을 나타내기 위하여 하는 몸짓. 존 예. 예 국기에 대한 경례. 〔~하다〕.

경로 (經路)圏 ① 지나는 길. ② 일의 진행되어 온 차례.

경:로-회 (敬老會)圏 노인들을 존경하고 위로하는 모임.

경리 (經理)圏 ① 경영하여 처리함. ② 회계에 관한 사무를 처리함, 또는 그 사람.〔~하다〕.

경:마 (競馬)圏 말을 타고 달리기를 서로 다투는 내기. 예 경마 대회. 〔~하다〕.

경:매 (競賣)圏 살 사람이 값을 다투어 부르게 하여 최고의 값에 파는 일. 예 집을 경매에 붙이다. 〔~하다〕.

경멸 (輕蔑)圏 업신여김. 예 그 사람을 경멸한다. 〔~하다〕.

경박 (輕薄)圏 경솔하고 천박함. 예 경박한 행동.

경범 (輕犯)圏 비교적 가벼운 범죄. 예 경범죄.

경:보 (警報)圏 경계 하라고 특별히 주의시키는 보도. 예 폭풍 경보.

경복-궁 (景福宮)圏 조선 시대 초기 (태조 3 년)에 지은 궁궐. 임진왜란 때 불탔는데, 고종임금 때 다시 세웠음.

경부 고속 도로 (京釜高速 道路)圏 서울에서 부산 간을 잇는 고속 도로. 길이 428km 임.

경부-선 (京釜線)圏 서울에서 대전·대구를 거쳐 부산에 이르는 철도. 길이 445.6km.

경비 (經費)圏 일을 경영하는 데 드는 돈. 비 비용. 예 경비를 좀 절약하자.

경:비 (警備)圏 비상 사태를 염려하여 미리 막아 경계함. 예 철저한 경비. 〔~하다〕.

경:비-선 (警備船)圏 사고가 생기지 않도록 미리 막는 일을 하는 배. 예 해안 경비선.

경:비-원 (警備員)圏 경비의 직무를 맡은 사람.

경-비행기 (輕飛行機)圏 연습·스포츠 등 가벼운 임무에 사용하는 작은 비행기.

경사 (傾斜)圏 비스듬히 기울어짐.

경:사 (慶事)圏 기쁜 일.

경상 (輕傷)圏 조금 다침. 맨 중상.

경:상-도 (慶尙道)圏 경상 남

도와 경상 북도를 아울러 이르는 말.

경선(經線)圐지도 위로 세로로 선을 나타내어 지구상의 위치를 찾는 선.⭕위선.

경성(京城)圐서울의 일제때의 이름.

경솔(輕率)圐말이나 행동이 가벼움.

경시(輕視)圐가벼이 깔봄.⭕넘봄.⭕중시.⭕작은 일이라도 경시해선 안된다.〔~하다〕.

경:애(敬愛)圐공경하고 사랑함.⭕경애하는 마음의 아름다움.〔~하다〕.

경:어(敬語)圐존경하여 높이는 말.⭕존댓말.⭕비어.

경:연(競演)圐연극·시문 따위의 재주를 다툼.⭕경연 대회.〔~하다〕.

경영(經營)圐계획을 세워 일을 다스림.⭕운영.⭕가게를 경영하다.〔~하다〕.

경:영(競泳)圐헤엄치기 경기.〔~하다〕.

경영-난(經營難)圐경영해 나가기가 어려움.

경우(境遇)圐어떤 일이 생긴 때의 형편이나 사정.⭕처지. 형편.⭕경우에 따라서는 못 갈지도 모른다.

경:운(耕耘)圐논밭을 갈고 김을 맴.〔~하다〕.

경운-기(耕耘機)圐땅을 갈아 일으키는 농사에 쓰이는 기계.

경-위(經緯)圐①피륙의 날과 씨.②일이 되어 온 내력.

경유(輕油)圐석유의 원유를 끓일 때 얻는 기름.

경유(經由)圐거쳐서 지나감.⭕대전을 경유하여 광주에 갔다.〔~하다〕.

경:음악(輕音樂)圐오락을 목적으로 하는 통속적인 대중 음악.

경음악-단(輕音樂團)圐대중 음악을 연주하기 위하여 이루어진 음악 단체.

경:의(敬意)圐공경하는 마음.⭕경의를 표하다.

경이(驚異)圐놀라서 이상하게 여김.〔~하다〕.

경작(耕作)圐논밭을 갈아서 농사를 지음.⭕농작.⭕경작물.〔~하다〕.

경작-지(耕作地)圐농사를 짓는 땅.⭕농경지.

경:쟁(競爭)圐서로 겨루어 다툼.⭕생존경쟁.〔~하다〕

경제(經濟)圐①생활에 필요한 모든 물건을 만들고, 팔고, 쓰는 모든 활동.②절약.

경제 작물(經濟作物)圐농가의 수입을 위해서 특별히 가꾸는 농작물.

경제 작물 재:배(經濟作物栽培)圐소득이 높은 농작물을 심어 기르는 일.〔~하다〕.

경:주(競走)圐서로 빨리 달음질치기를 다투는 육상 경기의 하나.⭕100m경주.〔~하다〕.

경:주(慶州)圐경상북도 동해쪽에 있는 고적 도시.옛신

라의 서울.

경:진-회 (競進會)명 어떠한 일을 여러 사람이 서로 겨루는 모임.

경:찰 (警察)명 사회의 안녕·질서를 유지하는 일을 맡은 사람이나 곳.또는 그 기구. 예 경찰관.

경:찰-서 (警察署)명 일정한 구역 안의 경찰 사무를 맡아보는 관청.

경첩명 돌쩌귀와 같이 여닫는데 쓰는 장식.

경청 (傾聽)명 귀를 기울여 들음.〔∼하다〕.

경:축 (慶祝)명 기쁘고 즐거운 일을 축하함. 비 경하. 예 경축일. 경축 행사.〔∼하다〕.

경치 (景致)명 자연계의 아름다움. 비 풍경. 예 경치가 좋다.

경쾌-하다 (輕快一)명 홀가분하여 유쾌하다.

경탄 (驚歎)명 ① 몹시 놀라 탄식함. ② 몹시 칭찬함. 예 그의 뛰어난 재주에 모두들 경탄한다.〔∼하다〕.

경:포-대 (鏡浦臺)명 관동 팔경의 하나. 강릉시에서 북동으로 약 7 km 되는 언덕에 있는 대.

경품 (景品)명 판 물건에 곁들여 손님에게 주는 물건. 예 경품부 대매출.

경품-권〔一꿘〕(景品券)명 경품의 제비를 뽑을 수 있도록 내어 주는 표.

경-하다 (輕一)명 ① 가볍다. ② 경솔하다. 반 중하다.

경향 (京鄕)명 서울과 시골. 예 경향 각지를 돌아보다.

경향 (傾向)명 마음이나 형세 등이 한 쪽으로 향해 기울어져 쏠림. 예 물가가 오르는 경향이 있다.

경험 (經驗)명 실지로 겪어 봄. 비 체험. 반 무경험. 예 좋은 경험을 얻었다.〔∼하다〕

경험 -자 (經驗者)명 경험이 있는 사람.

경황 (景況)명 재미로운 정황.

경황 (驚惶)명 놀라서 당황함.

경황 없:다 (景況一)명 몹시 바빠서 틈이 없다. 예 신문을 볼 경황이 없다.〔∼하다〕.

곁명 옆. 한 쪽. 예 곁에 앉아라.

곁-길명 큰길에서 곁으로 갈라진 길.

곁-눈명 얼굴은 돌리지 않고 눈알을 돌려서 남을 보는 눈. 예 곁눈질.

곁-두리명 일하는 사람이 끼니 이외에 참참이 먹는 음식. 예 곁두리를 먹다.

곁방-살이 (一房一)명 남의 방을 빌어서 사는 살림.〔∼하다〕.

계:(契)명 옛부터 우리 나라에 내려오는 독특한 협동 단체의 일종. 예 기록계. 지불계.

계:(係)명 사무의 성질에 따라서 나누어 놓은 갈래. 예 기록.

계곡 (溪谷)명 골짜기. 예 계곡에 흐르는 맑은 물.

계급(階級)**명** 지위·관직 등의 등급. 사회적 지위.

계:기(契機)**명** 어떤 일이 일어나거나 결정되는 근거나 기회.

계단(階段)**명** ① 충충대.**비** 단계.**예** 계단을 오르내리다. ② 일을 이루는 데 밟아야 할 차례.

계란(鷄卵)**명** 달걀.

계:량-기(計量器)**명** 계량에 쓰는 온갖 기계. 저울·되 따위.

계면-쩍다[-쩍따] **형** 「겸연쩍다」의 변한 말.

계:모(繼母)**명** 자기를 낳은 어머니가 죽고 아버지가 다시 장가든 새 어머니.

계:몽 운:동(啓蒙運動)**명** 무식한 사람을 깨우쳐 주어 편리한 생활을 할 수 있도록 하는 운동.

계:발(啓發)**명** 슬기와 재주를 열어 깨우쳐 줌.**비** 계몽.**예** 소질을 계발하다. [～하다].

계백(階伯)**명** 〔?～660〕 백제 말기 의자왕 때 장수. 신라·당나라 연합군과 결사대 5,000명을 거느리고 황산벌에서 싸우다가 최후를 마치었음.

계사(鷄舍)**명** 닭을 기르는 작은 집.

계:산(計算)**명** 수량을 헤아림. 셈을 헤아림.**예** 계산에 능하다. [～하다].

계:산 -기(計算器)**명** 수의 계산을 빠르고 정확하게 하는 기계.

계:산-서(計算書)**명** 계산을 밝힌 서장.

계:속(繼續)**명** 그치지 않고 이어서 나아감.**비** 연속.**반** 중단.**예** 수명을 계속하다. [～하다].

계:승(繼承)**명** 이어 받음.**예** 아버지의 사업을 계승하다. [～하다].

계:시(啓示)**명** ① 타일러 가르침. ② 신이 영감으로 알려줌.**예** 하느님의 계시. [～하다].

계:시다**형** 「있다」의 높임말.

계:약(契約)**명** 두 사람 사이에 서로 뜻이 맞아 앞으로 법의 효과가 날 수 있도록 맺은 약속.

계:엄-령(戒嚴令)**명** 국가 원수가 계엄을 선포하는 명령.

계:장(係長)**명** 한 계의 우두머리.

계:절(季節)**명** ① 봄·여름·가을·겨울의 네 철. ② 알맞은 시절.**비** 철.**예** 가을은 독서의 계절이다.

계:절-풍(季節風)**명** 해마다 계절을 따라 불어 오는 바람.**비** 철바람.

계:집**명** ① 「여자」의 낮은말. ② 여편네.

계:통(系統)**명** 어떤 사물 사이의 관계를 통일된 원칙 밑에 순서를 쫓아 벌임.**예** 과학계통의 책.

계:획(計畫·計劃)**명** 앞으로 하려고 생각하는 규모나 내용을 미리 작정함.**비** 기획. 제책.**관** 실행.**예** 생활계획.

〔~하다〕.

계:획-적(計畫的)몡 미리 계획을 세워서 하는 그것.

고가〔-까〕(高價)몡 비싼 값.

고갈(枯渴)몡 물이 말라서 없어짐.예 고갈된 우물.〔~하다〕.

고개몡 ①목의 뒷등. ②산꼭대기. 예 언덕.

고갯-짓몡 고개를 움직이는 동작. 예 귀여운 고갯짓.〔~하다〕.

고고-학(考古學)몡 유적이나 유물에 의하여 고대 인류 문화를 연구하는 학문.

고공-살이(雇工-)몡 품팔이 노릇을 하는 생활.〔~하다〕

고관(高官)몡 높은 벼슬,또는 그런 벼슬에 있는 사람.

고구려(高句麗)몡 기원전 37년에 주몽 동명왕이 우리나라 북쪽에 세운 나라.지금의 한강 이북에서 만주에 걸쳐 세워졌음.

고구마몡 큰 알뿌리를 먹는 농작물의 하나.

고-국(故國)몡 조상 때부터 살아오던 나라.예 본국.반 타국.

고-국 산천(故國山川)몡 조국의 산과 내.

고:궁(古宮)몡 옛 궁궐.

고귀(高貴)몡 지위나 신분이 높고 귀함.예 존귀.반 비천.예 고귀한 생명.〔~하다〕.

고:금-도(古今島)몡 전라남도 남해상의 완도와 조양도 사이에 있는 섬.

고급(級級)몡 높은 등급이나

계급. 반 하급.예 고급관리.

고급-품(高級品)몡 품질이 좋고 값이 비싼 물건.반 하급품.

고기몡 ①「물고기」의 준말. ②온갖 동물의 살.예 돼지고기.

고-기압(高氣壓)몡 기체의 압력이 높은 상태.

고깃-배몡 고기잡이를 하는 배.예 어선.

고깔몡 중이 쓰는 모자의 일종.

고난(苦難)몡 괴로움과 어려움.

고뇌(苦惱)몡 괴로워하고 번뇌함.〔~하다〕.

고니몡 백조.

고단-하다혱 몸이 피로하다.예 피곤하다.

고달프다혱 몹시 고단하다.

고대🄫 지금 막.이제 막.예 방금.반 오래.예 고대 갔다왔다.

고대(古代)몡 옛날. 옛적.반 현대.예 고대국가.

고대(苦待)몡 애를 태우며 몹시 기다림.〔~하다〕.

고대로🄫 더하거나 고침이 없이.

고:도(古都)몡 옛 도읍.

고도(孤島)몡 외따로 있는 작은 섬.

고도(高度)몡 높은 정도. 예 고도의 기술이 필요한 전자공업.

고독(孤獨)몡 외로움.예 고독한 나그네.

고동몡 배나 기차가 내는 소리.예 뱃고동 소리 요란한 항구.

고동(鼓動)圀 ① 사람의 마음을 흔들어 움직임. ② 몸에 피가 도느라고 심장이 뜀. 〔~하다〕.

고되다웹 지나치게 힘들다. 뗀 힘들다.

고드랫-돌圀 발이나 돗자리 따위를 엮을 때에 날을 감아서 매는 돌.

〈고드랫 돌〉

고드름圀 처마 끝에서 흘러 떨어지는 낙숫물이 길게 얼어붙은 얼음. 똉 수정 고드름.

고등(高等)圀 ① 정도가 높음. ② 등급이 높음. 뗀 초등. 하등. 똉 고등교육.

고등 고시(高等考試)圀 고급 관리를 채용하기 위한 국가 고시의 하나.

고등 교:육(高等教育)圀 대학 이상의 교육.

고등 학교(高等學校)圀 중학교를 졸업하고 들어가는 학교.

고락(苦樂)圀 괴로움과 즐거움. 똉 고락을 같이 한 친구들.

고란(皐蘭)圀 고사리과에 딸린 여러해살이풀. 산지의 절벽이나 바위 틈에 절로 남.

고랑圀 ① 골. ② 골짜기. ③ 밭고랑.

고랑-쇠圀 죄인의 손발을 묶게 만든 쇠로 만든 테. 똉 쇠고랑.

고래圀 「방고래」의 준말.

고래圀 바다에서 사는 동물중에서 가장 크며 젖을 먹여 새끼를 기르고 허파로 숨을 쉬는 짐승.

고래-고래圀 목소리를 한껏 높여서 크고 시끄럽게 소리 지르는 모양. 똉 고래 고래 소리를 지르다.

고래등 같다圀 집이 굉장히 드높고 크다.

고려(考慮)圀 생각하여 봄. 똉 방학 단축을 고려 중이다. 〔~하다〕.

고려(高麗)圀 왕건이 개성에 도읍하여 세운 나라.

고려-장(高麗葬)圀 고구려 시대에 늙은이를 광중에 버려두었다가, 죽은 후 장사지내던 일.

고령(高齡)圀 나이가 많음.

고루圀 고르게. 더하고 덜하거나 많고 적음이 없이 균일하게. 뗀 골고루. 똉 고루 나누어 먹자.

고루-고루圀 골고루. 똉 가리지 말고 고루고루 먹어라.

고르다웹 크고 작거나, 더하거나 덜함의 차이 없이 똑같다. 똉 그들의 키는 고르다.

고르다囲 여럿 중에서 쓸 것이나 좋은 것을 가려내다. 뗀 가리다. 똉 나은 물건을 고르다.

고리圀 ① 갸름한 것을 꾸부려 둥글게 만든 것. ② 「문고리」의 준말.

고리 대:금(高利貸金)**명** 비싼 이자를 받는 돈놀이.

고립(孤立)**명** 외따로 있음. 외롭게 삶. **예** 고립되어선 못 산다. 〔~하다〕.

고막(鼓膜)**명** 귓구멍 속에 있는 얇은 막. 귀청. **예** 시끄러워서 고막이 터질 것 같다.

고:맙다명 감사하다. **반** 귀찮다.

고명-딸명 아들 많은 사람의 외딸.

고모(姑母)**명** 아버지의 여형제.

고모-부(姑母夫)**명** 고모의 남편.

고목(古木)오래 묵은 나무. **비** 노목.

고무(鼓舞)**명**①북을 치고 춤을 춤.②남을 격려하여 기세를 돋움.〔~하다〕.

고무래명 곡식을 긁어 모으거나 흙을 고르는데 쓰는 농기구.

고무-줄명 고무로 만든 줄.

고무줄 넘기명 양쪽에서 잡은 고무줄을 뛰어 넘는 어린이들의 놀이 중의 하나.

고무-총(-銃)**명** 조그만 돌이나 콩 같은 것을 고무줄에 재어서 멀리 쏠 수 있게 만든 장난감의 하나.

고물명 배의 뒤 쪽. **비** 선미.

고:물(故物)**명** 오래된 물건이나 사람.

고:물(古物)**명** 옛날 물건.

고민(苦悶)**명** 괴로워서 속을 태움. **비** 번민. **예** 진학 문제로 고민하다.〔~하다〕.

고:발(告發)**명** 피해자 이외의 사람이 범죄 사실을 관에 신고함. **예** 도둑을 고발하다. 〔~하다〕.

고:백(告白)**명** 숨김없이 사실대로 말함. **예** 솔직한 고백. 〔~하다〕.

고별-사(告別辭)**명** 작별을 고하는 말.

고:분(古墳)**명** 옛날의 무덤.

고비명 어떤 일의 가장 막다른 때. **비** 막바지. **예** 어려운 고비를 겨우 넘기다.

고삐명 말이나 소의 재 갈이나 코뚜레에 매어 몰거나 부릴때 끄는 줄. **예** 고삐를 잡다.

고:사(考査)**명**① 상고하여 조사함. ② 학교에서 학생의 학업 성적을 검사함. **예** 학력고사.〔~하다〕.

고사리명 산림 속에서 비교적 햇빛이 잘 드는 곳에서 자라는 풀의 한 가지. 어린 잎과 줄기는 나물을 하여 먹음.

고사-하고(姑捨-)**부** 그만두고. **예** 이자는 고사하고 원금도 안 갚는다.

고산(高山)**명** 높은 산.

고상(高尙)**명** 드높고 깨끗함. **비** 고결. **예** 고상한 인격을 지닌 사람. **반** 저속.

고:색 창연(古色蒼然)**명** 보기에도 낡아 예스러운 모습.

고생(苦生)① 어렵고 괴로운 가난한 생활. **예** 고생 끝에 낙이 온다.〔~하다〕. ② 괴롭게 애쓰고 수고함. 빈 고통. 앤 안락.

고성 (高城)몡 강원도에 있는 읍. 부근에 해금강이 있음.

고-성능 (高性能)몡 기계의 일하는 능력이 높음.

고:소 (告訴)몡 피해자가 수사 기관에 피해사실을 신고함. 빈 고발. 〔~하다〕.

고소 (苦笑)몡 쓴 웃음. 에 고소를 짓는다. 〔~하다〕.

고소-하다 혱 볶은 참깨 또는 참기름 같은 맛이나 냄새가 나다. 에 이 깨는참고소하다.

고속 (高速)몡 「고속도」의 준말. 빈 쾌속. 에 고속 도로.

고-속도 (高速度)몡 아주 빠른 속도.

고속 도-로 (高速道路)몡 자동차가 빠른 속력으로 달릴 수 있게 만든 도로.

고속 버-스 (高速bus)몡 ①매우 빨리 달리는 버스. ②고속도로에서 다니는 버스.

고승 (高僧)몡 학식·인격·지위가 높은 중.

고심 (苦心)몡 애쓰고 힘을 다함. 〔~하다〕.

고아 (高雅)몡 뜻이 높고 우아함.

고아 (孤兒)몡 부모가 없는 아이. 에 전쟁고아. 〔~하다〕.

고아-원 (孤兒院)몡 고아를 수용하여 기르고 가르치는곳.

고안 (考案)몡 좋은 방법을 생각해 냄. 에 편리한 연필통을 고안했다. 〔~하다〕.

고압-선 (高壓線)몡 센 전류를

보내는 전깃줄.

고약 (膏藥)몡 약제를 기름에 고아 피부에 바르는 약.

고:약-하다 혱 성미나 냄새 등이 흉하거나 나쁘다. 빈 피곽하다. 앤 착하다. 에 성질이 고약하다.

고양이 몡 쥐를 잘 잡아 먹고, 어두운 데서도 잘 보는 짐승.

고:어 (古語)몡 옛말.

고온 (高溫)몡 높은 온도. 앤 저온. 에 고온이라서 매우 덥다.

고요:-하다 혱 조용하다. 시끄럽지 않다. 앤 소란하다. 에 밤이 되니 고요하다.

고용 (雇傭)몡 삯을 받고 남의 일을 하여 줌. 에 고용된 일꾼. 〔~하다〕.

고용-살이 (雇傭—)몡 고용당하는 생활. 〔~하다〕.

고원 (高原)몡 매우 높으며 비교적 연속된 넓은 벌판으로 된 지역.

고유 (固有)몡 본디부터 있음. 에 고유한 물건.

고을 몡 도를 몇으로 나눈 행정구역의 하나. 군. 빈 고장. 지방.

고음 (高音)몡 높은 소리. 앤 저음. 에 고음으로 노래한다

고:의-로 (故意—)븻 일부러. 짐짓.

고:이 븻 ①편안하고 조용하게. 에 고이 잠드소서. 에 고이 잠든 영령. ②곱게.

고:인 (故人)몡 죽은 사람.

고인-돌 몡 원시 시대의 무덤.

납작한 돌을 세우고 그 위에 평평한 돌을 얹었음.

고:자-질 (告者—) 圀 남 〈고인돌〉
의 잘못을 일러 바치는 짓.
圀 고자질 하는 것은 옳지
못하다. 〔~하다〕

고작 凰 기껏하여도. 아무리
하여도. 凰 겨우. 圀 고작 십
원 뿐이냐?

고장 圀 ① 나거나 자란 곳.②
지방. 凰 고향. 圀 우리 고장
의 특산물.

고-장 (故障) 圀 사고로 생긴
탈. 圀 라디오가 고장났다.

고:적 (古迹·古跡·古蹟) 圀 ①
옛적 물건.②옛 물건이 있
던 자리. 凰 유적. 圀 고적답
사.

고적 (孤寂) 圀 외롭고 쓸쓸함.
圀 집에 혼자 있으니 고적
하기 짝이 없다.

고정 (固定) 圀 한 곳에 꼭 박
혀 있어 움직이지 않음.
〔~하다〕

고:-조선 (古朝鮮) 圀 기원전
2333년에 단군이 세운 나라.

고종 (姑從) 圀「고종 사촌」의
준말.

고종 (高宗) 圀 조선시대 26대
임금. 흥선 대원군의 둘째
아들로 열 두 살의 어린 나
이로 왕이 되어 10년간을
대원군이 대신 나라를 다스
렸음.

고종 사:촌 (姑從四寸) 圀 고

모의 자녀.

고-주파 (高周波) 圀 진동수가
높은 전파.

고:지 (告知) 圀 고하여 알림.
통지함. 圀 고지서. 〔~하다〕

고지 (高地) 圀 높은 땅. 凰 저
지. 圀 백마고지 전투.

고:지-서 (告知書) 圀 통지하여
알리는 글발.

고지식-하다 圀 성질이 곧아
서 변통성이 없다. 圀 그는
무척 고지식하다.

고질 (痼疾) 圀 좀처럼 고치기
어려운 병. 圀 심장병은 고
질이다.

고집 (固執) 圀 제 의견을 바꾸
지 않고 굳게 내세움.圀고
집을 부리다. 〔~하다〕.

고집-쟁이 (固執—) 圀 고집이
몹시 센 사람.

고찰 (考察) 圀 생각하여 살펴
봄. 圀 과학적 고찰. 〔~하
다〕.

고:참 (古參) 圀 오래 전부터
그 일에 종사하던 사람. 凰
신참.

고:철 (古鐵) 圀 낡은 쇠.

고:체 (古體) 圀 시속과 다른
옛날의 체.

고초 (苦楚) 圀 고통과 어려움.
凰 고난. 凰 안락. 圀 고초를
겪다.

고추-잠자리 圀 초가을에 떼
지어 날아 다니는 잠자리
의 하나. 수컷은 몸이 붉고
암컷은 누르 〈고추잠자리〉

스름함.

고치 圈 누에가 실을 뽑아 만든 집.

고치다 配 ① 다시 만들다. 예 헌 것을 다시 고치다. ② 병을 낫게 하다. 예 꾸준한 치료로 병을 고치다.

고통(苦痛) 圈 몹시 심한 괴로움. 비 고초. 반 안락. 예 다리를 다쳐 고통을 겪었다.

고투(苦鬪) 圈 ① 힘드는 싸움을 함. ② 힘드는 일을 함. [~하다].

고:풍(古風) 圈 옛적의 풍속. 옛 모습.

고프다 圈 뱃속이 비어 시장하다. 예 배가 고프다.

고:-하다(告—) 配 사뢰어 알리다. ② 일러 바치다. 예 비밀을 고하다.

고학(苦學) 圈 학비를 제 손으로 벌어서 공부함. 예 고학으로 대학에 다니다. [~하다].

고함(高喊) 圈 큰 소리로 부르짖는 목소리. 예 밤에는 고함지르지 마라.

고:향(故鄕) 圈 나서 자라난 곳. 비 향토. 반 타향. 예 고향생각.

곡(曲) 圈 ① 「곡조」의 준말. ② 음악이나 가사의 가락.

곡마-단(曲馬團) 圈 여러 가지 재주를 부려 흥행하는 영업단체.

곡물(穀物) 圈 곡식.

곡선(曲線) 圈 ① 직선만으로는 이루어지지 않는 선. ② 구부러진 선. 반 직선.

곡선-미(曲線美) 圈 건축이나 조각 따위에서 곡선을 교묘하게 써서 나타내는 아름다움.

곡식(穀—) 圈 중요한 곡물의 이름. 쌀·보리·콩·조·수수 같은 것을 통틀어 말함. 비 곡물.

곡예(曲藝) 圈 손발이나 몸을 아슬아슬하게 놀려서 하는 재주.

곡절(曲折) 圈 여러 가지로 복잡하게 얽힌 사정. 비 연유. 사정. 예 사건의 곡절.

곡조(曲調) 圈 음악과 노래의 가락. 준 곡. 예 구슬픈 곡조.

곡창(穀倉) 圈 ① 곡식을 간수하는 창고. ② 곡식이 많이 나는 지방.

곤:란(困難) 圈 아주 힘들고 어려움. 반 용이. 예 곤란에 빠졌다.

곤봉(棍棒) 圈 기계체조에 쓰이는 나무 몽둥이.

곤충(昆蟲) 圈 벌·나비·매미 따위와 같이 마디발 동물에 속하는 동물의 총칭. 몸은 머리·가슴·배의 3부분으로 나뉘며 발은 6개임. 누에·꿀벌과 같이 우리에게 이익을 주는 것도 있으나 모기·파리·나방과 같이 해를 끼치는 것도 많음. 비 벌레.

곤:-하다(困—) 圈 기운이 풀리어 힘이 없다. 예 잠을 못 잤더니 곤하다.

곧 圌 바로. 즉시. 예 집으로 곧 오너라.

곧다 🔶 쪽 바르다. 예 이음이 곧다. 길이 곧다.

곧잘 🔷 제법 잘. 때 잘. 🔶 제법. 예 곧잘 얘기하곤 한다.

곧장 🔷 똑바로 곧게. 쉬지 않고 줄곧. 예 곧장 가시오.

골 🔷 「머리골」의 준말.

골 🔷 벌컥 성이 나서 일어나는 기운. 예 골을 버럭 내다.

골격 (骨格·骨骼) 🔷 뼈의 조직 바탕이 되는 뼈대.

골고루 🔷 ① 빠지지 않고 고르게. ② 「고루고루」의 준말. 예 골고루 사오세요.

골동-품 〔一똥一〕(骨董品) 🔷 오래된 아주 귀하고 값진 미술품.

골똘-하다 🔶 한 가지 일에 온 정신을 쓰다.

골:라-잡다 🔶 마음에 드는 대로 고르다.

골:목 🔷 동네 가운데에 난 좁다란 길.

골몰 (汨没) 🔷 온 정신을 쏟음. 🔶 몰두. 예 일에 골몰하다.

골병 : 들다 (一病一) 🔶 속 깊이 병들다.

골육 상쟁 (骨肉相爭) 🔷 부자· 형제간에 서로 다툼. 〔一하다〕.

골자 〔一짜〕(骨子) 🔷 요긴한 곳. 🔶 요점.

골치 🔷 ① 「머리」의 속된 말. ② 골머리.

골탕 🔷 몹시 당하는 손해나 욕.

골탕 먹다 🔶 한꺼번에 크게 욕을 당하거나 손해를 입다. 예 친구의 거짓말에 속아서 골탕을 먹다.

곪:다 〔一따〕🔶 염증이 생긴 살에 고름이 들게 되다.

굶다 🔶 먹는 양이 모자라서 늘 배가 고프다.

곰:🔷 몸의 길이가 2 m에 가깝고 뚱뚱한 짐승. 털빛이 흑색·갈색·백색의 여러 종류가 있으며, 밤·딸기·나무 뿌리·개미·고기 등을 먹으며 겨울에는 굴에서 겨울잠을 잠.

곰방-대 🔷 짧은 담뱃대.

곰:보 🔷 얼굴이 얽은 사람.

곰:팡이 🔷 어둠침침한 곳이나 축축한 음식물 등에 생기는 균.

곱:다 🔶 보기에 산뜻하고 아름답다. 예 옷 빛깔이 곱다.

곱사등-이 🔷 등뼈가 굽고 등에 큰 혹과 같은 뼈가 불쑥 나온 사람.

곱-셈 🔷 곱하는 셈.

곱추 🔷 곱사등이.

곳 🔷 장소. 예 그곳을 찾아 갔다.

곳간 (一間) 🔷 창고. 고간 (庫間).

공:🔷 고무나 가죽 따위로 둥글게 만든 운동구.

공 (功) 🔷 ① 「공로」의 준말. ② 애쓴 보람. 예 공든 탑이 무너지랴.

공간 (空間) 🔷 모든 방향으로 틔어 있는 빈 곳. 빈 자리. 예 우주 공간.

공:갈 (恐喝) 🔷 무섭게 으르고 위협함. 〔一하다〕.

공개 (公開) 🔷 널리 개방하여

알림. [비] 개방. [반] 비밀. 〔~하다〕.

공개 방:송 (公開放送)[명] 방송하는 모습을 청취자에게 보이며 하는 방송.

공:격 (攻擊)[명] 적군을 쳐부숨. [비] 공략. [반] 방어. [예] 공격 명령. 〔~하다〕.

공경 (恭敬)[명] 삼가서 섬김. [예] 어른을 공경하다. 〔~ 하다〕.

공고 (公告)[명] 세상에 널리 알림. [비] 광고. [예] 학생 모집 공고. 〔~하다〕.

공공 (公共)[명] ① 여러 사람과 같이 함. ② 일반 사회. [예] 공공 사업.

공과 (工科)[명] 공학에 관한 학문을 연구하는 학과.

공교:-롭다 (工巧－)[형] 썩 잘 되고 묘하다.

공군 (空軍)[명] 공중에서의 공격과 방비를 맡은 군대.

공금 (公金)[명] 국가나 공공 단체의 돈.

공:급 (供給)[명] ① 필요에 따라 물품을 대어 줌. ② 바꾸거나 팔 목적으로 시장에다 상품을 제공함. [반] 수요. [예] 필수품 공급. 〔~하다〕.

공기 (空氣)[명] 지구를 둘러싸고 있는 무색·무취의 투명한 기체. [예] 사람은 공기를 마신다.

공기-총 (空氣銃)[명] 압착·공기의 작용을 이용하여 만든 총.

공납-금 (公納金)[명] 학생이 학교 당국에 정기적으로 바치는 돈.

공:대 (恭待)[명] 공손히 대접함. 〔~하다〕.

공덕 (功德)[명] 여러 사람을 위한 착한 일.

공-돈 (－돈)[명] 힘을 들이지 않고 생긴 돈. [예] 공돈을 바라는 것은 좋지 않다.

공:동 (共同)[명] 여러 사람이 같이 함. [예] 공동 작업.

공:동 묘지 (共同墓地)[명] 여러 사람이 함께 무덤을 쓰는 곳.

공:동 생활 (共同生活)[명] 서로 협력하여 살아가는 생활. [반] 개인 생활. [예] 공동생활에서는 질서를 잘 지켜야 한다. 〔~하다〕.

공:동 식수 (共同植樹)[명] 여러 사람이 공동으로 나무를 심음. [예] 식목일에는 공동식수를 한다. 〔~하다〕.

공든-탑 (功－塔)[명] 힘과 정력을 들여서 이루어 놓은 일. [예] 공든 탑이 무너지랴.

공-들이다 (功－)[자] 무엇을 이루기 위하여 마음과 힘을 많이 쓰다.

공란 (空欄)[명] 지면의 빈 난. [예] 공란을 활용해서 쓰라.

공로 (公路)[명] 여러 사람이 다니는 길.

공로 (功勞)[명] 힘들여 일한 공. [준] 공. [비] 공훈. [반] 죄과. [예] 공로를 치하하다.

공로 (空路)[명] 「항공로」의 준말.

공론 (空論)[명] 쓸 데 없는 의논. [예] 쓸 데 없는 공론은 시간 낭비다. 〔~하다〕.

공립 (公立)[명] 공공 단체에서 설립하여 유지하는 일. [반] 사립.

공명(功名)**멸** 공을 세워 이
름을 멸침. **예** 공명은 효도
하는 방법의 하나이다.

공명 정:대(公明正大)**멸** 마음
이 공명하고 사심이 없음. **예**
공명정대하게 살아가라.

공:모(共謀)**멸** 두 사람 이상
같이 일을 꾀함. **예** 살인을 공
모하다. 〔~하다〕.

공모(公募)**멸** 널리 알리어 모
집함. **예** 사원 공모. 〔~하
다〕.

공무(公務)**멸** 국가 또는 공공
단체의 사무나 직무.

공무-국(工務局)**멸** 출판사·
신문사 등에서 공장 관계의
일을 맡아 하는 곳.

공무-원(公務員)**멸** 국가 또는
지방 공공 단체의 사무를 담
당한 사람.

공-문서(公文書)**멸** 공무원이
직무상 작성한 문서.

공:물(貢物)**멸** 백성이 나라에
바치던 물건.

공:민-왕(恭愍王)**멸** 고려의
31대 임금.

공박(攻駁)**멸** 남의 잘못한 것
을 따지어 공격함. 〔~하다〕.

공:방(攻防)**멸** 공격과 방어.

공:배:수(公倍數)**멸** 두 개 이
상의 정수에 공통한 배수.

공백(空白)**멸** 아무 것도 없이
빔. **비** 여백. **예** 공백을 활용
해서 사용하라.

공:범(共犯)**멸** 두 사람 이상
이 공모하여 범한 죄. 또는
그 사람. **반** 단독범. **예** 그들
은 공범이다. 〔~하다〕.

공병(工兵)**멸** 군대에서 도로·
다리 따위를 건설하는 일을
맡아 하는 병과.

공병(空瓶)**멸** 빈 병.

공보(公報)**멸** 관청에서 국민
일반에게 널리 알리는 보고.
반 사보. **예** 게시판에 공보
가 붙었다.

공복(公僕)**멸** 국민에게 봉사
하는 사람. **비** 공무원.

공복(空腹)**멸** 아무 음식도 먹
지 않은 배. 빈 속. **예** 공복에
술을 마시면 건강에 나쁘다.

공부(工夫)**멸** 배우고, 익히고,
슬기를 닦는 일. **비** 학습. **예**
과학 공부. 〔~하다〕.

공비(共匪)**멸** 공산당의 유격
대. **예** 공비 소탕.

공사(工事)**멸** 나무·흙·돌 등
을 써서 하는 일. **비** 역사.

공사(公私)**멸** 공공의 일과 사
사로운 일.

공사(公使)**멸** 조약국에 있으
면서 본국을 대표하는 외교
관의 하나. **예** 전권 공사.

공사-비(工事費)**멸** 공사에 드
는 비용.

공사-장(工事場)**멸** 공사를 하
는 현장.

공:산 괴:뢰(共産傀儡)**멸** 공
산당의 허수아비.

공:산-군(共産軍)**멸** 공산주
의 나라의 군대.

공:산-당(共産黨)**멸** 공산주의
를 받들어 온갖 수단을 가리
지 않는 무리들이 만든 정당.

공:산-주의(共産主義)**멸** 개
인 재산을 인정하지 않고 국
민에게 자유를 주지 않는 주

의. **맨** 민주주의.

공상(空想)**명** 이루어질 수 없는 헛된 생각. **예** 공상 소설. 〔~하다〕.

공석(公席)**명** 공적인 일로 모인 자리.

공석(空席)**명** 빈 자리.

공설 시:장(公設市場)**명** 국가나 공공 단체에서 설립한 시장.

공소(公訴)**명** 검사가 형사 사건에 관하여 법원에 그 재판을 청구하는 신청. 〔~하다〕.

공:손(恭遜)**명** 남을 높이고 자신을 낮추는 태도. **맨** 겸손. **맨** 거만. 불손. **예** 공손히 절하다.

공수 특전:단(空輸特戰團)**명** 비행기를 타고 가서 낙하산으로 적의 땅에 내려 적을 쳐부수는 특별한 군대.

공습(空襲)**명** 항공기로써 적지를 습격함. 〔~하다〕.

공습 경:보(空襲警報)**명** 적의 비행기가 습격해 왔을 때 경계하라고 알리는 소리.

공식(公式)**명** ① 관청의 의식. ② 뚜렷하고 떳떳한 방식. ③ 계산 법칙을 나타낸 식.

공신(功臣)**명** 큰 공로가 있는 신하.

공안(公安)**명** 사회 공공의 안녕과 질서.

공약(公約)**명** 여러사람 앞에서 약속함, 또는 그 약속. 〔~하다〕.

공약 삼장(公約三章)**명** 독립 선언서의 맨 끝에 적어 넣은, 모든 사람이 그렇게 하기로 약속한 세 가지 조건.

공·약수(公約數)**명** 둘 이상의 수에 공통되는 약수.

공:양(供養)**명** ① 어른 앞에 음식물을 드림. ② 부처 앞에 음식물을 드림. **예** 부모 공양. 〔~하다〕. **맨** 불공.

공:양-미(供養米)**명** 공양 드리는데 쓰는 쌀. **예** 공양미 삼백 석.

공업(工業)**명** 자연물에 사람의 힘을 더해 쓸모 있는 물품을 만드는 일.

공업 단지(工業團地)**명** 경제 성장을 위하여 공장들을 한 곳에 몰아 놓은 지역.

공연(公演)**명** 여러 사람 앞에서 연극·음악 따위를 공개함. 〔~하다〕.

공연-하다(空然一)**형** 이유나 필요가 없다. 쓸데가 없다. **예** 공연한 걱정을 하다.

공영(公營)**명** 공공 단체의 경영. **맨** 민영. 〔~하다〕.

공예(工藝)**명** 공작에 관한 예술.

공예-품(工藝品)**명** 아름답고 예술상의 가치가 있게 교묘한 솜씨로 만들어 내어 생활에도 직접 필요로 하는 물건.

공:용(共用)**명** 공동으로 씀. 〔~하다〕.

공원(公園)**명** 여러 사람이 휴식을 하기 위하여 만들어 놓은 동산. **예** 남산 공원.

공유-물(公有物)**명** 국가 또는 공공 단체가 소유한 물건. **맨** 사유물.

공-으로(空一)**뮤** 힘이나 돈을 쓰지

않고 그저.

공의 (公醫)圖 관청의 지시로 그 구역 안의 환자를 치료하는 의사.

공익 (公益)圖 공동의 이익.

공인 (公認)圖 일반 공중이 시인함.〔~하다〕.

공-일 (一넓)圖 보수 없이 하는 일.**団** 삯일.

공자 (公子)圖 귀한 집안의 어린 아들.

공:자 (孔子)圖 약 2500여년 전에 중국 춘추 전국 시대에 태어난 훌륭한 학자.여러 나라를 돌아다니며 나라를 다스리는 도리를 가르침.유교를 편 세계 4대 성인 중의 한 사람.

공작 (工作)圖 ① 미리 일을 꾸밈.② 물건을 만드는 일.〔~하다〕.

공:작 (孔雀)圖 꿩과 비슷하나 몸이 크며 깃이 아름다운 빛깔인 새.특히 수컷의 깃은 길며,펴면 아름다운 무늬가 많은 부채의 모양이 됨.

공작-대 (工作隊)圖 특수한 일을 꾸미는 부대.

공장 (工場)圖 물건을 만들거나 가공하는 곳.

공적 (功績)圖 애쓴 보람.**団** 공로.

공전 (公轉)圖 혹성이 태양의 둘레를 주기적으로 도는 일.**団** 자전.**예** 지구는 태양의 둘레를 공전한다.〔~하다〕.

공정 (工程)圖 작업이 되어 가는 정도.

공정 (公正)圖 공평하고 올바름.**예** 공정한 심판.

공정 가격 (公定價格)圖 국가가 경제를 통제하기 위하여 정해진 상품의 최고 또는 최저 가격.

공:제 (共濟)圖 서로 협력하여 도움.〔~하다〕.

공:제 (控除)圖 떼어 없애 버림.〔~하다〕.

공:제 조합 (共濟組合)圖 조합원끼리 서로 돕기 위하여 매달 얼마씩 모은 자금으로 만든 조합.

공:존 (共存)圖 함께 살아 나감.〔~하다〕.

공주 (公主)圖 왕후가 낳은 임금의 딸.**団** 왕자.

공중 (公衆)圖 사회의 여러 사람들.

공중 (空中)圖 하늘과 땅 사이.**団** 공간.**예** 공중을 나는 비행기.

공중 도:덕 (公衆道德)圖 사회의 여러 사람들이 함께 지켜야 할 의리.

공중 위생 (公衆衛生)圖 사회 일반의 건강을 위한 위생.

공차 (空車)圖 ① 빈 수레. ② 삯을 내지 않고 거저 타는 차.

공책 (空冊)圖 무엇을 쓰기 위하여 백지로 된 책.노트.**団** 학습장.

공-치다 짜 허탕치다.

공:통 (共通)圖 두루 통용됨.**団** 상이.

공판 (公判)圖 형사 피고인의 범죄의 있고 없음에 관하여 재판이 행하여지는 절차.〔~하다〕.

과시 (誇示)圓 자랑하여 보임.
〔~하다〕.

과:식 (過食)圓 지나치게 많이
먹음.〔~하다〕.

과:실 (過失)圓 ① 허물. ② 부
주의로 일으킨 잘못.

과:실 (果實)圓 먹을 수 있는
나무의 열매.町 과일.

과:언 (過言)圓 정도에 지나친
말.

과업 (課業)圓 맡은 일.町 업
무.예 우리의 과업은 남북
통일의 이룩이다.

과:연 (果然)튀 알고 보니 정
말.정녕.町 참으로.예 설악
산은 과연 경치가 좋다.

과:열 (過熱)圓 지나치게 더움.
〔~하다〕.

과:오 (過誤)圓 과실과 착오.
잘못.町 과실.

과외· (課外)圓 정해 놓은 학
과 외에 따로 하는 공부나
과업.

과:일 圓 =과실. 실과.예 맛있
는 과일.

과:일 나무 圓 과일이 열리는
나무.

과자 (菓子)圓 밀가루·쌀가루·
설탕 등을 뒤섞어서 먹기
좋게 만든 음식.

과:정 (過程)圓 일을 해 나가
는데 밟아야 할 차례.예 오
이가 자라는 과정.

과정 (課程)圓 과업이나 일의
정도.

과제 (課題)圓 ① 제목. ② 부
과된 문제.町 숙제.

과:중 (過重)圓 너무 무거움.
벅참.

과:즙 (果汁)圓 과일에서 짜낸
즙.

과:태-금 (過怠金)圓 벌로 내
는 돈.

과:-하다 (過一)圓 너무 지나
치다.

과학 (科學)圓 여러 가지 법칙
과 자연의 이치를 연구하
는 학문.예 과학자.

과학-자 (科學者)圓 연구와 관
찰을 하여 지식을 캐내는
일을 하는 사람.

과학-적 (科學的)圓 과학을 바
탕으로 한 것.예 과학적 연
구.

곽재-우 (郭再祐) 圓 〔1552~
1619〕임진왜란 때 의병의
지도자. 경상도 의령에서 의
병을 일으켜 왜군과 싸웠
음. 붉은 옷을 입고 싸웠다
하여 홍의장군이라고도 함.

관 (冠)圓 머리에 쓰는 모자처
럼 생긴 물건.

관:개 (灌漑)圓 논밭에 필요한
물을 댐.예 관개사업. 〔~
하다〕.

관계 (關係)圓 둘 이상이 서로
걸림.町 관련.예 한국과 밀
접한 관계가 있는 나라.
〔~하다〕.

관공-리 (官公吏)圓 =공무원.

관공-서 (官公署)圓 국가나
지방 공공단체의 총칭. 町
관청.

관광 (觀光)圓 다른 고장의 문
물과 풍토를 구경함. 예 관
광여행.〔~하다〕.

관광-객 (觀光客)圓 이름난 곳
이나 남아있는 옛 자취를

더듬어 구경하러 다니는 사
람.웹 유람객.예 관광객으
로 붐비는 불국사.

관광-지 (觀光地)웹 관광 시설
이 있는 경치가 매우 좋은
곳.

관내 (管内)웹 다스리는 구역
안.

관대 (寬大)웹 마음이 너그러
움.예 관대히 용서해 주다.

관대 (寬待)웹 너그럽게 대우
함. 〔~하다〕.

관람 (觀覽)웹 극이나 영화 따
위를 봄.예 영화관람.〔~하
다〕.

관련 (關聯·關連)웹 얽히고 걸
림.예 그 일에 관련이 있다.
〔~하다〕.

관례 (慣例)웹 습관이 된 전례.
예 절을 하는 것이 관례이
다.

관:리 (管理)웹 사무를 맡아
처리함.예 관리사무소.〔~
하다〕.

관리 (官吏)웹 나라 일을 맡아
보는 사람.웹 공무원.

관:목 (灌木)웹 진달래·앵두
처럼 키가 작고, 가는 줄기
에 밑둥에서 많은 가지가
나는 나무.웹 교목.

관민 (官民)웹 관리와 국민.예
관민이 하나가 되어 이끌어
가야 한다.

관비 (官費)웹 정부에서 내는
비용.웹 사비.

관상 (觀賞)웹 보고 칭찬하거
나 즐김.예 관상식물.〔~하
다〕.

관상 (觀相)웹 사람의 상을 보

고 그의 운명·재수를 판단
하는 일.

관상-대 (觀象臺)웹 천체와 기
상을 관측하고 알리는 곳.
예 관상대에서 기후를 알려
주다.

관서 (官署)웹 관청.

관습 (慣習)웹 오래 전부터 해
오거나 익은 버릇.웹 습관.
풍습.

관심 (關心)웹 마음에 두고 잊
지 못함.웹 주의.예 관심이
깊다.

관:악 (管樂)관악기로 연주하
는 음악.

관악-기 (管樂器)웹 긴 대롱
을 이용하는 악기. 금관 악
기와 목관 악기가 있음.

관용 〔官用〕웹 관청의 사용.
예 관용을 베풀줄 알아야
한다. 〔~하다〕.

관용 (寬容)웹 너그럽게 용서
함.

관인 (官印)웹 관청에서 쓰는
도장.

관전: (觀戰)웹 싸움을 바라봄.
〔~하다〕.

관절 (關節)웹 뼈와 뼈가 맞닿
은 연결부.

관:세-소 (管制所)웹 감독하
고 다스리는 곳.

관중 (觀衆)웹 구경하는 사람
들.예 관중이 꽉 찼다.

관찰 (觀察)웹 사물을 조심하
여 자세히 봄.예 사물을 관
찰하는 힘. 〔~하다〕.

관찰-사 〔-싸〕(觀察使)웹 조
선시대 팔도에 파견된 벼
슬 이름.지금의 도지사와

같음.

관창(官昌)뎽 신라 무열왕 때의 화랑. 16세의 어린 나이로 황산 싸움에 나아가 싸우다가 계백 장군에게 잡혀 죽었음.

관청(官廳)뎽 국가 사무를 맡아보는 기관. 중앙청·도청·읍사무소 따위. **町** 관공서.

관측(觀測)뎽 기상을 관찰 측정함. **예** 기상관측소. 〔~하다〕.

관통(貫通)뎽 꿰뚫어 통함. **예** 총알이 머리에 관통했다. 〔~하다〕.

관헌(官憲)뎽 관리.

관ː현-악(管絃樂)뎽 현악기·관악기에 의한 합주 음악. **町** 교향악. **예** 관현악 연주.

관현악-단(管絃樂團)뎽 관현악을 연주하는 단체. **町** 교향악단.

관-혼-상-제(冠婚喪祭)뎽 일정한 형식으로 행하여지고 있는 결혼·장사·제사 등의 의식.

광뎽 ①「고방」의 준말. ②온갖 물건을 넣으려고 만든 방. **町** 창고.

광(光)뎽 ① 빛. ② 매끄러운 윤기.

광경(光景)뎽 형편과 모양. **예** 그 광경이 눈에 선하다.

광ː고(廣告)뎽 세상에 널리 알림. **町** 공고. **예** 그 사실을 광고하다. 〔~하다〕.

광ː고-문(廣告文)뎽 널리 알리기 위하여 쓴 글. **예** 광고문을 게시하다.

광ː대뎽 연극·노래·춤·줄타기·땅재주 등을 잘 부리는 사람.

광ː물(鑛物)뎽 땅 속에 들어 있는 천연의 무기물. 금·철 따위.

광ː-범(廣範圍)위 넓고 큰 범위.

광복(光復)뎽 잃었던 나라를 도로 찾음. **町** 해방. **예** 광복의 기쁨을 온 국민이 누렸다. 〔~하다〕.

광복-군(光復軍)뎽 제 2 차세계대전중에 중국에서 편성된 우리 나라의 항일 독립군.

광복-절(光復節)뎽 1945년 8월 15일에 우리 나라가 일본으로부터 해방된 것을 기념하는 날. 8월 15일.

광ː부(鑛夫)뎽 광물을 캐는 일꾼.

광ː산(鑛山)뎽 광물을 캐내는 산.

광ː장(廣場)뎽 여러 사람이 모임을 가질 수 있는 넓은 장소. 너른 마당. **예** 광장에 모인 많은 사람들.

광주리뎽 대·싸리 등으로 만든 둥근 그릇.

광주 학생 사ː건〔-껀〕**(光州學生事件)** 1929년 10월 30일 오후 5시 30분경 전남 광주와 나주 사이의 열차간에서 우리 나라 학생과 일본 학생 사이에 일어난 사건. 그로 인해 1929년 11월 3일, 광주고보 학생들은 일본중학생과 충돌, 이를 잘못 보도한 광주일보에 항의, 만세를 부르며 시가 행진을 하였음.이 운동은 1930년까지 계속되었음.그 후 11월 3일을 「학생의 날」로 정하여 기념함.

광채(光彩)**명** 눈부시게 번쩍이는 빛.**예** 광채나는 다이아몬드.

광택(光澤)**명** 번들번들한 빛.

광해-**군**(光海君)**명** 〔1575∼1641〕 조선 제15대 왕. 후금에 대비하여 성을 쌓고 국방을 튼튼히 하기도 하였으나 폭군으로 몰려 쫓겨났음.

괘:종(掛鐘)**명** 벽에 거는 시계.

괜-히 부 아무런 까닭없이. 쓸데 없이.

괭이명 땅을 파는 농기구.

괴:다자 우묵한 곳에 물 따위가 웅덩이에 모이다.**예** 물이 괴다.

괴:다타 밑을 받치어 안정시키다.**예** 돌로 괴다.

괴로움명 몸과 마음이 편하지 않음.**반** 고통.**반** 즐거움.

괴롭-히다타 괴롭게 하다. 못살게 굴다.

괴:뢰(傀儡)**명** ① 꼭두각시. ② 남의 앞잡이로 이용당하는 사람.

괴:뢰-군(傀儡軍)**명** 남의 앞잡이로 이용당하는 허수아비 군대.**예** 북한 괴뢰군.

괴:뢰 정부(傀儡政府)**명** 다른 나라가 시키는 대로 움직이는 꼭두각시 정부.

괴:물(怪物)**명** 괴상하게 생긴 물건이나 동물.

괴:상(怪狀)**명** 기괴한 모양. **비** 괴이.

괴수(魁首)**명** 악인의 우두머리.**비** 두목.**반** 졸개.

괴:질(怪疾)**명** 원인을 알 수 없는 이상한 병.**예** 괴질에 걸린 학생.

괴:팍-하다(乖愎―)**형** 성미가 비꼬이고 고집이 세다.**예** 성질이 무척 괴팍하다.

굉장(宏壯)**형** 큼직하고 훌륭함.

굉장(宏壯)**형** 넓고 크고 으리으리함.**예** 굉장한 힘.

굉활(宏闊)**형** 크고 너름.**예** 굉활한 바다.

교:가(校歌)**명** 학교의 기풍을 나타내기 위하여 부르는 노래.**예** 교가를 부르는 학생들.

교:감(校監)**명** 학교장을 보좌하고 교무(校務)를 감독하는 직책,또는 그 사람.

교:과-서(教科書)**명** 각급 학교에서 배우는 책.**예** 교과서를 열심히 읽으세요.

교:관(教官)**명** 학교에서 군사훈련을 가르치는 사람.

교:기(校旗)**명** 학교를 대표하는 기.**예** 펄럭이는 교기.

교:단(教壇)**명** 교실에서 선생이 강의를 할 때 올라서는 단.

교대(交代)**명** 서로 바꾸어 번을 듦.**예** 교대로 문을 지키다. 〔∼하다〕.

교류(交流)**명** 근원이 다른 물

이 서로 섞이어서 흐름.㉔ 문화교류. 〔-하다〕.

교만(驕慢)[명] 건방지고 방자함.

교-모(校帽)[명] 학교에서 정해진 모자.㉔ 학생은 교모를 단정히 써야 한다.

교-묘(巧妙)[명] 썩 묘함.

교-문(校門)[명] 학교의 정문.

교-복(校服)[명] 학교의 일정한 제복.㉔ 단정한 교복.

교-사(校舍)[명] 학교의 건물.

교-사(教師) 공부를 가르치는 사람.㉔ 선생. 교원.

교-수(教授)[명] ① 대학의 교원. ② 학문과 재주를 가르침.

교-실(教室)[명] 학교에서 학습이나 수업을 하는 방.㉔ 학생들이 교실에서 공부를 한다.

교-양(教養)[명] ① 학문·지식 따위를 바탕으로 하여 스스로의 몸에 갖추게 된 인격.㉔ 교양인. ② 가르쳐 기름.㉔ 스스로 교양을 쌓아야 한다. 〔-하다〕.

교외(郊外)[명] 도회지에 가까운 지역.㉘ 야외.㉙ 시내.㉔ 교외로 소풍을 가자.

교우(交友)[명] 벗을 사귐.㉔ 원만한 교우관계. 〔-하다〕.

교-우(校友)[명] 한 학교에서 같이 배우고 있는 벗.

교-원(教員)[명] 교수 및 훈육을 맡아 보는 사람.㉘ 교사.

교-육(教育)[명] 가르치어 지식을 줌.㉘ 교화.㉔ 올바른 교육에서 올바른 인간이 형성된다. 〔-하다〕.

교-육-가(教育家)[명] 교육에 종사하는 사람.

교-육-열〔-녈〕(教育熱)[명] 교육에 대한 열성.㉔ 투철한 교육열.

교-육-자(教育者)[명] 교육에 종사하는 사람.㉘ 교육가.

교-인(教人)[명] 종교를 믿는 사람.㉘ 신자.

교-장(校長)[명] 학교의 우두머리.

교-재(教材)[명] 배우는 데에 필요한 재료.㉔ 올바른 교재를 사용해라.

교-정(校庭)[명] 학교의 마당.㉔ 그리운 교정.

교제(交際)[명] 서로 사귐.㉔ 원만한 교제. 〔-하다〕.

교-직-원(教職員)[명] 교육에 종사하는 사람.

교통(交通)[명] ① 서로 오고 가는 일. ② 사람의 왕복과 화물을 실어 나르는 일.

교통 기관(交通機關)[명] 교통에 이용되는 자동차·기차 따위의 시설.

교통-량(交通量)[명] 일정한 곳에서 일정한 시간에 왕래하는 교통의 분량.㉔ 아침 시간에는 교통량이 많다.

교-편(教鞭)[명] ① 선생이 가지던 회초리. ② 교직 생활.

교포(僑胞)[명] 다른 나라에 가서 살고 있는 동포.

교환(交換)[명] 서로 바꿈.㉘ 교역.㉔ 책을 서로 교환하다. 〔-하다〕.

교:회 (敎會)[명] 교인들이 모여서 예배를 보기위한모임. 또는 그 사람들이 모이는 집. [비] 성당.
교회-당 (敎會堂)[명]= 예배당.
교:훈 (校訓)[명] 그 학교의 목표가 되는 가르침.
교:훈 (敎訓)[명] ① 이끌어 주고 가르침. ② 향하여 나아가는 목표가 될 만한 가르침. [예] 위대한 교훈. 〔~하다〕.
구겨-지다 [피동] 비비어 구김살이 생겨지다. [예] 옷이 구겨지다.
구격 (具格)[명] 격식에 어울리는 짜임. [예] 구격에 맞는 모양.
구:경 [명] 경치나 경기 따위를 흥미를 가지고 보는 일. [비] 관람. [예] 영화 구경. 〔~하다〕.
구:경-꾼 [명] 구경하는 사람.
구:국 (救國)[명] 나라를 구함. [반] 매국. [예] 구국에 앞장 선 독립투사들. 〔~하다〕.
구기다 [타] 구김살이 생기게 하다. [예] 종이를 구기다.
구덕 [명] 제주도 여자들이 쓰는 대바구니.
구덩이 [명] 땅이 움푹하게 들어간 곳. [예] 구덩이에 공이 빠지다.
구독 (購讀)[명] 책이나 신문 잡지 따위를 사서 읽음. [예] 신문구독. 〔~하다〕.
구두-쇠 [명] 돈과 물건을 너무 아끼는 사람. [비] 수전노.
구들-장 〔—짱〕[명] 방고래 위에 얹는 얇고 넓은 돌.
구렁이 [명] ① 큰 뱀. ② 능글 맞은 사람.
구레-나룻 [명] 귀 밑에서 턱까지 난 수염.
구:령 (口令)[명] 여러 사람이 함께 움직이도록 지르는 소리. 「경례」·「차려」 따위. [비] 호령.
구르다 [자] 데굴데굴 돌며 옮기어 나아가다.
구르다 [자] 쿵쿵 내리 디디다.
구름 [명] 공기 속의 수분이 작은 물방울의 상태로 떠 있는 것.
구름 다리 [명] 공중에 높이 놓은 다리.
구매 (購買)[명] 물건을 사들임. [예] 구매광고. 〔~하다〕.
구멍 [명] 뚫어지거나 팬 자리.
구멍 가:게 [명] 조그맣게 차린 가게.
구:미 (口味)[명] ① 입맛. ② 가지고 싶어하는 마음. [예] 구미가 당긴다.
구박 (驅迫)[명] 못 견디게 괴롭힘. [비] 박해. [반] 후대. 〔~하다〕.
구별 (區別)[명] ① 종류에 따라 갈라 놓음. [예] 진짜와 가짜를 구별하다. 〔~하다〕. ② 한몫 나눔. [비] 구분. [반] 혼동.
구부리다 [타] 굽게 하다.
구분 (區分)[명] 구별하여 나눔. [예] 구분하여 서시오. 〔~ 하다〕.
구석 [명] 모퉁이의 안 쪽. [비] 모퉁이. [반] 가운데. [예] 구석에 있는 재털이.

구석-구석 튄 구석마다 모두. 예 구석구석 샅샅이 찾아라.

구석-방(一房)몡 집의 한 모퉁이에 있는 방.

구석-지다 혱 한 쪽 구석으로 치우치다. 예 그 방은 구석지다.

구성(構成)몡 얽어 짬 비 편성. 〔~하다〕.

구:세-군(救世軍)몡 예수교의 한 파.

구속(拘束)몡 가두어 둠. 빈 석방. 예 구속된 죄수. 〔~하다〕.

구수:-하다 혱 냄새나 맛이 비위에 당기다. 죤 고소하다. 예 찌개가 구수하다.

구:술(口述)몡 말로써 아룀. 예 구술 시험. 〔~하다〕.

구슬몡 ① 둥근 보석으로 만든 물건. ② 유리로 눈알만하게 둥글게 만든 아이들의 장난감.

구슬-비 몡 풀잎 따위에 구슬처럼 맺히도록 내리는 가랑비.

구슬-치기 몡 구슬을 가지고 노는 놀이.

구슬프다 혱 외롭고 슬프다.

구실 몡 마땅히 제가 해야할 일. 비 역할. 예 제 구실을 다하자. 예 반장의 구실.

구:실(口實)몡 변명할 재료. 비 핑계. 예 구실을 찾다.

구역(區域)몡 구별하여 놓은 경계. 비 지역.

구:원(救援)몡 도와서 건져 줌. 비 구제. 예 구원을 청하다.

〔~하다〕.

구월-산(九月山)몡 우리 나라 황해도에 있는 산. 단군이 들어가서 자취를 감추었다는 아사달산이 이 산이라고 함. 〔954m〕.

구유몡 마소의 먹이를 담아 주는 나무 통.

〈구유〉

구입(購入)몡 물건을 사들임. 빈 판매.

구절(句節)몡 한 토막의 말이나 글.

구:정(舊正)몡 음력 설. 빈 신정.

구:제(救濟)몡 어려운 사람을 도와 건짐. 비 구호. 예 빈민 구제 사업. 〔~하다〕.

구:제-소(救濟所)몡 먹을 것이나 입을 것이 없는 불쌍한 사람들을 도와 주는 곳. 비 구호소.

구:조(救助)몡 구원하고 도와 줌. 비 구원. 예 물에 빠진 사람을 구조했다. 〔~하다〕.

구:조(構造)몡 ① 꾸며 만듦. ② 꾸밈새. 비 장치. 예 집의 구조. 〔~하다〕.

구:주(救主)몡 구원해 주는 주인이라는 뜻으로, 예수 그리스도를 말함.

구차-하다(苟且一)혱 몹시 군색하고 가난하다. 예 늘어놓는 말이 구차하다.

구체-적(具體的)몡 실제적이고, 자세한 부분까지 다루고 있는 모양. **예** 구체적인 계획.

구:출(救出)**명** 도와서 구해 냄. **예** 물에 빠진 소녀를 구출해 내다. 〔~하다〕.

구태여 🖫 일부러. 애써. 짐짓. **예** 구태여 그러실 필요 없어요.

구:-하다(救─)**타** 도와 주다.

구-하다(求─)**타** ① 손에 넣으려고 찾다. ② 원하던 것을 찾아 얻다. **예** 책을 구하다.

구:호(救護)**명** 구하여 보호함. **비** 구조. 〔~하다〕.

구:호-소(救護所)**명** 어려운 사람을 도와 주는 일을 맡아 보는 곳. **예** 피난민 구호소.

국가(國家)**명** ① 나라. ② 일정한 영토를 가지고 거기에 사는 사람들을 다스리는 정치 단체. **비** 나라.

국가(國歌)**명** 한 나라의 이상과 국민의 기개를 나타내어 의식 때에 부르는 노래.

국가 시험(國家試驗)**명** 나라에서 보는 시험.

국-거리 명 국을 끓이는 재료.

국경(國境)**명** 나라와 나라 사이의 경계.

국경-일(國慶日)**명** 국가적인 경사를 축하·기념하는 날. **비** 경축일. **반** 국치일.

국교(國交)**명** 나라와 나라 사이의 교제. **예** 국교를 돈독히 하자.

국군(國軍)**명** ① 나라의 군대. 육군·공군·해군을 통틀어서 말함. ② 우리 나라의 군대. **예** 씩씩한 우리의 국군.

국기(國旗)**명** 그 나라를 상징

하기 위하여 만들어 놓은 기 **예** 우리나라의 국기는 태극기이다.

국기(國技)**명** 그 나라의 독특한 기예.

국난(國難)**명** 나라의 위태로운 고비. **예** 어려운 국난에 대처해 나가는 슬기로운 지혜.

국내(國內)**명** 나라 안. **반** 국외.

국도(國道)**명** 나라에서 관리하는 길.

국력(國力)**명** 한 나라가 가진 힘. **비** 국세. **예** 체력은 국력이다.

국록(國祿)**명** 나라로부터 받는 봉급.

국립 공원(國立公園)**명** 국가가 지정하여 경영·관리하는 공원.

국명(國命)**명** 나라의 명령.

국무 총:리〔─니〕(國務總理)**명** ① 행정부에 딸려 대통령을 돕고, 각부 장관을 지휘·감독하는 공무원. ② 내각의 우두머리.

국문(國文)**명** ① 한 나라의 고유한 글. ② 우리 나라의 글.

국민(國民)**명** 한 나라 안에서 살고 있는 모든 사람들. **비** 백성.

국민 교:육(國民敎育)**명** 국민 전체의 지식 수준을 높이기 위한 가르침.

국민 교:육 헌:장(國民敎育憲章)**명** 국민 교육의 기본 방향과 목표를 밝힌 글. 전문 393자로 1968년 12월 5일

ㄱ

선포했음.

국민 소:득(國民所得)<mark>명</mark> 국민 전체가 일정한 기간 동안에 생산하여 얻는 것을 돈으로 따져 놓은 액수.

국민 운:동(國民運動)<mark>명</mark> 온 국민이 어떤 일을 이룩하기 위하여 힘을 합쳐서 하는 활동.

국민 저:축 조합 예:금(國民貯蓄組合預金)<mark>명</mark> 학교나 직장 같은 데서 단체로 하는 예금.

국민 투표(國民投票)<mark>명</mark> 나라의 중대한 일에 대하여, 국민 전체가 하는 투표. <mark>예</mark> 국민 투표에 모두 참여하자.

국법(國法)<mark>명</mark> 나라에서 정해 놓은 법. 나라의 기본이 되는 법. <mark>예</mark> 국법은 국민이 반드시 지켜야 한다.

국보(國寶)<mark>명</mark> 나라의 보배. <mark>예</mark> 국보를 소중히 가꾸자.

국비(國費)<mark>명</mark> 나라에서 지출하는 비용. <mark>반</mark> 사비.

국사(國史)<mark>명</mark>① 한 나라의 역사. ② 우리 나라의 역사.

국산(國産)<mark>명</mark> 그 나라에서 나는 생산물. <mark>반</mark> 외산. <mark>예</mark> 국산 애용.

국산-품(國産品)<mark>명</mark> 자기 나라에서 생산된 물품. <mark>예</mark> 국산품 애용.

국세-청(國稅廳)<mark>명</mark> 세금을 매기고 거둬 들이는 관청.

국수(國手)<mark>명</mark>① 이름난 의사. ② 바둑 따위가 한 나라에서 일류인 사람.

국어(國語)<mark>명</mark>① 그 나라의

고유한 말. ② 우리 나라의 말. <mark>반</mark> 외국어.

국어 사전(國語辭典)<mark>명</mark> 자기 나라 말을 모아서 일정한 차례로 벌려 싣고 그 발음·뜻·쓰임에 대하여 풀이한 책.

국왕(國王)<mark>명</mark> 나라의 임금.

국외(國外)<mark>명</mark> 나라의 밖. <mark>반</mark> 외국. <mark>반</mark> 국내.

국운(國運)<mark>명</mark> 나라의 운명.

국위 선양(國威宣揚)<mark>명</mark> 나라의 위엄을 드러냄. <mark>예</mark> 국위 선양한 대표 선수들.

국유(國有)<mark>명</mark> 나라의 소유. <mark>반</mark> 사유.

국자<mark>명</mark> 국을 뜨는 기구.

국자-감(國子監)<mark>명</mark> 고려 시대 개경에 세운 오늘날의 국립 대학교 같은 교육 기관.

국적(國籍)<mark>명</mark> 국민으로서의 신분과 자격. <mark>예</mark> 국적법.

국전(國展)<mark>명</mark> 정부가 주최하는 전람회. <mark>예</mark> 국전이 열리고 있다.

국제(國際)<mark>명</mark> 나라와 나라 사이의 교제. 또는 그 관계.

국제 기구(國際機構)<mark>명</mark> 나라와 나라 사이에 서로 힘을 합쳐서 만든 기관.

국제 무선 부호(國際無線符號)<mark>명</mark> 나라와 나라 사이에 서로 통할 수 있게 정한 무선 부호.

국제 연합(國際聯合)<mark>명</mark> 세계 평화와 안전을 유지하기 위하여 만든 여러 나라의 단체 유엔. (U. N.)

국제-항(國際港)<mark>명</mark> 다른 나라 선박들이 많이 드나드는

항구.

국지(局地)圆 한정된 한 구역의 땅. ⓔ 국지 전쟁.

국채(國債)圆 ① 나라에서 자금을 마련하기 위하여 발행하는 증권. ② 나라에서 진 빚. ⓔ 협동으로 일하여 국채를 갚자.

국책(國策)圆 나라의 정책.

국토(國土)圆 나라의 땅. ⓑ 영토. 강토. ⓔ 국토 개발.

국화(菊花)
圆 가을에 피는 아름답고 향기로운 꽃. ⓔ 국화 꽃이 만발했다.
〈국화〉

국회(國會)圆 국민이 선거한 국회의원으로 조직된 입법 기관.

국회 의원(國會議員)圆 국회에서 법률을 정하고 나라 일을 결정하는 국민의 대표자.

군(軍)圆「군대」의 준말.

군-것-질圆 끼니 외의 음식물을 먹는 것. ⓑ 간식. ⓔ 군것질은 좋지 않다. 〔~하다〕.

군대(軍隊)圆 군인들이 모인 무리. ⓑ 부대.

군데-군데圆圓 여러 군데. 이곳 저곳. ⓔ 깨진 유리창이 군데 군데 있다.

군량(軍糧)圆 군대에서 쓰이는 양식.

군무(軍務)圆 군사에 관계되는 사무.

군:민(郡民)圆 그 고을에 사는 백성. ⓔ 군민 친선 체육회.

군:-밤圆 구운 밤.

군법〔-뻡〕(軍法)圆 군대 내의 규칙. 군대의 법률. ⓔ 보통 군법 회의.

군복(軍服)圆 군인이 입는 옷. ⓔ 군복 입은 병사가 지나간다.

군사(軍士)圆 계급이 낮은 군인. ⓑ 병사.

군사 분계선(軍事分界線)圆 육이오 사변의 휴전 협정에 의하여 정해진 동서 155 마일에 걸친 휴전선.

군사상(軍事上)圓 군대와 전쟁에 관한 것.

군사 정전 위원회(軍事停戰委員會)圆 휴전 협정에 의하여 그 협정의 실행 상태를 토의하기 위한 모임.

군:색(窘塞)圆 ① 가난함. ⓔ 군색한 살림. ② 일이 뜻대로 되지 않아서 어려워 보임.

군:- 소리圆 쓸 데 없는 말. ⓑ 군말.

군:수(郡守)圆 한 군의 행정 사무를 맡아 보는 으뜸 벼슬 또는 그 사람.

군의-관(軍醫官)圆 군대에서 병들거나 다친 군인을 치료하는 장교.

군인(軍人)圆 육·해·공군의 장교·하사관·병졸을 통틀어 일컫는 말. ⓑ 군대.

군정(軍政)圆 군대에서 임시로 하는 정치. ⓑ 민정. ⓔ 군정 정치.

군중(群衆)圆 많이 모인 사람의 떼. ⓑ 대중. ⓔ 군중들의 환호성.

군창-터 (軍倉一)圈 군대의 창고가 있던 자리.

군:청 (郡廳)圈 한 군의 일을 맡아 보는 관청.

군:-침圈 먹고 싶거나 할 때 입속으로 도는 침. 예 보기만 해도 군침이 돈다.

군함 (軍艦)圈 전쟁에 쓰는 쇠로 만든 큰 배. 비 전함.

군항 (軍港)圈 군사 설비가 있는 항구.

굳다圈 ① 단단하고 야물다. ② 뜻이 바뀌지 않다. 예 생각이 굳다.

굳-세다圈 한 번 먹은 뜻을 굽히거나 변함이 없이 그대로 나가다. 반 약하다.

굳이〔구지〕图 기어이 고집을 부려서. 비 억지로.

굴: (窟)圈 ① 땅이나 바위가 안으로 벌어져 깊숙히 들어간 곳. ② 터널.

굴:뚝-새圈 몸빛은 밤색이고 겨울에 마을의 굴뚝 부근에 사는 몸집이 작은 겨울새.

굴:리다囤 굴러 가도록 하다.

굴복 (屈服)圈 굽히어 순순히 복종함. 힘이 미치지 못하여 복종함. 반 항복. 〔~하다〕.

굴비圈 소금에 절여서 말린 조기.

굴욕 (屈辱)圈 남에게 눌리어 업신여김을 받는 부끄러움. 예 굴욕을 참다. 〔~하다〕.

굴절〔一쩔〕 (屈折)圈 꺾이어서 휘어짐. 〔~하다〕.

굴-하다〔屈一〕囤 몸이나 뜻을 굽히다. 예 실패에 굴하지 않고 노력하다.

굵다〔국一〕圈 몸피가 크다. 반 가늘다. 예 굵은 못.

굶:다〔굼따〕圏 먹지 못하거나 또는 먹지 아니하다. 반 먹다.

굽圈 ① 말·소 따위의 발톱. ② 구두의 뒷바닥.

굽다圈 한 쪽으로 휘다. 예 가지가 굽다.

굽:다囤 불에 익히거나 조금 타게 하다. 예 생선을 굽다.

굽실-거리다圏囤 남의 비위를 맞추려고 머리와 몸을 구부리다. 〔~하다〕.

굽어-보다囤 아래를 내려다 보다. 예 산 위에서 들판을 굽어보다.

굽이圈 구부러진 곳.

굽이-굽이图 ① 굽이진 마디마다. ② 물의 굽이쳐 흐르는 모양. 예 굽이굽이 흘러 가는 강물.

굽히다囤 ① 굴복하다 ② 굽게 하다. 반 펴다.

굿圈 무당이 하는 의식.

궁궐 (宮闕)圈 임금이 거처하는 집. 비 대궐.

궁금-증〔一쯩〕 (一症)圈 궁금하여 답답한 마음. 비 답답증 예 궁금증이 풀리다.

궁금-하다圏 사정을 몰라서 몹시 답답하다. 예 소식이 없어 궁금하다.

궁녀 (宮女)圈 대궐에서 임금을 모시는 여자. 예 삼천 궁녀.

궁리 (窮理)圈 이치를 깊이 연구함. 비 연구. 예 좋은 방법을 궁리하다. 〔~하다〕.

궁색 (窮塞)뗑 아주 가난함.

궁전 (宮殿)뗑 임금과 임금의 식구들이 살고 있는 큰 집. 밴 궁궐. 대궐.

궁-하다 (窮─)혱 ① 가난하다. 옛 살림이 궁하다. ② 변통할 도리가 없다. 옛 답변에 궁하다.

궂다혱 언짢고 곱지 않다. 옛 날씨가 궂다.

권:(卷)곙뗑 책을 세는 단위. 옛 책 두 권.

권:고 (勸告)뗑 타일러 하도록 말함. 밴 권유. 밴 만류. 옛 독서를 권고하다. 〔~하다〕.

권리 (權利)뗑 자기의 이익을 주장하고 누릴 수 있는 힘. 밴 권익. 밴 의무. 옛 나도 참가할 권리가 있다.

권세 (權勢)뗑 권력과 세력. 옛 권세가 당당한 집안.

권 율 (權慄)뗑 〔1537~1599〕 임진 왜란 때 우리 군대의 총 사령관. 경기도 싸움에서 왜군을 크게 무찔러 승리했음.

권:총 (拳銃)뗑 한 손으로 쏘는 작은 총. 밴 피스톨. 옛 범인이 권총을 가지고 있다.

권:투 (拳鬪)뗑 주먹으로 공격하고 방어하는 경기.

권:-하다 (勸─)탄 ① 하도록 말하다. ② 음식을 먹도록 하다. 옛 음식을 권하다.

궐기 (蹶起)뗑 마음 먹고 일어남. 옛 반공 궐기 대회. 〔~하다〕.

궤:도 (軌道)뗑 ① 기차 따위가 다니는 길. ② 마땅히 밟

아야 할 올바른 길. ③ 천체가 회전하는 일정한 길.

궤:변 (詭辯)뗑 도리에 맞지 않는 변론.

귀뗑 ① 사람이나 짐승의 얼굴 양쪽에 붙어 있어 소리를 듣도록 되어 있는 부분. ② 바늘의 머리 쪽에 뚫린 구멍.

귀가 (歸家)뗑 집으로 돌아옴, 또는 돌아감. 옛 귀가 시간이 너무 늦다. 〔~하다〕.

귀감 (龜鑑)뗑 본보기가 될 만한 것.

귀-걸이뗑 귀 끝에 다는 금붙이나 보석.

귀국 (歸國)탄 본국으로 돌아감. 또는 돌아옴. 밴 환국. 옛 어제 비행기로 귀국했다. 〔~하다〕.

귀:-금속 (貴金屬)뗑 금·백금 따위의 귀한 쇠붙이. 옛 값비싼 귀금속.

귀-기울이다짠 어떤 말에 정신을 가다듬어 잘 듣다. 옛 선생님의 말씀에 귀 기울이다.

귀넘어 듣다탄 예사로 들어 넘기다.

귀:동-이 (貴童─)뗑 특별히 귀염을 받는 아이.

귀뚜라미뗑 나뭇잎이나 돌밑과 같은 어둡고 습한 곳에 사는 곤충. 가을에 덤 불속에서 날개를 비벼 소리를 냄.

〈귀뚜라미〉

귀띔 圀 눈치로 알아 차릴 만큼 긴요한 점만 일깨워 줌. ⑩ 슬쩍 귀띔해주다. 〔~하다〕.

귀-머거리 圀 귀가 어두운 사람. ⑩ 그는 귀머거리다.

귀순(歸順) 圀 싸우던 마음을 버리고 복종함. ⑩ 귀순병. 〔~하다〕.

귀:신(鬼神) 圀 사람이 죽은넋.

귀양 圀 죄를 지은 사람을 먼 외딴 곳으로 쫓아 보내는 벌. ⑭ 유형. ⑩ 죄수를 귀양 보내다.

귀양살다 圄 죄를 지어 귀양 살이를 하다.

귀엣-말 圀 남의 귀에 입을 대고 소근거리는 말. ⑩ 귀엣 말로 얘기한다. 〔~하다〕.

귀염-성 〔-썽〕(-性) 圀 귀염을 받을 만한 바탕.

귀:엽다 圀 예쁘다. 보기에 사랑스럽다. ⑭ 얄밉다. ⑩ 그 소녀는 무척 귀엽다.

귀:인(貴人) 圀 신분이나 지위가 높은 사람. ⑭ 천인. ⑩ 그는 귀인이다.

귀임(歸任) 圀 임지로 돌아감. 또, 임지로 돌아옴.

귀:족(貴族) 圀 신분이 높고 가문이 좋은 집안. ⑭ 양반.

귀:중(貴中) 圀 편지를 받을 단체의 명칭 아래 쓰는 말.

귀:중(貴重) 圀 귀하고도 중요함. ⑭ 소중. ⑭ 비천. ⑩ 그 보물은 귀중한 것이다.

귀찮다 圀 「귀치않다」의 준말.

귀치-않다 圀 「귀찮다」의 본말.

귀:-하다(貴-) 圀 ① 지위가 높다. ② 많지 않다. ⑭ 흔하다.

귀환(歸還) 圀 제자리로 다시 돌아옴. 〔~하다〕.

귀휴(歸休) 圀 집에 돌아가 쉼. 〔~하다〕.

귓-가 圀 ① 귀의 가장자리. ② 귓바퀴의 근처. ⑭ 귓전. ⑩ 귓가에 쟁쟁한 목소리.

귓-머리 圀 귀 뒤로 땋은 머리.

귓속-말 圀 남의 귀에 입을 대고 소곤소곤 하는 말. 〔~하다〕.

규격(規格) 圀 ① 규칙과 격식. ② 정한 표준.

규모(規模) 圀 어떤 일을 할 때의 짜임새의 크기. ⑩ 규모가 큰 공사.

규수(閨秀) 圀 ① 처녀. ② 학문에 뛰어난 여자.

규율(規律) 圀 일정한 법규. ⑭ 질서.

규장-각(奎章閣) 圀 조선 시대 정조 때 (1776년) 궁중에 설치했던관청으로 대대의 임금이 지은 시와 글·그림 따위를 보관하던 곳.

규정(規定) 圀 규칙을 정함. 〔~하다〕.

규조-토(硅藻土) 圀 바다의 식물인 규조가 쌓여 된 흰 빛깔의 흙.

규칙(規則) 圀 서로가 의논해서 정해 놓은, 반드시 지켜야 할 법칙. ⑭ 법칙. ⑩ 학교 규칙.

규-탄(糾彈) 圀 잘못을 잡아 내어 따지고 밝힘. 〔~하다〕.

균열(龜裂) 圀 갈라져서 터짐.

[~하다].

균일(均一)圓 똑같이 고름.

균형(均衡)圓 어느 한 쪽으로 치우침이 없이 쪽 고름. 凹 불균형.

귤(橘)圓 귤나무의 열매.

귤-나무(橘—)圓 귤이 열리는 나무. 우리 나라에서는 제주도에서 재배함.〈귤나무〉

그관「그이」·「그것」의 준말. 例 그 사람이 누구냐?

그-까짓관 겨우 그만큼의.

그-나마圖 ① 그것마저도. ② 그것이라도.

그냥圓圖 ① 그 모양 그대로 곧. ② 변함없이 그 모양으로. 圓 그대로.

그:네圓 나무에 줄을 매달아 놓고 올라타서 앞 뒤로 움직이며 노는 기구.〈그네〉

그늘圓 볕이나 불빛이 가리어진 곳 凹 응달. 凹 양지. 例 나무 그늘.

그늘-지다재 빛이 가리어지다. 凹 응달지다. 凹 양지바르다.

그다지圖 그러한 정도로. 그처럼. 例 그다지도 어려우냐?

그-대로圖 본디대로. 그전과 달라진 것이 없이. 凹 그냥. 例 들은 것을 그대로 써라.

그-동안圓 그 사이.

그득-하다혱 꽉 들어 차다. 例 뒤주 속에는 쌀이 그득하다.

그라운드(ground)圓 운동장. 경기장.

그래서圖 그렇게 하여서. 그리하여.

그러께圓 지난 해의 앞 해.

그러나圖 그러하지만.

그러니까圖「그러하니까」의 준말.

그러면圖 그렇다고 하면. 圝 그럼.

그러세圝「그렇게 하세」의 준말.

그러잖아도圖 그러하지 않아도.

그러-쥐다타 그러당기어 손 안에 잡다.

그러-하다혱 그와 같다.

그럭-저럭圖 별로 이렇다고 하는 것 없이. 例 그럭저럭 시간만 보냈다.

그럴 듯하다혱 그렇다고 할 만하다.

그럴싸-하다혱 그럴 듯하다. 비슷하게 괜찮다. 例 네 말도 그럴싸하다.

그루圓 ① 나무나 곡식 줄기의 아랫동. ② 한 해에 한 땅에 농사 짓는 번수. ③ 나무를 뿌리째 셀 때 쓰는 말. 例 뽕나무 한 그루.

그르다혱 옳지 못하다. 例 그 생각은 그르다.

그릇圓 물건을 담는 기구의 총칭.

그릇圖 그르게. 틀리게. 凹 잘

못.

그리다 囲 그리운 마음을 품다.
田 사모하다. 예 어머니를 그
리다.

그리다 囲 물건의 모양이나 꼴
을 그림으로 나타내다. 예 그
림을 그리다.

그리움 뗑 보고 싶어 그리는 마
음.

그리:스 (Greece) 뗑 유럽 동
남부 보올칸 반도의 남단과
그 부근의 여러 섬으로 이루
어진 왕국.

그:림 뗑 물건의 형상을 종이
위에 나타낸 것.

그:림 문자 〔-字〕(-文字) 뗑
옛날 사람들이 그림을 그려
자기 뜻을 나타내던 글자.

그:림-배 뗑 그림을 그려 아름
답게 꾸민 배.

그:림 일기 (-日記) 뗑 보고 듣
고 생각한 일 등을 그림과 글
로 나타낸 일기. 예 매일 그
림일기를 쓴다.

그림자 뗑 광선에 물건이 가리
워져서 생기는 어두운 부분.

그립다 囲 보고 싶은 마음이 간
절하다. 예 고향이 그립다.

그만 閉 더 하지 말고 그 정도
까지만. 예 오늘은 그만 집
으로 가자.

그만-두다 囲 그 정도에서 그
대로 두다.

그-만큼 閉 그만한 정도로. 예
노력하면 그만큼 댓가를 얻
는다.

그만-하다 囲 크지도 작지도
아니하고 그저 비슷하다. 倒
고만하다.

그물 뗑 물고기 따위를 잡는
실이나 노끈으로 얽은 물건.
田 어망.

그믐-날 뗑 그 달의 마지막 되
는 날.

그믐-밤 〔-빰〕뗑 그믐날의 밤.

그-사이 뗑閉 그 동안. 그 새.

그야-말로 閉 말한 바와 같이.
참으로. 예 그야말로 천하 장
사로구나.

그윽-하다 囲 아늑하고 고요
하다.

그을다 囨 볕이나 연기 같은 것
에 오래 쐬어 빛이 검게 되다.
예 해수욕장에서 몸이 꽤 그
을었다.

그저 閉 그대로 줄곧. 예 그저
잠만 자는구나.

그저께 뗑 어제의 앞날.

그 전 (-前) 뗑 얼마 아니 되
는 지난날.

그제-야 閉 그때야 비로소. 예
설명을 듣고 그제야 알았다.

그지-없다 囲 헤아릴 수 없다.
한이 없다. 예 고맙기 그지
없다.

그치다 囨 움직임이 멈추게 되
다. 田 중지하다. 중단하다.
囮 시작하다. 예 울음을 그
치다.

극 (劇) 뗑 「연극」의 준말.

극단 (極端) 뗑 한 쪽으로 몹시
치우침. 예 극단적인 행동.

극단 (劇團) 뗑 연극하려고 조
직된 단체.

극도 (極度) 뗑 가장 심한 정도.
더할 수 없는 정도. 예 몸이
극도로 쇠약해졌다.

극동 (極東) 뗑 ① 동쪽의 한 끝.

②동양의 가장 동쪽 부분.

극락 세:계 (極樂世界)**명** 불교에서 말하는 안락한 이상 세계.

극복 (克服)**명** 어려움을 이기어 냄.**비** 극기.**예** 역경을 극복하기 어려있다. 〔~하다〕.

극본 (劇本)**명** 글의 내용을 적은 책.**비** 각본.

극비 (極祕)**명** 매우 중대한 비밀.

극빈 (極貧)**명** 매우 가난함.

극진: (極盡)**명** 마음과 정성을 다함.**비** 지극.**예** 효성이 극진하다.

극회 (劇會)**명** 연극을 하기 위한 사람들의 모임.**예** 어린이 극회.

극-히 (極一)**부** 형언할 수 없는 정도로.

근거 (根據)**명** 바탕이 되는 일.**예** 근거없는 이야기.

근:근-이 (僅僅一)**부** 겨우.간신히.**예** 적은 돈으로 근근이 살아가다.

근:대 (近代)**명** 오래지 않은 시대.**비** 현대.

근:대-화 (近代化)**명** 근대적인 성격을 띠도록 함. 〔~하다〕.

근:래 (近來)**명** 가까운 사이. 요사이.**비** 근간. 최근.**예** 근래에는 보기 드문 나막신.

근로 (勤勞)**명** 부지런한 일함.**비** 노동.**예** 근로 정신. 〔~하다〕.

근로의 의:무 (勤勞一義務)**명** 국민은 누구나 근로를 생활의 근거로 삼고 살아야 한다는 국민된 의무.

근로-자 (勤勞者)**명** 일터에서 고용되어 일하는 사람.

근면 (勤勉)**명** 부지런히 힘씀.**반** 나태.**예** 근면한 사람. 〔~ 〔~하다〕.

근:사 (近似)**명** 아주 비슷함.

근:시 (近視)**명** 먼 데의 것을 잘 못보는 시력.**반** 원시.

근:신 (謹愼)**명** 말과 행동을 삼가고 조심함. 〔~하다〕.

근실 (勤實)**명** 부지런하고 진실함.

근심 명 속을 태우는 마음.**비** 걱정. 염려.**반** 안심.**예** 근심하며 사는 것은 좋지 못하다. 〔~하다〕.

근원 (根源)**명** ①물이 흐르기 시작하는 곳.②일의 맨 처음.**비** 근본.**반** 지엽.

근육 (筋肉)**명** 내장과 혈관을 싸고 있으면서 몸의 운동 기능을 맡은 심줄과 살.

근절 (根絶)**명** 아주 뿌리째 끊어 없애 버림.**예** 밀수를 근절하다. 〔~하다〕.

근:처 (近處)**명** 가까운 곳.**비** 근방. 부근.**반** 원처.**예** 집 근처에서 놀다.

근:황 (近況)**명** 요즈음의 형편.

글 명 말을 글자로 쓴 것.**비** 문장.

글-감 〔一깜〕**명** 글을 쓰는데 있어서의 재료.**비** 소재.

글-귀 〔一뀌〕(一句)**명** 도막 도막 끊어진 글의 귀절.

글-모음 명 동요·동시·줄글등을 모으는 일, 또는 모아 두는 글.

글-방 〔一빵〕(一房)**명** 옛 날에

한문을 가르치던 방. [비] 서당.

글썽-하다 [형] 눈물이 눈가에 괴어서 넘칠 듯하다. [예] 꾸중을 듣고 눈물이 글썽하다.

글쎄 [감] 이런지 저런지 확실치 않을 때 쓰는 말. [예] 글쎄. 좀 더 두고 보자.

글씨 [명] ① 쓴 글자의 모양. [예] 글씨가 예쁘다. ② 말을 글로 적은 표. [비] 글자.

글씨-체 (一體) [명] 글씨를 쓰는 일정한 격식. [비] 서체.

글월 [명] ① 글. ② 편지.

글-자 [—짜] (一字) [명] 사람의 말을 적는 부호. [비] 문자.

글-짓기 [명] 글을 짓는 일. [비] 작문.

글피 [명] 모레의 다음에 오는 날.

긁다 [타] ① 거죽을 문지르다. ② 갈퀴 따위로 긁어모으다.

긁적-거리다 [타] 계속해 자꾸 긁다. [작] 갉작거리다. [예] 머리를 긁적거리다.

금 [명] 접거나 구겨 생긴 자국. [비] 선.

금 (金) [명] 누른 빛깔의 귀금속.

금:-강 (錦江) [명] 충청 남도 공주·부여·장항을 거쳐 황해로 흘러가는 강.

금강-산 (金剛山) [명] 강원도 북쪽에 있는 경치 좋기로 세계적으로 이름난 산. 철에 따라 봄에는 금강산, 여름에는 봉래산, 가을에는 풍악산, 겨울에는 개골산이라 일컬음.

금고 (金庫) [명] 화재나 도난을 방지하기 위하여 돈과 중요한 서류를 간수하여 보관하는 데 쓰는 쇠로 만든 궤. [예] 금고를 잘 간수해라.

금관 (金冠) [명] 황금으로 만들거나 장식한 임금의 왕관.

금광 (金鑛) [명] 금을 파내는 광산. [예] 금광에서 금을 파내다.

금년 (今年) [명] 올해. [예] 금년으로 12세가 됐어요.

금-돈 (金—) [명] 금으로 만든 돈.

금력 (金力) [명] 돈의 힘. [비] 재력. [예] 금력은 만능이 아니다.

금-메달 (金—) [명] 금으로 만든 메달.

금방 (今方) [부] 이제 막. [비] 방금. [예] 금방 있던 사람이 간 곳이 없다.

금번 (今番) [명] 이번.

금비 (金肥) [명] 농가에서 돈을 주고 사서 쓰는 화학 비료.

금-빛 [—삧] (金—) [명] 금과 같이 노란 빛깔. [비] 황금빛. [예] 금빛 들판.

금속 (金屬) [명] 금붙이나 쇠붙이.

금:수강산 (錦繡江山) [명] 비단에 수를 놓은 듯이 아름다운 땅, 곧 우리 나라.

금시 (今時) [명] [부] 이제 방금 [예] 금시 다녀갔다.

금액 (金額) [명] 돈의 액수. [예] 금액에 관계없이.

금언 (金言) [명] 생활의 본보기로 할 만한 귀중한 내용을 가진 짧은 말. [비] 격언.

금융 (金融) [명] 돈이 세상에 널리 도는 일. 돈을 모아서 자금을 필요로 하는 사람에게 돈을 돌려 주는 일.

금융 기관(金融機關)圄 돈의 수요·공급을 맡아 하는 기관. 은행·보험 회사 따위.

금:의 환향(錦衣還鄕)圄 성공하여서 제 고향으로 돌아옴. 예 철수는 금의환향 했다. 〔~하다〕.

금일(今日)圄 오늘.

금-잔디(金一)圄 잡초가 섞이지 않고 아름답게 들을 덮은 푸른 잔디.

금전(金錢)圄 ① 쇠붙이로 만든 돈. ② 돈.

금전 출납부〔一랍一〕(金錢出納簿)圄 돈이 들어오고 나감을 적어 두는 장부. 예 금전출납부 작성요령.

금:지(禁止)圄 말려서 못하게 함. 예 학생 출입 금지. 〔~하다〕.

금:-하다(禁一)目 못하게 하다.

금환-식(金環蝕)圄 태양의 빛이 고리 모양으로 보이는 일식.

급격(急激)圄 썩 급하고도 세참. 예 급격한 싸움.

급사(急死)圄 갑자기 죽음. 예 급서. 예 길 가에서 급사하다. 〔~하다〕.

급성〔急性〕圄 급한 성질. 만 만성.

급소(急所)圄 몸 가운데 가장 중요한 곳. 예 급소를 찌르면 죽는다.

급-속도(急速度)圄 아주 빠른 속도.

급우(級友)圄 한 학급에서 배우는 벗.

급자기图 생각할 여유 없이. 예 급히. 준 갑자기.

급장(級長)圄 그 학급의 우두머리. 예 반장.

급제(及第)圄 시험에 합격됨. 만 낙제. 〔~하다〕.

급행(急行)圄 빨리 감. 만 완행. 〔~하다〕.

급-히(急一)图 아주 서둘러. 매우 빠르게. 예 밥을 급히 먹지 말아라. 만 천천히.

긍:지(矜持)圄 스스로 자랑하는 마음. 예 학교에 대한 긍지.

기(旗)圄 헝겊이나 종이에 글자·그림 따위를 그려 대 끝에 달아 공중에 세우는 물건. 예 깃발.

기간(期間)圄 일정한 시기의 사이. 예 기간 내에 납부하시오.

기간(其間)圄 그 사이. 그 동안.

기갈(饑渴)圄 굶주림과 목마름. 예 갈증. 예 그 고장에 기갈이 심하다.

기계(機械)圄 사람의 힘을 쓰지 않고 어떤 일을 하도록 만든 장치. 예 기구.

기계 문명(機械文明)圄 기계로 이룬 현대의 문명. 예 기계문명속의 현대인.

기계 장치(機械裝置)圄 기계를 꾸며서 갖추어 놓은 시설.

기계-톱(機械一)圄 발동기로 돌리는 큰 톱. 둥근톱·띠톱

등이 있음.

기공(起工)圐 공사를 시작함.
〔~하다〕.

기공-비(紀功碑)圐 공훈을 기
념하려고 세운 비.

기관(汽罐)圐 증기를 발생시
키는 큰 쇠가마. 꾀 증기 기
관.

기관(氣管)圐 숨쉴 때에 공기
의 통하는 길.

기관(器官)圐 동물의 생활 작
용을 맡은 부분. 삐 기구. 꾀
소화기관.

기관(機關)圐 활동의 장치를
갖춘 기계.

기관-수(機關手)圐 기계의 운
전·수리를 맡아 보는 사람.

기관-총(機關銃)圐 자동적으
로 탄알이 재어져서 쏠 수 있
는 총.

기교(技巧)圐 교묘한 기술이
나 솜씨. 꾀 잔을 만드는 솜
씨가 기교하다.

기교(奇巧)圐 기이하고도 교
묘함. 꾀 금강산의 기교한 모
습.

기구(氣球)圐 수소를 넣어 공
중에 띄우는 큰 주머니.

기구(器具·機具)圐 세간이나
그릇·연장 따위를 통틀어 이
르는 말. 삐 도구. 꾀 기구를
새로 들여오다.

기구(機構)圐 얽어 잡은 꾸밈
새. 삐 조직.

기구-하다(崎嶇—)휑 험하고
사납다. 꾀 운명이 기구하다.

기권〔-꿘〕(棄權)圐 권리를
버리고 쓰지 아니함. 꾀 시합
에 기권하다. 〔~하다〕.

기근(饑饉)圐 먹을 것이 없어
굶주림.

기금(基金)圐 어떤 일의 밑천
으로 쓰는 돈. 삐 자금. 꾀 장
학기금.

기기 묘:묘(奇奇妙妙)圐 몹
시 이상함.

기:나 길:다 휑 아주 길다.

기념(紀念)圐 기억하여 잊지
아니함. 꾀 생일 기념 사진
을 찍다. 〔~하다〕.

기념-비(紀念碑)圐 어떤 일
을 기념하기 위하여 세우는
비.

기념-일(紀念日)圐 어떤 일
을 기념하는 날.

기능(技能)圐 기술에 있어서
의 재주와 능력. 꾀 기능공.

기능(機能)圐 활동하는 힘이
나 어떤 물건이 가지고 있는
힘.

기다困 엎드려서 앞으로 나가
다.

기다랗다휑 매우 길다. 꾀 장
대가 기다랗다.

기다리다困 ① 사람·때 따위
가 오기를 바라다. ② 끝날
때까지 있다. 삐 대기하다. 꾀
봄이 오기를 기다리다.

기대(企待)圐 어떠한 일이 이
루어지기를 바라고 기다림.
삐 소원. 꾀 기대에 어긋 나
다. 〔~하다〕.

기:대다困 ① 몸을 대고 의지
하다. ② 마음을 의지하다.
꾀 남에게 의지하다.

기도(祈禱)圐 복을 받고 뜻이
이루어지기를 신에게 비는
일. 삐 기원. 꾀 어머니를 위

해 기도 드리다. 〔~하다〕.

기독-교 (基督敎)圈 예수 그리스도가 일으킨 종교. 예수교.

기둥圈① 집이나 어떤 물건을 버티는 굵은 나무. ② 집안이나 단체·국가에 있어서 가장 의지가 될 중요한 사람. 예 나라의 기둥이 될 청소년.

기량 (器量)圈 기술과 재주. 예 있는 기량을 다 발휘해 보이다.

기러기圈 늦가을에 북쪽에서 날아와 봄까지 물가에서 사는 철새.

기력 (氣力)圈 일을 감당하여 나갈 수 있는 힘. 비 기운. 예 왕성한 기력.

기록 (記錄)圈① 사실을 적음. 예 성적 기록부. ② 운동 경기 등의 성적. 예 기록을 깨뜨리다. 〔~하다〕.

기르다匪 동식물을 가꾸거나 키우다. 예 새를 기르다.

기름圈 물보다 가볍고 불을 붙여서 태울 수 있는 액체.

기름-지다匪① 농작물이 잘 자라도록 땅이 비옥하다. 예 기름진 논밭. ② 기름기가 많다. 예 기름진 음식.

기-막히다困 놀랍거나 너무 지나쳐 어이 없다. 예 기막혀서 말도 못 하겠다.

기만 (欺瞞)圈 남을 그럴듯 하게 속여 넘김. 〔~하다〕.

기밀 (機密)圈 중요해서 함부로 발표하지 못할 비밀. 예 기밀이 새어나가서는 안된다.

기반 (基盤)圈 밑바탕이 되는 자리. 비 토대. 예 사업의 기반이 잡히다.

기발 (奇拔)圈 남달리 뛰어남. 예 기발한 생각.

기백 (氣魄)圈 씩씩한 기운과 앞으로 나아가려는 정신. 비 기상. 기개.

기본 (基本)圈 사물의 기초와 근본. 비 근본, 본바탕.

기부 (寄附)圈 어떤 일에 도와 줄 목적으로 자기의 돈이나 재산을 내어줌. 비 기증. 예 학교에 재산을 기부하다. 〔~하다〕.

기부-금 (寄附金)圈 남을 돕기 위해 기부하는 돈.

기분 (氣分)圈 어떤 사물이나 환경으로부터 느껴서 일어나는 마음의 상태.

기쁨圈 마음이 즐거움. 반가움 예 기쁨이 찬 얼굴이다.

기사 (記事)圈① 사실을 적은 글. ② 신문이나 잡지에 실린 글. 예 신문 기사.

기사 (騎士)圈① 말을 타는 무사. ② 중세기 유럽에서 좋은 가문의 자제들이 말을 타고 다니며 무예를 닦고 정의를 위해 용맹을 떨친 무인의 한 계급.

기상 (氣象)圈① 타고난 기질. 예 늠름한 기상. ② 날이 흐리고, 개고, 비 오고 하는 따위의 현상. 예 기상 현상.

기상-대 (氣象臺)圈 비·바람·구름 따위를 조사 연구하는 곳. 비 관상대.

기색 (氣色)圈 얼굴에 나타나

는 마음의 움직임.예 싫어하
는 기색이 보이다.

기생-충(寄生蟲)명 ① 다른 생
물에 붙어서 사는 벌레. ②
남의 힘에 의해서 생활하는
사람.

기선(汽船)명 증기의 힘으로
움직이는 배.

기성(既成)명 사물이 이미 이
루어짐.예 기성복.〔~하다〕.

기성-품(既成品)명 이미 만들
어진 물건.

기세(氣勢)명 기운차게 뻗치
는 세력.비 형세. 위세.예 기
세가 당당하다.

기숙(寄宿)명 자기의 집이 아
닌 남의 집이나 학교·공장
따위에서 먹고 자고 함.〔~
하다〕.

기숙-사(寄宿舍)명 학교나 공
장 따위에서 먹고 자고 할수
있는 집.

기술(技術)명 배운 것을 실
지로 이용하는 재주. 무엇을
만드는 재주.예 기술을 익히
다.

기술-자〔―짜〕(技術者) 명
기술을 가진 사람.예 전기
기술자.

기슭명 비탈진 곳의 끝 자리.
비 산 기슭.예 산기슭에 만
든 과수원.

기아(饑餓·飢餓)명 굶주림.

기악(器樂)명 악기를 써서 나
타내는 음악.예 기악곡.

기어-이(期於―)부 마침내.예
기어이 해내고야 말았다.

기억(記憶)명 지나간 일을 잊
지 아니하고 외어 둠.반 망

각.〔~하다〕.

기업(企業)명 사업을 계획함.
또는 그 사업.예 중소기업.
〔~하다〕.

기염(氣焰)명 대단한 기세.예
기염을 토하다.

기:예(技藝)명 예술에 관한
재주.

기온(氣溫)명 공기의 온도.예
기온이 높다.

기와명 진흙으로 구워 낸 지
붕을 잇는 물건.

기와-집명 지붕을 기와로 이
은 집.비 와가.

기운명 힘. 세력.비 기력. 예
기운을 내라.

기울다재 ① 고르지 아니하
고 한편으로 쏠리다. ②마음
이나 생각을 한 가지 일에쏟
다.

기원(起原·起源)명 사물의 생
겨난 그 근본.예 글자의 기
원.

기원전(紀元前)명 서력 기원
이 시작하기 전.예 기원전
100년.

기인(起因)명 일이 일어 나는
원인.

기일(期日)명 작정한 날짜.예
약속한 기일을 지키자.

기입(記入)명 적어 넣음.〔~
하다〕.

기자(記者)명 신문·잡지 따위
의 기사를 적고 또는 엮어 짜
내는 사람.

기적(汽笛)명 배나 기차에서
울리는 소리.예 기차의 기적
소리.

기적(奇蹟)명 사람의 생각이

나 힘으로는 도저히 할 수 없는 신기한 일. 예 앉은뱅이가 걷는 기적이 일어나다.

기절 (氣絶) 명 깜짝 놀라 숨이 막힐 지경이 됨. [~하다].

기증 (寄贈) 명 물건 등을 선사함. 예 피아노를 기증하다. [~하다].

기:지개 명 피곤할 때 몸과 팔다리를 힘껏 뻗치는 짓.

기질 (氣質) 명 ① 기력과 체질. ② 한 사람 한 사람의 밑바탕이 되는 성질.

기차 (汽車) 명 증기나 디젤 기관을 원동력으로 하여 궤도 위를 달리는 차량. 비 열차.

기차-표 (汽車票) 명 기차를 탈 수 있는 표.

기체 (氣體) 명 공기·산소·수소 따위와 같이 일정한 모양과 부피가 없는 물질.

기초 (基礎) 명 일이나 물건의 밑바탕이나 밑자리. 예 기초 지식. 기초 공사. 비 토대.

기초 작업 (基礎作業) 명 바탕이 되는 일.

기침 명 ① 호흡기의 병. ② 목구멍에 붙은 가래를 뱉거나 또는 일부러 터쳐 나오게 하는 소리. [~하다].

기침 (起枕) 명 잠자리에서 일어남. 예 일찍 기침하는 습관을 가져라. [~하다].

기특-하다 (奇特一) 형 말이나 행동이 칭찬할 만하다.

기틀 명 일의 가장 요긴한 점. 예 나라의 기틀이 잡히다.

기풍 (氣風) 명 기상과 풍채.

기한 (期限) 명 미리 약속하여 놓은 때. 예 약속 기한을 넘기다.

기행-문 (紀行文) 명 여행을 떠나서 보고, 듣고, 느낀 일을 자기 생각대로 적은 글.

기호 (記號) 명 무슨 뜻을 나타내는 표. 비 부호. 예 발음 기호.

기:호 (嗜好) 명 즐기고 좋아함. [~하다].

기:호품 (嗜好品) 명 사탕·차 따위의 사람이 즐기는 물건.

기회 (機會) 명 ① 일을 해 나가는 데에 가장 알맞은 고비. 예 기회를 놓치지 마라. ② 기대하던 그 때. 비 시기.

기후 (氣候) 명 ① 날씨. 예 기후가 고르지 못하다. ② 어른에게 문안 드릴 때 쓰는 말.

긴급 (緊急) 명 중대하고도 급함. 예 긴급 출동.

긴밀 (緊密) 명 몹시 밀접함. 예 긴밀한 연락.

긴요 (緊要) 명 꼭 필요함. 예 긴요한 물건.

긴장 (緊張) 명 정신을 바짝 차림. 예 긴장한 가운데 시험을 친다.

긷:다 타 물을 퍼내다. 예 물을 긷다.

길 명 다닐 수 있도록 만들어진 곳. 예 큰 길.

길: 의 사람의 키의 한 길이.

길:다 형 두 끝 사이가 멀다. 반 짧다.

길-들다 자 ① 물건에 손질을 잘하여 윤기가 나다. ② 버릇이 되다.③손에 익다.

길-들이다 퇘①물건에 손질을 잘하여 윤기가 나게 하다. 예 마루를 길들이다.② 버릇이 되게 만들다. 예 코끼리를 길들이다.③솜씨를 익숙하게 하다.

길-모퉁이 뛩길이 구부러지거나 꺾어져 들어간 자리.

길이 뛩한 끝에서 다른 끝까지의 거리.

길:이 뿐오랜 세월이 지나도록.

길일(吉日)뛩좋은 날.

길-잡이 길 인도하는 사람. 삐 선도자. 예 학습의 길잡이.

길잡이 책 뛩기초가 되는 것을 쉽게 안내한 책. 삐 안내서.

길쭉-하다 휑길이 가 좀 길다. 삔 짤막하다.

김: 뛩바닷물 속이나 바위등에 이끼 모양으로 붙어 나는 바다풀. 맛이 좋음.

김: 뛩물 따위가 끓어 기체로 변하는 기운. 수증기.

김덕령(金德齡)뛩〔1567 ~ 1596〕전라 남도 광주 출생. 임진 왜란 때 담양에서 의병을 일으켜 충용 장군이란 호를 받음.

김부:식(金富軾)뛩〔1075~1151〕고려 시대의 학자이며 정치가.「삼국 사기」를 지었음.

김상헌 (金尙憲)뛩〔1570~1650〕안동에서 출생. 조선 시대 인조 때 좌의정까지 지냄. 병자 호란 때 청나라와

화의를 반대하다가 청 나라로로 잡혀 갔다 왔음.

김유신 (金庾信)뛩〔595~673〕삼국 시대에 백제·고구려를 쓰러뜨리고 삼국을 통일한 신라의 장수.

김장 뛩겨울 동안에 먹을 김치를 한몫 담그는 일, 또는 그 담근 것. 〔~하다〕.

김정호 (金正浩)뛩〔?~1864〕조선 시대 고종 때의 지리 학자. 호는 고산자. 황해도 출생. 우리 나라 지도를 만들기에 30년을 고생한 끝에 1861년(철종 12년) 혼자의 힘으로 실지로 조사를 하여 대동여지도를 완성하였음.

김 종서 (金宗瑞)뛩 〔1405~1453〕세종 때의 장군. 여진족을 물리치고 6진을 설치하였음.

김춘추 (金春秋)뛩신라의 태종 무열왕의 이름.삼국 통일을 이룩하는 데 뛰어난 공을 세웠음.

김치뛩무우·배추 따위를 소금에 절이어 담근 반찬.

김칫-국뛩김치의 국물.

김택영 (金澤榮)뛩〔1850~1927〕개성 출생.조선 말기의 유학자이며 문학자였던지사. 고종 광무 7년에「문헌비고」란 책의 편찬 위원으로 나라 일을 맡아 보다가 1908년에 중국으로 망명 하였으며「한국소사」등 많은 책을 남겼음.

김포 (金浦)뛩경기도 김포군의 군청 소재지였으나 지금

은 서울 특별시에 편입되었으며 국제 공항이 있음. 쌀·보리·콩 등의 곡물이 남.

김포 공항(金浦空港)**명** 김포에 있는 국제 비행장. **예** 김포공항에 내리다.

깁:다 타 헤어진 데를 헝겊으로 때우다.

깃 명 새 날개의 털. **예** 부드러운 새의 깃.

깃-들이다 자 보금자리를 만들어 그 속에 살다.

깃-발(旗一)**명** 기가 바람에 흔들리는 부분.

깊다 형 ① 얕지 않다. ② 밤이 으슥하다. **반** 얕다.

깊숙-하다 형 매우 깊은 맛이 있다.

깊이 명 겉에서 속까지의 길이. **예** 우물의 깊이를 재다.

깊이 부 ① 깊게. **예** 내 말을 깊이 명심해라. ② 잘. 자세히.

ㄲ〔쌍기역〕ㄱ의 된소리.

까까-중 명 ① 까까머리의 중. ② 중대가리.

까-뀌 명 나무를 찍어 깎는 연장.

까-놓다 타 ① 까서 놓다. ② 마음속의 비밀이나 생각을 모두 털어 놓다.

까다 타 ① 껍질을 벗기다. ② 알을 새끼로 변하게 하다.

까:다롭다 형 ① 맞추기가 매우 힘든 상태다. **예** 문제가 까다롭다. ② 너그럽지 못하다. **예** 까다로운 성질.

까닥-이다 타 머리를 앞뒤로 끄덕이다.

까닭 명 ① 일의 원인. ② 이유.

예 웃는 까닭을 말해라.

까딱-없다 형 아무런 탈도 없다. **예** 아무리 덤벼도 까딱없다.

까딱-하면 부 조금이라도 실수하면.

까라-지다 자 기운이 풀어져서 축 늘어지다.

까마귀 명 온몸이 검고 광택이 나며 까치보다 좀 큰 날짐승. 울음 소리가 흉하여 사람들의 사랑을 못받음.

까마득-하다 형 아주 오래 되어 아득하다. **예** 목적지까지는 아직도 까마득하다.

까막-거리다 자 등불 같은 것이 꺼질 듯 꺼질 듯하다. **타** 눈을 떴다 감았다 하다. 끄먹거리다.

까매-지다 자 까맣게 되다. **큰** 꺼메지다.

까무러-치다 자 한 때 숨이 끊어져 정신을 잃다. 기절하다. **예** 놀라서 까무러치다.

까물-까물 부 꺼질 듯 꺼질 듯 하는 모양. **비** 꺼물꺼물.

까부르다 타 키 끝을위 아래로 흔들어 곡식에 섞인 티 따위를 날리어 보내다.

까불다 자 ① 위아래로 흔들리다. ② 경솔하게 행동하다.

까지 조 ① 잇대어 이름을 나타내는 말. **예** 학교까지. ② 시간의 한도를 나타내는 말. **예** 3시까지 간다.

까:치 명 「까악 까악」하고 우는 까마귀 비슷한 새. 머리·등은 검고 가슴·어깻죽지는 흼.

까:치-눈 圓
발가락 밑
바닥에 접힌
금의 살이
터져 갈라진
자리.

〈까치〉

깍두기 圓 무
우를 잘게 썰어서 담근 반찬.

깍듯-하다 圐 인사하는 법이
극진하다. 예 어른에게 깍듯
하게 인사하는 습관을 기르
자.

깎아-지르다 圉 반듯하게 깎
아 가로 세우다.

깔깔 圉 마음에 거리낄 것 없
이 큰 소리로 웃는 소리. 쫀
껄껄. 예 깔깔거리며 웃는 저
소녀.

깔다 圉 밑에 펴 놓다.

깔때기 圓 나팔꽃 모양으로 된
밑에 구멍이 뚫린 그릇.

깔-보다 圉 남을 낮잡아 보다.
예 가난하다고 깔보아서는
안된다.

깜깜 圓 아주 모르는 상태.

깜깜-하다 圐 몹시 어둡다. 쫀
껌껌하다. 예 밖이 몹시 깜깜
하다.

깜박 圉 ① 잠깐 어두워졌다 밝
아지는 모양. ② 눈을 잠깐
감았다 뜨는 모양. 쫀 끔벅.
〔~하다〕.

깜작-거리다 圉 눈을 자꾸 감
았다 떴다 하다.

깜짝 圉 별안간 놀라는 모양.
쫀 끔쩍. 예 너 때문에 깜짝
놀랐어.

깜짝이야 圉 깜짝 놀랐을 때 나
는 소리.

깜찍-하다 圐 너무 단작스럽거
나 몹시 영리하다. 예 그 아
이는 무척 깜찍하다.

깡총-깡총 圉 토끼처럼 짧은
다리로 힘있게 솟구어 뛰는
모양. 두 다리를 높이 들면서
뛰는 모양. 예 토끼처럼 깡총
깡총 뛰어다닌다.

깡통 圓 얇은 쇠붙이로 만든 그
릇.

깨끗-하다 圐 ① 맑고 정하다.
쫀 말끔하다. ② 병 같은 것
이 나아서 완전하다.

깨끼-적삼 圓 생 명주실로 짠
얇고 가벼운 비단 종류로 안
팎 솔기를 곱솔로 박아 지은
첫 여름에 입는 저고리.

깨:다 困 ① 정신이 맑아지다.
② 배워서 알게 되다. 圉 자
던 잠을 그치다. 예 잠이 깨
다.

깨닫다 圉 생각하던 끝에 환하
게 알게 되다. 예 잘못을 깨
닫다.

깨달음 圓 ① 앎. ② 생각이 남.

깨-뜨리다 圉 「깨다」의 힘줌말

깨물다 圉 깨지게 물다.

깨우다 圉 잠을 깨게 하다.

깨우치다 圉 이치를 깨닫게 하
다. 예 잘못을 깨우쳐 주다.

깨치다 圉 깨달아 알게 되다.

꺼:리다 圉 피하거나 싫어 하
다. 예 일을 꺼리다.

꺼림-하다 圐 ① 마음에 내키
지 않다. ② 염려되다.

꺼지다 困 불이 사라져 없어
지다. 圉 불이 꺼지다.

꺾다 圉 ① 가지를 분지르다. 예
가지를 꺾다. ② 방향을 돌

리어 바꾸다. 예 뜻을 꺾다.

껄껄 뷔 마음에 거리낄 것이 없이 큰 소리로 우렁차게 웃는 소리. 函 깔깔.

껌껌-하다 휑 몹시 어둡다. 函 깜깜하다.

껍데기 몡① 딱딱한 껍질. 예 달걀 껍데기. ② 겉을 덮은 굳은 것. 函 깝대기.

껍질 몡 껍데기. 예 사과 껍질. 函 깝질.

껑충-거리다 死 신이 나서 긴 다리로 자꾸 위로 솟구어 뛰다. 函 깡충거리다.

께옵서 준 「께서」의 높임말. 예 아버님께옵서.

껴-들다 탄 팔로써 껴서 들다.

껴-안다 〔—따〕 탄 두 팔로 끼어서 안다. 예 아기를 껴안다.

껴-입다 탄 옷을 겹쳐 입다.

꼬기작-꼬기작 뷔 구김살이 많이 가게 구기는 모양. 많이 우그러뜨리는 모양. 예 편지를 꼬기작 꼬기작 꾸겨서 주머니에 넣었다. 〔~하다〕.

꼬:다 탄 여러 가닥을 비비 틀다. 예 새끼를 꼬다.

꼬리 몡 동물의 꽁무니에 가늘고 길게 내민 부분.

꼬마 준 「꼬마동이」의 준말. 예 꼬마 학생.

꼬마-동이 몡 키나 몸집이 작은 아이.

꼬바기 뷔 어떤 일을 쉬는 시간 없이 늘 계속하는 모양. 밤을 새우는 모양. 예 밤을 꼬바기 새우다.

꼬박 뷔① 졸거나 절을 할 때 머리와 몸을 앞으로 숙였다

가 드는 모양. ② 「꼬바기」의 준말.

꼬이다 函 꼬아지다.

꼬이다 쮜 일이 제대로 되지않다.

꼬집다 탄① 비틀어 아프게 하다 ② 비꼬아 말하다.

꼬챙이 몡 나뭇가지를 뾰족 하게 깎은 막대기.

꼬투리 몡 ① 콩·팥 따위의 깍지. ② 일이 일어난 까닭.

〈꼬투리〉

꼭 뷔① 힘주어 누르거나 조르는 모양. ② 어김이 없이. 예 꼭 오너라.

꼭대기 몡① 우두머리. ② 맨 위쪽. 예 지붕 꼭대기.

꼭두-각시 몡 이상 야릇한 탈을 씌운 인형.

꼭두 새벽 몡 퍽 이른 새벽.

꼭지 몡① 잎이나 열매를 지탱하는 줄기. ② 그릇 뚜껑의 손잡이.

꼭지-점 (—點) 몡 맨 꼭대기가 되는 점.

꼴 몡 사물의 생김새나 됨됨이. 예 그 꼴을 누구에게 보인담.

꼴 몡 마소에게 먹이는 풀.

꼴-불견 (—不見) 몡 꼴이 비위에 거슬려 볼 수 없음.

꼴-사납다 휑 꼴이 보기 흉하다.

꼼꼼-하다 휑 찬찬하여 빈틈이 없다.

꼼작-이다 휑 약하게 움직이다.

꿍꿍 뷔 무엇이 매우 단단하게

언 모양. 예 연못에 물이 꽁
꽁 얼었다.

꽁무니 명 등마루뼈의 끝난 부
분.

꽁숫-줄 명 연의 꽁숫 구멍에
꿰어 단 실과 가운데 줄을
한군데 꿴 줄.「꽁수」는 연
의 가운데 구멍 밑의 부분.

꽁지 명 새의 꼬리.

꽂다 타 박아서 세우다.

꽃-구름 명 곱게 피어 있는 꽃
처럼 아름다운 생김새를 이
룬 구름. 예 꽃구름·동동.

꽃-답다 형 꽃과 같이 아름답
다. 예 꽃다운 젊은 시절.

꽃-맞이 명 꽃 필 때 하는 굿.
〔~하다〕.

꽃-밭 명 꽃이 많이 피어 있는
곳. 비 화단.

꽃-봉오리 명 아직 피어 나지
않고 맺혀 있는 꽃.

꽃-사슴 명 몸에 고운 무늬가
있는 예쁘고 귀엽게 생긴 사
슴.

꽃사슴 이불 명 꽃사슴 무늬가
있는 천 (옷감·베)으로 만든
이불.

꽃-샘: 명 봄에 꽃이 필 즈음의
추위.

꽃-전차 (一電車) 명 꽃으로
꾸민 전차.

꽉 부 무엇이 가득 찬 모양. 예
꽉 차다.

꽝-꽝 부 ① 단단하고 세차게 얼
음이 언 모양. 예 얼음이 꽝
꽝 얼다. ② 세차게 잇달아
나는 총이나 대포의 소리.

꽤 부 어지간히. 제법. 예 꽤 힘
들다.

꽹과리 명 놋
쇠로 만든
농악기의 하
나.

꾀 명 일을 묘
하게 꾸며
내는 생각. 예 〈꽹과리〉
예 꾀 많은 당나귀.

꾀꼬리 명 날개가 15cm쯤 되고
노란색이며「꾀꼴 꾀꼴」하고
우는 새.

꾀:다 자 그럴 듯하게 남을 속
여 제게 이롭게 하다. 예 놀
러 가자고 꾀다.

꾀-하다 타 계획하다.

꾸다 타 남의 것을 잠시 빌어
쓰다. 예 돈을 꾸다.

꾸다 타 꿈을 이루다.

꾸러미 명 꾸려서 뭉쳐 싸 놓
은 물건.

꾸리 명 실 뭉치.

꾸리다 타 짐 따위를 싸서 묶
다. 예 이삿짐을 꾸리다.

꾸미 명 국에 쓰는 고기 조각.

꾸미다 타 겉모양이 나도록 장
식하다.

꾸밈-말 명 수식어.

꾸준-하다 형 끊임 없이 끈기
있게 나아가다. 비 끈덕지다.

꾸중 명 꾸지람. 〔~하다〕.

꾸지람 명 잘못을 꾸짖는 말.
〔~하다〕.

꾸짖다 타 잘못을 나무라다. 예
잘못을 꾸짖다.

꿀 명 벌이 꽃에서 빨아 먹고
간직한 당분.

꿀-벌 명 꿀을 치는 벌. 비 참
벌. 준 벌.

꿇다 타 무릎을 구부려 앉다.

예 무릎을 꿇고 빌다.

꿇어-앉다 짜 무릎을 꿇고 앉다.

꿈 명 ① 잠 속에서 보이는 환각의 상태. 예 깨고 보니 꿈이었다. ② 현실을 떠난 생각. 예 꿈 같은 소리 그만둬.

꿈-결〔─껼〕명 꿈꾸는 동안. 예 꿈결에 한 말.

꿋꿋하다 형 굳세고 단단하다. 예 의지가 꿋꿋하다.

꿍심 명 속에 은근히 품고 있는 야심.

꿩 명 닭과 비슷하며 몸빛이 아름다운 새.

꿰:다 타 가운데를 뚫고 나가게 하다.

꿰:매다 타 해진 것을 깁다. 예 가방을 꿰매다.

끄다 타 불을 덮어 죽이다. 예 불을 끄다.

끄덕-끄덕 부 그렇게 하겠다고 고개를 아래위로 흔드는 모양.

끄덕-이다 타 고개를 앞뒤로 흔들다. 작 까닥이다.

끄어 당기다 타 앞으로 끌어 당기다

끈 명 물건을 묶는 줄.

끈-기〔─氣〕명 단념하지 않고 끝끝내 이어 나가는 기운. 예 끈기 있게 노력하면 성공한다.

끊다 타 ① 잘라 내다. 예 종이를 끊다. ② 손을 떼고 그만두다. 예 나쁜 일에서 손을 끊다.

끊임-없다 형 잇대어서 끊어지지 않다.

끌 명 나무에 구멍을 파는 연장.

끌:어-안다〔─따〕타 두 팔로 가슴에 당기어 껴안다. 예 아기를 꼭 끌어 안다.

끓다 짜 ① 물이 대단히 뜨거워져서 부글부글 솟아 오르다. 예 물이 부글부글 끓다. ② 많이 모여 우굴거리다. 예 사람이 많이 끓다.

끔쩍 부 갑자기 놀라는 모양. 작 깜짝.〔~하다〕.

끔찍-하다 형 ① 보기에 매우 참혹하여 놀랍게 여겨지다. 예 그 살인은 정말 끔찍하다. ② 매우 극진하다. 예 부모님에 대한 효성이 끔찍하다.

끝 명 물건의 맨 꼭대기나 맨 아래.

끝끝-내 부 마지막까지.

끝-없다 형 한없다 예 부모님의 은혜는 끝없다.

끼니 명 정한 때에 밥을 먹는 일, 또는 그 밥. 예 하루 세 끼니를 먹는다.

끼다 짜 ① 틈에 박히다. ② 축에 들다.

끼:다 짜 때나 먼지 등이 묻다. 예 책에 먼지가 끼다.

끼우다 타 사이에 박아 놓다. 예 책 갈피에 끼우다.

끼치다 타 ① 남에게 폐나 괴로움을 주다. ② 뒷세상에 남게 하다.

끽끽-거리다 짜 계속해서 끽 소리를 내다. 작 깩깩거리다.

ㄴ

ㄴ〔니은〕닿소리의 둘째 글자.

나 명 말하는 사람 자신. 이몸.

나-가다 짜 ① 안에서 밖으로 가다. 빤 들어오다. 예 집에서 나가다. ② 목표를 향하여 점점 앞으로 가다. 예 앞으로 나아가다.

나가-떨어지다 짜 뒤로 물러가면서 넘어지다.

나그네 명 제 고장을 떠나서 딴 곳에 가 있는 사람. 여행중에 있는 사람. 예 객지에서 떠돌아 다니는 나그네의 마음은 항상 외롭다.

나들이 명 곧 돌아올 생각으로 가까운 곳으로 나감. 빤 출입. 예 언니는 나들이 가고 없다. 〔~하다〕.

나라 명 정부가 다스리는 구획. 비 국가.

나라 글자〔―짜〕명 국민 전체가 다 같이 쓰는 글자.

나란-하다 형 가지런하다. 예 늘어서 있는 가로수가 나란하다.

나루 명 강이나 내에서 배가 건너다니는 일정한 곳. 예 나루를 건너다.

나루-터 명 나룻배를 두고 부리는 곳.

나룻-배 명 나루를 건너 다니는 배.

나르다 타 물건을 옮기다.

나른-하다 형 몸이 피곤하여 힘이 없다. 예 봄이 되니 온몸이 나른하다.

나막-신 명 진 땅에 신게 된 나무로 만든 신.

〈나막신〉

나무 명 ① 줄기와 가지가 목질로 된 식물. ② 집을 짓는 재목. ③ 「땔나무」의 준말

나무-꾼 명 산에나 들에 가서 땔 나무를 하는 사람.

나무라다 타 잘못을 가볍게 꾸짖다. 비 꾸짖다. 예 잘못을 나무라다.

나뭇-잎〔―닢〕명 나무의 잎.

나:병 (癩病)명 문둥병.

나비 명 꽃으로 날아다니며 꿀을 빨아 먹는 곤충.

나쁘다 형 좋지 않다.

나아-가다 짜 앞으로 자꾸 가다. 준 나가다. 예 한 걸음 나아가다.

나-오다 짜 ① 안에서 밖으로 향하여 옮기다. ② 깊이 들어 있던 것이 밖으로 나타나다. 빤 들어가다.

나위 명 더 할 수 있는 힘이나

필요. [예] 말할 나위도 없다.

나이 [명] 사람이나 동식물이 나서 지낸 햇수. [비] 연령.

나이-테 [명] 나무의 줄기를 가로 자른 면에 보이는 둥근 테.

나이팅게일 (Nightingale) [명] [영] 〔1820~1910〕 영국인으로 간호 사업의 공로자. 1854년 크림 전쟁이 일어나자, 40명의 간호부를 이끌고 야전 병원에서 밤낮을 가리지 않는 간호로 1만 명 이상의 부상병을 구하였음. 그 공로로 기부받은 5만 파운드의 돈으로 간호학교를 설립하여 간호사를 양성하였고, 또 스위스의 앙리 뒤낭의 적십자 창립 운동에도 적극 참여하였음.

나일-강 (Nile江) [명] 아프리카의 이집트에 흐르는 큰 강.

나일론 (nylon) [명] 석탄·물·공기를 원료로 하여 만든 섬유. [예] 나일론 양말.

나전 칠기 (螺鈿漆器) [명] 칠을 하고 자개를 박은 나무 그릇.

나주 평야 (羅州平野) [명] 나주를 중심으로 하여 펼쳐 있는 넓은 들.

나:중 [명][부] 얼마 지난 뒤. [반] 처음.

나지막-하다 [형] 나직하다. [반] 높직하다. [예] 목소리가 나지막하다.

나타-나다 [자] 겉으로 드러나서 눈에 뜨이다. [반] 사라지다.

나팔 (喇叭) [명] ① 금속으로 만든 금관 악기를 통틀어 일컬음. ② 입으로 불어서 소리를 내는 쇠붙이로 만든 악기의 한가지.

〈나팔〉

나팔-꽃 (喇叭—) [명] 덩굴을 뻗는 한해살이 풀. 아침 일찍 나팔 모양의 꽃이 피었다가 낮에 오므라듦.

〈나팔꽃〉

나풀-나풀 [부] ① 종이나 천 따위가 바람에 받아서 가볍게 흔들리거나 움직이는 모양. [예] 종이가 나풀나풀 거린다. ② 나비가 날개를 가볍게 움직이며 나는 모양. [예] 나풀나풀 나는 예쁜 나비.

나흗-날 [명] ① 초나흗날. ② 넷째의 날.

나흘 [명] ① 네 날. ② 「나흗날」의 준말.

낙낙-하다 [형] 표준보다는 조금 남음이 있다. [예] 조금 낙낙한 옷을 사라.

낙농 (酪農) [명] 소나 염소를 길러 연유·버터 등을 만드는 농업.

낙동-강 (洛東江) [명] 태백산에서 흘러 나와 경상남북도를 지나 남해로 흘러 들어가는 강. 〔525km〕

낙망 (落望)圈 희망이 끊어짐. 비 실망. [∼하다].

낙선 (落選)圈① 선거에서 떨어짐. 뺀 당선. 예 반장 선거에서 낙선하다.② 작품따위가 심사에서 떨어짐. 뺀 입선. 예 전람회에서 낙선한 작품. [∼하다]

낙숫-물 (落水一)圈 처마 끝에서 떨어지는 물.

낙심 (落心)圈 바라던 일이 성공되지 못하여 마음이 딱풀어짐. 비 낙망. 뺀 희망.예 실패해도 낙심말라. [∼하다]

낙엽 (落葉)圈 잎이 떨어짐,또는 그 잎.

낙오 (落伍)圈 뒤떨어 짐. 예 낙오자. [하다∼]

낙원 (樂園)圈 근심이나 걱정없이 즐겁고 살기 좋은 곳.비 천국. 뺀 지옥. 예 지상 낙원.

낙제 (落第)圈 시험에 떨어짐. 비 낙방. 뺀 급제. 예 열심히 공부하지 않으면 낙제할 것이다. [∼하다]

낙하-산 (落下傘)圈 비행기에서 뛰어 내릴 때에 쓰는 양산같이 생긴 물건.

〈낙하산〉

낙향 (落鄕)圈거처를 시골로 옮김. 예 낙향하는 젊은이들. [∼하다]

낙화 (落花)圈 꽃이 떨어짐. 또는 그 꽃. 예 가을이 되면 낙화하는 꽃들. [∼하다]

낙화-암 (落花岩)圈 부소산이 백마강 쪽으로 절벽을 이룬 곳에 있는 큰 바위. 백제가 망하자 삼천 궁녀가 몸을 던져 죽었다함. 그들을 추모해서 세운 백화정이 있음.

낙후 (落後)圈 뒤떨어짐. 예 낙후된 문명. [∼하다]

낚다囤 낚시로 고기를 잡다.예 고기를 낚는 낚시꾼들.

낚시圈 물고기를 낚는 작은 쇠갈고리.

낚시-질圈 낚시에 미끼를 꿰어 물고기를 낚는 짓. [∼하다]

낚싯-대圈 낚싯줄을 매는 가늘고 긴 대.

난간 (欄干·欄杆)圈 층계나 다리등의 가장자리에 가로나 세로로 나무나 쇠로 건너 세워 놓은 살. 예 난간에 기대어 시를 읊는다.

난-공사 (難工事)圈 힘드는 공사.

난국 (難局)圈 어려운 시국.예 난국을 이겨나가는 협동이 필요하다.

난데-없다圈 별안간 쑥 나와 알 수 없다.

난:로 (煖爐)圈 방안을 덥게 하는 기구. 예 난로가 있어서 춥지 않다.

난로-불 (煖爐一)圈 난로에 피운 불.

난-류 (暖流)圈 온도가 높은 해류.

난:리 (亂離)圈 분쟁으로 세상이 소란한 사태. 예 난리가

일어나서 나라가 어지럽다.

난:립(亂立)圈 여럿이 난잡하게 나섬. 예 난립된 정당. 〔~하다〕

난:방(煖房)圈 따뜻한 방. 빤 냉방. 예 난방이 잘된 방.

난:사(亂射)圈 총 따위를 함부로 쏨. 예 범인의 난사에 여럿이 죽었다. 〔~하다〕

난:잡(亂雜)圈 어수선함.

난장-이圈 보통 사람보다 키가 몹시 작은 사람. 빤 키다리.

난:중 일기(亂中日記)圈 이순신 장군이 임진 왜란이 일어난 1592년(선조 25년 임진년)부터 1598년까지의 일어난 일을 적은 일기책. 이 난중 일기에 당시 우리 수군의 활약한 모습과, 장군의 효성과 충성심 등이 잘 나타나 있음.

난초(蘭草)圈 주로 6월경에 많이 피는 여러 해살이 화초.

난:폭(亂暴)圈 몹시 거칠고 사나움. 예 그는 성질이 몹시 난폭하다.

날圈 곡식의 알.

날:-가리圈 아직 떨지 않는 곡식을 쌓아 놓은 더미. 예 난가리가 그냥 마당에 쌓여있다.

날:-알圈 곡식의 알맹이.

날:-알-잎圈 ① 곡식의 알맹이를 싸고 있는 잎. ② 벼 이삭이 올라오는 위의 잎줄기.

날개圈 ① 새나 벌레의 등에

붙어 있어 날도록 하는 것. ② 비행기의 앞뒤 양 옆으로 길게 나와 있는 부분.

날개-옷圈 ① 날개가 붙어 있는 옷. ② 선녀들이 입고 하늘에 날아다닌다는 옷. 예 날개옷을 입은 선녀.

날다짜 ① 몸이 공중으로 떠서 움직이다. ② 매우 빨리 가다.

날-뛰다짜 함부로 마구 행동하거나 덤비다. 예 미친듯이 날뛰는 여자.

날래다圈 나는 듯이 힘차고 빠르다. 빤 날쌔다. 예 동작이 날래다.

날림圈 공을 들이지 아니하고 아무렇게나 하는 일. 예 날림공사.

날-실圈 옷감 등을 짜는 데 세로로 건 실. 빤 씨실.

날씨圈 그 날의 기상 상태. 빤 일기. 예 날씨가 흐리다.

날염(捺染)圈 피륙에 본을 대고 풀을 섞은 물감을 발라서 물을 들임. 〔~하다〕

날염-실(捺染室)圈 날염을 하는 방.

날-짐승圈 날개가 있어 공중에 날아 다닐 수 있는 짐승. 빤 길 짐승.

날카롭다圈 ① 끝이 뾰족하다. 빤 뭉툭하다. ② 성질이 너그럽지 못하다. 예 날카로운 성질.

날-품圈 날삯을 받기 위하여 하는 일.

날품-팔이圈 날품을 파는 일. 예 날품팔이를 하여 먹고사

는 생활. [~하다]

낡다 물건이 오래되어 헐어서 못쓰게 되다. 비 헐다. 만 새롭다.

남 자기 밖의 다른 사람. 비 타인. 만 자기.

남(男) 사내. 남자. 만 여.

남구만(南九萬)(1629~1711)조선 시대 숙종 때의 사람. 바른 말을 잘하여 모함을 받고 귀양을 간 적도 있었으나 뒤에 영의정이 됨. 성품이 매우 곧고 검소한 생활을 하였음.

남국(南國) 남쪽에 위치해 있는 나라. 만 북국.

남극(南極) 지구의 남쪽 끝. 만 북극.

남녀(男女) 남자와 여자.

남:다(一다) ① 일정한 한도 밖에 더 있다. ② 뒤에까지 전하다. ③ 따로 처져 있다.

남-달리 남보다 다르게. 예 그는 남달리 키가 크다.

남-대문(南大門) 서울에 남아 있는 옛날 성문의 하나. 원래의 이름은 숭례문. 국보 1 호.

남:루(襤褸) ① 헌 누더기. ② 옷 따위가 해져서 너절함. 예 옷이 남루하다.

남매(男妹) 오빠와 누이. 비 오누이.

남문(南門) 남쪽에 있는 문.

남:발(濫發) ① 함부로 발행함. ② 총을 함부로 쏨. [~하다]

남:벌(濫伐) 나무를 마구 베어 냄. 예 나무를 남벌하다.

[~하다]

남부(南部) 남쪽에 딸린 부분. 만 북부.

남북(南北) 남쪽과 북쪽.

남북 전쟁(南北戰爭) 미국의 남부와 북부 사이에 일어났던 전쟁. 1861년 노예 제도를 폐지하자는 북부 지방과 이에 반대하는 남부 지방간에 의견의 대립으로 전쟁이 일어나 결국 노예 제도를 폐지하자는 북부지방의 승리로 노예를 해방하게 되었다.

남북 통:일(南北統一) 둘로 갈라진 우리 나라의 남한과 북한을 하나로 합쳐 한 나라로 만드는 일. 예 우리의 소원은 완전한 남북통일. [~하다]

남산(南山) ① 남쪽에 있는 산. ② 서울 남쪽에 있는 산. 본 이름은 목멱산임.

남자(男子) 사나이. 만 여자.

남작(男爵) 옛날, 나라에 공이 있는 사람에게 주던 다섯 등급의 벼슬 중의 맨 아래 등급.

남-쪽(南一) 해가 돋는 쪽을 향하여 오른쪽. 비 남방. 만 북쪽.

남침(南侵) 남쪽을 침략함. 만 북침. 예 공산당이 남침하다. [~하다]

남-태평양(南太平洋) 적도 이남의 태평양.

남편(男便) 여자의 짝이 되어 사는 남자. 만 아내. 예 그녀의 남편은 매우 성실하다.

남한(南韓)[명] 휴전선 이남의 우리 나라. [반] 북한. [예] 남한은 기후가 온화하다.

남해 (南海)[명] ① 남쪽 바다. ② 우리 나라 마산·충무·여수 근방의 바다.

남해 고속 도:로(南海高速道路)[명] 순천에서 부산간을 잇는 고속 도로. 1973년에 개통되었음. 〔177km〕

남해 대교 (南海大橋) [명] 하동군과 남해군을 잇는 현수교. 〔660m〕

남해:안 (南海岸) [명] 남쪽의 바닷가.

납세 (納稅)[명] 관청에 세금을 바침. [예] 국민에게는 납세의 의무가 있다. 〔~하다〕.

납세 의:무(納稅義務) [명] 세금을 내야 하는 국민의 의무.

납작-하다 [형] 얇게 넓다.

납치(拉致)[명] 강제로 끌어감. [예] 아이를 납치해 가다. 〔~하다〕.

낫 [명] 풀·곡식 따위를 베는 「ㄱ」자 모양의 연장. [예] 낫놓고 기역자도 모른다.

〈낫〉

낫:다 [형] 좋은 점이 많다. [반] 못하다.

낫:다 [자] 병이 고쳐지다.

낭-떠러지 [명] 깎아지른 듯이 경사진 언덕. [비] 절벽. 벼랑.

낭:랑(朗朗)[명] ① 빛이 밝은 모양. ② 소리가 매우 흥겹고 명랑한 모양.

낭:비(浪費)[명] 시간이나 재물 따위를 함부로 씀. [예] 시간을 낭비해선 안된다. 〔~하다〕.

낭:설(浪說)[명] 터무니 없는 헛소문.

낭:패(狼狽)[명] 일이 안 되어 몹시 딱하게 됨. 〔~하다〕.

낮 [명] 해가 떠 있는 동안. [반] 밤. [예] 여름에는 낮의 길이가 길다.

낮다 [형] 높지 않다. [반] 높다. [예] 빌딩의 건물이 낮다.

낮-잠 [명] 낮에 자는 잠. [반] 밤잠. [예] 잠깐동안의 낮잠은 건강에 좋다.

낮추다 [타] 낮게 하다. [반] 높이다.

낮춤-말 [명] 낮추어 쓰는 말.

낯 [명] ① 얼굴. [예] 낯을 씻다. ② 남을 대할만한 체면. [예] 미안해 볼낯이 없다.

낯-설다 [형] 친하지 아니하여 눈에 서투르다. [비] 생소하다. [반] 낯익다. [예] 낯선 사람.

낱:낱-이〔—나치〕[부] 하나 하나 빠짐없이. [비] 일일이. [예] 낱낱이 증거를 들어 설명하다.

낱:-말 [명] 한 개 또는 몇 개의 소리가 합쳐서 일정한 뜻을 가지는 최소 단위. [비] 단어.

낱:소리-글자〔—짜〕(—字) [명] 그 이상 더 작게 나눌 수 없는 낱개의 소리로 된 글자. 한글 따위. [비] 음소 문자.

낱:-자(—字)[명] 하나 하나의

글자. ㄱ·ㄴ·ㄷ·ㅏ·ㅑ 따위.

낳다 国 뱃속에 든 아이나 새끼를 뱃속에서 내어 놓다. ⓔ 아이를 낳다.

내: 圀 시내보다 크고 강보다 작은 물줄기.

내:각 (内閣) 圀 국가의 행정권을 맡아보는 최고 기관. 국무총리 및 여러 장관. ⓔ 새로 구성된 내각.

내:국-세 (内國稅) 圀 국세 가운데서 관세 따위를 제한 모든 세금.

내기 圀 돈 따위를 내어 놓고 이기는 사람이 얻기를 다투는 일. ⓔ 내기에서 이겼다. [~하다].

내-내 團 처음부터 끝까지. 한결같이. ⓑ 줄곧. ⓔ 그 아이는 내내 울고 있다.

내년 (來年) 圀 올해 다음에 오는 해. ⓑ 명년. ⓐ 작년.

내:다-보다 国 ① 안에서 밖을 보다. ⓔ 창 밖을 내다보다. ② 장차 올 일을 헤아리다.

내:-닫다 困 힘차게 밖이나 앞으로 뛰어 나가다.

내:-던지다 国 힘있게 내어 던지다.

내:-두르다 国 휘휘 흔들다. ⓔ 지팡이를 내두르다.

내:란 (内亂) 圀 나라 안에서 생긴 난리. 곧 한 나라 안에서 두 개의 당파 사이나, 정부와 반란군 사이에서 일어난 병력에 의한 큰 싸움. ⓑ 내전.

내려-가다 困 위에서 아래로 가다. ⓐ 올라 가다. ⓔ 고갯

길을 내려가다.

내려-오다 困 위에서 아래로 오르다. ⓐ 올라 오다.

내력 (來歷) 圀 겪어 온 경력.

내:륙 (内陸) 圀 바다에서 떨어진 육지. ⓔ 내륙 지방.

내리다 困 ① 높은 데서 낮은 데로 오다. ⓐ 오르다. ⓔ 비가 내리다. ② 값이 떨어지다. ③ 비·눈 같은 것이 오다.

내리-닫다 困 달려 내려 가다.

내리막 圀 내려 가는 길. ⓐ 오르막. ⓔ 내리막길에서 넘어지다.

내리-치다 国 위에서 아래로 향해 치다. ⓔ 비바람이 내리치는 언덕길을 넘어간다.

내:막 (内幕) 圀 겉으로 드러나지 않는 속의 형편. ⓔ 내막을 알아본다.

내:-밀다 困 한 쪽 끝이 앞이나 밖으로 나오다. ⓑ 밀어 넣다. ⓔ 손을 내밀다.

내:복 (内服) 圀 속에 입는 옷. ⓑ 속옷.

내:복-약 [―냑] (内服藥) 圀 내치로 먹는 약.

내:부 (内部) 圀 안 쪽의 부분. ⓐ 외부. ⓔ 기계의 내부.

내:-뿜다 国 겉으로 힘차게 뿜다. ⓐ 들이키다.

내:-세우다 国 ① 나서게 하다. ② 자기에게 이로운 재료를 내놓다.

내왕 (來往) 圀 오고 감. 왕래. [~하다].

내:외 (内外) 圀 ① 안과 밖. 안팎. ⓔ 내외분이 안녕하신지요. ② 남편과 아내. 부부.

예 내외분이 안녕하신지요.

내:용(內容)명 속에 담긴 사실. 반 형식. 예 겉보다 내용이 좋은 책을 읽자.

내일(來日)명 오늘의 바로 다음 날. 반 작일. 예 내일 만나자.

내:-젓다타 앞으로 내뻗어 흔들다.

내-주일(來週日)명 다음 주일. 오는 주일.

내:-쫓다타 쫓아 몰아내다. 예 고양이를 내쫓다.

내:키다자 하고 싶은 마음이 솟아나다. 예 왠일인지 마음이 내키지 않는다.

내:피(內皮)명 속 껍질. 반 외피.

내한 (來韓)명 외국인이 한국에 옴. 반 이한. 〔~하다〕.

냄새명 코로 맡을 수 있는 온갖 기운. 예 좋은 냄새.

냇:-가명 흘러가는 물의 옆언저리.

냇:-둑명 냇가에 쌓아 올린 둑.

냉:담-하다(冷淡一)형 태도나 마음이 쌀쌀하다. 친절하지 않다. 예 냉담하게 거절하다.

냉:대 (冷待)명 쌀쌀하게 대접함. 무대접. 〔~하다〕.

냉:동(冷凍)명 인공적으로 음식물 따위를 얼어 붙게 함. 예 냉동어. 〔~하다〕.

냉:수-욕(冷水浴) 찬물을 몸에 끼얹는 일. 반 온수욕. 〔~하다〕.

냉이명 이른 봄에 들이나 산에 돋아 나는 풀. 어린 잎으로 국을 끓여 먹음.

〈냉이〉

냉잇-국명 냉이를 넣고 끓인 국.

냉:전 (冷戰)명 무기를 쓰지 않으나 전쟁을 연상하게 하는 국제간의 심한 대립. 반 열전.

냉:정 (冷情)명 마음이 아주 쌀쌀함, 또는 그 마음. 반 온정.

냉:정 (冷靜)명 마음이 가라앉아 고요함.

냉큼부 앞뒤를 헤아릴 겨를 없이 곧. 예 주저 말고 냉큼 나오너라.

냉:혹(冷酷)명 인정이 없이 가혹함.

너구리명 ① 여우보다 작고 살이 찌고 주둥이가 뾰족한 산짐승. ② 능청스러운 사람을 비유하는 말.

너그럽다형 마음이 넓고 크다. 관대하다. 반 옹졸하다.

너르다형 크고 넓다. 반 좁다.

너머명 집·담·산·고개 같은 높은 것의 저쪽. 예 창 너머로 해가 비쳐 온다.

너무부 정도나 분량이 넘게. 예 너무 크다.

너무-나부 「너무」의 뜻을 세게 나타낼 때에 쓰이는 말. 예 합격소식을 듣고 너무나 기뻐 마구 울었다.

너울-너울부 가볍게 흔들리

ㄴ

는 모양. [예] 너울너울 춤추다.

너털-웃음 [명] 소리를 내어 웃는 웃음.

너희-들 [인대] 「나」를 빼놓은 여러 아이들을 부를 때 쓰는 말. [예] 너희들도 함께 가자.

넉넉-하다 [형] 대중한 것보다 남음이 있다. [비] 충분하다. [반] 부족하다.

넋 [명] 사람의 몸에 붙어 있으면서 정신 작용을 한다고 생각되는 것. [비] 정신. [반] 육체. [예] 넋빠진 사람.

넋-두리 [명] ① 무당이 죽은 사람의 넋을 대신하여 하는 말소리. ② 신나게 불평하는 말.

넌지시 [부] 드러나지 않게 가만히.

널: [명] ① 「널빤지」의 준말. ② 널뛰기에 쓰는 널빤지. ③ 관.

널:빤지 [명] 나무를 판판하고 넓게 켜낸 큰 조각. [준] 널.

널:-뛰기 [명] 긴 널빤지의 가운데를 괴어 놓고 양쪽 끝에 한사람씩 올라가서 번갈아 공중으로 올라갔다 내려왔다 하는 여자들의 놀이. 고려 때부터 있었으며 정월에 많이 뜀.

널리 [부] 너르게. [예] 나의 이름이 널리 알려졌다.

널찍-하다 [형] 좀 너르다. [예] 방이 널찍하다.

넓다 〔널따〕 [형] 넓이가 크다. [반] 좁다.

넘 -보다 [타] 업신여겨 깔보다. [비] 얕보다. [예] 사람을 함부로 넘보아서는 안된다.

넘실-거리다 [자] 바다의 물결이 무엇을 뒤엎을 듯이 너울 거리다. [예] 넘실거리는 바다.

넘어-가다 [자] ① 쓰러지다. [예] 길에서 넘어지다. ② 남의 것이 되다. [예] 이 물건은 그에게로 넘어갔다. ③ 속임수에 속다. [타] 이쪽에서 저쪽으로 지나가다. [예] 그 고개를 넘어 가면 작은 동네가 나타난다.

넘어-지다 [자] 쓰러지다.

넘:치다 [자] ① 필요 이상으로 많다. [예] 옷장에 옷이 넘친다. ② 넘어서 밖으로 밀려나가다.

넝마 [명] 낡고 헤어져서 입지 못하게 된 옷 따위.

넣다 [타] ① 속으로 들여 보내다. ② 담다. [반] 꺼내다.

네:-거리 [명] 네 방향으로 길이 갈라져 나간 거리. [비] 십자로.

네덜란드 (Netherlands) [명] 유럽 북서쪽에 있는 나라. 국토의 5분의 3이 바다보다 낮음. 간척 사업을 일으켜 물에 잠긴 땅을 농토와 목장으로 이용해 낙농업이 발달되었음.

네:-모 [명] 사각형. [비] 사각.

네온 사인 (neon sign) [명] 공기를 뺀 유리관에 네온 따위를 넣고 전류를 통하여 여러 가지 빛을 내도록 한 것. 광고 간판에 많이 쓰임.

네팔(Nepal)圓 히말라야 산맥 중에 있는 작은 왕국. 수도는 카트만두임.

넥-타이(necktie)圓 와이셔츠의 칼라 위에 둘러매어 장식으로 하는 물건. 예 아버님의 넥타이.

녀석圓 ① 남자 아이를 욕으로 부르는 말. 예 망할 녀석. ② 사내 아이를 귀엽게 일컫는 말. 예 그 녀석 늠름하게 생겼군.

노(櫓)圓 배를 저어 앞으로 나가게 하는 기구. 예 노를 저어라.

노간주-나무 圓 향나무의 한 종류. 예 노가주나무.

노:경(老境) 圓 늙바탕. 〈노간주나무〉

노고(勞苦)圓 수고롭게 애씀. 예 노고가 많으시군요. 〔~하다〕.

노고지리 圓 종달새의 옛 이름.
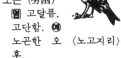

노곤(勞困) 圓 고달픔. 고단함. 예 노곤한 오 〈노고지리〉 후.

노:년(老年)圓 늙은 나이. 빤 만년. 빤 소년.

노다지 圓 값진 광물이 막 쏟아져 나오는 광맥.

노동(勞動)圓 마음과 힘을 써서 하는 일. 예 힘든 노동

으로 먹고 산다. 〔~하다〕.

노동-력(勞動力)圓 노동으로써 이루어진 생산 능력. 예 풍부한 노동력.

노동-자(勞動者)圓 노동을 하여 그 품삯으로 생활을 하는 사람. 예 한국에는 노동자가 많다.

노:랑 圓 노란 빛깔.

노래圓 ① 곡조를 붙이어 부르는 소리나 말, 또는 글. 예 노래를 부르다. ② 시·시조같은 줄 글. 예 노래를 짓다. 〔~하다〕.

노래-책(-冊)圓 노래를 모아 엮은 책. 예 노래책을 보며 노래 부르자.

노랫-가락圓 사람들 사이에서 널리 불리는 노래. 예 흥겨운 노랫가락.

노략(虜掠)圓 떼를 지어 재물을 빼앗음. 예 야비한 노략질. 〔~하다〕.

노략-질(虜掠-)圓 떼를 지어 재물을 빼앗는 짓. 〔~하다〕.

노려-보다튄 눈에 매서운 기를 띠고 쏘아 보다. 예 노려보며 서 있는 것이 무섭다.

노력(努力)圓 힘을 들이어 애를 씀. 예 노력한 댓가. 빤 태만. 〔~하다〕.

노:령(老齡)圓 늙은 나이. 노년. 빤 고령. 예 노령이시지만 아직도 정정하시다.

노루圓 사슴과 비슷하나 조금 작은 산짐승.

노르므레-하다 圀 산뜻하지

않고 옅게 노르다. 누르무
레하다.

노르스름-하다 휑 산뜻 하고
아주 옅게 노르다. 누르스
름하다.

노르웨이 (Norway) 몡 스칸디
나비아 반도의 서부를 차지
한 입헌 왕국. 산이 많아
임산물이 풍부함. 근해는
4 대어장의 하나임. 원양
어업에 힘써 유럽제1의 수
산국임.

노름 몡 돈이나 재물을 걸고
서로 따먹는 내기. 비 도박.
〔~하다〕.

노름꾼 몡 노름을 일삼 는
사람. 비 도박꾼.

노릇 몡 어떠한 구실이 되는
일. 비 역할. 예 형 노릇.

노릇노릇-하다 휑 군데 군데
노르스름하다. 누릇 누릇
하다.

노리다 탸 눈에 독기를 올리
어 겨누다. 비 엿보다.

노무-자 (勞務者) 몡 노무에 종
사하는 사람.

노: 벨 (Nobel) 몡 〔1833~1896〕
스웨덴의 화학자. 다이너마
이트와 무연 화약 등을 발
명하여 큰 부자가 되었는
데 죽을 때 노벨상의 기
금을 내놓았음.

노: 벨-상 (Nobel賞) 몡 스웨
덴의 발명가 노벨의 유
언에 의하여, 인류의 행복
을 위하여 공로가 큰 사람
에게 주는 상. 1896년 12월
10일 그가 세상을 떠날 때
남긴 900만달러로 기금을

만들어 1901년부터 물리·
화학·의학·문학·평화·경제
상을 그가 세상을 떠난 12
월 10일에 매년 시상하고
있음.

노새 몡 암말과 숫나귀 사이
에서 난 짐승.

노:선 (路線) 몡 ① 일정한 목
표를 향하여 가는 길. ② 한
지점에서 다른 한 지점에
이르는 도로. 예 변화된 버
스노선.

노:소 (老少) 몡 늙은이와 젊은
이. 예 남녀노소.

노스클리프 (Northcliffe) 몡
〔1865~1922〕데일리 메일
신문을 창간한 영국의 신문
경영자. 제 1 차 세계대전때
에는 영국이 승전하는데 역
할을 하여 「자작」이 되었
고 1917년에는 미국에 건너
가서 경제 원조를 얻는 데
성공하여 나라에 큰 도움
을 주었음.

노:여움 몡 분한 생각.

노예 (奴隸) 몡 짐승처럼 자유
가 없고 한평생을 부림을
당하는 사람. 비 종. 반 상전.
자유민. 예 노예 해방.

노예 장수 (奴隸 ―) 몡 노예를
상품으로 취급하여 팔고 사
는 일을 하는 사람.

노:인 (老人) 늙은이. 반 청
년. 예 노인 문제.

노:자 (路資) 몡 먼 길을 오가
는데 드는 돈. 비 여비. 예
노자에 보태 쓰세요.

노작 (勞作) 몡 ① 힘들여 일함.
② 애써 만든 작품. 〔~하다〕.

놀리다

노:적(露積)**명** 한데에 쌓아 놓은 곡식 더미.

노:적-봉(露積峰)**명** 목포시의 유달산에 있는 산봉우리.

노천 (露天)**명** 지붕이 없는 곳. 한데. **예** 노천 극장.

노:트(note)**명** ① 공책. 학습장. 필기장. ② 적는 일. 또는 그 기록.

노:-하다(怒─)**자** 성내다. **예** 할아버지께서 노하셨다.

노:환(老患)**명** 늙어서 생기는 병.

노:후(老朽)**명** 낡아서 쓸모가 없음.

녹다**자** ① 굳은 물건이 높은 온도에 물러지거나 물처럼 되다. ② 액체와 결정체가 섞이어 풀리다. ③ 마음이 쏠리어 빠지다.

녹두(綠豆)**명** 콩과에 딸린 밭곡식의 하나. 팥보다 더 잘고 초록빛임. •

녹말(농─)(綠末)**명** 쌀·밀·감자 등의 주성분. 흰색의 가루이며, 우리 몸에 흡수되어 열과 힘의 바탕이 되는 영양소.

녹음(錄音)**명** 음향·음성·음악 등을 넣어 나중에 다시 그 소리를 내게 하는 일. **예** 레코드 녹음. 〔~하다〕.

녹음-기(錄音機)**명** 녹음하는 기계.

녹음 방:송(錄音放送)**명** 녹음한 것을 전파에 실어 내보내는 방송. **반** 생방송.

녹화(錄畫)**명** 실지의 장면을 찍어 둠. 〔~하다〕.

녹화-기(錄畫機)**명** 실지의 장면을 찍어 두었다가 필요한 때에 방송할 수 있도록 꾸며진 기계.

논**명** 벼를 심기 위하여 만든 땅. **반** 밭. **예** 논을 갈다.

논-두렁〔─뚜─〕**명** 논 가장자리에 흙으로 쌓아 놓은 둑. **비** 논둑.

논-둑〔─뚝〕**명** 논 가장자리에 쌓아 올린 방축. **비** 밭둑.

논리(論理)**명** 이치를 생각하여 분별하는 이론.

논-바닥〔─빠─〕**명** 논의 바닥. **예** 논바닥에 물이 말라간다.

논-밭**명** 논과 밭. **비** 전답. **예** 기름진 논밭.

논-벌〔─뻘〕**명** 논으로 된 넓고 평평하게 생긴 너른 들판.

논산(論山)**명** 대전 서쪽에 있는 작은 도시. 육군 훈련소가 있음.

논설(論說)**명** 사물의 이치를 들어 의견을 말함. **예** 논설위원 〔~하다〕.

논설 위원(論說委員)**명** 신문사 등에서 논설이나 사설 따위를 맡아 쓰는 사람.

논의(論議)**명** 논하여 토의함. **예** 그 문제를 논의하기 시작했다. 〔~하다〕.

논-풀**명** 논에 나는 잡풀.

놀:**명** 아침이나 저녁에 공중의 수증기에 햇빛이 비치어 붉어 보이는 기운.

놀:다**자** 일이 없이 세월을 보내다.

놀리다**타** 남을 깔보고 우스갯감으로 삼다. **비** 조롱하다.

ㄴ

[예] 못생겼다고 놀리다.
놀림 [명] 남을 희롱하는 것.
놀이-터 [명] 여러 가지 놀이를 할 수 있게 만들어 놓은 곳. [예] 남산 어린이 놀이터.
놈 [명] ① 동물이나 물건을 가리키어 쓰는 말. ② 사내를 낮추어서 쓰는 말.
농경 (農耕) [명] 논밭을 갈음. 농사를 지음. 〔~하다〕.
농경-지 (農耕地) [명] 농사를 짓는 땅.
농구 (農具) [명] 농사짓는 연장. [비] 농기.
농구 (籠球) [명] 공을 손으로 몰고 가서, 상대편 바스켓에 넣어 득점하는 경기.
농군 (農軍) [명] 농사짓는 사람. [비] 농부.
농기 (農器) [명] 농사 짓는 데 쓰이는 연장. [비] 농구.
농기 (農旗) [명] 농촌에서 부락 단위로 만든 기. 농사철에 풍년을 빌거나 축하하여 세우는 것으로 농사일을 할 때는 이 기를 옮겨가며 농악을 치면서 모심기·논매기 등을 함.
농:담 (弄談) [명] 실없이 하는 장난의 말. 〔~하다〕.
농민 (農民) [명] 농사짓는 사람. [비] 농부.
농민 독본 (農民讀本) [명] 농민에게 읽혀서 익하게 하기 위한 책.
농번-기 (農繁期) [명] 농사 일이 한창인 때. [반] 농한기. [예] 농번기에는 무척 바쁘다.
농부 (農夫) [명] 농사를 업으로 삼는 사람. [비] 농민.
농사 (農事) [명] 일정한 수확을 얻을 목적으로 논밭을 일구어서 곡식·채소 등 농작물을 가꾸는 일. [비] 농업. 〔~하다〕.
농산-물 (農産物) [명] 농사를 지어 생산된 물건. 곡식·채소 등.
농삿집 (農事―) [명] 농사를 짓고 사는 집. [비] 농가.
농악 (農樂) [명] 농부들이 하는 취주악. 나팔 불고, 북·장고·징:꽹과리·소고 따위를 침.
농악-대 (農樂隊) [명] 농악을 연주하는 사람의 무리.
농약 (農藥) [명] 농산물의 병충해를 구제하는데 쓰는 약품. [예] 농약 살포.
농어-민 (農漁民) [명] 농사를 짓는 사람과 고기잡이를 업으로 삼는 사람.
농어-촌 (農漁村) [명] 농촌과 어촌.
농업 (農業) [명] 농사짓는 직업. [비] 농사.
농업 축산국 (農業畜産國) [명] 농사를 짓고 가축을 기르는 일을 주로 하는 나라.
농업 협동 조합 (農業協同組合) [명] 농가의 이익을 위하고 생산력을 늘리기 위하여 만든 조합.
농장 (農場) [명] 일정한 농토에 집·농구·가축 및 사람의 노동력 등을 갖추고 농업을 일삼는 곳. [비] 농원.
농지 (農地) [명] 농사를 짓는 땅.
농촌 (農村) [명] 농사짓는 사람

들이 모여 사는 마을. [반] 도시.

농촌 계:몽 운동 (農村啓蒙運動)[명] 농촌의 생활 개선·보건·위생 따위를 깨우치게 하는 운동.

농촌 부:흥운동 (農村復興運動)[명] 농촌을 잘 사는 농촌이 되도록 다시 일으키기 위한 활동.

농촌 지도소(農村指導所) [명] 농촌 진흥원에 딸려 농사짓는 방법을 연구하고 지도 하는 관청.

농촌 지도:자(農村指導者) [명] 농촌을 개발하여 농민이 잘 살 수 있도록 이끌어 가는 사람.

농촌 진:흥청(農村振興廳) [명] 농촌의 발전을 위한 일을 맡은 관청. 지방에는 농촌 진흥원이 있음.

농토(農土)[명] 농사짓는 데 쓰이는 땅. [비] 농지. [예] 농사 지을 농토.

농한-기(農閑期)[명] 농사 일에 바쁘지 아니한 시기.[반] 농번기.

높-다랗다 [형] 생각보다 높다. 썩 높다. [예] 건물이 제법 높다랗다.

높이 [명] 높은 정도.

놓다 [타] ① 먼저 상태로 두다. [예] 제 자리에 놓다. ② 총포 따위로 쏘다.

놓아 기르다 [자] 보살피지 않고 제 멋대로 자라게 하다. [예] 집에서 놓아 기르는 짐승.

뇌까리다 [타] 언짢은 투로 말하다. [예] 남의 허물을 자꾸 뇌까리다.

뇌우(雷雨)[명] 우뢰 소리와 더불어 오는 소나기.

누각(樓閣)[명] 사방을 볼 수 있도록 만든 정자와 같은 집. [예] 누각에서 내려다본 경치.

누구[인대] 이름 대신에 쓰는 대명사.

누:나 [명] 사내 아이가 손위의 여자 형제를 부를 때 쓰는 말. [반] 동생. 오빠.

누:님 [명] 누나를 높여 부르는 말.

누룩 [명] 술을 빚는 재료. [예] 누룩으로 빚은 술.

누르께-하다 [형] 곱지도 짙지도 않게 누르다.

누르다 [형] 빛이 금빛과 비슷하다. [작] 노르다.

누르다 [타] ① 위에서 힘을 주어 밑으로 밀다. ② 무거운 것을 얹어 놓다. ③ 꿈쩍 못하도록 윽박지르다. [예] 꼼짝 못하게 누르다.

누리 [명] 「세상」의 옛말. [예] 온 누리에 우리의 슬기를 자랑하자.

누리다 [타] 행복스럽게 잘 살다. [예] 오랫동안 복을 누리고 살다.

누:명 (陋名)[명] 애매하게 뒤집어 쓴 욕된 이름. [예] 누명을 쓰고 옥에 갇힌 억울한 죄인.

누비다 [타] ① 요리조리로 빈틈없이 다니다. ② 피륙을 두 겹으로 죽죽 줄이 지도록 꿰매다.

누에 [명] 누에 나방의 어린 벌레.

다 자라면 실을 토하여 고치를 지음.

누에-섶圈 누에 치는 기구의 하나. 누에가 고치를 짓게 하기 위하여 짚 같은 것으로 성기게 꾸민 것.

누이圈 한 항렬로 난 여자.

누-적(累積)圈 포개어 쌓음. 엡 누적된 피곤감. [~하다].

누전(漏電)圈 전류가 새어 나감. [~하다].

누-추(陋醜)圈 추하고 더러움. 엡 누추한 집.

눅지다困 추운 날씨가 누그러지다. 엡 3월이 되니 날씨가 눅지다.

눈-가림圈 외모만 잘 꾸며 남의 눈을 속여 넘기는 짓. [~하다].

눈감아 주다困 남의 잘못을 못본 체하다.

눈-곱[一꼽]圈 눈에 들어간 먼지 같은 더러운 것이 눈가에 말라 붙은 것.

눈-길[一낄]圈 눈으로 보는 방향. 눈 가는 곳. 凹 시선. 엡 모두의 눈길이 나에게 쏠렸다.

눈-대중[一때一]圈 어림잡아 헤아리는 대중. [~하다].

눈-독[一똑]圈 눈여겨 보는 기운.

눈-동자[一똥](一瞳子)圈 눈 안의 까만 부분. 엡 새까만 아름다운 눈동자.

눈뜬 장:님圈 ① 사물을 보고도 알지 못하는 사람. 엡 눈뜬 장님이 되어서는 안된다. ② 글을 모르는 사람. 엡 그

는 눈뜬 장님이다.

눈-맵시圈 예쁜 눈의 생김새. 凹 눈매. 엡 눈맵시가 곱다.

눈-물圈 울 때에 눈에서 나오는 물.

눈물 어리다困 눈에 눈물이 괴다.

눈물-짓다困 눈물을 흘리다. 엡 고향 생각에 눈물 짓는 소녀.

눈:-바람[一빠一]圈 눈 위로 불어 오는 바람.

눈:-보라圈 바람에 휘몰아 쳐 오는 눈. 엡 눈보라 치는 겨울.

눈-부시다휑 ① 빛이 강하여 바로 보기가 어렵다. 엡 눈부신 아침 햇살. ② 빛이 매우 황홀하다. 凹 휘황하다.

눈-빛[一삧]圈 눈에서 비치는 빛 또는 기운.

눈:-사람[一싸一]圈 눈을 뭉쳐 만든 사람.

눈-살[一쌀]圈 두 눈 사이에 있는 주름. 엡 눈살을 찌푸리다.

눈:-송이[一쏭一]圈 꽃송이처럼 내리는 눈. 엡 하얀 눈송이.

눈-시울[一씨一]圈 눈 언저리의 속눈썹이 난 곳. 엡 눈시울이 뜨거워지다.

눈-앞圈 눈으로 보이는 바로 앞.

눈여겨 보다困 잊지 않도록 마음 먹고 보다. 凹 주시하다.

눈웃음 치다困 눈으로 가만히 웃다.

눈조리개圈 눈동자를 크고 작

게 하여, 눈 속으로 들어가는 빛의 양을 조절하는 얼개의 하나.

눈짓〔-찟〕명 눈을 움직여 어떤 뜻을 나타내는 짓. 〔~ 하다〕.

눈-초리 명 눈의 꼬리. 눈이 가는 길. 예 적군의 사나운 눈초리.

눈치 명 ① 남의 마음을 알아채는 힘. 비 낌새. ② 겉으로 드러나는 태도. 예 눈치가 이상하다.

눈치채다 태 남의 속마음을 알아채다. 예 언니가 눈치 챈 것 같다.

눕다(누우니, 누워서)자태 등이나 옆구리를 바닥에 대고 몸을 가로 놓다. 예 방에 눕다.

뉘대 누구의. 어느 사람의. 예 저게 뉘 집이냐?

뉘엿뉘엿 부 해가 곧 지려고 하는 모양을 나타내는 말. 예 해가 뉘엿뉘엿 넘어간다. 〔~하다〕.

뉘우치다 태 제 잘못을 깨달아 후회하다. 예 제 잘못을 뉘우치다.

뉴:올리언즈 명 미국 남부 미시시피강 어귀에 있는 항구 도시. 큰 무역항.

뉴:-욕 명 미국에 있는 세계 제2의 도시로 세계 상공업의 중심지. 유엔 본부가 있다.

뉴:질랜드 명 오스트레일리아 남동쪽에 있는, 영연방을 구성하는 자치국, 수도는 웰링턴.

뉴펀들랜드 명 캐나다의 동부 해안에 있는 세계4대 어장의 하나.

뉴햄프셔종 명 닭 품종의 한 가지. 고기와 알을 얻기에 알맞다.

느끼다 태 ① 깨달음이 일어나다. 예 잘못을 느끼다. ② 마음이 움직이다. 예 아름답게 느끼다. ③ 목메어 울다.

느낌 명 느끼는 일. 느낀 것. 비 감상. 예 황홀한 느낌.

-느니라 어미 손아랫사람에 대하여 말할 때 흔히 쓰는 말끝. 예 그러면 못 쓰느니라.

능력〔-녁〕명 일을 해내는 힘. 예 능력이 부족하다.

능률〔-률〕명 일정한 시간에 해낼 수 있는 일의 비율. 예 적당히 쉬면 일의 능률이 오른다.

능숙-하다 형 일을 솜씨 있고 익숙하게 하다. 반 미숙하다. 예 능숙한 솜씨를 보이다.

능청꾸러기 명 거짓을 정말처럼 태연하게 꾸며 대어 남을 잘 속이는 사람.

능청스럽다 형 거짓말을 그럴 듯하게 하거나 남을 감쪽같이 속여 놓고도 태연하다. 예 영이는 내 신을 감춰 놓고도 능청스럽게 모른다고 잡아뗀다.

능통 명 무슨 일에 환히 통함. 예 영어에 능통하다. 〔~ 하다〕.

능-하다 형 서투르지 않고 잘하다. 예 영수는 그림에 능하다.

ㄷ〔디귿〕 닿소리의 셋째
글.

다:阜 모조리. 남김 없이. 町
모두.

다가 서다因 가깝게 옮아서
다.

다가 앉다因 가깝게 옮아 앉
다. 뗴 책상 앞에 다가앉
다.

다가 오다因 가깝게 옮아오
다. 뗴 겨울이 다가 오다.

다각-형(多角形)阜 선분만으
로 된 폐곡선. 사각형·오각
형 따위.

다과(茶菓)阜 차와 과자. 뗴
다과를 대접하다.

다과-점(茶菓店)阜 차와 과
자를 파는 가게.

다녀-오다因 갔다 오다. 뗴 미
국에 다녀오다.

다년-간(多年間)阜 여 러 해
동안. 뗴 다년간에 걸친 연
구.

다다르다因 목적한 곳에 이르
다. 뗴 오랜 시간이 지난후
그곳에 다다랐다.

다달-이阜 달마다. 매월. 뗴 다
달이 타는 용돈.

다듬다他 매만져서 곱게 하
다.

다락阜 부엌 위에 물건을 두
도록 지은 이층 방.

다람-쥐阜 산
에서 사는
조그만 짐
승으로 쥐
같이 생겼
으나 꼬리
가 크고 김. 〈다람쥐〉

다랑-어阜 고등어 모양으로
생긴 바닷물고기. 살이 찌
고 큰 것은 길이가 3 m 쯤
이고, 무게는 150~180 kg
이나 됨.

다량(多量)阜 많은 분량. 땐
소량. 뗴 다량의 일.

다루다他 ① 일이나 물건을
맡아서 처리하다. ② 가죽
따위를 부드럽게 만들다.

다르다他 같지 않다. 땐 같다.

다리阜 개천이나 강의 양쪽
언덕 사이에 가설하여 통
로로 하는 길.

다리阜 ① 동물의 몸 아래 있
어서 걸음을 맡은 기관. 뗴
다리로 걷는다. ② 물건 아
래에 있어서 그 물건을 버
티고 있는 것.

다리다他 다리미로 옷 따위의
구겨진 주름살을 문질러 펴
다. 뗴 옷을 다리다.

다리미阜 다림질을 하는 연장.

다림-질阜 옷이나 요. 이불감
등을 다리미로 다리는 일.

〔~하다〕

다:만튀「오직 그뿐」의 뜻을 나타내는 말.團단지.團다만 친구가 그리울 뿐이다.

다목적 (多目的)圈목적이 많은 것.

다목적-댐 (多目的dam) 圈수력 발전·농업 용수·홍수 조절 등, 여러 가지 목적을 겸한 댐.

다물다團위아래 입술을 마주 대다.團입을 다물다.

다발圈큼직한 묶음.團시금치 한 다발

다보-탑 (多寶塔) 圈경주 불국사에 있는 화강암으로만 든 높이 10 m가량의 탑.

〈다보탑〉

신라 시대에 세워진 세계적으로 유명한 탑임. 국보20호.

다복(多福)圈복이 많음.團다복한 가정.

다부지다圈벅찬 일을 능히 결정지을 힘이 있다.團그는 몹시 다부지다.

다소 (多少)圈많음과 적음. 團「다소간」의 준말.團다소를 불문하고 있는 대로 주세요.

다소곳-하다 圈고개를 약간 숙이고 부끄러운 태도로 말이 없다.

다수(多數)圈많은 수효.團소수.

다:스圈물품 12개를 한묶음으로 하여 세는 말.

다스리다團①사회의 일을 가다듬고 처리하다.團나라를 다스리다.②병을 고치다.團병을 다스리다.

다시튀①하던 것을 되풀이로.團다시 말해 보아라. ②한 번 거듭.③전과같이

다시금튀「다시」의 힘줌말. 團6. 25의 쓰라림을 다시금 되새기다.

다알리아 (dahlia)圈여름에서 가을에 걸쳐 백색·홍색·자색 등의 큼직하고 아름다운 꽃이 피는 나무.

다음圈어떤 차례의 바로 뒤.團내 차례는 다음이다.

다이너마이트(dynamite)圈폭발약의 한 가지.

다이빙 (diving)圈높은데서 물 가운데로 뛰어 내리는 헤엄.〔~하다〕

다이아몬드 (diamond) 圈금강석. 보석 중에서 제일 단단한 것으로 아름다운 빛을 냄.

다이얼 (dial)圈①라디오 사이클수의 눈금이 그려져 있는 숫자판.②자동 전화기의 숫자판.③시계·나침반 등의 글자판.

다정 (多情)圈①인정이 많음②정분이 두터움.團친절. 團냉정.團다정한 사이

다지다團눌러서 단단하게 하다.團기반을 다지다.

다짐圈확실한 대답을 받음. 團약속하고 다짐하다.〔~하다〕

다치다飛부딪쳐 상하다.團

전봇대에 부딪쳐 다치다.

다투다困 匝 싸우다.

다:-하다困 匝 ① 소모되어 없어지다. 예 힘이 다하다. ② 모든 것을 있는 대로 다 들이다. 예 있는 힘을 다하다. ③ 끝이 나다. 마치다.

다행(多幸)圈 운수가 좋음. 반 불행. 예 불행중 다행.

닥-나무圈 창호지의 원료로 쓰이는 나무.

닥쳐-오다困 가까이 다가 오다. 예 여름이 닥쳐 오다.

닥치다困 가까이 다다르다. 예 운명의 날이 닥치다.

닦다匝 ① 문지르거나 씻어서 깨끗하게 하다. ② 평평하게 고르고 다지다. 예 집터를 닦다. ③ 힘써 배우다. 예 학문을 닦다.

단:(但)悞 다만, 오직.

단결(團結)圈 한 뜻으로 뭉침. 비 단합. 반 분열. 예 단결된 마음. [~하다]

단결-심[-씸](團結心)圈 여러 사람이 한 마음으로 뭉치려는 마음.

단골圈 늘 정해 놓고 거래하는 곳이나 손님. 예 단골손님.

단군(檀君)圈 우리 나라를 세우고 다스린 맨 처음 임금님.

단군 신화:(檀君神話)圈 단군 임금이 고조선을 세웠다는 내용의 우리 민족의 건국 신화.

단기(檀記)圈 단군 기원. 단군께서 나라를 세우신 해 로부터 시작하여 햇수를 세는 것.

단:념(斷念)圈 생각을 ·끊어버림. 반 미련. [~하다]

단단-하다圉 ① 무르지않다. ② 굳세다. ③ 튼튼하다. 비 야무지다. 반 무르다. 예 단단한 돌.

단독(單獨)圈 단 한 사람. 혼자.

단란(團欒)圈 다정하게 한곳에서 즐김. 예 단란한 가정.

단련(鍛鍊)圈 몸과 마음을 연마 함. 비 훈련. 예 단련된 체격. [~하다]

단:면(斷面)圈 끊어진 면.

단-물圈 ① 짠 맛이 없는 맹물. ② 단 맛이 있는 물.

단:백-질(蛋白質)圈 우리 몸을 이루는 데 쓰이는 중요한 영양소. 고기, 우유, 콩 따위에 많이 들어 있음.

단색(單色)圈 단 한 가지의 빛깔. 예 단색의 치마.

단서(端緒)圈 일의 비롯된 실마리.

단속(團束)圈 엄하게 경계함. 반 방임. [~하다]

단순(單純)圈 까다롭지 않고 간단함. 반 복잡. 예 단순한 형식.

단숨-에(單一)悞 쉬지 않고 내쳐서. 반 한달음에.

단어(單語)圈 한 생각을 나타내는 낱낱의 말. 비 낱말.

단:언(斷言)圈 딱 잘라서 하는 말. [~하다]

단:연(斷然)悞 굳게 마음을 먹어 움직이지 않는 모양.

단오(端午)圈 명절의 하나.

음력 5월 5일. 여자는 그네를 뛰고 남자는 씨름을 함.

단위(單位)圆 비교 계산하는 데 기본이 되는 것. 卽 하나치.

단장(丹粧)圆 모양을 내어 꾸밈. 卽 화장. 치장. 〔~하다〕

단장:(團長)圆 단체의 우두머리.

단:점〔一쩜〕(短點)圆 낮고 모자라는 점. 卽 결점. 凰 장점.

단정(端正)圆 얌전하고 바름. 卽 단아.

단지圆 배가 부르고 목이 짧은 자그마한 항아리의 한 가지.

단지(但只)凰 다만.

단짝圆 매우 친한 벗.

단청(丹青)圆 벽・기둥・천정 등에 여러 가지 빛깔로 무늬를 그림. 〔~하다〕

단체(團體)圆① 모임. 떼. ② 집단. 凰 개인. 卽 단체 훈련.

단추圆 옷을 여미기 위해 옷에 구멍을 뚫고 꿰게 된 물건.

단-판(單一)圆 이기고 짐을 단번에 결정하는 판. 卽 단판에 이기고 말겠다.

단풍(丹楓)圆① 늦은 가을에 빛깔이 붉게 또는 누르게 변한 나뭇잎.②「단풍나무」의 준말. 卽 울긋불긋한 단풍.

단풍-내(丹楓一)圆 단풍 냄새.

단:행(斷行)圆 딱 결단하여 실행함. 卽 계획을 단행하다. 〔~하다〕

닫다卽 열었던 문이나 창을 도로 막다. 卽 가리다. 凰 열다. 卽 창을 닫다.

닫다卪 빨리 가다.

달圆 밤 하늘에 떠서 세상을 밝게 비치는 지구의 위성. 凰 해.

달가닥卽 단단하고 작은 물건이 맞닿아서 나는 소리.

달걀圆 닭이 낳은 알. 계란.

달구지圆 소가 끄는 짐수레.

달:다卪① 뜨거워지다. 卽 빨갛게 단 쇠붙이. ② 마음이 타다. 卽 마음이 달아서 어쩔 줄 모른다.

달다圆① 꿀맛과 같다. 卽 설탕이 달다. ② 마음에 들다. ③ 입에 맞다.

달다卽① 잡아 매어 늘어뜨리다. 卽 간판을 달다 ② 말 또는 한문에 토를 붙이다. ③ 저울질하다.

달:라다卽 남에게 무엇을 주기를 청하다.

달라-붙다卪 끈기있게 바짝 붙다.

달라지다卪 이전 상태의 모양이 변해 다르게 되다. 卽 거리의 모양이 많이 달라졌다.

달래다卽 옳고 바른 말로 잘 타이르다. 卽 좋은 말로 동생을 달래다.

달러(dollar)圆 미국의 돈을 나타내는 단위. 1달러는 약 600원.

달려-들다卪 별안간 덤비다. 卽 사나운 개가 갑자기 달려들다.

달력(一曆)圆 1년의 12달과

날짜·요일·절기·행사일 따위를 적어 놓은 종이 또는 책. [비] 일력. 월력.

달리[부] 다르게.

달리다[타] 빨리 가게 하다. [자] 빨리 가다. [비] 뛰다. [예] 차를 달리다.

달-마다[부] 다달이. 매월.

달-맞이[명] 음력 정월 보름날 횃불을 들고 높은 곳이나 들에 나가서 달이 뜨기를 기다리는 일. 〔~하다〕

달성〔—썽〕(達成)[명] 뜻한 바를 이룸. [비] 성취. [반] 미달. [예] 목적을 달성하다〔~ 하다〕

달아-나다[자] ① 빨리 가다. ② 도망가다. [예] 도둑이 달아나다.

달음박-질[명] 빨리 뛰어 달려 가는 걸음. [예] 집을 향하여 달음박질하다. 〔~하다〕

달콤-하다 [형] 맛이 알맞게 달다. 감칠 맛이 있게 달다. [부] 달콤히. [예] 사탕이 달콤하다.

달팽이[명] 우렁이 같이 생긴 동물. 나뭇가지 같은 곳에 기어 다님. 나사 조개.

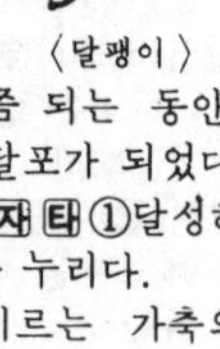

〈달팽이〉

달-포[명] 한 달쯤 되는 동안. [예] 떠난 지 달포가 되었다.

달-하다(達—)[자] [타] ① 달성하다. ② 영화를 누리다.

닭[명] 집에서 기르는 가축의 한 가지. 암컷은 달걀을 낳음.

닭-장〔닥—〕〔—藏〕[명] 닭을 넣어 기르는 집. [비] 닭집.

닮:다 〔—따〕[타] 비슷하게 생기다. [예] 동생이 형을 닮다.

닮은-꼴[명] 크기가 틀리는 두 개의 도형에서 대응변의 비가 다 같고 대응각이 서로 같은 두 도형.

담[명] 흙·벽돌 같은 것을 쌓아 올려서 집의 가를 둘러 막는 물건. [비] 담장.

담:(痰)[명] 가래. [예] 기침을 하니 담이 섞인다.

담그다[타] ① 액체 속에 넣어 두다. ② 김치·술·간장 따위를 만들어 익게 하다. [예] 김치를 담그다.

담기다 [피동] 그릇에 넣어지다. [예] 물이 가득 담긴 그릇.

담당(擔當)[명] 일을 떠맡음. [예] 담당자. [예] 편집을 담당하다. 〔~하다〕

담:대(膽大)[명] 겁이 없이 용기가 많음. [반] 담소.

담:력(膽力)[명] 겁이 없고 용감한 기운.

담보(擔保)[명] ① 빈 돈을 갚지 못할 때 마음대로 처분하라는 약속으로 맡기는 물건이나 증권. ② 맡아서 보관함. [예] 집을 담보로 돈을 빌다.

담빡[부] 경솔하게 행동하는 모양.

담뿍[부] 담뿍이. [조] 듬뿍. [예] 그릇에 담뿍 담다.

담양-읍(潭陽邑)[명] 전라남도 광주 북쪽 영산강 상류의 기름진 고장. 주변에서 대가 많이 남.

담임(擔任)圏 책임을 지고 맡아 봄.또는 그 사람. ◉담임 선생님

담장圏 흙·벽돌·돌 등을 쌓아 올려서 집의 가를 둘러 막는 물건.

담쟁이-덩굴圏 벽이나 담 또는 바위에 붙어 뻗어 나가는 덩굴나무.

담화(談話)圏 ① 이야기. 말씀 ② 자기의 의견이나 태도를 분명히 하기 위하여 하는 말. ◉담화문.

답답-하다(畓畓—)혱 가슴속이 갑갑하다.맨후련하다.

답례(答禮)圏 남의 인사를 받고 답으로 하는 인사.◉답례 선물.

답변(答辯)圏 어떠한 물음에 대답하는 말.맨질의. 질문◉질문에 답변하다.

답사(答辭)圏 식장에서 축사나 식사에 대한 대답의 말.

답사(踏査)圏 현지에 가서 조사함. ◉현지 답사.

답안(答案)圏 시험 문제의 해답.◉답안 채점.

답장(答狀)圏 대답으로 하는 편지.

닷새圏 다섯 날. 5 일. ◉집을 떠난지 닷새째다.

당(唐)圏 서기 618년부터 907년까지 중국에 있었던 나라 이름.

당기다탸 ① 끌어서 가까이 오게 하다.② 줄을 팽팽하게 하다.맨늦추다.③ 정한 일을 줄여서 미리 하다.맨미

루다.

당-나귀圏 말과 비슷하나 몸이 작고 귀가 큰 짐승.

당당-하다(堂堂—)혱 매우 의젓하다. ◉외모가 당당 하다.

당돌-하다 (唐突—)혱어려워하는 마음이 없다. ◉어린 것이 무척 당돌하다.

당면(當面)圏 눈앞에 당함. ◉당면한 문제.

당번(當番)圏 번드는 차례에 당함. 맨비번. ◉청소당번

당부(當付)圏 말로써 단단히 부탁함. 맨부탁. ◉거듭 당부하다.

당-부(當否)圏 마땅함과 마땅하지 아니함.

당분-간(當分間)圏튄 얼마동안.

당선(當選)圏 여럿 가운데서 뽑힘. 비피선. 맨낙선.◉회장으로 당선되다.

당시(當時)圏 일이 일어난 바로 그 때. 맨당대. ◉6 · 25사변 당시.

당신(當身)团 ① 남편과 아내가 서로를 부를 때 쓰는 말.② 자기보다 낮거나 비슷한 사람을 이름 대신 부르는 말.

당연-하다(當然—)혱 마땅하다. 맨부당하다. ◉죄지은 사람이 벌을 받는 것은 당연하다.

당원(黨員)圏 당을 구성하는 사람.

당인-리(唐人里)圏 서울 마포구에 있는 곳.화력 발전소

가 있음.

당장(當場)명 바로 그 자리. 見그 때에. 團금방. 즉시. 예당장 돈을 주다.

당쟁(黨爭)명 당파를 이루어 서로 싸움.

당좌 예:금(當座預金)명예금 자가 발행하는 수표에 의하여 언제든지 지불한다는 약속 아래 하는 예금.圖당좌.

당차다형 몸집이 작고도 힘이세다.

당첨(當籤)명 제비 뽑기에 뽑힘.예복권이 당첨되다.

당초(當初)명 애초. 일의 맨처음. 예당초의 계획이 바뀌다.

당치 않다형이치에 맞지 않다.예당치 않은 말.

당파(黨派)명 뜻이 같은 사람끼리 한 패가 되어 나누인 갈래.

당파 싸움(黨派—)명 뜻을 같이하는 무리끼리 파벌을 이뤄 나라의 정치 권력을 잡으려는 파벌끼리의 다툼.

당-하다(當—)형① 어떤 처지에 이르다.團맞서서 이겨내다.예달리기에는 순이를 당할 수 없다. 타감당해 내다.

-당하다(當—)回 움직임을 나타내는 명사 밑에 붙어,그 움직임이 남의 힘으로 이루어짐을 나타내는 말. 예포위당하다.

당황-하다(唐慌—)자 놀라서 어찌할 바를 모르다. 예갑자기 묻는 바람에 당황하다.

닻명 배를 멈추어 서게 하기 위하여 물속에 내리는 쇠로 만든 기구.예닻을 내리다.

〈닻〉

닻-줄명 닻을 맨 줄.

닿:다자① 서로 가까이 붙다 예살이 닿다.② 목적지에 가서 이르다.團떠나다. 예서울에 닿다.

닿-소리명 소리를 낼 때 혀·이·입술 등에 숨이 닿아서 나는 소리.ㄱ·ㄴ·ㄷ 따위.團자음.團홀소리.

대(臺)명 흙이나 돌 따위로 높게 쌓아 올린 곳.

대:(代)명 집안의 계통이나 어떤 지위를 이은 그 자리 예대를 잇다.

대:감(大監)명 옛날 높은 관원을 높이어 일컫던 말.

대:강(大綱)명 세밀하지 아니한 정도.見대개.團대략. 예전체의 대강.

대:개(大概)명 대체의 줄거리.

대:거(大擧)명 많은 무리로 일을 꾸밈. [~하다]

대견-하다형 마음에 흡족하다. 예어린 네가 일등을 했다니 대견하다.

대:결(對決)명 맞서서 승패를 겨룸. [~하다]

대:관-령(大關嶺)명 강원도 명주군과 정선군 사이에 있는 높이 865m 의 산고개.

대:-관절(大關節)[부] 여러 말할 것 없이. [비] 도대체. [예] 대관절 어떻게 된 거야?

대:교(大橋)[명] 큰 다리. [예] 남해대교.

대구(大邱)[명] 경상북도의 도청 소재지. 사과의 산지로 유명함.

대:군(大軍)[명] 아주 많은 수효의 군사. [예] 백만 대군.

대:궐(大闕)[명] 임금이 사는 곳.

대:-규모(大規模)[명] 규모가 아주 큼. [반] 소규모. [예] 대규모 공사.

대:금(大金)[명] 대나무로 만들었으며 6개의 구멍으로 소리를 내는 우리 나라 악기.

대:기(大氣)[명] 땅덩어리의 둘레를 싸고 있는 공기 전체.

대:기(待機)[명] 기회를 기다림. 〔~하다〕

대:꾸[명] 「말대꾸」의 준말. 남의 말을 받아 그 자리에서 곧 제 생각을 나타내는 말. 〔~하다〕

대-나무[명] 줄기가 곧고, 마디가 있으며, 속이 빈 나무.

〈대나무〉

대:-낮[명] 훤히 밝은 낮. [비] 한낮. [반] 한밤.

대님[명] 한복의 바지 가랑이 끝을 접어서 졸라 매는 끈.

대:다[타] 물질적으로 뒤를 보살펴 주다. [예] 학비를 대다.

대:-다수(大多數)[명] 거의 대부분. [반] 극소수. [예] 대다수가 찬성이다.

대:단-하다[형] 아주 심하다. [비] 굉장하다. [예] 회사의 규모가 대단하다.

대:담(大膽)[명] 겁이 없고 마음이 큼. [예] 일을 대담하게 처리한다.

대:담(對談)[명] 마주 대하여 말함. [반] 독백. 〔~하다〕

대:답(對答)[명] 물음에 답함. [비] 응답. [반] 질문. 〔~하다〕

대:대(大隊)[명] 군대 단위의 하나. 중대의 위, 연대의 아래임.

대:대-로(代代一)[부] 여러 대를 계속하여. [예] 대대로 전해 오는 가보.

대:-도시(大都市)[명] 큰 도회지.

대:독(代讀)[명] 남의 글을 대신해서 읽음. [예] 축사를 대독하다. 〔~하다〕

대:동 여지도(大東輿地圖)[명] 김정호가 만든 우리 나라 최초의 자세한 지도. 1861년 판목으로 인쇄함. 압록강·두만강을 한계로 반도와 섬을 약 1만 6천 2백분의 1로 그렸는데 산맥·하천·고을·성터 등 1만 1천 6백 곳의 표시가 되어 있음.

대:-들다[자] 요구하거나 반항하느라고 세차게 달려들다.

대-들보(大一)[명] 큰 들보.

대:뜸[부] 생각할 겨를 없이 그 자리에서 얼른.

대략(大略)[명] 대강의 줄거리

ⓑ대충.ⓟ대충으로 추리어.

대:량(大量)ⓜ 많은 분량. ⓔ대량판매.

대:로(大路)ⓜ 넓고 큰 길.ⓟ소로.

대롱ⓜ 가느다랗고 속이 빈 대의 도막.

대:류(對流)ⓜ열이 흘러 움직이는 액체나 기체에 의해 전해지는 현상.

대:륙(大陸)ⓜ지구상의 큰 육지.ⓑ대지.ⓟ대양.해양.

대:륙성 기후(大陸性氣候)ⓜ 여름과 겨울의 기온의 차가 심한 대륙의 내부에서 나타나는 기후.ⓟ해양성 기후.

대:리(代理)ⓜ대신하여 일을 처리함.ⓔ대리 참석자.〔~하다〕

대:리-석(大理石)ⓜ석회암이 변하여 된 부드럽고 아름다운 돌.

대:망(大望)ⓜ큰 희망.ⓔ소년들아, 대망을 품어라.

대:망(待望)ⓜ기다리고 바람.ⓔ대망하던 비가 내린다.〔~하다〕

대:면(對面)ⓜ얼굴을 서로 마주 봄.ⓔ직접 대면하다.〔~하다〕

대목ⓜ가장 중요한 곳.ⓔ힘들고 어려운 대목을 간신히 넘기다.

대:문(大門)ⓜ집을 드나드는 큰 문.ⓟ정문.

대문(大文)ⓜ글의 동강.ⓑ단락.

대-바구니ⓜ대를 얽어서 만든 그릇.

대:범-하다(大泛─)ⓗ사물에 대하여 까다롭지 않고 예사롭다.ⓔ매사에 대범하다.

대:-법원(大法院)ⓜ재판을 최종적으로 맡아 하는 최고 법원.

대:-보다ⓣ서로 견주어 보다.

대:-보름날(大─)ⓜ음력 정월 보름을 특별히 일컫는 말.

대:본(貸本)ⓜ세를 받고 책을 빌려 줌.또는 그 책.

대:부(貸付)ⓜ돈 또는 물건 따위를 빌려 줌.〔~하다〕

대:-부분(大部分)ⓜ반이 넘는 수효나 분량.ⓟ일부분.ⓔ높은 산의 나무는 대부분 키가 작다.

대:비(對備)ⓜ앞으로 있을 일을 맞이하기 위하여 미리 준비함.ⓑ준비.ⓔ겨울에 대비하여 김장을 하다.〔~하다〕

대:비-원(大悲院)ⓜ고려문종 때 가난한 사람과 병든 노인을 무료로 치료해 주기 위해 개경에 설치했던 의료 구제기관.

대:사(大使)ⓜ딴 나라에 가서 외교 관계를 맡아 보는 외교관.

대:사(臺詞)ⓜ무대 위에서 배우가 연극 중에 하는 말.

대:-사간(大司諫)ⓜ조선시대 임금을 돕는 중요한 벼슬의 하나.

대:사관(大使館)ⓜ 대사가

있는 나라에서 사무를 보는 공관.

대:-사헌(大司憲)웹 조선시대 왕을 돕는 중요한 벼슬의 하나. 주로 관헌들의 감찰 행정을 맡아 보았음.

대:상(隊商)웹 사막과 같은 교통이 발달되지 않은 곳에서 코끼리나 낙타에 짐을 싣고 메를 지어 다니는 장삿꾼의 무리.

대:상(對象)웹 목표가 되는 것. 예 어린이를 대상으로 쓴 책.

대:서(代書)웹 대신하여 글을 씀. 예 대서소. 〔~하다〕

대:서-양(大西洋)웹 유럽과 아프리카 및 아메리카 대륙 사이에 있는 너른 바다.

대:성(大成)웹 훌륭하게 이루어짐. 〔~하다〕

대:세(大勢)웹 ① 일이 되어가는 형편. 예 대세가 기울다. ② 큰 세력.

대:소(大小)웹 크고 작음.

대:소-변(大小便)웹 똥과 오줌.

대:승(大勝)웹 크게 이김. 〔~하다〕

대:신(代身)웹 ① 다른 것으로 바꾸어 채움. ② 남을 대리함. 예 대리. 빤 몸소. 〔~하다〕

대:양(大洋)웹 큰 바다.

대:여(貸與)웹 빌려 줌. 빤 대부. 빤 차용.

대:-여섯㈜ 다섯이나 여섯 가량. 준 대엿. 예 친구 대 여섯.

대:용(代用)웹 다른 것 대신으로 씀. 예 설탕 대용으로

써라. 〔~하다〕

대:우(待遇)웹 예를 갖추어 대접함. 빤 대접. 예 극진한 대우. 〔~하다〕

대:웅-전(大雄殿)웹 절에 석가모니 불상을 모셔 놓은 가장 큰 집.

대원(隊員)웹 대에 딸려 있는 사람.

대:의(大意)웹 대강의 뜻. 예 대의를 밝혀라.

대:의(大義)웹 나라를 위하는 의로운 일. 곧 사람이 마땅히 행하여야 할 사사로움이 없는 바른 길.

대:의-원(代議員)웹 선출에 의하여 일정한 사람을 대표하여 일하는 사람.

대:-자연(大自然)웹 아주 넓고 큰 자연. 예 대 자연속에서의 하루.

대:장(大將)웹 전군 또는 일군을 통솔하는 사람. 군대의 가장 높은 계급. 빤 장군. 빤 졸병. 예 소년대장.

대장(隊長)웹 한 부대의 우두머리.

대장-간 〔-깐〕(-間)웹 쇠를 다루어 갖은 연장을 만들어 내는 곳.

대:-장경(大藏經)웹 고려 때 3차에 걸쳐 간행한 불경. 석가여래의 설교를 적은 경장과 불법의 설명 등을 모은 책.

대:-장부(大丈夫)웹 건강하고 늠름한 사내. 예 늠름한 사내 대장부.

대-장선 (大將船)웹 모든 수

군을 통솔하는 배. 수군의 우두머리가 타고 있는 배.

대장-장이뗑 시우쇠를 달궈 온갖 기구와 연장을 만드는 일을 업으로 삼는 사람.

대:적(對敵)뗑 적과 마주대함. 〔~하다〕

대전(大田)뗑 충청남도의 도청 소재지.

대:전(大戰)뗑 큰 전쟁. 예 제 2차 세계 대전. 〔~하다〕

대:접(待接)뗑 ① 음식을 차려서 접대함. ② 마땅한 예로 대함. 비 대우. 반 괄시. 천대. 푸대접. 예 손님 대접. 〔~하다〕

대:제-전(大祭典)뗑 성대한 잔치.

대:-제학(大提學)뗑 조선시대 임금을 돕는 중요한 벼슬의 하나. 홍문관의 으뜸 벼슬임.

대:종-교(大宗敎)뗑 우리 민족의 시조인 단군을 받드는 종교.

대:중(大衆)뗑 많은 수효의 사람. 비 민중. 군중. 예 많은 대중 앞에서의 연설.

대중-말뗑 한 나라 안에 표준이 될 만한 말. 비 표준말.

대:지(大地)뗑 넓은 땅. 예 넓은 대지 위에 봄이 온다.

대:진(對陣)뗑 맞대어서 진을 침. 〔~하다〕

대:천(大川)뗑 큰 강. 이름난 내.

대:천(大川)뗑 충청남도 해안에 있는 도시. 해수욕장으로 유명함.

대:-천재(大天才)뗑 천재중의 천재.

대:-청소(大淸掃)뗑 보통 때에 손이 미치지 못한 곳의 구석까지 샅샅이 하는 청소.

대:체(大體)뗑 대관절. 도대체. 예 대체 넌 무엇하는 거냐? 뗑 일이나 내용의 큰 줄거리.

대:체-로(大體—)뛰 대강 요약해서.

대:출(貸出)뗑 빌려 주기위해 돈을 내어 줌. 〔~하다〕

대충뛰 대강 추려서. 대강 대강. 예 대충 줄거리만 이야기해라.

대:치(代置)뗑 다른 물건으로 갈아 놓음. 〔~하다〕

대:치(對峙)뗑 서로 마주 대하여 버팀. 비 대립. 〔~하다〕

대:통령 (大統領)뗑 공화국의 원수. 국민에 의해 뽑혀 일정한 기간 동안 나라의 전반에 걸친 일을 맡아 다스리며 나라를 대표함.

대:패뗑 나무를 반반하게 밀어 깎는 연장.

대:평-소 (大平簫)뗑 여덟 구멍 뚫린 나무관에 깔때기처럼 생긴 놋쇠를 달아 부는 국악 목관 악기. 비 날라리.
〈대평소〉

대:포(大砲)뗑 화약의 힘으로 포탄을 멀리 내쏘는 큰 무기.

대:표(代表)뗑 여러 사람이나

단체를 대신하여 책임지고 나서는 일, 또는 그 사람. 〔~하다〕

대:표-자(代表者)圀 여러 사람을 대표하는 사람.

대:표-적(代表的)圀 여럿을 대신할 수 있을 만함. 으뜸이 될 만함.

대:풍(大豊)圀 곡식이 크게 잘된 풍년.

대:피-소(待避所)圀 비상시에 대피하는 장소.

대:-하다(對一)재타 상대하다. 뎨 손님을 공손히 대하다.

대:학(大學)圀 고등학교를 졸업한 다음에 들어가는 가장 높은 학교.

대:한(大韓)圀① 대한 민국. ② 대한 제국. 回 한국. 뎨 대한 민국.

대:한(大寒)圀 지독한 추위.

대:한 민국 임시 정부 (大韓民國臨時政府)圀 삼일 운동 이후 우리 나라의 애국 지사들이 독립 운동을 하기 위하여 중국 상하이에서 임시로 조직한 정부.

대:한 적십자사 (大韓赤十字社)圀 재해 구조나 국민 보건 향상 등에 이바지하는 기구.

대:한 제:국(大韓帝國)圀 우리 나라 옛날 국호의 하나. 고종이 1897년에 연호를 광무라 하고 왕을 황제라 하며 조선을 대한 제국이라 하였음. 阣 대한.

대:합-실(待合室)圀 정거장이나 병원 같은 곳에서 손님이 기다리도록 마련해 놓는 곳.

대:항(對抗)圀 서로 버티어서 겨룸. 回 항거. 빤 복종. 〔~하다〕

대:해(大海)圀 넓은 바다. 回 대양.

대:화(對話)圀 상대하여 이야기함. 뎨 남북 대화. 〔~하다〕

대:회(大會)圀 많은 사람이 모여서 하는 큰 행사. 뎨 체육 대회.

댁(宅)圀 남의 집을 높여 부르는 말. 뎨 선생님 댁.

댁-내(宅內)圀 「남의 집안」의 높임말.

댐(dam)圀 전기를 일으키거나 물을 이용하려고 강이나 바닷물을 막아 쌓아 놓은 둑. 뎨 안동댐.

댓-돌(臺一)圀 뜰에서 집 안으로 오르내리는 층계에 놓은 돌.

댕기圀 여자들의 길게 땋은 머리 끝에 드리는 헝겊이나 끈.

더튀 보다 많이. 더욱.

더구나튀 그 위에 한층 더. 回 더우기.

더군다나튀 오히려 한층 더. 더구나.

더덕-더덕튀 보기 싫게 곳곳에 많이 붙어 있는 모양. 「더더귀더더귀」의 준말. 쥑 다닥다닥.

더듬다타 ① 만져 보며 찾다. 뎨 선반 위를 더듬다. ② 말이 자꾸 막히다. 뎨 말을 더듬다.

덧-신뗑 구두나 양말 위에 끼
어 신는 신.

덩굴뗑 다른 물건에 감기어 뻗
어 나가는 식물의 줄기.

덩-달다자 남이 하는 대로 따
라하다.

덩실-거리다자 신이 나서 춤
을 추다.

덩이뗑 작은 덩어리.

덫뗑 짐승을 꾀어 잡도록 만든
장치.

덮개뗑 덮는 데 쓰는 물건.

덮다타 ① 안 보이게 하다. ②
그릇의 뚜껑을 닫다. 凹 씌
우다. 凹 벗기다. 凹 간장 뚜
껑을 덮다.

덮어-놓고凰 이유를 밝히지 않
고 다짜고짜. 凹 무턱대고.
凹 덮어 놓고 야만치 친다.

덮치다자 ① 겹쳐 누르다. ②
한꺼번에 여러 가지 일이
닥치다.

데구루루凰 단단하고 큰 물건
이 데굴데굴 굴러 가는 모
양. 凹 구슬이 데구르르 굴
러가다.

데굴-데굴凰 단단하고 큰 물
건이 잇달아 굴러 가는 모
양.

데일리 메일(Daily Mail)뗑 영
국의 런던에서 발행되는 일
간 신문. 1896년 노드클리
프가 창간.

덴마:크 (Denmark)뗑 유럽 서
북부 유틀란드 반도와 퀴언
섬, 셀란드 섬 등의 여러 섬
을 차지하고 있는 작은 나
라. 농업의 부흥을 일으켜
오늘날에는 모범적인 농업

축산국이 되었고, 수산업도
발달하였음. 수도는 코펜하
겐. [42,936km²]

도: (道)뗑 ① 길이나 방법. ②
종교상으로 근본이 되는 중
요한 가르침. 凹 도를 닦다.
③ 지방 행정 구획의 하나.

도가니뗑 쇠붙이를 녹이는 데
쓰는 그릇.

도감(圖監)뗑 여러 가지 사항
을 그림을 주로 하여 알기
쉽게 설명한 책.

도:구(道具)뗑 일에 쓰이는 연
장. 凹 공작 도구.

도깨비뗑 사람의 형상을 하고
여러 가지 이상한 재주를
가졌다는 귀신.

도:끼뗑 장작을 패는 데 쓰는
연장.

도난(盜難)뗑 물건 따위를 도
둑 맞는 일. 凹 라디오 도난
사건.

도:달(到達)뗑 자기가 목적한
바에 이름. 凹 도착. 달성. 凹
미달. 〔~하다〕

도-대체(都大體)凰 대관절.

도:덕(道德)뗑 사람으로서 지
켜야 할 바른 길과 그 행위.

도둑뗑 물건 따위를 훔치는
사람.

도둑-질뗑 남의 물건을 훔치
는 짓. 〔~하다〕

도라지뗑 뿌리가 인삼 비슷한
나물로서 약으로도 쓰이는
풀.

도랑뗑 물이 흐르게 된 작은
개울.

도:량(度量)뗑 너그럽고 깊은
마음.

도련-님圖 장가들지 않았거나 어린 남자를 높여서 일컫는 말.

도로튀 향했던 쪽에서 돌아서 반대쪽으로 향하여 있던 대로 다시. 예 준 것을 도로 빼앗다.

도:로(道路)圖 사람이나 차가 다니는 길. 예 경부 고속 도로.

도리圖 기둥과 기둥 위에 돌려 얹히는 나무.

도:리(道理)圖 ① 사람이 지켜야 할 옳은 길. 예 자식된 도리. ② 어떻게 할수 있는 길. 비 방법. 방도. 예 어찌할 도리가 없다.

도리깨圖 곡식 알갱이를 터는데 쓰는 농기구의 하나.

〈도리깨〉

도리어튀 이것보다 저것이 오히려. 비 오히려. 예 지나친 운동은 도리어 몸에 해롭다.

도마-뱀圖 길짐승의 한 가지로 풀밭·밭·돌밑 등에 사는데, 몸 길이 18cm 정도임.
〈도마뱀〉

도막圖 작고 짤막한 동강.

도막-말圖 짤막한 말.

도망(逃亡)圖 쫓기어 달아남. 비 도주. 도피. 예 도망자. 〔~하다〕

도무지튀 여러 말 할 것 없이 아주. 비 도대체. 전혀.

도:미圖 몸은 길고 너부죽하고 머리는 크고 입은 작으며 온 몸에 큰 비늘이 있는 맛있는 바닷물고기.

도:미(渡美)圖 미국으로 건너 감. 〔~하다〕

도민(島民)圖 섬에서 사는 사람.

도:민(道民)圖 그 도 안에 사는 사람.

도박(賭博)圖 돈이나 재물을 걸고 따먹기를 다투는 짓. 비 노름. 〔~하다〕

도보(徒步)圖 걸어 감. 〔~하다〕

도살(屠殺)圖 마구 죽임. 〔~하다〕

도서(圖書)圖 글씨·책 따위를 통틀어 일컬음.

도서-관(圖書館)圖 도서를 모아 두고 여러 사람이 와서 볼 수 있게 된 시설.

도서-실(圖書室)圖 도서를 모아 두고 보게 하는 방.

도수-장(屠獸場)圖 짐승을 잡는 곳.

도:승(道僧)圖 불도를 깨달아 익힌 중.

도시(都市)圖 사람이 많이 모여사는 번화한 곳. 반 촌락. 농촌. 예 도시 계획.

도시락圖 ① 점심 밥을 담는 그릇. ② 도시락밥.

도안(圖案)圖 미술·공예품 등을 만들기 위하여 색채·배치 따위를 그림으로 나타낸 것.

도야(陶冶)圀 마음과 몸을 갈고 닦아서 훌륭한 인격을 만들도록 힘씀. 囲인격을 도야하다. 〔～하다〕

도열-병(稻熱病)圀 벼의 잎이 붉게 시들고 줄기가 썩는 벼의 병

도움圀 남을 돕는 일. 囲방해 囲도움을 빌다.

도읍(都邑)圀 서울.

도읍-지(都邑地)圀 서울로 정한 땅. 囲개성은 고려의 도읍지이다.

도이칠란트(Deutschland) 圀 중부 유럽에 있는 나라. 제2차 세계 대전 이후로 국토가 동쪽과 서쪽으로 분리되어 있음. 독일.

도:입(導入)圀 이끌어 들임. 囲외자도입. 〔～하다〕

도자-기(陶磁器·陶瓷器)圀 질그릇·오지그릇·사기그릇을 통틀어 일컬음.

도장(圖章)圀 나무·뿔·수정 따위에다 개인이나 단체의 이름을 새긴 것.

도:장(道場)圀 무예를 가르치거나 연습하는 곳. 囲연무장.

도:저-히(到底—)囲 아무리 하여도. 囲이 문제는 도저히 못풀겠다.

도적(盜賊)圀 =도둑.

도전(挑戰)圀 싸움을 걺. 〔～하다〕

도:전(盜電)圀 전력을 몰래 끌어 씀. 〔～하다〕

도주(逃走)圀 달아남. 囲도망

도중(道中·途中)圀 ① 길을 가고 있는 동안. ② 일의 중간. 囲중도. 囲학교가는 도중에 아저씨를 만났다.

도:착(到着)圀 목적지에 다다름. 囲도달. 囲출발. 〔～하다〕

도:처(到處)圀 이르는 곳. 囲이르는 곳마다. 囲도처에 산이구나.

도취(陶醉)圀 무엇에 마음이 쏠려 취하다시피 됨. 囲아름다운 경치에 도취되다. 〔～하다〕

도크(dock)圀 배를 만들거나 고치기 위하여 배를 넣도록 마련한 시설.

도탄(塗炭)圀 몹시 곤궁함의 비유. 囲도탄에 빠진 백성.

도탑다휑 ① 인정이 많다. ② 쌀쌀하지 않다.

도토리圀 떡갈나무의 열매. 앙금을 내어 묵을 쑤어 머음.

도톰-하다휑 좀 두껍다.

도:포(道袍)圀 보통 관리들이 예복으로 입던 옛날의 겉옷. 소매가 넓고 뒤에는 딴 폭을 대어 만들었음.

〈도 포〉

도:표(道標)圀 길가는 사람에게 알리기 위해 길가에 세워 방향과 거리 따위를 적어 놓은 돌이나 나무.

도표(圖表)圀 그림과 표.

도합(都合)圀 전부를 한데 모

은 셈. [비] 총계. [예] 오늘 수입은 도합 천원이다.

도해(圖解) [명] 그림으로 그려 풀이함. 〔~하다〕

도화(圖畫) [명] ① 그림과 도안. ② 그림을 그림.

도:화-선(導火線) [명] ① 심지. ② 사건을 일으킨 직접 원인.

도화-지(圖畫紙) [명] 그림을 그리는 바탕이 되는 흰 종이.

도회-지(都會地) [명] 인구가 많고 문화적 설비가 되어 있는 번잡한 곳. [비] 도시. [반] 시골.

독 [명] 간장·술·김치 같은 것을 담그는 질그릇.

독감(毒感) [명] 아주 독한 감기

독농-가(篤農家) [명] 남보다 뛰어난 솜씨로 농사에 열성이 있는 사람.

독단(獨斷) [명] 혼자서 결단함. 〔~하다〕

독려(督勵) [명] 열심히 하도록 부추김. 〔~하다〕

독립(獨立) [명] ① 남의 도움이나 간섭을 받지 않고 스스로의 힘으로 나라를 다스려 나감. ② 다른 사람의 도움을 받지 아니함. [비] 자립. [반] 예속. 〔~하다〕

독립-국가(獨立國家) [명] 남의 지배를 받지 않고 주권을 행사할 수 있는 나라.

독립-군(獨立軍) [명] 나라의 독립을 위하여 싸우는 군대.

독립-문(獨立門) [명] 1896년 독립 정신을 높이기 위하여 독립 협회에서 세운 돌문. 서울 서대문구 교북동에 있음. 사적 제32호.

〈독립문〉

독립선언서(獨立宣言書) [명] 기미 3·1운동 때 우리의 독립을 널리 발표한 글. [예] 독립 선언서를 낭독하다.

독립 신문(獨立新聞) [명] 1896년 서재필이 주동이 되어 발행한 우리 나라 최초의 민간 신문. 순 한글로 되었음. [예] 독립신문이 발간되었다.

독립 운:동(獨立運動) [명] 나라의 독립을 찾기 위한 운동. [예] 독립운동에 앞장서다.

독립 정신(獨立精神) [명] 남에게 의지하지 않고 스스로의 힘으로 판단하고 결정해 나가려는 정신. [예] 투철한 독립정신.

독립 투사(獨立鬪士) [명] 일제 시대에 우리 나라의 독립을 위해 싸운 사람.

독백(獨白) [명] ① 혼자서 중얼거림. ② 연극에서 배우가 혼자서 말하는 대사.

독본(讀本) [명] 글을 배우는 데 읽어서 익히는 책.

독사(毒蛇) [명] 독이 있는 뱀.

〈독 사〉

독서(讀書) [명] 글을 읽음. [예] 독서 감상문. 〔~하

다〕

독선(獨善)몡 자기만을 좋게 함.

독수리몡 숲속 에 살며, 부 리와 발톱 이 날카롭 고 몸빛이 밤색 빛깔 이 나는 새. 〈독수리〉 죽은 동물·작은 새·쥐 따위 를 잡아 먹음.

독신(獨身)몡 ① 홀몸. ② 배 우자 없는 몸.

독약(毒藥)몡 사람이나 동물 의 건강 및 생명을 해치는 독이 있는 약.

독자(獨自)몡 저 혼자.

독자(獨子)몡 외아들. 몌 삼대 독자.

독자(讀者)몡 책·신문 따위 를 읽는 사람. 몌 애독자.

독재(獨裁)몡 ① 독단으로 사 물을 해결함. ②「독재 정치」 의 준말. 몌 독재자. 〔~하다〕

독재 정치(獨裁政治)몡 한 개 인 또는 단체가 제 마음대 로 행하는 정치. 뫤 민주 정 치.

독점(獨占)몡 혼자서 차지함. 뫤 독차지. 몌 시장을 독점하 다. 〔~하다〕

독지-가(篤志家)몡 어떤 사업 에 특히 마음을 쓰고 원조 를 하는 사람.

독-차지(獨一)몡 혼자 차지함. 몌 귀여움을 독차지하다. 〔~하다〕

독창(獨唱)몡 혼자서 노래를

·부름. 뫤 합창. 〔~하다〕

독창(獨創)몡 제 혼자의 힘으 로 생각하여 창조함. 뫤 모 방.

독창-력(獨創力)몡 스스로 만 들어 내는 힘이나 재주. 뫤 창작력. 창조력. 뫤 모방력.

독촉(督促)몡 몹시 재촉함. 몌 납부금 독촉. 〔~하다〕

독특-하다(獨特一)몡 다른 것 과는 아주 종류가 다르 고 특수하다. 뫤 평범하다. 몌 음식 맛이 독특하다.

독학(獨學)몡 스승이 없이 혼 자서 배움. 몌 독학으로 성 공하다. 〔~하다〕

돈:몡 물건을 사고 팔 때 쓰 는 화폐. 뫤 금전.

돈:-키호테(스Don Quixote)몡 스페인의 소설가 세르반테 스가 지은 풍자 소설의 이 름.

돋구다탄 더 높게 하다.

돋다탄 ① 해나 달이 떠오르 다. ② 싹이 나오다.

돋-보기몡 늙은이가 쓰는 작 은 물건이 크게 보이는 안 경. 뫤 확대경.

돋-보다탄 실상보다 더 좋게 보다.

돋아 나다짠 싹이 또렷이 밖 으로 나오다.

돌몡 난 뒤에 한 해석 차서 해마다 돌아오는 그 날.

돌:몡 바위가 부스러진 것으 로 모래보다 굵은 것.

돌격(突擊)몡 불시에 냅다침. 〔~하다〕

돌:다짠 ① 한 중심에서 둥글

게 움직이다. 예 팽이가 돌다.② 먼 길로 가다. ③ 소문이 퍼지다. 예 나쁜 소문이 돌다.④ 볼일로 여기저기 걸어 다니다. 예 순찰을 돌다.

돌:-다리명 돌로 만든 다리. 비 석교.

돌:-담명 돌로 쌓아 올린 담.

돌라-앉다짜 여러 사람이 동글게 앉다.

돌려-놓다타 방향을 바꾸어 놓다.

돌려-주다타 돌려 보내 주다. 예 빌어 온 책을 돌려주다.

돌리다짜타① 돌게 하다. ② 남에게 책임이나 공을 넘기다.③ 방향을 바구다. 예 발길을 돌리다.

돌림명 차례로 한 바퀴를 빙 돌아가는 일.

돌림-판(一板)명 물건을 얹고 돌려서 그 물건의 모양을 고르게 만드는 기구.

돌-맞이명 어떤 일이 시작된 뒤에 해마다 돌아오는 그 날을 맞이하는 일.

돌발(突發)명 갑자기 일어남. 예 돌발사고[~하다]

돌변(突變)명 갑자기 변함. 예 사태가 돌변하다. [~하다]

돌:-보다타 힘써 도와 주다. 비 보살피다. 예 아기를 돌보다.

돌:-부리[一뿌一]명 땅에 묻힌 돌맹이가 밖으로 뾰족 내민것.

돌:-부처명 돌로 새겨 만든 부처.

돌아 다니다짜① 여기저기 쏘다니다.② 널리 퍼지다. 예 독감이 돌아다니다.

돌아 오다짜 나갔다 제 자리로 오다. 반 돌아 가다.

돌연(突然)명 별안간. 뜻밖에 부 갑자기. 뜻밖에. 예 돌연한 사고

돌이키다타① 돌리다.②마음을 고쳐 다시 생각하다.

돌진(突進)명 곧장 나아감. 거침없이 나아감. 비 돌격. 예 돌진 명령[~하다]

돌출(突出)명 쑥 내밀어 있음 [~하다]

돌:-탑(一塔)명 돌로 쌓은 탑 비 석탑.

돌파(突破)명① 쳐서 깨뜨림 예 난관을 돌파하다. [~하다] ② 표준 정도에 도달함

돌:-팔매명 무엇을 맞히려고 멀리 던지는 돌멩이. 예 돌팔매로 새를 잡다.

돕:다타① 남을 위하여 힘을 써주다.② 구원하다.

돗-자리명 왕골로 짠 자리.

동(東)명 동쪽. 반 서쪽.

동갑(同甲)명 같은 나이.

동:경(憧憬)명 애틋하게 그리워함. 예 내가 동경하는 바다. [~하다]

동고 동락(同苦同樂) 명 괴로움과 즐거움을 함께 함. [~하다]

동:굴(洞窟)명 안이 텅비고 넓은 굴. 비 동혈.

동그라미명 둥글게 그린 그림

의 모양.

동그마니튀 ① 홀가분하게. ② 따로 멀어져 있는 모양.

동급(同級)뗑 ① 같은 학급. ② 같은 등급.

동급-생(同級生)뗑 같은 학급 의 학생.

동기(同期)뗑 같은 시기.

동:기(動機)뗑 어떤 일을 일 으키는 근본되는 원인.

동-나다쟈 늘 있던 물건이 다 멀어져 없어지다.

동내(洞內)뗑 동네 안. 마을 안.

동:냥뗑 ① 중이 마을로 시주 를 얻으러 다니는 일. ② 거 지가 집집마다 구걸하러 다 니는 일. 〔~하다〕

동:네(洞—)뗑 각기 자기가 사는 집의 근처. 쀠 마을. 동리.

동댕이-치다탸 ① 힘차게 던 지다. ② 하던 일을 그만두 다.

동동튀 ① 작은 것이 떠서 움 직이는 모양. 예 비누방울 이 동동 떠 다닌다. ② 매우 안타까운 일이나 추위를 당 한 때에 발을 가볍게 자꾸 구르는 모양.

동등(同等)뗑 등급이 같음. 예 남녀 동등권.

동-떨어지다쟈 서로 멀리 멀 어지다. 서로 관계가 없이 멀어지다. 예 동 떨어진 질문.

동:력(動力)뗑 어떠한 물체를 움직일 수 있는 활동력.

동류(同類)뗑 같은 무리. 같 은 종류.

동:리(洞里)뗑 마을.

동:맥(動脈)뗑 염통에서 피를 몸의 각 부분으로 보내는 핏줄. 쀠 정맥.

동맹(同盟)뗑 같은 목적을 위 하여 같은 행동을 취할 것 을 맹세하여 맺는 약속. 〔~하다〕

동면(冬眠)뗑 뱀·개구리 따 위가 겨울 동안 잠자는 상 태에서 봄을 기다림. 쀠 겨 울잠.

동무뗑 벗. 친구. 쀠 원수. 예 고 향 동무.

동:물(動物)뗑 움직이는 모든 생물을 통틀어 일컫는 말. 쀠 짐승. 쀠 식물.

동:물-성(動物性)뗑 동물 본 바탕의 성질. 쀠 식물성.

동:물-원(動物園)뗑 여러 가 지 짐승·새·곤충을 기르며 사람에게 구경시켜 주는곳 쀠 식물원.

동배(同輩)뗑 나이와 신분이 서로 비슷한 사람.

동백-꽃(冬柏—)뗑 봄에 붉게 피는 동백나무의 꽃.

동백-나무(冬柏—)뗑 따뜻한 곳에서 자라는 상록수.

동산뗑 집 뒤에 있는 언덕이 나 숲.

동:산(動産)뗑 형상이나 성질 을 변하지 않고 옮길 수 있 는 재물. 쀠 부동산.

동상(銅像)뗑 구리로 만든 사람의 형상. 예 세종대왕의 동상.

동생(同生)뗑 손아래 형제. 쀠 아우. 쀠 언니. 형.

동편(東便)[명] 동쪽 방면. [반] 서편.

동포(同胞)[명] 같은 겨레. 한 나라의 민족. [예] 삼천만 우리 동포.

동학(東學)[명] 조선 말 철종 임금 때 최 제우가 일으킨 종교.

동해 (東海)[명] ① 동쪽의 바다. ② 우리나라 동쪽과 일본 사이에 있는 바다 이름. [반] 서해.

동해 남부선(東海南部線) [명] 부산진에서 포항 간의 철도. 〔148km〕

동해-안 (東海岸)[명] 동쪽 바닷가. [반] 서해안.

동행 (同行)[명] 함께 길을 감. 〔~하다〕

동:향(動向)[명] ① 마음이 움직임. ② 움직이는 방향.

동:화 (童話)[명] 어린 아이를 위하여 지은 이야기. [예] 재미있는 동화.

동화-책 (童話冊)[명] 동화가 실려 있는 책. [예] 여러 가지 동화책.

돛[명] 바람의 힘을 받아 배를 가게 하려고 배의 돛대에 다는 헝겊.

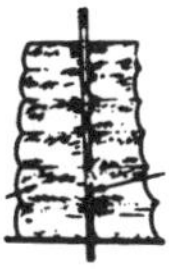
〈돛〉

돛-대[명] 돛을 달기 위하여 세운 기둥.

돛-배[명] 돛을 단 배.

돼:지[명] ① 몸이 살찌고 사람이 잡아서 먹을수 있는 짐승. ② 욕심이 많은 사람의 별명.

되[명] 곡식·액체 따위를 되는 그릇. 한 말의 10분의 1임. [예] 쌀 1되.

〈돼 지〉

되-뇌다 [타] 같은 말을 여러번 되풀이 해서 말하다. [예] 같은 말을 수 없이 되뇌다.

되다[자] ① 물건이 만들어지다. ② 일이 이루어지다. ③ 때가 오다. ④ 가능하다.

되다 [타] 말이나 되로 물건의 용량을 헤아리다.

되도록[부] 될 수 있는 대로. [예] 되도록 일찍 일어나거라.

되-돌아가다[자] 떠난 곳으로 다시 가다. [반] 되돌아오다.

되-돌아오다[자] 떠난 곳으로 가다가 다시 오다. [반] 되돌아가다.

되-묻다[타] 다시 묻다. 도로 물어 보다.

되-받다[타] 잘못을 꾸짖을 때 도리어 반항하다.

되-살다 [자] 거의 힘이 없던 것이 다시 살아나다.

되-새기다[타] ① 소 같은 동물이 먹은 것을 다시 내어 씹다. ② 지난 일을 다시 생각해 보다.

되-새김[명] 소·염소 따위가 한번 새긴 먹이를 다시 내어 되씹는 일. [비] 반추.

되어-가다[자] 거의 다 이루어지거나 만들어지게 되다.

되-풀이[명] 같은 일을 거듭함. [비] 반복. [예] 같은 말을 자꾸

만 되풀이 한다. 〔~하다〕

된:-소리圈 되게 나는 소리.
곧 ㄲ·ㄸ·ㅃ 따위.

된:장-국 〔一꾹〕(一醬一) 圈
된장을 넣고 끓인 국.

됨됨-이圈 생긴 모양. 생긴폼.

뒷-박圈 되 대신으로 쓰이는
바가지.예 뒷박으로 쌀을 푸
다.

두고-두고튀 오래 긴 세월을
두고. 오래도록. 영원히. 예
두고두고 읽어 보겠다.

두근-거리다꽈 놀라거나 겁이
나서 가슴 속이 뛰놀다.

두꺼비圈 온
몸의 살 가
죽에 우툴
두툴한 것
이 돋아있
는 개구리
와 비슷한 〈두꺼비〉
동물.

두껍다圈 두께가 많다.빤 얇
다. 엷다.

두다타 ① 일정한 곳에 놓다.
② 바둑이나 장기로 놀다.

두더지圈 몸이
쥐보다 크
고, 머리는
뾰족하고눈
은 작으며
땅 속으로
다니는 짐 〈두더지〉

두둑圈 밭과 밭 사이의 경계
를 이룬 언덕

두둔-하다타 돌보아 주다. 감
싸 주다.예 내편을 두둔하
다.

두-둥실튀 물 위나 공중에서
가볍게 둥실둥실 떠 있는모
양.예 동쪽 하늘에 두둥실
떠오른 보름달.

두드러-지다圈 드러나서 뚜렷
하다. 특히 눈에 띄다.

두들기다타 막 두드려서 치다.
예 문을 두들기다.

두레-박圈 우물물을 긷는 긴
줄을 맨 바가지.

두레-상(一床)圈 여러 사람이
둘러 앉아 먹을 수 있는큰
상.

두려움圈 마음에 꺼려 일어나
는 무서운 느낌.예 두려움
에 몸을 떨다.

두려워-하다타 ① 두려움을 느
끼다.② 공경하고 어려워하
다.

두렵다圈 무서운 생각이 들다.
빤 겁나다. 무섭다.예 잘못
이 드러날까 두렵다.

두령(頭領)圈 여러 사람의 우
두머리.빤 두목.

두루튀 널리 골고루.예 남해
지방을 두루 돌아다녔다.

두루-마기 圈 한복 위에 입는
외투처럼 길게 생긴 옷.

두루-마리圈 종이를 가로로 길
게 이어서 둥글게 만든 물
건.

두루미圈 목·다리·부리가 길
고 몸은 희고 날개 끝이 검
은 큰 새. 연못·냇가에서 주
로 곤충·미꾸라지·조개 따
위를 잡아 먹음.

두리-둥실튀 물건이 떠서 둥
실둥실 움직이는 모양.

두리번-거리다꽈 어리둥절하

여 이쪽 저쪽을 휘둘러 보다. **예** 물건을 찾느라고 두리번 거리다.

두만-강(豆滿江)몡 백두산에 서 시작하여 동해로 흘러 드는 강.〔520km〕

두메몡 깊은 산골.**비** 산골.**반** 벌판.

두부(豆腐)몡 콩을 갈아서 만 든 반찬거리의 한 가지.

두서:(頭緖)몡 일의 순서.**비** 순서.**예** 두서 없는 말.

두어뫈 둘 가량의 수효의 뜻 을 나타내는 말.**예** 두어 개. **예** 나도 두어 번 가봤다.

두엄몡 짚이나 풀 따위를 웅 덩이에 썩힌 거름.

두절(杜絶)몡 교통·통신 따위 가 막혀서 끊어짐.**예** 눈이 많이 와서 교통이 두절되 다.〔~하다〕

두텁다형 ①인정이 많다. ② 후하다.**참** 도탑다.**예** 어머 니의 두터운 사랑.

두통(頭痛)몡 머리가 아픈 병.

두툼-하다형 조금 두꺼운 듯하다.**예** 주머니가 두툼하 다.

둑몡 물이 넘치는 것을 막거 나 모아 두기 위하여, 개울 이나 강가에 흙이나 돌로 쌓아 올린 언덕.

둑-쌓기몡 둑을 쌓는 일.

둔:갑(遁甲)몡 남의 눈을 속 이고 제 몸을 감추는 요술. 〔~하다〕

둔:재(鈍才)몡 재주가 둔한 사 람.

둔:-하다(鈍一)형 영리하지

못하다.**비** 굼뜨다.

둘러-대다타 변통하여 대다.

둘러-보다타 골고루 돌아 다 녀보다.**예** 교실을 둘러보다.

둘러-앉다자 동그랗게 늘어 앉다.**예** 난롯가에 둘러앉다.

둘레몡 어떤 물건의 양 옆과 앞과 뒤.**비** 주위. 근방. **반** 복판. 중앙.**예** 화단 둘레에 채송화를 심었다.

둥곕 무슨 일을 하는 듯도 하 고 안 하는 듯도 할때 나타 내는 말.**예** 먹는 둥 마는 둥.

둥글다형 ①공 모양과 같다. ②모나지 않고 원만하다. **반** 모나다.

둥둥뫈 큰 북 같은 것을 잇달 아 치는 소리.**참** 동동.**예** 북 을 둥둥 울린다.

둥실뫈 물건이 떠오르는 모양. **예** 달이 둥실 떴다.

둥우리몡 댑싸리나 짚으로 엮 은 바구니 비슷한 그릇.

뒤:-늦다형 때가 다 지나서 늦 다.

뒤:-따르다자타 ①사업 같은 것을 이어 받아 계속하다. ② 뒤를 따르다.

뒤:-떨어지다자 뒤에 따로 처 지다.

뒤뚱-뒤뚱뫈 몸을 좌우로 혼 들며 둔하게 걸어가는 모 양.

뒤:-뜰몡 집채의 뒤에 있는 뜰.**비** 뒤꼍.**반** 앞뜰.

뒤-바꾸다타 반대로 뒤집어 바 꾸다.

뒤-범벅몡 마구 뒤섞인 상태. **예** 흙탕물이 옷에 튀어 뒤범벅이 되다.

뒤-섞이다짜 물건이 한데 모여 섞이다. 예 콩과 팥이 뒤섞이다.

뒤숭숭-하다형 정신이 어수선하다.

뒤-엎다타 뒤집어 엎다. 물그릇을 뒤엎다.

뒤적-뒤적튀 무엇을 찾느라고 이리저리 들추어 보는 모양.

뒤적-이다타 물건을 찾느라고 이리저리 뒤지다.

뒤죽-박죽튀명 이것저것 마구 뒤섞인 모양. 예 물감 때문에 그림이 뒤죽박죽이 되었다.

뒤지다타 뒤적이며 샅샅이 찾다. 비 들추다. 예 서랍을 뒤지다.

뒤:-지다짜 남보다 떨어지다.

뒤-집다타 ① 안과 겉을 뒤바꾸다. ② 차례를 바꾸다.

뒤:-치다꺼리명 일을 보살펴서 돌보아 주는 것.

뒤:-통수명 머리의 뒤 쪽.

뒤-흔들다타 몹시 흔들다. 예 나무를 뒤흔드는 모진 바람.

뒷:-간(一間)명 대소변을 보는 곳. 비 변소.

뒷:-골목 명 큰 길 뒤에 있는 골목.

뒷:-날명 ① 닥쳐올 날. ② 다음 날. 예 뒷날 훌륭한 사람이 되어야 한다.

뒷:-동산명 집 뒤에 있는 동산.

뒷:-바라지명 뒤에서 어떠한 일을 도와 주는 일. 예 우리들 뒷바라지에 주름살이 늘

어가는 어머니. [〜하다]

뒷:-받침명 어떤 사물의 뒤에서 힘이 되는 사람이나 물건.

뒷:-자리명 뒤에 있는 자리. 뒤쪽.

뒷:-짐명 두 손을 뒤로 돌려 마주 잡는 짓.

뒹굴다짜 누워서 마구 구르다. 예 강아지가 길에서 뒹굴다.

드나-들다짜 자꾸 들어갔다 나왔다 하다. 예 배가 드나드는 항구.

드-높다형 시원스럽게 아주 높다. 예 드높은 가을 하늘

드디어튀 그 결과. 비 마침내. 예 바라던 일이 드디어 이루어졌다.

드라마 (drama)명 ① 각본. 희곡. 연극. ② 어떠한 극적인 사건.

드러-나다짜 ① 겉으로 나타나다. ② 세상에 알려지다. 예 비밀이 드러나다.

드러-눕다짜 제 마음대로 편히 눕다.

드렁-칡명 산기슭 따위에 얽혀 있는 칡덩굴.

드리다타 윗사람에게 물건을 건네다.

드리우다타 아래로 처지게 하다. 예 커튼을 드리우다.

드물다형 흔하지 아니하다. 반 흔하다. 예 차가 드물게 다닌다.

드-새다짜 뜬 눈으로 밤을 지내다.

득세 (得勢)명 세력을 얻음. [〜하다]

득실-득실 🖫 많은 사람들이 떼 지어 들끓는 모양. 예 이리 떼가 득실득실하다.

득점 (得點) 🖲 시험이나 경기 에서 점수를 얻음, 또는 그 점수. [～하다]

듣기 놀이 🖲 말을 듣고 전하 는 놀이. 여러 사람이 한데 모여 차례차례로 귓속말로 자기가 들은 것을 전한 다 음 처음 말한 내용이 맨 끝 사람에게 바르게 전해졌는 지를 알아보는 놀이.

듣다 🖽 ① 소리를 느끼다. ② 이르는 말대로 따라 하다. 🖲 말하다.

들: 🖲 평평하고 넓은 땅. 🖫 평 야. 🖲 산.

들-것 🖲 환자나 물건 따위를 담아서 나르는 기구.

들:-길 〔一낄〕 🖲 넓은 벌판에 사람이 다니도록 만들어 놓 은 길.

들-끓다 🖾 여럿이 한 자리에 모여서 우글거리다. 예 사람 들이 들끓는 시장.

들다 🖾 ① 비가 그치다. ② 연 장의 날이 물건을 먹다. ③ 나이를 먹다.

들다 🖾 ① 있는 곳을 정하여 들어가다. ② 마음에 맞다. 예 마음에 들다. ③ 병이 생 기다.

들-뜨다 🖾 ① 마음이 가라앉 지 않다. ② 살빛이 누르고 부석부석하다. ② 단단한 데 에 붙은 얇은 것이 떨어져 생기다. 예 장판이 들뜨다.

들르다 🖾 지나는 기회에 잠깐

들어오다. 예 우리 집에 들 려가거라.

들-볶다 🖽 남을 몹시 못살게 굴다.

-들이 🖳 그릇에 담기는 양을 나타내는 말. 예 한 되들이 주전자.

들이-닥치다 🖾 바싹 가깝게 닥 치다. 예 폭풍이 들이닥치다.

들이-대다 🖾 갖다 대다.

들이-마시다 🖽 쉽지 않고 빨 리 마시다. 예 죽을 들이마 시다.

들이-받다 🖽 함부로 거세게 받 다.

들이-불다 🖾 바람이 거세게 불다.

들이-치다 🖾 비나 눈 등이 바 람에 불려서 안을 향해 세 차게 뿌리다.

들:-쥐 🖲 들에서 사는 쥐.

들추다 🖽 끄집어 드러내다.

들키다 🖾 숨기려던 일이 남의 눈에 뜨이어 알려지다.

들:-판 🖲 ① 벌판. ② 넓은 들. 🖲 평야. 🖲 산.

듯-하다 🖳 짐작을 나타내는 말. 예 좀 클듯하다.

등 🖲 사람이나 동물의 가슴과 배의 반대 쪽.

등 (燈) 🖲 불을 켜는 기구.

등:고-선 (等高線) 🖲 지도에서 표준 해면으로부터 같은 높 이에 있는 지점을 연결하 여 놓은 꼬불꼬불한 선.

등교 (登校) 🖲 학교에 감. 〔～하다〕

등:급(等級)몡 여러 층으로 나
눠 놓은 차례.

등-나무(藤一)몡 우리 나라의
중부 이남 및 일본·중국에
퍼져 자라는 나무. 정원에
심어 그늘지게도 하며, 줄기
는 「등」이라 하여 수공품에
쓰임.

등대(燈臺)몡 밤중에 배가 안
전하게 갈 수 있도록 표적
이 되는 불을 켜 놓은 대.

등록(登録)몡 문서나 책에 적
어 올림. 예주민등록. [~하
다]

등-불[一뿔](燈一)몡 등에 켠
불.

등사(謄寫)몡 등사판으로 인
쇄함. 예[~하다]

등:산(登山)몡 산에 오름. 비
하이킹. [~하다]

등성이몡 등성마루의 위.

등쌀몡 몹시 귀찮게 구는 짓.
예아이들 등쌀에 책도 볼
수 없다.

등:온-선(等温線)몡 지도 위
에 온도가 서로 같은 지점
을 이어서 그린 선.

등-외(等外)몡 등급에 들지
못한 것.

등용 (登用·登庸)몡사람을 골
라 뽑아 씀. 예실력 있는 사
람을 등용하다. [~하다]

등-잔(燈盞)몡 기름을 담아 등
불을 켜게 된 그릇. 예등잔
밑이 어둡다.

등잔-불[一뿔](燈盞一)몡 등
잔에 켠 불. 비등불.

등장(登場)몡① 무대에 나타
남.② 어떤 사건에 사람이

나타남. 비입장. 반퇴장. [~
하다]

등-지다재① 남과 사이가 틀
어져 돌아서다.② 뒤에 두
다. 예벽을 등지고 앉아 있
다.

등:한-하다(等閒一)톔 마음에
두지 않고 예사로 여기다.

등화 (燈火)몡 등불.

디디다타 발을 올려 놓고 밟
다.

디:디:티: (D.D.T)몡 무색
결정성의 방역용·농업용 살
충제.

디딜-방아[一빵一]몡 발로 디
디어 곡식을 찧는 기구.

디오덜라이트몡 망원경을 수
직축과 수평축과의 둘레에
회전할 수 있게 장치한 기
계.

디위몡 경계. 예어와, 더 디위
랴 어이ㅎ 면 알거이고.

디:이즘(deism)몡 이신론
(理神論). 자연신론(自然神
論).

디자이너몡① 설계자. ② 도
안가.

디자인몡① 도안. 고안.② 설
계도.

디저:트몡 양식을 먹은 뒤에
먹는 과자나 과실 따위.

디:젤 기관몡 1897년 도이치
의 디젤이 발명한 중유를
사용하는 내연 기관의 한 가
지. 중유 기관.

디프테리아몡 디프테리아 균
으로 인한 급성 전염병. 심
장 마비를 일으킴. [~균]

균이 섞여 전염함.

딕먹다 타 찍어 먹다.

딛다 타 디디다의 준말.

딜레마 명 ① 양도 논법. ② 진퇴 유곡의 궁경.

딜병 명 질로 만든 병.

따갑다 형 ① 몹시 깐깐하게 덥다. ② 살을 쑤시는 듯 아프다. 예 따가운 햇살.

따:귀 명 「뺨따귀」의 준말. 예 따귀를 때리다.

따다 타 무엇에 붙어 있거나 달려 있는 것을 잡아 떼다.

따뜻-하다 형 견디기 알맞게 덥다. 비 따스하다. 반 서늘하다. 예 따뜻한 방.

따로 부 혼자 떨어져서. 반 함께.

따르다 자 ① 뒤를 좇다. 예 형을 따라서 산에 갔다. ② 본떠서 하다.

따르다 타 기울여서 쏟다.

따름 의 그뿐. 예 앞으로 나아갈 따름이다.

따발-총 (―銃) 명 탄창이 와리 모양으로 둥글납작하고 탄알이 잇달아 나오는 소련제의 자동 소총.

따분-하다 형 마음에 맞지 않아 답답하다.

따스-하다 형 조금 따뜻하다. 참 따사하다. 예 봄볕이 따스하다.

따위 의 ① 여럿을 한꺼번에 가리키는 말. ② 사람이나 물건을 얕잡아 이르는 말. 예 너 따위가 큰 소리냐?

따지다 타 ① 수를 셈하다. ② 옳고 그름을 가리다. 예 이유를 따지다.

딱 부 단단한 것이 마주치거나 부러질 때 나는 소리. 예 딱 부러지다.

딱따구리 명 숲 속에 살며, 나무 껍질 속에 있는 벌레를 잡아 먹고 사는 새.

딱딱-하다 형 굳어져서 몹시 단단하다. 예 딱딱한 돌.

딱-하다 형 안타깝고 가엾다. 예 입장이 딱하다.

딴 관 관계 없이 다른.

딴-판 명 아주 다른 모양.

딸-답다 형 딸로서 부끄럽지 않다.

딸리다 자 남에게 붙어 있다. 예 내게 딸린 식구.

땅 명 ① 우리가 사는 육지. ② 논이나 밭.

땅-거미 〔―꺼미―〕 명 해가 진 뒤. 어스무레한 동안.

땅-덩이 명 땅의 큰 덩이.

땅-마지기 명 논이나 밭 몇 마지기. 예 땅마지기나 가졌다고 제법 으쓱한다.

땅-바닥 명 땅 위.

땅-콩 명 땅 속에 열매가 생기는 콩. 지방질이 있어 맛이 좋음.

〈땅 콩〉

때 명 ① 시간의 어떤 점이나 부분. 예 때를 같이 하여. ② 좋은 기회나 운수. 예 때를 만났다. ③ 하루 세 번 끼니를 먹는 시간. 예 한 때 굶었다. ④ 경우. 예 괴로울 때. ⑤ 그 당시.

예 고구려 때.

때때-로閂 가끔. 수시로. 예때
때로 언뜻 생각이 난다.

때문엔어떠한 까닭이나 원인.

땔:-감[一깜]圀 불을 때는데
쓰는 온갖 물건. 연료. 圓 땔
나무.

떠나다타 다른 곳으로 옮기다.
맨 닿다. 예 고향을 떠나다.

떠-내려가다자 물 위에 떠서
물을 따라 내려가다.

떠-다니다자 공중이나 물 위
에 떠서 오고 가고 하다.

떠-돌다자 정처 없이 돌아다
니다.

떠들다자 시끄럽게 지껄이다.

떠들썩-하다휑① 여러 사람
이 지껄여 시끄럽다.② 소
문이 떠돌아서 왁자하다.

떠-받치다타 위로 받쳐서 버
티다. 예 매달린 박을 떠받
치다.

떠-벌리다타① 굉장한 규모
로 차리다.② 굉장히 불려
서 떠들다.

떠-보다타 속 뜻을 넌지시 알
아 보다.

떠-오르다자① 가라앉았던 것
이 위로 솟아 오르다. ②
생각이 나다. 예 언니의 말
이 떠오르다.

떡閈 크게 벌어진 모양. 예입
을 떡 벌리다.

떡갈-나무圀
도토리가 열
리는 나무.

떡갈-잎[一닢]
圀 떡갈나무
의 잎. 준 갈.

〈떡갈나무〉

잎.

떡-보圀 몹시 떡을 즐겨서 남
달리 많이 먹는 사람.

떡-잎[一닢]圀 처음으로 싹이
터 나오는 잎.

떨기圀 풀·나무 등의 한 뿌리
에서 여러 개의 줄기가 나
와 더부룩하게 되어 있는
그 전체. 예 한 떨기 장미꽃.

떨:다자 몸을 벌벌 흔들다.

떨:다타 붙었던 것을 털어서
떨어지게 하다. 예 먼지를떨
떨다.

떨어-뜨리다타 위에 있던 것
을 아래로 내려지게 하다.

떨어-지다자① 아래로 내려지
다.② 뒤에 처지다.③ 값이
싸지다.④ 옷이나 신 따위
가 헤지다.

떨치다자타① 명예가 널리 알
려지다. 예 이름을 떨치다.
② 힘있게 흔들어 떨어뜨리
다.

떳떳-하다휑 말과 행동이 바
르고 어그러짐이 없다.

떼圀① 사람·동물 따위가 한
데 많이 몰린 것. 예 양 떼.
圓 무리.② 뿌리째 떠낸 잔
디.

떼:다타① 붙었던 것을 떨어
지게 하다.② 사이를 멀게
하다.③ 봉한 것을 뜯다.

뗏-목[一木]圀 떼로 엮어서
물에 띄워 내리는 나무.

또閂 다시. 예 사과를 또 먹는
다.

또드닥閂 망치 같은 것으로 가
락 있게 두드릴 때 나는 소
리.

또랑또랑-하다[형] 아주 분명하고 밝다. [예] 목소리가 또랑또랑하다.

또래[명] 나이·크기·정도 따위가 같거나 비슷한 무리. [예] 우리 또래끼리 모여서 놀자.

또렷-하다[형] 눈에 드러나도록 똑똑하다. [반] 희미하다.

또한[부] 역시. 마찬가지로.

똑똑-하다[형] ① 분명하여 환히 알 수 있다. [예] 말이 똑똑하다. ② 보기에 매우 영리하다. [예] 똑똑한 아이.

똑-바로[부] 곧 바르게. [예] 똑바로 앉다.

똥-딱지[명] 똥이 말라 붙어 굳어진 것.

뚜렷-하다[형] 똑똑하다.

뚝[부] 일이 갑자기 그치는 모양. [예] 아기가 울음을 뚝 그치다.

뚫다[타] ① 구멍을 내다. ② 길을 내다.

뛰-놀다[자] 이리저리 뛰고 다니며 놀다.

뛰어-나다[형] 여럿 가운데에 훨씬 낫게 되다.

뜨끈-하다[형] 뜨뜻하게 느껴지다. [작] 따끈하다.

뜨다[자] ① 물 위의 물건이 가라 앉지 않다. ② 공중에서 내려오지 않고 있다. ③ 해가 솟아 오르다.

뜬-구름[명] ① 허무함을 비유한 말. ② 하늘에 떠 다니는 구름. [비] 부운.

뜬-눈[명] 밤에 잠을 자지 못한 눈. [예] 뜬눈으로 밤을 새다.

뜯기다[피동] ① 물것에게 물리다. [예] 소에게 풀을 뜯기다. ② 남에게 재물 따위를 먹히다.

뜯다[타] 붙어 있는 것을 잡아 떼다.

뜯어-먹다[타] 떼어 먹다. [예] 풀을 뜯어 먹다.

뜰[명] 집 안의 마당. [예] 뜰을 거닐다.

뜸[명] 한동네 안에 몇 집씩 따로따로 모여 있는 곳.

뜻[명] ① 속으로 먹는 마음. [예] 뜻을 세우다. ② 글이나 말이 가진 속내용. [비] 의미.

뜻-글자〔—짜〕(—字)[명] 글자 하나하나가 뜻을 지니고 있는 글자. [비] 표의 문자. [반] 소리 글자.

뜻밖-에[부] 생각하지 아니한 판에. [비] 의외에. [예] 뜻밖에 동창을 만나다.

띠다[타] ① 띠를 두르다. ② 빛깔을 약간 가지다.

띄엄-띄엄[부] 드문드문 있는 모양. [예] 가게가 띄엄띄엄있다.

띳-장[명] ① 판장에 가로 대는 나무. ② 광산에서 굿을 드릴 때 양편 기둥 위에 가로 얹는 나무.

ㄷ

ㄹ〔리을〕닿소리의 넷째 글자.

-ㄹ까 말:까㉠받침 없는 말에 붙어서 하는 짓을 망설이는 뜻을 나타내는 말. **㉠** 일을 할까 말까.

-ㄹ망정㉿ 받침 없는 말에 붙어 「비록 그러하지만 그러나」의 뜻을 나타내는 말. **㉠**몸은 약할망정 공부는 잘한다.

-ㄹ세라〔-쎄-〕㉿ 받침없는 말에 붙어 행여 그렇게 될까 염려하는 뜻을 나타내는 말. **㉠** 비가 올세라 마음이 조마조마하다.

-ㄹ이만큼㉿ 받침 없는 말에 붙어서 「그러한 정도로」의 뜻을 나타내는 말. **㉠** 싫증이 나리만큼 먹었다.

라듐(radium)**명** 방사성 원소의 하나. 암 치료 등에 쓰임.

라디오(radio)**명** 방송국에서 음성을 전파로 방송한 것을 받아서 청취자에게 들려 주는 기계.

라스트(last)**명** 최종. 맨 끝.

라이벌(rival)**명** 서로 앞서려고 다투거나 맞서는 사람.

라이터(lighter)**명** 성냥 대신에 쓰는 자동 점화기.

라이프(life)**명**① 생명.② 생활.③ 인생.

라인(line)**명** 줄. 선.

라일락(lilac)**명** 5 월 초에 여러 가지 빛깔의 향기로운 꽃이 피는 키가 조금큰 나무.

락카(lacquer)**명** 송정유로 용해한 도료의 한가지.

라켓(racket)**명** 정구. 베드민튼 따위에서 공을 치는 채.

러시아(Russia)**명** 공산 국가로 되기 전의 소련의 이름.

러시 아워(rush hour)**명** 출근이나 퇴근으로 교통이 혼잡한 시간.

러키(lucky)**명** 행운.

런던(London)**명** 영국의 수도. 안개가 짙어 청명한 날이 적지만 한서의 차이는 적고 세계 경제의 중심지로 되어 있음. 대영 박물관·그리니치 천문대·성 파울 사원 등이 유명함.

런치(lunch)**명** 서양식의 간단한 점심.

레슬링(wrestling)**명** 유도와 비슷한 서양 씨름. 두 어깨가 동시에 바닥에 닿으면 짐.

레이더(radar)**명** 전파로 비행기나 배 따위의 위치를 알아내는 장치. 전파 탐지기.

레이스(lace)**명** 실을 바늘로 떠서 여러 가지 무늬를 나타낸 서양식 수예품.

레일 (rail)圏 =궤도.

레코:드 (record)圏 ① 축음
기의 녹음판. ② 운동 경기
의 기록.

레크리에이션(recreation)圏휴
식이나 놀이로 피로를 풀
고 새로운 마음과 힘을 얻
는 일.

렌즈 (lens)圏 구면과 구면과
두 측면으로 한 투명체.

로:마(Roma)圏 이탈리아수도.
옛 고적이 많아 관광지로
유명함.

로:마-교 (Roma敎)圏 카톨릭
교.

로:마 교:황(Roma敎皇)圏 천
주교회에서 가장 지위가 높
은 사람.

로:마-자 (Roma字) 圏 이집트
의 그림 글자에서 비롯되
어 로마시대에 발달된 라틴
문자. 여러 겨레의 손을 거
쳐 26자의 소리 글자가 되
었음.

로봇 (robot)圏 인간과 그 생
김이 비슷하고 사람이 하는
동작·작업 따위를 자동적
으로 할 수 있게 만든 기
계 장치.

로봇 문학 (-文學)圏 독창성과
개성이 없는 문학.

로-부터 图 받침이 없거나 ㄹ
받침으로 끝나는 체언에 붙
어 「에서부터」의 뜻을 나
타내는 부사격 조사. ☞ 친
구로부터 빌린 책.

로비 (lobby)圏 ① 국회 의사당
같은 곳에 있는 의원 휴게실.

② 복도. 대합실. ③ 미국에
서 늘 의회의 로비에 드나들
면서 특정의 단체·그룹의
이해를 대표하여 압력을 가
하는 원외단(院外圏).

로스-구이 圏 고기 따위를 불
에 굽는 일. 또 그렇게 한
고기.

루소(Rousseau, Henri) 圏
〔1812~1867〕프랑스의 화
가. 바르비존파의 한 사람
으로 특히 비 온 후의 경치
를 잘 그렸음.

루:비 (ruby)圏 붉은 빛을 띤
단단한 보석.

루스벨트 (Roosevelt) 圏
〔1882~1945〕미국의 31대
대통령. 처어칠과 대서양 헌
장 등을 마련하였음.

룰: (rule)圏 규칙. 법칙.

리듬(rhythm)圏 소리의 길고
짧음. 율동. ☞ 리듬에 맞춰
춤을 추다.

리듬-놀이(ryhthm-)圏 리듬
악기로 장단을 맞추며 노
는 놀이.

리듬-악기(rhythm樂器)圏 캐
스터네츠·북과 같이 리듬
을 맞추는 데 쓰이는 악기.

리빙스턴(Livingstone) 圏
〔1813~1873〕영국의 탐험
가이며 선교사. 40년 아프
리카로 건너가 30년 동안
의료와 선교에 힘썼음.

리셉션 (reception)圏 접견. 환
영회.

리스본(Lisbon)圏 포르투갈
의 수도. 항구 도시임.

리:그-전 (league戰)圏 전체

참가 팀이　적어도 한 번
씩 다른 모든 팀과　시합
을 하게 하는 경기 방식.

리:더 (leader)몡 지도자. 지
휘자. **예** 리더의 지시에
따라 행동하라.

리:더 몡 ① 지도자. 지휘자.
수령. ② 신문의　사설이나
논설. ③ 영화에서 실제 장
면에 동작으로 표현할 수 없
는 사건을 설명하는 자막.
설명 자막. 서사 자막.

리:드 몡 ① 앞장 섬. 지도함.
② 경기에서 점수가 얼마큼
앞섬.

리터 (liter)뙁 용량의 단위. 1ℓ
는 10dℓ임.

리트머스 (litmus)몡 리트머스
이끼로부터 딴 색소. 알킬
리에 의하여 청색으로, 산에
의하여 적색으로 됨. 알칼
리성·산성 반응의　시험에
쓰임.

리파아제 (Lipase)몡 상온에
서 지방유를 글리세린과 지
방산으로 가수 분해하는 효
소.

리포:트 (report)몡 ① 보고.
② 보고서. **예** 리포트 작
성.

리플레이션 (reflation)몡 디플
레이션에서 벗어나기 위하
여 계획적으로 통화의 양을
늘이는 정책.

리허:설 (rehearsal)몡 영화
·연극·방송 따위의 예비 연
습. 〔~하다〕.

릴레이 경:주 (relay競走)　몡
육상 경기에서 달음질의 하

나. 편을 갈라서 배턴을 주
고 받으며 달리는 경주. **옙**
릴레이.

릴레이-식 (relay式)몡 여럿이
차례차례로 이어 받아서 달
리는 방식.

림 (rim)몡 차바퀴의　바깥 둘
레를 이룬 환상·부분.

링컨 (Lincoln, Abraham)　몡
〔1809~1866〕 미국의 제 16
대 대통령. 빈농가에서　태
어나 학교 교육을 옳게 받
지 못하고 노동으로 독학
을 하여 변호사가 되었음.
주의회 의원이 되면서부터
노예 제도의 반대로 유명
하였음. 1860년에 대통령으
로 당선되어 노예제도 폐
지령을 선언하여 남북전쟁
(노예 해방을 위한 전쟁 18
61년~1865년)이 일어나 전
쟁을 승리로 이끈 미국의
역대에서 유명한 대통령임.

링크 (rink)몡 스케이트 경기
장

링크 몡 ① 연결시키는 사람이
나 물건. ② 영국의　길이의
단위. 20. 1168cm.

링크계 몡 ① 수입 제한의 한
방법으로서 일정한 상품의
수출에 대하여 그 수출품에
쓰인 원료와 같은 양 또는
가격의 원료를 자유로이 수
입시키는 제도. ② 통제 무
역에 있어서 수출한도 내
에서 수입하게 하는 제도

ㅁ〔미음〕닿소리의 다섯째 글
　자.

마감 몡 ① 일을 마물러서 끝
　을 막음. ② 받아 들이는 기
　한이 마지막이 됨. 몡 접수
　마감.〔~하다〕

마구 튀 함부로. 되는 대로.
　사정없이 마구 때리다.

마:구-간〔-깐〕(馬廐間) 몡 말
　을 기르는 곳. 囲 외양간.

마귀(魔鬼) 몡 요사스런 귀신.
　凹 선녀.

마귀-할멈(魔鬼-) 몡 옛날 이
　야기에 나오는 못되고 요사
　스러운 귀신 할머니.

마:나-님 몡 나이 많은 부인을
　높여서 부르는 말.

마냥 튀 ① 늦게 하는 모양. ②
　흐뭇하게.

마녀(魔女) 몡 괴상한 힘을 가
　지고 요술을 부리는 여자.
　凹 선녀.

마:누라 몡 「아내」의 속된 말.
　凹 아내.

마늘 몡 땅 속에서 자라는 알
　뿌리로 음식물의 맛을 내는
　데 쓰이는 농작물.

마다 조 「낱낱이 모두」·「늘」의
　뜻을 나타내는 말. 몡 날
　마다 일기를 쓴다.

마당 몡 집 앞의 뜰. 몡 마당을
　청소하다.

마당-비 몡 집 앞이나 뒤에 있
　는 뜰을 쓰는 비.

마디 몡 ① 나무의 가지가 붙은
　곳. ② 뼈와 뼈가 맞닿은 곳.
　③ 말이나 노래 곡조의 한
　동아리.

마디다 톙 쓰기에 오래 가다.

마땅-하다 톙 알맞다. 옳다. 어
　울리다. 凹 못마땅하다. 몡
　마땅한 자리가 없다.

마라톤(marathon) 몡 육상 경
　기의 한 종목. 정식 마라톤
　의 달리는 거리는 42,195
　km임.

마련 몡 으레히 그렇게 됨. 몡
　부지런하면 잘 살기 마련
　이다.

마련(磨鍊) 몡 일이나 물건을
　만들거나 꾸밈. 凹 준비. 몡
　새옷을 마련하다.〔~이다〕

마루 몡 ① 산에 길게 등성이
　진곳. ② 집 안에 바닥을 널
　조각으로 깔아 놓은 간.

마룻-바닥 몡 마루의 바닥.

마르다 짜 ① 물기가 없어지다.
　몡 빨래가 마르다. ② 야위
　어서 뼈만 남다. 몡 몸이 마
　르다. ③ 옷감이나 재목 등
　을 베고 자르다. 몡 옷감을
　마르다.

마른-걸레 몡 물에 적시지 않
　은 걸레.

마른-고기 [명] 말리어 놓은 물고기나 짐승 고기.

마른 [조] 마는.

마름-질 [명] 옷감·재목 따위를 치수에 맞추어 자르는 일. [비] 재단. 〔~하다〕

마리 [의명] 물고기나 새, 또는 짐승을 셀 때 쓰는 말. [예] 새 한 마리.

마무르다 [타] 끝 마무리를 하다.

마무리 [명] 일의 마지막 단속. [예] 일을 마무리하다. 〔~하다〕

마:부(馬夫) [명] 말을 부리는 사람.

마:산(馬山) [명] 경상남도에 있는 항구 도시. 공업 도시임.

마소 [명] 말과 소.

마:술(馬術) [명] 말 타는 기술.

마술(魔術) [명] 사람의 눈을 어리게 하는 야릇한 재주. [비] 요술.

마술-사〔-싸〕(魔術師) [명] 야릇한 재주를 잘 부리는 사람. [비] 마법사.

마을 [명] 도회지 이외에 인가가 흩어져 있는 곳. [비] 시골. 촌락.

마을 문고(-文庫) [명] 마을에 여러 가지 책을 모아 놓고 마을 사람들이 누구나 읽어 볼 수 있도록 꾸며 놓은 곳이나 그 책.

마을-일〔-릴〕 [명] 마을에 대한 여러 가지 일.

마을 회관(-會館) [명] 마을사람들이 모여서 마을 일을 의논할 수 있도록 지어 놓은 집.

마음 [명] ① 지식·감정·의지 따위를 통틀어 일컫는 말. ② 좋고 나쁜 것을 판단 하는 힘. [비] 정신.

마음-껏 [부] ① 마음을 다하여, ② 만족하도록. [예] 마음껏 놀다.

마음 놓다 [구] 믿고 의심하지 아니하다. [비] 안심하다.

마음-대로 [부] 하고 싶은 대로. [예] 네 마음대로 하여라.

마음 먹다 [구] 하고 싶은 생각을 가지다. 마음을 한 군데로 딱 작정을 하다. [예] 열심히 공부하기로 마음먹다.

마음-씨 [명] 마음을 쓰는 태도. [비] 마음보. [예] 마음씨 고운 여자.

마이크 [명] 「마이크로폰」의 준말. 소리를 크게 하여 멀리까지 들리게 하는 장치.

〈마이크〉

마:적(馬賊) [명] 말을 탄 도둑 떼.

마젤란 (Magellan, Ferdinand) [명] 처음으로 세계일주에 성공한 포르투갈의 항해가.

마주 [부] 서로 똑바로 향하여. [예] 어머니와 마주 앉다.

마주 서다 [자] 서로 똑 바로 보고 서다. [예] 마주 서서 이야기 하다.

마주-치다 [자] 서로 정면으로 부딪다. [예] 복도에서 선생님과 마주치다.

마중 [명] 오는 사람을 맞으러

나감. 🔵 배웅. 〔~하다〕

마지막🔲 일의 끝 판. 맨나중. 🔴 최후. 🔵 처음. 📙 마지막까지 최선을 다하자.

마:차(馬車)🔲 말이 끄는 수레.

마찬가지🔲 서로 같음. 🔴 매한 가지. 📙 하나 안 하나 마찬가지다.

마찰(摩擦)🔲 ① 마주 닿아서 비빔. 📙 냉수 마찰. 〔~하다〕 ② 의견이나 뜻이 맞지 않아 서로 충돌되는 일. 🔴 알력.

마치🔳 흡사하게. 거의 비슷하게. 📙 춥기가 마치 겨울 같다.

마치다🔲 마지막으로 끝내다. 🔴 끝내다. 🔵 시작하다. 📙 일을 마치다.

마침🔳 꼭 알맞은 때를 타서. 📙 마침 잘 왔군.

마침-내🔳 맨 마지막에 이르러. 🔴 기어이. 드디어. 📙 마침내 기다리던 편지가 왔다.

마:패(馬牌)🔲 조선 시대 관리들이 지방 출장 때 역마 징발의 증명이 되던 구리로 만든 둥근 패. 암행 어사의 인장으로 사용되었음.

〈마패〉

마포(麻浦)🔲 서울 특별시 내의 남부 지역에 해당하는 구의 하나. 📙 마포구.

막🔳 이제 곧. 지금 바로. 📙 막 도착했다.

막(幕)🔲 ① 임시로 지은 집. ② 천을 이어서 넓게 만들어 칸을 막아 가리게 한 물건.

막내🔲 형제 중 맨 마지막에 난 아이.

막다🔳 ① 두 사이를 가리우다. ② 못하도록 하다.

막대기🔲 갸름하고 가는 나무나 대의 토막.

막대-하다(莫大-)🔳 더할 나위 없이 크다. 대단히 크고도 많다.

막론(莫論)🔲 말할 필요 조차 없음. 🔴 물론. 📙 누구를 막론하고 이곳에는 못 들어온다. 〔~하다〕

막무가내(莫無可奈)🔲 어찌할 수 없음. 📙 아무리 얘기해도 막무가내다.

막-바지🔲 막다른 곳. 📙 막바지에 이르렀다.

막-벌이🔲 막일로 돈을 버는 일. 📙 막벌이 노동. 〔~하다〕

막사(幕舍)🔲 허름하게 지은 집.

막심(莫甚)🔲 대단히 심함. 📙 손해가 막심하다.

막연-하다(漠然-)🔳 ① 아득하다. ② 어렴풋하다. 📙 앞일이 막연하다.

막-차(-車)🔲 마지막으로 떠난 차.

막히다🔳 막음을 당하다. 🔵 트이다.

만:고(萬古)🔲 ① 아주 먼 옛적. 🔴 천고. ② 한 없이 긴 세월. 📙 만고에 빛나는 업

적.

만:국(萬國)圐 세계의 여러 나라. 凹 만방. 엘 만국 박람회.

만:국 공법〔-뻡〕(萬國公法) 圐 나라와 나라 사이의 관계를 정한 법. 凹 국제 공법.

만:국-기(萬國旗)圐 여러 나라의 국기.

만나다짜태 얼굴을 대하고 서다. 凹 헤어지다. 엨 길에서 선생님을 만나다.

만-날뤼 여러 날을 통하여 늘.

만:능(萬能)圐 온갖 사물에 능통함.

만:담(漫談)圐 익살로써 세상과 인정을 풍자하는 이야기.

만들다태 목적하는 일이나 물건을 이루다. 凹 꾸미다.

만:루(滿壘)圐 야구에서 세 베이스에 모두 주자가 있는 경우.

만류(挽留)圐 붙들고 못하도록 말림. 엨 고기잡이를 만류하다. 〔~하다〕

만만-하다혱 무르고 보드랍다.

만:물(萬物)圐 세상에 있는 온갖 물건. 엨 인간은 만물의 영장이다.

만:물-상〔-쌍〕(萬物相)圐 금강산 중의 '외금강 쪽에 있는 바위로 된 산봉우리의 이름. 만물초.

만:민(萬民)圐 모든 백성.

만:발(滿發)圐 꽃이 활짝 다핌. 凹 만개.

만:방(萬邦)圐 모든 나라. 凹 만국. 엨 세계 만방에 국위를 떨치다.

만:병 통치(萬病通治)圐 여러 가지 병을 고칠 수 있음.

만:사(萬事)圐 모든 일. 온갖 일.

만:사 형통(萬事亨通)圐 온갖 일이 다 잘됨. 〔~하다〕

만:선(滿船)圐 배에 물건을 가득 실음. 엨 만선의 기쁨을 안고 돌아오는 어선.

만:세(萬歲)圐 앞일을 축하할 때나 복을 길이 누리라고 외칠 때 부르는 소리. 엨 대한 민국 만세.

만:수(萬壽)圐 오래도록 삶.

만:수 무강(萬壽無疆)圐 아무 탈 없이 길이길이 오래 삶.

만:수-산(萬壽山)圐 개성에 있는 산의 이름.

만:약(萬若)뤼 혹. 그러한 경우에는. 凹 만일. 엨 만약 비가 오면 소풍을 못 갈텐데······

만:우-절(萬愚節)圐 4월 1일. 농담으로 남을 속이는 날.

만:원(滿員)圐 정해진 인원이 다 참. 엨 만원버스.

만:유 인:력(萬有引力)圐 모든 물체 사이에서 일어나는 서로 당기는 힘.

만:일(萬一)뤼 그러한 경우에는. 凹 만약. 엨 만일 네가 이긴다면······

만:장(滿場)圐 회장에 가득 모임. 〔~하다〕

만:장 일치(滿場一致)圐 회장에 모인 여러 사람들의 뜻이 다 일치 함.

만점〔-쩜〕(滿點)圐 ① 규정

한 점수에 꽉 참. ② 완전함. 逊 영점. 예 오늘 점수는 만점이다.

만족 (滿足) 명 마음에 흐뭇함. 비 흡족. 반 불만. 예 만족스러운 표정.

만주 (滿洲) 명 압록강과 두만강 북쪽 중국의 넓은 땅.

만지다 타 손을 대어 주무르다.

만:찬 (晩餐) 명 저녁에 먹는 식사.

만:찬-회 (晩餐會) 명 여러 사람을 청해서 저녁 잔치를 하는 모임.

만:행 (蠻行) 명 야만스러운 짓. [~하다]

만:화 (漫畵) 명 별 생각 없이 인생이나 사회를 풍자한 그림.

만:화 영화 (漫畵映畵) 명 만화로 꾸며진 영화. 예 재미 있는 만화 영화.

많:다 형 ① 적지않다. ② 수가 넉넉하다. 반 적다. 예 장난감이 많다.

맏 명 차례의 첫번, 첫째.

맏-아들 명 첫째 아들. 비 큰아들. 반 막내아들.

말: 명 곡식이나 액체 따위를 세는 단위, 또는 그 그릇.

말 명 성질이 온순하고 몸이 크며 수레를 끌거나 달리기를 할 수 있는 집 짐승.

말 명 사람의 생각을 조직적으로 나타내는 소리. 비 언어. 언사.

말갛다 형 조금도 다른 것의 섞임이 없이 맑다.

말-고삐 명 말을 끌어 다루는 줄.

말-괄량이 명 온순하지 않아 여자답지 못한 여자. 예 그 여자는 말괄량이다.

말-굽 명 말의 발톱. 예 말굽에 채이다.

말:-귀〔-뀌〕 명 남의 말을 알아 듣는 총기.

말기 (末期) 명 끝장에 가까운 동안. 비 말엽. 반 초기.

말끄러미 부 눈을 바로 뜨고 우두커니 한 곳만 바라보는 모양. 비 물끄러미. 예 말끄러미 창 밖을 내다본다.

말:-끝(-끝) 명 말하는 끝 예 말 끝마다 욕이군.

말:-놀이 명 말을 잇거나 줄이거나 하여 재미있게 주고 받는 놀이. [~하다]

말:다 타 하던 일을 그만 두다.

말:-다툼 명 말로써 옳고 그름을 가리는 싸움. 비 입다툼. [~하다]

말:-대꾸 (-對-) 명 남의 말을 되받아 자기 의사를 나타내는 말. [~하다]

말:-대답 (-對答) 명 윗사람의 말에 이유를 붙이는 대답. 예 말대답 하는 것은 옳지 않다. [~하다]

말똥-구리 명 쇠똥을 먹이로 하는 풍뎅이와 비슷한 벌레.

말라리아 (malaria) 명 일정한 시간이 되면 열이 나고 추워지는 병. 흔히 여름에 걸림. 학질.

말라-빠지다 자 몸이 몹시 야위다.

말리다 타 하는 일을 못하도록

하다. 🔞 싸움을 말리다.

말:-머리🔞 말에 나오는 첫머리.

말:-문(-門)🔞 말을 하려고 여는 입이나 생각.

말미암다🔞 관계되다. 🔞그 사건으로 말미암아 피해가 크다.

말:-버릇〔─뻐─〕🔞 버릇이 된 말의 투. 🔞 불손한 말버릇.

말:-벗〔─뻣〕🔞 서로 같이 이야기할 만한 친구. 🔞 말동무.

말복(末伏)🔞 삼복의 맨 끝 복.

말:-본🔞 ① 말글의 짜임에 대한 법칙. 🔞 문법. ② 말하는 태도.

말:-솜씨🔞 말하는 재주.

말:쌩🔞 일끝을 일으켜 버르집어 놓으려는 말이나 짓.

말:쌩-꾸러기「말썽꾼」의 낮은말.

말:쌩-꾼 🔞 걸핏하면 말썽을 일으키는 사람.

말쑥-하다🔞 모양이 말끔하고 깨끗하다. 🔞 말쑥한 신사.

말:씀🔞 윗사람의 말의 높임말. 🔞 어른의 말씀.

말:-씨🔞 말투나 버릇. 말하는 태도. 🔞 공손한 말씨.

말엽(末葉)🔞 끝 무렵. 🔞 말기. 🔞 초엽.

말:-익히기🔞 말을 익숙하게 익히는 공부.

말일(末日)🔞 끝날. 최후의 날.

말:-조심🔞 말을 허투루 하지 않고 조심해서 함. 〔~하다〕

다]

말:-주변〔─주─〕🔞 말을 잘 둘러 대는 재주. 🔞 말주변이 좋다.

말:-참견(─參見)🔞 남의 말에 곁달아 말하는 짓.

말:-투🔞 말 버릇. 🔞 말씨.

말:-판🔞 윷 등의 말 가는 길을 그린 판.

말:-하다🔞🔞 생각이나 감정을 말로 나타내다.

말:-하자면🔞 이를테면. 🔞 말하자면 그렇다고 할 수 있지.

맑다🔞 깨끗하다. 🔞 흐리다. 🔞 물이 맑다.

맛🔞 무엇을 혀에 댈 적에 느끼는 느낌. 🔞 맛 좋은 음식.

맛-들다🔞 익어서 자체의 맛이 좋게 되다.

맛-들이다🔞 ① 재미를 붙이다. ② 맛이 있게 하다.

맛-보다🔞 ① 맛을 보다. 🔞 찌게를 맛보다. ② 글을 읽고, 그 뜻이나 표현을 알아 보다.

망가-뜨리다🔞 못 쓰게 만들다.

망각(忘却)🔞 잊어 버림. 🔞 기억. 〔~하다〕

망국(亡國)🔞 망한 나라.

망그러-지다🔞 물건이 찌그러져 못쓰게 되다. 🔞 그릇이 망그러지다.

망극(罔極)🔞 임금이나 부모의 은덕이 그지 없음.

망나니🔞 ① 옛날 죄인의 목을

베던 사람. ② 못된 사람.

망년-회(忘年會)圈 지난 한 해 동안의 온갖 시름을 잊고자 연말에 베푸는 잔치.

망:대(望臺)圈 적의 '형편을 망보기 위해 높이 세운 대.

망라(網羅)圈 ① 큰 그물과 작은 그물. ② 모두 남김 없이 휘몰아 들임. 예 음악가를 총망라하다. 〔~하다〕

망령(亡靈)圈 죽은 사람의 영혼.

망:령(妄靈)圈 늙어서 정신이 흐려져 이상한 말과 행동을 하는 일. 노망. 예 망령이 난 늙은이.

망:령-되다〔─뙤〕(妄靈─)圈 언행이 보통에 어그러지다.

망망-하다(茫茫─)圈 아주 넓고 멀어 아득하다. 예 망망한 바다.

망명(亡命)圈 정치·혁명 따위를 하다가 제 나라에 살지 못하고 남의 나라로 피하여 감. 〔~하다〕

망:발(妄發)圈 ① 잘못하는 말이나 행동. ② 자기 또는 조상에게 욕이 되게 말을 함. 〔~하다〕

망:-보다(望─)짜타 먼 빛으로 바라보아 남의 동정을 살피다.

망설-이다짜 머뭇거리고 뜻을 정하지 못하다. 비 주저하다. 예 망설이지 말고 읽어라.

망신(亡身)圈 잘못하여 지위나 명망을 떨어뜨림. 비 창피. 〔~하다〕

망아지圈 말의 새끼.

망:언(妄言)圈 망령된 말. 떳떳하지 못한 말. 〔~하다〕

망:원:-경(望遠鏡)圈 먼 곳의 물체를 크게 하여 볼 수 있도록 한 안경.

망:주-석(望柱石)圈 무덤 앞에 세우는 한 쌍의 돌 기둥.

망측(罔測)圈 보통 상태에서 많이 벗어나 어처구니가 없음. 예 보기에도 망측하다.

망치圈 마치보다 훨씬 크고 무거운 연장. 단단한 물건이나 불에 단 쇠를 두드리는 데 씀.

망치다타 일을 그릇되게 만들다. 예 일을 망치다.

망태기(網─)
圈 새끼로 엮어 만든 그릇.

〈망태기〉

망-하다(亡─)짜 사물이 깨어져 없어지거나 못쓰게 되다. 예 패하다. 맨 흥하다. 예 신라가 망하다.

맞다짜 틀리지 않게 되다. 맨 틀리다.

맞다타 자연히 돌아오는 철이나 날을 당하다. 예 생일을 맞다.

맞-대다타 「마주 대다」의 준말. 예 이마를 맞대고 의논하다.

맞-들다타 ① 양쪽에서 마주 들다. ② 힘을 합하다. 예 백짓장도 맞들면 낫다.

맞-먹다 困 힘이 비슷비슷 같다.

맞-바꾸다 围 물건을 서로 바꾸다.

맞-부딪치다 围困 서로 마주 부딪치다.

맞-붙다 困 마주 붙어 겨루다. 围 맞붙어 싸우다.

맞-서다 困 ① 서로 마주 서다. ② 서로 굽히지 않고 버티다. 围 맞서서 겨루다.

맞-장구 남의 말에 그렇다고 덩달아 같이 말하는 일. 围 맞장구 치다.

맞추다 围 일치되어 꼭 맞게 하다. 围 표를 맞추다.

맞춤-법〔-뻡〕(-法) 围 글자를 일정한 규칙에 맞추어 쓰는 방법. 비 철자법. 围 맞춤법에 유의해라.

말기다 围 자기가 할 일이나 물건의 보관을 남에게 의뢰하다. 围 옷을 맡기다.

맡다 围 ① 책임을 넘기어 받다. ② 허가 등을 받다. ③ 냄새를 들이마시다.

매:국(賣國) 围 제 나라의 명예나 이익을 남의 나라에 팔아 먹음. 반 구국. 围 매국 행위. 〔~하다〕

매:국-노(賣國奴) 围 자기 이익을 위해 제 나라를 팔아 먹는 역적. 반 애국자.

매기다 围 값·등수 따위를 정하다. 围 등급을 매기다.

매끈-하다 围 흠 없이 부드럽고 반들하다. 비 미끈하다.

매:-년(每年) 围围 해마다. 围 매년 열리는 국제 대회.

매니저(manager) 围 ① 관리자. 지배인. ② 운동 팀·극단 따위를 보살펴 주는 사람.

매:다 围 ① 동여 묶다. 围 풀다. ② 논밭의 풀을 뽑다. ③ 종이를 겹쳐 책을 만들다.

매:-달(每一) 围 달마다. 다달이. 围 매달 납부하는 수도비.

매:-달다 围 묶어서 걸다.

매:-달리다 困 ① 떨어지지 않으려고 달라붙다. ② 붙들고 늘어지다. 围 철봉에 매달리다.

매듭 围 ① 물건을 잡아 맨 자리. ② 일의 끝. 围 일을 매듭짓다.

매듭 짓다 围 일을 순서대로 하나씩 결말을 짓다.

매:력(魅力) 围 사람을 호리어 끄는 힘. 围 그는 매우 매력 있는 사람이다.

매-만지다 围 잘 가다듬어 손질하다. 围 인형을 매만지다.

매매(賣買) 围 물건을 팔고 사는 일. 비 흥정. 〔~하다〕

매무새 围 모양. 围 옷 매무새를 단정히 해라.

매:-번(每番) 围 번번이. 围 매번 실패만 한다.

매복(埋伏) 围 몰래 숨어 있음. 围 매복 근무〔~하다〕

매:-부(妹夫) 围 누이의 남편. 반 처남.

매:-부리-코 围 매부리같이 끝이 뾰족하게 내리 숙은 코 또는 그러한 사람.

매:사(每事) 围围 모든 일. 일

마다. ◉ 매사에 신중하라.

매:상(賣上)圓 물건을 팖.
〔~하다〕

매:상-고(賣上高)圓 물건을
판 수량이나 대금의 총계.

매섭다圓 남이 겁을 낼 만큼
성질이나 됨됨이가 모질고
독하다. ◉ 성질이 매섭다.

매:수(買收)圓 ① 사들임. ②
금품이나 어떠한 수단으로
남의 마음을 꾀어 제 편으
로 만듦. 〔~하다〕

매스 게임(mass game)圓 많
은 사람이 일제히 동일한
체조나 댄스를 하는 일.

매스껍다圓 속이 아니꼬와 토
할 것 같다. ◉ 속이 매스껍
다.

매:씨(妹氏)圓 남의 누이의 높
임말.

매:양(每一)團 번번이. 언제나
◉ 매양 섭섭하다.

매연(煤煙)圓 그을음과 연기.
◉ 극심한 매연.

매우團 대중을 훨씬 넘게. 대
단히. ◉ 아주. 몹시.

매운 바람圓 몹시 차고 센 바
람. ◉ 매운 바람이 부는 겨
울거리.

매:월(每月)圓團 다달이. ◉
매달.

매이다囚 남에게 딸려 부림
을 받게 되다. ◉ 얽매이다.
◉ 일본에 매여 지낸 36년.

매:일(每日)圓團 날마다. 나날
이. ◉ 나는 매일 일기를 쓴
다.

매:입(買入)圓 사들임. 〔~하
다〕

매장(埋葬)圓 ① 시체를 땅에
묻음. ② 사회에서 몰아냄.
〔~하다〕

매장-량(埋藏量)圓 광물 따위
의 땅속에 묻혀 있는 분량.
◉ 지하자원의 매장량.

매:점(買占)圓 물건이 달릴것
을 짐작하고 휩쓸어 사들
임. 〔~하다〕

매:점(賣店)圓 물건을 파는
가게. ◉ 매점에서 공책을
산다.

매정-하다圓 쌀쌀하여 인정머
리가 없다.

매:제(妹弟)圓 손아래 누이의
남편.

매:-주(每週)圓團 주일마다. ◉
매주 교회에 간다.

매:진(賣盡)圓 하나도 남기지
않고 죄다 팔림. ◉ 표가 매
진되다. 〔~하다〕

매-질圓 매로 때리는 일. 〔~
하다〕

매-차다囚 매섭고 날카롭다.
날쌔고 힘차다.

매:표(賣票)圓 표를 팖. ◉ 매
표소. 〔~하다〕

매-한가지圓 결국 가서는 마
찬가지.

매:형(妹兄)圓 손윗누이의 남
편.

매화(梅花)圓
이른 봄에
백색·연분
홍 등의 꽃
이 피는 큰
키나무, 또
는 그 꽃.

〈매화〉

매:-회(每回)圓 한 회 한 회마

다.

맥(脈)명 ① 기운, 힘. ② 피가 돌아다니는 줄기. 비 맥박. 예 맥이 뛰다.

맥박(脈博)명 염통이 오무라졌다 펴졌다하는 데 따라 뛰는 맥. 예 맥박이 빠르다.

맥아(麥芽)명 엿기름.

맥아더(MacArthur, Douglas) 명 〔1880~1964〕 미국 육군 원수, 제 2 차 세계대전 때 태평양지구 미군총사령

〈맥아더〉

관으로 전쟁을 승리로 이끄는데 큰 역할을 했으며 종전 후 일본 주재 연합군 총사령관이 되었음. 6. 25사변 때에는 유엔군 총사령관으로 인천 상륙 작전을 손수 지휘하여 성공시켰음. 서울과 인천에 그의 동상이 있음.

맥-없다 형 기운이 없다.

맨:끝명 제일 끝. 제일 꼬리.

맨:뒤 명 제일 뒤. 가장 뒤.

맨드라미명 7·8월에 닭의 볏처럼 생긴 붉은 꽃이 피는 꽃 이름.

〈맨드라미〉

맨-머리명 아무것도 쓰지 않은 머리.

맨-몸명 아무 것도 지니지 않은 몸.

맨-발명 아무 것도 신지 않은 발. 예 맨발로 뛰다.

맨-손명 아무 것도 갖지 않은 손.

맨손 체조(-體操)명 손에 아무 것도 가지지 않고 하는 체조. 비 도수 체조. 반 기계 체조.

맨-입〔-닙〕명 아무 것도 먹지 않은 입.

맨-주먹명 빈주먹. 비 맨손. 예 맨주먹으로 시작한 사업.

맴:명 제자리에서 뼁뼁 도는 장난.

맴:-돌다자 한 군데를 계속 돌다. 예 잠자리가 싸리나무 위에서 맴돌다.

맵다형 혀가 알알한 맛을 가지다. 예 고추가 맵다.

맵시명 곱게 매만진 모양. 예 맵시 있는 옷차림.

맷-돌 명 곡식을 가는데 쓰는 두 짝으로 둥글넓적하게 만든 돌.

맹:-견(猛犬)명 성질이 매우 사나운 개.

맹:-공격(猛攻擊)명 맹렬히 공격함. 준 맹격. 〔~하다〕

맹:꽁이명 ① 개구리의 한 가지. 몸집이 뚱뚱하며 물갈퀴가 없음. ② 됨됨이가 야물지 못하고 말이나 짓이 아주 답답한 사람을 가리키는 말.

맹:랑-하다(孟浪-)형 아주 거짓이 많아 믿을 수 없다.

맹:렬-하다(猛烈-)형 기세가 몹시 사납고 세차다. 비 격렬하다. 예 맹렬한 공격.

맹목-적(盲目的)명 분간 없이 행동하는 모양.

맹세(盟誓) 명 굳게 마음을 다 짐함. 비 서약. 예 열심히 일 하기로 맹세했다. 〔~하다〕

맹:수(猛獸) 명 사나운 짐승. 비 야수.

맹-아(盲啞) 명 소경과 벙어리.

맹아 학교(盲啞學校) 명 소경 이나 벙어리를 가르치는 학 교.

맹:-연습(猛練習) 명 맹렬하게 하는 연습. 예 맹연습에 들 어가다. 〔~하다〕

맹인(盲人) 명 눈먼 사람. 소 경. 예 맹인을 부축해주다.

맹장(盲腸) 명 대장의 한 부 분으로 소장에 이어진 곳에 자그맣게 내민 부분.

맹종(盲從) 명 덮어 놓고 따름. 〔~하다〕

맹추 명 흐리멍텅한 사람.

맹:-활동〔-똥〕(猛活動) 명 맹 렬한 활동. 〔~하다〕

맹:-활약(猛活躍) 명 눈부신 활약. 〔~하다〕

맹:-훈련(猛訓練) 명 맹렬하 게 하는 훈련. 예 맹훈련에 들어가다. 〔~하다〕

맺다 타 ① 매듭지게 하다. ② 식물이 열매를 내다. ③ 일 을 끝내다. ④ 인연을 갖다.

맺히다 자 ① 꽃망울이나 열매 가 생기다. ② 눈물・이슬 따 위가 방울이 지다. ③ 마음 속에 잊혀지지 아니하고 뭉 쳐 있다. 예 원한이 맺히다.

머금다 타 ① 입 안에 넣다. 예 눈물을 가득 머금다. ② 눈물이 괴다. ③ 웃음 빛을 띠다.

머:나-멀다' 형 아주 멀다.

머루 명 포도의 한 가지. 열매 의 빛이 검고 포도보다 맛 이 심.

머리 명 ① 목 위가 되는 부분. ② 일의 처음.

머리-말 명 책 첫머리에 그 책 에 대하여 적은 글. 예 권두 언.

머리-맡 명 누웠을 때 머리 쪽 이 되는 곳. 머리 가까이. 예 머리 맡을 더듬다.

머리-채 명 길게 늘어뜨린 머 리털. 예 바람에 휘날리는 머리채.

머무르다 자 도중에서 잠시 그 치어 있다. 예 휴게소에서 머무르다.

머무적-거리다 자 일을 딱 잘 라서 하지 못하고 머뭇거 리다.

머뭇-거리다 자 자신이 없어서 주춤거리다. 무슨 일이나 말 을 시원스럽게 하지 못하고 주저하다. 비 주저하다. 예 대답을 못하고 머뭇거리다.

머슴 명 남의 집에 고용되어 농사짓는 사내.

머슴-살이 명 머슴 노릇을 하 는 생활. 예 머슴살이 10년 〔~하다〕

먹 명 글씨 쓰는 검은 물감.

먹-구름 명 먹빛과 같이 검은 비구름.

먹다 타 ① 음식을 배 속으로 들여내다. 반 뱉다. 예 밥 을 먹다. ② 욕을 듣다.

먹음직-스럽다 형 먹음직 하게 보이다. 예 사과가 먹음직스러다.

먹음직-하다휑 음식이 맛있을 것 같다.

먹이휑 먹을 거리. 뗀 식량, 양 식. 옜 먹이를 구하려고 날 아가는 어미새.

먹히다타재 먹음을 당하다.

먼:-동휑 날이 샐 무렵의 동 쪽.

먼동 트다뛩 날이 새어 먼동 이 밝아오다.

먼:-발치휑 조금 멀찍이 떨어 져 있는 곳. 「먼발치기」의 준말. 옜 먼발치에서 바라보 다.

먼저튀 시간이나 자리로 보아 앞서서. 뗀 나중. 옜 먼저 가 겠다.

먼지휑 가루처럼 흩날리는 티 끌. 옜 먼지가 자욱하다.

멀:다재 눈이 보이지 않게 되 다.

멀:다휑 ① 가깝지 않다. ② 세 월이 오래다.

멀:리튀 멀게. 뗀 가까이. 옜 멀 리 날아가버린 풍선.

멀미휑 배 따위의 흔들림을 받아 메스껍고 어지러워지 는 증세.

멀쩡-하다휑 흠이 없이 깨끗 하고 온전하다. 똅 말짱하 다. 옜 떨어뜨린 그릇이 멀 쩡하다.

멀찌막-이튀 아주 멀찍이. 옜 멀찌막이서 얘기하다.

멈추다재 내리던 비가 잠시 그치다. 타 잠깐 일을 그치 다. 뗀 나아가다. 옜 걸음을 멈추다.

멈칫-하다재타 하던 말이나 행동 또는 일을 갑자기 멈 추다. 옜 깜짝 놀라서 멈칫하 다.

멋휑 세련되고 풍채 있는 몸 매. 아주 말쑥하고 풍치 있 는 맛.

멋-대로튀 마음대로. 하고 싶 은대로. 옜 멋대로 논다.

멋-있다휑 말쑥하고 아름답다. 옜 멋있는 사람.

멋-쟁이휑 멋을 부리는 사람. 옜 멋쟁이 신사.

멋-지다휑 멋거리가 있다.

멍-들다재 몹시 부딪혀서 살 갗에 멍이 생기다.

멍석휑 짚으로 만든 큰 자리.

멍청-이휑 정신이 흐리멍텅한 사람.

멍청-하다휑 둔하고 흐릿하여 사물을 바로 아는 힘이 없 다.

멍:-하다휑 아무 생각 없다. 정신이 나간듯 우두커니 있 다. 옜 멍하니 하늘만 바라 본다.

메휑 산의 옛말. 옜 태산이 높 다지만 하늘아래 메이로다.

메가폰 (megaphone)휑 입에 대고 말을 하여 소리 가 한 방향 으로만 전 달되도록하 는 물건.

〈메가폰〉

메:기휑 시내 나 민물에 사는 민물고기. 입이 크고 몸에 비늘이 없 어 미끈미끈함.

메뉴(menu)몡 양식 요리의 목록. 비 식단표. 예 메뉴작성.

메:다짜 구멍 따위가 막히다. 타 물건 따위를 어깨 위에 얹다.

메달(medal)몡 잘한 일을 표창하거나 기념하기 위하여 납작한 쇠붙이에 여러 가지 모양을 새겨서 개인이나 단체에게 주는 패.

메뚜기몡 논이나 풀밭에 사는 벌레.

메리크리스마스(Merry Christmas)몡 「즐거운 성탄절」·「성탄을 축하합니다」등의 뜻을 나타내는 말로, 크리스마스날에 서로 주고 받는 인사말.

메-마르다졩 땅이 기름지지 않고 바싹 마르다. 반 기름지다.

메스껍다졩 속이 아니꼬와 게울 것 같다.

메시지(message)몡 ① 알림. 여러 사람에게 알리는 인사 따위의 말. ② 성명서.

메아리몡 소리가 무엇에 부딪쳐 되울려 나는 소리. 산울림.

메우다타 ① 테를 끼워 맞추다. ② 빈 곳을 채우다. 예 웅덩이를 메우다.

메주몡 콩을 삶아 찧어서 뭉친 덩이. 간장과 된장을 담금.

멕시코(Mexico)몡 - 미국의 남쪽 중앙 아메리카에 있는 나라 이름. 은이 많이 남.

멘탈-테스트(mental test)몡 =지능 검사.

멜로디(melody)몡 음악의 가락.

멤버(member)몡 단체를 이루는 한 사람.

멧-돼:지몡 산돼지.

멧-부리몡 산의 가장 높은 꼭대기.

멧-비둘기몡 산비둘기 라고도 하며, 날개 길이 18~20cm 쯤 됨. 몸 빛깔은 연한 갈색이고 머리·몸·배는 회백색임. 꼬리는 옆쪽이 길고 끝이 흼. 우리 나라·일본·중국·인디아 지방에서 살고 있음.

며느리몡 아들의 아내

며칟-날몡 몇째 되는 날.며칠.

며칠몡 몇 날. 예 오늘이 며칠이냐?

멱:-감다〔 - 따〕타 냇물이나 강물 같은 데에 몸을 담그고 씻다.

멱-살몡 가슴 위와 턱 아래쪽의 살이나 그 부분의 옷자락. 예 멱살을 잡다.

면:(面)몡 ① 겉으로 드러난 바닥. ② 칼·창·화살 따위를 막기 위하여 얼굴에 쓰는 덮개.

면:담(面談)몡 얼굴을 마주 대하고 이야기함. 〔~하다〕

면:도(面刀)몡 ① 수염을 깎는 일. ② 「면도칼」의 준말. 〔~하다〕

면:모(面貌)몡 얼굴의 생김새 비 모습.

면:목(面目)몡 ① 얼굴의 생김새. ② 남을 대하는 낯. 비 체면. 예 면목을 새로이 하

다.

면밀(綿密)[명] 찬찬하여 빠짐이 없음. [예] 면밀한 검토

면:-사무소 (面事務所)[명] 한 면의 행정을 처리하는 관청.

면:사-포(面紗布)[명] 결혼 때 신부가 쓰는 하얀 비단.

면:세(免稅)[명] 세금을 면제함. 〔~하다〕

면양(緬羊·綿羊)[명] 털이 긴 양.

면:역(免疫)[명] 병균에 대하여 저항력이 있음. 〔~하다〕

면:역-성(免疫性)[명] 전염병에 걸리지 아니하는 성질.

면:장(面長)[명] 면사무소의 우두머리.

면:적(面積)[명] 넓이.

면:접(面接)[명] 서로 대면하여 만나봄. [비] 면대. [예] 면접 시험. 〔~하다〕

면:제(免除)[명] 책임·의무 따위를 지우지 아니함. [예] 학비를 면제하다. 〔~하다〕

면:죄(免罪)[명] 죄를 면함. 〔~하다〕

면:직(免職)[명] 일자리를 물러나게 함. 〔~하다〕

면직-물(綿織物)[명] 무명실로 짠 베.

면포(綿布)[명] 목화의 솜에서 나온 실로 짠 베. [비] 무명.

면: -하다 (免 -) [타] ① 형벌이나 책임을 벗어나다. ② 재앙을 피하게 되다. [예] 위험을 면하다.

면:허(免許)[명] 특수한 행위나 영업을 허락하는 일. 〔~하다〕

면:화(綿花)[명] 목화.

면:회(面会)[명] 서로 만나 봄. [예] 군에 간 삼촌을 면회가다. 〔~하다〕

멸공(滅共)[명] 공산주의 또는 공산주의자를 없애 버림. 〔~하다〕

멸공 통일(滅共統一)[명] 공산당을 멸망시키고 남북으로 갈라진 땅을 한데 합침.

멸구[명] 벼잎을 해치는 작은곤충.

멸망(滅亡)[명] 망하여 아주 없어짐. [예] 월남의 멸망. 〔~하다〕

멸시(蔑視)[명] 남을 업신 여김. 몹시 낮추어 봄. [비] 천시. [반] 존중. 〔~하다〕

멸종〔-쫑〕(滅種)[명] 씨를 끊어 버림. 〔~하다〕

명:(命)[명] 목숨.

명(名)[의명] 사람의 수효를 나타내는 말. [예] 학생 3명.

명곡(名曲)[명] 유명한 악곡.

명기(明記)[명] 밝혀 기록함. 〔~하다〕

명-나라(明 -)[명] 중국 원나라에 뒤이어 세워진 나라.

명년(明年)[명] 내년.

명단(名單)[명] 어떤 일에 관계된 사람의 이름을 쭉 적은 표. [예] 명단 작성.

명답(名答)[명] 썩 잘한 대답.

명당(明堂)[명] 아주 좋은 묏자리. [예] 휴식 장소로는 여기가 명당이구나.

명도(明渡)[명] 토지나 건물따위를 남에게 넘겨 줌. 〔~하다〕

명랑(明朗)圐 밝고 맑아 걱정 스러운 데가 없음. 圓 쾌활. 圕 우울. 圙 명랑한 성격.

명량 대:첩(鳴梁大捷)圐선조 때 이순신 장군이 불과 12 척의 배로 명량에서 왜의 수군을 격파하여 크게 이긴 싸움.

명:령(命令)圐 윗사람이 아 랫사람에게 무엇을 하라 고 시키는 말. 圓 지시.분부. 圙 복종. 순종. 圙공격 명령 〔~하다〕

명:령-문(命令文)圐 남에게 시킴이나 알림의 뜻을 나타 내는 글.

명마(名馬)圐 이름난 말. 圓 준마.

명망(名望)圐 널리 알려진 이 름과 덕. 圙 명망 높은 교육 자.

명:맥(命脈)圐 목숨과 맥박.

명멸(明滅)圐 불이 켜졌다 꺼 졌다 함. 〔~하다〕

명:명(命名)圐 어떤 사물에 이름을 지어 붙임. 〔~하다〕

명목(名目)圐① 사물을 가리 키어 부르는 이름. ② 구실 로 삼는 이름.

명문(名門)圐 문벌이 좋은 집 안.

명물(名物)圐① 그 지방의 이 름난 물건. ② 특징이 있어 이름난 사람. 圙 우리 고장 의 명물은 사과이다.

명백(明白)圐 아주 분명함. 圙 명백한 사실.

명분(名分)圐 사람이 반드시 지켜야 할 분수.

명사(名士)圐 이름이 알려진 사람.

명산(名山)圐 이름이 알려진 산. 圙 설악산은 우리 나라 의 명산이다.

명산(名産)圐 그 지방의 이름 난 산물.

명상(瞑想)圐 눈을 감고 깊이 생각함.

명석(明晳)圐 분명하고 똑똑 함. 圙 명석한 두뇌를 가진 아이. 〔~하다〕

명성(名聲)圐 세상에 널리 떨 친 이름. 圙 명성을 떨친 음 악가.

명세(明細)圐① 똑똑하고 자 세함. ② 내용을 자세히밝힘.

명소(名所)圐 이름난 곳.

명승(名勝)圐 세상에 널리 알 려진 경치. 圓 명소. 圙 명승 고적.

명승-지(名勝地)圐 경치 좋 은 곳.

명시(明示)圐 분명하게 보이 거나 지시함. 〔~하다〕

명-실(名實)圐 외부에 드러난 이름과 실지의 속내.

명심(銘心)圐 마음 속에 새겨 둠. 圙 내 말을 명심하라. 〔~하다〕

명-암(明暗)圐 밝음과 어두움.

명언(名言)圐 이치에 맞는 훌 룡한 말.

명예(名譽)圐① 좋은 평판 을 얻는 일. ② 세상에 드러 난 좋은 이름. 圓 영예. 圙 불명예. 수치.

명예-직(名譽職)圐 보수를 받지 않고 명예만으로 종사하는 직분.

명예 훼:손 (名譽毀損)**명** 남의 이름을 더럽히고 떨어뜨림.

명인(名人)**명** 그 방면에 이름난 사람.

명일(明日)**명** 내일. **예** 명일 만나기로 약속했다.

명작(名作)**명** 썩 잘 지은 글. **비** 걸작. **반** 졸작. **예** 명작 소설.

명장(名將)**명** 세상에 이름난 장수.

명절(名節)**명** ① 명분과 절조. ② 국민 모두가 즐기는 좋은 날. **비** 명일.

명주(明紬)**명** 명주실로 짠 피륙.

명주-실 (明紬-)**명** 누에고치에서 뽑아 낸 실.

명:중(命中)**명** 겨냥한 곳에 바로 맞음. **예** 적진에 명중한 포탄. 〔~하다〕

명칭(名稱)**명** 사물을 부르는 이름.

명태(明太)**명** 동해에서 많이 잡히는 대구와 비슷한 바닷물고기.

명필(名筆)**명** 썩 잘 쓴 글씨. 또는 글씨를 잘 쓰는 사람. **비** 달필. **반** 졸필.

명함(名銜·名啣)**명** 자기의 주소·성명 등을 박은 종이쪽.

명화 (名畵)**명** ① 유명한 그림. ② 유명한 영화.

명확(明確)**명** 뚜렷하고 확실함. **비** 정확. **예** 명확한 대답.

몇[관] 똑똑히 알 수 없는 수를

말할 때 쓰는 말. **준** 얼마만큼의 수. **예** 모두 몇이냐.

모[명] 옮겨 심으려고 가꾸어 기른 벼의 싹. **비** 모종.

모:교(母校)**명** 자기가 졸업한 학교.

모:국(母國)**명** 외국에서 자기 나라를 이르는 말. **예** 내년이면 모국에 돌아간다.

모:국-어 (母國語)**명** 모국의 말. 자기 나라의 말.

모금[의대] 물 따위가 입 속에 차는 분량. **예** 물 한 모금.

모금(募金)**명** 여러 사람으로부터 돈을 거두어 들임. **예** 수재민을 돕기위해 쌀을 모금하다. 〔~하다〕

모금-원(募金員)**명** 돈을 모으러 다니는 사람.

모기 [명] 여름에 동물의 피를 빨아 먹고 사는 작은 벌레.

모기-향 (-香)**명** 제충국 가루를 송진이나 풀에 개어 가느다란 막대 모양으로 만들어 불에 태워 모기를 쫓는 물건.

모-내기 [명] 모를 논에 옮겨심는 일. **비** 모심기. **예** 모내기가 한창인 계절. 〔~하다〕

모:녀(母女)**명** 어머니와 딸.

모닥-불[명] 잎나무 따위를 태운 불더미.

모델(model)**명** ① 문학 작품의 인물의 실재가 되는 사람. ② 미술가가 본보기로 쓰는 사람이나 물건.

모:독(冒瀆)**명** 침범하여 더럽힘. **예** 교회를 모독하지 마라. 〔~하다〕

모두명부사물 전체의 수효나 양을 한데 어울러. 비전부.

모:든관명사 위에서 「모두」의 뜻을 나타내는 말.

모란(牡丹)명 5월에 여러 겹의 꽃이 피는 키가 작은 나무.

모래명 돌의 부스러기.

모래-밭명 널리 모래로 덮여 있는 곳.

모래-찜명 여름에 뜨거운 모래에 몸을 묻고 땀을 내어 병을 고치는 일.

모략(謀略)명 남을 해치려고 꾸미는 일. 예중상모략.〔～하다〕

모레명 내일의 다음날. 예모레 소풍간다.

모:로부① 모난 쪽으로. 가로와 세로의 사이로. ② 옆쪽으로.

모르다타 알지 못한다. 반알다.

모르타르 (mortar)명 시멘트와 모래를 섞어서 물에 갠것. 시간이 지나면 물기가 없어지고 단단하게 됨.

모른-체명 알면서도 모르는듯하는 태도. 반아는 체.〔～하다〕

모름지기부① 마땅히. 예모름지기 국산품을 써야 한다. ②차라리.

모리-배(謀利輩)명 갖은 수단 방법으로 자신의 이익만을 꾀하는 무리.

모면 (謀免)명 꾀를 써서 면함. 어려운 고비에서 벗어남. 예위기를 모면하나.〔～

모반 (謀叛)명 제 나라를 배반하고 반역을 꾀함.〔～하다〕

모방 (模倣)명 본떠서 흉내냄.〔～하다〕

모:범 (模範)명 본받을 만함. 예모범.학생.

모사 (謀士)명 꾀를 써서 일을 꾸미는 사람.

모서리명 물건의 모진 부분.

모:성-애 (母性愛)명 어머니의 사랑. 반부성애.

모세-관(毛細管)명 온 몸에 그물 모양으로 퍼져 있는 가늘고 작은 혈관.

모순 (矛盾)명 언행이 앞뒤가 서로 어긋남. 예네 말에는 모순이 많구나.

모스크바 삼상 회:의(Moskva 三相会議)명 1945년 12월모스크바에서 개최된 미국·영국·소련의 외상 회의.이 회의에서 한국의 신탁 통치 문제가 논의 되었음.

모습(貌襲)명① 사람의 생긴 모양. ② 됨됨이. 비모양. 예어릴 때의 모습.

모시명 모시풀의 껍질로 짠 피륙.

모:시다타 웃어른 옆에서 돕고 보살피다. 예어머니를 모시다.

모양(模樣)명① 사람이나 물건의 겉으로 나타난 형태. ② 됨됨이. 비모습.

모양-새명 모양의 생김새. 예모양새가 신기하다.

모차르트(Mozart)명〔1756

~1791] 오스트리아의 음악의 천재라고 불리는 고전파 음악가.

모:욕(侮辱)[명] 업신여기고 욕되게 함. [비] 치욕 [반] 영예. [예] 나를 모욕할 셈이냐? [~하다]

모우(牡牛) [명] 소과의 짐승. 몸이 길쭉하고 등에 긴 털이 있음.

모:유(母乳)[명] 자기를 낳은 어머니의 젖. [예] 모유를 먹고 자라다.

모으다[타] ① 모이게 하다. ② 쌓아 올리다. [반] 흩다. [예] 돈을 모으다.

모이[명] 닭이나 새의 먹이.

모이다[자] 여럿이 한군데로 오다. [반] 흩어지다.

모이-주머니[명] 새 종류의 밥줄에 주머니 모양으로 먹은 모이를 저장하는 곳.

모임[명] 한곳에 모이는 일.

모:자(母子)[명] 어머니와 아들.

모자(帽子)[명] 머리에 쓰는 물건.

모:자라다[자][형] ① 표준에미치지 못하다. ② 사람이 못나다. [비] 부족하다. [반] 남다. 넉넉하다.

모자이크(mosaic)[명] 나무·돌·타일·유리 등을 붙여서 나타낸 그림이나 무늬.

모조(模造)[명] ① 본떠서 만듦. ②「모조지」의 준말. [~하다]

모조리[부] 하나도 남기지 않고 모두. [비] 전부. 죄다. [반] 대강 [예] 모조리 줍다.

모조-지(模造紙)[명] 결이 매끄럽고 품질이 질긴 양지의 한가지.

모조-품(模造品)[명] 본떠서 만든 물건.

모종[명] 옮겨 심기 위해 기른 식물의 싹, 또는 옮겨 심는 일. [예] 꽃모종. [~하다]

모직(毛織)[명] 털실로 짠 피륙

모:진 목숨[명] 억지로 살아 있는 목숨.

모:진 바람[명] 몹시 부는 바람.

모:질다[형] ① 정도가 아주 세다. [예] 모진 바람. ② 지독하다. [예] 모진 재난을 견디어 내다.

모집(募集)[명] 뽑아서 모음. [예] 학생 모집. [~하다]

모:쪼록[부] 아무쪼록. [예] 모쪼록 건강하세요.

모처럼[부] ① 벼르던 끝에. ② 오래간만에. [반] 자주. [예] 모처럼 만난 친구.

모:친(母親)[명] 어머니. [반] 부친. [예] 이 분이 저의 모친이십니다.

모퉁이[명] 꺾어져 돌아간 곳. [비] 귀퉁이. [반] 가운데.

모피(毛皮)[명] 털이 붙은 대로 벗긴 짐승의 가죽.

모:험(冒險)[명] ① 위험을 무릅씀. ② 덮어 놓고 하여 봄. [~하다]

모:형(母型)[명] 활자를 부어 만들어 내는 판. [비] 자모.

모:형(模型·模形)[명] ① 같은 형상의 물건을 만들어 내기 위한 틀. [예] 지구 모형을 놓고 공부하다. ② 그림본.

모호-하다(模糊-)웹 분명하지 않다. 예 대답이 모호하다.

목웹 머리와 몸 사이의 잘록한 부분.

목가(牧歌)웹 목동들이 부르는 노래.

목-걸이웹 목에 걸어서 꾸미는 물건. 예 진주목걸이

목격(目撃)웹 일이 벌어진 광경을 실제로 봄. 비 목도. 예 싸우는 광경을 목격하다. [~하다]

목격-자(目撃者)웹 어떤 광경을 실제로 본 사람. 예 목격자가 있다.

목공(木工)웹 나무를 재료로 하여 물건을 만드는 사람. 비 목수.

목기(木器)웹 나무로 만든 그릇.

목-덜미웹 목의 뒷 부분. 예 목덜미를 누르다.

목-도리웹 목에 두르는 물건. 예 추운데 목도리를 두르려무나.

목-돈:웹 한몫 모아 내는 돈.

목동(牧童)웹 들에서 소에게 풀을 뜯기는 아이.

목록(目録)웹 ① 책속의 제목을 적어 놓은 차례. ② 물건의 이름을 쭉 열거한 조목.

목-마르다웹 ① 물을 먹고 싶어하다. ② 주기를 몹시 바라다. 예 운동을 했더니 몹시 목마르다.

목-메다잔 목구멍이 막히다. 예 눈물로 인해 목메다.

목면(木綿)웹 ① =목화. ② 무명.

목민 심서(牧民心書)웹 조선조 순조 임금 때, 정약용이 쓴 책. 지방 관리들의 백성을 다스리는 데에 관한 도리를 적은 책임.

목사(牧師)웹 신자들에게 그리스도교의 뜻과 교리를 가르치고 예배를 지도하며 교회를 맡아 보는 사람. 예 목사님의 은혜로운 설교.

목석(木石)웹 ① 나무와 돌. ② 감정이 무딘 사람. 예 목석 같은 남자.

목선(木船)웹 나무로 만든 배.

목성(木星)웹 태양계의 다섯째 떠돌이 별, 아홉 떠돌이별 중에 가장 큼.

목-소리웹 목구멍으로 내는 소리. 비 말소리. 음성. 예 큰 목소리로 울부짖다.

목수(木手)웹 집을 지을 때 재목을 다루는 사람. 비 목공.

목숨웹 살아 있는 힘. 비 생명 예 목숨이 붙어있는 한 달리리라.

목양(牧羊)웹 양을 기름. [~하다]

목요-일(木曜日)웹 일요일에서 다섯째 되는 날.

목욕(沐浴)웹 몸을 씻는일. 예 상쾌하게 목욕을 하다. [~하다]

목욕-탕(沐浴湯)웹 여러 사람이 목욕하게 차려 놓은 곳.

목장(牧場)웹 소·말 따위를 놓아 먹이는 곳. 예 평화로

운 목장.

목재(木材)圓 건축에 쓰이는 나무의 재료.🔵 재목.

목적(目的)圓 이루거나 이루려고 마음 먹는 일.🔵 목표.🔶 뚜렷한 목적.〔~하다〕

목적-물(目的物)圓 어떤 행위의 목적이 되는 사물.

목적-지(目的地)圓 가고자 하는 곳.🔶 목적지에 당도하다.

목전(目前)圓 눈 앞. 당장.🔶 목전의 현실

목조(木造)圓 나무로 만듦.〔~하다〕

목차(目次)圓 항목이나 제목의 순서.🔵 차례.🔶 목차대로 읽어라.

목청圓 목에서 울려 나오는 소리.🔵 성대.

목초(牧草)圓 소·양 따위가 먹는 풀.🔵 사료.

목축(牧畜)圓 말·소·양 따위를 기름.〔~하다〕

목침(木枕)圓 나무 토막으로 만든 베개.

목탁(木鐸)圓 염불할 때 쓰는 속이 비고 둥글게 나무로 만든 방울.

목탄(木炭)圓 숯

목표(目標)圓 목적 삼는 곳.🔶 목표를 세우다.〔~하다〕

목화(木花)圓 열매(목화타래)에서 솜을 따는 식물.🔵 면화.

뭇圓 여럿으로 갈라서 가지는 각 부분.

몰골圓 보기에 흉한 모양새.

🔶 흉한 몰골.

물 :다🔲 짐승 따위를 자기가 바라는 곳으로 가게 하다.🔵 이끌다.🔶 소를 몰다.

물두〔-두〕(沒頭)圓 한 가지 일에 열중함.🔶 연구에 몰두하다.〔~하다〕

몰락(沒落)圓 멸망함. 파산함.〔~하다〕

몰 :래🔵 남이 모르도록 살짝.🔵 슬그머니.🔵 떳떳이.🔶 몰래 숨겨 두다.

몰려-가다🔲 떼지어 한 쪽으로 밀려 가다.

몰려-나다🔲 쫓겨 나가다.

몰려-들다🔲 여럿이 떼를 이루어 들어 오다.

몰리다🔲 ① 한 편으로 치우쳐지다.② 일이 꿀리어 바빠지다.🔶 궁지에 몰리다.

몰사〔-싸〕(沒死)圓 모조리 죽음.〔~하다〕

몰살〔-쌀〕(沒殺)圓 모조리 죽임.🔶 일가가 몰살 당하다.〔~하다〕

몰-상식〔-쌍-〕(沒常識)圓 상식이 아주 없음.🔶 몰상식한 말.

몰수〔-쑤〕(沒收)圓 빼앗음.〔~하다〕

몰아-치다🔲 ① 한 곳에 몰리게 하다.② 몹시 서두르다.🔶 닷새에 할 일을 사흘에 몰아치다.

몰-염치(沒廉恥)圓 염치가 도무지 없음.

몰이圓 사냥할 때 짐승들을 모는 일.〔~하다〕

몰-지각(沒知覺)圓 지각이 도

무지 없음.

몸명 동물의 형태를 이룬 온 바탕. 비 육체. 반 마음.

몸-나다재 살이 올라 뚱뚱하여지다.

몸-뚱이명 사람이나 짐승의 몸의 덩치. 반 마음.

몸매명 몸의 생김새.

몸-부림명 괴로움이나 슬픔을 당했을 때 온몸을 뒤흔드는 짓. 예 괴로움에 몸부림치다.

몸살명 몸이 몹시 피로하여 일어나는 병.

몸-서리명 ① 지긋지긋하게 싫증이 나는 마음. ② 무서워 몸을 떠는 짓.

몸소부 제 몸으로써 스스로 비 친히. 손수. 예 할아버지께서 몸소 학교까지 찾아오셨다.

몸져-눕다재 병이 심하여 자리에 눕다.

몸-집〔-찝〕명 몸의 부피. 비 몸피. 예 몸집이 큰 사람.

몸-짓〔-찟〕명 몸을 움직이는 모양. 〔~하다〕

몸-체명 비행기 같은 것의 몸통.

몹시부 그 이상 더할 수 없이 심하게. 예 몹시 춥다.

못명 물건을 박는 데 쓰는 쇠나 대를 뾰족하게 만든 물건. 예 기둥에 못을 박다.

못명 팬 땅에 늘 물이 괴어있는 곳. 비 연못. 예 못속에 괴어있는 물

못:-난-이명 못난 사람. 모자라는 사람. 예 바보

못:-내부 잊지 못하고 언제나. 예 못내 잊지 못하다.

못:-되다형 ① 되지 못하다. ② 고약한 성질을 가지고 있다.

못:-마땅-하다형 마음에 들지 아니하다.

못-자리명 볍씨를 뿌리어 모를 기르는 논, 또는 그 논바닥.

못-주다재 못을 박다.

못:-지-않다형 못하지 아니하다. 예 나도 너 못지않다.

못:-하다형 정도가 다른 것보다 낮다.

못:-하다타 할 수가 없다. 예 먹지 못하다.

몽고 (蒙古)명 중국 본토의 북쪽에 있는 땅.

몽둥이명 조금 굵고 긴 막대기. 예 몽둥이를 휘두르다.

몽땅부 ① 많은 부분을 대번에 자르는 모양. ② 전부. 예 몽땅 불지르다.

몽롱 (朦朧)명 정신이 흐리멍텅하여 아득함.

몽매 (蒙昧)명 사리에 어둡고 어리석음. 예 몽매한 생각

몽-상 (夢想)명 꿈 속 같은 헛된 생각. 예 매일 몽상만 한다.

뫼명 ① 사람의 시체를 묻는 곳. 묘. ② 「산」의 옛말.

뫼시다「모시다」의 옛말. 예 제사를 뫼시다.

묘: (墓)명 =뫼.

묘:-기 (妙技)명 교묘한 기술이나 재주.

묘:-목 (苗木)명 옮겨 심는 어

묘비 146

린 나무. 🄫 모나무. 모종.

묘:비(墓碑)🄫 무덤 앞에 세우는 비석.

묘:사(描寫)🄫 사물이나 마음 상태를 있는 그대로 그려 냄. 〔~하다〕

묘:안(妙案)🄫 썩 잘된 생각. 🄰 기발한 묘안.

묘:지(墓地)🄫 무덤이 있는 땅. 또는 그 구역. 🄫 분묘. 🄰 공동묘지.

묘:책(妙策)🄫 썩 묘한 꾀. 🄰 좋은 묘책이 떠오르다.

묘:판(苗板)🄫 ＝못자리.

묘:포(苗圃)🄫 묘목을 심어 기르는 밭. 🄫 모판.

묘:-하다(妙-)🄫 빼어나고 훌륭하다. 🄫 야릇하다. 🄰 돌이 묘하게 생겼다.

묘:향-산(妙香山)🄫 평안 북도 영변군에 있는 산. 서산 대사와 사명 대사가 도를 닦던 곳인 보현사가 있음.

무-감각(無感覺)🄫 신경이 둔하여 깨달음이 없음.

무겁다🄫 가볍지 않다. 🄫 가볍다. 🄰 상자가 무겁다.

무게🄫 물건의 무거운 분량. 🄫 중량.

무고(無故)🄫 탈이없음. 🄫 무사. 🄫 유고. 🄰 오늘 하루도 무고하세요.

무:공(武功)🄫 전쟁에서 세운 공훈. 🄫 무훈.

무-관심(無關心)🄫 마음에 두지 않음. 🄰 매사에 무관심 하다.

무궁 무진 (無窮無盡)🄫 다함이 없고 끝이 없음. 🄰 애기

가 무궁무진하다.

무궁-화(無窮花)🄫 잎은 뽕나무 잎과 비슷하고, 꽃은 흰빛과 보라빛이며, 아침에 피었다가 저녁에 시듦. 우리 나라꽃임.

〈무궁화〉

무급(無給)🄫 보수가 없음. 🄫 유급. 🄰 무급으로 일해주다.

무기(武器)🄫 전쟁에 쓰이는 기구. 🄫 병기. 🄰 충분한 무기.

무기(無期)🄫 「무기한」의 준말.

무-기명(無記名)🄫 이름을 쓰지 않음. 🄰 무기명 투표. 🄫 기명.

무-기한(無期限)🄫 일정한 기한이 없음.

무난(無難)🄫 어렵지 않음.쉬움. 🄰 무난히 합격하다.

무남 독녀(無男獨女)🄫 아들이 없는 집안의 외딸.

무너-지다🄫 쌓인 물건이 허물어지다. 🄰 벽이 무너지다.

무늬🄫 물건의 표면에 아름답게 나타난 얼룩진 점이나 줄 따위.

무단(無斷)🄫 ① 결단심이 없음. ② 승낙을 얻지 않음. 🄰 무단 결석.

무:단 정치(武斷政治)🄫 무력의 힘으로 해나가는 정치.

무단-출입(無斷出入)🄫 승낙 없이 출입함. 🄰 무단 출입

금지. 〔~하다〕

무:당(巫堂)**명** 귀신을 모셨다고 하면서 굿을 하고 점치는 여자. **비** 무녀.

무:대(舞臺)**명** 노래·춤·연극 등 연기를 하기 위하여 정면에 한층 높직하게 만든 단. **예** 극장 무대.

무더기명 물건이 한데 쌓여 수북한 것. **예** 무더기로 쏟아지다.

무-더위명 찌는 듯이 무더운 더위. **예** 8월의 무더위.

무던-하다 명① 정도가 어지간하다.② 덕량이 있어 너그럽다.

무덤명 시체를 땅에 묻은 곳. **비** 산소. 뫼.

무덥다명 찌는 것처럼 덥다. **반** 서늘하다. **예** 바람이 없어서 무덥다.

무:동(舞童)**명** 춤을 추고 노래를 부르는 아이.

무디다명 날카롭지 못하다. **반** 날카롭다. **예** 감각이 무디다.

무럭-무럭 부 힘차게 잘 자라는 모양. **8** 모락모락.

무:력(武力)**명** 군사상의 힘. **비** 병력. **예** 무력 도발.

무력(無力)**명** 활동력이 없음. **예** 무력한 가장.

무렵명 일이 있은 그 때쯤. **비** 즈음. **예** 그 무렵해서 돌아왔다.

무례(無禮)**명** 아주 예의가 없음. **비** 실례. **예** 무례한 행동. **예** 손님에 대해 몹시 무례하다.

무뢰:-한(無賴漢)**명** 일정한 직업이 없이 돌아다니며 불량한 짓을 하는 사람. **예** 이런 무뢰한 같으니라구 ╱

무료(無料)**명** 요금을 받지 않음. **비** 거저. 공짜. **예** 무료입장.

무르녹다 짜① 익을 대로 익다.② 일이 이루어질 지경에 이르다.

무르다명 바탕이 단단하지 않다.

무르다타 샀던 물건을 도로 주고 돈을 찾다.

무릅쓰다 타 어려운 일을 견디어 내다. **예** 감기를 무릅쓰고 일을 했다.

무릇 부 대체로 보아. **예** 무릇 역사를 통해 노력없이 성공한 사람은 없다.

무릎명 다리의 굽혀지는 마디의 앞 쪽. **예** 무릎을 꿇다.

무리명 한 패로 모인 여러 사람. **예** 큰 무리를 이루었다. **비** 떼. 패.

무리(無理) ① 무턱대고 우겨댐.② 하기 곤란함. **반** 순리. **예** 무리한 일

무명명 무명실로 짠 피륙. **반** 비단.

무명(無名)**명** 이름이 없음. **반** 유명.

무명-실 명 목화의 솜을 자아서 만든 실.

무미(無味)**명**① 맛이 없음.② 재미가 없고 싱거움.

무미 건조(無味乾燥)**명** 재미나 취미가 없고 메마름.

무방(無妨)**명** 해로울 것이 없음.

무-방비(無防備)명 외적을 막아내는 시설과 경비가 없음.

무법-자(無法者)명 법을 무시하는 사람.

무:사(武士)명 무예에 익숙한 사람. 비무부.

무사(無事)명 아무 일이나 탈이 없음. 비무고. 예그동안 무사히 잘 있었니?

무사 태평(無事泰平)명 아무 탈 없이 편안함.

무상(無常)명 세월이 빠르고 덧없음.

무색(無色)명 ① 대할 낯이 없음. ② 아무 빛깔이 없음.

무생-물(無生物)명 생활할 힘이 없는 물건. 곧 광물 같은 것.

무서움명 무서워지는 느낌

무선 부호(無線符號)명 전파로 통신하기 위해 특별히 정해 놓은 기호.

무선 전:신(無線電信)명 줄을 통하지 않고 전파로 통신할 수 있는 장치

무선 전:화(無線電話)명 전선 없이 전파를 이용하는 전화.

무섭다혱 ① 두려운 느낌이 들다. ② 심하다. 지독하다.

무-성의(無誠意)명 일에 열성이 없음. 예작업에 무성의하다.

무:성-하다(茂盛-)혱 풀이나 나무가 우거지다. 예산에 풀이 무성하다.

무-소속(無所屬)명 속하는 데가 없음.

무-소식(無消息)명 소식이 없음.

무쇠명 솥 같은 것을 만드는 재료가 되는 쇠. 예무쇠같은 팔다리.

무수(無數)명 수없이 많음. 예무수히 많은 별들.

무:술 수업(武術授業)명 무사가 갖추어야 할 창·칼·활 등 모든 무기를 다루는 재주를 닦고 익히는 일.

무시(無視)명 업신여김. 비멸시. 반중시. 〔~하다〕

무시무시-하다혱 몹시 무섭다. 예무시무시한 이야기

무-시험(無試驗)명 시험이 없음. 예무시험 합격

무식(無識)명 아는 것이 없음. 배운 것이 아무 것도 없음. 반유식. 예기억자도 모르는 무식한 사람.

무심(無心)명 아무 생각 없음.

무심-코(無心-)부 아무 생각도 없이.

무안(無顔)명 부끄러워 볼 낯이 없음. 비미안.

무얼명 「무엇을」의 준말. 예무얼 주느냐?

무엇대 이름을 모르거나 작정하지 못한 사물을 이르는 말. 예그게 무엇이냐?

무:역(貿易)명 국제간의 상업. 비교역. 〔~하다〕

무:역-항(貿易港)명 외국과의 무역의 중심지가 되는 항구.

무연-탄(無煙炭)명 태워도 연기가 안 나는 석탄.

무:예(武藝)명 무술에 관한 재주. 곧 활·말·칼·창 따위

를 쓰는 재주. 예무예에 능
하다.

무:용(武勇)명 무예와 용맹.
비무도.

무:용(舞踊)명 음악에 맞추어
춤을 추는 동작. 예아름다
운 무용.〔~하다〕

무용(無用)명 소용이 없음. 반
유용. 예그 물건은 무용한
것이다.

무:용-담(武勇談)명 기사들의
무술과 용맹을 떨친 이야
기.

무:용-악(舞踊樂)명 춤을 출
때 연주하는 음악.

무우-청명 무우의 잎과 줄기.

무-의:미(無意味)명 아무 뜻
이 없음. 예삶이 무의미하
다.

무-의식(無意識)명 의식이
없음. 예사고후 계속 무의
식 상태이다.

무의-촌(無醫村)명 의사가 없
는 촌락. 예무의촌 환자.

무익(無益)명 이로운 것이 없
음. 반유익.

무인-도(無人島)명 사람이 살
지 않는 섬. 예무인도로 유
배되다.

무-자격(無資格)명 일정한 자격
이 없음. 예무자격 의사.

무-자비(無慈悲)명 자비심이 없
음. 반자비. 예무자비한 괴
뢰도당.

무:장(武裝)명 전쟁 때 하는
몸차림.〔~하다〕

무적(無敵)명 대적할 상대편
이 없음.

무전 여행〔-녀-〕(無錢旅行)

명 돈을 가지지 않고 하는
여행. 예무전여행을 떠나다.
〔~하다〕

무정(無情)명 애정이나 동정
심이 없음. 예무정한 마음.

무죄(無罪)명 허물이 없음.
반유죄. 예무죄를 선고받
아 석방되었다.

무지(無地)명 모두가 한 빛으
로 무늬가 없음.

무지(無知)명 아는 것이 없음.
비무식. 반유식. 예무지한
국민들.

무지개명 공중에 떠 있는 물방
울이 햇빛에 반사되어 반
원형으로 길게 나타나는 일
곱가지 빛의 줄기.

무진-장(無盡藏)명 한없이 많
이 있음. 예석유가 무진장
묻혀있다.

무-찌르다타 ① 닥치는 대로
함부로 죽이다. ② 가리지
아니하고 마구 쳐들어 가
다. 예공산당을 무찌르다.

무참(無慘)명 몹시 참혹함. 예
무참히 짓밟힌 마을.

무-책임(無責任)명 책임이 없
음. 예무책임한 행동.

무척부 다른 것보다 훨씬. 썩
많이. 대단히. 예이 문제는
무척 어렵다.

무턱-대고부 아무 요량도 없
이. 예무턱대고 가기만 해
선 안된다.

무-표정(無表情)명 표정이 없
음. 예무표정한 얼굴.

무한(無限)명 한계가 없음.
반유한. 예무한한 영광.

무해(無害)명 해로움이 없음.

⨽ 유해.

무효(無效)**몡** 보람이 없음. 효력이 없음. **⨽** 유효.

묵과(默過)**몡** 모르는 체 넘겨 버림. [~하다]

묵념(默念)**몡** 마음 속으로 빎. [~하다]

묵다囝 ① 오래 되다. 몐 십년 묵은 구렁이. ② 나그네로 날짜를 보내다. 몐여관에서 묵다.

묵묵(默默)**몡** 아무 말 없이 잠잠함. 몐 묵묵히 일만 한 다.

묵상(默想)**몡** 말없이 생각에 잠김. **⨽** 묵념. 몐 묵상에 잠기다. [~하다]

묵인(默認)**몡** 모르는 체하고 슬며시 승인함. 몐 묵인하 고 넘어가다. [~하다]

묶다囲 ① 풀어지지 않도록 얽 어 매다. **⨽** 풀다. ② 여러 가 지를 한데 합하다.

문(門)**몡** 드나드는 곳에 여닫 는 물건. 몐문을 꼭 닫고 다 녀라.

문간〔-깐〕(門間)**몡** 대문이 있는 곳.

문고(文庫)**몡** ① 서적·문서를 담는 그릇. ② 여러 사람이 읽을 수 있도록 책을 모아 서 놓아 둔 곳. ③ 값이 싸 고 가지고 다니며 읽기에 편리하도록 작게 만든 책.

문-관(文官)**몡** ① 옛날 과거 의 하나인 문과 출신의 벼 슬아치. **⨽** 무관. ② 군대의 군속의 하나.

문구(文具)**몡**「문방 제구」의

준말.

문단(文壇)**몡** 문학자의 사회.

문-단속(門團束)**몡** 문을 잘 닫 도록 주의하는 일. 몐 문단 속을 잘해라. [~하다]

문:답(問答)**몡** 물음과 대답. [~하다]

문득 **분** 갑자기. **분** 마침내. 몐 문득 고향생각이 나다.

문:란(紊亂)**몡** 어지럽게 흩어 져서 규칙이 서지 않음. **⨽** 혼란. **⨽** 정연. 몐 풍기 문란

문루(門樓)**몡** 성문 따위 에 높이 세 운 다락집.

문맥(文脈)**몡** 글의 줄거 리. 몐 문맥 을 이해하라. 〈문루〉

문맹(文盲)**몡** 무식하여 글에 어두움. 몐 문맹 퇴치.

문명(文明)**몡** 사람의 지혜가 열리고 정신적·물질적 생 활이 풍부하고 편리하게 된 상태. **⨽** 문화. **⨽** 미개, 야만. 몐 문명생활을 누리다.

문명-국(文明国)**몡** 문명이 발 달한 국가. **⨽** 야만국. 미개 국.

문무 (文武)**몡** 학문과 무예. 곧 글을 읽는 일과 말타고 활 쏘는 일을 통틀어 일컫 는 말. 몐 문무를 겸한 사람.

문물(文物)**몡** 문화의 산물. 예 술·학문 따위를 통틀어 일 컬음.

문방-구(文房具)**몡** 종이·먹 ·펜·연필 등 문방에 필요

한 기구, 문구.

문벌(門閥)**명** 가문.

문법〔-뻡〕(文法)**명** 말과 말을 이어서 글을 만들 때의 규칙.

문:병(問病)**명** 앓는 이를 찾아보고 위로함. 〔~하다〕

문서(文書)**명** 문자로 생각을 나타낸 글발.

문선　(文選)**명** ① 좋은 글을 가려서 뽑음. ② 조판 과정에서 원고대로 활자를 찾아내는 일. 〔~하다〕

문신(文臣)**명** 문관인 신하. **땐** 무신.

문:안(問安)**명** 웃어른께 안부의 말씀을 드림. **땐** 안부. **예** 문안 편지 〔~하다〕

문예　(文藝)**명** ① 학문과 기예. ② 문학과 예술. ③ 시·소설·수필 등과 같은 예술 작품. **땐** 문학. **예** 문예작품.

문예 부:흥(文藝復興)**명** 14~16세기 사이에 이탈리아를 중심으로 유럽 여러 나라에 일어난 예술 운동. 사람이 타고난 성품을 억누르지 말고 자유롭게 발전하도록 하자는 운동임.

문외-한(門外漢)**명** 전문적 지식이나 조예가 없는 사람.

문:의(問議)**명** 모르는 것을 물어 의논함. **예** 선생님께 문의하다. 〔~하다〕

문익점(文益漸)**명** 〔1329~1398〕고려 공민왕 때의 학식이 뛰어난 선비. 원 나라에 사신으로 갔다가 목화

씨를 얻어서 붓뚜껑 속에 넣어 가지고 와 퍼뜨렸음.

문인(文人)**명** 문학에 종사하는 사람. **땐** 무인.

문자〔-짜〕(文字)**명** 사람의 말을 적는 부호. **땐** 글자.

문장(文章)**명** ① 생각이나 느낌을 글로 나타낸 것. ② 글을 잘 하는 사람. **예** 천하 문장 이태백.

문:제(問題)**명** ① 대답을 얻으려고 낸 제목. **땐** 물음. **땐** 해답. ② 당면한 연구 사항. **예** 문제가 많다.

문-지기(門-)**명** 문턱에서 드나드는 사람을 지키는 사람.

문지르다[타] 물건을 서로 대고 맞부비다. **예** 손을 문지르다.

문집(文集)**명** 글을 모아서 만든 책.

문채(文彩)**명** ① 문장의 광채. ② 무늬.

문:책(問責)**명** 잘못을 물어 꾸짖음. 〔~하다〕

문패(門牌)**명** 성명·주소 따위를 적어 문에 다는 패. **예** 문패를 달다.

문-풍지(門風紙)**명** 문틈으로 새어드는 바람을 막기 위해 바르는 종이.

문하-생(門下生)**명** 문하에서 배우는 제자.

문학(文學)**명** ① 글에 대한 학문. ② 자연 과학·정치학·법률학·경제학 따위를 뺀 모든 학문.

문학-가(文學家)**명** 문학을 창작·연구하는 사람.

문호 개방(門戶開放)**명** 아무

나 마음대로 드나들도록 막
터 놓음. 〔~하다〕

문화(文化)**몡** 사람의 지혜가
깨어 세상이 밝게 됨. **반**미
개. 야만. **예**문화 생활

문화 민족(文化民族)**몡** 문화
가 발달한 겨레. **반**미개민
족.

문화 시:설(文化施設)**몡** 문
화를 향상시키는 데 필요
한 설비. 도서관·체육관·미
술관 등. **예**문화시설을 갖
춘 음악관.

문화-인(文化人)**몡** ① 높은 지
식과 교양을 지닌 사람. **반**
야만인. ② 학문이나 예술에
종사하는 사람.

문화-재(文化財)**몡** 문화 가치
를 가지고 있는 사물.

묻다자 달라붙다. **예**흙이 묻
다.

묻다타 흙 또는 물건 속에 넣
어 안 보이게 하다. **예**뿌리
를 묻다.

묻:다타 남에게 대답을 구하
다. **반**대답하다. **예**길을 묻
다.

물몡 개천이나 우물에 있는 빛
이 없고 냄새가 없는 액체.

물-가〔-까〕**몡** 바다·못·강 등
물이 있는 곳의 가장자리.
예안전한 물가에서 놀아라.

물가〔-까〕(物價)**몡** 물건값.
예상승되는 물가.

물-감〔-깜〕**몡** 물들이는데 쓰
이는 재료. **비**염료. **예**물감
을 칠한다.

물건(物件)**몡** 자연적 또는 인

공적으로 되어 알려진 모든
모양이 있는 것. **비**물품.물
자.

물-결〔-껼〕**몡** 물이 움직이어
오르락내리락 하는 모양. **비**
파도.

물-고기〔-꼬-〕**몡** 물 속에서
사는 고기.

물구나무-서기몡 두 손을 짚
고 거꾸로 서는 운동.

물-굽이〔-꿉-〕**몡** 강물 따위
의 구부러져 흐르게 된곳.

물-귀:신〔-뀌-〕(-鬼神)**몡**
물 속에 있다고 하는 잡귀.

물-기〔-끼〕(-気)**몡** 축축한
기운. **비**수분. 습기. **예**덜말
라 물기가 많다.

물-길〔-낄〕**몡** 배가 다니는
길.

물끄러미 튐 우두커니한 곳만
바라보는 모양. **예**먼 하늘
을 물끄러미 바라보다.

물-난리(-乱離)**몡** 큰 비가
와서 물이넘치는 소란.

물다타 ① 의무적으로 내어야
할 재물을 갚다. ② 윗니와
아랫니로 물건을 깨물다.

물-들다자 ① 빛깔이 옮아 가
다. **예**곱게 물들다. ② 행
실이 닮아 그와 같이 되다.
예나쁜 버릇에 물들다.

물-들이다타 빛이 물들게 하
다.

물러-가다자 뒤로 도로 가다.

물러-서다자 ① 뒤로 나서다.
예조금만 물러서라. ② 지
위나 하던 일을 내어 놓다.
예장관자리를 물러서다.

물러-앉다〔-따〕**자** ① 뒤로나

가서 앉다. ② 지위나 하던 일을 내어 놓고 아주 나가다.

물렁하다 웹 물기 있고 부드러워 보이다.

물레몡 솜이나 털을 자아 실을 만드는 기계.

물레-방아 몡 물의 힘으로 돌려 찧는 방아. (물 레)

물려-받다 타 재물이나 지위 따위를 자손 또는 남에게 전하여 받다.

물론(勿論) 몡 튄 말할 것도 없음. 뵌 막론. ⑩ 공부는 물론 운동도 해야지.

물리(物理) 몡 ① 만물의 이치. ② 「물리학」의 준말.

물리다 타 ① 정한 날짜를 미루다. ② 옮기어 놓다. ③ 권리·재물 따위를 남에게 내려 주다.

물리-치다 타 ① 적을 쳐서 들러가게 하다. ② 주는 것을 받지 아니하다. 뵌 받아 들이다. ⑩ 음식을 물리치고 자리에 눕다.

물리-학(物理學) 몡 물질의 작용과 그 구조를 연구 하는 학문.

물망(物望) 몡 사람들이 높이 우러러보는 명망.

물물 교환(物物交換) 몡 직접 물품과 물품을 교환하는 일. ⑩ 시장에서 물물교환을 하다. 〔～하다〕

물-밀듯이 튄 물결이 연달아 많이 밀려 오는 것처럼. ⑩ 물밀듯이 구경꾼이 몰려온다.

물-방아 몡 물의 힘으로 찧는 방아.

물-방울 〔-빵-〕 몡 물의 작은 덩이.

물-벼락 몡 갑자기 세차게 쏟아지는 물.

물-살 〔-쌀〕 몡 물이 흐르는 줄기. ⑩ 물살이 세다.

물-새 몡 물에서 사는 새.

물색 〔-쌕〕(物色) 몡 일을 해 낼 만한 사람이나 물건을 고름.

물샐틈-없다 몡 빈 틈이 없다.

물-시계 〔-씨-〕(-時計) 몡 물을 이용하여 시간을 재던 옛날 시계.

물-약 〔-략〕(-藥) 몡 액체로 된 약.

물어 넣다 타 대신 갚아 넣다. ⑩ 돈을 물어넣다.

물어 뜯다 타 물어서 잡아 떼다.

물-오르다 째 봄이 되어 나무에 물기가 오르다.

물욕(物慾) 몡 물건에 대한 욕심. ⑩ 물욕이 많으면 행복할 수 없다.

물음 몡 남에게 대답을 구하는 것. 뵌 질문. 뵌 대답.

물자(物資) 몡 물건을 만드는 데 필요한 자료.

물-장난 몡 ① 물을 가지고 노는 짓. ② 수해를 입는 재앙.

물적 증:거 〔-쩍-〕(物的證據) 몡 물건으로 뚜렷이 드러난 증

거. ❀물증.

물-줄기〔-쭐-〕❷좁은 구멍에서 힘있게 내뻗치는 물의 줄. ❀힘차게 떨어져내리는 물줄기.

물질〔-찔〕**(物質)**❷ 물건의 형질, 또는 본바탕.

물질 문명〔-찔-〕**(物質文明)**❷자연을 개척하고 물질을 기초로 하여 이루어진 문명. ❶정신 문명.

물체(物體)❷형체가 있는 물질.

물-통(-桶)❷물을 넣는 통. ❀물통에다 물을 담다.

묽다❷물이 많고 건더기가 적다.

뭉개다❷문질러 부스러뜨리다.

뭉게-뭉게❷구름이나 연기가 연이어 자꾸 나오는 모양.

뭉치❷똘똘 말린 덩이, 또는 엉키거나 뭉치어서 이룬 덩이. ❀돈 뭉치.

뭉치다❷합쳐서 덩어리를 짓다. ❀한 마음으로 뭉치다.

뭉클-하다❷깊은 느낌이 가슴속에 갑자기 꽉 차 넘치는 듯하다.

뭉툭❷❷끝이 썩 무딘 모양. ❀뭉툭한 연필.

뭍❷물에 덮이지 아니한 땅. ❶육지.

미(美)❷아름다움.

미각(味覺)❷혓바닥을 자극하는 맛의 감각.

미:개(未開)❷①꽃 따위가 아직 피지 않음.②문명이 발달하지 못한 상태. ❶야

만. 원시. ❶개명. 문명. ❀미개한 문명.

미-개-국(未開国)❷아직 문명이 깨지 못한 나라. ❶문명국.

미:개-인(未開國)❷아직 문명이 깨이지 않은 사람. ❶야만인. ❶문명인.

미:-개척(未開拓)❷아직 개간하지 못함. ❀아직도 그 지역은 미개척지대이다.

미:결(未決)❷아직 결말을 짓지 못함. ❶기결. ❀미결 사건 〔~하다〕

미:결-수〔-쑤〕**(未決囚)**❷미결인대로의 죄수. ❶기결수.

미곡(米穀)❷쌀 또는 온갖 다른 곡식.

미:관(美観)❷아름다워 볼만한 광경. ❀미관상 아름답다.

미국 (美國)❷북아메리카에 있는 연방 공화국. 수도는 워싱턴임.

미군 (美軍)❷미국의 군대.

미꾸라지❷논이나 늪의 진흙속에 사는 민물고기. 몸길이가 5~15cm로 가늘고 길며 매우 미끄러움. 국을 끓여 먹음.

미끄러-지다❷①미끄러운곳에서 넘어지다.❀얼음판에서 미끄러지다.② 어떠한 시험이나 직장에서 불합격하거나 떨려나다. ❀시험에서 미끄러지다.

미끈-하다❷겉모양이 흠이 없이 곧고 깨끗하다. ❀결

이 미끈하다.

미끼圈 ① 낚시 밥. ② 꾀어 이 끄는 물건.

미나리圈 습기가 많은 땅이나 논에 자라는 여러해살이 풀. 향기가 나고 연하여 잎 과 줄기로 반찬을 해 먹음.

미남-자 (美男子) 圈 얼굴이 잘 생긴 남자.

미:녀(美女)圈 잘 생긴 여자. 빤 미인.

미: -닫이 〔-다지〕圈 옆으로 밀어 여닫게 된 문.

미:달(未達)圈 어떠한 도에 아직 이르지 못함. 예 정원 미달. 〔~하다〕

미:담(美談)圈 칭찬할 만한 이 야기.

미:덕(美德)圈 아름다운 덕행.

미덥다圈 믿을 만하다.

미:래(未來)圈 아직 오지않은 때. 빤 장래. 빤 과거.

미려(美麗)圈 아름답고 고움.

미력(微力)圈 미미한 힘. 또는 작은 힘.

미련圈 슬기롭지 못하고 우둔 함. 逊 매련.

미:련(未練)圈 ① 익숙하지 못 함. ② 생각을 딱 잘라 끊지 못함.

미련-퉁이圈 꾀가 없이 매우 어리석고 둔한 사람.

미루다탄 ① 연기하다. 예 시험 을 미루다. ② 남에게 떠 넘 기다. 빤 당기다.

미리튄 일이 일어나기 전에. 앞서서. 빤 먼저. 빤 나중. 예 미리 준비하다.

미:만(未滿)圈 정한 수효나

정도에 차지 못함. 빤 초과. 예 정원 미만.

미:망-인(未亡人)圈 남편이 죽고 홀로 사는 여자. 예 전 쟁 미망인.

미:모(美貌)圈 아리따운 용모. 예 미모를 갖춘 여자.

미목(眉目)圈 ① 눈썹과 눈 ② 용모.

미묘(美妙)圈 아름답고 교묘 함.

미묘(微妙)圈 ① 섬세하고 묘 함. ② 일이 이상야릇하여 잘 알 수 없음. 예 미묘한 관계.

미미-하다(微微一)圈 ① 극히 작다. ② 중요하지 않다.

미사일(missile)圈 =유도탄.

미-생물(微生物)圈 현미경으 로만 볼 수 있는 썩 작은 생물.

미: -성년(未成年)圈 만 20 세가 되지 못한 나이. 빤 성 년 예 미성년 입장불가.

미: -성숙(未成熟)圈 ① 채 여 물지 못함. ② 익숙하지 못 함. 빤 성숙.

미: -성인(未成人)圈 어른이 못된 사람. 빤 성인.

미소(微笑)圈 소리를 내지 않 고 빙긋이 웃음. 빤 폭소. 예 아름다운 미소. 〔~하 다〕

미소 공:동 위원회 (美蘇共 同委員會)圈 1946년과 1947 년에 걸쳐 미국과 소련의 대표가 서울에서 모여, 한 국의 통일 문제를 의논한 회의.

미:수(未遂)명 뜻한 바를 이루지 못함. 예 미수로 끝나 버린 살인계획.

미:숙(未熟)명 ① 열매가 채 여물지 않음. ② 학문 따위에 익숙하지 못함. 〔~하다〕

미:술(美術)명 아름다움을 나타내는 예술의 한 부분. 곧 그림·건축·조각 등을 통틀어 이르는 말.

미시시피-강(Mississippi 江)명 미국 중앙부를 남쪽으로 흐르는 세계에서 제일 긴 강.

미신(迷信)명 망녕이 되고 부질없는 믿음.

미아리 고개명 서울의 돈암동에서 미아리로 넘어가는 고개 이름.

미안(未安)명 ① 마음이 편하지 못하고 거북함. ② 남에게 대하여 겸연쩍은 마음이 있음. 📵 죄송. 예 혼자 가게 되어 미안하기 짝이 없다.

미약(微弱)명 아무 힘도 없이 약함. 예 미약한 실력.

미어-지다재 찢어지고 터지다. 예 나라 잃은 민족이나 부모를 잃은 사람의 가슴이 미어지는 듯한 슬픔을 알 것 같다.

미역명 물에 몸을 씻는 일. 예 미역을 감다.

미역명 바다에서 나는 식물. 다시마 보다 얇고 부드럽고 날개 모양으로 갈라졌음. 국을 끓여 먹음.

미온-적(微溫的)명 철저하지 않은 모양. 📵 소극적.

〈미역〉

미:-완성(未完成)명 끝을 다 맺지 못함. 〔~하다〕

미용 체조(美容體操)명 몸매를 아름답게 하기 위한 운동.

미움명 밉게 여기는 마음. 📵 고움. 예 미움은 증오를 낳는다.

미워-하다타 밉게 보다. 밉게 여기다.

미월(眉月)명 눈썹같이 생긴 초승달.

미음(米飮)명 쌀 등을 끓여 체에 밭인 음식.

미:인(美人)명 썩 잘 생긴 여자. 📵 미녀. 📵 미남.

미:정(未定)명 아직 결정하지 못함. 📵 기정. 예 미정된 사건〔~하다〕

미:-증유(未曾有)명 이제까지 있은 적이 없음.

미:지(未知)명 아직 알지 못함. 예 미지의 세계. 〔~하다〕

미:지-수(未知數)명 ① 알 수 없는 앞일의 셈속. ② 방정식에서 아직 알려져 있지 않은 수.

미처부 아직. 거기까지. 📵 이미. 예 미처 생각지 못하다.

미치-광이명 미친 사람. 예 그는 미치광이다.

미치다재 정신에 탈이 생겨

하는 짓이 이상하다.

미치다[자] 어떤 정해진 점에 이르다. [예] 화가 가족에게 미치다.

미:터(meter)[명] 길이를 재는 기본 단위. 1m는 100cm임.

미풍(美風)[명] 아름다운 풍속. [비] 미속. [반] 악풍. [예] 미풍양속.

미풍(微風)[명] 솔솔 부는 바람.

미행(尾行)[명] 남의 뒤를 몰래 따라감. [예] 범인의 뒤를 미행하다. 〔~하다〕

미:혼(未婚)[명] 아직 혼인하지 아니함. [반] 기혼. [예] 그녀는 아직 미혼이다. 〔~하다〕

미화(美化)[명] 아름답게 꾸밈.

미:흡(未洽)[명] 넉넉하거나 흐뭇하지 못함.

민가(民家)[명] 일반 백성들이 사는 집. [예] 민가에서 물을 얻어마셨다.

민간(民間)[명] 일반 백성들로 이루어진 사회.

민간 단체(民間團體) [명] 일반 민간에 의해 이룬 단체.

민간 외:교(民間外交)[명] 민간인의 자격으로 나라와 나라 사이에서 활동하는 외교.

민국(民國)[명] 나라의 주권을 국민이 가진 나라.

민단(民團)[명] 외국에 살고 있는 같은 나라 사람끼리 조직한 자치 단체.

민들레[명] 산이나 들에 많이 나는 여러해살이 풀 잎이 뿌리에서 갈라져 나고 잎 사이에 꽃줄기가 나와 노랗고 둥근 꽃이 핌.

〈민들레〉

민망(憫惘)[명] 답답하고딱하여 걱정스러움. [예] 초라한 모습이 보기에 민망하다.

민-며느리[명] 장래에 며느리를 삼으려고 데려다가 기르는 계집아이. [예] 민며느리제도.

민-물[명] 짜지 않은 물. [반] 바닷물.

민물-고기[명] 민물에 사는 물고기.

민-법〔—뻡〕(民法) [명] 개인이나 사회 생활에 관한 일반 법률.

민비 (閔妃)[명] 〔1851~1895〕 조선 시대 제26대 고종 임금의 비. 대원군 일파와 치열한 정치 싸움을 하였으며, 1895년 일본 부랑인에 의해 경복궁에서 살해되었음.

민사 재판(民事裁判) [명] 국민들 사이에서 사사로운 재산 문제 등으로 다툼이 생겼을때 하는 재판. [반] 형사재판.

민생-고(民生苦)[명] 일반 백성의 생활고. [예] 각박한 민생고.

민속(民俗)[명] 민간의 풍습.

민속(敏速)[명] 날쌔고 빠름. [예] 민속한 행동.

민속-놀이(民俗—)[명] 각 지방의 생활과 풍습이 나타나 있는 놀이.

민속-촌(民俗村)**명** 민간에 전하여 오는 풍습 산업·예술 등을 예전 모습대로 보존해 놓은 마을. 경기도 용인군 기흥면 보라리에 있음.

민심(民心)**명** 백성의 마음. **예** 민심이 천심.

민영(民營)**명** 민간이 경영함. **예** 민영기관

민영 환(閔泳煥)**명** 〔1861~1905〕조선 말기의 충신. 시호는 충정공. 을사 조약이 체결되자 그 효력을 없앨 것을 상소하였다가, 뜻을 이루지 못하자 자결하였음.

민요(民謠)**명** 일반 국민 속에서 자연히 생겨나 널리 불리어지는 노래.

민의-원(民議院) **명** 5·16 혁명 이전의 국회의 양원 중의 하나. **반** 참의원.

민정(民政)**명** ① 백성의 행복 증진을 도모하는 정무. ② 국민에 의한 정치. **반** 군정.

민정(民情)**명** 백성의 사정과 살아가는 형편.

민족(民族)**명** 같은 지역에서 살고, 말·문화·풍속등이 같은 사람의 무리. **비** 종족. 겨레.

민족-성 (民族性)**명** 그 민족만이 가지고 있는 독특한 성질. **비** 국민성. **예** 꿋꿋한 우리 민족성.

민족자결-주의 (民族自決主義)**명** 미국의 윌슨 대통령이 제창한 주의. 「어느 한 민족이 스스로 한 나라를 세우느냐, 또는 다른 나라

에 속하느냐 하는 문제는 그 민족 자체가 결정짓는 주의」를 말함. 제1차 세계 대전이 끝난 후 파리 평화 회의에서 채택되어 핀란드 에스파니아, 폴란드, 체코슬로바키아 등이 독립하였음.

민족 정신(民族精神)**명** 한 민족은 하나로 뭉쳐서 독립해 나가야 한다는 생각.

민족-주의 (民族主義)**명** 민족 의식을 제1주의로 하여, 민족생활의 확립과 발전을 정치적·문화적 최고목표로 하는 주의. **비** 국민주의.

민족 중흥(民族中興) **명** 쇠퇴하였던 민족의 힘을 다시 불러 일으켜 성하고 기운차게 함.

민주(民主)**명** 주권이 국민에게 있음. **반** 독재.

민주 공:화국(民主共和國)**명** 민주적인 공화 정책을 채택하는 국가.

민주 국가(民主國家) **명** 주권이 국민에게 있는 나라. **반** 군주 국가.

민주 정치(民主政治) **명** 백성이 주가 되도록 나라를 다스리는 정치. **반** 독재 정치.

민주-주의 (民主主義)**명** 국가의 권력을 국민이 가지고 국민의 힘으로 국민 전체의 이익을 위하여 정치하는 주의. **반** 공산주의. 독재 주의.

민중(民衆)**명** 백성의 무리. **예** 경찰은 민중의 지팡이.

민중-화 (民衆化)**명** 민중의

것이 되거나 되게 함. 〔~하다〕
민첩(敏捷)[명] 재빠르고도 날램. [비] 민활.
민폐(民弊)[명] 국민에게 폐가 되는 일.
민활(敏活)[명] 날쌔고 활발함. [예] 민활한 동작.
믿다[타] 의심하지 않다. [반] 의심하다. [예] 약속을 지키리라는 것을 믿다.
믿음[명] 믿는 마음. [비] 신의. [반] 의심. [예] 믿음이 강한 사람.
믿음직-하다[형] 믿을 만하다. [예] 우리 국군은 믿음직 하다.
밀 [명] 밀가루를 만드는 곡식의 일종.
밀감(蜜柑)[명] 과일의 일종. 겨울에 많이 나고 껍질이 황적색임.
밀계 (蜜計)[명] 남몰래 꾸미는 꾀.
밀고 (密告)[명] 남몰래 일러 바침. 〔~하다〕
밀-기울〔—끼〕[명] 밀을 빻아서 가루를 빼고 남은 찌끼.
밀:다[타] ① 힘을 주어서 앞으로 나가게 하다. [예] 자전거를 뒤에서 밀다. ② 연기하다. [예] 공연을 밀다. ③ 책임을 넘기다. [예] 남에게 밀다.
밀담〔—땀〕(密談)[명] 남몰래 비밀히 이야기함. 또는 그 이야기. 〔~하다〕
밀도〔—또〕(密度)[명] 빽빽이 들어선 정도.
밀레(Millet)[명] 〔1814~1875〕 프랑스의 유명한 화가. 「이삭 줍기」·「만종」등의 그림이 유명함.
밀리다[자] 미처 일을 처리 못하다. [예] 세금이 밀리다.
밀림(密林)[명] 무성하게 들어선 수풀.
밀매(密賣)[명] 법을 어기고 몰래 팜. 〔~하다〕
밀:-물[명] 들어오는 바닷물. [반] 썰물.
밀봉(密封)[명] 단단히 꽉 봉함. [예] 궤짝을 밀봉하라. 〔~하다〕
밀사〔—싸〕(密使) [명] 비밀히 보내는 사자. [예] 밀사 파견.
밀살〔—쌀〕(密殺)[명] 몰래 죽임. 〔~하다〕
밀서〔—써〕(密書) [명] 비밀히 보내는 편지.
밀수〔—쑤〕(密輸)[명] 몰래 하는 수출과 수입. [예] 마약을 밀수하다. 〔~하다〕
밀-씨[명] 밀의 씨앗.
밀접〔—쩝〕(密接) [명] 사이가 아주 가까움. 서로 떨어질 수 없는 관계가 있음. [예] 밀접한 관계.
밀조〔—쪼〕(密造)[명] 허가없이 만듦. 〔~하다〕
밀집(密集)〔—찝〕[명] 한데 빽빽이 모임. [예] 초가집들이 밀집해 있다. 〔~하다〕
밀착(密着)[명] 빈틈 없이 단단히 붙음. 〔~하다〕
밀:치다[타] 힘껏 밀어 버리다. [예] 의자를 밀치다.
밀크(milk)[명] 우유.
밀폐(密閉)[명] 꼭 닫음. [예] 병을 밀폐하다. 〔~하다〕

ㅂ

ㅂ〔비읍〕닿소리의 여섯째 글자.

바: 「밧줄」의 준말.

바가지옝 ① 물을 푸거나 담아 두는 그릇. ② 박을 타서 만든 그릇.

바가치 「바가지」의 사투리.

바구니옝 대나 싸리로 둥글고 속이 깊게 엮어 만든 그릇.

바:구미옝 쌀·보리를 파 먹는 벌레.

바가지 옝 물을 푸거나 물건을 담는 그릇.

바락-거리다재타 바각 소리가 계속하여 나다. 또, 바각 소리를 계속하여 내다.

바:겐 세일(bargain sale)옝 특매(特賣). 염가 판매.

바구니옝 대·싸리 등으로 결어 만든 그릇.

바그르르튀 ① 적은 물이 넓은 면적에서 끓어 오르는 모양. ② 잔거품이 일어나는 모양이나 소리. 빈 바글바글. 예 물이 바그르르 끓는다.

바그미 「바구니」의 사투리.

바글-바글튀 적은 물이 넓은 그릇에서 끓는 소리나 모양. 빈 바그르르.

바깥옝 밖이 되는 곳. 빤 안.

바깥 양반〔—냥—〕〔—兩班〕 옝 그 집의 남자 주인. 남편.

빈 바깥 어른. 빤 안주인.

바깥-쪽옝 바깥으로 드러난 쪽. 빤 안쪽.

바꾸다타 ① 어떤 물건을 주고 딴 물건을 받다. 빈 교환하다. ② 대신하다. 예 자리를 바꾸다.

바꿈-질옝 물건과 물건을 바꾸는 짓. 〔~하다〕

바뀌다재타 「바꾸이다」의 준말. 예 신발이 바뀌다.

바느-질옝 바늘로 옷을 꾸미는 일. 예 바느질 삯. 〔~하다〕

바늘 방석(—方席)옝 앉아있기에 아주불안스러운 자리. 예 바늘 방석에 앉은 것 같다.

바닷-길옝 배가 지나다닐 수 있는 바다의 물위. 빈 항로.

바닷-바람옝 바다에서 불어오는 바람. 예 시원한 바닷 바람.

바둑옝 두 사람이 흰 돌과 검은 돌을 가지고 집을 많이 차지함을 다투는 오락.

바드름-하다혱 밖으로 조금 벋은 듯하다. 빤 바듬하다. 쎈 버드름하다.

바라다타 소원대로 되기를 기다리다. 예 간절히 바라다.

바라-보다타 멀리 건너다

보다.

바람-개비圈 바람의 방향을 알기 위하여 만든 장치.

바람-막이圈 바람을 막는 물건.

바:랑圈 길가는 중이 등에 짊어지는 자루.

바래다재 볕이나 습기를 받아 빛이 변하다.

바로튀① 바르게.예마음을 바로 가져라.② 어김 없이. 예바로 나타나다.

바로 잡다타 굽은 곳을 곧게 하다.

바르다휑 똑 곧다. 예네 생각이 바르다.

바르샤바(Warszawa)圈 폴란드의 수도.

바리케이드(barricade)圈 적을 막기 위하여 흙이나 통·수레같은 것으로 임시로 쌓아 막아 놓은 것.

바리톤(도 Bariton)圈 테너와 베이스 사이인 남자의 소리.

바쁘다휑 일이 많아 겨를이 없다. 예몹시 바쁘다.

바삐튀 바쁘게. 예바삐 가다.

바스락튀 마른 검불 따위를 뒤적일 때 나는 소리. 〔~하다〕

바싹튀 수분이 마르거나 타버린 모양. 예우물이 바싹 마르다.

바야흐로튀 이제 한창.

바위圈 부피가 아주 큰 돌.

바작-바작튀 마음을 안타깝게 몹시 죄는 모양. 예마음이 바작바작 탄다.

바짝튀 갑자기 달라붙거나 우기는 모양.

바치다타 웃어른께 올리다. 예진지상을 바치다.

바퀴圈 돌게 하려고 둥글게 만든 물건.

바탕圈 타고난 성질·재질·체질 따위.

바투튀 아주 가깝게. 예바투 앉다.

바하(Bach)圈 〔1685~1750〕 도이칠란트의 고전파 음악가. 「음악의 아버지」라고 불

〈바하〉

리움. 작품에는 「G 선상의 아리아」 등이 있음.

박圈 덩굴진 줄기에 달리는둥근 열매로 쪼개어서 바가지로 씀.

박-꽃圈 박에서 피는 흰 꽃.

박다타 물건을 꽂혀 있게 하다. 예못을 박다. 예신문을 박다.

박대(薄待)圈 아무렇게나 대접함. 푸대접. 〔~하다〕

박두(迫頭)圈 아주 가까이 닥처옴. 예시합날짜가 박두하다. 〔~하다〕

박력(迫力)圈 힘차게 일을 밀고 나가는 힘. 예박력있는 사람.

박물-관(博物館)圈 자연물·역사 자료·예술품 등을 널리 모아 진열하여 보이는 곳.

박애(博愛)圈 자비·동정 등을 베풀어 모든 사람을 다

같이 사랑함. **예** 숭고한 박애 정신. [～하다]

박자(拍子)**명** 곡조의 진행을 헤아리는 시간의 단위.

박절(迫切)**명** 인정이 없고 매몰스러움. **예** 박절하게 거절하다.

박차(拍車)**명** 일의 진행을 촉진하기 위하여 더하는 힘. **예** 박차를 가하다.

〈박차〉

박해(迫害)**명** 몹시 나쁘게 굴어서 해롭게 함. **예** 지독한 박해를 받다.

밖명 어떤 곳을 넘어선 쪽. **반** 안.

반(班)**명** 벌여 선 위치나 순서.

반:감(反感)**명** 반대의 뜻을 품은 감정.

반:감(半減)**명** 절반을 덞. **예** 효력이 반감되다. [～하다]

반:-값(半一)**명** 원가의 절반 값. [～하다]

반:경(半徑)**명** 반지름.

반:공(反共)**명** 공산주의에 반대함. **예** 반공 포로. [～하다]

반:-달(半一)**명** 반쯤 둥근 달.

반:대(反對)**명** 사물이 맞서 서로 다름.

반:동(反動)**명** 반대로 일어나는 동작. [～하다]

반:려-자(伴侶者)**명** ① 짝이 되는 사람. **비** 짝. ② 아내. **예**

평생의 반려자.

반반-하다형 구김살이나 울퉁불퉁한 곳이 없다. **예** 얼굴이 반반하다.

반:복(反復)**명** 한 일을 잇달아 되풀이 함. **예** 연습을 반복하다. [～하다]

반:분(半分)**명** 절반으로 나눔. [～하다]

반:성(反省)**명** 자기가 한 일을 스스로 돌이켜 살핌. **예** 하루 일을 반성하다. [～하다]

반:수(半數)**명** 절반되는 수효.

반:숙(半熟)**명** 반쯤만 익음. **예** 계란 반숙. [～하다]

반:신 반:의(半信半疑)**명** 반은 믿고 반은 의심함. [～하다]

반:액(半額)**명** 전액의 절반 값.

반:역(反逆)**명** 제 나라 또는 제 주인을 치려고 돌아섬. **반** 순종. [～하다]

반:영(反映)**명** 반사하여 비침. [～하다]

반:응(反應)**명** 어떠한 작용이나 자극에 의하여 일어나는 변화의 현상.

반장(班長)**명** 그 반의 일을 맡아 보는 사람. **비** 급장.

반죽명 가루에 물을 섞어서 이겨 갠 물건. [～하다]

반찬(飯饌)**명** 밥에 곁들여 먹는 음식. **예** 고기반찬.

반:칙(反則)**명** 규칙을 어김. 법칙이나 규정에 어그러짐. **반** 준칙. [～하다]

반포(頒布)**명** 세상에 퍼서 널리 알림. **예** 훈민정음 반포

〔~하다〕

반:항(反抗)🔟 순종하지 않고 저항함. 🔁 복종. 〔~하다〕

받다🔟 주는 것을 가지다.

발각(發覺)🔟 몰래 한 일이 드러남. 🔘 나쁜 짓이 발각되다. 〔~하다〕

발견(發見)🔟 남이 미처 보지 못한 사물을 먼저 찾아냄. 🔘 아메리카 대륙의 발견. 〔~하다〕

발근(拔根)🔟 뿌리째 뽑아 버림. 〔~하다〕

발급(發給)🔟 발행하여 줌. 〔~하다〕

발깍🔟 기운이 갑자기 솟아 오르는 모양.

발끈🔟 걸핏하면 성을 왈칵 내는 모양. 🔘 화를 발끈 내다. 〔~하다〕

발달〔一딸〕(發達)🔟 진보하여 나감. 🔘 교통의 발달. 〔~하다〕

발-돋움🔟 발꿈치를 들고 서는 짓. 〔~하다〕

발동〔一똥〕(發動)🔟 일이 시작됨. 〔~하다〕

발동-기 〔一똥一〕(發動機)🔟 동력을 일으키는 기계.

발딱🔟 갑자기 급하게 일어나는 모양.

발매(發賣)🔟 상품을 팜. 〔~하다〕

발명(發明)🔟 새로운 사물을 생각해 내거나 만들어 냄. 🔘 기차의 발명.〔~하다〕

발:발🔟 떠는 모양.

발-뺌🔟 책임을 벗어나려고 하는 변명. 〔~하다〕

발사〔一싸〕(發射)🔟 총포나 활을 내쏨. 🔘 로케트 발사. 〔~하다〕

발설〔一썰〕(發說)🔟 입 밖으로 말을 냄. 〔~하다〕

발송〔一쏭〕(發送)🔟 물건이나 편지 따위를 보냄. 🔘 공문 발송. 〔~하다〕

발육(發育)🔟 발달하여 크게 자람. 🔘 정상 발육. 〔~하다〕

발전〔一쩐〕(發電)🔟 전기를 일으킴. 〔~하다〕

발전〔一쩐〕(發展)🔟 보다 낫게 일이 잘 되어 나아감. 🔘 경제 발전. 〔~하다〕

발차(發車)🔟 차가 떠남. 🔁 정차. 〔~하다〕

발착(發着)🔟 출발과 도착. 〔~하다〕

발칵🔟 갑자기 기운이 솟아나는 모양.

발-판(一板)🔟 근본으로 삼는 곳.

발포(發砲)🔟 총이나 포를 내쏨. 🔘 총을 발포하다.〔~하다〕

발행(發行)🔟 책이나 신문을 만들어 세상에 내놓음. 🔘 학교 신문을 발행하다.〔~하다〕

발행-소(發行所)🔟 출판물을 발행한 곳. 🔘 발행처.

발휘(發揮)🔟 떨쳐서 나타냄. 〔~하다〕

밝다〔박一〕🔟 어둡지 않다.

밝히다🔟 밝게 하다. 불을 밝히다.

밟:다〔밥〕🔟 발을 땅 위에 대고 디디다. 🔘 고국 땅을

밟다.

밤-낮명 밤과 낮. 빕 주야.

밤-중〔-쭝〕(-中)명 밤동안. 깊은 밤.

밤-참명 밤에 먹는 음식.

밤:-톨명 밤의 알.

밥-상(-床)명 밥과 반찬 따위를 차려 놓은 상. 예 밥상을 차리다. 〈밤톨〉

밥-투정명 밥을 대했을 때 부리는 투정. 〔~하다〕

방:관(傍觀)명 어울리지 않고 곁에서 보고만 있음. 〔~하다〕

방금(方今)분 이제 금방. 예 방금 다녀가다.

방년(芳年)명 이십 전후의 꽃다운 젊은 나이.

방도(方道·方途)명 일을 치러갈 길. 일에 대한 방법과 도리. 예 살아나갈 방도를 찾다.

방명-록(芳名録)명 남의 이름을 적어 놓은 책.

방:문(訪問)명 남을 찾아 봄. 〔~하다〕

방범(防犯)명 범죄의 발생을 미리 막음. 〔~하다〕

방법(方法)명 어떤 일을 이루기 위하여 쓰는 수단.

방비(防備)명 적이 쳐들어 오지 못하도록 막음. 예 도둑이 들지 못하도록 미리 방비하다. 〔~하다〕

방수(防水)명 물이 스며 들어 옴을 막음. 예 벽에 방수처

리를 하다. 〔~하다〕

방식(方式)명 일정한 방법.

방아명 곡식을 찧는 틀.

방어(防禦)명 남이 침노하는 것을 막아냄. 예 방어책을 세우다. 〔~하다〕

방언(方言)명 사투리.

방역(防疫)명 전염병의 유행을 미리 막음. 예 방역처방. 〔~하다〕

방:임(放任)명 제대로 내버려 둠. 〔~하다〕

방죽(防-)명 물을 막기 위하여 쌓은 둑.

방지(防止)명 막아서 그치게 함. 예 사고 방지. 〔~하다〕

방직(紡織)실을 날아서 피륙을 짬. 〔~하다〕

방첩(防諜)명 간첩을 막음.

방침(方針)명 일을 처리해 나갈 방향과 계획. 예 교육방침.

방한(防寒)명 추위를 막음. 〔~하다〕

방향(方向)명 향하는 쪽

방화(防火)명 불이 안 나도록 미리 단속함. 〔~하다〕

방:화(放火)명 일부러 불을 지름. 〔~하다〕

방황(彷徨)명 정한 방향이 없이 이리저리 떠돌아다님. 예 길을 잃고 방황하다. 〔~하다〕

밭-둑명 밭가에 둘러있는 둑.

밭-일〔-닐〕명 밭에서 하는 일. 빕 논일. 〔~하다〕

배명 사람이나 물건을 싣고 물 위에 다니는 물건. 빕 선박.

배격(排撃)명 밀어 내침. 예

외래품을 배격하자.

배:경〔背景〕團 무대 위에 꾸며 놓은 그림이나 장치. 예 무대배경이 좋다.

배:급〔配給〕團 나누어 줌. 예 식량배급〔～하다〕

배기다目困 어려운 일을 참고 견디다.

배:다困 속에 스며 젖다.예 옷에 땀이 배다.

배:달〔配達〕團 돌아다니면서 물건을 나누어 줌. 団 수집. 예 신문배달.〔～하다〕

배:달-부〔配達夫〕團 물건을 배달하는 사람.

배:당〔配當〕團 나누어 줌. 〔～하다〕

배:당-금〔配當金〕團 배당하는 돈.

배:부〔配付〕團 나누어 줌.〔～하다〕

배:석〔陪席〕團 윗사람을 모시고 자리를 함께 함.〔～하다〕

배설〔排泄〕團 안에서 밖으로 새어 나가게 함.〔～하다〕

배:속〔配屬〕團 어떠한 곳에 배치하여 일하게 함.〔～하다〕

배수〔排水〕團 물을 다른 데로 뽑아 냄. 예 수도 배수관. 〔～하다〕

배:신〔背信〕團 신의를 저버리고 돌아섬. 예 친구를 배신하다.〔～하다〕

배우〔俳優〕團 연극을 하는 사람. 예 배우 지망생.

배:우-자〔配偶者〕團 부부의 한 쪽에서 본 다른 쪽. 예 배우자를 선택하다.

배웅團 떠나가는 사람을 따라 나가 작별하는 일.〔～하다〕

배척〔排斥〕團 반대하여 물리침. 団 배격. 団 환영. 예 외국문명을 배척하다.〔～하다〕

배:합〔配合〕團 한데 합하여 섞음.〔～하다〕

배회〔徘徊〕團 정처 없이 거닒.〔～하다〕

배:후〔背後〕團 등 뒤.

백(bag)團 물건을 넣어 가지고 다니는 조그마한 가방. 예 백에 넣어 가지고 가거라.

백곡〔百穀〕團 모든 곡식.

백골〔白骨〕團 죽은 사람의 흰 뼈.

백로〔白鷺〕團 백로과의 물새. 날개 길이가 약25cm～29cm 이며 온 몸의 깃은 희고 부리와 다리는 검음.　　〈백로〉

백마〔白馬〕團 흰 말.

백모〔伯母〕團 큰어머니.

백묵〔白墨〕團 ① 분필. ② 흰 먹.

백발 백중〔百發百中〕團 총이나 활 따위를 쏠 때마다 번번이 맞음.〔～하다〕

백병-전:〔白兵戰〕團 서로 직접 맞붙어서 싸우는 전투. 〔～하다〕

백부〔伯父〕團 큰아버지.

백-사장〔白沙場〕團 흰 모래가 깔린 곳.

백성(百姓)**명** 일반 국민. **비** 겨레.

백옥(白玉)**명** 흰 빛깔의 옥. 흰구슬. **예** 백옥 같은 얼굴.

백의(白衣)**명** 흰 옷.

백의-천사(白衣天使) **명** 간호사를 일컬음.

백인(白人)**명** 백색 인종의 사람.

백일-장[一짱](白日場)**명** 글제를 내어 즉석에서 짓는 시험.

백일-홍(百日紅) **명** 8~10월에 빨간꽃이 피는 꽃 나무. 높이는 7~ 10m

〈백일홍〉

백장명 짐승잡이를 업으로 하는 사람.

백주(白晝)**명** 대낮.

백지(白紙)**명** 흰 빛깔의 종이.

백지-장[一짱](白紙張)**명** 흰 종이의 낱장.

뱃-길명 배가 다니게 정해 놓은 길. **비** 항로.

뱃-놀이명 배를 타고 노는 일. 〔~하다〕

뱃-머리명 배의 앞 끝.

뱃-멀미명 배를 타면 어지럽고 구역질 나는 병. 〔~하다〕

뱃-사람명 배에서 일을 하는 사람.

뱃-심명 염치가 없이 제 욕심만 부리며 버티는 힘.

뱃-전명 타는 배의 양 쪽의 가장자리.

버릇명 마음이나 몸에 굳은 습관. **예** 잠버릇.

버선명 천으로 지어 발에 꿰어 신는 것.

버젓-하다형 번듯하다.

버찌명 벚나무의 열매.

버티다자타 맞서서 겨루다. **예** 끝까지 버티다.

번개명 구름이 가진 공중 전기가 방전할 때 생기는 불빛.

번데기명 애벌레로부터 어미 벌레로 되는 동안의 곤충.

번민(煩悶)**명** 마음이 답답하여 괴로워함. 〔~하다〕

번번-이(番番一)**부** 여러번 다.

번성(蕃盛)**명** 크게 늘어나서 많이 퍼짐. **예** 사업이 번성하다. 〔~하다〕

번식(繁殖·蕃殖)**명** 늘어서 많이 퍼짐. 〔~하다〕

번영(繁榮)**명** 일이 성하게 잘 되어 감. **비** 번성. **반** 쇠퇴. **예** 사업이 번영하다.

번창(繁昌)**명** 사람이 많이 살고 번성함.

번화(繁華)**명** 번성하고 화려함.

번화-가(繁華街)**명** 번성하고 화려한 거리.

벌명 아주 넓고 평평한 들. **비** 벌판.

벌명 (罰) 죄를 지은 사람에게 주는 고통. **예** 벌을 받다. 〔~하다〕

벌금(罰金)**명** 벌로서 내는 돈.

벌:다타 일을 하여 돈벌이 하다.

벌레명 작은 동물들을 두루 이르는 말. 벌이나 나비 따위

[비] 곤충.

벌목(伐木)[명] 산의 나무를 벰. [비] 벌채. [예] 무차별한 벌목으로 벌거숭이가 되어버린 산.〔~하다〕

벌칙(罰則)[명] 벌하는 데 관한 규칙.

벌판[명] 넓은 들판.

범:람(氾濫·汎濫)[명] 물이 넘쳐 흐름. [예] 호수가 범람하다.〔~하다〕

범상(凡常)[명] 대수롭지 않고 예사로움.

범:선(帆船)[명] 돛을 단 배. 돛단배.

범:위(範圍)[명] 제한된 구역의 언저리.

범:죄(犯罪)[명] 죄를 지음. [예] 범죄를 저지르다.〔~하다〕

범:행(犯行)[명] 범죄의 행위.〔~하다〕

법(法)[명] 정해진 규칙.칙.

법규(法規)[명] 법률의 규정. [비] 규칙. 규범. [예] 법규를 잘 지키자.

법제(法制)[명] 법률과 제도.

법칙(法則)[명] 반드시 지켜야 할 규칙. [예] 법칙은 반드시 지켜야 한다.

벗:[명] 뜻이 통하여 가까이 사귀는 사람. [비] 친구. 동무. [예] 벗과 함께 놀러가다.

벗:-바리[명] 곁에서 도와 주는 사람.

벗:-하다[타] 친구로 사귀다.

벙글-벙글[부] 좋아서 입을 벌리고 웃는 모양. [예] 벙글벙글 웃는다.〔~하다〕

벙긋[부] 소리 없이 입만 벌려고 자연스럽게 웃는 모양.〔~하다〕

벙어리[명] 말을 못하는 사람. [예] 그는 벙어리다.

베개[명] 누울 때 머리밑에 괴는 물건. [예] 베개를 베다.

베갯-잇〔-닏〕[명] 베개를 덧싼 헝겊.

베:다[타] 연장으로 물건을.을 끊어서 자르다.

베-틀[명] 베실로 베를 짜는 틀.

벼락[명] 공중의 전기와 땅 위의 전기가 서로 부딪치어 일어나는 불. [예] 벼락이 치다.

벼랑[명] 낭떠러지의 험한 언덕. [예] 벼랑에 피어있는 한 송이 꽃.

벼랑-길〔-낄〕[명] 절벽 위의 길.

벼루[명] 먹을 가는 데 쓰는 돌로 만든 그릇.

벼르다[타] 일을 이루려고 꾸준히 꾀하다. [예] 여행을 가려고 벼르다.

벼슬[명] 관청에 나가 나랏일을 맡아 다스리는 자리. 또는 그 일.〔~하다〕

벼-이삭[명] 벼가 꽃대의 주위에 붙어서 익은 것. [예] 벼이삭을 베다.

벽(壁)[명] 방을 둘러막은 둘레. 바람벽. [예] 사방이 벽으로 둘러싸여 있다.

벽력(霹靂)[명] 벼락.

벽보(壁報)[명] 벽에 쓰거나 붙여서 여러 사람에게 알리는 것. [예] 벽보를 붙이다.

벽화(壁畫)[명] 바람벽에 그

ㅂ

린 그림.

변:경(變更)[명] 바꾸어 다르게 고침. [예] 시간표가 변경되었다. 〔~하다〕

변기(便器)[명] 똥·오줌을 받아 내는 그릇.

변-두리(邊一)[명] 중앙에서 멀리 떨어진 곳.

변:명(變名)[명] 이름을 달리 고침. 〔~하다〕

변:사(變死)[명] 자살 또는 뜻밖의 사고로 죽음. 〔~하다〕

변:상(辨償)[명] 치러 물어줌. [예] 깨진 유리창을 변상해 주다. 〔~하다〕

변:절-기(變節期)[명] =환절기. [예] 변절기에 몸조심 하세요.

변:질(變質)[명] 성질이 변함. 또는 변한 성질. [예] 변질된 통조림〔~하다〕

변:천(變遷)[명] 변하여 옮겨짐. [예] 시대의 변천. 〔~하다〕

변:통(變通)[명] 물건을 이리저리 돌려 씀. 〔~하다〕

변:형(變形)[명] 바뀌어 달라진 모양. 〔~하다〕

변:화(變化)[명] 모양이나 바탕이 달리 됨. [예] 눈부신 변화〔~하다〕

별도〔-또〕(別途)[명] ① 딴 방면. ② 딴 용도.

별미 (別味)[명] 특별히 좋은 음식의 맛. [예] 맛이 별미다.

별세 〔-쎄〕(別世)[명] 세상을 떠남. [예] 지난달에 별세하셨다. 〔~하다〕

별-세계 〔-쎄-〕(別世界)[명] 딴 세상.

별-천지(別天地)[명] =별세계.

볏-가리[명] 벼를 쌓아 놓은 더미.

볏-섬[명] 벼를 넣은 가마니.

병기(兵器)[명] 전쟁에 쓰는 모든 무기.

병력(兵力)[명] 군대와 전쟁 무기의 수효 및 그 힘. [비] 전력. [예] 10만의 병력.

병:명(病名)[명] 병의 이름.

병법〔-뻡〕(兵法)[명] 전쟁하는 방법.

병사(兵士)[명] 계급이 낮은 군인.

병:상(病床)[명] 앓는 사람이 누워 있는 침상. [비] 병석.

병:세 (病勢)[명] 병의 형편. [비] 증세. [예] 병세가 심하다.

병:실(病室)[명] 환자가 들어 있는 방. [비] 환자실. [예] 조용한 병실.

병:자(病者)[명] 병든 사람. [비] 환자. 병인. [예] 병자를 간호하다.

병적(兵籍)[명] ① 병사 관계상의 기록 문서. ② 군인의 신분.

병정(兵丁)[명] 군사. 군인. [예] 병정 놀이.

병졸(兵卒)[명] 군사.

병:폐(病弊)[명] 병통과 폐단. [예] 병폐를 근절시키다.

병:환 (病患)[명] 웃어른의 병을 높여 이르는 말.

보(褓)[명] 보자기. [예] 보에 싸다.

보:강(補強)[명] 모자람을 채워서 굳세게 함. [예] 병력을 보강하다. 〔~하다〕

보:건(保健)[명] 건강을 돌보아 지켜 나감. 〔~하다〕

ㅂ

보:조(補助)[명] 모자람을 보충하여 도와 줌. [~하다]

보:존(保存)[명] 잘 지니고 있음. [비] 보전. [~하다]

보태다[타] 모자람을 채우다. [예] 돈을 보태다.

보:통(普通)[명] 널리 일반에게 통함.

보:편(普遍)[명] 넓게 두루 미침.

보:편-적(普遍的)[명] 두루 널리 미치는 것.

보:호 (保護)[명] 잘 보살펴 지킴. 보전하여 호위함. [예] 보호자. [반] 박해. [예] 아기를 보호하다. [~하다]

보:호-자(保護者)[명] 보호할 의무가 있는 사람. [예] 보호자가 없는 환자.

복(福)[명] 좋은 운수. [비] 행복.

복귀(復歸)[명] 본디의 자리로 다시 돌아옴. [예] 옛 직장에 복귀하다. [~하다]

복도(複道)[명] 건물 안에 마련한 통로. [비] 낭하. [예] 복도를 거닐다.

복-리(福利)[명] 행복과 이익.

복무(服務)[명] 일을 맡아 봄. [예] 군 복무를 마치다. [~하다]

복수(復讐)[명] 앙갚음. [예] 복수는 또 하나의 복수를 만든다. [~하다]

복습(復習)[명] 배운 것을 다시 익힘. [반] 예습. [~하다]

복용(服用)[명] 약을 먹음. [~하다]

복음(福音)[명] 반갑고 기쁜 소식.

복잡(複雜)[명] 단순하지 않고 어수선함. [반] 단순. [예] 복잡한 거리.

복장(服裝)[명] 옷차림. [예] 단정한 복장.

복지(福祉)[명] 행복과 이익.

복판[명] 어떤 사물의 한가운데.

본격[-껵](本格)[명] 근본에 부합하는 격식.

본교(本校)[명] 분교에 대하여 근본이 되는 학교

본국(本國)[명] 타국에 대한 자기 나라. [반] 타국.

본능(本能)[명] 생물이 본래부터 가지고 있는 동작이나 운동.

본디(本一)[부] 처음부터. [예] 본디 타고난 성품이 좋다.

본래(本來)[명][부] 본디. [예] 본래 이곳에는 사람이 살지 않았다.

본명(本名)[명] 거짓이 아닌 진짜 이름.

본문(本文)[명] 본 줄거리가 되는 글.

본-바탕(本一)[명] 근본이 되는 바탕.

본부(本部)[명] 기관의 중심이 되는 곳. [반] 지부. [예] 수해 대책 본부.

본시(本是)[부] 본디부터. [비] 본디. 본래. [예] 본시 곱던 얼굴.

본위(本位)[명] 바탕으로 삼는 표준.

본인(本人)[명] ① 자기. ② 당자.

본적-지(本籍地)[명] 본적이 있는 곳. [준] 본적. [반] 현주소.

본점(本店)[명] 영업의 본거지

가 되는 본부. **(반)** 지점.

본-집(本一)**(명)** 자기 집. 제 집.

본토(本土)**(명)** 자기가 사는 고장.

본토-박이(本土一)**(명)** 대대로 그 땅에서 살아 오는 사람.

볼(명) 뺨의 가운데 부분.

볼모(명) 약속을 지키겠다는 담보로 물건을 저당 잡혀두는 일.

볼:-일〔一닐〕**(명)** 처리해야 할 일. **(비)** 용무.

볼-품(명) 볼 만한 모양. **(예)** 볼 품 없는 집.

봄(명) 네 철 중의 첫째 철.

봄-볕(명) 따뜻한 봄철의 햇볕. **(예)** 따스한 봄볕이 내리 쬔다.

봄-새(명) 봄이 다 지나가는 동안.

봄-철(명) 봄의 철. **(비)** 춘철.

봉:-급(俸給)**(명)** 계속적인 노무에 대하여 받는 보수.

봉:사(奉仕)**(명)** 남을 위하여 일함. **(예)** 봉사 정신. 〔~하다〕

봉:사(명) ① 소경. ② 어른을 받들어 섬김.

봉수-대(烽燧臺)**(명)** 옛날 봉화를 올리던 곳. **(비)** 봉화.

봉투(封套)**(명)** 편지나 서류 같은 것을 넣는 종이로 만든 주머니.

봉함(封緘)**(명)** 편지를 봉투 속에 넣고 봉함. 〔~하다〕

뵈:다(타) 어른을 대하여 보다. **(예)** 할아버지를 뵈다.

부:(否)**(명)** 아니라는 뜻을 나타내는 말. **(반)** 가.

부:과(賦課)**(명)** 세금이나 그밖의 돈을 매기어 맡게 함. **(예)** 세금을 부과하다. 〔~하다〕

부군(夫君)**(명)** 「남편」의 높임말.

부:귀(富貴)**(명)** 재산이 많고 지위가 높음. **(반)** 빈천.

부:근(附近)**(명)** 가까운 곳. 언저리. **(비)** 근처. 근방. **(예)** 학교 부근에 있는 숲.

부녀(父女)**(명)** 아버지와 딸. **(반)** 모자.

부:담(負擔)**(명)** 할 일을 책임짐. **(예)** 부담이 너무 크다. 〔~하다〕

부당(不當)**(명)** 이치에 마땅하지 않음. **(반)** 정당. **(예)** 부당한 처사.

부대(部隊)**(명)** 한 무리의 인원으로 조직된 군대. **(예)** 공병 부대.

부-도덕(不道德)**(명)** 도덕에 어긋남. **(예)** 부도덕한 사회.

부동(不動)**(명)** 튼튼하여 움직이지 않음. 〔~하다〕

부듯-하다(형) 꼭 들어 차다.

부:디(부) 「꼭」또는 「아무쪼록」의 뜻으로 부탁할 때 쓰는 말.

부뚜막(명) 아궁이 위의 솥이 걸린 언저리.

부락(部落)**(명)** 도시 외에 많은 집으로 이루어진 마을.

부랑-배(浮浪輩)**(명)** 부랑자의 무리. **(비)** 부랑패.

부랴-부랴(부) 매우 급히 서두르는 모양.

부러-지다(자) 꺾어지다.

부:탁(付託)[명] 무엇을 해달라고 청함. [비] 당부. 청탁. [예] 책을 사다 달라는 부탁을 받았다. 〔~하다〕

부패(腐敗)[명] 썩어서 쓸모가 없이 됨. [예] 부패된 물질 〔~하다〕

부풀다[자] 종이나 피륙의 거죽에 부푸러기가 일어나다.

부프다[형] 부피에 비하여 무게는 가볍다.

부하(部下)[명] 남의 밑에 딸리어 그의 명령에 따라 움직이는 사람. [비] 수하. [반] 상관. [예] 부하를 거느리다.

부합(符合)[명] 꼭 들어 맞음. 틀림이 없음. 〔~하다〕

부:활(復活)[명] 죽었다가 다시 살아남. [예] 예수의 부활. 〔~하다〕

부:흥(復興)[명] 쇠약하던 것이 다시 일어남. [비] 재건. 〔~하다〕

북-녘(北—)[명] 북쪽 방면. [반] 남녘.

북-돋우다[타] 사람을 격려하다. [예] 병사들의 기운을 북돋우다.

북-받치다[자] 밑에서 솟아오르다. [예] 고향생각이 북받치다.

북방(北方)[명] ① 북쪽. ② 북녘.

북양(北洋)[명] 북쪽의 바다.

북위(北緯)[명] 적도를 중심으로 하여 지구의 거리를 북쪽으로 잰 위도. [반] 남위.

북-주다[자] 흙으로 식물의 뿌리를 덮어 주다.

북진 (北進)[명] 북쪽으로 진출함. 또는 진격함. 〔~하다〕

북-편(北便)[명] 북쪽 편. [반] 남편.

북풍(北風)[명] 북쪽에서 불어오는 바람. [반] 남풍.

북한 공산군(北韓共産軍) [명] 휴전선 이북의 공산 괴뢰군.

북행(北行)[명] 북쪽으로 감. 〔~하다〕

분 [의명] 사람을 가리킬 때 높여 부르는 말.

분(粉)[명] 가루.

분가(分家)[명] 큰집에서 나와 딴 살림을 차림. [반] 본가. [예] 분가하여 살다. 〔~하다〕

분:개(憤慨)[명] 매우 분하게 여김. 〔~하다〕

분:격(憤激)[명] 매우 분하여 성냄. 〔~하다〕

분계:(分界)[명] 서로 나눠진 경계. [비] 분경.

분납(分納)[명] 몇 차례로 나누어서 냄. [예] 등록금의 분납. 〔~하다〕

분단(分團)[명] 한 반을 나눈 갈래. 〔~하다〕

분담(分擔)[명] 일을 나누어서 맡음. [예] 사무 분담. 〔~하다〕

분망(奔忙)[명] 몹시 바쁨.

분:발(奮發)[명] 마음을 단단히 먹고 기운을 냄. [예] 분발해서 공부하자. 〔~하다〕

분배 (分配)[명] 몫몫이 나눔. [예] 이익 분배. 〔~하다〕

분별(分別)[명] 종류에 따라서 가름. 〔~하다〕

분산 (分散)[명] 갈라져 흩어

짐. 예 빛의 분산. [~하다]

분쇄(粉碎)명 ① 가루같이 부스러뜨림. ② 적을 쳐부숨. [~하다]

분-수(噴水)명 물을 뿜어내는 설비, 또는 그 물.

분식(粉食)명 밀가루 음식을 먹음. 예 분식을 장려하다. [~하다]

분실(粉失)명 잃어버림. 예 시계를 분실하다. [~하다]

분장(扮裝)명 몸을 치장함. [~하다]

분주(奔走)명 아주 바쁨. 예 분망. 반 한가. 예 분주한 하루.

분:투(奮鬪)명 있는 힘을 다하여 맹렬히 싸움. [~하다]

분:패(憤敗)명 이길 수 있는 것을 분하게 짐. [~하다]

분필(粉筆)명 칠판에 글씨를 쓰는 물건. 비 백묵.

분할(分割)명 나누어서 쪼갬. 예 토지 분할. [~하다]

분:홍(粉紅)명 엷게 붉은 고운 빛깔.

분:화(噴火)명 불을 내뿜음. [~하다]

불결(不潔)명 깨끗하지 못하고 더러움. 반 청결. 예 불결한 거지의 내복.

불공(佛供)명 부처에게 공양하는 일. [~하다]

불-구속(不拘束)명 구속하지 아니함. 예 불구속 기소. [~하다]

불구-자(不具者)명 병신.

불-규칙(不規則)명 규칙에 벗어남. 예 호흡이 불규칙하다.

불-길 [-낄]명 세차게 타오르는 불꽃. 예 불길이 세다.

불길(不吉)명 운수 따위가 좋지 아니함. 예 불길한 생각.

불끈부 갑자기 솟아 오르는 모양.

불능(不能)명 능히 할 수 없음.

불:다재 바람이 일어나다.

불도 [-또] (佛道)명 부처의 가르침.

불량(不良)명 ① 행실이 나쁨. 반 선량. ② 성적이 나쁨. 예 불량한 학생.

불리 (不利)명 이롭지 못함. 해로움. 반 유리. 예 불리한 판정.

불리다자타 남에게 부름을 받다.

불리다타 재물을 붇게 하다. 예 쌀을 물에 담가 불리다.

불만(不滿)명 마음에 차지 않거나 마땅하지 않음. 비 불평. 반 만족. 예 불만을 품다.

불-명예 (不名譽)명 명예스럽지 못함. 예 불명예 제대.

불발-탄 (不發彈)명 터지지 않은 총탄.

불변 (不變)명 변하지 아니함. 예 불변의 진리. [~하다]

불복(不服)명 복종하지 않음. 예 명령에 불복하다. [~하다]

불손 [-쏜] (不遜)명 겸손하지 못함.

불순 [-쑨] (不順)명 온순하지 못함. 예 불순한 행동.

비:단(緋緞)圐 명주실로 광택이 나게 짠 보드랍고 고운 옷감.

비:대(肥大)圐 살이 찌고 몸집이 큼. 圁 비대한 몸집.

비듬 圐 머리 때의 흰 부스러기.

비뚤다 圀 한 쪽으로 기울거나 쏠려 있다.

비루스(Virus) 圐 병을 일으키는 아주 작은 생물. 보통 현미경으로는 볼 수 없음.

비:만(肥滿)圐 살쪄서 뚱뚱함.

비:망-록(備忘錄) 圐 잊지 않으려고 적어 두는 기록.

비범(非凡)圐 평범하지 아니함. 圁 비범한 인물. 圂 평범.

비빔 圐 밥이나 국수에 고기나 나물 따위를 섞고 비빈 음식.

비:사 (祕史)圐 비밀히 숨겨 둔 역사.

비상-시(非常時)圐 비상한 일이 벌어진 중요한 때. 圂 평상시. 圁 비상시에는 빨리 탈출하라.

비석(碑石)圐 넓적한 큰 돌에 사람의 공적이나 내력을 적어 세운 것. 圁 석비.

비:열(卑劣)圐 인격이 낮고 용렬함. 圁 비열한 사람.

비:옥(肥沃)圐 땅이 걸고 기름짐.

비:용(費用)圐 어떤 일에 쓰이는 돈. 圁 경비. 圁 비용을 절약하라.

비우다 圀 비게 하다.

비:웃다 圀 업신여겨 웃다. 흉을 보면서 웃다. 圁 가난한

자를 비웃다.

비:유(比喩)圐 비슷한 일을 견주어서 말함.

비-인도적 (非人道的)圐 사람이 지켜야 할 도리에 어긋나는 일.

비정(非情)圐 인간다운 감정을 갖지 않음. 圁 비정한 도시.

비:-좁다圀 자리가 몹시 좁다. 圁 방이 비좁다.

비지-땀 圐 힘을 무척 쏠 때에 뻘뻘 흘리는 땀.

비참(悲慘)圐 슬프고도 참혹함. 圁 비참한 생활.

비:천(卑賤)圐 신분·지위가 낮고 천함. 圂 존귀. 圁 비천한 신분.

비:틀다圀 힘있게 꼬면서 틀다.

비:판(批判)圐 잘하고 잘못한 까닭을 가리어 밝힘. 圁 비평. 圁 작품에 대한 비판.

비:평(批評)圐 옳고 그른 것을 가리어 말함. 圁 비판.

비:품(備品)圐 갖추어 두고 쓰는 물건.

비행(非行)圐 못된 행위. 나쁜 짓.

비행-사(飛行士)圐 비행 기를 조종하는 사람.

비행-장(飛行場)圐 비행기가 뜨고 내리는 데 쓰이는 넓은 장소.

비호(飛虎)圐 ① 나는 듯이 날랜 범 ② 움직임이 용맹하고 날쌘 것의 비유. 圁 비호같이 덤벼들다.

빈곤 (貧困)圐 가난하여 살림

이 어려움. 働 빈궁. 働 비유.
働 빈곤한 살림.

빈:-말 働 실속이 없는 말. 働
헛말. 働 빈말로 남을 대접
하다. 〔~하다〕

빈발(頻發) 働 일이 자주 일어
남. 働 빈발한 사고〔~하다〕

빈번(頻繁) 働 도수가 잦아 복
잡함. 働 빈번한 사고.

빈:-속 働 시장한 뱃 속.

빈약(貧弱) 働 가난하고도 약
함.

빈자(貧者) 働 구차한 사람.
働 부자.

빈촌(貧村) 働 가난한 사람들
이 사는 마을. 働 부촌.

빗-금 働 비껴 나간 금.

빗-돌(碑一) 働 글자를 새겨
세운 돌.

빗-맞다 働 목표에 어긋나서
딴 곳에 맞다.

빗-발 働 세차게 쏟아지는 빗
줄기. 働 화살이 빗발처럼
날아오다.

빙모(聘母) 働 =장모.

빙부(聘父) 働 =장인.

빙-빙 働 자꾸 슬슬 도는 모
양.

빙산(氷山) 働 빙하의 한 끝이
떨어져 나와 바다 위에 뜬
것.

빙설(氷雪) 働 얼음과 눈.

빚 働 남에게 갚아야 할 돈.
働 부채. 働 빚쟁이

빚-돈 働 빚을 쓰거나 주는
돈.

빛 働 ① 번쩍이는 것. ② 영
광.

빛-깔 働 물체의 거죽에 나타

나는 빛의 바탕. 働 색채.

ㅃ 〔쌍비읍〕ㅂ의 된소리.

빡빡 働 힘을 들여서 닦을 때
나는 소리.

빤:-히 働 들여다보듯 환하게

빨다 働 끝이 차차 가늘어서
뽀족하다.

빨다 働 입안으로 당기어
들이다. 働 옷을 빨다.

빨래 働 ① 때 묻은 옷 따위
를 물에 빠는 일. ② 때가
묻어 빨게 된 옷. 働 더러
운 옷을 빨래하다.

빨리 働 빠르게. 날래. 싸게. 働
천천히. 働 자, 빨리 가자.

빵 働 밀가루를 반죽하여
찐 음식.

빻-다 働 짓찧어서 가루로만
들다.

빼:-다 働 밖으로 나오게 하다.

빽빽-하다 働 거의 붙을 정도
로 사이가 촘촘하다.

뺨 働 얼굴의 양 옆. 働 뺨을
때리다.

뻐기다 働 으쓱거리면서 젠체
하다. 働 상탄 것을 뻐기다.

뻔뻔-하다 働 염치를 모르다.

뻔:-하다 働 조금 훤하다.

뼘: 働 엄지손가락과 다른 손
가락을 잔뜩 벌린 거리.

뽀얗다 働 속이 환히 비치어
보이게 똑똑하거나 밝지않
고 희끄무레하다. 働 뿌옇
다.

뽐-내다 働 잘난 체하다. 젠
체하다. 働 으시대다. 働 잘
한다고 뽐내다.

뾰족-하다 働 끝이 아주 가늘
다. 働 바늘이 뾰족하다.

ㅅ〔시옷〕닿소리의 일곱째 글자.

사:(死)명 생명이 없어짐. 죽음.

사:각(四角)명 네모.

사:건〔—껀〕(事件)명 벌어진 일이나 일거리.예 범죄 사건.

사격(射擊)명 총이나 활·대포를 쏨.예 집중 사격. 〔~하다〕

사:고(事故)명 뜻밖에 일어난 탈. 평시에 없었던 뜻밖의 사건.예 교통사고.

사고(思考)명 생각하고 궁리함.

사공(沙工)명 배를 부리는 사람.「뱃사공」의 준말.

사:과(謝過)명 잘못에 대하여 용서를 빎.예 잘못을 사과하다. 〔~하다〕

사:관(士官)명 병사를 지휘하는 무관.

사귀다재타 서로 가까이 하다.예 친구를 사귀다. 〔~하다〕

사:기(士氣)명 ① 군사들의 기세와 기운.예 사기를 돋구다. ② 선비의 기품.

사:기(史記)명 역사를 적은 책.예 사기 편찬.

사내명「사나이」의 준말.

사냥명 짐승을 잡는 일.비 수렵.예 노루사냥. 〔~하다〕

사단(師團)명 군대 편성의 한 단위. 연대의 위임.

사당(祠堂)명 신주를 모셔 놓는 집.

사:대(事大)명 세력이 센 나라를 붙좇아 섬김.예 사대주의. 〔~하다〕

사도(師道)명 스승으로서 마땅히 걸어야 할 길.

사라지다재 모양이 점점 엷어져서 없어지다.

사랑명 귀여워함. 〔~하다〕

사래명「이랑」의 옛말. 논이나 밭의 고랑과 둑을 아울러 일컫는 말.

사:력(死力)명 죽을 힘.비 전력.예 사력을 다해 뛰다.

사력(砂礫)명 모래와 자갈.예 사력 댐.

사:례(謝禮)명 고마운 뜻을 상대자에게 나타내는 일. 〔~하다〕

사로-잡다타 산 채로 잡다.예 토끼를 사로 잡다.

사료(飼料)명 짐승을 기르는 먹이.비 먹이.

사르다타 태워서 없애다.

사리(私利)명 개인의 이익.반 공리.예 사리 사욕을 채우다.

사:리(事理)명 일의 이치나

도리. 圓 아치. 예 사리에 밝
다.

사막(沙漠)圓 거칠고 넓은 모
래 벌판. 예 사막 지대.

사:망(死亡)圓 사람이 죽음.
웹 출생. 〔~하다〕

사모(思慕)圓 ① 그리워함. ②
우러러 받듦. 〔~하다〕

사모-님(師母一)스승의 부
인의 높임말.

사무(私務)圓 사사로운 일.

사:무-실(事務室) 圓 사무를
보는 방.

사:무-원(事務員)圓 사무를
맡아보는 사람.

사:물(事物)圓 모든 일과 물
건.

사뭇閉 끝까지 바로 계속
하여 줄곧. 예 사뭇 떠들어
댄다.

사:미(賜米)圓 나라에서 늙은
이에게 주던 쌀. 〔~하다〕

사범(師範)圓 모범이 될 만한
스승.

사:변(事變)圓 ① 비상한 사
건. 예 6 · 25사변. ② 나라
의 큰 사건이나 변고. 웹
난리. 예 6 · 25사변.

사복(私腹)圓 자기의 이익만
차리려는 욕심.

사살(射殺)圓 활이나 총 따위
로 쏘아 죽임. 예 곰이 사살
되다. 〔~하다〕

사:상(死傷)圓 죽음과 다침.
예 사상자. 〔~하다〕

사:상-자(死傷者)圓 죽은 사
람과 다친 사람. 웹 살상자.
예 커다란 사상자를 내다.

사소(些少)圓 매우 적음. 예
사소한 일.

사:수(死守)圓 목숨을 걸고
지킴. 예 고지를 사수하다.
〔~하다〕

사:시(四時)圓 춘 · 하 · 추 ·
동 네철.

사:신(使臣)圓 옛날 임금의
심부름으로 외국에 가서 어
떤 일을 맡아 보던 사람.
예 사신을 보내다.

사양(飼養)圓 짐승을 먹여 기
름. 웹 사육. 〔~하다〕

사양(辭讓)圓 자기에게 이로
운 일을 겸손하게 사절함.
예 사양마시고 받으셔요.
〔~하다〕

사연(事緣)圓 일의 연유.

사연(辭緣 · 詞緣)圓 편지나 말
의 하고자 하는 내용 · 용.
용. 예 정다운 사연.

사유(事由)圓 까닭. 웹 이유 예
결석한 사유를 적어내다.

사육(飼育)圓 짐승을 먹여서
기름. 웹 사양. 〔~하다〕

사:은(師恩)圓 스승의 은혜.
예 사은에 보답하자.

사:은(謝恩)圓 입은 은혜에 대
해 사례함. 〔~하다〕

사:의(謝意)圓 사례하는 뜻.

사이圓 ① 거리나 간격. ② 동
안. 웹 틈.

사잇-길圓 큰 길에서 옆으로
빠져 나간 좁은 길. 샛길.

사:자(使者)圓 명령을 받고
심부름하는 사람. 웹 사신.

사:장(寫場)圓 사진관 안의
사진 찍는 곳.

사재(私財)圓 개인 소유의 재
산.

사:적(史蹟)[명] 역사에 남은 유적. [예] 사적을 더듬다.
사적 (私的)[명] 개인에게 관계되는 일. [반] 공적.
사:전(事典) [명] 여러 사항을 적어 모아 낱낱이 풀이해 놓은 책.
사:정(事情)[명] 일의 형편. [비] 형편. [예] 사정사정하여 승낙을 얻었다. 〔~하다〕
사제(師弟)[명] 선생과 제자.
사:지(四肢·四支)[명] 사람의 두 팔과 두 다리.
사진-첩(寫眞帖)[명] 사진을 붙여 두는 책. [예] 사진첩을 잘 보관해 두어라.
사찰(寺刹)[명] 절간.
사:초(死草)[명] 말라 죽은 풀.
사초(飼草)[명] 가축의 먹이로 쓰는 풀.
사치(奢侈)[명] 제 분수에 넘치도록 치장함. [비] 호화. [반] 검소. [예] 사치스러운 옷차림. 〔~하다〕
사태(沙汰)[명] 산비탈 따위가 빗물에 한목 무너지는 현상.
사:태(事態)[명] 일이 되어 가는 형편. [비] 형세. [예] 사태가 악화되다.
사:항(事項)[명] 일의 조항.
사:형(死刑)[명] 죄수의 생명을 끊는 형벌. [예] 사형을 선고받은 죄수. 〔~하다〕
사:형-수(死刑囚)[명] 사형 판결을 받은 죄수.
사:활(死活)[명] 죽느냐 사느냐의 갈림길.
사회(司會)[명] 집회에서 진행을 맡아 보는 사람. [예] 학급 어린이회의 사회를 맡다. 〔~하다〕
사:회(社會)[명] 여럿이 모여 함께 살아가는 사람의 모임.
사흘-돌이[명] 사흘마다. 매삼일.
삭감(削減)[명] 깎아서 줄임. [반] 첨가. [예] 봉급을 삭감하다. 〔~하다〕
삯[명] 품값으로 주는 돈이나 물건. [예] 삯을 받다.
산(山)[명] 평지보다 높이 솟아 있는 땅덩이.
산-골〔—꼴〕(山—)[명] 깊은 산속. [비] 두메.
산-귀신(山鬼神)[명] 산에 있다고 하는 귀신.
산-기슭〔—끼—〕(山—)[명] 산 밑의 평평한 부분. [비] 산록.
산-나물(山—)[명] 산에서 나는 나물. [비] 산채.
산-더미〔—떠—〕(山—)[명] 물건이 많이 쌓인 무더기.
산들-바람[명] 산들거리며 부는 바람.
산:란(産卵)[명] 알을 낳음. [예] 산란 시기. 〔~하다〕
산-마루(山—)[명] 산등성이의 가장 높은 곳.
산:모(産母)[명] 아이를 낳은 지 며칠 안 되는 여자. [비] 산부.
산-모퉁이(山—)[명] 산기슭의 쑥 내민 귀퉁이.
산:-목숨[명] 살아 있는 목숨.
산-밭(山—)[명] 산을 일구어 만든 밭. [비] 산전.
산:보〔—뽀〕(散步)[명] 바람을

쐬려고 이리저리 거닒.㉯ 산책.㉤공원을 산보하다. 〔~하다〕

산-불〔-뿔〕(山一)㉢ 산에서 난불.㉤산불이 크게 일어 나다.

산:산-조각(散散一)㉢ 아주 잘게 깨어진 여러 조각. 예쁜 꽃병이 산산조각으로 깨어졌다.

산삼(山蔘)㉢ 깊은 산 속 에서 저절 로 자라난 인삼.㉰ 가 삼.

〈산삼〉

산성(山城)㉢ 적을 막기 위하여 산에 쌓 은 성.

산수(山水)㉢ 산과 물.㉤ 산 수가 아름답다.

산악(山嶽·山岳)㉢ 높고 큰 산들.㉰ 평야.㉤산악 지대.

산악-회(山嶽會)㉢등산하는 사람들의 단체.

산야(山野)㉢ 산과 들.

산-열매(山一)㉢ 산에서 나는 열매.

산:재(散在)㉢ 흩어져 있음. ㉤ 공장이 산재해 있다.〔~ 하다〕

산적(山積)㉢ 산더미 처럼 많 이 쌓임.㉤ 곡식이 산적해 있다.

산중(山中)㉢ 산 속.㉤ 산중 생활.

산:지(産地)㉢ 물건이 나는 땅.㉤ 사과의 산지.

산-지기(山一)㉢ 산이나 뫼를

지키는 사람.㉯ 산직.

산-짐승〔-찜-〕(山一)㉢ 산 에 사는 짐승.

산채(山菜)㉢ 산나물.비 멧나물.

산천(山川)㉢산과 내.㉯ 강 산.㉤ 고향 산천.

산촌(山村)㉢산 속에 있는 마을.

산-허리(山一)㉢ 산의 둘레 의 중턱.산등성이의 잘록 하게 들어간 곳.㉯ 산중턱.

살-결〔-껼〕㉢ 살갗의 거칠고 고운 결.㉤ 고운 살결.

살균-제(殺菌劑)㉢ 병균을 죽 이는 약제.㉤ 살균제를 뿌 리다.

살림㉢ 한 가정을 꾸려 나가 는 일,또는 그 형편.㉯ 생 활.〔~하다〕

살림-꾼 ㉢① 살림하는 사람.② 살림이 알뜰한 사 람.

살림-살이㉢ 살림을 사는 일. ㉤ 넉넉한 살림살이.〔~하 다〕

살살 ㉮ 소리나지 않게. 가만 가만히 걷는 모양. 가볍게. ㉤ 살살 걸어라.

살생〔-쌩〕(殺生)㉢ 산 목숨 을 죽임.㉤ 살생을 금하라. 〔~하다〕

살인(殺人)㉢사람을 죽임. 〔~하다〕

살충(殺蟲)㉢벌레를 죽임. 〔~하다〕

삶:-다㉣물건을 무르게 하거 나 물을 부어 끓이다.㉤달 걀을 삶다.

삼가다困目 조심하다. ⓔ 항상 몸을 삼가라.

삼각(三角)圐 세모.

삼국(三國)圐 세 나라.

삼군(三軍)圐 군대의 중군·좌익·우익을 일컫는 말.

삼:다[一따]目 자기와 인연을 맺게 하다. ⓔ 신부로 삼다.

삼-대[一때]圐 삼의 줄기.

삼라 만:상(森羅萬象)圐 우주의 온갖 형상.

삼랑-진(三浪津)圐 경상남도 밀양군의 한 읍.

삼림(森林)圐 나무가 많이 우거진 곳.

삼면(三面)圐 ①세 방면. ② 세 평면.

삼-베圐 삼실로 짠 피륙. ⓐ 베.

삼복(三伏)圐 초복·중복·말복을 함께 일컫는 말.

삼삼-하다圀 음식이 조금 싱겁고 맛이 있다.

삼우-제(三虞祭)圐 장사 치르고 나서 세 번째 지내는 제사.

삼위(三位)圐 세 개. ⓔ 삼위의 불상.

삼일-장(三日葬)圐 죽은 지 사흘만에 지내는 장사.

삼자(三者)圐 당사자 이외의 사람. ⓔ 삼자가 상관할 일이 아니다.

삼천-리(三千里)圐 우리 나라 땅을 일컫는 말. ⓔ 삼천리 강산.

삼촌(三寸)圐 아버지의 형제.

삼키다目 목구멍으로 넘기다. ⓑ 뱉다. ⓔ 약을 삼키다.

삼해리-설圐 국제법상, 간조 때의 물가에서 바다 쪽으로 3 해리를 그 나라의 영해로 하는 설.

삽(鍤)圐 땅을 파고 흙을 떠내는 기구. ⓔ 흙을 삽으로 일구다.

삽-날(揷一)圐 삽의 날.

삽사리圐 털이 많이 난 개.

삽살-개:圐 삽사리 종류의 개

삽화(揷畫)圐 인쇄물 속에 끼워 넣는 그림. ⓑ 삽도.

상(賞)圐 잘한 일을 칭찬해서 물품을 줌, 또는 그 물건. ⓑ 벌. ⓔ 상을 타다.

상가(商街)圐 가게가 많은 거리. ⓔ 상가에다 가게를 차리다.

상가(商家)圐 장사를 업으로 삼는 집.

상:감(上監)圐 임금을 높여 일컫는 말.

상:경(上京)圐 시골에서 서울에 올라옴. ⓔ 무작정 상경. 〔~하다〕

상공-업(商工業)圐 상업과 공업.

상관(相關)圐 서로가 관계를 가짐. ⓑ 관계. ⓑ 무관. ⓔ상관 관계를 맺고 있다. 〔~하다〕

상:급(上級)圐 높은 등급이나 학급. ⓑ 고급. ⓑ 하급.

상:기(想起)圐 지나간 일을 다시 생각함. ⓔ 지난 일을 상기해 본다. 〔~하다〕

상대(相對)圐 서로 맞섬. ⓔ상 대도 안하다. 〔~하다〕

상대-방(相對方)圐 상대가 되

는 쪽. 맞은 편. 🐯 상대편.
🐯 상대방에게 양해를 구하
다.

상대-자(相對者)🐯 맞선 편.

상대-편(相對便)🐯 맞은 편.
🐯 상대방.

상:류(上流)🐯 물의 근원이 되
는 곳.

상:륙(上陸)🐯 배에서 뭍으로
올라감. 🐯 인천 상륙 작전.
〔～하다〕

상면 (相面)🐯 서로 만남.〔～
하다〕

상-벌(賞罰)🐯 상과 벌.〔～하
다〕

상부 상조(相扶相助)🐯 서로
서로 도움. 🐯 상부 상조하
는 새마을.

상:상(想像)🐯 맞대어 짐작함.

상:상-력(想像力)🐯 상상하는
힘.

상세(詳細)🐯 자세하고 찬찬
함. 🐯 세밀. 소상. 🐯 상세한
설명.

상습(常習)🐯 늘 하는 버릇.

상실(喪失)🐯 잃어 버림.〔～
하다〕

상아(象牙)🐯 코끼리의 어금
니.

상업(商業)🐯 장사하는 영업.
🐯 장사.〔～하다〕

상여-금(賞與金)🐯 상금으로
주는 돈.

상:의(上衣)🐯 저고리.

상인(商人)🐯 장사치. 🐯 장
수.

상점(商店)🐯 물건을 파는 가
게. 🐯 점포. 🐯 상점에서 과
일을 사다.

상처 (傷處)🐯 다친 데.

상태(狀態)🐯 형편이나 되어
있는 모양. 🐯 처지. 🐯 방송
상태.

상태(常態)🐯 평상시의 모양
이나 형편.

상패(賞牌)🐯 상으로 주는 패.

상품-권〔―권〕(商品券)🐯 상
점에서 발행하는 상품 교환
권.

상:-하(上下)🐯 ① 위와 아래.
② 윗사람과 아랫사람. ③
좋고 나쁨.④ 높고 낮음.

상-하다(傷―)🐯 다치거나
낡거나 썩다. 🐯 음식이 상
하다.

상황(狀況)🐯 일이 되어 가는
형편이나 모양.

샅샅-이〔―사치〕🐯 빈틈 없이
모조리. 틈이 있는 데는 다.
🐯 샅샅이 살피다.

새겨-듣다🐯「새기어 듣다」의
준말.

새기다🐯 먹은 것을 되씹다.

새기다🐯 글씨나 그림을 파다.
🐯 글을 새기다.

새기다🐯 말이나 글의 뜻을 쉽
게 풀이하다. 🐯 해석하다.

새김-질🐯 나무 바탕에 글자
나 그림을 새기는 일.

새끼🐯 짚으로 꼰 줄.

새끼🐯 어린 짐승. 🐯 제비 새
끼.

새끼 치기🐯 새끼나 알을 낳
는 일.

새:다🐯 틈으로 나오다. 🐯 물
통이 새다.

새-동무🐯 새로 사귀게 된 동
무.

생색(生色)명 낯이 나도록 하는 일.예 남의 것으로 생색을 내다.

생선(生鮮)명 물에서 잡아 낸 그대로의 물고기.

생시(生時)명 난 때.

생식(生殖)명 낳아서 불리는 것. [〜하다]

생신(生辰)명 「생일」의 높임 말.

생일(生日)명 세상에 태어난 날.예 생일 잔치.

생전(生前)명 살아 있는 동안. 예 평생.맨 사후.예 생전에 빛나는 업적.

생존(生存)명 살아 있음. 예 생존해 계신 독립 투사. [〜하다]

생질(甥姪)명 누이의 자식.

생질-녀(甥姪女)명 누이의 딸.

생포(生捕)명 산 채로 잡음. 예 토끼를 생포하다. [〜하다]

생화(生花)명 살아서 싱싱한 꽃.맨 조화.

생환(生還)명 살아서 돌아옴. [〜하다]

생활(生活)명 살아감. [〜하다]

서:광(曙光)명 동틀 때에 비치는 빛.예 서광이 비치다.

서글프다휑 슬프고도 허전하다.

서기(書記)명 서류 기록이나 장부 정리 등을 맡아 보는 사람.예 서사.예 시청 서기.

서까래명 지붕 위 도리에서 처마끝까지 건너 지른 나무.

서늘-하다휑 약간 쌀쌀하면서 시원하다.예 날씨가 서늘하다.

서두(書頭)명 말이나 글의 첫 머리.예 서두가 너무 길다.

서두르다타 일을 급히 마치려고 바쁘게 굴다.예 일을 급히 서두르다.

서:럽다휑 원통하고 슬프다. 예 슬프다.

서로튀 함께. 다 같이.예 서로 의지하며 살다.

서류(書類)명 글자로 기록된 문서.

서른㈜ 삼십. 30.예 이제 곧 서른이 되다.

서:명(署名)명 자기의 성명을 적음.예 박명록에 서명하다. [〜하다]

서:민(庶民)명 벼슬이 없는 일반 백성.

서부(西部)명 서쪽에 딸린 부분.

서산(西山)명 서쪽 산.

서산-머리(西山一)명 서쪽에 있는 산꼭대기.예 서산머리로 해가 넘어간다.

서:서-히(徐徐一)튀 차례대로 천천히.예 서서히 기차가 움직이기 시작하다.

서슴-없다휑 머뭇거리며 망설임이 없다.

서신(書信)명 편지로 전하는 소식.예 서신을 보내다.

서:약(誓約)명 맹세하고 약속함. [〜하다]

서양(西洋)명 유럽과 아메리카를 함께 부르는 말.예 서구.맨 동양.

서운-하다 [형] 마음에 모자람이 있어 섭섭하다. [비] 섭섭하다. [예] 서운한 마음.

서재(書齋) [명] 책을 갖추어 두고 글을 읽는 방. [예] 서재에서 책을 읽다.

서점(書店) [명] 책을 파는 가게. [비] 책방. [예] 서점에서 책을 사다.

서:정-시(抒情詩) [명] 기쁨과 슬픔 등 자기의 마음을 읊은 시.

서-쪽(西一) [명] 해가 지는 쪽. [반] 동쪽.

서:투르다 [형] 익숙하지 못하다. [예] 솜씨가 서투르다.

서함(書函) [명] ① 편지. ② 책이나 편지를 넣는 상자.

서해-안 (西海岸) [명] 서쪽에 있는 바닷가.

서:행(徐行) [명] 천천히 감. 〔~하다〕

서-화 (書畫) [명] 글씨와 그림.

석간(夕刊) [명] 「석간 신문」의 준말.

석기 시대(石器時代) [명] 금속을 사용할 줄 모르고 돌로 만든 도구를 쓰던 시대.

석반(石盤) [명] 돌을 깎아서 만든 넓적한 판. 석판.

석별(惜別) [명] 이별하기를 서운하게 여김. [예] 석별의 정. 〔~하다〕

석불(石佛) [명] 돌로 다듬어 만든 부처. [반] 목불.

석상(席上) [명] 여럿이 모인 자리. [예] 회의 석상.

석쇠 [명] 고기 따위를 굽는 기구.

석유(石油) [명] 땅 속에서 나오는 불에 잘 타는 기름.

석조(石造) [명] 돌로 만드는 일이나 만든 것.

석탄(石炭) [명] 땔감의 하나. 빛이 검고 태우면 냄새가 남.

선:(善) [명] ① 착함. ② 바름. ③ 좋음.

선각-자(先覺者) [명] 남보다 먼저 깨달은 사람.

선고(宣告) [명] 널리 알림. [예] 무죄를 선고하다. 〔~하다〕

선교:(宣教) [명] 종교를 널리 폄. 〔~하다〕

선구-자(先驅者) [명] 말을 타고 갈 때 맨 앞에 나가는 사람.

선금(先金) [명] 먼저 치르는 값. [반] 후불.

선:도(善導) [명] 옳은 길로 인도함. 〔~하다〕

선동-자(煽動者) [명] 선동하는 사람.

선두(先頭) [명] 첫머리.

선로(線路) [명] 기차·전차·버스 따위가 다니는 노선.

선박(船舶) [명] 크고 작은 배들.

선발(先發) [명] 길을 앞서 떠나감. [예] 선수 선발. 〔~하다〕

선:발(選拔) [명] 여럿 중에서 뽑아서 추려냄. 〔~하다〕

선비 [명] 학문을 닦는 사람. 학식이 깊은 사람. [비] 학자.

선:사(善事) [명] 남에게 선물을 줌. 〔~하다〕

선산(先山) [명] 조상의 무덤이 있는 곳. [비] 선영.

선생(先生) [명] 공부를 가르치는 사람.

선서 (宣誓) [명] 많은 사람 앞에

서 맹세를 함. 〔~하다〕

선수(先手)圐 남보다 먼저 함.

선실(船室)圐 승객을 수용하는 배 안의 방.

선:심(善心)圐 착하고 어진 마음. 옌 선심을 쓰다.

선악(善惡)圐 착함과 악함. 옌 선악을 구별하다.

선어(鮮魚)圐 싱싱한 고기. 옘 생선.

선영(先塋)圐옙 선산.

선원(船員)圐 배에서 일을 하는 사람. 옘 뱃사람. 옌 선장.

선장(船長)圐 선원의 우두머리.

선조(先祖)圐 핏줄을 이어 받은 조상. 옘 조상. 옌 후손.

선착(先着)圐 남보다 먼저 다다름. 〔~하다〕

선:처(善處)圐 좋게 잘 처리함. 〔~하다〕

선:출(選出)圐 여럿 중에서 뽑아 냄. 옌 반장 선출. 〔~하다〕

선친(先親)圐 돌아가신 아버지.

선:택(選擇)圐 골라 뽑음. 〔~하다〕

선포(宣布)圐 널리 펴서 알림. 옙 공포. 옌 독립을 선포하다. 〔~하다〕

선:행(善行)圐 착한 행실. 옌 악행.

선후(先後)圐 먼저와 나중.

설:「설날」의 준말.

설계(設計)圐 계획을 세움. 〔~하다〕

설-날圐 새해가 시작되는 날. 정월 초하룻날.

설득〔一뜩〕(說得)圐 알아 듣도록 설명함. 〔~하다〕

설령(設令)옘 ① 그렇다 치더라도. ② 가령. 설사.

설마옘 아무리 그러하기로 옌 설마 거짓말은 아니겠지?

설명(說明)圐 풀이하여 밝힘. 옙 해설. 옌 올바른 설명. 〔~하다〕

설복(說服)圐 알아 듣도록 타일러 그렇게 믿도록 함. 〔~하다〕

설비(設備)圐 베풀어 갖춤. 옌 설비가 불충분하다. 〔~하다〕

설사〔一싸〕(設使)옘 = 설령.

설욕(雪辱)圐 욕됨을 씻음. 옌 설욕전. 〔~하다〕

설치(設置)圐 베풀어 둠. 옌 학교에 의료실을 설치하다. 〔~하다〕

설탕(雪糖)圐 흰 가루 사탕.

설화(說話)圐 이야기.

섬圐 곡식을 담기 위하여 짚으로 엮어 만든 것.

섬:圐 사방이 물로 둘러싸인 육지.

섬기다囘 어른을 잘 모시어 받들다. 옌 부모님을 섬기다.

섬세(纖細)圐 가냘프고 가느다람. 옌 부드럽고 섬세한 선.

섭섭-하다圐 서운하고 아깝다.

섭취(攝取)圐 영양분을 몸 안으로 빨아 들임. 옌 영양분을 섭취하다. 〔~하다〕

성:격〔一껵〕(性格)圐 그 사람의 특유한 성질. 옙 성품. 옌 온유한 성격.

세:련(洗鍊·洗煉)圓 지식과 기술이 익숙함. 예세련된 여자. 〔~하다〕

세:로튀 위에서 아래로 곧게 내려 그은 모양.

세:밀(細密)圓 자세하고 조밀함. 恥 자세. 상세. 예세밀한 조사.

세:배(歲拜)圓 새해에 웃어른에게 드리는 인사. 예설날 아침 부모님께 세배드리다. 〔~하다〕

세뱃-돈〔一똔〕(歲拜—) 圓 세배하러 온 아이에게 주는 돈.

세:상(世上)圓 사회. 예제 세상인 것처럼 날뛴다.

세심(細心)圓 아주 잔데까지 마음을 씀. 예세심한 배려.

세우다囤 서게 하다.

세이프(safe)圓 야구 용어로서 주자가 안전하게 베이스까지 가는 일. 恥 아웃.

세:자(世子)圓「왕세자」의 준말 왕의 자리를 이을 아들. 恥 태자.

세:출(歲出)圓 회계 연도의 한해 동안의 지출. 恥 세입.

세:탁(洗濯)圓 빨래. 예깨끗하게 세탁하다. 〔~하다〕

세:태(世態)圓 세상의 상태나 형편.

세:포(細胞)圓① 생물체를 조직하는 중요한 단위. ② 단체의 하부 조직.

셈:圓 세어서 헤아림. 예셈을 정확하게 해라. 〔~하다〕

셋:-집(貰—)圓 세를 주고 드는 집. 세가.

소개(紹介)圓 두 사람 사이에 들어서 관계를 맺어 줌. 예친구를 소개하다. 〔~하다〕

소개-장〔一짱〕(紹介狀)圓 사람을 소개하기 위한 편지. 예소개장을 써 주다.

소:견(所見)圓 사람이나 사물의 현상을 보고 가지는 바의 의견이나 생각. 恥 의견.

소:경圓 시력을 잃은 사람.

소:관(所管)圓 맡아서 다스리는 바.

소:국(小國)圓 작은 나라. 恥 대국.

소굴(巢窟)圓 나쁜 짓을 하는 무리들이 모여 숨어 있는 곳. 예범죄의 소굴.

소극-적(消極的)圓 소극인 상태.

소꿉-놀이圓 아이들이 소꿉질하며 하는 놀이. 〔~하다〕

소:녀(少女)圓 아주 어린 아이도 아니며 완전한 어름도 아닌 계집 아이. 恥 소년. 예청순한 소녀.

소:대(小隊)圓 삼 개 분대로 이루어지는 군대의 단위. 예소총 소대.

소독(消毒)圓 약이나 열로써 병원균을 없애 버림. 예하수도 소독. 〔~하다〕

소동(騷動)圓큰 변. 법석. 〔~하다〕

소:득(所得)圓 일의 결과로 얻는 이익. 예소득 증대.

소란(騷亂)圓 어수선하고 시끄러움. 恥 안온.

소:로(小櫨)圓 접시받침.

소르르튀 뭉쳤던 것이 잘 풀

리는 모양.

소:름圈 춥거나 무서울 때 살갗에 도톨도톨하게 돋는 것. 例 소름이 쫙 끼치다. <소로>

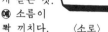

소리 치다 宦 소리를 지르다.

소:망(所望)圈 바라는 일. 卿 소원. 희망. 例 소망을 이루다.

소매圈 옷의 두 팔을 꿰는 부분.

소:매(小賣)圈 물건을 도거리로 사서 조금씩 나누어 파는 장사. 卿 도매. [~하다]

소멸(消滅)圈 사라져 없어짐. [~하다]

소모(消耗)圈 써서 없어짐. 卿 소비. [~하다]

소-몰이圈 소를 모는 사람.

소박(素朴)圈 거짓이나 꾸밈이 없이 수수함. 卿 화려. 例 옷차림이 소박하다.

소:변(小便)圈 오줌.

소:복(素服)圈 흰 옷.

소:산-물(所産物)圈 그 곳에서 생산되는 모든 물건.

소상(昭詳)圈 분명하고 자세함. 卿 상세. 例 소상한 설명.

소생(蘇生·甦生)圈 다시 살아남. 卿 회생. 例 병석에서 소생하다. [~하다]

소:소-하다(小小─)圈 자질구레하다.

소식(消息)圈 형편을 알리는 말이나 글. 卿 기별. 안부. 例 부모님께 소식을 전하다.

소:신(所信)圈 확실하다고 굳게 생각하는 바. 例 소신을 정확하게 밝혀라.

소:액(少額)圈 적은 액수. 卿 거액.

소:용(所用)圈 ① 쓸 데. ② 쓰임. 卿 필요. 卿 무용. 例 아무 소용이 없다. [~하다]

소원(所願)圈 원함, 또 그 원하는 바. 卿 소망. 例 우리의 소원은 통일. [~하다]

소:위(少尉)圈 장교의 한 계급.

소:인(小人)圈 무척 작은 사람.

소인(消印)圈 우체국에서 한 번 사용한 우표 따위에 찍는 날짜 도장.

소일(消日)圈 하는 일이 없이 세월을 보냄. 例 바둑으로 소일하다. [~하다]

소:임(所任)圈 맡은 바 직무. 例 소임을 충실하게.

소:-자본(小資本)圈 얼마 안 되는 작은 밑천. 例 소자본으로 사업을 시작하다.

소:작-인(小作人)圈 소작을 하는 사람.

소:장(少壯)圈 나이가 젊고 기운이 씩씩함. 例 소장한 군인.

소쿠리圈 테를 둥글게 엮은 대 그릇.

소탕(掃蕩)圈 휩쓸어 없애 버림. 例 범죄 소탕. [~하다]

소통(疏通)圈 막힘이 없이 서로 트임. [~하다]

소:포(小包)圈 우편으로 보내는 작은 보따리.

소풍(消風)**명** 답답한 마음을 풀기 위하여바람을 쐬는.**예** 즐거운 소풍〔~하다〕

소:행 (所行)**명** 행한 일. **예** 소행이 올바르다.

소:형(小形)**명** 작은 형체. **반** 대형.

소홀(疏忽)**명** 대수롭지 않고 예사임.**예** 무슨 일이든 소홀히 여겨서는 안된다.

소화(消化)**명** 먹은 음식을 삭이는 일.〔~하다〕

속:명 깊숙한 안.

속국(屬國)**명** 정치적으로 다른 나라에 매여 있는 나라. **비** 식민지.**반** 독립국.

속도(速度)**명** 빠른 정도. **비** 속력.**예** 빠른 속도로 달리다.

속력(速力)**명** 빠르기. 빠른 힘.. **비** 속도.**예** 자동차의 속력.

속:-마음명 드러나지 않은 참마음.**비** 속심.

속세(俗世)**명** 일반 사람들이 사는 세상.**예** 속세로 돌아오다.

속:-셈 **명** 속으로 치는 셈. 〔~하다〕

속이다타 거짓을 참처럼 곧이 듣게 하다.

속-하다(速一)**형** 빠르다.

속-하다(屬一)**자** 딸리다. **예** 우체국은 체신부에 속한다.

속히(速一)**부** 속하게. 빨리. **예** 속히 갔다 오너라.

손:(孫)**명**「후손」의 준말.

손결〔一결〕**명** 손등의 살결.

손길〔一낄〕**명** 손바닥을 펴고 늘어뜨린 손.

손-꼽히다자 몇째 안에 들다.

손-끝명 손가락의 끝.

손녀(孫女)**명** 아들의 딸.**반** 손자.

손님명「손」의 높임말. **반** 주인.

손-발명 손과 발.

손-버릇〔一뻐一〕**명** 손에 익은 버릇.

손수부 직접 자기 손으로. **비** 몸소. 친히.

손:익 (損益)**명** 손실과 이익.

손자(孫子)**명** 아들의 아들. **반** 손녀.

손-재주〔一째一〕(一才一)**명** 손으로 무엇을 만드는 재주. 수교.**예** 손재주가 뛰어나다.

손-짓〔一찟〕**명** 손을 놀려 의사를 나타내는 일.〔~하다〕

손-풍금(一風琴)**명** 손에 들고 타는 풍금.

손:해(損害)**명** 해를 입음. **비** 손실.**반** 이익.

솔-바람명 소나무를 스쳐서 불어 오는 바람.**비** 송풍.

솔-숲명 소나무가 우거진 숲. **비** 송림.

솔:-질명 솔로 먼지를 터는 일.**예** 정결하게 손질을 하여 두자.〔~하다〕

솜:명 목화씨에 붙은 따뜻하고 부드러우며 가벼운 것.

솜씨명 손을 놀려서 물건을 만드는 재주.**예** 솜씨가 일품이다.

송:가(頌歌)**명** 찬양하는 노래. **비** 찬가.

송:년(送年)**명** 한 해를 보냄.

송:료(送料)圆 물건을 부쳐 보내는 데 드는 요금.

송림(松林)圆 솔이 우거진 숲. 비 솔숲.

송:별-회(送別會)圆 송별할 때에 베푸는 모임. 예 송별회를 베풀다.

송:사리圆 송사리과에 딸린 작은 민물고기.

송아지圆 어린 새끼 소.

송:영-대(送迎臺)圆 떠나가는 사람을 보내고, 오는 사람을 맞는 곳.

송이圆 꽃이나 눈 같은 것의 한 덩이. 예 꽃송이.

송:전(送電)圆 전기를 보냄.

송:환(送還)圆 돌려 보냄.

솥圆 밥·국 따위를 끓이는 그릇.

솥-뚜껑圆 솥을 덮는 뚜껑. 예 솥 뚜껑을 덮다.

쇄:국(鎖國)圆 외국과의 국교를 금지함. 반 개국. 예 쇄국 정치.

쇠:-가죽圆 소의 가죽.

쇠:-고기圆 소의 고기. 비 우육.

쇠망(衰亡)圆 쇠퇴하여 망함. 예 쇠망한 신라.

쇠-망치圆 쇠로 만든 망치.

쇠-스랑圆 땅을 파 일구거나 고르는 농기구.

쇠퇴(衰退·衰頹)圆 약해져 전보다 못해짐. 반 발전.

수:(數)圆 사물의 많고 적음.

수(數)圆 「운수」의 준말.

수공(手工)圆 손으로 만든 공예.

수교(修交)圆 국제간에 교제를 맺음.

수기(手旗)圆 손에 쥐는 작은 기. 예 수기 신호.

수기(手記)圆 자기의 체험을 몸소 적음. 〔~하다〕

수난(受難)圆 어려운 처지에 부딪침. 예 수난 극복. 〔~하다〕

수녀(修女)圆 수녀원에서 수도하는 여자.

수:-년(數年)圆 두서너 해. 예 수년에 걸친 투병 생활.

수단(手段)圆 일을 치뤄 나가는 꾀와 솜씨. 비 방법.

수당(手當)圆 일정한 봉급 외에 주는 보수.

수도(首都)圆 한 나라의 서울.

수레圆 바퀴를 달아 굴러가게 만든 제구. 비 마차.

수력(水力)圆 물의 힘. 반 화력.

수령(首領)圆 한 당파나 무리의 우두머리.

수료(修了)圆 일정한 학과를 다 배워 마침. 〔~하다〕

수-륙(水陸)圆 물과 뭍.

수면(水面)圆 물 위의 겉 바닥. 예 잔잔한 수면.

수면(睡眠)圆 잠자는 일. 〔~하다〕

수명(壽命)圆 타고난 명. 예 긴 수명.

수목(樹木)圆 나무.

수배(手配)圆 갈라 맡아서 지킴. 예 범인을 수배하다. 〔~하다〕

수범(垂範)圆 몸소 남의 모범이 됨. 〔~하다〕

수병(水兵)圆 해군의 병사.

수북-하다 혱 물건이 많이 담기어 있거나 쌓여 있다. 예 사과가 수북하다.

수분(水分)명 물기.

수비(守備)명 지키어 막음. 반 공격. [~하다]

수사(搜査)명 찾아서 조사함. [~하다]

수상(殊常)명 보통과 달라 매우 이상함.

수상(授賞)명 상을 줌. 예 우등상 수상. [~하다]

수상-기(受像機)명 텔레비전의 영상을 받는 수신기.

수선명 정신을 어지럽게 하는 말이나 짓.

수선 떨다 퍅 수선스러운 짓을 하다.

수세(守勢)명 지키는 힘이나 태세.

수세미명 설겆이할 때에 그릇을 씻는 물건.

수속(手續)명 일을 치르는 데 필요한 순서. 예 입학 수속. [~하다]

수송-기(輸送機)명 수송을 목적으로 만든 비행기.

수수-료(手數料)명 어떠한 일에 대한 보수.

수술(手術)명 살갗을 째어 병을 치료하는 일. 예 수술 환자. [~하다]

수습(收拾)명 흩어진 물건을 주워서 거둠. 예 일을 수습하다. [~하다]

수심(水深)명 물의 깊이. 예 깊은 수심.

수양(修養)명 품성이나 지식을 닦음. 예 인격 수양에 힘

쓰다. [~하다]

수업(修業)명 학업이나 기술을 닦음. 예 수업하다. [~하다]

수업(授業)명 학문이나 기술을 가르침. 예 수업 시간. [~하다]

수여(授與)명 증서·상장 따위를 줌. 예 훈장 수여. [~하다]

수역(水域)명 물의 일정한 구역.

수영:-복(水泳服)명 헤엄 칠 때 입는 옷.

수예(手藝)명 손으로 만드는 기예.

수온(水溫)명 물의 온도.

수요(需要)명 필요하여 얻고자 함. 소용됨. 반 공급.

수용(收容)명 일정한 곳에 거두어 넣음. 예 감옥에 수용하다. [~하다]

수원(水源)명 물의 근원.

수월-하다혱 힘들지 않다. 예 일이 수월하다.

수위(守衛)명 ① 지킴. ② 관청 등의 경비를 하는 사람. [~하다]

수익(受益)명 이익을 얻음. [~하다]

수:일-간(數日間)명 두서너 날 사이. 예 수일간에 걸쳐 해결되다.

수임(受任)명 명령이나 임무를 맡음. [~하다]

수입-금(收入金)명 수입된 돈.

수입-액(收入額)명 수입된 액수.

수입-품(輸入品)명 외국으로

부터 수입해 들인 물품.

수정 (修正) 圏 올바르게 고침. 예 오자를 수정하다. 〔～하다〕

수제-품 (手製品) 圏 손으로 만든 물건. 예 수제품 수출.

수준 (水準) 圏 사물의 일정한 표준. 비 정도. 예 우리 나라는 교육 수준이 높다.

수-증기 (水蒸氣) 圏 물이 증발하여 된 김.

수직 (垂直) 圏 반듯하게 드리움.

수집 (收集) 圏 거두어 모음. 예 우표 수집. 〔～하다〕

수집 (蒐集) 圏 여러 가지 재료를 찾아 모음. 〔～하다〕

수축 (收縮) 圏 오그라짐. 〔～하다〕

수출 (輸出) 圏 외국으로 물건을 팔아 실어 냄. 반 수입. 〔～하다〕

수출-품 (輸出品) 圏 수출하는 물품.

수취-인 (受取人) 圏 서류나 물건을 받는 사람.

수치 (羞恥) 圏 부끄럽고 창피함. 반 영예. 예 수치스러운 패배.

수-컷 圏 짐승의 숫놈. 반 암컷.

수포 (水泡) 圏 ① 물거품. ② 헛된 결과. 예 일이 수포로 돌아가다.

수풀 圏 나무가 무성한 곳.

수학 (修學) 圏 학업을 닦음. 〔～하다〕 •

수해 (水害) 圏 홍수 때문에 받는 해.

수행 (修行) 圏 행실을 닦음.

〔～하다〕

수행 (遂行) 圏 계획대로 해냄. 예 업무를 수행하다. 〔～하다〕

수행 (隨行) 圏 따라감. 예 대통령을 수행하다. 〔～하다〕

수호-신 (守護神) 圏 지켜 주는 신. 〔～하다〕

수:효 (數爻) 圏 물건의 수. 비 수량.

수훈 (殊勳) 圏 특수한 공훈. 예 수훈을 세우다.

숙달 (熟達) 圏 익숙하고 통달함. 〔～하다〕

숙련-공 (熟練工) 圏 기술에 숙련한 직공.

숙망 (宿望) 圏 오래도록 바라던 소망. 비 숙원. 예 오랜 숙망이 이루어졌다.

숙명 (宿命) 圏 타고난 운명.

숙모 (叔母) 圏 숙부의 아내.

숙부 (叔父) 圏 아버지의 동생. 삼촌.

숙소 (宿所) 圏 묵을 방이 있는 곳. 예 숙소에 가서 편히 쉬어라.

숙식 (宿食) 圏 자고 먹음. 〔～하다〕

숙-질 (叔姪) 圏 아저씨와 조카.

순국 (殉國) 圏 나라를 위해 목숨을 바침. 〔～하다〕

순금 (純金) 圏 순수한 황금. 예 순금 목걸이.

순:리 (順理) 圏 순조로운 이치.

순박 (淳朴) 圏 성질이 온순하고 꾸밈이 없음. 예 순박한 농민.

순:서 (順序) 圏 차례. 예 순서대로 차를 타세요.

人

스크린:(screen)圆 영사막.

스키드(skid)圆 물건을 끌어서 운반하는 차.

스튜디오(studio)圆 방송을 하는 방.

스포:츠 (sports)圆 운동 경기.

슬그머니圆 남이 모르게 넌지시.匈 슬그머니 빠져 나가다.

슬기圆 ① 사리를 밝게 다스리는 재능. ② 지혜.圓 떼. 재주.匈 슬기로운 여자.

슬기-롭다圈 슬기가 있어 보이다.

슬며시圆 드러나지 않게 넌지시.匈 문 틈으로 슬며시 집어 넣다.

슬쩍圆 남이 모르는 동안에 재빨리.匈 슬쩍 피하다.

슬프다圈 뜻밖의 일에 낙심하여 마음이 답답하고 괴롭다.

슬픔圆 몹시 마음이 아프고 괴로운 느낌.圓 기쁨.匈 슬픔을 참다.

습기(濕氣)圆 축축한 기운.匈 방에 습기가 차다.

습도(濕度)圆 대기의 습한 정도.

습성 (習性)圆 버릇이 되어 버린 성질.圓 습관.匈 동물의 습성.

승강-이 서로 옥신각신 하는 일.匈 서로 차지하려고 승강이를 벌인다.

승격〔一격〕(昇格)圆 한층 높이 오름.〔~하다〕

승:공(勝共)圆 공산주의와 싸워 이김.匈 승공 통일.

승용-차(乘用車)圆 사람이 타는 자동차.

승:-패(勝敗)圆 이김과 짐.圓 승부.匈 이번 게임으로 승패를 가루자.

시:가(市街)圆 도시의 큰 길거리.匈 시가 행진.

시:가-전 (市街戰)圆 도시의 길거리에서 벌어지는 전투.

시:가-지(市街地) 圆 시가를 이루는 땅.

시계 (時計)圆 시각을 나타내는 기계.

시골圆 서울에서 멀어진 마을이나 지방.

시급(時急)圆 때가 절박하여 급함.

시기(時期)圆 정하여진 때.匈 입학 시기.

시기(時機)圆 적당한 때.

시나리오(scenario)圆 영화 각본.

시:내圆 골짜기나 평지에서 흐르는 과히 크지 않은 내匈 맑은 시내.

시:내(市内)圆 도시의 안.圓 시외.

시대(時代)圆 일정한 표준에 의하여 구분된 기간.匈 조선 시대.

시들-하다圈 마음에 차지 않다.

시력(視力)圆 눈으로 보는 힘.匈 시력이 나쁘다.

시루圆 떡을 찌는 데 쓰는 질그릇.

시:민(市民)圆 도시에 사는 주민.匈 서울 시민.

시:범(示範)[명] 모범을 보여줌. 〔~하다〕
시:비 (是非)[명] ① 옳음과 그름. ② 다툼. 〔~하다〕
시:선(視線)[명] 눈이 가는 길. 눈의 방향. [예] 시선이 마주치다.
시속(時速)[명] 한 시간을 단위로 하는 속도.
시-아버지(媤—)[명] 남편의 아버지.
시-아주버니(媤—)[명] 남편의 형제.
시-어머니(媤—)[명] 남편의 어머니.
시:외(市外)[명] 도시의 밖. [반] 시내. [예] 시외로 나가니 공기가 좋다.
시-외가(媤外家)[명] 남편의 외가.
시-외삼촌(媤外三寸)[명] 남편의 외삼촌.
시원-스럽다[형] 시원한 태도나 느낌이 있다. [예] 옷이 시원스럽다.
시:인(是認)[명] 옳다고 인정함. [반] 부인. [예] 범행을 시인하다. 〔~하다〕
시인 (詩人)[명] 시를 잘 짓는 사람.
시일(時日)[명] 때와 날. [비] 날짜.
시:작(始作)[명] 하기를 비롯함. 〔~하다〕
시장[명] 배가 고픔. [예] 시장이 반찬이다.
시절(時節)[명] ① 때. ② 철. ③ 사람의 일생을 여럿으로 나눈 한 동안. [예] 어린 시절.
시:조(始祖)[명] 한 겨레붙이의 맨 처음 조상. [예] 백제의 시조는 온조이다.
시:중(市中)[명] 도시의 안.
시집(詩集)[명] 시를 모아 엮은 책. [예] 시집을 발간하다.
시집 가다(媤—)[구] 남의 아내가 되다. [예] 누나가 시집가다.
시집-살이(媤—)[명] 시집에서 하는 살림살이. [예] 시집살이를 3년간 하다. 〔~하다〕
시:초(始初)[명] 시작한 처음. [비] 최초. [반] 종말.
시치미 떼다·[구] 알고도 모르는 체하다.
시키다[타] 부리다. 하게 하다. [예] 일을 시키다.
시-퍼렇다[형] 매우 짙게 퍼렇다
시합(試合)[명] 서로 승패를 겨루는 일. [비] 경기. [예] 권투 시합. 〔~하다〕
식(式)[명] 이미 습관이 된 전례.
식기(食器)[명] 음식을 담아 먹는 그릇. [예] 청결한 식기.
식단-표(食單表)[명] 음식점에서 할 수 있는 음식의 종류와 가격을 적은 표. [예] 식단표 작성.
식당(食堂)[명] 음식을 먹는 방.
식민-지(植民地)[명] 본국 밖에 있어서 본국의 특수 통치를 받는 지역.
식비(食費)[명] 식사의 비용. 밥값.
식사(食事)[명] 음식을 먹는 일, 또는 그 음식. [예] 규칙적인 식사. 〔~하다〕
식-생활(食生活)[명] 먹고 사는

일.

식욕(食慾)[명] 음식을 먹고 싶어하는 욕망.

식용(食用)[명] 먹을 것에 씀. 〔~하다〕

식은-땀[명] 몸이 쇠약하여 병적으로 저절로 흘리는 땀

식자(識者)[명] 학식이나 상식이 있는 사람.

식장(式場)[명] 식을 거행하는 곳. [예] 예식장.

식탁(食卓)[명] 음식을 차려 놓는 탁자.

신-기록(新記錄)[명] 전보다 뛰어난 기록. [예] 신기록을 세우다.

신-나다[자] 홍이나서 우쭐거리다. [예] 신나게 떠들다.

신년(新年)[명] 새해.

신:념(信念)[명] 굳게 믿어 의심하지 않는 마음. [예] 굳은 신념.

신:다〔一따〕[타] 신이나 양말 따위를 발에 꿰다.

신:도(信徒)[명] 종교를 믿는 사람들.

신동(神童)[명] 지혜와 재주가 뛰어난 아이.

신랑(新郎)[명] 새로 결혼한 남자. [반] 신부.

신명(神明)[명] 하늘과 땅의 신령. [예] 천지 신명 앞에 맹세하다.

신문-사(新聞社)[명] 신문을 발행하는 곳.

신병(新兵)[명] 새로 뽑은 군사 [예] 신병 훈련.

신부(新婦)[명] 새로 시집 온 색시. [비] 새색시. [반] 신랑.

신분(身分)[명] 지위나 계급. [예] 신분 증명서.

신:사-복(紳士服)[명] 신사가 입는 양복.

신생-아(新生兒)[명] 갓난 아이.

신선(新鮮)[명] 새롭고 산뜻함.

신성 (神聖)[명] 존엄하고 거룩하여 더럽힐 수 없음.

신세[명] 남에게 도움을 받거나 괴로움을 끼치는 일. [예] 신세를 지다.

신:앙(信仰)[명] 신을 믿고 받듦. [비] 믿음.

신:앙-심(信仰心)[명] 종교를 믿는 마음. [예] 두터운 신앙심.

신예(新銳)[명] 새롭고 날카로움.

신:의(信義)[명] 믿음과 의리. [예] 신의를 저버리다.

신입-생(新入生)[명] 새로 입학한 학생.

신작-로(新作路)[명] 새로 낸 큰 길.

신장(身長)[명] 사람의 키. [비] 키.

신:장(腎臟)[명] 콩팥. [예] 신장 이식 수술.

신전 (神殿)[명] 신령을 모신 큰 집.

신정 (新正)[명] 새해의 정월.

신:중(愼重)[명] 매우 조심스러움. [예] 신중한 결정.

신-천지(新天地)[명] 새로운 세상.

신청(申請)[명] 신고하여 청구함. 〔~하다〕

신청-인(申請人)[명] 신청하는 사람.

신축(新築)[명] 새로 지음. [예] 신축된 건물. 〔~하다〕

ㅅ

신통(神通)[명] 이상하고 묘함.
신하(臣下)[명] 임금을 섬기는 벼슬 자리에 있는 사람. [비] 신자.
신효(神效)[명] 신기한 효험. [비] 특효. [예] 신효한 약.
싣:다[타] 무엇에 올려 놓다.
실력(實力)[명] 실제의 역량. 힘.
실례(失禮)[명] 예의에 벗어난 일. [예] 그런 행동은 실례이다. 〔~하다〕
실리(實利)[명] 실지로 얻은 이익. [예] 대부분이 실리이다.
실리다[피동] 글이나 짐이 실음을 당하다..
실망(失望)[명] 희망을 잃음. [예] 사업에서의 실패가 그에게 커다란 실망을 주었다. 〔~하다〕
실명(失明)[명] 장님이 됨. 〔~하다〕
실무(實務)[명] 실제로 맡아서 처리하는 일.
실수〔一쑤〕(失手) ① 잘못된 일, 또는 행동. [예] 한번의 실수는 용서해 줘라. 〔~하다〕 ② 실례.
실습〔一씁〕(實習)[명] 실제로 해보고 익힘. [예] 교생실습. 〔~하다〕
실언(失言)[명] 실수로 잘못한 말. 〔~하다〕
실용(實用)[명] 실제로 소용됨. 〔~하다〕
실용-적(實用的)[명] 실용에 마땅한 모양. [예] 실용적인 물건.
실적〔一쩍〕(實績)[명] 실제로 이룬 업적. [예] 좋은 실적을 나타내었다.
실정〔一쩡〕(實情)[명] 실제의 사정. [비] 실태. [예] 딱한 실정.
실제〔一쩨〕(實際)[명] 거짓이 아닌 경우나 형편. [비] 실지.
실질〔一찔〕(實質)[명] 꾸밈이나 거짓이 없는 본바탕.
실천-가(實踐家)[명] 할 일을 실천에 잘 옮기는 사람.
실천-적(實踐的)[명] 실제로 행하는 그것.
실태(實態)[명] 있는 그대로의 모양.
실:-패[명] 실을 감아 두는 작은 나무 쪽.
실행(實行)[명] 실제로 행함. [비] 실천, 실시. [예] 배운 것을 실행에 옮기자. 〔~하다〕
실현(實現)[명] 실제로 나타냄. 〔~하다〕
심덕(心德)[명] 너그럽고 착한 마음의 덕. [예] 심덕이 좋다.
심리(審理)[명] 재판에 필요한 모든 조사를 함. 〔~하다〕
심리(心理)[명] 마음의 움직임. [예] 심리 변화.
심문(審問)[명] 자세히 따져 물음. [예] 죄인 심문. 〔~하다〕
심:부름[명] 남의 시킴을 받아 하는 일. 〔~하다〕
심:부름꾼[명] 심부름 하는 사람.
심사(審査)[명] 자세히 살피어 조사함. 〔~하다〕
심산(深山)[명] 깊은 산.
심신(心身)[명] 마음과 몸. 정신과 신체. [예] 심신의 건강.
심장 마비(心臟麻痺)[명] 염통이 마비되어 맥박이 없어

ㅅ

지는 일.

심:-지어(甚之於)界 심하게는. ㉈ 심지어 운동까지도 할 수 있게 되었다.

심:-하다(甚一)혭 정도가 지나치다. ㉈ 걱정이 심하다.

심-호흡(深呼吸)혭 깊게 쉬는 숨.

싱겁다혭① 맛이 짜지 않다. ㉈ 국이 싱겁다.② 언행이 멋적다.

싱숭-생숭界 마음이 들떠 갈팡질팡하는 모양. ㉈ 마음이 싱숭생숭하다.

싸다혭 물건 값이 표준보다 적다. 퇍 비싸다.

싸다퇴 물건을 보자기 안에 넣어 보이지 않게 하다. ㉈ 물건을 싸다.

싸-다니다재 여기 저기를 분주히 돌아다니다. ㉈ 하루종일 싸 다니다.

싸-돌:다퇴 「싸고 돌다」의 준말.

싸리-문(一門)혭 싸리를 엮어 만든 문.

싸-안다재 휘감아 싸서 안다.

싸움혭 서로 다툼. 싸우는 짓. 〔～하다〕

싸움-판혭 싸움이 일어난 판국.

싸-전(一廛)혭 쌀과 그 밖의 곡식 등을 파는 가게. 쌀가게.

쌀-가:게〔一까一〕혭 쌀을 파는 가게.

쌍둥-이(雙一)혭 한 태에서 나온 두 아이.

쌍방(雙方)혭 양쪽 또는 양

편.

썩界① 빨리. ㉈ 썩 나가거라.② 뛰어나게. ㉈ 썩 잘 되었다.

썩둑-썩둑界 연한 물건을 도막쳐 자르는 모양.

썰매혭 눈 위나 얼음 위를 타고 다니는 기구.

쏜살-같다혭 쏜 화살과 같이 매우 빠르다. ㉈ 도망 가는 것이 쏜살 같다.

쏠리다재 한 편으로 기울어지다. ㉈ 시선이 나에게 쏠리다.

쐬:다퇴① 바람을 받다.② 자기 물건에 대한 평가를 받아보다.

쑤석-거리다퇴 자꾸 뒤지고 쑤시다.

쑤시다퇴 찌르다. ㉈ 칼로 쑤시다.

쑥대-밭혭 쑥이 우거져 어지러운 밭.

쑥界 무엇이 몹시 내미는 모양.

쓰다혭 맛이 소태와 같다. ㉈ 입맛이 쓰다.

쓰다퇴 글씨를 그리다.

쓰다퇴 사람을 부리다.

쓰다듬다〔一따〕퇴 귀여워서 손으로 어루만지다. ㉈ 머리를 쓰다듬다.

쓰디-쓰다혭 매우 쓰다. ㉈ 약이 쓰디쓰다.

쓰레기혭 쓸어 모은 먼지나 내버릴 물건의 총칭.

쓸개혭 간에 붙어 있는, 내장 기관

ㅇ

ㅇ [이응]닿소리의 여덟째 글자.
아 [감] 기쁨·슬픔·칭찬· 뉘우침 또는 절실한 느낌을 나타낼 때 내는 소리. [예] 아, 참으로 기쁘다.
아가 [명] 「아기」의 어린이말.
아가씨 [명] 아직 결혼하지 않은 여자를 높이어 부르는 말.
아:군(我軍)[명] 우리 군사. 우리 편.
아궁이 [명] 불을 때는 구멍. [예] 연탄 아궁이.
아기 [명] 어린 아이를 귀엽게 부르는 말.
아기-자기 [부] 여러 가지가 잘 어울려 아름답고 예쁜 모양.
아까 [부] 조금 전에.
아깝다 [형] 매우 섭섭한 느낌이 있다.
아껴-쓰다 [타] 「아끼어 쓰다」의 준말.
아끼다 [타] 함부로 쓰지 않다.
아낙-네 [명] 남의 집 부녀를 이르는 말. [예] 마을 아낙네.
아늑-하다 [형] 둘레가 폭 싸여 오목하다. [예] 아늑한 마을.
아:담(雅澹·雅淡)[명] 말쑥하고 담담함.
아동(兒童)[명] 어린이.
아련-하다 [형] 정신이 희미하다. [비] 어렴풋하다. [예] 기억이 아련하다.
아롱-아롱 [부] 무늬나 점 따위가 고르게 촘촘한 모양.
아름 [명] 양 팔을 벌려 껴안았을 때의 둘레의 길이. [예] 꽃다발 한 아름.
아름답다 [형] 예쁘고 말쑥하다. [반] 추하다.
아리땁다 [형] 마음씨나 태도가 썩 아름답다.
아마-도 [부] 「아마」를 더 힘있게 하는 말.
아:무 데 [지대] 아무 곳.
아:무 때 [명] 어떠한 때.
아무렇거나 [준] 아무러하거나.
아무렴 [감] 「아무려면」의 준말. [예] 아무렴, 그렇고 말고.
아:무-아무 [인대] 누구누구. 모모.
아:무-쪼록 [부] 될 수 있는 대로.
아:무튼 [부] 어떻게 되었든지. [예] 아무튼 잘 왔다.
아물다 [자] 부스럼이나 상처가 나아서 맞붙다. [반] 덧나다. [예] 상처가 아물다.
아버-님 [명] 「아버지」의 높임말.
아부(阿附)[명] 아첨하여 알랑거림. [~하다].

아빠 몡 어린이가 아버지를 부르는 말.

아산(牙山) 몡 충청 남도의 군 이름. 현충사가 있음.

아성(牙城) 몡 ① 우두 머리가 있는 성. ② 아주 중요한 곳.

아쉰-대로 児 부족하지만 참고.

아슬-아슬 児 조금 추워지는 모양.

아악(雅樂) 몡 옛날 고려 시대부터 내려오던 궁중음악. 児 속악.

아양 몡 아첨하는 짓. 귀염을 받으려고 알랑거리는 짓.

아연(啞然) 몡 놀라 말이 안 나옴. 놀라 입을 벌림.

아유 갑 뜻밖의 일에 대해 놀라움을 나타내는 소리.

아저씨 몡 아버지·어머니와 같은 대의 남자.

아주 児 다시 생각할 나위가 없이. 児 매우.

아지랑이 몡 봄날 먼 공중에 아른거리는 공기의 움직임.

아첨(阿諂) 몡 남의 마음에 들려고 간사를 부려 비위를 마추는 짓. 児 아부. 〔~하다〕

아침 몡 ① 날이 새어 밥을 먹을 때까지의 동안. ② 「아침밥」의 준말.

아침-결 〔-껼〕 몡 ① 아침 기분이 가시기 전. ② 낮이 되기 전.

악기(樂器) 몡 음악을 연주할 때 쓰는 기구.

악독(惡毒) 몡 모질고 사나움. 児 잔악.

악몽(惡夢) 몡 불길한 꿈. 児 흉몽. 児 길몽.

악보(樂譜) 몡 음악의 곡조를 일정한 기호를 써서 나타낸 것.

악성(惡性) 몡 모질고 독한 성질. 児 악성 감기.

악수(握手) 몡 서로 손을 잡음 児 반갑게 악수하다. 〔~하다〕

악-영향(惡影響) 몡 나쁜 영향. 児 교육에 악영향을 끼치다.

악인(惡人) 몡 성질이 흉악한 사람. 児 선인.

악질(惡質) 몡 모질고 독한 성질.

악착(齷齪) 몡 성질이 모질고 악독함.

악취(惡臭) 몡 고약한 냄새. 児 악취나는 양말.

악-취미(惡趣味) 몡 좋지 못한 취미.

악풍(惡風) 몡 ① 못된 풍속. ② 모진 바람.

안ː내(案內) 몡 인도하여 내용을 알려 줌.

안도(安堵) 몡 사는 곳에서 편안히 지냄. 児 안도의 한숨을 쉬다. 〔~하다〕

안동-포(安東布) 몡 아주 가는 삼실로 짠 삼베.

안-마당 몡 안채 앞에 있는 마당.

안ː목(眼目) 몡 사물을 보아서 분별하는 힘. 児 안목을 넓혀라.

안보(安保) 몡 편안히 보존됨.

안-손님 〔-쏜-〕 몡 여자 손님.

안식(安息) 몡 편히 쉼. 児 평온한 안식. 〔~하다〕

암-탉 圏 닭의 암컷. 맨 수탉.

압박(壓迫) 기운을 펴지 못하
　게 억누름.
　圆 민족의 압박. 〔~하다〕

압축(壓縮) 圏 눌러서 쭈그러
　뜨림. 〔~하다〕

앗기다 団 빼앗음을 당하다.

앗:다 団 "빼앗다"의 준말. 圆
　돈을 앗다.

앙-갚음 圏 자기에게 해를 끼
　친 사람에게 원한을 푸는 행
　동. 〔~하다〕

앙상-하다 圈 바짝 말라 뼈마
　디가 보기 싫게 낱낱이 드
　러나다. 圆 앙상하게 말랐다.

앙탈 圏 시키는 말을 듣지 않
　고 피를 부림. 〔~하다〕

앞-서 匣 ① 지난 번에. ② 미리.

앞-서다 函 남보다 먼저 나아
　가다. 圆 봉사 활동에 앞서
　다. 맨 뒤서다.

앞-세우다 団 앞에 서도록 하
　다.

앞앞-이 匣 ① 몫몫이. ② 각 사
　람의 저마다의 앞에.

앞-지르다 団 빨리 나아가서
　남보다 먼저 앞을 차지하다.

애꾸 圏 한 쪽 눈이 먼 사람.

애-꽃다 圈 죄없이 벌고를 당
　하여 억울하다.

애:-달다 函 마음이 몹시 쓰이
　어 속이 좋아붙는 듯하다.

애:달프다 圈 마음이 아프고 쓰
　리다.

애:독(愛讀) 圏 특히 즐겨서
　읽음. 〔~하다〕.

애로(隘路) 圏 ① 곤란한 고비.
　② 좁고 험난한 길.

애:림(愛林) 圏 수풀을 사랑함.

　〔~하다〕

애:-매-하다 圈 잘못도 없이 억
　울하게 누명을 쓰다.

애-벌레 圏 알에서 깨어나 번
　데기로 되기까지의 벌레.

애석(哀惜) 圏 슬프고 아까움.
　圆 그 나이에 죽다니 애석한
　일이다.

애:석(愛惜) 圏 사랑하고 아깝
　게 여김.

애:-쓰다 函 마음과 힘을 다하
　다.

애:완(愛玩) 圏 매우 아껴 구
　경하며 즐김. 〔~하다〕

애:용(愛用) 圏 즐겨서 늘 씀.
　圆 국산품 애용. 〔~하다〕

애원(哀願) 圏 슬픈 소리로 간
　절히 원함. 맨 애소. 간청 〔~
　하다〕

애절(哀絶) 圏 몹시 슬픔.

애정(哀情) 圏 불쌍히 여기는
　마음.

애:정(愛情) 圏 사랑하는 마음.
　맨 증오.

애:족(愛族) 圏 겨레를 사랑함.
　圆 애국 애족 정신. 〔~하
　다〕

애:착(愛着) 圏 사랑하고 아끼
　는 마음에 사로잡혀 생각을
　버릴 수 없음. 〔~하다〕

애처-롭다 圈 보기에 딱하고
　가엾다.

애초 圏 맨 처음. 당초. 맨 애당
　초.

애:-타다 函 너무 걱정이 되어
　서 속이 타는 듯하다.

애:-태우다 団 걱정을 하여 속
　을 태우다.

애틋-하다 圈 ① 애가 타는 듯

하다.②매우 간절하다.

액체(液體)똉물이나 기름처럼 유동하는 물체.

앵두 따다판「울다·눈물 흘리다」의 속된 말.

야:간(夜間)똉밤 사이. 밤 동안.

야:경(夜警)똉밤에 도둑·화재를 막기 위하여 마을을 살핌. [~하다].

야:광(夜光)똉어둠 속에서 스스로 내는 빛.

야:당(野黨)똉현재 정권을 잡지 못한 정당. 뺸여당.

야들-야들뷔부드럽고 윤이나는 모양. ⑩야들야들한 옷감.

야:만(野蠻)똉지능이 미개하여 문화가 깨지 않은 상태, 또는 그 종족.

야무-지다혬모질고 야물다. ⑩그 여자는 야무지게 살림을 한다.

야물다째씨가 단단하게 익다.

야:비(野卑)혬성질이나 행동이 교양이 없고 천함. ⑩야비한 행동.

야:산(野山)똉들 가까이의 나지막한 산. ⑩야산개발.

야:생(野生)똉동식물이 산이나 들에서 저절로 자라남. 또는 그 식물. [~하다]

야:습(夜襲)똉밤에 갑자기 쳐들어감. 뺸야공. [~하다].

야:심(野心)똉남몰래 품은 뜻. ⑩청년은 건전한 야심을 품어야 한다.

야:외(野外)똉들. 들판.교외 ⑩야외로 놀러가다.

야:욕(野慾)똉분에 넘치는 나쁜 욕심. 뺸탐욕. ⑩야욕을 버려라.

야:전(野戰)똉육지에서 하는 싸움. ⑩야전군. [~하다]

야:학(夜學)똉밤에 배움. ⑩야학으로 졸업하다. [~하다]

야:학-회(夜學會)똉밤에 글을 배우는 모임.

약(約)똉어느 수량에 거의 가까운 정도를 나타내는 말. 뺸대강. 대략. ⑩약 백여 명 가량.

약간(若干)뷔얼마 되지 아니함.

약다혬꾀가 많다. ⑩약은 아이.

약-빠르다혬몹시 약아서 눈치가 빠르다.

약소(弱小)똉약하고 작음. 뺸강대.

약속(約束)똉앞으로 할 일에 대하여 말로 서로 정함. 뺸언약. [~하다].

약식(略式)똉정식 절차를 줄인 방식. 뺸정식.

약자(弱者)똉약한 사람.

약점(弱點)똉남만 못하거나 빠지는 점.

약정(約定)똉약속하여 정함. [~하다].

약제(藥劑)똉여러 가지 약재를 섞어서 조제한 약. 뺸약품.

약진(躍進)똉빠르게 진보함. [~하다]

약-하다(略一)타「생략하다」

의 준말.

얄-궂다 휑① 성품이 괴상하다. ② 짓궂다.

얄찍-하다 휑 얇은 듯하다.

양(量) 몡 「수량·분량」 등을 통틀어 일컫는 말.

양:계(養鷄) 몡 닭을 기름. 〔～하다〕

양:극(兩極) 몡① 남극과 북극. ② 양극(+)과 음극(-).

양력〔－녁〕**(陽曆)** 몡 지구가 태양의 둘레를 한 번 도는 데 걸리는 시간(365일)을 기준으로 하여 만든 달력. 「태양력」의 준말. 빤 음력.

양:로(養老) 몡 노인을 존경하여 받듦. 〔～하다〕

양류(楊柳) 몡 버드나무.

양:면 (兩面) 몡 앞면과 뒷면.

양모(羊毛) 몡 털실의 원료. 양.

양:보(讓步) 몡 어떤 것을 사양하여 남에게 미루어 줌. 〔～하다〕

양:봉(養蜂) 몡 꿀을 얻기 위하여 꿀벌을 기름, 또는 그 벌. 〔～하다〕

양:분(養分) 몡 영양이 되는 성분. 빤 영양분. 자양분.

양서(良書) 몡 읽어서 이로운 책.

양:성(養成) 몡 길러 냄. 빤 육성. 몐 인재를 양성하다. 〔～하다〕

양수 (揚水) 몡 물을 위로 올림. 〔～하다〕

양:식(養殖) 몡 인공적으로 길러서 번식시킴. 몐 벌을 양식하다. 〔～하다〕

양식 (樣式) 몡 일정한 형식과

모양.

양양-하다(洋洋一) 휑① 바다가 한없이 넓다. ② 앞 날의 희망이 크다. 몐 앞길이 양양하다.

양:육(養育) 몡 길러 자라게 함. 몐 부모 대신 양육하다. 〔～하다〕

양:일-간(兩日間) 몡 이틀 사이. 몐 양일간에 걸쳐 이사하다.

양:잠(養蠶) 몡 누에를 기름. 〔～하다〕

양재(洋裁) 몡 양복을 마르는 방법.

양지 바르다(陽地一) 혱 땅이 볕을 잘 받다.

양철(洋鐵) 몡 얇은 철판의 안팎에 주석을 입힌 것. 통조림통·기름통 같은 것을 만드는 데 씀.

얕-보다 탸 얕잡아 보다. 빤 깔보다.

얕은-꾀 몡 속이 들여다보이는 꾀. 몐 얕은 꾀에 속아 넘어가다.

얕-잡다 탸 정도를 낮추어 다루다.

어:간 몡 넓은 사이.

어거지 몡 억지. 몐 어거지를 부리다.

어귀 몡 드나드는 길목의 첫머리. 빤 입구. 몐 골목 어귀.

어그러-지다 짜 비틀어지다.

어긋-나다 짜 서로 엇갈리다. 몐 약속이 어긋나다.

어깨 몡① 팔이 몸에 붙은 관절의 윗부분.

어느 것 때 어느 물건.

어느-덧 團 어느 사이에.

어두컴컴-하다 團 어두워서 빛이 보이지 아니하다.

어둑어둑 團 날이 저물어 가는 모양.

어:둔 (語鈍) 團 말이 둔함.

어디 匣 어느 곳. 어떤 곳.

어른-거리다 자 보이다 안 보이다 하다.

어:름 團 ① 두 물건이 서로 한데 닿은 그 사이. ② 물건과 물건의 한가운데.

어리다 자 ① 눈에 물물이 괴다. ② 눈 앞에 자꾸 떠오르다.

어리둥절-하다 團 정신이 얼떨떨하다.

어리벙벙-하다 團 꾀가 없다. 똑똑하지 못하다.

어림 團 대중 잡아 헤아림. [~하다].

어림-셈 [~쎔] 團 대강 짐작으로 하는 셈. [~하다].

어림-수 [~쑤] (-數) 團 대강 짐작으로 잡은 수.

어림-없다 團 도저히 될 가망이 없다.

어림-짐작 匣 대강 짐작으로 헤아려 보다. 어림 치다.

어림 짐작 團 대강으로 친 짐작. 團 가량. [~하다].

어마아마-하다 團 엄청 나고 굉장하다. 團 어마어마하게 높은 방송국 안테나.

어물 (魚物) 團 생선을 말린 것.

어물-거리다 자 언행을 똑똑히 하지 않다.

어물쩍-거리다 자 꾀를 쓰느라고 언행을 똑똑하지 않게 하다.

어민 (漁民) 團 고기잡이를 업으로 삼는 사람.

어:색-하다 團 서먹서먹하고 서투르다.

어:설프다 團 꼭 짜이지 않다.

어수룩-하다 團 언행이 숫되고 후하다.

어수선-하다 團 근심이 많아서 마음이 뒤숭숭하다. 團 마음이 어수선하다.

어슴푸레-하다 團 아주 밝지도 않고 어둡지도 않고 희미하다. 團 기억이 어슴푸레하다.

어:안이 벙벙하다 團 기가 막혀서 말문이 막히다. 團 기가 막혀서 어안이 벙벙하다.

어업 (漁業) 團 물고기를 잡거나 기르는 일.

어여쁘다 團 예쁘다의 예스러운 말.

어엿-하다 團 거리낌이 없이 아주 떳떳하다. 團 당당하다. 團 어엿한 사회인.

어우르다 타 여럿이 모여 한판을 이루다. 團 친구들과 어우르다.

어울리다 자 어울리게 되다. 團 친구들과 어울리다.

어이 團 어처구니.

어이-없다 團 엄청 나거나 기가 막혀서 어쩔 생각이 없다.

어장 (漁場) 團 고기잡이를 하는 곳.

어즈버 匣 「아아」의 옛말.

어지간-하다 團 거의 근사하다.

어질다 團 성질이 너그럽고 마

음이 인자하다. ❹ 성품이 어질다.

어쩌다가 ▣① 뜻밖에.② 이따금.

어쩐지 ▣ 왜 그런지. ❹ 어쩐지 마음이 놓이지 않는다.

어창 (魚倉) ❷ 배 안에 잡은 물고기를 넣어 두는 창고.

어처구니 ❷ 엄청나게 큰 물건이나 사람을 일컫는 말.

어촌 (漁村) ❷ 고기잡이로 살아가는 바닷가의 마을.

억-누르다 ❶ 강제로 내리 누르다.

억-세다 ❸ 힘이 굳세다.

억압 (抑壓) ❷ 힘으로 억누름. ❹ 일제의 억압. 〔~하다〕.

억지로 ▣ 강제로. 무리하게.

억척 ❷ 모질고 끈덕진 태도.

언덕 ❷① 땅이 비탈진 곳. ② 나지막한 산이나 구릉.

언뜻-하면 ▣ 무슨 일이 눈앞에 잠깐 나타나기만 하면. ❹ 언뜻하면 할머니 생각이 난다.

언론 (言論) ❷ 말이나 글로써 자기의 생각을 나타내는 일. 〔~하다〕.

언:문 (諺文) ❷ 「한글」을 전에 일컫던 속칭.

언성 (言聲) ❷ 말의 소리.

언약 (言約) ❷ 말로써 약속함. ❹ 약속. 〔~하다〕.

언:저리 ❷ 주위의 근방. 둘레의 근처.

언제 ▣ 어느 때에. 어느 때에.

언 짢다 ❷ 좋지 않다.

언-행 (言行) ❷ 말과 행실. ❹ 언동.

얹히다 짜 음식이 체하다.

얼 ❷ 혼. 넋. 정신. ❹ 민족의 얼.

얼:다 짜 물이 차서 굳어지다. ❷ 녹다.

얼떨떨-하다 ❷ 복잡하여 정신이 몹시 얼떨떨하다.

얼레 ❷ 실을 감는 기구.

얼룩-지다 짜 얼룩얼룩하게 되다.

얼른 ▣ 「빠르게·속히」의 뜻으로 동작을 빨리함을 나타내는 말.

얼:-빠지다 짜 정신이 혼란 하다.

얼싸-안다 〔-따〕 ❶ 두 팔로 껴안다.

얼씬-못:하다 짜 겁이 나서 앞에 나타나지 못하다.

얽-매다 ❶ 얽어 매다.

얽히다 ❸ 서로 엇갈리다. ❹ 실이 얽히다.

엄격 〔-껵〕 (嚴格) ❷ 엄숙하고 정당함.

엄금 (嚴禁) ❷ 엄하게 금함. 〔~하다〕.

엄동 (嚴冬) ❷ 매우 추운 겨울.

엄두 ❷ 감히 무엇을 하려는 마음. ❹ 너무 어려워 엄두가 안난다.

엄명 (嚴命) ❷ 엄중히 명령함. 〔~하다〕.

엄숙 (嚴肅) ❷ 무게 있고 의젓하며 위엄이 있음. ❹ 근엄.

엄중 (嚴重) ❷ 몹시 엄함.

엄청-나다 ❷ 정도가 생각한 바와는 아주 다르다.

업계 (業界) ❷ 같은 산업이나 상업에 종사하는 사회.

업무 (業務)명 맡아서 하는 일.

업:신-여기다 〔-녀-〕타 잘 난 체하여 남을 깔보다.

업적 (業績)명 일을 해 놓은 자취. 예 공적. 예 업적을 남기다.

엇-갈리다재 길이 어긋 나서 만나지 못하다.

엇비슷-하다형 거의 같다..

엉거주춤-하다재 가부를 결정하지 못하고 망설이고 있다.

엉겁-결명 미처 뜻하지 못한 순간.

엉기다재 한데 뭉쳐 굳어지다. 예 기름이 엉기다.

엉뚱-하다형 아무 관계도 없는 말이나 행동을 하다.

엉망명 헝클어지고 뒤섞여서 갈피를 잡을 수 없는 상태. 예 흙탕물이 튀어 옷이 엉망이 되다.

엉성-하다형 짜지 못하다.

엉클어-지다재 일이나 물건이 서로 얽히게 되다. 예 엉클어진 누나의 머리.

엉터리명 터무니 없는 일이나 물건. 예 엉터리 수작을 하지 말라.

엊-그제명①「어제 그저께」의 준말.②이삼일 전.

엎다타 뒤집어 놓다.

엎드러-지다재 잘못하여 엎어지다.

엎치락-뒤치락 엎쳤다가 뒤쳤다가 하는 모양.〔~하다〕.

에누리명 물건 값을 깎는 일.〔~하다〕.

에워 가다타 바른 길로 가지 않고 둘러 가다.

에워-싸다타 둘레를 둘러서 싸다. 예 둘러 싸다.

-여 (餘)미 수효나 순서를 뜻하는 말 밑에 붙어 그 이상이라는 뜻을 나타내는 말. 예 십여명.

여가 (餘暇)명 겨를. 틈. 예 책 볼 여가가 없다.

여간부 보통으로. 어렵지 않게.

여객-기 (旅客機)명 여행하는 손님을 태우는 비행기.

여객-선 (旅客船)명 여객을 태워 나르는 배.

여:건 〔-껀〕(與件)명 주어진 조건. 예 불리한 여건.

여권 〔-꿘〕(旅券)명 외국 여행을 하는 사람의 증명서.

여기다타 그렇다고 생각하다.

여념 (餘念)명 다른 생각.

여느관 보통. 특별한 경우가 아니고 흔히 있는 예사로운. 예 올해는 여느 해에 비하여 비가 많이 왔다.

여:-닫다타 문 따위를 열었다 닫았다 하다.

여드레명 여덟 날. 팔일.

여든주 열의 여덟 갑절. 80.

여럿명①많은 수.②많은 사람.반 혼자.

여:론 (輿論)명 공통된 의견. 예 공론.

여름-내부 여름 한 철 동안.

여리다형①조금 부족하다.②단단하지 않다. 보드랍다.

여무-지다형 영악하고 오달지다.참 야무지다.

여물명 마소를 먹이기 위하여

말려서 썬 짚이나 풀.

여물다 째 곡식의 알이 단단해 지다. 충분히 익다.

여물-박〔─빡〕圀 소나 말의 먹 이를 줄 때 쓰는 바가지.

여미다 囲 옷이나 장막 등을 단정히 바로 하다.

여-반장(如反掌)圀 손바닥을 뒤집는 것처럼 아주 쉽다는 말.

여백(餘白)圀 종이에 글씨를 쓰고 남은 빈 자리.

여분(餘分)圀 나머지.

여생(餘生)圀 앞으로 남은 일 생.

여세(餘勢)圀 어떤 일을 겪 은 다음의 그 나머지 세력.

여울圀 물살이 세게 흐르는 좁 은 곳.

여위다 째 몸의 살이 빠져서 몸 이 파리하게 되다.

여유(餘裕)圀 넉넉하고 남 음이 있음. 예 여유 있는 태 도.

여의(如意)圀 일이 뜻대로 됨.

여의다 囲 ①이별하다.②죽어 서 헤어지다.

여전(如前)圀 전과 같음. 예 바 다는 여전히 잔잔하다.

여파(餘波)圀 뒤에 미치는 영 향.

역경(逆境)圀 순조롭지 못한 어려운 경우.

역대(歷代)圀 지내온 여러 대. 예 역대 임금.

역사(力士)圀 힘이 아주 센 사 람.

역설(力説)圀 힘주어 말함. 예 평화통일을 역설하다. 〔~

하다〕.

역성圀 옳고 그름을 가리지 않 고 한 쪽만 편들어 도와 줌. 〔~하다〕.

역습(逆襲)圀 공격해 오는 적 을 이쪽에서 도리어 갑자기 쳐 부숨. 예 적에게 역습당 하다. 〔~하다〕.

역임(歷任)圀 여러 벼슬을 거 듭하여 차례로 지냄. 예 장관 직을 역임하다. 〔~하다〕.

역전 (歷戰)圀 이곳 저곳에서 눈부시게 많이 싸움. 〔~하 다〕.

역전(逆轉)圀 ①반대로 돎.② 형세가 뒤바뀜. 예 점수가 역 전되다. 〔~하다〕.

역전-승(逆轉勝)처음에는 지 다가 나중에 가서 도리어 이 김. 밴 역전패. 〔~하다〕.

역풍(逆風)圀 거슬러 부는 바 람. 밴 순풍.

역할(役割)圀 각자 맡은 일. 예 소임. 구실. 예 맡은 바 역 할을 다하다.

연간(年間)圀 한 해 동안. 예 연간 수출 실적.

연결(連結)圀 서로 이어 맺음. 밴 분리. 절단. 〔~하다〕.

연고-자(緣故者)圀 혈통이나 법률상 인연을 맺고 있는 사 람.

연:구(研究)圀 어떤 사물에 대 하여 깊이 조리있게 조사하 고 생각함. 밴 궁리. 예 연구 발표. 〔~하다〕.

연:금(軟禁)圀 정도가 너그러 운 감금. 예 소매치기가 연금 당하다. 〔~하다〕.

연기 (延期)圖정한 기한을 물림.ⓔ소풍을 연기하다. 〔~하다〕.

연-달다 (連一)탄잇달다. ⓔ연달아 일어난 화재.

연대 (聯隊)圖사단을 이루고 있는 한 부대.

연도 (沿道)圖큰 길 가.

연락 (連絡·聯絡)圖①서로 이어 냄.②서로 관계를 맺음. 〔~하다〕.

연료 (燃料)圖열을 이용하기 위한 땔감.ⓔ멜감.

연발 (延發)圖늦추어 출발함. 〔~하다〕.

연방圖연달아 곧.ⓔ연방 총소리가 들렸다.

연상 (聯想)圖한 생각으로 말미암아 다른 생각이 머리에 떠오르는 일. 〔~하다〕.

연소 (年少)圖나이가 어림.

연소 (燃燒)圖불에 물건이 탐. 〔~하다〕.

연속 (連續)圖끊이지 아니하고 죽 이음.ⓔ계속.지속. 〔~하다〕.

연안 (沿岸)圖강이나 바닷가 일대.

연:약 (軟弱)圖무르고 부드러움.ⓔ연약한 아기의 손.

연-이나 (然一)튄그러나

연-인원 (延人員)圖어떤 일에 관계한 총인원.

연-잇다 (連一)탄연속하여 잇다.

연장圖물건을 만들거나 일을 하는 데 쓰는 기구.ⓔ도구.

연:장 (延長)圖시간·길이 등을 길게 늘임.〔~하다〕.

연:주 (演奏)圖많은 사람 앞에서 악기로 음악을 들려 줌. 〔~하다〕.

연중 행사 (年中行事)圖해마다 정기적으로 행하는 행사.

연착 (延着)圖정한 시간보다 늦게 도착함. 〔~하다〕.

연초 (煙草)圖담배.

연: -하다 (軟一)圖　무르고 부드럽다.ⓔ고기가 연하다.

연해 (沿海)圖바다에　닿은 육지.

연행 (連行)圖데리고 감. 〔~하다〕.

연후 (然後)圖그러한 뒤.ⓔ숙제를 한 연후에 놀러 가거라.

열광 (熱狂)圖너무 좋아서 미친 듯이 날뜀. 〔~하다〕.

열광-적 (熱狂的)圖너무 좋아서 기뻐 날뛰는 모양, 또는 그 것.ⓔ열광적인 환영을 받다.

열녀 (烈女)圖남편에게 대한 절개와 정조가 굳은 여자.ⓔ열부.

열녀-문 (烈女門)圖열녀를 기리기 위하여 세운 문.

열:다재 열매 따위가 맺히다. ⓔ참외가 열다.

열:다탄①닫힌 문 따위를 터놓다.②상점이나 모임을 시작하다.ⓔ회의를 열다.

열등-감 (一等一)(劣等感)圖자신을 낮추어 평가하는 감정.

열량 (熱量)圖온도를 높이는 데 드는 열의 양.

열렬 (熱烈·烈烈)圖정도가 몹

시 극렬함. [비] 맹렬. [예] 열렬한 환영.

열망(熱望)[명] 열렬하게 바람. 〔~하다〕.

열병(熱病)[명] 몸에 열이 많이 나는 질병.

열사〔一싸〕(烈士)[명] 절의를 굳게 지키는 사람. [예] 순국 열사.

열어 젖뜨리다 [타] 문이나 창 따위를 넓게 열어 놓다.

열:-없다 [형] ①조금. 어색하고 부끄럽다. ②겁이 많다.

열의(熱意)[명] 어떤 일에 대하여 강하게 실행하는 마음. [비] 열성. [예] 열의가 대단하다.

열중〔一쭝〕(熱中)[명] 정신을 한 곳으로 쏟아 골몰함. [예] 독서에 열중하다. 〔~하다〕.

엷:다 [형] 두께가 두껍지 않다. [반] 두껍다.

염(鹽)[명] 소금.

염:료(染料)[명] 물감.

염분(鹽分)[명] 소금기.

염:색(染色)[명] 피륙 따위에 색물을 들임. [반] 탈색. 〔~하다〕.

염전(鹽田)[명] 바닷물을 증발시켜서 소금을 만드는 곳.

염치(廉恥)[명] 청렴하고 깨끗하여 부끄러움을 아는 마음.

엽서(葉書)[명] 편지를 적어 보내는 카드.

엽전(葉錢)[명] 가운데 구멍이 뚫린 옛날 쇠돈.

엽차(葉茶)[명] 찻잎을 달여서 만든 차.

엽총(獵銃)[명] 사냥하는 데 쓰는 총.

엿:-듣다 [타] 몰래 듣다.

엿:-보다 [타] 몰래 살피다. 남몰래 가만히 보다.

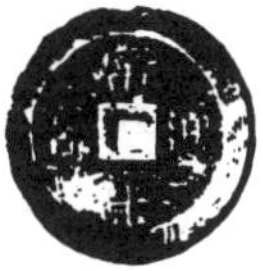

〈엽전〉

엿새 [명] 6일. 여섯 날.

영(靈)[명] 죽은 사람의 넋.

영:겁(永劫)[명] 심히 오랜 세월.

영광(榮光)[명] 빛나는 명예. [비] 영예. [반] 수치.

영구-차(靈柩車)[명] 송장을 싣는 차.

영-기(令旗)[명] 옛날 군중에서 군령을 전하던 기.

영농-비(營農費)[명] 영농에 드는 비용.

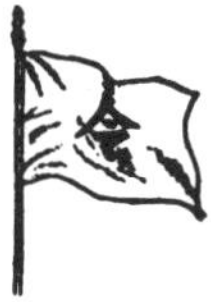

〈영기〉

영달(榮達)[명] 지위가 높아지고 신분이 귀하여짐. 〔~하다〕.

영도(領導)[명] 앞에 서서 이끎. 〔~하다〕.

영령(英靈)[명] 죽은 사람의 영혼.

영리(營利)[명] 재산상의 이익을 얻으려고 꾀함. [예] 영리 사업.

영:리(怜悧·伶俐)[명] 약고 재빠름. [반] 우둔.

영-부인(令夫人)[명] 남의 부인을 높여서 이르는 말.

영:사(映寫)[명] 영화나 환등을 상영함. 〔~하다〕.

영:상(映像)[명] 광선에 의해 나타나는 물체의 모양.
영세 (領洗)[명] 천주교에서 신자가 될 때 받는 의식.
영세:농민(零細農民)[명] 궁색하게 살아가는 농민.
영업(營業)[명] 이익을 얻을 목적으로 하는 업. [비] 사업. [예] 영업용 자가용.
영:영 (永永)[부] 영원히. [예] 영영 이별하다.
영전 (靈前)[명] 영혼을 모셔 놓은 앞.
영접(迎接)[명] 손님을 맞아 들여 대접함. [예] 손님을 영접하다. 〔~하다〕.
영:정(影幀)[명] 사람의 모습을 그대로 그려 놓은 족자. [비] 영상.
영:창(映窓)[명] 방을 밝게 하기 위하여 방과 마루 사이에 낸 미닫이.
영토(領土)[명] 통치권이 미칠 수 있는 한 나라의 지역. [비] 국토.
영하 (零下)[명] 온도계의 빙점 이하.
영혼(靈魂)[명] 죽은 사람의 넋. [반] 육체.
예:[명] 옛날. 옛적.
예:(禮)[명] 사람이 마땅히 지켜야 할 규칙. 〔~하다〕.
예:고 (豫告)[명] 미리 알림. 일에 앞서 알림. 〔~하다〕.
예-닐곱[명] 여섯이나 일곱.
예:리 (銳利)[명] 칼날 따위가 날카로워 잘 듦.
예:매(豫賣)[명] 미리 값을쳐 서 파는 일. 〔~하다〕.
예:문(例文)[명] 보기로 든 문장.
예:방(豫防)[명] 미리 막음. [예] 예방주사. 〔~하다〕.
예:보(豫報)[명] 사전에 미리 알림. [예] 일기 예보. 〔~하다〕.
예복(禮服)[명] 예식 때에 입는 옷.
예:비 (豫備)[명] 미리 준비하여 둠. [예] 예비 식량. 〔~하다〕.
예사(例事)[명] 보통 있는 일.
예:사-롭다 (例事-)[형] 흔히 있을 만하다.
예:상(豫想)[명] 어떠한 일을 당하기 전에 미리 상상함. 〔~하다〕.
예:선 (豫選)[명] 정식으로 뽑기 전에 미리 뽑음. 〔~하다〕.
예:-스럽다[형] 옛 맛이 있다.
예:약(豫約)[명] 미리 약속함. [비] 선약. 〔~하다〕.
예:언(豫言)[명] 앞 일을 추측하여 말함, 또는 그 말. 〔~하다〕.
예:외(例外)[명] 원칙에 어그러지는 일.
예의(禮儀)[명] 예를 차리는 절차와 몸가짐.
예:측(豫測)[명] 미리 헤아림. [예] 예측을 불허하는 일. 〔~하다〕.
예:-컨대(例-)[부] 예를 들면. 이를테면.
예포(禮砲)[명] 어떤 일을 기념하기 위하여 총이나 대포를 탄알 없이 쏘는 일.
옛:-적[명] 지난 지가 오래 된 때.
오:곡(五穀)[명] 다섯 가지

ㅇ

곡식. 곧 쌀·보리·조·콩·기장.

오들-오들 🖼 어린 아이나 몸피가 작은 사람이 몸을 작게 떨는 모양. 🖼 비를 맞고 오들오들 떠는 아이.

오뚝 🖼 윗머리가 높게 솟아 있는 모양. 🖼 옴폭. 🖼 콧날이 오뚝하다.

오락-가락 🖼 왔다 갔다 하기를 되풀이하는 모양. 🖼 비가 오락가락 내린다. 〔~하다〕.

오래다 🖼 때의 지나간 기간이 길다.

오로지 🖼 오직 한 곳으로. 🖼 오직. 〔~하다〕.

오:륜 (五倫) 🖼 사람으로서의 지켜야 할 다섯 가지.

오르막 🖼 올라가는 길.

오목-하다 🖼 가운데가 조금 둥글게 깊다. 🖼 볼록하다. 🖼 컵 가운데가 오목하다.

오므리다 🖼 가장자리의 끝이 한군데로 모이게 하다.

오밀조밀 -하다 (奧密稠密 -) 🖼 의장의 기술이나 사물에 대하여 정리하는 솜씨가 세밀하다.

오:발 (誤發) 🖼 ① 총탄을 잘못 내쏨. ② 말을 잘못함. 〔~하다〕.

오붓-하다 🖼 물건이 축남이 없이 넉넉하다.

오:산 (誤算) 🖼 잘못 계산함. 〔~하다〕.

오:색 (五色) 🖼 푸른색·누른색·붉은색·흰색·검은색의 다섯 색. 🖼 오색이 찬란하다.

오순-도순 🖼 의좋게 지내는 모양.

오슬-오슬 🖼 소름이 끼칠 듯이 몸이 옴츠러지면서 추워지는 모양. 🖼 오슬오슬 추워진다.

오:열 (五列) 🖼 간첩. 스파이.

오:염 (汚染) 🖼 더럽게 물듦. 🖼 오염 지대. 〔~하다〕.

오:정 (午正) 🖼 낮 열 두 시. 🖼 정오. 🖼 자정.

오죽 🖼 얼마나. 🖼 오죽 아프겠니.

오줌-싸개 🖼 오줌을 잘 가누지 못하는 아이.

오지 그릇 🖼 흙으로 초벌 구운 위에 오짓물을 입혀 구운 질그릇.

오직 🖼 오로지. 🖼 다만.

오:진 (誤診) 🖼 잘못 진단함. 〔~하다〕.

오:차의 백분율 (誤差-百分率) 🖼 상대 오차를 백분율로 나타낸 것.

오:찬 (午餐) 🖼 잘 차리어 먹는 점심.

오:해 (誤解) 🖼 잘못 해석하거나 이해함. 🖼 이해. 〔~하다〕.

옥 (獄) 🖼 죄인을 가두어 두는 곳. 🖼 교도소.

옥사 (獄死) 🖼 옥에 있는 동안에 죽음. 〔~하다〕.

옥새 (玉璽) 🖼 임금의 도장.

옥신-각신 🖼 옳으니 그르니 서로 시비하는 모양. 〔~하다〕

옥좌 (玉座) 🖼 임금이 앉는 자리. 🖼 왕좌.

완납 (完納)圓 완전히 다 바침. 〔~하다〕.

완료 (完了)圓 완전히 마침. 끝냄. 〔~하다〕.

완벽 (完璧)圓 흠 잡을 데 없이 완전함.

완비 (完備)圓 빠지지 않고 다 갖춤. 〔~하다〕.

완성 (完成)圓 완전하게 이룸. 〔~하다〕.

완수 (完遂)圓 뜻한 바를 완전히 이룸. 〔~하다〕.

완ː연 (宛然)圓 뚜렷하게 나타남.

완전 (完全)圓 부족이 없음. 삐 온전. 뫼 불완전.

왕-골圓 높이 90〜150 cm 의 한해살이 식물.

〈왕골〉

왕관 (王冠)圓 임금이 머리 위에 쓰는 관.

왕도 (王都)圓 임금이 있는 도성.

왕ː래 (往來)圓 오고 감. 삐 내왕. 〔하다〕.

왕릉 (王陵)圓 왕의 능.

왕ː림 (枉臨)圓 남의 찾아옴을 높여서 일컫는 말. 〔~하다〕.

왕-모래 (王一)圓 굵은 모래.

왕ː성 (旺盛)圓 잘 되어 한창 성함.

왕ː왕 (往往)뵈 이따금.

왕자 (王者)圓 ① 임금. ② 으뜸 가는 것.

왕정 (王政)圓 임금이 정치의 중심이 되어 나라를 다스리는 정치.

왕족 (王族)圓 임금의 겨레붙이.

왜국 (倭國)圓 일본을 낮추어 일컫는 말.

왜선 (倭船)圓 일본의 배.

왜적 (倭賊)圓 도둑의 행동을 한 일본. 삐 왜구.

외-囝 말 위에 붙어 하나 만으로 됨을 뜻하는 말.

외圓 흙을 바르기 위해 벽 속에 엮은 나뭇가지.

외ː가 (外家)圓 어머니의 친정. 어머니가 태어나서 자란 집.

외-가닥圓 외줄로 된 가닥.

외나무-다리圓 한 개의 통나무로 놓은 다리. 예 원수는 외나무 다리에서 만난다.

외ː다囝 책을 보지 않고 글을 읽다. 예 문장을 외다.

외-따로뵈 외로이. 오직 혼자 따로.

외ː래-어 (外來語)圓 외국에서 들어와 우리 말처럼 쓰이는 말.

외ː면 (外面)圓 거죽. 외양. 예 외면은 멀쩡하다.

외ː면 (外面)圓 보기를 꺼려 얼굴을 돌림. 〔~하다〕.

외ː무 (外務)圓 외교에 관한 사무.

외ː신 (外信)圓 외국에서 들어오는 통신. 삐 내신.

외양-간 〔一깐〕 (猥養間)圓 마소가 자고 먹는 곳. 삐 마굿간.

외ː인 (外人)圓 다른 사람. 어느 일에 관계 없는 사람..

외ː적 (外敵)圓 외국에서 쳐들

어 오는 적. 예 외적의 침입.

외:항-선(外航船)圓 상품을 싣고 외국으로 드나드는 배.

외:해(外海)圓 육지에서 멀리 떨어진 넓은 바다. 빤 내해.

외:형(外形)圓 겉으로 드러난 모양. 빤 외모. 예 수려한 외형.

외:화(外貨)圓 다른 나라의 돈. 예 외화 획득.

요건〔-껀〕(要件)圓 중요한 용건.

요구(要求)圓 달라고 청함. 빤 요청. 〔~하다〕.

요긴(要緊)圓 중요하고도 꼭 필요함. 빤 긴요.

요람(搖籃)圓 젖먹이를 놓고 앉거나 눕혀 혼들도록 만든 채롱.

요량(料量)圓 앞일에 대하여 잘 생각하여 헤아림. 빤 짐작. 〔~하다〕.

요령(要領)圓 사물의 요긴하고 으뜸 되는 큰 줄거리.

요리-조리튀 요곳으로 조곳으로. 웬 이리저리.

요망(要望)圓 꼭 그리하여 주기를 바람. 〔~하다〕.

요소(要素)圓 어떤 일에 있어야 할 근본적인 조건. 빤 요건.

요양(療養)圓 병을 조리 하여 다스림. 〔~하다〕.

요원(遙遠)圓 멀고도 멂. 예 앞길이 요원하다.

요원(要員)圓 어떤 일에 필요한 인원.

요점(要點)圓 중요한 점.

요지(要旨)圓 중요한 뜻.

요:-컨대(要-)튀 요긴한 점

을 말하면. 여러 말할 것 없이.

요행(僥倖)뜻밖에 얻은 행복. 〔~하다〕.

욕구(欲求)圓 욕심껏 구함.

욕-먹다(辱-)困 욕설을 듣다.

욕-보다(辱-)困 어려움을 당하다.

욕심(慾心)圓 자기만을 이롭게 하고자 하는 마음. 빤 욕망.

용:건〔-껀〕(用件)圓 볼일. 해야할 일.

용광-로(鎔鑛爐)圓 광석 또는 쇠붙이들을 녹이는 큰 화로.

용:기(勇氣)圓 군세고 씩씩한 기운. 빤 용맹. 빤 비겁.

용납(容納)圓 남의 말을 너그러운 마음으로 들어 줌. 빤 용인. 〔~하다〕.

용:단(勇斷)圓 어떤 일을 용기 있게 결단함. 〔~하다〕.

용:도(用途)圓 쓰이는 곳.

용:량(用量)圓 쓰는 일정한 분량.

용량(容量)圓 물건이 담기는 분량.

용:맹(勇猛)圓 용감하고 사나움. 빤 용감. 빤 비겁.

용:명(勇名)圓 씩씩하고 군세다는 명망.

용-솟음圓 물이 끓어 오르거나 또는 샘물이 급히 솟아오름. 예 젊은 피가 용솟음치다. 〔~하다〕.

용:수(用水)圓 물을 쓰는 일. 예 공업 용수.

용액(溶液) 명 어떤 물질이 녹은 액체.

용이(容易) 명 어렵지 않고 쉬움. 반 곤란. 예 용이한 일.

용ː적(容積) 명 물건을 담을수 있는 부피.

용-트림 명 거드름을 부리느라고 일부러 하는 트림. [~하다].

용-품(用品) 명 일용에 쓰이는 온갖 물품.

용ː-하다 형 재주가 아주 묘하게 잘해 나가다. 예 용하게 해 냈구나.

우거지다 자 초목이 무성하게 되다.

우ː기(雨期) 명 일년 중 비가 많이 오는 시기. 반 건기.

우ː기(雨氣) 명 비가 올 듯 한 기운.

우등(優等) 명 훌륭하게 빼어난 등급. 예 우등생.

우뚝 부 똑바로 서 있는 모양.

우량(優良) 명 뛰어나게 좋음. 예 우량상품.

우ː량(雨量) 명 비가 온 분량.

우러-나오다 자 속에서 저절로 생각이 나다. 예 동정심이 우러나오다.

우러러 보다 타 위를 쳐다보다. 예 태극기를 우러러 보다.

우려 내다 타 남을 피어서 물건을 얻어 내다.

우뢰 명 공중에서 방전할 때 나는 소리. 반 천둥.

우리 명 짐승을 가두어 두는 곳. 예 우리에 갇힌 호랑이.

우방(友邦) 명 가까이 사귀는 나라.

우ː상(偶像) 명 나무·돌·금속 따위로 만든 신불의 형상.

우세(優勢) 명 남보다 나은 형세. 예 백군이 우세하다.

우수(優秀) 명 여럿 가운데 가장 뛰어남. 반 우월. 반 열등.

우승(優勝) 명 경기나 경쟁에서 첫째 가는 성적으로 이김. 반 승리. 반 참패. [~하다].

우ː애(友愛) 명 형제 사이나 또는 친구 사이의 정. 반 우의. [~하다].

우연(偶然) 명 뜻하지 않았던 일. 반 필연.

우열(優劣) 명 잘됨과 못됨.

우인(友人) 명 벗.

우ː주(宇宙) 명 ① 세계. ② 누리.

우짖다 자 울며 부르짖다.

우쭐-하다 자 제가 잘난 듯이 느껴질 때 갑자기 한 번 우쭐거리고 싶은 기분을 느끼다.

우ː천(雨天) 명 비가 오는 날.

우ː측(右側) 명 오른 쪽의 옆. 반 좌측.

우편-물(郵便物) 명 우편으로 부치는 편지나 물품의 총칭.

우편 저ː금(郵便貯金) 명 우체국에서 맡아 하는 저금. 보통 저금·정기 저금·정액 저금·조합 저금 따위가 있음.

우호(友好) 명 개인끼리나 나라끼리 서로 사이가 좋음. 예 우호 관계.

우ː화(寓話) 명 다른 사물에 비기어 교훈의 뜻을 나타낸 이야기.

운ː명(運命) 명 사람에게 닥쳐 오는 좋은 일과 나쁜 일.

ⓑ운수. ⓨ운명의 여신.

운:반(運搬)ⓜ물건이나 사람을 옮겨 나름. ⓑ수송. 운송. 〔~하다〕.

운:송(運送)ⓜ물건을 운반하여 보냄. ⓨ운송업. 〔~하다〕.

운:수(運數)ⓜ사람의 몸에 돌아오는 길흉과 화복. ⓨ올해 운수가 사납다.

운:수(運輸)ⓜ화물이나 여객을 실어 나르는 일. ⓨ운수 사업.

운:영(運營)ⓜ일을 경영하여 나아감. 〔~하다〕.

운:용(運用)ⓜ움직이어 씀. 부리어 씀. 〔~하다〕.

운:임(運賃)ⓜ물건을 운반하는 삯.

운:하(運河)ⓜ육지를 파서 강을 내고 배가 다니게 하는 물길.

울ⓜ담 대신에 풀이나 나무를 엮어서 집 주위를 둘러 막은 것.「울타리」의 준말.

울림ⓜ소리 따위가 무엇에 부딪쳐 되울려 나오는 일. ⓨ산울림.

울먹-이다ⓣⓙ금방이라도 울음이 터질듯하다. ⓨ울먹이는 아기.

울멍-줄멍ⓟ크고 뚜렷한 여러 덩어리가 고르지 않게 벌려 있는 모양. ⓨ울멍줄멍 솟은 산들.

울창(鬱蒼)ⓜ나무가 시퍼렇게 잔뜩 우거짐. ⓑ무성.

울타리ⓜ풀이나 나무 따위를 얽어서 담 대신에 집을 둘러

막은 것. ⓑ울.

움직-거리다ⓙⓣ몸피가 큰 것이 자꾸 움직이다.

움:-집〔―찝〕ⓜ사람이 사는 움.

움찔ⓟ놀라 몸을 갑자기 뒤로 움츠리는 모양. 〔~하다〕.

(움집)

움츠리다ⓣ몸을 아주 작게 하다.

움켜 잡다ⓣ손으로 무엇을 힘 있게 꽉 잡다.

움:-트다ⓙ움이 나오기 시작하다.

움푹-움푹ⓟ군데군데 움푹한 모양.

웅대(雄大)ⓗ으리으리하게 큼. ⓑ웅장.

웅크리다ⓣ춥거나 겁이 날때 몸을 움츠러들이다.

워낭ⓜ소나 말의 귀에서 턱 밑으로 늘여 단 쇠로 만든 방울.

원:(願)ⓜ마음에 바라는 일. ⓑ소원.

원고(原稿)ⓜ인쇄물의 본보기로 삼기 위하여 쓴 글이나 그림.

원:군(援軍)ⓜ도와 주는 군대.

원:근(遠近)ⓜ멂과 가까움.

원금(元金)ⓜ본전. 밑천.

원기(元氣)ⓜ본디 타고난 기운.

원:대(遠大)ⓗ규모가 깊고 큼.

원동-력(原動力)ⓜ사물을

활동시키는 근원이 되는 힘.

원래(元來·原來)몡튄 처음부터 .본디. 꿴 본래.

원리(原理)몡 바탕이 되는 이치. 꿴 원칙.

원만(圓滿)몡 모난 데 없이 두루 좋음.

원:망(怨望)몡 마음에 불평을 품고 미워함.

원목(原木)몡 가공하지 않은 나무.

원산-지(原産地)몡 물건이 본디 된 곳.

원소(元素)몡 산소나 수소와 같이 성질을 바꾸지 않고는 그이상 더 작고 간단히 쪼갤 수 없는 것.

원수(怨讐)몡 자기에게 참지 못할 해를 끼친 사람. 꿴 적.

원시-림(原始林)몡 사람의 손을 대지 않은 자연 그대로의 상태로 무성한 삼림. 꿴 처녀림.

원:심-력(遠心力)몡 운동하는 물체의 구심력에 반대하여 바깥 쪽으로 작용하는 힘. 꿴 구심력.

원안(原案)몡 회의에 건 처음의 안.

원:양(遠洋)몡 뭍에서 멀리 떨어진 바다. 꿴 근해. 꿴 원양어업.

원예(園藝)몡 화초·채소 과수 등을 심어 가꾸는 일. 꿴 원예 농업.

원유(原油)몡 아직 정제하지 않은 삽것이 섞인 기름.

원자(原子)몡 어떤 물질에서 더이상 갈라지지 않는 가장

작은 알갱이.

원-자재(原資材)몡 공업 생산의 원료가 되는 재료.

원:정(遠征)몡 먼 곳에 가서 운동 경기 따위를 함. 〔~하다〕.

원:조(援助)몡 도와 줌. 꿴 원호. 꿴 경제 원조. 꿴 방해. 〔~하다〕.

원지(原紙)몡 등사판 등의 바탕이 되는 종이.

원천(源泉)몡 ① 물이 솟아나오는 근원. ② 사물의 근원. 꿴 생의 원천.

원칙(原則)몡 많은 경우에 공통되는 법칙. 꿴 원리. 꿴 원칙에도 예외는 있다.

원:통(冤痛)몡 분하고 억울함. 꿴 통탄.

원:한(怨恨)몡 원통하고 한됨. 꿴 원한을 품다. 꿴 은혜.

원형(原形)몡 본디의 모양. 꿴 원형대로 오려라.

원형(圓形)몡 둥근 모양.

원형(原型)몡 주물이나 조각물 따위의 거푸집. 또는 본.

원활(圓滑)몡 뜻이 맞아 잘 되어 나감. 꿴 원활한 일의 처리.

원흉(元兇)몡 나쁜 짓을 한 사람 중의 우두머리.

월간(月刊)몡 다달이 나오는 간행물.

월간-지(月刊誌)몡 월간 잡지.

월동〔-똥〕몡 겨울을 넘김. 〔~하다〕.

월등〔-뜽〕(越等)몡 정도의 차이가 대단함.

웬-만큼튄 그저 그만한 정도

로.
위급(危急)명 위태하고 급함. 비 위태.
위기(危機)명 위험한 시기.
위대(偉大)명 업적 따위가 뛰어나고 훌륭함. 반 미미.
위력(威力)명 남을 복종시키는 강한 힘. 또는 그 권세.,
위력(偉力)명 위대한 힘.
위문(慰問)명 위로하고 문안함. 〔~하다〕.
위반(違反)명 정한 것을 어김. 〔~하다〕.
위법(違法)명 법을 어김. 〔~하다〕.
위생(衛生)명 건강의 보전 및 병의 예방과 치료를 꾀하는 일.
위선(緯線)명 지도 위에 가로로 그어져 있는 선. 반 경선.
위성 도시(衛星都市)명 큰 도시의 주변에 있으면서 큰 도시와 깊은 관계를 맺고 있는 작은 도시.
위세(威勢)명 위엄 있는 기세.
위시(爲始)명 ① 시작함. ② 비롯함. 〔~하다〕.
위신(威信)명 위엄과 신의.
위안(慰安)명 위로하여 안심하게 함. 〔~하다.〕
위업(偉業)명 거룩한 사업이나 업적.
위인(偉人)명 훌륭하고 위대한 사람. 반 범인.
위임(委任)명 맡김. 〔~하다〕.
위장(僞裝)명 거짓 꾸미는 일. 〔~하다〕.
위조(僞造)명 거짓으로 속여서 진짜처럼만듦. 〔~하다〕.
위탁(委託)명 남에게 맡김. 〔~하다〕
위태-하다(危殆―)형 마음을 놓을 수 없다.
위풍(威風)명 위엄 있는 풍채.
위협(威脅)명 으르고 협박함.
유-가족(遺家族)명 죽은 사람의 남아 있는 가족. 예 군경 유가족.
유감(遺憾)명 ① 마음에 섭섭함. ② 언짢게 여기는 마음.
유골(遺骨)명 죽은 사람의 뼈.
유:공(有功)명 공로가 있음.
유괴(誘拐)명 사람을 꾀어 냄. 예 어린이 유괴. 〔~하다〕.
유:권-자〔―꿘―〕(有權者)명 ① 권리를 가진 사람. ② 선거권이 있는 사람.
유기(鍮器)명 놋쇠로 만든 그릇. 비 놋그릇.
유년(幼年)명 어린 나이.
유:능(有能)명 재주나 능력이 뛰어남. 반 무능. 예 유능한 인물.
유:독(有毒)명 독기를 품고 있음.
유람(遊覽)명 돌아다니며 구경함. 예 팔도 유람. 〔~하다〕.
유래(由來)명 어떤 일의 내력. 예 올림픽의 유래. 비 내력.
유:력(有力)명 세력이 있음. 반 무력.
유:망(有望)명 앞으로 잘 될 듯함. 반 절망. 예 장래가 유망한 학생.
유물(遺物)명 옛 사람이 남긴 물건. 예 신라 시대의 유물.
유:사-시(有事時)명 비상한

사고가 생겼을 때. 예 유사
시 비상대피.

유:사-품(類似品)몡 어떠한
물건과 비슷하게 만든 물건.

유산(遺産)몡 죽은 사람이 남
겨놓은 재산. 예 유산을 물
려받다.

유:선(有線)몡 전기줄이 있음.
뫤 무선.

유수(流水)몡 흐르는 물.

유순(柔順)몡 성질이 부드럽
고 온순함. 예 유순한 성격.

유:식(有識)몡 지식이 있음.
아는 것이 많음. 뫤 무식.

유신(維新)몡 온갖 사물이 바
뀌고 고쳐져서 새로워짐.
예 유신 정치. 〔~하다〕.

유:신(有信)몡 신의가 있음.

유신(遺臣)몡 왕실이 망한 뒤
에 남아 있는 신하.

유신 과업(維新課業) 정치
와 사회의 모든 제도를 우
리 실정에 알맞도록 새롭
게 고쳐서 생활해 나가는
일.

유실(遺失)몡 가졌던 물건을
잃어 버림. 〔~하다〕.

유:심-하다(有心一) 혱 주의
를 기울이다.

유언(遺言)몡 사람이 죽을때
마지막으로 남겨 놓는 말.
〔~하다〕.

유역(流域)몡 강 가의 지역.

유용(有用)몡 소용이 있음.
뫤 소용. 뫤 무용.

유원-지(遊園地)몡 사람들이
쉴 수 있게 여러 가지 시설
을 해놓은 곳. 뫤 관광지. 유
람지.

유유-하다(悠悠一)혱① 썩 멀
다. ②느릿느릿하다. 뫤 초
조하다.

유의(留意)몡 마음에 둠. 〔~
하다〕.

유:익(有益)몡 조상의 체질이
자손에 전해짐. 〔~하다〕.

유전(油田)몡 석유가 묻혀 있
는 곳.

유:죄(有罪)몡 죄가 있음.

유:지(有志)몡 뜻이 있음. 또
는 그 사람.

유지(油脂)몡 동식물에서 짜
낸 기름.

유지(維持)몡 지니어 감. 뫤
지탱. 예 건강을 유지하다.
〔~하다〕.

유채-색 (有彩色)몡 색을 가
진 빛깔.

유출(流出)몡 흘러 나감. 〔~
하다〕.

유치-장(留置場)몡 범인을 경
찰에서 가두어 두는 곳.

유학(留學)몡 다른 나라에 머
물러 공부함. 예 미국 유학.
〔~하다〕.

유한(遺恨)몡 원한을 남김.

유:해(有害)몡 해가 있음. 해
가 됨.

유행(流行)몡 세상에 널리 퍼
져 많이 쓰임. 〔~하다〕.

유혹(誘惑)몡 남을 꾀어서 정
신을 어지럽게 함. 〔~하다〕

유:효(有效)몡 효과가 있음.

유회(遊戱)몡 유쾌하게 놂.
〔~하다〕.

육로(陸路)몡 육지에 난 길.
뫤 수로.

육박(肉薄)몡 몸으로써 돌

진함. 〔~하다〕.
육송 (陸松) [명] 소나무.
육순 (六旬) [명] ① 예순 날. ② 예순 살.
육식 (肉食) [명] 짐승의 고기를 먹음. [반] 채식. 초식. [예] 육식을 금하다.
육전 (陸戰) [명] 육상에서 싸우는 전쟁. [반] 해전.
육중-하다 (肉重—) [형] 덩치가 커서 매우 무겁다. [예] 육중한 몸집.
육지 (陸地) [명] 지구 위의 땅.
육탄 (肉彈) [명] 폭탄을 안고 몸소 적진에 돌입하는 일. [예] 육탄 돌격.
윤:년 (閏年) [명] 윤달이 든 해.
윤:-달 (閏—) [명] 양력에서는 29일까지 있는 2월. 음력에서는 보통 해보다 한 달 더 되풀이 되는 달.
윤리 (倫理) [명] 사람이 지켜야 할 도리.
윤전-기 (輪轉機) [명] 인쇄판이 돌아서 짧은 시간에 많은 양을 인쇄할 수 있는 기계.
윤:택 (潤澤) [명] 아름답게 빛나는 빛. [예] 윤택한 생활.
율동 〔—똥〕 (律動) [명] 규칙적으로 되풀이되는 운동. 리듬. [예] 아름다운 율동.
융성 (隆盛) [명] 매우 성하고 기운참. [예] 문화의 융성.
융통 (融通) [명] 없을 때 있는곳에서 변통하여 씀. 〔~하다〕
융화 (融和) [명] 어울려 잘 지냄. 〔~하다〕.
으뜸-가다 [자] 많은 중에서 첫째가 되다.
으르다 [타] 놀라게 하다.
윽박-지르다 [타] 억지로 짓눌러서 사람의 기운을 꺾다.
은거 (隱居) [명] 세상에 나타나지 않고 숨어 삶. 〔~하다〕
은근 (慇懃) [명] 드러내거나 떠들지 않고 가만히 함.
은밀 (隱密) [명] 숨어서 자취가 나타나지 않음.
은연-중 (隱然中) [부][명] 남이 모르는 가운데.
은은-하다 (隱隱—) [형] 그윽하고 은근하다. [예] 종소리가 은은히 들려 온다.
은인 (恩人) [명] 은혜를 베풀어 준 사람.
은폐 (隱蔽) [명] 가리어 숨김. 〔~하다〕.
은혜 (恩惠) [명] ① 베풀어 주는 혜택. ② 고마움.
음:독 (飮毒) [명] 독약을 마심. 〔~하다〕.
음력 (陰曆) [명] 달의 차고 이즈러짐을 표준으로 하여 만든 달력. [반] 양력.
음모 (陰謀) [명] 남모르게 꾸민 꾀. [비] 흉계. 〔~하다〕.
음성 (音聲) [명] 말소리, 목소리.
음:식 (飮食) [명] 먹고 마심. 또는 그 물건.
음악 (音樂) [명] 소리의 가락으로 나타내는 예술.
음향 (音響) [명] 소리의 울림.
읍 (邑) [명] 지방의 조그마한 도시. 인구 2만 이상 5만 이하의 곳으로 시보다 작음.
응:급 (應急) [명] 급한대로 우선 처리함. 〔~하다〕.
응당 (應當) [부] ① 마땅히. ②

으레.

응:모(應募)圏 모집에 응함.
〔~하다〕.

응:시(應試)圏 시험에 응함.
〔~하다〕.

응:용(應用)圏 어떠한 원리를
실제로 이끌어 이용함.〔~
하다〕.

응:접(應接)圏 손님을 맞이하
여 접대함.〔~하다〕.

응:-하다(應一)재   대답하
거나 따르다.

의거(依據)圏 근거나 증거로
삼아 따라 함.〔~하다〕.

의:거(義擧)圏 의로운 일을
위하여 일을 일으킴. 또는
그 일.

의:견 (意見)圏 마음 속에 느
낀 바 생각.卽 의향. 의사.

의결(議決)圏 여럿이 의논하
여 결정함.卽 결의.〔~하다〕.

의관(衣冠)圏 옷과 갓.〔 ~하
다〕.

의:군(義軍)圏 정의를 위하여
스스로 일어난 군대. 卽 의
병.

의:기(義氣)圏 올바른 마음.

의논(議論)圏 모여서 어떻게
하자고 서로 의견을 말함.
卽 논의. 상의.〔~하다〕.

의:-롭다(義一)옳은 일을
위하여 힘쓰는 정신이 있다.

의뢰-심(依賴心)圏 남에게 의
지하는 마음.

의료(醫療)圏 병을 고치는 일.

의료 기구(醫療器具)圏 진찰
이나 치료에 쓰는 기구.

의료-비(醫療費)圏 병을 치료
하는데 드는 비용.

의료 시설(醫療施設)圏 병을
고치기 위하여 만들어진 설
비.

의류(衣類)圏 몸에 입는 옷을
통틀어 일컬음.

의:리(義理)圏 사람으로서 지
켜야 할 바른 길.

의:무(義務)圏 마땅히 해야
할 일. 卽 의무 교육. 卽 권리.

의:무 교육(義務教育)圏 국
민의 의무로서 일정한 나이
가 되면 누구나 받아야 하는
보통교육.〔~하다〕.

의문(疑問)圏 의심스러운 점
이나 문제.

의:미(意味)圏 말이나 글이
가지고 있는 뜻.卽 의의.뜻.
〔~하다〕.

의:병(義兵)圏 나라를 구하기
위하여 일어난 국민들이 조
직한 군사.

의복(衣服)圏 옷.

의:사(意思)圏 의견과 생각.

의:사(義士)圏 옳음을 위하여
뜻을 굽히지 않는 꿋꿋한 사
람. 나라와 민족을 위하여
자기를 돌보지 않고 큰일을
해낸 사람. 卽 안중근 의사.

의사(醫師)圏 서양식 의술로
병을 고치는 일을 업으로 삼
는 사람.

의석(議席)圏 회의를 하는 자
리.

의:승(義僧)圏 정의를 위하여
일어선 중.卽 의승 사명 대
사.

의:식(意識)圏 사물이나 사리
에 대하여 마음으로 뚜렷이
알거나 느낌.卽 무의식.〔~

하다].

의-식-주 (衣食住)圐 인간 생활의 3대 요소인 옷과 음식과 집.

의심 (疑心)圐 ① 마음에 확실하지 않아 거리게 여기는 생각. ② 믿지 못하는 마음. ⓑ 의혹. 의문. ⓔ 확신. 〔~하다〕.

의심-스럽다 (疑心一) 圐 의심되는 점이 있다.

의-외 (意外)圐 뜻밖. 생각 밖.

의:욕 (意慾)圐 ① 하고자 하는 마음. ② 의지의 욕망.

의:용-군 (義勇軍)圐 나라의 위급을 구하기 위하여 민간인이 자진하여 조직한 군대.

의원 (醫院)圐 병이 난 사람을 치료하는 집. ⓑ 병원.

의:의 (意義)圐 ① 의미. 뜻. ② 중요한 정도. 가치. ⓔ 의의가 크다.

의자 (椅子)圐 걸터앉아 몸을 뒤로 기대는 기구. ⓑ 걸상.

의자-왕 (義慈王)圐 백제의 마지막 임금.

의젓-하다 圐 태도나 됨됨이가 옹졸하지 않고 점잖고 무게가 있다. ⓑ 점잖다. ⓔ 의젓이 앉아 있는 스님.

의주 (義州)圐 압록강가에 있는 도시.

의지 (依支)圐 ① 남에게 의뢰함. ⓑ 의탁. ② 몸을 기댐.

의:지 (意志)圐 뜻. 마음.

의탁 (依託)圐 남에게 맡김. 남에게 부탁함. 〔~하다〕.

의-하다 (依一)재 ① 좇다. 따르다. ② 말미암다. 의거하

다.

의학 (醫學)圐 병을 예방하거나 고치는 데 필요한 지식이나 기술을 연구하는 학문.

의:향 (意向)圐 쏠리는 마음이나 생각.

의:협 (義俠)圐 ① 강자를 억누르고 약자를 도와주는 마음. ② 체면을 알고 의리가 있음.

의:협-심 (義俠心)圐 ① 강한 것을 꺾고, 약한 사람을 돕는 마음. ② 신의를 지키고 체면을 중하게 여기는 마음.

의:형제 (義兄弟)圐 의로 맺은 형과 아우.

의혹 (疑惑)圐 의심하여 갈피를 잡지 못하고 망설임. ⓑ 의심. 〔~하다〕.

의회 (議會)圐 의원들이 모여서 회의를 하는 기관. 국회 따위.

이圐 입 속에 있어서 음식을 씹는 구실을 하는 것.

이 ⓓ 다른 말 밑에 붙어서 사람이나 사물을 뜻하는 말. ⓔ 저기 오는 이가 누구냐?

이-같이 〔一가치〕 뮈 이와 같이.

이-건 준 「이것은」의 준말.

이-걸 준 「이것을」의 준말.

이걸-로 준 「이 것으로」의 준말.

이것-저것 쥬 이것과 저것.

이게 준 「이 것이」의 준말.

이-곳 쥬 자기가 있는 곳.

이관 (移管)圐 딴 데로 옮기어 관할함. 〔~하다〕.

이-국 (異國)圐 다른 나라. ⓑ 외국. 타국.

이런 團 이러한.

이런 關 놀라운 일이 있을 때 내는 소리.

이렇게 團 「이러하게」의 준말.

이렇다 團 「이러하다」의 준말.

이렇든지-저렇든지 團 「이러 하든지 저러하든지」의 준말.

이렇듯 團 「이러하듯」의 준말.

이레 團 ① 이렛날의 준말. ② 일곱 날.

이렛-날 團 「초이렛날」의 준 말.

이로-써 團 이것을 가지고. 卿 이로써 방패를 삼아라.

이:룹다(利—) 團 이익이 있다.

이루 團 여간하여서는 도저히

이루다 他 ① 되게 하다. ② 일 을 끝내다.

이루어-지다 再 이루게 되다.

이룩-하다 他 ① 나라·집 같은 것을 새로 세우다. 卿 새 나 라를 이룩하다. ② 이루다. 卿 완성하다.

이르다 團 ① 빠르다. ② 앞서 다. 卿 늦다.

이르다 再 ① 닿다. ② 미치다. 卿 교문 앞에 이르다.

이르다 再 ① 미리 알려 주다. ② 미리 통지하다.

이른-바 團 세상에서 말하는 바와 같이. 卿 소위.

이를-터이면 團 가령 말하자 면.

이를-테면 團 「이를터이면」의 준말.

이름 團 ① 여러 사물을 말로 나타낸 일컬음. ② 사람의 성 아래 붙이는 개인의 명칭.

이리 團 ① 이곳으로, ② 이쪽 으로.

이리-로 團 「이리」의 힘줌말.

이리 오너라 關 손아랫 사람 이나 또는 남의 집을 찾아 가 대문 밖에서 부르는 소 리.

이리-저리 團 ① 이러하고 저 러하게. ② 이쪽으로 저쪽으 로.

이러쿵-저러쿵 團 이렇게 하 자는 둥 저렇게 하자는 둥. 〔~하다.〕

이리-하다 再 이와 같이 하 다.

이만 團 이것만으로써. 卿 이만 하고서.

이만 關 이만한. 이 정도의.

이만-것 團 대수롭지 않은 사 물.

이만저만-하다 團 이만하고 저 만하다. 卿 이만저만한 일.

이-만큼 團 이러한 정도로.

이맘-때 團 이만큼 된 때.

이맛-살 團 이마에 잡힌 주름 살. 卿 이맛살을 찌푸리다.

이모(姨母) 團 어머니의 자매.

이모-부(姨母夫) 團 이모의 남 편.

이:모-작(二毛作) 團 한 해에 같은 땅에서 두 번 곡식을 거두어 들이는 것. 卿 그루 갈이.

이목(耳目) 團 ① 귀와 눈. ② 남들의 주의. 卿 남의 이목 을 끌다.

이미 團 벌써. 앞서. 卿 이미 다 녀갔다.

이민(移民) 團 사람이 적은 외 국 땅에 옮겨 가서 사는 사람들. [반] 원주민. 〔~하다〕.

이바지-하다 [타] 사회에 이익이 되는 좋은 일을 하다. [비] 공헌하다. [예] 국가에 이바지하다.

이:발 (理髮) [명] 머리털을 깎고 다듬음.

이:발-사 〔—싸〕 (理髮師) [명] 다른 사람에게 이발하여 주는 일을 업으로 삼는 사람.

이-번 (—番) [명] 이제 돌아온 차례. [비] 금번.

이:변 (異變) [명] 괴이한 변고.

이별 (離別) [명] 서로 헤어짐. 〔~하다〕.

이병기 (李秉岐) [명] 〔1891~1968〕 시조 작가. 호는 가람. 전북 익산 사람. 우리 나라의 옛 문학 작품을 많이 풀이하였고, 현대 시조의 새로운 경지를 개척하여 옛 시조의 형식에다 새시대의 느낌과 생각을 담아 생생하고 훌륭한 시조를 많이 지었음.

이-보다 [부] 이것에 비하여.

이:-보다 (利—) [타][자] ① 이익이 되다. ② 이익을 얻다. [반] 해보다.

이:복 동생 (異腹同生) [명] 어머니가 다른 동생.

이:북 (以北) [명] 어떤 정한 한계의 북쪽. [반] 이남.

이불 [명] 사람이 잘 때에 덮는 물건.

이사 (移徙) [명] 살던 곳에서 다른 곳으로 살림을 옮김. [비] 이주. 〔~하다〕.

이삭 [명] ① 풀의 끝에 열매가 더부룩하게 달린 것. ② 농작물을 거둔 후에 땅에 쳐져 흩어진 곡식. [예] 이삭 줍기.

이:상 (以上) [명] 그보다 더 위. [예] 10살 이상 손을 들어라. [반] 이하.

이:상 (異常) [명] 보통과 다름. [반] 정상.

이:상 (理想) [명] 이루어지거나 되어지기를 바라는 마음의 목표. [비] 이념. [반] 현실.

이:상야릇하다 (異常—) [형] 매우 이상하고 퍽 괴이하다.

이상재 (李商在) [명] 〔1850~1927〕 정치가이며 종교가. 호는 월남.

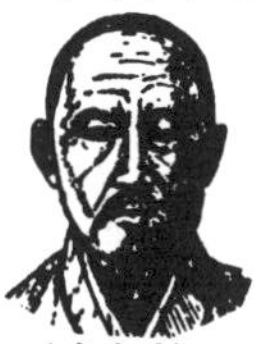

〈이상재〉

이:상-적 (理想的) [명] 사물의 상태가 이상에 합치되어 있는 모양. [예] 이상적인 사회.

이색 지다 (二色—) [자] 빛이 같지 않게 되다.

이:성 (理性) [명] ① 사물의 이치를 생각하는 능력. ② 자율적·도덕적 의지의 능력.

이:성 (異性) [명] ① 다른 성질. ② 남자와 여자.

이성계 (李成桂) [명] 조선의 제 1 대 왕(재위 1392~1398). 고려 말의 장군이었으나, 위화도에서 회군한 후 1392년에 왕이 되었음.

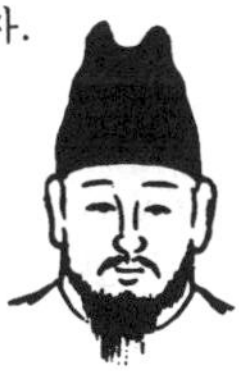

〈이성계〉

이:세 (二世) [명] 다음 세대.

이송(移送)멩 다른데로 옮겨서 보냄.〔~하다〕.

이:순신(李舜臣)멩〔1545~1598〕조선 시대 선조 때의 해군 대장. 임진 왜란이 〈이순신〉 터지자 삼도 수군 통제사가 되어, 손수 창안한 세계 최초의 철갑선인 거북선을 거느리고, 왜선을 보는 대로 섬멸시켰음.

이스라엘(Israel)멩 서남아시아에 있는 유대 민족의 나라. 1948년에 독립한 공화국임. 수도는 예루살렘.

이슥-하다휑 밤이 매우 깊다.

이슬멩 수증기가 엉기어 물방울이 된 것.메 이슬같이 사라진 용사.

이슬 방울〔─빵─〕멩 이슬이 맺혀 있는 방울.

이슬-비멩 아주 가늘게 오는 비.

이승만(李承晩)멩〔1875~1965〕독립 운동가이며 정치가. 일찍부터 국내와 해외에서 독립 운동에 힘썼음.대한민국 초대 및 2대·3대 대통령. 1960년 4·19 의거로 대통령직에서 물러났음.

이야기멩 어떤 사실이나 또는 있지도 아니한 일을 사실처럼 꾸미어 재미 있게 늘어 놓은 말.〔~하다〕.

이야기-책(─冊)멩 옛 이야기를 적은 책.

이야깃-거리멩 이야기할 만한 거리.

이야깃-주머니멩 재미있는 이야기거리를 많이 가진 사람.

이야-말로튀 「이것이야말로」의 준말.

이어-받다타 물려 받다. 계승하다.

이어-지다재 끊겼던 것이 붙거나 또는 계속되다.

이-에튀①이렇게 하여.②곧 바로.

이-에서튀①이보다.②이것에 비하여.

이영차캄 여러 사람이 물건을 움직일 때 지르는 소리.비 이여차. 여차.

이온(ion)멩 양(陽) 또는 음(陰)의 전기를 갖는 원자 또는 원자단.

이:왕(已往)멩 이전.튀 「이왕에」의 준말.

이:왕-이면(已往─)튀 이왕할 바에는.비 기왕이면.

이:외(以外)멩①이 밖.② 그 밖.반 이내.

이:용(利用)멩 이롭게 씀.〔~하다〕.비 활용. 사용.

이웃멩 가까이 사는 집.비 인근.

이원수(李元壽)멩〔1911~〕1911년 11월 17일 경남 마산에서 출생함. 1926년에 잡지 「어린이」에 「고향의 봄」(동요)이 입선됨으로써 아동문학가로 지금까지 크게 활약함.

이:유(理由)멩 까닭.비 사유.메 못하겠다는 이유를 말해

라.

이:윤 (利潤)圀 장사하여 남은 돈. 卑 이익.

이:율 (利率)圀 본전에 대한 이 자의 비율.

이윽고 튀 ① 한참만에. ② 조 금 있다가. 囫 이윽고 버스 가 도착했다.

이: 이 (李珥)圀 〔1536~1584〕 조선 시대 대유학자이며 정 치가. 호는 율곡. 이퇴계와 함께 우리 나라 유교의 대표 적인 인물임. 신 사임당의 아 들. 어릴 때부터 총명하여 13 살에 과거 (초시)에 합격했 으며, 중요한 벼슬 자리에 올 랐음. 많은 책을 지었고, 사 창과 향약을 만들어 백성들 을 돕고 가르쳤으며 당쟁을 막는데도 힘썼음. 「해동 공 자」라고 불리었음.

이:익 (利益)圀 이로움과 보탬 이 됨. 卑 이득. 卑 손해.

이임 (離任)圀 맡은 임무에서 떠남. 卑 취임. 〔~하다〕.

이:자 (利子)圀 은행이나 우체 국 또는 개인에게 돈을 맡기 거나 빌려 주었을 때 그 맡긴 돈에 대하여 붙여 주는 돈. 卑 변리. 이식. 卑 원금.

이재-민 (罹災民)圀 화재·홍수 등의 재난을 당한 사람.

이:적 행위 (利敵行爲)圀 적을 이롭게 하는 행위. 〔~하다〕.

이전 (移轉)圀 다른 데로 옮김. 〔~하다〕.

이:전 (以前)圀 이제보다 앞. 卑 그 전.

이제 圀튀 바로 이 때. 지금.

이제-껏 튀 지금에 이르기까 지.

이제-야 튀 이제 비로소. 이제 겨우. 囫 이제야 그 까닭을 알았다.

이종 사:촌 (姨從四寸)圀 이모 의 아들과 딸. 卑 이종.

이:준 (李儁)圀 〔1868~1907〕 조선 말, 고종 때의 열사. 19 07년 고종 황제의 밀서를 가 지고 만국 평화 회의에 참석 하였으나 일본의 방해로 뜻 을 이루지 못하자 그 곳에서 분사했음.

이:중 (二重)圀 두 겹. 囫 이중 문.

이-즈막 圀튀 이제 까지에 이르 는 조금 전.

이-즈음 圀튀 ① 요사이. ② 가 까운 며칠 전.

이즘 圀 「이즈음」의 준말.

이:지 (理智)圀 ① 이성과 지혜. ② 사물을 분별하고 깨닫는 슬기.

이지러-지다 재 한 귀가 떨어 져 없어지다.

이:질 (痢疾)圀 똥에 곱이 섞 이어 나오면서 뒤가 잦고 당 기는 병. 卑 하리.

이집트 (Egypt)圀 북아프리카 의 동부 나일강 하류 지역에 있었던 나라. 지금의 이름은 통일 아랍 공화국임. 수도는 카이로이고 피라밋이 많음.

이집트 자 (Egypt字)圀 고대 이집트에서 사용했던 상형문 자. 로마자의 바탕이 되었음.

이-쪽 圀 이 곳으로 향한 쪽.

이:차돈 (異次頓)圀 〔503~527〕

신라 법흥왕 때 불교를 위하여 죽은 사람. 신라에서는 그 후부터 불교가 성하게 되었음.

이:치(理致)[명] 도리나 뜻. 마땅한 까닭.

이키[감] 뜻밖의 일을 보고 놀라서 지르는 소리.

이탈리아(Italia)[명] 유럽의 지중해 근처에 있는 나라.

이태[명] 두 해.

이토오 히로부미(伊藤博文)[명] 일본의 정치가로 메이지 유신 이후 헌법을 세워 초대 수상이 되고 우리 나라 초대 통감이 되었음. 안 중근의사에게 사살될 뻔했음.

이튿-날[명] ① 다음 날. ② 이틀째의 날.

이틀[명] ① 두 날. ② 「초이틀」의 준말.

이파리[명] 잎사귀. 잎.

이편-저편[명] 이쪽저쪽. 여기저기.

이:하(以下)[명] 어떤 대중의 아래. [반] 이상.

이항복(李恒福)[명] 〔1556 ~ 1618〕조선 선조 때 정승을 지낸 사람.

이-해[명] 올해. 금년.

이:해(利害)[명] 이익과 손해. [비] 손익.

이:해(理解)[명] ① 똑똑히 깨달아 알아들음. [반] 오해. ② 남의 마음이나 사정을 알아 줌. [예] 이해가 많은 사람. 〔~하다〕.

이호우(李鎬雨)[명] 〔1912~1970〕시조 시인. 경북 청도 출생. 경성 제일 고보 졸업. 1941년 「문장」이란 잡지에 「달밤」을 발표하여 문단에 오름.

이:후(以後)[명] [부] ① 이 뒤. ② 이다음. [반] 이전.

익다[자] ① 열매나 씨가 충분히 여물다. ② 뜨거운 기운을 받아 날것이 먹을 수 있게 되다.

익다[형] ① 여러 번 경험하여 서투르지 아니하다. ② 여러 번 보아 아는 사이이다.

익사(溺死)[명] 물속에 빠져 죽음. 〔~하다〕.

익살[명] 재미 있고 우습게 하는 말이나 몸짓.

익숙-하다[형] ① 여러 번 하여 손에 익다. ② 자주 보아 눈에 익다. [비] 능숙하다.

익조(益鳥)[명] 농사에 해가 되는 벌레를 잡아 먹는 새를 통틀어 일컬음. [반] 해조.

인가(人家)[명] 사람이 사는 집. [예] 인가가 드문 산골.

인가(認可)[명] 옳다고 인정 하여.허락함. 〔~하다〕.

인간(人間)[명] 세상 사람. [비] 인류.

인간 사:회(人間社會)[명] 사람이 서로 협력하여 공동 생활을 하는 모양.

인간-상록수(人間常綠樹)[명] 남에게 모범이 될 일을 하여 우러러볼 만한 사람.

인간-성〔-썽〕(人間性)[명] 사람으로서 본디부터 가지고 있는 바탕. [예] 인간성이 좋다.

ㅇ

인력 수출(人力輸出)명 의사·간호원·기술자 등이 외국에 나가 일자리를 갖게 하는 일. 〔~하다〕.

인류(人類)명 ① 사람. ② 지구 위에 사는 모든 사람. 비 인간.

인류 사회(人類社會)명 사람이 서로 협력하여 공동 생활을 하는 모임. 비 인간 사회.

인명(人名)명 사람의 이름.

인물(人物)명 ① 사람의 됨됨이. ② 뛰어난 사람. 비 인걸. 인재.

인보관(隣保舘)명 가까운 이웃끼리 서로 돕기 위해 만든 단체, 또는 그 집.

인부(人夫)명 품삯을 받고 일하는 사람. 비 일군.

인사(人事)명 안부를 묻고 예의를 나타내는 것. 〔~하다〕.

인사-말(人事—)명 인사로 하는 말.

인사-성:〔—성〕(人事性)명예의 바른 좋은 습관.

인삼(人蔘)명 오갈피과에 딸린 다년생 풀. 보혈강장제로 유명함.

인상(印象)명 보거나 듣거나 해서 마음에 강하게 받는 느낌.

인상-적(印象的)명 뚜렷한 느낌을 주는 것. 예 퍽 인상적인 풍경이었다.

인색(吝嗇)명 재물을 몹시 다랍게 아낌. 예 인색한 사람.

인생(人生)명 사람이 세상에서 사는 동안.

인생-관(人生觀)명 인생의 존재·목적·가치 등에 관한 이론적 견해.

인솔(引率)명 사람을 이끌어 데리고 감. 비 인도. 예 학생을 인솔하고 여행을 떠났다. 〔~하다〕.

인솔-자〔—짜〕(引率者)명 인솔하는 사람. 인솔에 책임진 사람.

인쇄(印刷)명 그림이나 글자를 종이에 박아 내는 일. 〔~하다〕.

인쇄-술(印刷術)명 글자나 그림을 박아 인쇄하는 기술.

인수(引受)명 물건이나 권리를 넘기어 받음. 예 상품을 인수하다. 비 인도. 〔~하다〕.

인술(仁術)명 의술.

인식(認識)명 어떤 일에 대하여 그 뜻을 올바르게 판단하여 깨달음. 예 우리 처지를 바로 인식해야 한다.

인심(人心)명 사람의 마음. 비 인정. 예 인심 좋은 농촌.

인어(人魚)명 상반신은 사람, 하반신은 고기의 모양을 하고 호수나 바다에 살고 있다는 상상의 동물.

〈인어〉

인연(因緣)명 물건과 물건, 또는 사람과 사람 사이의 어떤 관계. 비 연분. 〔~하다〕.

인자(仁慈)명 어질고 자애로움.

인재(人材)몡 학식이나 인품이 뛰어난 사람.

인정(人情)몡 ① 사람이 본디 가지고 있는 애정. ② 세상 사람의 마음.

인정(認定)몡 그러한 줄 알고서 정함. 밴승낙. 승인. 〔~하다〕.

인제몡 ① 지금에 이르러. ② 이제부터 곧. 예인제 우리는 3학년이다.

인조(人造)몡 인공으로 만듦. 또는 그 물건.

인조-견(人造絹)몡 펄프를 원료로 하여 만든 비단.

인종(人種)몡 지구상의 인류의 종류. 황인종·백인종·흑인종 따위.

인책(引責)몡 잘못된 일에 대하여 책임을 스스로 짐.〔~하다〕.

인천 상:륙 작전〔~뉵~〕(仁川上陸作戰) 1950년 9월 15일, 유엔군 총사령관인 맥아더 장군의 지휘 아래 감행된 6·25사변 중의 가장 큰 반격 작전.

인터뷰(interview)몡 신문·잡지사의 기자가 기사를 얻기 위하여 직접 만나서 이야기하는 일.〔~하다〕.

인터체인지(interchange) 몡 고속 도로와 보통 도로를 입체적으로 이어서 자동차가 드나들 수 있게 만든

〈인터체인지〉

길.

인편(人便)몡 오고가는 사람 편. 예인편에 편지를 전한다.

인품(人品)몡 사람의 됨됨이. 사람의 성격.

인플레몡 「인플레이션」의 준말. 돈의 가치가 떨어지고 물물건값이 오르는 것.

인해 전:술(人海戰術)몡 흙·나무·헝겊 따위로 사람의 모양처럼 만든 장난감.

인형-극(人形劇)몡 무대 위에서 인형들을 놀려서 하는 연극. 꼭두각시 놀이라고도 함.

일가 친척(一家親戚)몡 같은 성이거나 다른 성이거나 하는 모든 겨레붙이.

일간 신문(日刊新聞)몡 매일 간행하는 신문.

일:-거리〔-꺼-〕몡 ① 하여야 할 일. ② 일의 감. 밴일감.

일과(日課)몡 하루 하루 하는 일. 예아침에 냉수 마찰을 하는 것이 그의 첫 일과이다.

일과-표(日課表)몡 날마다 하는 일을 정하여 놓은 표.

일광(日光)몡 햇빛.

일구다탄 논밭을 만들기 위하여 땅의 흙을 파 일으키다. 예꽃밭을 일구고 씨를 뿌렸다.

일기(日記)몡 날마다 일어난 일 또는 느낌 같은 것을 적은 기록. 밴일지.

일기(日氣)몡 날씨. 밴천기. 예일기 예보.

일기-도(日氣圖)몡 여러 곳의 기압·날씨 등을 기호를 써서 지도 위에 나타낸 것.

일기 예:보(日氣豫報)몝 날씨
의 형편을 미리 알리는 보도.
〔～하다〕.

일기-장〔-짱〕(日記帳)몝 일
기를 적는 책.

일-깨우다 邼 타일러 깨닫게
하다.

일:-껏 閉 애써서. 모처럼. 일
삼아.

일-꾼 몝 일을 잘 하는
사람.

일년-감(一年-)몝 가지과에
딸린 한해살이 풀.토마토.

일년-초(一年草)몝 한해살이
풀.

일단〔-딴〕(一旦)閉① 한 번.
② 잠간.囦 일단 여기서 끝
내자.

일-단락〔-딴-〕(一段落) 몝
일의 한 계단이 끝남.

일당〔-땅〕(一黨)몝 목적과
행동을 같이 하는 한 무리.

일대〔-때〕(一帶)몝 어떤 지
역의 전부.

일대 〔-때〕(一代)몝 일세.

일대〔-때〕(一隊)몝① 한 떼
② 한 무리의 군대. 떼

일러-두기 몝 책 머리에 그 내
용에 대하여 주의할 점 따위
를 따서 적어 놓은 글.

일러 바치다 邼 윗 사람에게 고
하여 알리다.

일러 주다 邼 가르쳐 알아듣게
하다.

일망 타:진(一網打盡)몝 어떤
무리를 한꺼번에 모조리 다
잡음.囦 강도단을 일망타진
하다.〔～하다〕.

일반(一般)몝① 보통 사람들.

② 전체에 두루 통하는 것.
囲 특수.

일반-적(一般的)몝① 전체에
관계 있는 것.② 전문에 속
하지 않는 것.囲 대체적.囦
일반적인 문제.囲 전문적.

일방-적(--方的)몝① 한 쪽으
로 기우는 모양.② 상대편의
일은 생각지도 않고 자기 쪽
의 일만을 생각해서 하는 모
양.

일:-보다 邚 일을 맡아 처리하
다.

일본(日本)몝 우리 나라와 동
해를 사이에 두고 있는 나라.
1910년 한국을 빼앗고 중국
까지 손을 뻗치다가 1945년
연합군에게 패전하였으나
다시 부흥하였음.

일본식(日本式)몝 일본 사람
이 하는 방식.

일부(一部)몝① 한 부분.②
한 벌.

일부러 閉① 특히.일삼아.②
알면서 굳이.③ 짐짓.

일사-병 〔-싸뼝〕(日射病)몝
여름철에 몹시 뜨거운 볕을
쬐면서 노동·행진할 때에 생
기는 병.

일:-삼다 〔-따〕邼① 일로 여
기어 하다.② 자기의 직무로
삼다.

일상〔-쌍〕(日常)閉몝 날마다.
늘.

일상 생활〔-쌍-〕(日常生活)
몝 평소의 생활. 날마다의 생
활.囦 일상 생활에 쓰는 물
건.

일생〔-쌩〕(一生)몝① 살아

있는 사이. ②나서 죽을 때
까지의 동안. 働평생. 例과
학 연구로 일생을 보내다.

일선〔-썬〕(一線)團①한 줄.
첫째 줄. ②전쟁 중 가장 적
에게 가까운 지대. 働전선.
例일선 장병. 働후방.

일-손〔손-〕團①하고 있는
일. ②일 솜씨. ③일하는 사
람. 例일손이 모자라다.

일수〔-쑤〕(日數)團①날의
수효. ②그 날의 운수.

일숙(一宿)團하룻밤을 묵음.

일순(一瞬)團지극히.

일순-간〔-쑨-〕(一瞬間)團
눈 깜박할 동안.매우 짧은
동안.

일시〔-씨〕(一時)團①한 때.
한 동안. ②같은 때.

일시〔-씨〕(日時)團 날짜와
시간.

일시-적〔-씨-〕(一時的)團
한 때·한 동안만 관계 있는
것. 働영구적.

일식〔-씩〕(日蝕)團 태양과
지구와의 사이에 달이 들어
가 태양의 일부 또는 전체가
가려지는 현상.

일신〔-씬〕(一身)團몸 하나.

일쑤團가끔 잘하는 버릇. 例
극장 가기가 일쑤다.

일어-서다困①앉았다가 서
다. ②힘을 얻어 한창 번성
하여지다. 例기울던 사업이
다시 일어서다.

일-없다團쓸데 없다.필요가
없다.

일-옷團일할 때 입는 옷. 働

작업복.

일용-품 (日用品)團 날마다
쓰이는 물건.

일으키다他 일어서게 하다.
부흥시키다.

일일(一日)團①하루. ②하룻
날.

일일(日日)團 나날이. 날마다.

일일 생활권〔-꿘〕(一日生活
圈)團 하룻동안에 오가며
살 수 있는 범위.

일일-이〔-릴-〕團 하나씩 죄
다. 例선생 님께서 틀린 곳을
일일이 지적하셨다.

일:일-이〔-리-〕 團일마다.

일:-자리〔-짜-〕團 벌이가
될만한 곳. 직장.例일자리
를 구하다.

일정:〔-쩡〕(一定)團한 번작
정함.

일정〔-쩡〕(日程)團①그 날
에 하는 일의 예정. ② 나날
이 심의할 일의 예정.

일정-표〔-쩡〕(日程表)團 그
날의 할 일을 적은표.

일제-히〔-쩨-〕(一齊-) 團
한꺼번에. 같은 때에.

일종〔-쫑〕(一種)團 한 종류.

일주〔-쭈〕(一周)團 한 바퀴
를 돎. 〔～하다〕.

일-주일〔-쭈-〕(一週日) 團
일요일부터 토요일 까지의
이레 동안.

일찍이團①이르게. 늦지 않
게. ②전에 한 번. 이왕에.

일찍團「일찍이」의 준말. 働
늦게.

일치(一致)團서로 들어맞음.
働합치. 働상반.

일치 단결 (一致團結)圓 여럿이 한 덩어리로 굳게 뭉침. 〔~하다〕.

일컫다囲 ① 무엇이라고 부르다. ② 칭찬하다. ③ 이름 짓다.

일-터圓 일을 하는 곳.囲 직장.

일편 단심 (一片丹心)圓 한 조각의 충성된 마음.剛 나라 위한 일편 단심.

일-평생 (一平生)圓 한 평생. 살아 있는 동안.

일-하다困 맡은 바 일을 하다.

일행 (一行)圓 ① 여행 등에 있어서 함께 가는 사람. ② 가는 목적이 같은 사람들이 한 패를 이룬 무리.囲 동행.

일화 (逸話)圓 세상에 널리 알리어지지 아니한 이야기.

읽다囲 글을 소리내어 보다.

잃다囲 ① 있던 것이 없이 되다. ② 놓치다. ③ 죽는 일을 당하다.剛 자식을 잃다.

잃어-버리다囲 아주 잃다.

임:금圓 왕국에서 나라를 다스리는 으뜸가는 사람.囲 군주. 왕.囲 신하.

임:금 (賃金)圓 ① 삯 돈. ② 일에 대한 보수.

임:기 (任期)圓 임무를 맡은 기한.

임:명 (任命)圓 벼슬이나 일을 맡김.囲 파면.剛 반장에 임명되다. 〔~하다〕.

임:명-식 (任命式)圓 직무를 맡기는 식.

임:무 (任務)圓 맡은 일. 하여야 할 일.囲 사명.

임산 자:원 (林産資源)圓 산이나 산림에서 얻어지는 자원. 나무·약초 따위.

임오 군란 (壬午軍亂)圓 조선 고종 때에 신식 군대인 별기군이 특별한 대우를 받는 데 대한 반발로 구식 군인들이 일으킨 소란.

임:원 (任員)圓 단체의 일을 맡아 보는 사람.囲 역원.

임:원-회 (任員會)圓 임원들로 이루어진 회의.

임:자圓 물건을 차지하고 있는 주인.囲 주인. 소유자.囲 ① 친한 사람끼리 부르는 말. ② 부부 사이에서 쓰는 말.

임전 (臨戰)圓 전장(戰場)에주 나아감.

임정 (林政)圓 임업(林業)에 관한 행정.

임:진 왜란 (壬辰倭亂)圓 조선 시대 선조 임금 때 (1592년)에 일본의 우두머리 도요토미 히데요시가 15만 대 군으로 우리 나라에 침입한 난리.

임-하다 (臨一)困 맡기다. 임명하다.

임해 (臨海)圓 바다에 임함.剛 임해 공업 도시. 〔~하다〕.

임해 공업 도시 (臨海工業都市)圓 바닷가에 있는 공업 도시.

입圓 몸 안으로 음식을 섭취하는 구멍.

입교 (入敎)圓 어떤 종교를 믿는 신자가 됨.剛 기독교에 입교하다. 〔~하다〕.

입교 (入校)圓 = 입학. 〔~하

다].

입구(入口)**명** 들어 가는 어귀. **반**출구.

입국(入國)**명** 어떤 나라로 들어감. **반**출국. 〔~하다〕.

입다[자] ① 몸에 옷 따위를 꿰다. ② 남의 도움을 받다.

입-맛명 음식을 먹어서 입에서 느끼는 맛. **비**구미.

입맛 쓰다[관] 일이 뜻대로 되지 아니하여 좋지 않다.

입-버릇명 자주 말해서 버릇이 되어 버린 말.

입선(入選)**명** 출품한 물품이 잘 되어 뽑힘. 〔~하다〕.

입시(入試)**명** 「입학 시험」의 준말.

입신(立身)**명** 세상에서 높은 지위를 차지하거나 영달함. 〔~하다〕.

입신 양명(立身揚名)**명** 출세하여 이름을 세상에 드날림.

입실(入室)**명** ① 방에 들어감. ② 법사로부터 승당의 허락을 받고 건당함.

입-심명 기운차게 말하는 힘.

입심(立心)**명** 마음을 작정하여 세움. 〔~하다〕.

입-씻기다[타] 자기에게 불리한 다른 말을 못하도록 남몰래 돈이나 물건을 주다.

입-씻다[자] ① 입을 씻다. ② 이문 같은 것을 혼자 쓱싹하거나 가로채고서 모르는 체 시치미 떼다.

입장(入場)**명** 식장 또는 연기장 따위에 들어감. 〔~하다〕

입체(立體)**명** 상자 등과 같이 길이·폭·두께가 있는 물체. **반**평면.

입학(入學)**명** 학교에 들어감. **비**입교. 〔~하다〕.

입학 시험(入學試驗)**명** 학교에 들어 가고자 하는 사람에게 보이는 시험.

입헌: 정치(立憲政治)**명** 헌법에 의하여 하는 정치.

입-후보(立候補)**명** 후보자로 나섬.

잇:다[타] ① 끊어진 것을 마주붙이다. ② 길게 만들다. ③ 끊이지 아니하고 잇달아 가다.

잇:-닿다[자] 뒤에 이어 닿다.

잇:-따르다[자] 뒤를 이어 따라가다.

잇:-속(利一)**명** 이익이 있는 실속.

잉아명 베틀의 날실을 끌어 올리기 위하여 맨 실.

잉크(ink)**명** 글씨를 쓰거나 인쇄에 사용하는 색이 있는 액체.

잊다[타] 기억에서 사라지다. **예** 약속을 잊다.

잊어-버리다[타] 모두 잊다. 아주 잊다.

잎명 식물의 영양 기관의 하나.

잎-꼭지명 엽병.

잎-나무명 잎이 붙은 땔나무.

잎노랑이명 엽황소.

잎-담배명 썰지 않은 담배잎.

잎덩굴손명 잎에서 돋는 덩굴손.

잎-사귀명 낱낱의 잎.

ㅈ

ㅈ〔지읒〕 닿소리의 아홉째 글자.

자 🈂️ 무엇을 권할 때나 재촉할 때 쓰이는 말.⑩ 자, 어서 가자.

자⑩ 길이나 높이를 재는 기구.

자⑱ 길이의 단위. 척.⑩ 한자는 30.3cm임.

자(者)⑩ 사람을 낮추어 가리키는 말.⑩ 저 자가 누구냐?

자(子)⑱ 아들.

-자(者)⑭ 어떤 방면에 능통한 사람이란 뜻을 나타내는 말.⑩ 과학자.

자가(自家)⑱ ① 자기의 집. ② 자기.

자가-용(自家用)⑱ 자기 집에서만 쓰기 위한 것:⑭ 영업용..

자각(自覺)⑱ 스스로 깨달음. ⑩ 겨레의 사명을 자각하자. 〔~하다〕

자갈⑱ 자질구레하게 생긴 돌멩이.

자개⑱ 빛깔이 아름다운 금조개의 껍질 조각. 가구 등의 장식에 널리 쓰임.

자개 상자(一箱子)⑱ 금조개 조각을 보기 좋게 입혀서 만든 상자.

자:격(資格)⑱ ① 어떠한 임무를 맡거나 일에 당하기 위한 필요한 조건. ② 신분이나 지위.

자격-루(自擊漏)⑱ 세종 대왕께서 장영실 등에 명하여 만든 것으로 물을 이용

〈자격루〉

하여 만든 것으로 물을 이용하여 시간을 알 수 있게 만든 시계.

자국⑱ 닿거나 지나간 자리. ⑭ 흔적. ⑩ 구두 발자국

자그마치⑭ ① 자그마하게. 엔간하게. ② 생각한 것보다 썩 많을 때에 「겨우」의 뜻으로 비꼬아 쓰는 말.⑩ 지원자가 자그마치 1,000명이 넘는다.

자:극(刺戟)⑱ ① 신경에 강한 느낌을 주는 일. ② 정신을 흥분시키는 일. 〔~하다〕

자:극(磁極)⑱ 자석의 극. 자석의 힘이 가장 센 남(S)극과 북(N)극으로 구분함. 곧 자석의 양끝 부분.

자:금(資金)⑱ 어떠한 목적에 쓰이는 돈. ⑭ 자본금. ⑩ 사업자금.

자:금-난(資金難)⑱ 자금을 마련하기 어려운 일. ⑩ 자금

난에 부닥치다.

자급(自給)**명** 남의 도움을 받지 않고 제 힘으로 충당함. **예** 자급 자족. 〔~하다〕

자급 자족(自給自足)**명** 자기의 생활에 필요한 물건을 자기 손으로 만들어 씀. 〔~하다〕

자기(自己)**대** 어떤 사람을 말할 때, 그를 도로 가리키는 말. **비** 자신. **예** 그 사람 정말 나쁘군. 자기가 잘못해 놓고 누구를 탓한담. **반** 타인. 남.

자ː기(瓷器・磁器)**명** 사기 그릇.

자꾸부 잇따라서 늘. 여러 번.

자꾸-만부 「자꾸」를 좀 강조하는 말. 잇따라서. **예** 왜 자꾸만 그런 말을 하니?

자나 깨ː나부 잠들거나 깨거나 늘. **예** 자나 깨나 불조심.

자네대 친구나 손아랫 사람을 부를 때 쓰는 말. **예** 자네 이리 좀 오게.

자녀(子女)**명** 아들과 딸. **비** 자식. **반** 부모. **예** 자녀 교육.

자다재 ① 잠이 들다. ② 움직이던 것이 움직임을 멈추고 쉬다. **예** 바람이 자다.

자동 (自動)**명** 스스로 움직임. 스스로 활동함. **반** 타동. 〔~하다〕

자동 관측 시설 (自動觀測施設)**명** 어떤 일이나 모양의 **변화**를 기계로 살피고 재는 장치.

자동 기계(自動機械)**명** 발달한 과학의 힘으로 만들어진 편리한 기계. 전기 스위치만 누르면 저절로 일어나 물건을 만들어 내는 기계.

자동 날염(自動捺染)**명** 원단에 자동으로 무늬를 찍는 것.

자동 수위 측정기 (自動水位測定器)**명** 수면의 높낮이의 변화를 기계로 관찰하여 재는 기구.

자동식 전ː화(自動式電話)**명** 송・수화기를 들고 전화번호대로 다 이얼을 돌리면 상대편으로 직접 신호가 가는 전화

〈전화기〉

자동 직기(自動織機)**명** 씨실이 저절로 보충되고 날실이 끊어졌을 때도 저절로 멈추고 하는 장치가 있는 직기.

자동 -차(自動車)**명** 발동기를 장치하여 그 동력으로써 바퀴를 돌려 달리게 한 수레.

자두명 오얏.

자득(自得)**명** ① 스스로 깨달아 알게 됨. ② 스스로 흐뭇하게 여김. 〔~하다〕

자라다형 모자라지 아니하다. **예** 물건이 사람 수대로 다 자라다.

자라다재 ① 커지다. ② 점점 많아지다.

자락명 옷이나 피륙 같은 것의 아래로 드리운 넓은 조각. **예** 옷자락.

자랑명 제 일이나 물건을 드

ㅈ

러내어 칭찬하는 일. [~하다]

자:력(資力)圏 재산의 힘. 예 자력을 너무 믿어서는 안 된다.

자력(自力)圏 자기 혼자의 힘. 제 힘. 예 자신의 일을 자력으로 하자. 빤 타력.

자:료(資料)圏 일의 바탕이 될 재료. 빤 재료. 예 학습 자료.

자루圏 연장 따위에 딸린 손잡이의 한 가지.

자루圏 형겊 따위로 만든 주머니.

자르다匨① 단단히 동여 매다. ② 동강을 내다. 예 무우를 자르다.

자르르匣① 기름기·윤기 따위가 반드럽게 흐르는 모양. ② 뼈마디에 저린 느낌이 일어나는 모양.

자리圏① 앉거나 서거나 누울 곳. ② 물건을 두거나 놓을 위치. 예 제 자리에 놓아라.

자리圏① 앉거나 눕도록 바닥에 까는 물건. 빤 좌석. ② 이부자리.

자리 잡다囝① 일할 곳이나 의지할 곳을 얻다. ② 자리를 정하여 머무르게 되다.

자립(自立)圏 남에게 의지하지 않고 제 힘으로 섬. 빤 독립. 예 이젠 너도 자립할 때가 되었다. [~하다]

자립 정신(自立精神)圏 스스로의 힘으로 해 나가겠다는 정신.

-자-마자囲「그 동작을 하자 곧」의 뜻을 나타내는 말.

예 오자마자 가버렸다.

자만(自慢)圏 스스로 자기 일을 거만하게 자랑함. [~하다]

자매(姉妹)圏① 손위의 누이와 손아래 누이. ② 여자끼리의 언니와 아우. 예 사이 좋은 자매.

자매 관계(姉妹關係)圏 여자끼리의 언니와 아우처럼 사이좋게 돕는 관계.

자맥-질圏 물 속에 들어 가서 떴다 잠겼다하는 짓. [~하다]

자멸(自滅)圏 스스로 멸망함. 예 자멸의 구렁텅이에 빠지다. [~하다]

자명-종(自鳴鐘)圏 때가 되면 저절로 울려서 시간을 알리는 시계.

자모(字母)圏① 한 개의 음절을 모음과 자음으로 갈라서 적을 수 있는 낱낱의 글자. ② 모형(母型). 예 한글 자모.

자못囲 생각보다 훨씬. 예 앞으로의 기대가 자못 크다

자문(自問)圏 스스로 제 마음에 물음. 예 자문 자답. [~하다]

자문 자답(自問自答)圏 자기가 묻고 자기가 대답함. [~하다]

자물-쇠[-쐬]圏 열고 닫는 물건에 채워서 열지 못하도록 잠그는 쇠. 빤 열쇠.

자발-적[-쩍](自發的)圏 제 스스로 하는 것.

자백(自白)圏 자기의 허물이

나 죄를 스스로 말함.〔~하다〕

자:본(資本)圓 영업상의 기본이 되는 돈.卿 밑천.

지:본-가(資本家)이익을 보려고 자본을 낸 사람.

자부(自負)圓 자기의 재능과 가치를 스스로 믿음.〔~하다〕

자부-심(自負心)圓 자기의 능력을 믿는 마음.예 자부심이 강한 사람.

자비(自費)圓 자기 스스로가 맡는 비용.

자비-심(慈悲心)圓 사랑하고 가엾게 여기는 마음.예 자비심을 베풀다.

자빠-지다재 넘어지다.

자살(自殺)圓 스스로 자기의 생명을 끊음.卿 자해.빤 타살.〔~하다〕

자상(仔詳)圓 찬찬하고 자세함.卿 상세. 세밀.예 자상하게 일러 주셨다.

자식(紫色)圓 자줏빛.

자석(磁石)

圓 철을 끌어 당기는 성질의 물체.卿 지남철.

〈자 석〉

자선(慈善)圓① 불쌍히 여겨서 도와줌.② 남을 위하여 착한 일을 함.〔~하다〕

자선-가(慈善家)圓 자선 사업을 하는 사람.

자선 사:업(慈善事業)圓 불쌍한 사람을 가엾게 여겨 사랑하고 구제하는 사업.

자세(子細·仔細)圓 빠짐이 없이 똑똑함.卿 자상. 상세.

자:세(姿勢)圓 몸을 가진 모양이나 태도.예 일하는 자세가 좋다.

자손(子孫)圓① 아들과 여러 대의 손자.② 후손.예 자손의 번성.

자습(自習)圓 스스로 배워 익힘.〔~하다〕

자승(自乘)圓 같은 수를 두번 곱함.卿 제곱.〔~하다〕

자:시다타「먹다」의 높임말.

자식(子息)圓① 자기의 아들 딸.② 남자인 남을 낮추어서 욕하는 말.

자신(自信)圓 자기의 능력이나 가치를 스스로 믿음.예 자신을 가지고 일을 하다.〔~하다〕

자신(自身)圓 자기. 제 몸.빤 남. 타인.예 자신의 잘못은 반성하다.

자아-내다타① 실을 뽑아 내다.② 생각을 일으켜 내다.

자아올리다타 기계의 힘으로 물을 빨아 올리다.

자애(慈愛)圓 아랫사람에게 베푸는 깊은 사랑.예 자애스런 마음.

자연(自然)圓 사람의 힘을 들이지 않은 천연 그대로의 상태.卿 천연.예 자연 현상.빤 인공.

자연(自然)튀 저절로.

자연-계(自然界)圓① 천지 만물이 존재하는 범위.② 인간계 이외의 세계.

자연 과학(自然科學)**명** 자연에 딸리는 여러 대상을 연구하는 학문. **빤**인문 과학.

자연 관찰(自然觀察)**명** 자연의 움직임이나 상태를 잘 살펴보는 일. 〔~하다〕

자연-수 (自然數)**명** 하나에서 차례로 늘어가는 수.

자연-스럽다(自然—)**형** 꾸밈이 없어 무리한 데가 없다. **예**자연스러운 말씨.

자연-적(自然的)**명** 자연 그대로의 모양. **빤**인공적.

자오-선 (子午線)**명** 날줄, 곧 지구의 남북에 그은 상상의 줄. 경선.

자욱:-하다형 연기나 안개가 잔뜩 끼어 흐리다. **예** 연기가 자욱하게 끼었다.

자웅(雌雄)**명**① 암컷과 수컷. ②「강약·승부·우열」을 비유하는 말.

자원 (自願)**명**제 스스로 원함. 〔~하다〕

자:원(資源)**명** 물건을 만드는 밑천이 되는 모든 물자. **빤**자산. **예**지하 자원.

자위명 알에 있어서 빛깔을 갈라 놓은 부분. 눈의 검은 자위·알의 노른 자위 따위. **예** 눈 자위.

자위(自慰)**명** 괴로운 마음을 스스로 위로함. 〔~하다〕

자유(自由)**명** 간섭을 받지 않고 제 마음대로 행동함. **빤**해방. **빤**구속. **예**언론의 자유.

자유 경:쟁(自由競爭)**명**자기의 이익을 위해 제각기 마음대로 남과 경쟁을 함.

자유-국(自由國)**명** 다른 나라의 지배를 받지 않는 나라.

자유-권〔—꿘〕(自由權)**명** 억눌림을 받지 않고 자유롭게 살 수 있는 권리.

자유 세:계(自由世界)**명**①자유로운 세계. ②공산 국가에 대하여 민주주의 국가를 일컫는 말.

자유의 마을(自由—)**명** 휴전선 안 중립 지대에 있는 마을.

자유의 집(自由—)**명** 자유를 지키려고 싸운 국군과 유엔군을 기념하기 위하여 1965년 9월에 판문점에 지은 집. 〈자유의집〉

자유 자재(自由自在)**명** 일정한 범위 안에서 제 마음대로 할 수 있음. **예**자유 자재로 움직이다.

자음(子音)**명** 날숨이 입이나 코로 나오는 길에 여러 가지의 막음을 입어서 거칠게 나는 소리. 닿소리. **빤**모음.

자음(字音)**명** 한자의 음.

자의 (自意)**명** 제 뜻. 스스로의 생각. **빤**타의.

자인(自認)**명** 스스로 인정함. **빤**시인. **예** 패배를 자인했다. 〔~하다〕

자자 손손(子子孫孫)**명** 자손의 여러 대. **예** 자자 손손 번영하라.

자중 (自重)圏① 자기의 행동
을 삼감.② 자기 스스로를
소중하게 여김. 〔~하다〕

자지러-지다因① 몹시 놀라
서 몸이 움츠러지다.② 웃
음 소리나 울음 소리가 빨
라서 잦아지다.

자지리團① 아주 몹시.② 지
긋지긋하게. ❹ 자지리도 못
생겼다.

자진 (自進)團 남의 시킴이 없
이 스스로 나섬. ❹ 자진 납
부. 〔~하다〕

자찬 (自讚)團 자기가 한일을
자기가 칭찬함. ❹ 자화 자
찬. 〔~하다〕

자책 (自責)團 제가 제 잘못을
꾸짖음. 〔~하다〕

자청 (自請)團 스스로 나서서
일을 청함. 〔~하다〕

자체 (自體)團① 사물의 그 본
체.② 자신. 제 몸.

자초 지종 (自初至終)團 처음
부터 끝까지 이르는 동안,
또는 그 일.

자축 (自祝)團 자기의 경사를
자기 스스로 축하함. 〔~하
다〕

자취團 무엇이 남기고 간 흔
적. ❺ 흔적. ❹ 도망간 자취
도 없다.

자취 (自炊)團 손수 밥을 지어
먹는 일. 〔~하다〕

자치 (自治)團 자신이 자기의
일을 처리함. ❹ 자치 활동.
〔~하다〕

자칫團 어떤 일이 자그마치라
도 어긋남을 나타낼 때 쓰
는 말. ❹ 자칫 잘못하면 죽

는다.

자칫-하면團 조금만 잘못 하
면. ❹ 자칫하면 넘어진다.

자칭 (自稱)團① 자기를 스스
로 일컬음.② 스스로 자기
를 칭찬함. 〔~하다〕

자카르타 (Jakarta)團 인도네
시아 공화국의 수도이며 자
바섬 서북 해안에 있는 항
구도시. 커피·차 등을 수
출함.

자-타 (自他)團 자기와 남. ❹
자타에 모범이 되다.

자태 (姿態)團 모습이나 맵시.
❺ 자세.

자택 (自宅)團 자기의 집. ❻
자가.

자퇴 (自退)團 어떤 일에서 스
스로 물러감. 〔~하다〕

자포 (自暴)團 스스로 제 몸을
돌보지 않고 행동을 마구함.

자포 자기 (自暴自棄)團 마음
에 불만이 있어 자신을 돌
보지않고 행동을 마구 함.
❹ 시험에 떨어졌다고 자포
자기해서는 안 된다. 〔~하
다〕

자폭 (自爆)團 비행기·군함 따
위를 적에게 넘겨 주지 않
기 위하여 스스로 폭발하
는 일. 〔~하다〕

자필 (自筆)團 자기가 손수 쓴
글씨. ❻ 대필. 〔~하다〕

자해 (自害)團① 스스로 자기
의 몸을 해침.② 자살 〔~
하다〕

자형 (姉兄)團 손위 누이와 남
편. ❻ 매형.

자화-상 (自畫像)團 자신이 그

린 자기의 그림.

자활(自活)[명] 자기의 능력으로 스스로 독립하여 살아감. [예] 자활의 능력. 〔~하다〕

작가(作家)[명] 예술 작품을 만드는 사람. 특히 소설가를 말함.

작고 (作故)[명] ①사람이 죽음. ②「사망」의 높임말. [예] 작년에 작고 하셨다. 〔~하다〕

작곡(作曲)[명] 악곡을 지어 냄. 〔~하다〕

작곡-가(作曲家)[명] 악곡을 지어 내는 사람.

작년(昨年)[명] 지난 해. [반] 명년.

작:다[형] ①크지 않다. [예]작은 주먹. ②아직 어리다. [예] 작은 아이. [반] 크다.

작달막-하다 [형] 키가 몸피에 비하여 자그마하다. [예]작달막한 아이.

작대기[명] 무엇을 버티는데 쓰는 기다란 막대기. [예] 작대기로 바치다.

작도(作圖)[명] 그림·지도·설계도 등을 그림. 〔~하다〕

작두(斫—)[명] 마소에게 먹일 풀이나 콩깍지 또는 짚을 써는 연장.

작명(作名)[명] 이름을 지음. 〔~하다〕

작문(作文)[명] 글을 지음, 또 그 지은 글. 〔~하다〕

작문-법〔—뻡〕(作文法)[명] 글을 짓는 방법. [예] 올바른 작문법을 사용하라.

작물(作物)[명] 논밭에 심어 가꾸는 식물.

작별(作別)[명] 서로 헤어짐. [비] 이별. [반] 상봉. [예] 작별 인사. 〔~하다〕

작사(作詞)[명] 노래의 글귀를 지음. 〔~하다〕

작살[명] 물고기를 찔러 잡는 기구.

작성(作成)[명] 만들어 이룸. [예] 원서 작성. 〔~하다〕

작시(作詩)[명] 시를 지음. 〔~하다〕

작심 삼일(作心三日)[명] 한 번 결심한 것이 오래 가지 않음. 곧 결심이 굳지 못함을 가리키는 말.

작야(昨夜)[명] 어젯밤.

작약(芍藥)[명] 6월에 희거나 붉은 빛깔의 여러 꽃이 피는 여러해살이 풀. 함박꽃이라 부르기도 함.

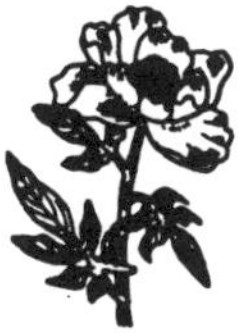
〈작 약〉

작업(作業)[명] 일터에서 연장을 가지고 일을 함, 또는 그 일. 〔~하다〕

작업-복(作業服)[명] 일을 할 때 입는 옷.

작업-장(作業場)[명] 일을 하는 곳. 일을 하는 공장이나 공사장. [예] 작업장에 가다.

작용 (作用)[명] ①움직이게 되는 힘. ②힘이 미치어 영향을 줌. [예] 풍화 작용. 〔~하다〕

작은-골[명] 큰골의 뒤쪽에 있는 골. 운동을 바르게 하는 일과 몸의 균형을 잡는 일을 맡아 함. ㉥ 소뇌.

작은-말 명 낱말의 실지의 뜻은 똑같으나 나타낼 때의 느낌이 작게 되는 말.「설예「설렁설렁」의 작은 말은랑「살랑살랑」. ㉤ 큰 말.

작은-아버지 명 아버지의 남자 동생이 되는 사람. ㉥ 삼촌. 숙부. ㉤ 큰아버지.

작자(作者) 명 ① 문예 작품을 지은 사람. ②「사람 됨됨이」의 낮은말. ㉦ 그 작자 뱃심도 좋다.

작전 (作戰) 명 싸움을 하는 계획과 방법을 세움. ㉦ 작전 계획을 세우다. 〔~하다〕

작정:(作定) 명 어떤 일을 하기로 결정함. ㉥ 예정. ㉤ 미정. ㉦ 내일 여행을 떠날 작정이다. 〔~하다〕

작품 (作品) 명 ①제작한 물건. ② 예술 창작 활동의 성과. 문학·미술 등의 제작물. ㉦ 문학 작품.

작품-란 (作品欄) 명 신문이나 잡지에서 문예 작품을 싣는 난.

작품-집 (作品集) 명 작품을 모아서 엮은 책.

잔(盞) 명 물·차 따위를 따라 먹는 작은 그릇. ㉦ 잔에 따라 마셔라.

잔고(殘高) 명 돈이나 물품 따위의 나머지 수량.

잔-금 명 잘게 접혔거나 그렇게 그은 금.

잔금(殘金) 명 나머지의 돈. ㉦ 잔금이 많이 남았다.

잔-꾀 명 얕은 꾀.

잔-돈 명 얼마 안 되는 낱돈.

잔등-이 명「등」의 낮춤말.

잔디 명 마디마디에서 센 수염뿌리가 나와서 땅을튼튼히 얽는 여러해살이 풀. 정원이나 녹지대에 많이 심음. ㉦ 파릇파릇하게 돋아나는 잔디.

잔디-밭 명 잔디가 무성한 곳.

잔뜩 부 더할 수 없는 데까지 꽉 차게. ㉦ 잔뜩 화가 났다

잔류(殘留) 명 남아서 처져 있음. ㉦ 잔류 병력. 〔~하다〕

잔-뼈 명 나이가 어려서 다 자라지 못한 뼈.

잔-소리 명 ① 쓸데 없이 늘어놓는 잔말. ㉥ 잔말. ② 꾸중으로 하는 여러 말. 〔~하다〕

잔-손 명 어떤 일에 여러 번돌아가는 손.

잔손-질 명 잔 데까지 여러 번 손으로 매만지는 일. ㉦ 공예품은 잔손질이 많이 간다. 〔~하다〕

잔-솔 명 어린 소나무.

잔-술〔—쑬〕(盞—) 명 ① 잔에 따른 술. ② 잔으로 되어파는 술.

잔-심부름 명 자지레한 심부름. 〔~하다〕

잔액(殘額) 명 나머지 돈의 액수. ㉦ 잔액은 저금하세요.

잔인(殘忍) 명 인정이 없고 아주 모짊. ㉦ 잔인한 사람.

잔잔-하다 형 바람이나 물결이 가라앉아 조용하다.

잔-주름 명 잘게 잡힌 주름.

잔치 명 경사가 있을 때에 음·

식을 마련하여 여러 사람이 모여 즐기는 일. 町 향연. 〔~하다〕

잔털-圀 몹시 가늘고 짧은 털.

잘튀 ① 착하게. 좋게. ② 익숙하고 능란하게.

잘다圀 ① 가늘고 작다. ② 수다스럽다. 빤 굵다.

잘-되다짜 일이나 물건 또는 신분이 좋게 되다. 빤 못되다.

잘라 먹다탄 ① 동강을 지어 먹다. ② 남에게 줄 돈을 떼어먹다.

잘래-잘래튀 머리를 좌우로 가볍게 흔드는 모양.

잘록-하다圀 긴 물건의 한 부분이 얕게 패어서 오목하다. 例 허리가 잘록하다.

잘름-거리다짜탄 조금 절다.

잘리다彨웹 ① 남에게 꾸어 준 돈 따위를 잘라 먹히다. ② 끊기다.

잘못圀 잘 하지 못한 짓. 町 실수. 例 너의 잘못이다. 튀 틀리게. 例 잘못 걸렸다. 빤 잘. 〔~하다〕

잘-하다탄 ① 좋고 훌륭하게 하다. ② 익숙하고 능란히 하다. ③ 버릇으로 자주 하다.

잠圀 눈을 감고 아무 것도 느끼는 것이 없이 쉬는 일.

잠:간〔―깐〕(暫間)圀 오래지 않은 동안. 잠시간. 例 잠간 서 있어라.

잠-결〔―껼〕圀 잠자는 동안의 의식이 흐릿한 겨를.

잠그다탄 자물쇠 따위로 채우다. 例 문을 잠그다.

잠그다탄 물 속에 물건을 넣어 가라앉게 하다.

잠기다짜 ① 물속에 가라앉다. ② 밑천이 보람 없이 들어가다. ③ 한 가지 일에만 정신이 팔리다. 例 생각에 잠기다.

잠기다짜 ① 자물쇠로 채워지다. ② 목이 쉬다.

잠깐튀 매우 짧은 동안. 오래지 않은 사이. 町 잠시. 빤 영원.

잠-꼬대圀 ① 잠을 자면서 저도 모르게 하는 헛소리. ② 사리에 맞지 않는 엉뚱한 말의 비유. 〔~하다〕

잠-꾸러기圀 잠이 썩 많은 사람, 또는 늦잠을 자는 사람.

잠-들다짜 ① 잠자다. 例 아기가 이제 막 잠들었다. ② 죽음의 상태에 들어가다. 例 여기 무명 용사 잠들다.

잠망-경(潛望鏡)圀 잠수함 등에서 바깥을 내다보는데 쓰는 반사식 망원경.

잠복(潛伏)圀 숨어 엎드림. 例 잠복 근무. 〔~하다〕

잠복-기(潛伏期)圀 병에 감염은 되었으나 아직 그 증상이 나타나지 않고 있는 기간.

잠복 초소(潛伏 哨所)圀 잠복 근무를 하도록 지정된 초소. 例 잠복 근무를 하다.

잠사(蠶絲)圀 누에의 고치에서 뽑은 실.

잠수(潛水)圀 ① 물 속에 들어가 잠김. ② 해녀를 제

ㅈ

주도에서이르는 말.(비)해녀.〔~하다〕

〈잠수부〉

잠수-복(潛水服)명 물 속에 들어갈 때에 입는 옷.(비)잠수의.

잠수-부(潛水夫)명 물 속에 들어가서 일하는 사람.

잠수-함(潛水艦)명 물 속에 들어가서 적 가까이 접근하여, 어뢰 공격 따위를 하는 군함.(비)잠수정.(예)침몰된 잠수함.

잠:-시(暫時)명부 오래 걸리지 않는 시간.(비)잠깐.(예)잠시만 기다려라.(반)오래.

잠-옷명 잠 잘 때 입는 옷.(비)자리옷.(예)잠옷으로 갈아입어라.

잠입(潛入)명① 몰래 들어옴.(예)간첩 잠입.② 물 속에 잠기어 들어감.

잠-자다자 잠이 들어서 무의식 상태가 되다.(비)취침하다.

잠-자리〔~짜~〕명 잠을 자는 곳.(예)편한 잠자리.

잠자리명 두 개의 겹눈과 얇은 두 쌍의 날개를 가지고 있으며, 벌레를 잡아먹고 사는 곤충.

잠자코부 아무 말 없이 가만히.(비)조용히.(예)잠자코 듣고만 있다.

잠잠-하다(潛潛—)형 아무 소리도 없이 조용하다.

잠재:(潛在)명 겉으로 드러나지 않고 속에 잠겨 있거나 숨어 있음.(예)잠재 능력.

잠행(潛行)명① 남몰래 다님.② 남몰래 함.

잡가(雜歌)명① 속되고 잡스러운 노래.(비)잡소리.② 정악 이외의 노래.

잡객(雜客)명 대수롭지 아니한 손.

잡곡(雜穀)명 쌀 이외의 온갖 곡물.

잡곡-밥(雜穀—)명 잡곡을 섞어서 지은 밥.

잡기-장(雜記帳)명 여러 가지 일을 적은 공책.

잡념(雜念)명 쓸데 없는 생각.

잡다타① 손가락 따위로 움켜쥐고 놓지 않다.② 권리 따위를 차지하다.(예)정권을 잡다.

잡다타 동물을 죽이다.

잡다타 마음으로 헤아려 정하다.(예)비용이 얼마나 들겠는지 대강 잡아 보아라.

잡다(雜多)명 온갖 것이 뒤섞여 많음.

잡담(雜談)명 쓸데 없이 지껄이는 말.(예)오랜 시간동안 잡담을 하고 있다.

잡목(雜木)명 중요하지 않은 온갖 나무.

잡비(雜費)명 여러 가지 자질구레하게 쓰이는 돈.(비)잡용.

잡-소리(雜—)명 잡스러운 말.

잡-수입(雜收入)명 때 없이 일정한 수입 외에 들어오는 자질구레한 수입.

잡아 먹다타① 동물을 죽여

그 고기를 먹다.② 남을 몹
시 괴롭게 하다.

잡음(雜音)圈 시끄러운 소리.
쓸데 없는 소리. 倒 소음. 倒
시끄러운 잡음.

잡이圈① 「길잡이」의 준말.
② 조심 · 주의의 뜻. ③ 비
고.

잡지(雜誌)圈 여러 가지 글을
모아서 정한 기한마다 내는
책. 倒 잡지 발간.

잡채(雜菜)圈 갖은 나물, 고
기 따위를 섞어 만든 음식.

잡초(雜草)圈 저절로 나서 자
라는 여러 가지 풀. 倒 잡
필.

잡치다囘① 일을 그르치다.
② 못 쓰게 만들다. ③ 기분
이 상하다.

잡화(雜貨)圈 여러 가지 상
품.

잡화-상(雜貨商)圈 잡화를
파는 장수, 또는 장사.

잡히다囘① 굽은 것이 곧게
잡음을 당하다.② 의복 등
에 주름이 서다.

잡히다囘① 동물 따위가 잡
음을 당하다.② 화재가 진
화되다.

잣:-나무圈 잣
이 열리는
나무. 높이
10m 이상이
고 잎은 바
늘꼴이며,
씨앗은 먹음.   (잣나무)

잣:다囘 물레를 돌리다. 倒 실
을 잣다.

장:(長)圈 단체나 각 부의 우

두머리.

장:(醬)圈 간장. 된장을 통틀
어 일컫는 말.

장(章)圈 시가 · 문장 따위의
뜻에 있어서 내용이 나누
어지는 부분을 나타내는말
의 하나. 倒 제 1 장.

장(場)圈 많은 사람이 모여
갖가지 물건을 사고 파는
곳 倒 장날.

장갑(掌甲)圈 추울 때에 장
식용으로 손에 끼는 물건.

장개석(蔣介石)圈 〔1887~
1975〕중국의 정치가. 타이
완섬을 차지하고 있는 자
유중국의 총통이었음.

장-거리(長距離)圈 멀고 긴
거리. 倒 단거리

장고(杖鼓)圈 장구. 倒 장고춤.

장:관(壯觀)圈① 굉장하고볼
만한 일이나 광경. ② 꼴불
견인 모양.

장:관(長官)圈 국무를 맡아
보는 각 부의 으뜸 벼슬.
倒 문교부 장관.

장:교(將校)圈 군대에서 사병
을 통솔하는 소위 이상의
사람.

장구圈 우리
나라 민속
악기의 하
나로 가운
데가 잘록
한 나무통
의 양쪽에   (장구)
가죽을 메워서 채로 쳐서
소리가 나도록 만든 것.

장구(裝具)圈 몸을 단장하는
데 쓰는 온갖 도구.

장마-철圈 비가 계속하여 오래도록 내리는 시기.

장막 (帳幕)圈 둘러 치는 막. 뎨 포장. 천막. 뗴 장막을 치다.

장만圈 ① 갖추어 만들어 놓음.② 만들거나 사들여 준비함. 뎨 준비. 〔∼하다〕

장만-영 (張萬榮)圈 〔1914∼〕황해도 배천읍에서 태어났음. 시인이며 호를 초애라 부름.

장면(場面)圈 어떤 일이 벌어지는 광경. 나타나는 한 도막의 모습.

장ː모(丈母)圈 아내의 친어머니. 뗴 빙모.

장목-가리(長∧一)圈 물건을 버티는데 쓰는 굵고 긴 나무를 높이 쌓은 더미.

장미(薔薇)圈 5∼6 월에 여러 가지 빛깔의 꽃이 피는 가시가 많은 나무. 영국의 나라 꽃임.

장미-빛(薔薇一)圈 짙은 붉은 빛. 뎨 장미색. 뎨 장미빛 살결.

장발(長髮)圈 길게 기른 머리털. 뗴 단발. 뎨 장발 단속.

장ː병(將兵)圈 장교와 병사. 뗴 장졸.

장보ː고 (張保皐)圈 〔?∼846〕신라 말의 장수. 흥덕왕 때 당 나라 수군에서 활약하다가 귀국. 황해와 남해의 해적을 없애기 위해 완도에 청해진을 베풀고 청해진 대사가 되어 해상권을 잡아 신라와 당과의 무

역을 활발하게 하였음.

장-보다(場一)짜 ① 저자를 열다.② 물건을 팔거나 사러 시장에 가다.

장부(帳簿)圈 돈이나 물건이 들어오고 나가는 사실을 적어 놓는 공책. 뎨 장부기입.

장ː부(丈夫)圈 씩씩하고 사내다운 남자.

장비(裝備)圈 ① 비품 부속품 따위를 장치하는 일.② 군대에서 쓰는 온갖 물품. 〔∼하다〕

장사圈 이익을 얻으려고 물건을 사서 파는 일. 뗴 상업. 〔∼하다〕

장ː사(壯士)圈 기개와 골격이 굳센 사람.

장ː사(葬事)圈 시체를 묻거나 화장하는 일. 뗴 장례. 뎨 장사 지내다. 〔∼하다〕

장사-아치愛 장 사치.

장사-치圈 장사를 하는 사람을 낮게 일컫는 말.

장삼(長衫)圈 검은 베로 길이가 길고 소매가 넓게 만든 중의 웃옷.

〈장삼〉

장서(藏書)圈 책을 간직하여 둠.또는 그 책. 〔∼하다〕

장ː성(長成)圈 자라서 어른이 됨. 뎨 장성한 아들. 〔∼하다〕

장ː성(將星)圈 =장군.

장소(場所)圈 ① 처소. ② 자

리.㉎ 모이는 장소.

장:손(長孫)똉 맏손자.

장:-손녀(長孫女)똉 맏손녀.

장수똉 장사를 하는 사람. ㉑ 상인.

장수(長壽)똉 목숨이 긺. 오래 삶.〔~하다〕

장:수(將帥)똉 군사를 거느리는 우두머리.

장수-왕(長壽王)〔394～491〕고구려의 제20대 왕. 남하 정책에 뜻을 두어 서울을 국내성에서 평양으로 옮기고 영토를 넓혀, 고구려의 전성기를 이룸.

장-시간(長時間)똉 긴 시간. ㉑ 단시간.㉎ 장시간 계속된 연설.

장식(粧飾)똉 겉 모양을 꾸밈. ㉑ 치장.〔~하다〕

장식(裝飾)똉① 치장하여 꾸밈.② 그릇·가구 따위에 꾸밈새로 박는 쇠붙이.〔~하다〕

장신(長身)똉 키가 큰 몸. ㉑ 단신.

장신-구(裝身具)똉 몸치장을 하는 데 쓰는 기구.

장아찌㉑ 무·오이 따위를 썰어 말려서 간장에 절이고 갖은 양념을 넣어 묵혀 두고 먹는 반찬.

장안(長安)똉 수도라는 뜻으로 서울을 일컫는 말.

장애-물(障礙物)똉 거치적거리는 물건.㉎ 장애물 경주.

장엄(莊嚴)똉 규모가 크고 엄숙함.㉑ 웅장.㉎ 장엄한 시장.

장 영실(蔣英實)똉 조선조 세종 때의 과학자. 세종의 명을 받들어 해시계, 물시계 등을 만들었음.

장원(莊園)똉 귀족이나 사원이 소유하고 있던 토지.

장:원(壯元)똉 과거 시험의 갑과에 일등으로 뽑힘. 또는 그 사람.㉎ 장원 급제.〔~하다〕

장음(長音)똉 길게 내는 소리. ㉑ 단음.

장-음계(長音階)똉 셋째와 넷째음 사이의 음정과, 일곱째와 여덟째 음 사이의 음정이 반음인 음계. ㉑ 단음계.

장:의(葬儀)똉 장례.

-장이㉐ 직종·물건 이름 등에 붙어 그것을 만들거나 그 직종에 종사하는 기술자 임을 나타내는 말.㉎ 대장장이. 미장이.

장:인(丈人)똉 아내의 친아버지.

장:자(長子)똉 맏아들.

장작(長斫)똉 통나무를 쪼개 만든 길쭉길쭉한 땔나무. ㉎ 장작을 패다.

장점〔一쩜〕(長點)똉 좋은 점. 뛰어난 점. ㉑ 단점.㉎ 그의 장점은 부지런이다.

장:정(壯丁)똉 기운이 좋은 젊은 남자.

장지(障一)똉 방에 칸을 막아 끼우는 미닫이.

장차(將次)㉐ 차차. 앞으로. ㉑ 장래.㉎ 나는 장차 과학자가 되겠다.

장충 체육관(獎忠體育館) 圏
서울 장충동에 있는 운동
을 할 수 있도록 지은 지
붕이 둥근 큰 집.

장치(裝置)圏①차려 둠. 만
들어 둠.②기계를 마련해
둠. ❀설비. ❀기계 장치.
〔~하다〕

장:쾌(壯快)圏 장하며 기분이
시원하고 유쾌함.❀장쾌한
음악.

장-터(場—)圏장이 서는 곳.

장-티프스(腸Typhus) 圏 티
푸스균이 장에 들어감으로
써 일어나는 급성 전염병.
장질 부사.

장판-지(壯版紙)圏 방바닥을
바르는 기름 먹인 두꺼운
종이.

장편 소:설(長篇小說)圏나오
는 사람도 많고 긴 소설.
❀단편 소설.

장:-하다(壯—)圏①매우 당
당하고 훌륭하다. ❀장한
어머니. ②놀랍거나 갸륵
하다.

장:학-관(奬學官)圏문교부에
딸린 교육 공무원의 하나,
교육의 지도·조사·감독 따
위의 사무를 맡아 봄.

장:학-금(奬學金)圏 학문의
연구를 돕기 위한 장려금.

장해(障害)圏거리껴서 해가
됨.〔~하다〕

장화(長靴)圏무릎 밑까지 올
라오는 신.

장황(張皇)圏번거롭고 너절
하게 긺. ❀장황한 연설.

잦다圏①여러 차례로 자주

거듭하다.②자주 있다.〕빈
번 하다.

잦다困①액체가 졸아들다.
②뒤로 기울어지다.

재圏조금 높은 산의 고개.

재圏물건이 다 탄 뒤에 남는
가루.❀연탄재.

재갈圏·말을 어거하기 위해
물리는 쇠로 만든 물건.

재:개(再開)圏다시 엶.〔~
하다〕

재:건(再建)圏허물어진 것
을 다시 일으켜 세움.〔~
하다〕

재:고(再考)圏두번째 다시
생각함.〔~하다〕

재:고-품(在庫品)圏아직 상
점에 내놓지 않았거나, 팔
고 남아서 곳간에 쌓아 둔
상품.❀재고.

재:-교부(再交付)圏한 번
부했던 서류 등을 분실 따
위의 이유로 다시 교부함.
〔~하다〕

재:기(再起)圏다시 일어남.
회복함.〔~하다〕

재난(災難)圏뜻밖에 일어난
불행한 일.❀큰 재난을 당
하다.

재능(才能)圏재주와 능력. 뛰
어난 재주.❀뛰어난 재능.

재:다囲①길고 짧음을 자질
하여 보다.❀자로 재다.
②총에 탄알을 넣다.③일
의 앞뒤를 헤아리다.

재:다囲어떤 물건을 차곡차
곡 포개어 놓다.「쟁이다」
의 준말.

재단(財團)圏일정한 목적을

위하여 결합된 재산의 집합. [예] 재단 법인.

재단(裁斷)[명] 옷감의 마름질. [예] 재단해 놓는 옷감. 〔~하다〕

재:래(在來)[명] 그 전부터 있어 옴.

재:래-식(在來式)[명] 그 전부터 행하여 오던 법식, 또는 방식. [예] 재래식 농업. [반] 개량식.

재력(財力)[명] ① 재물의 힘. ② 비용을 댈 수 있는 힘.

재롱(才弄)[명] 어린 아이가 언행을 슬기롭게 하여 귀여운 짓.

재롱-둥이(才弄一)[명] 재롱을 잘 부리는 아이.

재롱-떨다 (才弄一) [자] 재롱 부리다.

재료(材料)[명] ① 물건을 만드는 감. ② 일을 할 거리. [비] 자재. [예] 건축 재료.

재목(材木)[명] 건축 또는 기구 따위의 재료로 쓰는 나무. [비] 목재. [예] 집 지을 재목.

재무(財務)[명] 재정에 관한 사무.

재물(財物)[명] 돈이나 그 밖의 값 나가는 물건. [예] 재물을 모으다.

재미[명] 아기자기한 즐거운 맛. [비] 자미. 흥미. [반] 싫증. [예] 재미있는 놀이.

재:발(再發)[명] 두번째 생겨남. [예] 병이 재발했다. 〔~하다〕

재:배(栽培)[명] 나무 · 곡식 · 채소 · 화초 따위를 심어 가꾸는 일. [예] 버섯 재배. 〔~하다〕

재:배-국(栽培國)[명] 많이 심고 가꾸는 나라. [예] 밀 재배국.

재봉(裁縫)[명] 옷감으로 옷을 만드는 일. 바느질. [예] 재봉틀. 〔~하다〕

재봉-기(裁縫機)[명] 재봉틀.

재봉-틀(裁縫一)[명] 바느질 또는 물건을 꿰매는 데 쓰이는 기계.

재-빠르다[형] 매우 빠르다. [예] 재빠르게 날아가는 제비.

재산(財産)[명] 사람이 살아 가는 데에 필요한 돈과 물건 [비] 재물.

재:삼(再三)[명] 여러 번. 두세 번. [예] 재삼 생각하다.

재:상(宰相)[명] 이품 이상의 벼슬을 통틀어 일컬음.

재:생(再生)[명] ① 다시 살아남. ② 못 쓰는 물건을 다시 쓸 수 있도록 만들어 냄. 〔~하다〕

재:석(在席)[명] 자리에 있음.

재:선 (再選)[명] ① 두번 째의 선거. [예] 재선에 당선되다. 〔~하다〕② 두번째로 뽑힘.

재앙(災殃)[명] 몹시 불행한 일. [예] 재앙이 닥치다.

재:야(在野)[명] 초야에 파묻혀 벼슬하지 않고 민간에 있음.

재:언(再言)[명] 다시 말함. 〔~하다〕

재우다[타] 자게 하다. [반] 깨우다.

재우-치다[타] 빨리 하여 몰아

치다.

재:일 동포(在日同胞)**명** 일본에서 살고 있는 우리 나라 국민들.

재:임(再任)**명** 같은 직책을 두번째 맡음. [〜하다]

재:-작년(再昨年)**명** 그러께, 2년 전의 해.

재잘-거리다짜 빠른 말로 잇따라서 지껄이다.

재재-하다혱 재잘거리어 어지럽다.

재:적(在籍)**명** ① 학적에 있음. ② 호적에 있음. [〜하다]

재정(財政)**명** 국가 또는 공공 단체가 목적을 달성하는데 필요한 경비.

재주(才一)**명** ① 무엇을 잘하는 타고난 소질. ② 교묘한 기술. 비 재간. 재능.

재:직(在職)**명** 직장에서 일하고 있음. [〜하다]

재질(才質)**명** 타고난 재주와 성질.

재채기명 코의 신경이 간질간질하다가 기운을 내뿜는 짓. [〜하다]

재:청(再請)**명** ① 회의할 때 남의 동의에 찬성한다는 뜻으로 거듭 청함. ② 같은 일을 두번째 청함. [〜하다]

재촉명 일을 빨리 하라고 조름. 비 독촉. 독려. [〜하다]

재치(才致)**명** 날쌘 재주. 예 재치있는 답변.

재:판(再版)**명** 이미 찍어낸 책을 또 찍어 냄. 비 중판. [〜하다]

재판(裁判)**명** 옳고 그름을 판가름해 주는 일. 예 재판소. [〜하다]

재판-관(裁判官)**명** 재판에 관한 사무를 맡아 보는 법관.

재판-소(裁判所)**명** 민사·형사 따위의 재판을 하는 국가의 기관. 법원.

재:-편성(再編成)**명** 편성했던 일을 고쳐 다시 함. 예 학급을 재편성하다. [〜하다]

재:학-생(在學生)**명** 현재 학교에 다니며 공부하는 학생. 반 졸업생.

재해(災害)**명** 재앙으로 말미암아 받는 피해.

재:향 군인(在鄕軍人)**명** 현역을 마치고 고향에 돌아와 있는 사람.

재:회(再會)**명** ① 두번째의 모임. ② 다시 만남. 예 친구와의 재회. [〜하다]

재:흥(再興)**명** 다시 일으킴. 다시 일어남.

잰지명 (조개) 국자가리비.

잿-더미명 재를 모아 둔 무더기. 예 화재로 인해 잿더미로 변한 마을.

잿-물명 ① 재에 물을 부어 우려 낸 물. 빨래하는 데 쓰임. ② 양잿물.

잿-빛〔재삧〕**명** 재와 같은 빛깔. 회색. 예 잿빛 하늘.

쟁그랑부 얇은 쇠붙이가 떨어지며 나는 소리. [〜하다]

쟁기명 논밭을 가는 데 쓰는 농기구.

쟁반(錚盤)**명** 과일이나 음식

을 담는데 쓰이는 납작한 그릇.

쟁쟁-하다(錚錚一)웹 ① 여럿 가운데에서 매우 뛰어나다. ②좋은 쇠붙이가 서로 부딪쳐서 맑게 울리다.

〈쟁기〉

쟁탈-전(爭奪戰)몡 서로 다투어서 빼앗는 싸움.

재:펜「저 아이」의 준말.

저떼「나」・「자기」의 낮춤말.

저깹 생각이 잘 나지 않을 때 내는 소리.

저(箸)몡「젓가락」의 준말.

저-같이閈 저.모양으로. 저렇게.

저-걸「저것을」의 준말.

저-것떼저 곳에 있는 사물을 가리키는 말.

저:격(狙擊)몡 노려서 쏨. 몌 대통령 저격. 〔~하다〕

저고리몡 웃옷의 한 가지. 밴 치마. 바지.

저:금(貯金)몡 돈을 모아둠, 또는 그 돈. 밴 저축. 몌저금은 내일의 안정을 보장한다. 〔~하다〕

저:금 통장(貯金通帳)몡은행 등에 돈을 맡긴 내용을 적은 작은 책.

저기떼 저곳. 閈 저곳에. 밴 여기. 몌 저기 있다.

저:-기압(低氣壓)몡 둘레의 기압에 비하여 낮은 기압. 밴 고기압.

저-나마閈 저것일망정. 몌 저나마 다행이다.

저녁몡①해가 지고 밤이 오는 어두운 때.②「저녁밥」의 준말. 밴 아침.

저녁-놀몡 해 질 무렵에 서쪽 하늘에 벌겋게 보이는 기운. 몌 붉게 물든 저녁놀.

저녁-때몡 해가 질 때.

저녁-밥몡 저녁 때에 먹는 밥.

저:능-아(抵能兒) 몡 지능이 일반적으로 낮은 어린이.

저다지閈 저렇도록, 저런 정도까지. 몌 저다지 예쁠까 ?

저:-당(抵當)閈부동산이나 동산을 채무의 담보로 전당잡힘. 〔~하다〕

저:-당-물(低當物)몡 전당잡히는 물건.

저-들떼「저이들」의 준말.

저:-락(低落)몡 값이 떨어짐. 몌 곡가 저락. 〔~하다〕

저러-하다웹 저와 같다. 펜 저렇다.

저런깹 놀랐을 때 내는 소리. 몌 저런, 어쩌나.

저렇다「저러하다」의 준말.

저:-렴(低廉)몡 물건 값이 쌈.

저리閈 저곳으로. 저편으로. 몌 저리 가시오.

저리다쟁 살이나 뼈마디가 오래 눌리어 피가 잘 돌지 못하여 힘이나 감각이 없다. 몌 발이 저리다.

저-마다閈 사람마다. 밴 각자. 몌 저마다 잘난 체한다.

저-만큼閈 저만한 정도로.

저:-명(著名)몡 세상에 이름이 드러남. 몌 저명 인사.

적금(積金)圐 ① 돈을 모아둠. 또는 모아 둔 돈. ② 은행 예금의 한 가지로 일정한 기간 동안 푼돈을 넣었다가 목돈을 타는 일.

적다匣 글로 쓰다. 기록하다.

적:다匢 분량이나 수효가 모자라다. 많지 않다. 몡 많다.

적당(適當)圐 사리에 알맞음. 몡 적절. 몡 부적당.

적도(赤道)圐 위도의 기준이 되는 위선.

적막(寂寞)圐 고요하고 쓸쓸함. 몡 정적. 몡 적막한 밤.

적발(摘發)圐 숨어 드러나지 않은 물건을 들추어 냄. 〔~하다〕

적병(敵兵)圐 적국의 병사. 몡 적군. 몡 아군.

적선(敵船)圐 적국의 배.

적시다匣 물 따위 액체를 묻혀서 젖게 하다.

적십자-기(赤十字旗)圐 적십자사를 상징하는 기.

적십자-사(赤十字社) 전시에는 아군 적군의 구별 없이 부상병을 구호하고 평 〈적십자사〉 시에는 병들고 가난한 불행한 사람들을 돕기 위하여 세계 각국이 모여 이룬 국제적 기구.

적용(適用)圐 맞추어 씀. 〔~하다〕

적응(適應)圐 ① 걸맞아서 서로 어울림. ② 개인이 주위

의 사정에 알맞게 되는 것. 몡 환경에 적응하다. 〔~하다〕

적:이뮈 약간. 다소. 몡 잘있다는 소식에 적이 안심된다.

적임-자(適任者)圐 무슨 일을 맡기기에 적당한 사람. 몡 그는 이 일에 적임자다.

적자(赤字)圐 수입보다 지출이 많은 상태. 몡 흑자. 몡 적자 가계부.

적장(敵將)圐 적국의 장수.

적재(積載)圐 물건을 실음. 〔~하다〕

적적-하다(寂寂—)圐 외롭고 쓸쓸하다. 몡 한적하다.

적전(敵前)圐 적의 앞.

적절(適切)圐 꼭 맞음. 몡 적당. 몡 적절한 조치.

적정(敵情)圐 적군의 형편. 몡 적정을 살피다.

적중(適中)圐 꼭 알맞음. 몡 예감이 적중하다.

적지(敵地)圐 적군의 땅.

적진(敵陣)圐 적의 진지. 몡 적진에 침투하다.

적탄(敵彈)圐 적군이 쏜 총포의 탄알.

적함(敵艦)圐 적국의 군함.

적합(適合)圐 적당하게 꼭 맞음. 몡 내용이 적합하다.

적히다匦 적음을 당하다.

전(前)圐 ① 지난 때. 이전. ② 앞. 몡 후.

-전(傳)몝 「전기」의 뜻을 나타내는 말. 몡 홍길동전.

전갈(傳喝)圐 사람을 시켜서 안부를 묻고 말을 전하는

일.〔~하다〕

전갈-자리(全蠍—)명 여름철의 남쪽 산 위에 보이는 별자리. 가재와 비슷함.「전갈」이라는 동물의 모양과 같다고 해서 붙인 이름임.

전:개(展開)명 펼쳐서 엶.〔~하다〕

전경(全景)명 전체의 경치.

전공(專攻)명 전문적으로 연구함.예 전공 과목.〔~하다〕

전:공(戰功)명 싸움에 이긴 공로.

전:과〔一꽈〕(戰果)명 전쟁의 결과로 얻은 성과.

전과〔一꽈〕(全科)명 ① 학급에서 규정한 모든 교과.② 국민 학교의 전과목에 걸친 학습 참고서의 이름.예 전과 지도서.

전:광(電光)명 ① 번개. ② 전등의 불빛.

전교(全校)명 학교 전체. 예 전교생.

전교:-생(全校生)명 그 학교의 모든 학생. 예 전교생이 참가한 체육대회.

전:구(電球)명 전기불이 켜지는 유리로 만든 둥근 기구. 전등알.

전국(全一)명 간장·술 따위의 물을 타지 아니한 진한 국물.

전국(全國)명 한 나라의 전체. 온 나라. 예 전국 체전.

전국 체전(全國體典)명 우리 나라 각 도의 대표 선수들이 매년 10월에 모여 자기 도의 명예를 걸고 힘을 겨루는 체육 대회.

전:근(轉勤)명 일하는 곳을 다른 곳으로 바꿈. 예 전임.〔~하다〕

전기(傳記)명 어떤 사람의, 그가 이 세상에 나서 죽을 때까지의 한 일을 이야기 식으로 적은 글.예 위인 전기.

전:기(電氣)명 ① 물질 안의 전자 이동으로 생기는 에네르기의 한 형태.② 전둥.

전:기 요법〔一뻡〕(電氣療法)명 전기를 응용하여 병을 치료하는 방법.

전:-나무명 줄기가 곧고, 잎은 바늘 모양이고 늘 푸르며 키가 큰 나무. 열매는 둥근통 모양임. 〈전나무〉

전달(傳達)명 전해서 알림.〔~하다〕

전답(田畓)명 밭과 논. 예 전답을 빼앗기다.

전도(前道·前途)명 ① 앞으로 갈길.② 장래.예 전도가 유망한 학생.

전:동-기(電動機)명 전류가 흐르면 빠른 속도로 돌아 다른 기계를 움직여 일을 할 수 있도록 하는 기계. 모터.

전:등(電燈)명 전기를 이용하여 빛을 내는 기구.

전라-도(全羅道)명 우리 나라

도의 하나. 전라 남도와 전
라 북도를 함께 이르는 말.

전:락(轉落)명 ① 굴러 떨어
짐. ② 타락함. 예떠돌아 다
니는 신세로 전락하다. 〔~
하다〕

전:란(戰亂)명 전쟁으로 인한
난리. 전쟁으로 인한 국내
의 혼란.

전:람(展覽)명 펴거나 늘어
놓고 봄. 또 그렇게 하여 보
임. 예전람회. 〔~하다〕

전:람-회(展覽會)명 여러 가
지 물품을 많이 늘어 놓고
여러 사람에게 구경시키는
모양.

전래(傳來)명 ① 외국에서 전
해 옴. 예문물의 전래. ②
옛날부터 전하여 내려옴.
비전승. 〔~하다〕

전래 동:요(傳來童謠)명옛날
부터 입에서 입으로 전해
져 내려오는 동요.

전략(前略)명 앞의 부분을 생
략함. 예전략하옵고…. 〔~
하다〕

전력(全力)명 모든 힘. 온 힘.
비최선. 예전력을 다하여
싸우다.

전:력(電力)명 전기의 힘.

전:류(電流)명 전기의 흐름.

전:립(戰笠)명 옛 병사가 쓰
던 벙거지.

전:망(展望)명 ① 경치 같은
것을 멀리 바라봄. 예전망
이 좋다. ② 앞날에 있어서
의 일의 형세. 예사업의 전
망이 어떠냐? 〔~하다〕

전:망-대(展望臺)명 멀리 바

라 볼 수 있게 쌓은 높은
대.

전면(全面)명 전체의 면.

전면(前面)명 ① 앞의 일. ②
앞쪽에 있는 편.

전멸(全滅)명 전부 없어짐. 모
조리 망함. 비몰살. 예적을
전멸시키다. 〔~하다〕

전무(全無)명 전혀 없음.

전문-가(專門家)명 어떤 특별
한 부문을 오로지 연구하
며 특히 그 부문에 자세하
고 철저한 사람. 예농업 전
문가.

전반-전 (前半戰) 명 운동경
기에 있어서 소정 기간을
똑같이 나눈 경우의 앞의
절반의 싸움. 만후반전.

전방(前方)명 ① 앞 쪽. ② 적
과 마주 싸움을 하고 있는
곳. 비일선.

전:보(電報)명 전신으로 보내
거나 받거나 하는 통신이
나 통보. 〔~하다〕

전:봇-대〔一때〕(電報一)명전
깃줄을 늘여 매서 세운 기
둥. 비전신주.

전:봇-줄〔一쭐〕(電報一) 명
전봇대에서 매어 길게 뻗
어 있는 구리로 된 전깃줄.
비전선.

전봉준 (全琫準)명 〔1853~
1895〕조선 고종 때의 동학
혁명의 지도자. 녹두 장군
이라고도 불렀음. 백성을
구하고자 전라도 지방에서
기세를 올렸으나 청·일군
의 출동으로 뜻을 못 이루
고 체포되어 서울에서 처

형되었음.

전부(全部)[명][부] 온통. 죄다. [비] 전체. [반] 일부. [예] 전부 잃어 버리다.

전선(全線)[명] 온 선로.

전선(前線)[명] ① 적과 마주 대하고 있는 지역. [비] 일선. ② 따뜻한 공기와 찬 공기의 경계면이 땅과 닿는 곳. [예] 한랭 전선.

전:선(電線)[명] 전기를 통하게 하는 구리·알루미늄·철 등의 금속선. [비] 전깃줄.

전:선(戰船)[명] 싸움에 쓰는 배. [비] 전함.

전설(傳說)[명] 옛날부터 전해 내려오는 이야기.

전성 (全盛)[명] 가장 왕성함. [예] 전성시대.

전성 시대(全盛時代) [명] 한창 왕성한 시대.

전세(傳貰)[명] 일정한 돈을 주인에게 맡기고 어느 기간까지 집이나 물건을 빌어 쓰는 일.

전-세계 (全世界) [명] 세계의 전체. 온 세계. [예] 전세계를 여행하다.

전속(專屬)[명] 어떤 한 곳에만 오로지 딸림. [예] 전속 무대. 〔~하다〕

전속 단체(專屬團體)[명] 어떤 모임에 오로지 딸려 있는 단체.

전-속력(全速力)[명] 힘껏 다 낸 속력. [예] 전속력으로 달리다.

전:송 (餞送)[명] 떠나는 사람을 바래다 줌. [비] 전별. [반] 마중. 〔~하다〕

전:송 (電送)[명] 전류나 전파에 의하여 사진을 먼 곳에 보냄. [예] 전송사진. 〔~하다〕

전:송 사진(電送寫眞)[명] 전송된 사진. 사진의 밝고 어둠을 전류의 세고 약함으로 바꾸어서 전파에 실어 먼 곳으로 보내 그것을 다시 사진으로 찍어 낸 것.

전:술(戰術)[명] ①싸움하는 법. ② 전쟁에 대한 기술.

전:시(戰時)[명] 전쟁이 있는 동안.

전:시(展示)[명] 여러 가지 물건을 벌여 놓고 펴서 보임. [예] 전시회. 〔~하다〕

전:시-장(展示場)[명] 여러 가지 물건을 모아 벌여 놓고 여러 사람에게 보이게 만든 장소.

전:시-회 (展示會)[명] 우수한 그림·글씨·상품·학술적인 표본 등을 많은 사람들이 보도록 하는 모임. [비] 전람회. [예] 국산품 전시회.

전신(全身)[명] 온 몸. 몸 전체.

전:신(電信)[명] 전류를 이용하여 문자나 부호를 주고 받는 통신.

전야(前夜)[명] 어젯밤. [예] 전야제.

전연(全然)[부] 아주. 도무지 [비] 전혀. [예] 전연 피곤을 느끼지 않다.

전염 (傳染)[명] ① 나쁜 풍속이 전하여 물이 듦. ② 병독이 남에게 옮음. [예] 전염병. 〔~하다〕

ㅈ

전:우(戰友)圏 같은 군대에 딸려 함께 전투에 종사한 벗.

전원(田園)圏 ① 논밭과 동산. ② 시골. 교외.

전원(全員)圏 전체의 인원. 예 전원이 참석하다.

전:입(轉入)圏 ① 학교를 옮겨 입학함. ② 다른 곳에서 옮기어 들어옴. 〔~하다〕

전:-자석(電磁石)圏 철심에 코일을 여러 번 감고 이 코일에 전류를 통하면 자석의 성질을 띠고 전류를 끊으면 자석의 성질을 잃도록 해 놓은 것.

전:장(戰場)圏 전쟁이 벌어지고 있는 곳. 예 싸움터. 예 전장에 나가다.

전:쟁(戰爭)圏 병력에 의한 국가 사이의 싸움. 예 전투. 예 평화.

전:쟁-터(戰爭一)圏 전쟁이 벌어지고 있는 곳. 예 싸움터.

전:적(轉籍)圏 호적·학적·병적 등을 다른 데로 옮김. 〔~하다〕

전제-주의(專制主義)圏 국민의 의사를 존중하지 아니하고 지배자에 의하여 행하여지는 주의. 예 민주주의.

전주(全州)圏 전라 북도에 있는 도시. 도청 소재지.

전주-곡(前奏曲)圏 ① 어떤 곡의 앞에 붙어서 연주되는 곡. ② 어떤 일이 벌어지기 전에 미리 짐작하게 해 주는 일.

전:지(電池)圏 화학적인 반응에 의하여 전류를 발생시키는 장치.

전진(前進)圏 앞으로 향하여 나아감. 예 후퇴. 예 총탄을 무릅쓰고 전진하다. 〔~하다〕

전:차(電車)圏 궤도 위를 전기의 힘으로 다니는 차.

전:차(戰車)圏 전투에 쓰이는 차. 탱크.

전체(全體)圏 ① 온통. 전부. ② 온 몸. 전신. 예 부분.

전통(傳統)圏 대대로 전하여 내려온 계통. 예 민족의 전통을 빛내다.

전:투(戰鬪)圏 군대의 힘으로 적과 싸우는 일. 예 전쟁. 예 치열한 전투. 〔~하다〕

전:투-기(戰鬪機)圏 공중전을 하는 데 쓰이는 비행기.

전:투-함(戰鬪艦)圏 전쟁에 쓰이는 크고 튼튼한 군함.

전파(傳播)圏 널리 전하여 퍼뜨림. 예 소리가 전파하다. 〔~하다〕

전:파(電波)圏 전자파 중 전기 통신용으로 알맞은 파장.

전표(傳票)圏 은행·회사 등에서 금전의 출납 내용을 간단히 적은 쪽지.

전:하(殿下)圏 임금이나 왕비 또는 황태자 등을 높여 일컫는 말. 예 각하. 예 대왕 전하.

전-하다(傳一)囤 ① 소식을 알려 주다. ② 물려 주다. 예 조상부터 전해 온 유물.

전:학(轉學)圏 지금까지 다니던 학교에서 다른 학교로 옮겨 가서 배움. 예 전학 온

친구. 〔~하다〕

전:함(戰艦)團 전쟁에 쓰는큰 배.「전투함」의 준말. 団 군함.

전혀(全一)團 도무지. 団 전혀 알 수 없는 일이다.

전:형(銓衡)團 사람의 됨됨이 나 재능을 시험하여 뽑음. 団 서류 전형. 〔~하다〕

전:화(戰禍)團 전쟁으로 말미암아 입는 재앙.

전:화(電話)團① 전화기를 이용하여 말을 통함.②「전화기」의 준말. 〔~하다〕

전:화-기(電話機)團 전기를 이용하여 말을 전류나 전파로 바꾸어 전하는 기계.

전:화 번호부 (電話番號簿)團 전화 번호들을 찾아 보기 쉽게 늘어놓아서 꾸민 책.

전:환(轉換)團 이리저리 바꾸거나 바꿈. 団 기분을 전환시키다. 〔~하다〕

전:황(戰況)團 전투하는 상태. 団 전세.

전후 (前後)團 앞과 뒤. 団 앞뒤. 団 전후를 가리다.

전:후 (戰後)團 전쟁이 끝난 뒤.

전후 좌:우(前後左右) 團 앞과 뒤와 왼쪽과 오른쪽. 곧 사방을 말함.

절團 남에게 공경하는 뜻으로 몸을 굽혀 하는 예. 〔~하다〕

절團 부처를 모셔 놓고 불도를 닦기 위하여 중들이 모여 거처하는 집. 団 사찰.

절(節)團 글이나 노래의 내용을 잘라서 여러 대문으로 나눈 대목. 団 시 한 귀절.

절간〔─깐〕(一間)團 절의 속된 일컬음.

절감 (切感)團 절실하게 느낌. 〔~하다〕

절개(節槪)團 뜻을 변하지 않는 굳은 마음. 団 절개를 지키다.

절교(絶交)團 서로 사귐을 끊음. 〔~하다〕

절구團 곡식을 빻거나 떡을 치는 데 쓰는 기구. 통나무나 돌로 만듦.

절구-통團 곡 〈절 구〉 식을 찧거나 빻는 데 쓰기 위해 통나무 또는 돌의 속을 파내어 우묵하게 만든 기구.

절:다困 절뚝거리며 걷다. 団 다리를 절다.

절대〔─때〕(絶對)團① 견줄 만한 상대가 없음.② 조금도 제한을 받지 않음. 団 상대.

절대-로〔─때─〕(絶對)團 도무지. 아주. 조금도. 団 도저히. 団 절대로 안 된다.

절도〔─또〕(竊盜)團 남의 재물을 몰래 훔쳐 가는 도둑. 団 절도죄로 체포되다.

절로團①「저절로」의 준말. ②「저리로」의 준말.

절망(絶望)團 소망이 끊어짐. 희망이 아주 끊어져 낙심

함. 예 시험에 떨어졌다고 절망하지 마라. [~하다]

절미 (節米)명 쌀을 절약함. 예 절미 운동을 벌이다. [~하다]

절반 (折半)명 하나를 반에 나눔, 또는 그 반. [~하다]

절벅-절벅 튀 얕은 물위를 계속하여 밟을 때 나는 소리, 또는 그 모양. 쎈 철벅철벅. 잘박잘박. 예 진흙길을 절벅절벅 걷다. [~하다]

절벽 (絶壁)명 깎아 세운 듯한 험한 낭떠러지. 예 절벽에 핀 꽃 한 송이.

절실 [一씰] (切實)명 ① 아주 긴요함. ② 실지에 꼭 맞음. ③ 마음 속 깊이 파고듦.

절약 (節約)명 아끼어 씀. 쓸 데 없이 함부로 쓰지 않고 꼭 필요한 데에만 씀. 비 절제. 예 용돈을 절약하자. 반 낭비. [~하다]

절이다 타 소금을 뿌려 절게 하다. 예 배추를 소금에 절이다.

절제 [一쩨] (節制)명 ① 정도에 맞추어 알맞게 조절함. ② 알맞도록 스스로 억누름 [~하다]

절차 (節次)명 일을 하여 가는 차례. 예 이민 절차를 밟다.

절충 (折衝)명 어느 한 편으로 치우치지 아니하고 이것과 저것을 섞어서 알맞은 것을 얻음. 예 절충해서 먹다. [~하다]

절친 (切親)명 아주 친근함. 예 절친한 친구.

젊:다 [一따]형 나이가 적고 혈기가 왕성하다. 반 늙다.

젊은-이 명 ① 나이가 젊은 사람. ② 혈기가 왕성한 사람. 반 늙은이.

점 (點)명 둥글고 작게 찍는 표.

점거 (占據)명 ① 어떤 지역을 차지하여 자리를 잡음. ② 점령. [~하다]

점령 (占領)명 남의 땅을 빼앗아 차지함. 비 함락. 예 괴뢰 군이 점령하다. [~하다]

점령-지 (占領地)명 점령한 땅.

점보 제트기 (jumbo jet機)명 미국에서 만든 여객기. 한꺼번에 400명이나 되는 사람을 태울 수 있으며, 몸 길이 .70m, 날개 길이 60m나 됨.

점-뿌림 (點一)명 씨앗을 한 개 또는 몇 개씩을 한 곳에 일정한 사이를 두고 뿌리는 방법. [~하다]

점:심 (點心)명 낮에 먹는 끼니. 예 점심을 맛있게 먹다.

점:원 (店員)명 남의 상점에서 물건을 팔거나 일을 보살피는 사람.

점잔 명 몸가짐이 야하지 않고 묵중한 태도.

점:잖다 형 말이나 행동이 의젓하고 고상하다. 예 점잖은 신사.

점:점 (漸漸)튀 조금씩 덜하거나 더하여지는 모양. 비 차차. 점차.

점:차 (漸次)튀 차례를 따라 조금씩. 예 영철이의 성적이 점

차로 올라가고 있다.

점토(粘土)**명** 수분을 잘 흡수 하고, 마르면 곧 굳어지는 차진 흙.

접근(接近)**명** 가까이 닿음. 바 싹 다가 붙음. 〔~하다〕

접다타 꺾어서 겹치게 하다. 만 펴다.

접대:(接待)**명** 손님을 맞아 대 접함. 〔~하다〕

접동-새 **명** 비둘기만하고 등 은 잿빛, 배는 흰빛에 검은 줄이 있고 다리는 노란 새. 만 소쩍새. 두견새.

접수(接收)**명** 돈이나 물건을 받아서 거둠. 예 원서 접수. 〔~하다〕

접전(接戰)**명** 어울려서 싸움. 〔~하다〕

접책(摺冊)**명** 종이를 여러 겹 으로 접어서 책처럼 만든것.

접촉(接觸)**명** 맞붙어서 닿음. 〔~하다〕

접히다재타 남에게 집어줌을 당하다.

젓명 새우·조개 등 생선을 소 금에 담가 맛들인 반찬.

젓:다재 ① 어떤 의사를 말 대 신 손이나 머리를 흔들어 표시하다. ② 배를 움직이려 고 노를 두르다. ③ 액체를 고르게 하기 위하여 섞다.

정: **명** 돌을 쪼 아서 다듬 는 쇠로 만 든 연장.

정(情)**명** ① 느 끼어 일어 나는 마음.

〈정〉

② 서로 사귀는 친절하고 사 랑하는 마음. 예 정든 고향.

정:가〔一까〕(定價)**명** ① 정하 여 매겨 놓은 값. ② 값을 정하여 매김. 〔~하다〕

정거-장(停車場)**명** 차가 머물 러 쉬고 사람이 타고 내리 는 곳. 비 역.

정결(淨潔)**명** 맑고 깨끗함. 예 정결한 마음.

정결(精潔)**명** 순수하고 깨끗 함.

정교(精巧)**명** 세밀하고도, 교 묘함. 예 정교한 탑.

정구(庭球)**명** 고무공을 라킷 으로 받고 치고 하는 운동. 테니스.

정권〔一꿘〕(政權)**명** ① 정치 를 행하는 권리. ② 정치에 참가하는 권리.

정:기(定期)**명** ① 일정하게 지 키는 때. ② 정한 기한. 예 정기 예금.

정:기 시:장(定期市場)**명** 일 정한 날자를 정하여 일정 한 장소에서 정기적으로 서 는 시장.

정:기 여객선(定期旅客船)**명** 정기적으로 사람을 실어 나 르는 배.

정:기 예:금(定期預金)**명** 은 행이나 우체국 따위에 기간 을 정하고 맡기는 예금.

정:기 적금(定期積金)**명**일정 한 액수를 정해 놓고 다달 이 조금씩 저금을 하여, 만 기가 되면 처음에 정해 놓 은 액수를 한꺼번에 찾는 예금.

정녕(叮嚀·丁寧)**閈** 틀림 없이. 꼭. **例** 정녕 그렇다면 같이 가세.

정:-다각형(正多角形)**閈** 다각형 가운데서 변의 길이가 모두 같고 각의 크기가 모두 같은 다각형.

정:답(正答)**閈** 옳은 답. 맞는 답. **반** 오답. **例** 정답을 말하다.

정-답다(情一)**휑** ① 의가 좋다. ② 사이가 가깝다. **반** 다정하다. **반** 매정하다.

정당(政黨)**閈** 정치상 정견이 같은 사람끼리 모인 당파. **例** 정당 정치.

정:당(正當)**閈** 바르고 옳음. 이치에 합당함. **반** 타당. **例** 정당한 주장. **반** 부당.

정도(程度)**閈** ① 알맞은 한도. **例** 생활이 정도에 지나치다. ② 얼마 가량의 분량. **例** 그 정도면 된다.

정독(精讀)**閈** 자세히 읽음. 〔~하다〕

정-들다(情一)**휑** 정이 깊어지다. **例** 정든 내 고향.

정력(精力)**閈** 몸과 마음의 활동할 수 있는 힘. **반** 원기. **例** 독서에 정력을 쏟다.

정류(停留)**閈** 가다가 머무름. 〔~하다〕

정류-소(停留所)**閈** 버스 같은 것이 사람을 태우고 내리게 하도록 정해 놓은 일정한 장소. **반** 주차장. **例** 버스 정류소.

정:리(整理)**閈** 바로잡아 가지런히 다스림. **반** 정돈. **例** 책상을 정리하다. 〔~하다〕

정:-말(正一)**閈** 거짓이 없는 참된 말. **반** 사실. **例** 그게 정말이냐? **반** 거짓말.

정맥(靜脈)**閈** 피가 온 몸을 돌아서 염통으로 들어오는 핏줄. **반** 동맥.

정:면(正面)**閈** 꼭 마주 보이는 전면. **반** 후면. 측면. **例** 정면으로 마주치다.

정:몽:주(鄭夢周)**閈** 〔1337~1392〕 고려 말의 충신으로 호는 포은. 벼슬이 모하 시중에 이르렀고, 우리나라에 성리학을 펴 공로가 많음. 〈정몽주〉

정묘 호란(丁卯胡亂)**閈** 1672년 조선 시대 인조 때, 후금의 침입으로 일어난 우리 나라와 후금 사이의 싸움.

정물-화(靜物畫)**閈** 꽃·과일·그릇 등 움직이지 않는 것을 배치하여 놓고 그린 그림. **반** 인물화. 풍경화.

정미-소(精米所)**閈** 벼를 찧어 쌀을 만드는 곳.

정밀(精密)**휑** ① 가늘고 촘촘함. ② 아주 잘고 자세함. **반** 조잡. **例** 정밀한 기계.

정밀 공업(精密工業)**閈** 시계 따위와 같은 가늘고 촘촘한 기계를 만드는 공업.

정:방-형(正方形)**閈** 네 개의 변 및 네 개의 내각이 각각 서로 같은 사변형. **반** 정사

각형.

정보(情報)圈 갖가지의 사정을 주워 모은 보고.예정보 수집.

정복(征服)圈 ① 싸워 이겨서 복종시킴.비 정벌.복종. ② 어려운 일을 겪어 이겨 냄.예 높은 산을 정복하다. 〔~하다〕

정부(政府)圈 나라를 다스리는 가장 중심되는 관청.

정:-비례(定比例)圈 한 쪽의 양이 2배, 3배로 되면 다른 쪽의 양도 2배, 3배가 될 때, 두 양의 관계.빤 반비례.

정:-사각형(正四角形)圈 네 각이 모두 직각이고 네 변도 길이가 같은 사각형.

정:-삼각형(正三角形)圈 각 변의 길이가 같고 각이 다 같은 삼각형.

정:상(正常)圈 옳고 떳떳함. 예 정상적인 운영.

정성(精誠)圈 참되어 거짓이 없는 마음.비 지성.갸륵한 정성.

정성-껏(精誠—)囝 정성이 미치는 데까지.빤 함부로.예 정성껏 간호를 하다.

정세(情勢)圈 사정과 형세. 일의 되어가는 형편.비 형세.예 정세가 불리하다.

정:수(整數)圈 0, 1, 2, 3…과 같은 수. 즉 0과 자연수를 통틀어 일컬음.

정숙(靜肅)圈 조용하고 엄숙함.예 정숙한 여자.

정승(政丞)圈 옛날의 높은 벼슬 이름.곧 영의정·좌의정·우의정 등으로 지금의 국무총리·부총리 등과 같음.

정:시(定時)圈 정한 시간. 정한 시각.

정:식(正式)圈 ① 정당한 방법. ② 올바른 격식.예 정식 계약.빤 약식.

정:식(定式)圈 일정한 방식.

정신(精神)圈 ① 마음이나 생각.비 영혼.빤 육체. ② 의식.

정신 없:다(精神—)①다른 생각을 할 수 없도록 열심이다.예 운동에 정신 없다. ② 마음을 빼앗겨 멍하다. 예 정신 없이 뛰어간다.

정신-적(精神的)圈 정신에 관한 성질이나 상태.예 정신적 고통.빤 물질적.육체적.

정신 차리다(精神—)재 ① 정신을 가다듬다.② 어떤 실패의 원인을 알아서 반성하다.

정:액(定額)圈 정한 액수. 일정한 액수.

정약용(丁若鏞)圈〔1762~1836〕 조선 말기의 대학자로, 호는 다산.

정양(靜養)圈 몸과 마음을 편하게 하여 병을 요양함. 〔~하다〕

정어리圈 청어과의 바닷물고기. 겨울철에 특히 맛이 좋음.

정열〔—녈〕(情熱)圈 세차게 일어나는 감정의 힘.비 열정.

정:오(正午)圈 꼭 12시가 되는 한낮.비 오정.빤 자정.

정:원(定員)몡 정한 인원. 정한 사람의 수효. 예정원 미달.

정원 (庭園)몡 집 안에 있는 뜰. 예아름다운 정원.

정월(正月)몡 한 해의 첫째 달. 1월.

정유(精油)몡 원유에서 여러 가지 기름을 뽑아 내는 일.

정유 공장(精油工場)몡 원유에서 기름을 뽑아 내는 공장.

정육(精肉)몡 지방이나 뼈 등을 발라 낸 살코기.

정:의 (正義)몡 ① 바른 도리. ② 옳은 의의. 예대의. 쫸불의.

정인지 (鄭麟趾)몡 〔1399~1478〕 조선 세종 때 학자. 훈민정음 제정에 참여했고, 영의정을 지냈음.

정자(亭子)몡 산수가 좋은 곳에 놀기 위하여 지은 아담한 집.

정전 (停電)몡 송전이 한때 그치어짐. 예정전이 되어 깜깜하다. 〔~하다〕

정전 (停戰)몡 교전 중 전투 행위를 중지함. 예휴전.〔~하다〕

정점〔一쩜〕(頂點)몡 ① 맨 꼭대기의 점. ② 극도.

정:정 (訂正)몡 잘못을 고쳐서 바로 잡음. 예틀린 기사를 정정하다. 〔~하다〕

정:정 - 당당(正正堂堂)꽘 바르고 떳떳하여 어엿함. 예정정 당당하게 말하다.

정:조(正祖)몡〔1752~1800〕

조선 시대 제22대 왕.

정:조-식(正條植)몡 식물을 간격을 두어 바르게 심는 일.

정:중(鄭重)몡 점잖고 무게가 있음. 친절하고 은근함. 예공손. 예형님에게 정중히 사과 드렸다. 쫸경솔.

정중부의 난(鄭仲夫一亂)몡 고려 의종 때 정 중부·이의방 등을 중심으로 하여 일어난 무신의 난(1170).

정지 (靜止)몡 고요히 그침. 그치어 가만히 있음. 예운동. 예정지된 상태.〔~하다〕

정지(停止)몡 도중에서 머무르거나 그침. 쫸진행. 〔~하다〕

정:직(正直)몡 남을 속이지 않고 마음이 곧음. 예거짓. 예정직한 사람.

정차(停車)몡 차를 멈춤. 쫸정거. 〔~하다〕

정:착(定着)몡 한 군데에 달라붙어 쉽사리 떠나지 아니함. 쫸정주. 쫸유랑. 예한국에 정착하다. 〔~하다〕

정:찰(正札)몡 물품에 정당한 값을 적은 패. 예정찰 가격.

정찰(偵察)몡 ① 자세히 살펴서 알아냄. ② 적의 정세를 몰래 살핌. 〔~하다〕

정찰-병(偵察兵)몡 정찰의 임무를 맡은 군인.

정책(政策)몡 정치의 목표나 방법.

정철 (鄭澈)몡 〔1536~1593〕 조선 중기의 정치가이며 시인. 호는 송강. 벼슬이 예조판서·대사간까지 이르렀고,

가사와 시조에 뛰어난 문학가였음.

정:체(正體)圓 ① 참된 모습. ② 본디의 모습.

정초(正初)圓 정월의 처음 며칠. 그 해의 맨 처음.

정치(政治)圓 나라를 다스리는 일. 〔~하다〕

정치-가(政治家)圓 ① 정치에 종사하는 사람. ② 정치에 능한 사람. 囮 위정자.

정탐(偵探)圓 몰래 형편을 알아봄. 囮 탐정. 〔~하다〕

정통(精通)圓 어떤 사물을 깊고 자세히 통하여 앎. 囫 정통한 소식. 〔~하다〕

정: 평(定評)圓 모든 사람이 인정하는 평판. 囫 정평있는 상품.

정:-하다(定一)囮 ① 자리를 잡다. ② 일을 결정하다. ③ 뜻을 한 가지로 세우다.

정-하다(淨一)圐 맑고 깨끗하다.

정화 (淨化)圓 더러운 것을 깨끗하게 함. 〔~하다〕

정:확(正確)圐 바르고 확실함. 囮 부정확. 囫 정확한 판단.

젖圓 ① 암컷의 가슴이나 복부에 볼록하게 쪽 내민 부분. ② 유선이나 식물의 줄기에서 분비되는 흰 액체.

젖-니圓 처음 나서 아직 갈지 않은 이. 囮 유치. 배냇니.

젖다짜 ① 물이 배어 축축하게 되다. ② 몸에 배어 버릇이 되다.

젖-소圓 젖을 짜기 위하여 기르는 소.

젖히다囮 ① 몸의 윗부분을 뒤로 젖게 하다. ② 속의 것이 겉으로 드러나도록 덮인 것을 들추어 보다. 囲 잦히다. 囫 방문을 열어 젖히다.

〈젖소〉

제떼 「나」·「자기」의 낮춤말인 「저」의 변한 말로,「가」앞에서만 쓰임. 囫 제가 가겠습니다.

제떼꼰 「나의」·「자기의」의 낮춤 같인 「저의」의 준말. 囫 제 책은 이것입니다.

제-각각(一各各)튀 여럿이 다 각각. 囫 제각기 집으로 갔다.

제-각기(一各其)튀 여럿이 다 저마다.

제거 (除去)圓 덜어버림. 없애버림. 囫 반대파를 제거하다. 〔~하다〕

제곱圓 같은 수를 두 번 곱함. 〔~하다〕

제공(提供)圓 바치어 이바지함. 〔~하다〕

제:국(帝國)圓 황제가 다스리는 나라.

제국(諸國)圓 여러 나라.

제군(諸君)떼꼰 「여러분」의 뜻으로 손아랫 사람에게 쓰는 말.

제기圓 엽전을 종이나 헝겊 따위로 싸서 발로 차는 장난감의 하나. 囫 제기 차기 놀이. 〔~하다〕

제네바(Geneva)圏 스위스의 남서부 레만 호숫가에 있는 국제 도시.

제:단(祭壇)圏 제사 때에 제물을 올려 놓도록 조금 높게 만든 단.

제:당(製糖)圏 사탕을 만듦. 〔～하다〕

제대(除隊)圏 현역 군인이 만기 또는 그 밖의 일로 복무가 해제됨.囲 입대.입영.옝 내년에 제대한다. 〔～하다〕

제-대로圏圏 ① 생긴 그대로. ② 바르게.囲 제풀로.

제:도(制度)圏 마련한 법도. 옝 정치 제도.

제:도-기(製圖器)圏 도면을 그리는 데 쓰는 기구.먹줄펜. 컴퍼스 따위.

제독(提督)圏 ① 함대의 총사령관.② 교육을 감독·장려하는 관원.

제라늄(geranium)圏 여름에 피는 꽃으로 잎은 종류에 따라 다르나 대개 둥근 심장 모양이고 갈색의 얼룩점이 있음.

제막-식(除幕式)圏 동상이나 기념비 따위의 건설이 끝나고 공개하기 전에 축하하는 의식.

제-멋대로圏 자기가 하고 싶은 대로.옝 제멋대로 하는구나.

제명(除名)圏 명부에서 이름을 빼어버림.옝제명시키다. 〔～하다〕

제:모(制帽)圏 제정된 모자. 囲 정모.

제목(題目)圏 ① 글이나 책·그림·노래 따위의 이름.囲 표제.

제:물(祭物)圏 제사에 쓰는 음식.囲 제수.

제:발圏 간절히 바라건대.옝 ·제발 그러지 마라.

제법圏 꽤 무던한 모양을 얕잡아 이르는 모양.옝 제법 잘 한다.

제:분(製粉)圏 가루를 만듦. 〔～하다〕

제:비圏 봄에 왔다가 가을에 남쪽 나라로 날아가는 철새.

(제 비)

제:비圏 종이에 적은 기호로 길흉·승패를 판단하는 방법.옝 추첨.

제:비-꽃圏 보라빛의 꽃이 피는 들에서 자라는 여러 해살이 풀.오랑캐 꽃.

제:사(祭祀)圏 음식을 차려 놓고 신령에게 정성을 나타내는 예절.

제:사(製絲)圏 고치나 솜 따위로 실을 만듦.〔～하다〕

제:사 공장(製絲工場)圏 솜이나 고치 따위로 실을 만들어내는 공장.

제사-기(第四紀)圏 신생대의 후반으로부터 현대까지에 이르는 지질 시대의 한 구분.

제:사차 경제 개발 계획(第四次經濟開發計畫)圏 자립 구조의 확립·사회 개발·기

술 능률의 향상을 이루기 위해 세운 계획. 기간은 1977년부터 1981년까지임.

제:삼 공:화국(第三共和國) [명] 1963년 10월 총선거로 탄생되어 1972년 유신 헌법이 마련되기까지의 우리 나라.

제:삼의 불[명] 인류가 세번째로 발견한 불. 곧「원자에너지」를 가리킴. 첫번째는 불, 두번째는 전기임.

제:삼차 경제 개발 계:획(第三次經濟開發計畫) [명] 농어촌의 개발·수출의 증대·중화학 공업의 건설·4대 강유역 개발·국민 복지와 생활 향상을 위해 세웠던 계획. 기간은 1972년부터 1976년까지임.

제:삼 한강교(第三漢江橋) [명] 서울 한남동에 있는 한강을 건너지르는 긴 다리.

제시 (提示) [명] 말이나 글로 어떠한 뜻을 나타내어 보임. [비] 제안. 〔~하다〕

제:악 (祭神樂) [명] 제사지낼 때 울리는 음악.

제안(提案) [명] 어떠한 안건을 제출함. [예] 불우 이웃 돕기 운동을 벌이자고 제안하였다. 〔~하다〕

제외 (除外) [명] 어느 범위 밖에 두어 빼어 놓음. 〔~하다〕

제우스(Zeus) [명] 그리스의 신화 속에 나오는 신으로 올림푸스 12신의 으뜸신.

제:이 공:화국 (第二共和國) [명] 4·19의거 후 5·16 혁명 이전까지의 우리 나라. 민주당 집권 시대.

제:이차 세:계 대:전 (第二次世界大戰) [명] 1939 년에서 1945년까지의 사이에 걸쳐 미국·영국·프랑스·소련·중국 등의 연합군과 독일·이탈리아·일본 등의 군국주의 나라들 사이에 일어난 전쟁. 연합군이 승리함.

제:일 (第一) [명] 첫째. [부] 가장. [예] 제일 좋다.

제:일 공:화국 (第一共和國) [명] 1948년 8월 15일 정부 수립후부터 1960년 4·19 의거 이전까지의 우리 나라. 자유당 집권 시대.

제:자 (弟子) [명] 가르침을 받는 사람. [비] 문인. [반] 스승. 선생.

제-자리 [명] 원래 있던 자리. [예] 제자리에 놓아라.

제자리 걸음[명] ① 일이 진전되지 않음. ② 한 자리에서 한 발씩 올렸다 내렸다 하는 운동.

제:작 (製作) [명] 재료를 가지고 물건을 만듦. [비] 제조. 〔~하다〕

제:작-법 (製作法) [명] 물건을 만드는 방법.

제:정 (制定) [명] 제도를 만들어서 정함. [예] 헌법 제정. 〔~하다〕

제:주-도 (濟州島) [명] 우리나라 서남 해상에 있는 제일 큰 섬. 특히 바람·돌·여자가 많다 하여 삼다도라고 부르며, 옛날에는「탐라」라고

ㅈ

불렀음.

제:주 해:협(濟州海峽)圀 제주도와 추자도와의 사이에 있는 좁은 바다.

제:지(製紙)圀 종이를 만듦. 䁆 제지 공장. 〔~하다〕

제:직(製織)圀 옷감을 짜는 일. 〔~하다〕

제창(齊唱)圀 여러 사람이 다 같이 소리를 질러 부름. 䁆 올림픽 부활을 제창한 쿠베르탱. 〔~하다〕

제:천 행사(祭天行事)圀 하늘을 숭배하고 제사드리는 부족 국가 시대의 원시적인 종교 행사. 동맹·영고·무천 따위.

제쳐-놓다囘 ① 거치적거리지 않게 치워 놓다. ② 어떠한 표준 아래 따로 골라 놓다. ③ 어느 일을 뒤에 하려고 미루어 놓다. 䁆 그것을 제쳐 놓고 이것부터 하거라.

제초(除草)圀 잡초를 뽑음. 䁆 제초 작업. 〔~하다〕

제출(提出)圀 의견이나 문서를 내어 놓음. 〔~하다〕

제치다囘 뒤로 미루어 두다. 䁆 어려운 문제는 제쳐 두고 쉬운 문제부터 풀어라.

제트-기(Jet機)圀 동체 안에 압축된 공기를 넣어 가솔린 따위 연료를 태워서 빠른 속도를 내며 날아가는 비행기.

제:패(制覇)圀 ① 패권을 잡음. ② 시합 따위에서 우승함. 䁆 세계를 재패한 우리의 탁구 선수. 〔~하다〕

제:품(製品)圀 원료를 가지고 만든 물건.

제-하다(除一)囘 ① 줄 것에서 받을 것을 빼다. ② 나누다.

제:한(制限)圀 한도를 정함. 또는 그 한도. 䁆 원고의 수를 제한하다. 〔~하다〕

젯수(除數)圀 어느 수를 나누게 하는 수. 「6÷3=2」에서 3 따위.

조圀 ① 벼과에 딸린 한해살이 풀. ② 조의 열매.

조관 「저것」·「저」를 얕잡아 쓰는 말.

조(兆)囝 수의 단위. 억의 만 갑절.

조각圀 ① 갈라져 따로 떨어져 나간 물건. ② 얇고 넓적한 물건에서 베어낸 부분.

조각(彫刻·雕刻)圀 글씨. 그림 따위를 돌이나 나무에 새기는 일. 䁆 조각가. 〔~하다〕

조개 무지圀 옛날 원시인들이 먹고 버린 조개껍질이 쌓여 층을 이루고 있는 유적. 패총이라고도 하는데, 웅기 김해의 조개 무지가 유명함.

조건〔一껀〕(條件)圀 ① 규정된 일의 가지가지. ② 약속할 경우에 붙이는 조목.

조국(祖國)圀 제 나라. 자기 조상 때부터 살아온 나라. 䁆 고국·모국. 땐 타국. 䁆 조국 광복.

조국 광복(祖國光復)圀 조상

이 살아온 자기 나라의 독립을 도로 찾음.

조국-애(祖國愛)명 조국에 대한 사랑. 예숭고한 조국애.

조고만큼튀 썩 적은 정도로.

조고맣다「조그마하다」의 준말. 예몸집이 조그맣다.

조금튀① 수효나 분량이 적게.② 시간으로 잠깐.

조급(躁急)명 성질이 참을성이 없이 급함. 예조급한 성격.

조:기(早期)명 이른 시기. 예조기 치료.

조:난(遭難)명 재난을 당함. 〔~하다〕

조달(調達)명 자금이나 물자를 갖추어 보냄. 〔~하다〕

조:력(助力)명 남을 도와줌. 또는 도와 주는 힘. 〔~하다〕

조령(鳥嶺)명 경상북도 문경군과 충청북도 괴산군 사이의 소백 산맥에 있는 고개.

조:롱(嘲弄)명① 비웃고, 놀림.② 희롱함. 〔~하다〕

조롱-조롱튀 열매나 물방울 따위가 매달려 있는 모양. 흰주렁주렁. 예사과가 조롱조롱 매달려 있다.

조류(潮流)명① 밀물 썰물에 의하여 일어나는 바닷물의 흐름.② 세상의 흐름. 예세계 조류.

조류(鳥類)명 날짐승 종류.

조류 도감(鳥類圖鑑) 날짐승에 대하여 그림과 설명을 모아 엮은 책.

조르다타① 맨 끈을 단단히 죄다.② 끈덕지게 부탁하다.

조:리튀① 조러하게.② 저곳으로. 예조리 내려 놓으세요.

조:리(笊籬)명 쌀을 이는 데 쓰는 가는 대오리 따위로 걸어 만든 물건.

조리(條理)명 일을 하여 가는 도리.

조리다타 고기나 채소 따위를 양념하여 국물이 바특하게 바짝 끓이다. 예생선을 조리다.

조:림(造林)명 나무를 심어서 숲을 만듦. 예조림 사업. 〔~하다〕

조마조마-하다형 마음에 위태로움을 느껴 마음을 죄다. 예걷는 아이의 모습을 보니 가슴이 조마조마하다.

조:만-간(早晚間)튀 멀지 않아. 어느 때든지. 예조만간 성공할 것이다.

조:명(照明)명 무대의 효과를 높이기 위하여 무대를 밝게 또는 어둡게 하거나 여러 색깔의 빛을 비추는 일. 예조명을 밝혀라. 〔~하다〕

조모(祖母)명 할머니.

조목(條目)명 낱낱이 들어벌인 일이나 조건의 가닥.

조목-조목(條目條目)튀 한 개 한 개 벌인 일의 가닥마다. 비조항조항. 예조목조목 자세하게 말하다.

조바심명 참을 수 없을 만큼 몹시 불안하여 조마조마해진 마음. 예조바심이 나서 견딜 수가 없다.
조반(朝飯)[명] 아침밥 [예] 조반 드셨어요?
조-부모(祖父母)[명] 할아버지와 할머니.
조사(調査)[명] 실정을 자세히 살펴봄. [비] 검사. 〔~하다〕
조상(祖上)[명] 돌아간 어버이 위로의 대대의 어른. [비] 선조. [반] 자손.
조-석(朝夕)[명] ① 아침 저녁. ②「조석반」의 준말. [예] 조석으로 안부를 묻다.
조선(朝鮮)[명] 우리 나라의 옛 이름. 고조선. 근세 조선 따위.
조: 선 공업(造船工業)[명] 배를 지어 만들어 내는 공업.
조선 총: 독부(朝鮮總督府)[명] 1910년부터 1945년 광복 때까지 36년에 걸쳐, 우리 나라에 대하여 식민지 정치를 폈던 일본의 통치 기관.
조선 팔도〔—또〕(朝鮮八道) [명] 조선 시대 행정 구역의 여덟도.
조세 (租稅)[명] 나라나 자치 단체가 필요한 경비로 쓰기 위하여 그 관내의 국민에게서 받아 들이는 세금. [예] 조세 징수.
조소(嘲笑)[명] 비웃음. [예] 차가운 조소를 보내다. 〔~하다〕
조소(彫塑)[명] 찰흙으로 만든 인물의 모형. 또는 그 일.
조: 속(早速)[명] 몹시 이르고 빠름. [예] 조속한 일처리.
조: 수(助手)[명] 일을 도와 주는 사람.
조수(潮水)[명] ① 일정한 시간을 두고 밀어 들어 왔다가 나가는 바닷물. ② 아침에 드나드는 바닷물. [반] 석수.
조: 숙(早熟)[명] ① 일에 일찍 익음. ② 숙성함. [예] 그 나이에 몹시 조숙하다. 〔~하다〕
조-실 부모(早失父母)[명] 어려서 부모를 잃음. [비] 조상부모. [예] 조실부모한 후 혼자 고학을 하다. 〔~하다〕
조: 심(操心·造心) [명] 마음을 써서 잘못이 없도록 함. 〔~하다〕
조: 심-스럽다(操心—)[형] 마음을 써서 그릇되거나 잘못이 없게 주의하다.
조아리다[타] 황송하여 머리를 땅에 닿을 만큼 여러 번 숙이다.
조약(條約)[명] ① 조목을 세워 약정하는 일. ② 문서에 의한 국가 사이의 합의. [예] 국제 조약.
조약-돌[명] 자질구레하고도 둥근 돌.
조: 언(助言)[명] 남의 옆에서 말을 도움, 또는 돕는 말. 〔~하다〕
조: 예(造詣)[명] 학문이나 기예 등이 깊은 지경까지 나아감.
조용-하다 [형] 떠들지 않고 고요하다. [비] 고요하다.
조: 위(弔慰)[명] 죽은 사람을 조문하고 유족을 위안함. 〔~하다〕

조인(調印)图 약속하여 작성한 문서에 도장을 찍음. 예 조인식. 〔~하다〕

조작(操作)图 자기에게 편리하게 만들기 위해 조정함.

조절(調節)图 정도에 맞추어 고르게 함. 예 조정. 예 렌즈 조절. 〔~하다〕

조정(調整)图 골라서 알맞도록 정돈함. 예 음향 조정. 〔~하다〕

조정(調停)图 다투는 중간에 서서 화해시킴. 예 중재. 〔~하다〕

조종(操縱)图 마음대로 다루어 부림. 예 비행기를 조종하다. 〔~하다〕

조종-사(操縱士)图 비행기를 조종하는 사람. 예 훌륭한 조종사.

조지다[타] ① 짜임새가 느슨하지 않도록 단단히 맞추다. ② 일이나 말을 호되게 단속하다.

조직(組織)图 얽어서 만듦. 짜서 이룸. 예 편성. 〔~하다〕

조차图 「도, 따라서」의 뜻으로 그 윗말을 강조하는 조사. 예 너조차 나를 원망하느냐.

조창(漕倉)图 고려 시대부터 두었던, 지방에서 거두어들이는 세금인 쌀이나 특산물의 수송을 위해 나루터 근처에 두었던 창고.

조처(措處)图 사물을 잘 살펴서 처리함. 예 조치. 〔~하다〕

조총(鳥銃)图 ① 새총. ②화승총의 옛 이름. 임진왜란때 쓰던 총.

조카图 형이나 아우나 누이들이 낳은 아들 딸의 일컬음.

조:퇴(早退)图 정한 시간 이전에 물러감. 예 몸이 아파 조퇴하다. 〔~하다〕

조표(調標)图 악보 첫머리의 음자리표 다음에「#」(올림표)나「b」(내림표)를 붙여 음계를 달리하는 것.

조합(組合)图 ① 여럿을 모아 합하여 한 덩이가 되게 함. ② 같은 목적을 가진 사람들이 노력이나 자금 따위를 모아서 어떤 사업을 할 때에 조직되는 단체. 예 농업 협동조합. 〔~하다〕

조:헌(趙憲)[1544~1592] 호는 중봉. 황해도 배전에서 태어남. 임진왜란 때 의병 대장으로 금산에서 전사함.

조:형-미(造形美)图 사람의 힘으로 만든 물건의 아름다움. 예 조형미가 넘치는 건축물.

조:형-품(造形品) 图 사람의 힘으로 자연물을 가공하여 새로이 만든 물건.

조:화(造花)图 종이나 헝겊 따위로 만든 꽃. 반 생화.

조화(調和)图 서로 어울리게 함. 예 색의 조화. 〔~하다〕

조회(朝會)图 관청이나 학교 등에서 일을 시작하기전에 인사나 주의할 일 따위를 이르는 아침의 모임. 예 조례. 〔~하다〕

족(族) 回 ①겨레의 뜻. 예아랍－. ②같은 종류의 사람을 뜻하는 말.

족두리 圐 예식 때 부인네가 쓰는 검은관(보통 비단으로 만들고 구슬로 꾸몄음).

족벌(族閥)〔－벌〕圐 출신 등의 관계로 맺어져 이해를 함께하는 동아리.

족보(族譜) 圐 한 족속의 계보(系譜)를 적은 책.

족속(族屬)〔－쏙〕圐 동족의 겨레붙이.

족쇄(足鎖) 圐 죄인의 발에 채우는 쇠사슬.

족자(簇子) 圐 글씨·그림 등을 꾸며서 벽에 걸게 만든 축. 지난 날, 나라 잔치 때에 쓰던 외장구의 한 가지.

족장(族長) 圐 일족의 우두머리.

족제비 圐〔동〕족제비과의 동물. 몸길이는 꼬리 끝까지 약 50cm, 쥐·닭 등을 잡아먹음. 적갈색의 털은 방한용, 꼬리털은 붓을 매는 데 씀.

족족[1] 외웸 '하나하나마다'의 뜻(동사 어미 '는', 의존 명사 '데'의 밑에 붙음). 예보는－죽여라.

족：족[2] 뷔 ①여러 줄로 늘어지거나 떨어지는 모양. 예늘어지다. ②줄을 고르게 긋는 모양. ③물건을 찢거나 훑는 모양. 예찢다. <죽죽.

족집게 圐 잔털이나 가시 등을 뽑는 작은 기구.

족치다 🈺 ①혼쭐이 나게 사정없이 치거나 두들겨 패다. ②패쳐 쭈그러지게 하다. ③몹시 족대기다.

족-하다(足－) 휑 (여불) ①넉넉하다. 충분(充分)하다. ②양에 차다.

존경(尊敬) 圐 (하 ㅣ 타) 남의 훌륭한 행위나 인격 따위를 높여 공경함.

존귀(尊貴) 圐 (하 ㅣ 형) 지위가 높고 귀함.

존립(存立) 圐 (하 ㅣ 자타) 국가나 단체·제도·학설 따위가 망하거나 없어지지 않고 존재함.

존속(存續) 圐 (하 ㅣ 자타) 존재하여 계속함.

존속(尊屬) 圐〔법〕부모와 같은 항렬 이상의 항렬. 직계(直系). 비속(卑屬).

존엄(尊嚴) 圐 (하 ㅣ 형) ①높고 엄숙함. ②높아서 범할 수 없음.

존재(存在) 圐 (하 ㅣ 자) 있다고 생각되는 일. 또, 있는 그것.

존중(尊重) 圐 (하 ㅣ 타)(히 ㅣ 부) 높이고 중히 여김.

존칭(尊稱) 圐 공경하여 높이 부르는 칭호. 囲비칭.

존함(尊啣·尊函) 圐 상대자의 이름을 높여 부르는 말.

졸(卒) 圐 ①상기의 '卒·兵'자를 새긴 장기짝. ②졸업의 준말.

졸개(卒-) 團 비> 남에게 딸리어 잔심부름이나 하는 사람을 얕잡아 이르는 말.

졸:다¹ 困 졸음이 닥쳐 잠드는 상태로 들어가다.

졸:다² 困 분량이나 부피가 적어지다. 줄다.

졸도(卒倒) 〔-또〕團(하|자) 심한 충격·피로·일사병 등으로 갑자기 현기증을 일으키며 넘어지는 일.

졸라-대:다 厨 바둑바둑 요구하다. 阅돈을 달라고-.

졸라-대:다 厨 느슨하지 않게 단단히 동여매다.

졸렬(拙劣) 團(하|형)서투르고 보잘 것 없음. 정도가 낮고 나쁨.

졸:리다¹ 困 졸음이 오다. 자고 싶은 느낌이 들다.

졸리다² 피둥 남에게 조롱을 당하다. 阅빚쟁이에게-.

졸망-졸망 團(하|형) ①거죽이 울퉁불퉁하게 생긴 모양. ②자질구레한 물건(物件)이 모여 보기에 사랑스러운 모양. 阅애들이 모여 있다.

졸업(卒業) 〔조럽〕團(하|타) ①규정된 교과 또는 학과 과정을 마침.

졸:음 團 잠이 오는 느낌. 자고 싶은 기분(氣分).

졸이다 厨 ①졸아들게 하다. <줄이다. ②속을 태우다시피 조바심하다.

졸자(拙者) 團 용렬한 사람.

(인대)자기의 겸칭.

졸작(拙作) 團 ①졸렬한 작품. ②자기 작품의 겸칭.

졸-장부(拙丈夫) 團 활달하지 못하고 옹졸한 사내.

졸:졸 團 ①가는 물줄기 등이 연달아 순하게 흐르는 소리. 阅냇물이 흐르다. ②가는 줄 등이 연달아 끌리는 모양. ③어린아이나 강아지 등이 떨어지지 아니하고 뒤를 따라다니는 모양. <줄줄.

졸:졸-거리다 困 가는 물줄기가 잇따라 졸졸 소리를 내며 흐르다. <줄줄거리다.

졸지(猝地) 〔-찌〕團 느닷없고 갑작스러운 판.

졸필(拙筆) 團 ①졸렬한 글씨. ②글씨를 잘 쓰지 못하는 사람. ③자기 필적의 겸칭.

좀¹ 團 ①(충) 수시렁좀. 은연 중에 조금씩 조금씩 손해 나게 하는 물건이나 사람의 비유.

좀² 團 조금의 준말. 阅-수고해 주게.

좀:³ 團 그 얼마나. 阅-예쁜가.

좀-더 團 조금 더. 阅-생각해 보자.

좀 도둑 團 자질구레한 물건을 훔쳐 가는 도둑.

좀-먹다 〔-따〕困厨 ①좀이 물건을 쏠다. ②어떤 사물에 은연 중에 손해를 입히다.

좀:-처럼[부] 여간하여서는. 그것만으로는. [예] 좀처럼 구하기 어려운 보배.

좁다[형] 넓지 아니하다.

좁-다랗다 [형] 매우 좁다. [예] 좁다란 골목.

좁히다[타] 좁도록 만들다.

종:[명] 남의 집에서 천역으로 종사하던 사람. [비] 노비.

종(鐘)[명] 달아 놓고 나무로 쳐서 소리를 내게 하는 쇠로 만든 물건.

종각(鐘閣)[명] 큰 종을 달아 두는 누각.

종:-고:모(從姑母)[명] 아버지의 사촌 누이. [비] 당고모.

종교 (宗敎)[명] 숭고하고 위대한 어떠한 대상, 곧 초자연물을 인격화하여 이것을 숭배하고 신앙하여 이로 인하여 안심과 행복을 얻고자 하는 일.

종:기(腫氣)[명] 큰 부스럼. [예] 온 몸에 종기가 나다.

종내(終乃)[부] 마침내. 끝끝내. 필경에. [예] 그는 종내 안 왔다.

종다리[명] 종달새.

종달-새 〔—쌔〕[명]종달새과에 딸린 작은 새. 종다리.

종대(縱隊)[명] 세로 줄을 지어서 선 대오. [반] 횡대.

종두 (種痘)[명] 소의 병원체인 비루스를 소에 심어 소에서 생긴 고름을 사람 몸에 접종함으로써 천연두(마마)를 예방하는 방법. 영국 의사 제너가 1798년에 발견하였음. [비] 우두.

종래(從來)[명][부] ①이전부터 최근까지 내려온 그대로 이제까지. ②유래.

종려-나무〔—녀—〕(棕櫚·椶櫚)[명] 야자나무와 비슷한 늘 푸른 나무. 높이 3~7m로 잎이 매우 크고 부채꼴 모양을 하고 있음.

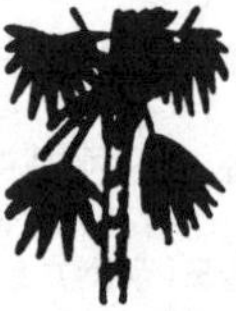

〈종려나무〉

종:류(種類)[명] 물건의 같은 것과 다른 것을 각 부문을 따라서 나눈 갈래. [비]종별. [예] 새의 종류.

종말(終末)[명] 나중. 끝판. 최후.

종:목(種目)[명] 종류의 이름. [비] 항목. [예] 운동 경기 종목.

종묘(宗廟)[명] 역대의 제왕의 위패를 모시는 사당집.

종사 (從事)[명] 한 가지 일에 마음과 힘을 다함. [예] 선교 사업에 종사하시는 분. 〔~하다〕

종속(從屬)[명] 어떤 사물 아래에 딸려서 붙음. 〔~하다〕

종신(終身)[명] ① 일생을 마침. ② 목숨이 있는 동안. ③ 부모가 죽을 때 그 자리에 같이 있음. [비] 임종.

종:아리[명] 다리 아랫마디의 뒤쪽. [예] 종아리를 때리다.

종알-거리다[자] 불평의 말을 낮은 목소리로 자꾸 혼자 하다.

종업(終業)[명] ① 하던 일을 마침. ② 학교에서 한 학기 또는 한 학년의 학업을 마침.

ㅈ

[예] 종업식. [반] 시업.〔~하다〕

종업-원(從業員)[명] 어떤 일에 종사하는 사람. [예] 성실한 종업원.

종이[명] 주로 식물성의 섬유를 재료로 하여 만든 얇은 것. [비] 지물.

종이-쪽[명] 종이의 작은 조각.

종이 피리 [명] 종이를 세 번 접고 가운데에 구멍을 낸 것. 입에 대고 세게 불면 〈종이피리〉 종이의 진동으로 소리가 남.

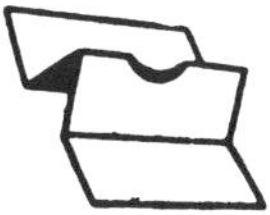

종일(終日)[명][부] 하루의 낮 동안. 아침부터 저녁까지. [예] 하루종일 기다렸다.

종자(種子)[명] 씨. 씨앗.

종적(蹤迹)[명] 드러난 형상과 자취, 또는 흔적. [예] 종적을 감추다.

종전(從前)[명] 전부터 있는 그대로.

종점〔-쩜〕(終點)[명] 맨 끝이 되는 곳.

종:-조모(從祖母)[명] 종조부의 아내.

종:-조부(從祖父)[명] 할아버지의 형이나 아우.

종족 (種族)[명] ① 생물의 같은 종류의 겨레붙이. ② 같은 조상으로부터 나온 가족·씨족 등으로 이루어진 사회 집단. [예] 종족 보존.

종종-걸음[명] 발을 자주 떼며 바삐 걷는 걸음. [예] 종종 걸음으로 다가오다.

종착(終着)[명] 마지막으로 도착함. 〔~하다〕

종착-역〔-녁〕(終着驛)[명] 기차·전차 따위가 마지막으로 도착하는 역. [비] 종점. [반] 시발역.

종합(綜合)[명] 이것 저것 낱낱의 것을 한데 모아서 합함. [반] 분석. [예] 의견을 종합하다. 〔~하다〕

종:형(從兄)[명] 사촌 형. [반] 종제.

종횡 무진(縱橫無盡)[명] 거침없이 자유 자재로 함.

좇다[타] ① 남의 뒤를 따르다. ② 복종하다.

좋:다[형] ① 길하다. ② 마음에 들다. ③ 아름답다. ④ 상쾌하다. [반] 궂다.

좌: (左)[명] 왼쪽. [반] 우.

좌:담(座談)[명] 자리잡고 앉아서 하는 이야기. 〔~하다〕

좌:담-회 (座談會)[명] 몇 사람이 모여 앉아서 어떤 문제를 중심으로 하여 각자의 의견을 이야기하는 모임.

좌:변 (左邊)[명] ① 왼편짝. ② 왼편 가장자리. ③ 등식에서 등호(=)의 왼쪽 부분. [반] 우변.

좌:석(座席)[명] ① 앉은 자리. ② 깔고 앉는 물건의 총칭.

좌:안(左岸)[명] 하천의 왼쪽 물가.

좌:우 (左右)[명] ① 왼쪽과 오른쪽. [예] 좌우로는 넓은 평야가 펼쳐져 있다. ② 어떤 힘에 의하여 움직임. 〔~하다〕

좌:우간 (左右間)[부] 이러하거나 저러하거나. 이렇든 저렇든 간에. [비] 양단간. [예] 좌우간 그렇게 해.

좌:우 충돌(左右衝突)[명]이리저리 막 치고 받고 함. 좌충 우돌. 〔~하다〕

좌:우 협공(左右挾攻)[명]적을 양쪽에서 죄어들어 가며 침. 〔~하다〕

좌:측(左側)[명] 왼쪽의 옆. 왼쪽.

좌:측 통행(左側通行)[명]사람이 좌측 길로 통행하는 일. [예] 좌측통행하는 습관. 〔~하다〕

좌:표(座標)[명] 어떤 위치나 점의 자리를 나타내는데에 표준이 되는 표.

좌:표-축(座標軸)[명]기준이 되는 가로·세로의 선.

좍:[부] 넓게 퍼지는 모양.

좔:좔[부] 액체가 퍽 많이 흐르는 모양. [예] 물이 좔좔 쏟아지다.

좽:이[명] 원추형 모양으로 생긴 물고기를 잡는 그물의 한 가지.

죄:[부] 「죄다」의 준말.

죄: (罪)[명] 벌을 받을 만한 잘못을 저지른 일. [예] 죄를 짓다.

죄:다[타] ① 늘어진 것을 켕기어 되게 하다. ② 마음을 졸이면서 바라고 기다리다.

죄:다 [부] 조금도 남기지 않고 모조리. [예] 죄다 쓰레기통에 버려라.

죄:명(罪名)[명] 저지른 죄의 이름. [비] 죄목. [예] 죄명을 밝히다.

죄:송(罪悚)[명] 두렵고 죄스러움. [비] 황송. 송구. [예] 늦어서 죄송합니다.

죄:악(罪惡)[명] 무거운 죄가 될만한 악한 일. [예] 죄악에서 우리를 건지신 하나님.

죄: 인(罪人)[명] 죄를 저지른 사람.

주(主)[명] ① 임금. ②「주인」의 준말. ③ 근본. 주장. ④ 임자.

주(週)[명] 일·월·화·수·목·금·토의 7요일의 일컬음.

주간(週間)[명] 한 주일 동안. [예] 한 주간 내내 바쁘다.

주간(晝間)[명] 낮 동안. [반] 야간.

주:거(住居)[명] 어떤 곳을 정하여 그 곳에서 삶. [예]주거가 불확실하다. 〔~하다〕

주검[명] 목숨이 끊어진 사람의 몸. [비] 시체. 송장. [예] 거리에 즐비한 주검.

주경 야:독(晝耕夜讀)[명]낮에는 농사 일을 하고 밤에는 글을 읽음. 〔~하다〕

주고-받다[타] 주고 받고 하다. 오고 가고 하다. [예] 예물을 주고 받다.

주관(主觀)[명] 자기대로의 생각. [반] 객관.

주권〔—꿘〕(主權)[명]국가를 이루는 가장 중요하고 중심되는 권리. 국가 통치의 절대적인 권리. [예] 대한 민국의 주권은 국민에게 있다.

주권-자〔—꿘—〕(主權者) [명] 국가의 가장 높은 절대권울 가지는 사람.

주기(週期)**명** 한 번 도는 시기.

주낙명 한 줄에 여러 개의 낚시를 단 고기잡이 기구의 하나.

주다타 제 것을 남이 가지게 하다.

주동(主動)**명** 어떤 일에 주장이 되어 행동함. **예** 데모 주동. 〔~하다〕

주:둔(駐屯)**명** 군대가 어떤 곳에 머물러 있음. 〔~하다〕

주둥이명 「주둥아리」의 준말.

주렁-주렁閉 열매가 많이 매달려 있는 모양. **환** 조랑조랑. **예** 포도가 주렁주렁 달려 있다.

주력(主力)**명** 주장되는 힘.

주:력(注力)**명** 힘을 있는대로 다 들임. **예** 주력을 다해 뛰다. 〔~하다〕

주례(主禮)**명** 결혼식 따위의 예식을 주장하는 일, 또는 그 사람〔~하다〕

주-로(主一)閉 주장으로 삼아서. 주되게.

주룩閉 ① 주름이 잡힌 모양. ② 비가 그치려 하면서 띄엄띄엄 내리는 소리. **환** 조록.

주르르閉 눈물 따위가 거침없이 흘러 내리는 모양, 또는 잇달아 흐르는 모양. **환** 조르르. **예** 눈물이 주르르 흐르다.

주름명 ① 늙어서 살갗 따위에 진 잔줄. ② 치마폭 따위를 줄여 접은 금. ③ 종이·

옷감 따위가 쭈그러져 생긴 구김살.

주름-살〔一 쌀〕**명** 주름이 잡힌 금.

주:리다재타 먹지 못하여 배가 곯다.

주마-등(走馬燈)**명** 돌리는 대로 그림의 장면이 다르게 보이는 등.

주막(酒幕)**명** 시골의 길가에서 술과 밥을 팔고, 나그네도 재우는 집.

주말(週末)**명** 한 주일의 끝. **예** 주말에 등산을 가다.

주머니명 헝겊으로 만들어 허리에 차고 돈 따위를 넣는 물건.

주먹명 다섯 손가락을 죄다 오그리어 쥔 손.

주먹-구구(一一九九)**명** 손가락을 꼽아서 치는 셈. ② 짐작으로 하는 셈속.

주모-자(主謀者)**명** 무슨 일에 주장이 되어 계교를 꾸미는 사람.

주:목(注目)**명** 어떤 일에 특별히 관심을 가지고 봄. **예** 주시. **예** 그의 행동을 주목하다. 〔~하다〕

주무르다타 ① 손으로 어떤 물건을 잇달아 쥐었다 놓았다 하다. ② 사람을 제마음대로 놀리거나 다루다.

주무시다재 「자다」의 높임말. **예** 아버지께서 주무신다.

주:문(注文)**명** ① 남에게 상품을 쓰겠다고 부탁하여 청구함. ② 이렇게 저렇게 해 달라고 부탁함. **예** 상품 주

문. [〜하다]

주:민(住民)圀 그 땅에 사는 사람.

주:변(周邊)圀 일을 주선하거나 변통하는 재간. 삐 수완.

주변(周邊)圀 둘레의 가장자리. 부근.

주보(週報)圀 한 주일에 한번씩 발행하는 신문이나 잡지 따위.

주부(主婦)圀 한 집안의 주인의 아내.

주:사(注射)圀 기구로 약물을 근육이나 혈관 등에 넣는일. 예 예방 주사. [〜하다]

주:사기(注射器)圀 몸 안에 약물을 주사하는 기구. 예 청결한 주사기.

주사위圀 짐승의 뼈나 나무로 만든 장난감의 한 가지.

주산(珠算·籌算)圀 주판으로 하는 셈. [〜하다]

주-산물(主産物)圀 어떤 곳의 산물 가운데 가장 많이 나는 산물.

주석(主席)圀 주장되는 자리. 웃자리.

주선(周旋)圀 일이 잘 되게 이리저리 변통하고 힘씀. [〜하다]

주-성분(主成分)圀 어떠한 물질 속에 주장으로 들어 있는 성분.

주:소(住所)圀 ① 살고 있는 곳. ②「거주소」의 준말.

주:소-록(住所錄)圀 여러 사람의 주소를 적어 두는 장부.

주:시(注視)圀 ① 자세히 살피

며 눈을 쏘아서 봄. ② 응시. 예 널 주시해 왔다. [〜하다]

주시경(周時經)圀 〔1876 ~1914〕 한글 학자. 한글 연구의 선구자로서, 일생을 한 〈주시경〉 글 연구에 바쳐 많은 제자들을 길러 내어 한글 학회를 만들게 하였음.

주식(株式)圀 ① 자본 확정의 원칙을 채택할 경우의 주식 회사의 자본 구성 단위. ② 주주권.

주식 회:사(株式會社)圀 주주로 이루어진 유한 책임 회사.

주심(主審)圀 운동 경기에서 주장으로 심판을 하는 일, 또는 그 사람. 삐 부심.

주야(晝夜)圀 밤낮. 예 주야로 일하다.

주연(主演)圀 연극·영화 중에서 주인공으로 분장하여 연기함, 또는 그 배우. [〜하다]

주옥(珠玉)圀 ① 진주와 구슬. ② 아름답고 귀한 것. ③ 아름다운 문장이나 시. 예 주옥 같은 문장.

주요(主要)圀 가장 소중 하고 긴요함. 예 주요한 물건.

주위(周圍)圀 ① 어떤 물체의 바깥 둘레. ② 그것을 둘러싸고 있는 바깥 세계. 삐 주변. 삡 중심.

주:의(注意)圀 ① 어떤 일에

마음을 집중시킴. [예]주의 집중. ② 마음에 두어 조심함. ③ 알아듣도록 충고함. [예] 주의를 주다. 〔~하다〕

주인(主人)[명] ① 한 집안의 주장되는 사람. ② 물건의 임자. ③ 종이나 일꾼을 부리는 사람.

주인-공(主人公)[명] ①「주인」의 높임말. ② 소설·희곡·영화등의 중심 인물.

주일(週日)[명] ① 월요일로부터 일요일까지의 이렛동안. ② 어떤 날부터 7일 동안.

주자-학(朱子學)[명] 중국 송나라 때의 학문. 주자가 완성했으므로 주자학이라 하는데, 성리학 또는 도학이라고도 함.

주장(主將)[명] 운동 선수 가운데의 우두머리. [예] 그가 농구 팀의 주장이다.

주장(主張)[명] 자기의 의견이나 생각을 내세움. [비] 주창. [예] 자기의 주장만 내세우는 사람. 〔~하다〕

주저(躊躇·躕躇)[명] 망설여 머뭇거리고 나아가지 못함. [예] 대답을 주저하다. 〔~하다〕

주저-앉다[자] ① 섰던 자리에 그대로 앉다. ② 하던 일을 그만두고 물러나다.

주전:-자(酒煎子)[명]술이나 물 따위를 데우거나 담는 그릇. [예] 주전자에 물을 담아라.

주제(主題)[명] 주장이 되는 제목.

주-조정실(主調整室)[명] 부조정실을 통해 나온 방송을 고르게 조정하여 송신소로 보내는 구실을 하는 곳.

주:차(駐車)[명] 자동차 따위를 어떤 곳에 머물러 둠. 〔~하다〕

주:차-장(駐車場)[명]자동차 따위가 머무르게 정해 놓은 곳. [예] 주차장에 즐비한 차들.

주체(主體)[명] 단체나 기계 따위의 주장이 되는 부분.

주체-성 〔一썽〕(主體性)[명]자기의 자유로운 의지에 따라서 행동하는 입장. [예] 민족적 주체성.

주최(主催)[명] 어떤 행사나 모임을 주장하여 개최함. 〔~하다〕

주춤[부] ① 걸어가다가 갑자기 멈추고 머뭇거리는 모양. ② 일을 하다가 갑자기 멈추고 망설이는 모양. 〔~하다〕

주춤-거리다[자] 나아가지 못하고 머뭇거리다.

주춧-돌 (柱一)[명] 기둥 밑에 괴어 놓은 돌.

주치(主治)[명] 병을 주장하여 다스림. 〔~하다〕

주:택(住宅)[명] 사람이 사는 집. [예] 주택가.

주파-수 (周波數) [명] 전파의 흔들림이 1초 동안에 바뀌는 수를 나타내는 하나치.

주:판(籌板·珠板)[명] 셈을 놓는데 쓰는 제구. [비] 산판.

주필(主筆)[명] 신문사·잡지사 따위에서 중요한 기사나 논

ㅈ

설을 주장으로 맡아 쓰는 사람. 예 주필 위원.

주: 해(註解) 명 본문에 주를 달고 풀이함, 또는 그 글. 〔~하다〕

주: 형(鑄型) 명 쇠붙이를 부어 만드는 본보기인 판.

주홍(朱紅) 명 누른빛과 붉은 빛의 중간 빛.

죽 의 옷·그릇 따위의 열 벌을 세는 말.

죽: 명 차례로 늘어선 모양.

죽(粥) 명 곡식을 물에 묽게 풀어 익혀 먹는 음식. 예 단팥죽.

죽-령(竹嶺) 명 경상 북도 영주군과 충청 북도 단양군의 경계에 있는 재.

죽마고우(竹馬故友) 명 어릴 때부터 같이 놀며 자란 벗.

죽서-루(竹西樓) 명 관동 팔경의 하나. 강원도 삼척읍에 있는 다락집.

죽-세공(竹細工) 명 대를 재료로 하여 작은 물건을 손으로 만들어 내는 일.

죽음 명 생명이 없어지는 일. 죽는 일. 빤 삶.

죽의 장:막(竹―帳幕) 명 중공과 자유주의 국가 사이에 가로 놓인 장벽을, 중공의 명산물인 대나무에 비유하여 이르는 말.

죽이다 타 ① 목숨을 빼앗다. 예 사람을 죽이다. ② 기운이나 소리를 줄이거나 작아지게 하다. 예 소리를 죽이다.

준: 공(竣工) 명 공사 따위를 모

두 마침. 빤 기공. 〔~하다〕

준: 령(峻嶺) 명 높고 험한 고개.

준: -말 명 소리마디가 줄어 간단하게 된 말.

준법〔―뺍〕(遵法) 명 법령을 좇아 지킴. 예 준법 정신. 〔~하다〕

준: 비(準備) 명 미리 필요한 것을 마련하여 갖춤. 빤 차비. 예비. 예 준비작업. 〔~하다〕

준: 비 운:동(準備運動) 명 어떤 운동을 하기 전에 몸을 부드럽게 하기 위하여 하는 운동. 보통 가벼운 맨손 체조를 함.

준수(遵守) 명 그대로 잘 좇아서 지킴. 예 준수 사항. 〔~하다〕

준: -우승(準優勝) 명 우승 다음가는 성적.

줄 명 ① 새끼나 노끈 따위. ② 가로나 세로 질린 선

줄: 명 쇠붙이를 깎는 데 쓰는 강철로 된 연장.

줄거리 명 ① 잎이 다 떨어진 가지. ② 그 글의 내용을 간추려서 대강의 골자를 잡아 낸 것.

줄기 명 ① 물 따위가 줄을 이어 흐르는 선. 예 물줄기. 강줄기. ② 식물의 가장 중심이 되는 부분. ③ 산이 갈라져 나간 갈래. 예 산줄기.

줄기-차다 형 억세게 나가서 조금도 쉬지 않다. 예 줄기차게 내리는 소나기.

줄: 다 재 차차 수효나 분량이 작아지거나 적어지다. 빤 늘

다.

줄-다리기 몡
여러 사람이
편을 갈라서
줄을 잡아
당겨 많이
잡아 당기는
편이 이기는
놀이. 〔~하다〕〈줄다리기〉

줄달음-질 몡 단숨에 내처 뛰는 달음박질. 〔~하다〕

줄어-지다 재 점점 줄게 되다. 반늘어지다. 참졸아지다.

줄이다 타 줄어들게 만들다.

줄-자 몡 둥근 갑 속에 말아넣도록 된 자. 예줄자로 재다.

줄:줄 ①굵은 물줄기가 계속해서 흐르는 소리. ②막힘이 없이 무엇을 읽거나 외는 모양. 예글을 줄줄 외다. 참졸졸

줌: 줴 주먹으로 쥘 만한 분량.

줍:다 타 떨어진 것을 손으로 집다. 예이삭을 줍다.

중: 몡 절에서 불경을 공부하고 불도를 닦는 사람. 반승려.

중간(中間) 몡 ①두 사물의 사이. 간격. ②한가운데. 중앙. ③아직 끝나지 않은 때나 장소.

중강-진(中江鎭) 몡 평안 북도 자성군의 한 읍. 우리 나라에서 가장 기온이 낮은 곳.

중계(中繼) 몡 ①중간에서 이음, 또는 이어 줌. ②「중계방송」의 준말. 〔~하다〕

중계 방:송(中繼放送) 몡 경기장이나 극장 따위의 현장에서 하는 광경을, 방송국에서 아나운서와 기술자가 나가서 청취자나 시청자에게 보내는 방송. 〔~하다〕

중공-군(中共軍) 몡 중국 공산당의 군대.

중:-공업(重工業) 몡 부피에 비하여 무게가 무거운 물건을 만드는 공업.

중국(中國) 몡 동부 아시아에 있는 큰 나라. 현재 자유 중국과 중공으로 갈라져 있음.

중군(中軍) 몡 중간에 위치하고 있는 군대. 대개 대장이 통솔함.

중-근동(中近東) 몡 중동 지방과 근동 지방을 합쳐서 부르는 말. 서남 아시아.

중:-노동(重勞動) 몡 육체적으로 몹시 심한 노동. 예힘든 중노동.

중단(中斷) 몡 중간에서 끊음, 또는 끊어짐. 참중지. 반계속. 예공사가 중단되다. 〔~하다〕

중:-대(重大) 몡 ①대단히 중요함. ②업신여길 수가 없음. 비중요. 반경미.

중대(中隊) 몡 몇 개의 소대로 구성되는 부대.

중도(中途) 몡 일의 되어가는 중간. 비중간. 예중도에서 포기함은 아니함만 못하다.

중등(中等) 몡 가운데 등급.

중:-량(重量) 몡 무게. 예무거운 중량.

중:-력(重力) 몡 지구가 그 표면에 있는 물건을 지구 중

심 쪽으로 당기는 힘.
중류(中流)[명] ① 강이나 내의 중간 부분. ② 중간쯤 되는 정도나 계급.
중립(中立)[명] ① 어느 편에도 치우치지 않고 공평함. ② 어느 편에도 편들거나 맞서지 않음. [예] 중립을 지키다〔~하다〕
중립-국(中立國)[명] 전쟁에 참가하지 않는 나라.
중립 지대(中立地帶)[명] ① 전쟁 행위가 금지된 지대. ② 임진강과 한강어귀에서 동해에 이르는 155마일의 휴전선을 중심으로 남북 각각 2km폭 안의 지대.
중매(仲媒·中媒)[명] 두 남녀사이에 들어 혼인이 되게 하는 일, 또는 그 사람. 〔~하다〕
중매-인(仲媒人)[명] 중매하는 사람.
중:병 (重病)[명] 몹시 앓는 병. [비] 중환. [예] 오랫동안 중병을 앓고 있다.
중:복(重複)[명] 거듭함. 〔~하다〕
중복(中伏)[명] 삼복의 하나.
중부(中部)[명] 가운데의 부분.
중부 전:선(中部戰線)[명] ①어떤 지역의 중앙에 위치한 전선. ② 6·25 사변 때의 김화·철원·평강 등지를 중심으로 하였던 전선.
중:상(重傷)[명] 심하게 다침. [예] 교통사고로 중상을 입었다. 〔~하다〕
중상(中傷)[명] 사실이 아닌 말을 꾸며 만들어 남의 명예를 상하게 하는 일. [예] 중상모략. 〔~하다〕
중:석(重石)[명] 아주 단단하고 질긴 쇠붙이 원소의 하나.
중소 기업 은행 (中小企業銀行)[명] 적은 자본으로 사업을 하는 중소 기업자들에게 사업 자금을 대부해 주는 특수 은행.
중순(中旬)[명] 그 달의 열 하룻날에서 스무 날 동안의 열흘 동안.
중:시(重視)[명] ① 중대하게 봄. ② 중요하게 봄. 〔~하다〕
중심(中心)[명] ① 한가운데. ② 매우 중요한 자리. [비] 중앙. [반] 주위.
중심-각(中心角)[명] 원의 중심에서 두 반지름이 이루는 각.
중심-부(中心部)[명] 한가운데가 되는 곳. [예] 시내의 중심부.
중앙(中央)[명] ① 사방의 중심이 되는 곳. ② 그 나라의 서울.
중앙 관상대(中央觀象臺)[명] 나라 전체의 날씨에 대한 여러 가지 상황을 조사하여 알려 주는 곳. 「국립중앙 관상대」의 준말.
중앙-선(中央線)[명] 서울 청량리와 경주 사이의 철도. 길이 382.7km.
중앙-청(中央廳)[명] 우리 나라 중앙 정부가 있는 관청, 또는 그 건물.
중얼-거리다[자] 남이 알아듣지

ㅈ

못할 정도로 계속해서 혼잣말을 하다. [작] 종알거리다.
중:요(重要)[명] 매우 소중하고 요긴함. [비] 긴요. [반] 사소. [예] 평화의 중요.
중일 전:쟁(中日戰爭)[명] 1937년 중국에 대한 일본의 침략 전쟁. 중국의 항전으로 인하여 1941년의 태평양전쟁으로 발전하였음.
중점 〔―쩜〕(重點)[명] 중히 여길 점. 중요한 곳.
중주(重奏)[명] 둘 이상의 성부를 한 사람이 하나씩 맡아 동시에 악기로 연주하는 일. [예] 피아노 3중주. 〔~하다〕
중지(中止)[명] 일을 중도에 그침. [비] 중단. [반] 계속. 〔~하다〕
중진-국(中進國)[명] 문화의 발달 정도가 선진국과 후진국의 중간쯤인 국가.
중:창(重唱)[명] 둘 이상의 성부를 한 사람이 한 성부씩 동시에 노래하는 것으로 합창의 한 가지.
중:책(重責)[명] 중대한 책임. [예] 중책을 맡다.
중:태(重態)[명] 병이 들어 위중한 상태.
중-턱(中―)[명] 산이나 고개의 허리쯤 되는 곳. [예] 산중턱.
중 토끼(中―)[명] 새끼 때는 지났으나 아직 어미가 되지 않은 중간쯤 된 토끼.
중퇴(中退)[명] 학교를 중도에서 그만 두는 일. [예] 가정 사정으로 중퇴하다. 〔~하다〕
중:-하다(重―)[형] ① 무게가 몹시 무겁다. ② 병이 위독하다. ③ 일이 소중하다.
중-학교(中學校)[명] 국민 학교의 교육을 기초로 하여, 중등 보통 교육을 실시하는 학교.
중학-생(中學生)[명] 중학교에 다니는 학생.
중:형(仲兄)[명] 자기의 둘째 형
중화(中和)[명] 산성 용액과 염기성 용액이 알맞게 섞여 중성 용액이 되는 현상. 〔~하다〕
중:히(重―)[부] 소중하게. [예] 인명을 중히 여기다.
쥐[명] 쥐과에 딸린 해로운 작은 짐승의 총칭.
쥐-구멍[명] ① 쥐가 드나드는 작은 구멍. ② 몸을 숨길 만한 아주 좁은 장소. [예] 쥐구멍을 찾다.
쥐:다[타] ① 주먹을 짓다. ② 손으로 물건 따위를 잡다. ③ 주먹 안에 움켜 잡다.
쥐-며느리[명] 좀벌레와 비슷한 벌레. 햇빛을 싫어하며 마루 밑이나 음침한 곳의 돌 밑 또는 썩은 나뭇잎 같은 곳에 삶.
쥐어 뜯다[타] 단단히 쥐고 뜯어 내다.
쥐어 박다[타] 주먹으로 짓찧다시피 마구 때리다. [예] 머리를 쥐어 박다.
쥐어 지르다[타] 주먹으로 힘껏 내지르다.
쥐-잡듯이[부] 놓치지 않고 샅

ㅈ

살이 뛰져 모조리 잡는 모양.

쥐죽은 듯하다웹 시끄럽던 것이 갑자기 조용하여지다. ⑩ 새벽이라서 쥐죽은듯이 조용하다.

쥔:웹 「주인」의 준말.

즈음웹 일이 되어갈 어름. ⑪ 즘. ⑪ 무렵.

즉(即)튀 ① 다름이 아니라 곧. ② 두말할 것도 없이. ③ 그 러한 이유로.

즉각(即刻)웹 곧 그 시각. ⑪ 즉시. ⑩ 즉각 해결하라.

즉결(即決)웹 그 자리에서 곧 결정함. ⑩ 즉결 심판.〔~하 다〕

즉사(即死)웹 그 자리에서 죽음.〔~하다〕

즉석(即席)웹 그 자리에서 곧.

즉시(即時)웹튀 곧. 그 때. ⑪ 즉각. ⑩ 즉시 떠나라.

즉흥-적(即興的)웹 그 당장에서 흥취에 휩쓸리는 것.

즐겁다웹 마음에 흐뭇하고 기쁘다.

즐기다印 즐거움을 누리다.

즐비(櫛比)웹 빗살 모양으로, 한 줄로 죽 벌여 빽빽하게 늘어섬. ⑩ 줄비하게 늘어선 고층 건물.

즙(汁)웹 과실 따위에서 짜낸 물.

증가(增加)웹 더 늘어 많아짐. ⑪ 감소. ⑩ 인구 증가.〔~ 하다〕

증-감(增減)웹 많아짐과 적어 짐. 늘임과 줄임.〔~하다〕

증강(增强)웹 더 늘여 굳세게

함. ⑩ 국력 증강.〔~하다〕

증거(證據)웹 사실을 증명할 만한 근거. ⑩ 증거 서류.

증권〔一꿘〕(證券)웹 ① 증거가 되는 문서. ② 재산상의 권리·의무에 관한 기재가 되어 있는 증서. ⑩ 증권시장.

증권 시:장〔一꿘一〕(證券市場)웹 돈의 가치를 가지고 있는 증권을 사고 팔고 하는 시장.

증기(蒸氣)웹 ① 김. ② 액체가 증발하여 생기는 기체.

증기 기관(蒸氣機關)웹 수증기의 압력을 이용하여 기계를 움직이는 장치.

증대(增大)웹 점점 더하여 커짐. ⑪ 감소. ⑩ 수출 증대.〔~하다〕

증류(蒸溜)웹 액체를 가열하여 생긴 증기를 냉각시켜 다시 액화하여 분리하거나 정제함.〔~하다〕

증명(證明)웹 어떤 일의 참과 거짓을 밝히는 일.〔~하다〕

증명-서(證明書)웹 어떤 사실을 증명하는 문서. ⑩ 신분 증명서.

증발(蒸發)웹 액체가 그 표면으로부터 기체로 변하여 달아나는 현상.〔~하다〕

증산(增産)웹 생산하는 물건의 양을 늘림. ⑩ 식량 증산.〔~하다〕

증서(證書)웹 ① 어떤 사물을 증명하는 문서. ② 증거가 되는 서류. ⑩ 졸업 증서.

증설(增設)웹 더 늘려 설치함.

증액(增額)圏 액수를 늘림.
또는 그 늘린 액수.〔~하
다〕

증언(證言)圏 말로써 사실을
증명함.〔~하다〕

증원(增援)圏① 사람의 수를
늘려서 응원함.② 원조액을
늘림.〔~하다〕

증인(證人)圏 어떤 일에 증거
가 되는 사람.

증정(贈呈)圏 남에게 물건을
줌.〔~하다〕

증진(增進)圏 더하여 나아감.
〔~하다〕

증표(證票)圏 증거가 될 만한
표.

지가(地價)〔一 까〕 圏 토지의
가격.

지각(遲刻)圏 정한 시각보다
늦음. 예지각생.〔~하다〕

지각(知覺)圏 스스로 알아서
깨달음.〔~하다〕

지갑(紙匣)圏① 종이로 만든
갑.② 가죽 따위로 돈을 넣
게 만든 물건.

지게圏 짐을 얹어 사람이 등
·에 지는 기구.

지겟-꾼圏 지게로 짐을 나르
는 일을 업으로 삼는 사람.

지경(地境)圏① 땅과 땅을 가
르는 경계.② 경우. 형편.

지구(地球)圏 인류가 살고 있
는 땅덩어리.

지구(地區)圏 어떤 땅의 구역.
예공업 지구.

지구-상(地球上)圏 지구의 위.
사람이 살고 있는 이 세상.
예40억이나 되는 지구상의
인구.

지그시 뿐① 넌지시 누르거
나 당기는 모양.② 어려움
을 참고 견디는 모양. 예아
픔을 지그시 참다.

지극(至極)圏 더할 수 없이 마
음과 힘을 다함. 비극진. 예
지극한 효성.

지글-지글뿐 소리를 내며 계
속하여 끓는 모양.〔~하
다〕

지금(只今)圏뿐 이제. 현재. 예
지금이 좋은 기회다.

지급(至急)圏① 매우 급함.
②「지급 전화」·「지급 전
보」의 준말.

지긋지긋-하다圏 몹시 싫거나
괴롭거나 귀찮아 몸서리가
나다. 예지긋지긋한 고생.

지껄-이다재 조금 떠들썩한
목소리로 이야기하다.

지껄-하다 圏 지껄이는 소
리로 시끄럽다.

지나-가다재① 머무르지 않
고 바로 가버리다.② 한도
가 넘어 가다.③ 시간이 흘
러가다.

지나다재 정한 기한이 넘다.
예점심때가 지나다. 卧 어
디를 거쳐 가거나 오다. 예
학교 앞을 지나다.

지나치다재卧① 어떤 표준한
정도를 넘다. 예장난이 지
나치다.② 지나가거나 지나
오다. 예그 곳을 지나치다.

지:내다재 살아가다. 卧 혼사
나 장사 따위 의식을 치르
다. 예제사를 지내다.

지눌(知訥)圏〔1158~1210〕圏
고려 신종 때의 중. 보조국

사라고도 하는데 조계종의 창시자임.

지느러미 뗑 물고기가 물 속에서 헤엄치는 데 소용되는 몸의 부분.

지니다 囲 몸에 간직하여 가지다.

지다 困 겨루어서 이기지 못하다. 예 시합에 지다. 팬 이기다.

지다 困 ① 꽃이나 잎 따위가 시들어 떨어지다. 팬 피다. ② 해나 달이 넘어가다. 예 꽃이 지다.

지다 囲 ① 물건을 등에 얹다. 예 무거운 짐을 지다. ② 무슨 책임을 맡다.

-지다 圀명사 밑에 붙어서 그리 되어 있는 상태를 나타냄. 예 기름지다.

지당(至當) 뗑 아주 당연함. 이치에 꼭 맞음. 팬 타당. 예 지당하신 말씀.

지당(池塘) 뗑 연못. 못.

지대(地帶) 뗑 한정된 일정한 구역. 예 산악 지대.

지도(地圖) 뗑 지구 표면에 있는 온갖 모양을 일정한 축척으로 평면 위에 그린 그림.

지도(指導) 뗑 가리키어 이끌어줌. 예 지도자. 〔~하다〕

지도-자(指導者) 뗑 가르쳐 이끌어 주는 사람.

지략(智略) 뗑 슬기로운 계책. 슬기로운 꾀. 예 묘한 지략.

지레 뗑 무거운 물건을 움직일 때 어느 점을 괴어 그 물건을 움직이는 데 쓰는 긴 막대기.

지령(指令) 뗑 지휘 명령.

지론(持論) 뗑 자기가 지켜 굽히지 않는 의견. 늘 가지고 있는 의견.

지뢰(地雷) 뗑 적을 살상시키거나 건물·차량 따위를 파괴할 목적으로 땅 속에 묻어 터뜨리는 폭약.

〈지뢰〉

지루-하다 뗑 「지리하다」의 변한 말.

지류(支流) 뗑 원줄기에서 갈려 흐르는 물줄기. 팬 본류. 원류.

지르다 囲 소리를 크게 내다. 예 고함을 지르다.

지름 뗑 = 직경. 예 지름길로 가다.

지름-길〔―낄〕뗑 가깝게 통하는 길. 어떤 거리를 질러 가는 길. 팬 첩경.

지리(地理) 뗑 땅의 생긴 모양과 형편.

지리-산(智異山) 뗑 경상 남도 함양군·산천군과 전라 북도 남원군과 전라 남도 구례군에 걸쳐 있는 높이가 1,915m나 되는 높은 산.

지리-하다(支離—) 뗑 부질없이 오래 걸려 귀찮고 싫증이 나다. 예 지리한 장마.

지리학-자(地理學者) 뗑 지구 위의 온갖 상태 및 모양 등을 연구하는 사람. 곧 땅의 모양·기후·생물·교통 등을 연구하는 사람.

지:면(地面)**몡** 땅의 거죽. 땅의 표면.

지면(紙面)**몡** 글을 쓴 종이의 표면.

지명(地名)**몡** 땅의 이름.

지명(指名)**몡** 여러 사람 중에 누구의 이름을 꼭 지정하여 가리킴.〔~하다〕

지문(指紋)**몡** 손가락 끝마디 안쪽에 있는 살갗의 무늬. **몡** 지문이 나타나다.

지방(地方)**몡** ① 수도 이외의 시골. ② 나라 안의 어떤 넓은 지역.

지방 법원(地方法院)**몡** 제 1 심 판결을 담당하는 하급 법원.

지방 자치(地方自治)**몡** 고장의 특색을 살리고 이익을 가져오도록 고장의 실정에 알맞은 정치를 고장 스스로가 하는 민주 정치. **삔** 중앙 집권 정치.

지배(支配)**몡** 힘으로 거느리어 일을 처리함. **삔** 통치.〔~하다〕

지봉 유설〔—뉴—〕(芝峯類設)**몡** 조선 시대 광해군 때 이수광이 지은 일종의 백과 사전으로, 서양의 사정과 천주교를 소개한 책.

지불(支拂)**몡** 값을 내어 줌. 돈을 치러 줌. **몡** 지불청구서.〔~하다〕

지붕몡 집의 위를 기와나 함석 혹은 짚 따위로 이어 덮은 부분.

지상(地上)**몡** 땅의 위.

지상(紙上)**몡** 신문·잡지의 기사면. **몡** 지상에 보도되다.

지-새우다타 고스란히 밤을 새우다.

지석영(池錫永)**몡**〔1855 ~ 1935〕조선 말기의 학자. 1880년 수신사 김홍집을 따라 일본에 건너가 종두약 제조법을 배워 가지고 돌아와서, 종두법의 보급에 힘썼음.

지성(至誠)**몡** 매우 지극한 정성. **몡** 지성껏 부모님을 모시다.

지성(知性)**몡** ① 지적 작용에 관한 성능. ② 이성적인 사고·판단의 능력.

지속(持續)**몡** 오래 버티어서 이어감.〔~하다〕

지수(指數)**몡** 5²(5의 세곱)에서 2를 가리키는 말.

지시(指示)**몡** ① 가리켜 보임. ② 지도. **몡** 일을 지시하다.〔~하다〕

지식(知識)**몡** 알고 있는 내용. 알려진 일.

지신(地神)**몡** 땅을 맡아 다스린다는 신령.

지신 밟기〔—밥—〕(地神—)**몡** 음력 정월 보름날에, 땅을 맡은 신을 누르는 뜻으로, 집집을 돌아 다니면서 농악을 울리는 민속 행사의 하나.

지어-내다타 없는 사실을 있는 것같이 만들거나 꾸며 내다.

지역(地域)**몡** 어떤 성질이나

ㅈ

표준에 의하여 나누인 땅. [비] 구역. [예] 공업 지역.

지옥(地獄)[명] ① 죄를 지은 사람이 죽어서 간다는 곳. ② 차마 못 볼 정도로 끔찍한 광경. [예] 교통 지옥.

지온(地溫)[명] 지면 또는 땅 속의 온도.

지우개[명] ① 분필 글씨를 지우는 도구. ② 연필로 쓴 자리를 지우는 고무.

지우다[타] 묻거나 붙거나 나타났던 것의 흔적을 없애다. [예] 글씨를 지우다.

지우다[사동] 물건을 등에 지게 하다.

지원(支援)[명] 지지하여 응원함. [비] 원조. 후원. [예] 지원부대. 〔~하다〕

지원(志願)[명] 뜻하여 바람. [비] 지망. [예] 지원서. 〔~하다〕

지위(地位)[명] 신분에 따르는 어떠한 자리나 계급. [예] 그는 지위가 높다.

지육(智育)[명] 체육·덕육에 대해, 지능의 개발과 지식의 함양을 목적으로 하는 교육.

지은(至恩)[명] 지극한 은혜.

지의(旨義)[명] 깊고도 중심이 되는 뜻.

지이(地異)[명] 땅 위의 이변.

지장(支障)[명] 일을 하는 데에 거치적거리며 방해가 되는 것. [비] 장애. [예] 가뭄으로 농사에 지장이 많다.

지저귀다[자] 새 따위가 시끄럽게 우짖다. [예] 참새들이 짹짹 지저귀고 있다.

지저분-하다[형] ① 거칠고 말끔하지 못하다. ② 사물이 어수선하고 더럽다.

지적(地積)[명] 땅의 넓이.

지적(指摘)[명] 어떤 사물을 꼭 집어서 가리킴. [비] 지목. [예] 나쁜 점을 지적하다. 〔~하다〕

지절-대다 [자] 지절거리다. 여러소리로 되는 대로 잇달아 지껄이다. [작] 재잘대다.

지점 (支店)[명] 본점에서 갈려 나간 가게.

지정 (指定)[명] ① 어떤 일의 방법을 가리켜 정함. ② 여럿 가운데서 하나 만을 가려내어 정함.

지주(地主)[명] ① 땅의 임자. ② 직접 경작하지 않는 땅의 소유자.

지중-해 (地中海)[명] 유럽 남부와 아프리카 북부 사이에 있는 바다.

지지(支持)[명] 어떤 단체나 사람에 찬동하여 힘써 뒷받침함. [비] 찬성. [예] 국민의 지지를 받아 대통령에 당선되었다. 〔~하다〕

지진(地震)[명] 땅이 크게 울리고 갈라지는 일. [예] 최근 중공에 심한 지진이 일어났다.

지질(地質)[명] ① 본 바탕. ② 지각을 구성하는 암석이나 지층의 성질, 또는 상태.

지참(持參)[명] 물건을 가지고 참석함. 〔~하다〕

지체(遲滯)[명] 늦잡아서 기한에 뒤짐. [예] 지체 말고 곧

ㅈ

떠나라. 〔~하다〕

지출(支出)圐 돈을 지불하는 일. 圕 수입. 〔~하다〕

지층(地層)圐 지표에 있어서 물·바람·빙설 등의 작용으로 쌓여서 이루어진 유기물 또는 무기물.

지:치다困 무엇에 시달려서 기운이 다 빠지다. 例 병에 지치다.

지:치다困 얼음 위를 미끄러져 달리다. 例 썰매를 지치고 놀다.

지켜 보다围 눈을 메지 않고 줄곧 바라보다.

지키다围 ① 잃어버리거나 탈이 없도록 살피다. ② 약속 따위를 어기지 아니하고 그대로 하다.

지팡이圐 걷는 것을 도우려고 짚는 대나 나무의 막대기. 例 경찰은 민중의 지팡이이다.

지평-선(地平線)圐 끝없이 멀리 뻗어 있는 넓고 평평한 땅과 하늘이 맞닿아 보이는 선. 例 수평선.

지표(指標)圐 방향을 가리키는 표시. 길잡이.

지푸라기圐 볏짚의 낱개.

지피다围 땔나무 따위에 불을 붙이다. 例 불을 지피다.

지하-도(地下道)圐 땅 밑으로 만든 길. 땅 속을 깊숙히 뚫어 사람이나 차들이 다니게 해놓은 길.

지하-실(地下室)圐 지면보다 낮게 만들어 놓은 방.

지하 자:원(地下資源) 圐 석탄·석유·철광 등과 같이 땅 속에서 얻어지는 자원.

지하 철도(—또)(地下鐵道)圐 땅 밑을 파고 궤도를 만든 철도.

지향(指向)圐 뚜렷이 목표를 세움. 〔~하다〕

지형(地形)圐 땅의 생긴 모양.

지혜(知慧)圐 =슬기. 例 지혜로운 아이.

지휘(指揮·指麾)圐 웃사람이 아랫사람에게 이렇게 저렇게 하도록 시킴. 圕 지시. 〔~하다〕

지휘-관(指揮官)圐 지휘의 임무를 맡은 관직, 또는 그 사람.

지휘-자(指揮者)圐 ① 어떤 일을 지휘하는 사람. ② 음악에서 합주나 합창을 이끌어 가는 사람.

〈지휘자〉

직각(直角)圐 가로 세로가 곧게 만난 두 직선으로 이룬 90° 되는 각.

직각 삼각형(直角三角形)圐 직각이 들어 있는 삼각형.

직감(直感)圐 설명이나 증명을 거치지 않고 이내 사물의 진상을 느끼어 앎. 〔~하다〕

직공(職工)圐 공장에서 일하는 노동자.

직기(織機)圐 옷감을 짜는 기계.

직류(直流)圐 ① 곧게 흐르는

ㅈ

물줄기. ② 일정한 방향으로 흐르는 전류. [반] 교류.

직매(直賣) [명] 중간 상인을 거치지 않고 직접 소비자에게 파는 일. 〔~하다〕

직물(織物) [명] 옷감 등 실로 짠 천을 통틀어 이르는 말.

직분(職分) [명] 맡은 바 책임. 자기가 마땅히 해야 할 일. [예] 학생의 직분을 다하다.

직선(直線) [명] 곧은 선. 곧은 줄.

직업(職業) [명] 생활을 꾸려 나가기 위하여 매일 해야 하는 일. [비] 일자리. [예] 직업선택.

직-육면체〔—뉵—〕(直六面體) [명] 서로 이웃하는 두 면이 모두 수직으로 교차할 때의 육면체.

직장(職場) [명] 공장·회사 따위의 일자리. [예] 직장을 사퇴하다.

직접(直接) [명] 중간에 매개나 거리·간격이 없이 바로 접함. [반] 간접. [부] 중간에 소개나 다른 사람을 넣지 않고. [예] 내가 직접 쓰겠다.

직접 선:거(直接選擧) [명] 선거인이 직접 입후보자에게 투표하고 대리인에 의한 선거를 할 수 없는 제도. [반] 간접 선거.

직조(織造·織組) [명] 피륙 따위를 기계로 짜는 일. 〔~하다〕

직책(職責) [명] 직무상의 책임.

직통(直通) [명] 두 지점 사이를 중계하지 않아도 지장없이 바로 직접으로 통함. 〔~하다〕

직통 전:화(直通電話) [명] 중계하지 않고 서로 관계되는 곳 사이에 바로 통하는 전화.

직할-시(直轄市) [명] 중앙에서 직접 관할하는 인구 100만 이상의 도시. [예] 부산 직할시.

직행(直行) [명] 중도에서 머물지 않고 바로 곧장 감. [예] 직행 버스. 〔~하다〕

직후 (直後) [명] 어떤 일이 있은 바로 뒤. 곧 그 뒤. [반] 직전.

진(陣) [명] ① 병사의 대열. ② 군대가 머물러 있는 곳.

진공(眞空) [명] 공기도, 아무 것도 없이 비어 있는 공간. [예] 전구 속은 진공으로 되어 있다.

진:군-악(進軍樂) [명] 군대가 앞으로 행진할 때에 연주하는 음악.

진귀(珍貴) [명] 보배롭고 귀중함.

진:급(進級) [명] 등급이나 계급이 오름. [예] 공을 세워 진급하다. 〔~하다〕

진기(珍奇) [명] 귀하고 이상함. [예] 진기한 보석.

진달래 [명] 이른 봄에 연분홍 빛의 꽃이 피는 키가 작은 나무. 잎이 나기 전에

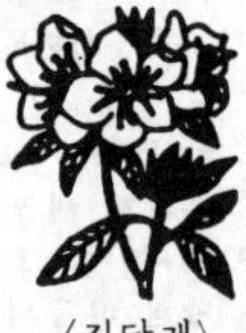
〈진달래〉

끝이 다섯 갈래로 갈라진 통꽃이 핌.

진:도(進度)圓 일이 되어 가는 정도.

진돗-개〔—깨〕(珍島—)圓 전라 남도 진도군에서만 나는 개. 여우와 개와의 잡종으로 생겨났다고 함. 몸은 비교적 작은 편이나, 동작이 재빠르고 영리하고 용맹스러워서 도둑을 잘 지킴. 나라에서 천연 기념물로 정해 보호함.

〈진도개〉

진:동(振動)圓 ① 흔들리어 움직임. ② 규칙적으로 같은 길을 갔다 왔다 되풀이하여 떠는 운동.〔~하다〕

진:동(震動)圓 몹시 울리어 흔들림.〔~하다〕

진:-땀(津—)圓 몹시 힘들 때 흐르는 끈끈한 땀. 예 생각만 해도 진땀 나는 일이다.

진:력(盡力)圓 힘 닿는 데 까지 다함. 예 연구에 진력하다.〔~하다〕.

진:로(進路)圓 앞으로 나아갈 길.

진료(診療)圓 진찰하고 치료함.〔~하다〕

진리(眞理)圓 참된 도리·참된 이치. 예 진리 탐구.

진미(珍味)圓 음식의 썩 좋은 맛.

진:보(進步)圓 점점 잘 되어 나감. 回 향상. 回 퇴보.

〔~하다〕

진-분수〔—쑤〕(眞分數)圓 분자가 분모보다 작은 분수. 回 가분수.

진:사(進士)圓 옛날 첫번째 과거에 합격한 사람을 일컫던 말.

진:-삼-선(晋三線)圓진주와 삼천포 사이의 철도. 길이 30 km.

진상(眞相)圓 사물의 참된 모습. 실제의 사정. 예 진상보고.

진성(眞性)圓① 순진한 성질. ② 만물의 본체. ③ 참된 증세.

진성(眞誠)圓 참된 정성.

진실(眞實)圓 바르고 참됨.예 진실한 인간. 回 허위. 거짓.

진실-로(眞實—)團 참으로. 거짓 없이.예 진실로 말하는 것이니 믿어달라.

진심(眞心)圓 거짓이 없는 참된 마음. 回 진정. 예 내 진심을 말하다.

진:열(陳列)圓 물건 따위를 죽 벌여 놓음. 예 상품 진열〔~하다〕

진:열-장〔—짱〕(陳列欌)圓사람들의 눈에 잘 띄게 상품을 죽 벌여 놓도록 꾸민장

진-위(眞僞)圓 참과 거짓. 진짜와 가짜.

진:작團 바로 그 때에. 좀더 일찍이. 예 진작 갈걸 그랬다.

진저리圓 지긋지긋하거나 찬 것이 살갗에 닿을 때 떨리는 몸짓. 예 보기만 해도 진저리가 난다.

질서〔-써〕(秩序)图사물의 조리, 또는 올바른 차례. 圆 질서있는 행동.

질소 비:료〔-쏘-〕(窒素肥料)图 질소를 많이 포함하고 있는 비료.

질주〔-쭈〕(疾走)图 빨리 달림.〔~하다〕

질:질图 땅에 축 늘어지어 끌리는 모양. 圆 바지가 땅에 질질 끌리다. ㉾ 잘잘

질척-하다圈 묽은 진흙 따위가 물기가 많고 차지게 질다.

질루(嫉妬·嫉妒)图 시기하여 미워함.〔~하다〕

질어-지다자 ① 짐을 등에 메다. 圆 쌀가마를 짊어지다. ② 빚을 쓰다. ③ 책임을 지다.

짐图 지거나 실어서 나르는 물건.

짐-꾼图 짐을 져 나르는 인부.

짐-수레图 짐을 실어 나르는 수레.

짐승图 ① 몸에 털이 나고 네 발을 가진 동물을 모두 이르는 말. ② 날짐승과 길짐승.

짐작图 어림쳐서 헤아림. 圓 추측.〔~하다〕

집图 ① 사람이 들어가 살기 위해 만들어 놓은 물건. ② 모든 동물의 보금자리.

집게-손가락〔一까〕图 엄지손가락과 가운뎃손가락 사이의 둘째손가락.

집결(集結)图 여럿이 한데 모

여서 뭉침.〔~하다〕

집계(集計)图 한데 모아서 계산함.〔~하다〕

집권(執權)图 정권을 잡음.〔~하다〕

집념(執念)图 한 일에만 정신을 씀.〔~하다〕

집다타 ① 손가락으로 물건을 잡다. ② 사이에 끼워서 들다. ③ 떨어진 것을 주워 가지다.

집단(集團)图 모임. 무리. 圓 집단 생활.

집단 농장(集團農場) 图 농토를 한 곳에 모으고 모든 시설을 갖추어 경영하는 큰 규모의 농장.

집단-체(集團體)图 모임을 이룬 덩어리.

집-대성(集大成)图 여러 가지를 많이 모아 하나로 크게 이룸.〔~하다〕

집배-원(集配員)图 우편물을 모아서 배달하는 일을 하는 사람. 圓 우체부.

집산-지(集散地)图 산물이 모여 들고 흩어져 나가는 곳. 圓 과일의 집산지.

집-안图 가까운 살붙이. 가내.

집어 치우다타 하던 일을 그만두다. 圆 숙제를 집어 치우다.

집없는 천사(一天使)图 프랑스의 소설가 엑톨말로가 지은 어린이 명작 소설. 집 없이 떠도는 가련한 레미가 슬기와 인내, 그리고 사랑으로써 모든 고난을 물리치고 끝내는 행복하게 잘

살게 되었다는 아름답고 눈물겨운 이야기임.

집-오리 집에서 기르는 오리. 닭과 비슷하게 생겼으나 본래 물에서 살기를 좋아함.

집중(集中) 한 곳을 중심으로 하여 모임. 📧 정신집중 〔~하다〕

집-짐승 집에서 기르는 짐승. 🖼 가축. 📧 집짐승을 기르다.

집합(集合) 한군데로 모임. 〔~하다〕

집현-전 (集賢殿) 조선 시대 세종 때 재주와 학식을 가진 사람들을 모아 임금을 돕게한 관청. 이곳에서 훈민정음 등 많은 문화 사업이 이루어 졌음.

짓: 몸을 움직여 놀리는 일. 📧 손짓과 발짓으로 이야기하다.

짓:-궂다 일부러 남을 귀찮게 하는 심술궂은 데가 있다. 🖼 심술궂다.

짓-누르다 마구 누르다.

짓:다 ① 재료를 들여 만들어 이루다. 📧 밥을 짓다. ② 건물 등을 세우는 일을 하다. 📧 집을 짓다. ③ 논밭을 다루어 농사를 하다.

짓-밟다 짓이기다시피 마구 밟다.

짓-밟히다 짓밟음을 당하다.

징 놋쇠로 대야같이 만든 악기의 한 가지. 채로 쳐서 소리를 냄. 농악에 쓰이는 악기임.

징계 (懲戒) 허물을 뉘우치도록 경계하고 나무람. 📧 징계 처분. 〔~하다〕

징그럽다 보기에 불쾌하도록 흉하다. 📧 얼굴이 징그럽다.

징발(徵發) 전쟁 때 필요한 물품이나 사람·마소 따위를 모아 거둠. 〔~하다〕

징병(徵兵) 국가가 법령으로써 병역 의무자를 강제적으로 징집하여 소요 인원을 일정한 기간 병역에 복무하게 하는 일. 〔~하다〕

징수(徵收) 세금이나 돈·곡식·물품 등을 거둠. 📧 세금 징수. 〔~하다〕

징용(徵用) 국가의 권력으로 국민을 강제로 불러다가 일정한 나라 일을 시키는 일. 〔~하다〕

징집(徵集) ① 물품을 거두어 모음. ② 현역병을 소집함. 〔~하다〕

짖다 개가 소리를 내어 울어 대다.

질다 ① 빛깔이 진하다. 📧 녹음이 짙다. ② 풀나무 따위가 빽빽하다.

짚 벼·밀·보리 따위의 이삭을 떨어 낸 줄기. 📧 볏짚. 짚단.

짚다 ① 지팡이를 땅 위에 대다. ② 맥 위에 손을 대다

ㅉ〔쌍지읒〕 ㅈ의 된소리.

짜개다 하나를 둘로 갈라지게 하다. 📧 그릇을 짜개다.

짜다 ① 소금맛 같다. 🖼 싱겁다. ② 달갑게 여기지 않

다.

짜다(타) ① 그릇이나 궤짝 따위를 네개를 맞춰서 만들다. ② 부서를 마련하여 한 조직체를 만들다.

-짜리(미) 얼마만한 수나 값어치로 된 물건을 가리키는 말. (예) 백 원짜리..

짜릿-짜릿-하다(자) 마음 속 깊이 아주 생생하다. 아주 실감 나다.

짜임-새(명) 짜이여 있는 모양의 정도.

짜증(명) 화를 발각 내는 짓. (예) 덥다고 짜증을 내다.

짜증 나다(조) 화가 나다.

짜증 내:다(조) 화를 내다.

짝(명) ① 몇 개가 모여서 한 벌이 되는 물건의 낱 개. ② 두 개가 한 벌일 때, 하나를 그 다른 하나에 대하여 일컫는 말.

짝-눈(명) 두 눈이 같지 않고 짝짝이로 된 눈.

짝-맞다(자) 짝에 맞다.

짝-맞추다(타) 제 짝과 맞도록 하다.

짝-없다(형) 견줄 만한 것이 없다. (예) 부끄럽기 짝이 없다.

짝자꿍(명) 젖먹이의 손뼉을 치는 재롱. 〔～하다〕

짠-물(명) 짠 맛이 있는 바닷물.

짠지(명) 무우를 통으로 소금에 짜게 절여 묵혀 두고 먹는 김치.

짤랑-짤랑(부) 작은 방울이 자꾸 흔들릴 때 나는 소리.

짤막-하다(형) 좀 짧은 듯하다.

짧다〔짤따〕(형) ① 오래지 않다. 길지 않다. ② 두 끝 사이가 가깝다. (반) 길다. (예) 길이가 짧다.

-째(미) ① 차례를 말하거나 수를 세어서 어느 정한 차례를 나타낼 때 쓰는 말. (예) 첫째. 세 개째. ② 「그대로」 「통째로」의 뜻을 나타내는 말. (예) 그릇째 가져오너라.

째:다(타) 가죽이나 피륙 따위를 칼로 찢다. (예) 칼로 살을 째다.

째:리다(자) 매서운 눈초리로 흘겨보다.

째:-지다(자) 터져서 갈라지다.

짹-짹(부) 참새나 쥐 따위의 우는 소리.

쨍쨍(부) 볕이 따갑게 내리쬐는 모양.

쩔쩔 매다(자) 일에 부닥쳐 어쩔줄을 모르고 엄벙덤벙거리다.

쩡쩡(부) 세력이 굉장한 모양.

쪼개다(타) 둘 이상으로 가르다.

쪼그리다(타) 부피를 작게 만들다.

쪼:다(타) 뾰족한 끝으로 잇달아 찍다.

쪼들리다(자) ① 일에 부대끼어 지내다. ② 남에게 몹시 시달림을 당하다.

쪼아-먹다(타) 부리로 모이를 주워 먹다.

쪽(명) 방향을 가리키는 말.

쪽(명) 어떤 물건의 쪼개진 한 부분.

쪽(명) 부인네의 아래 뒤통수

에 땋아서
틀어 올려
비녀를 꽂
는 머리털.
⨀ 쪽찐 머
리.　〈쪽〉

쪽-배䢍 큰 통나무를 쪼개어
속을 파내어서 만든 배.

쪽-빛䢍 쪽의 빛깔. 곧 남빛.
⨀ 쪽빛 하늘.

쪽지(一紙)䢍 작은 종잇조각.
또는 그런 데에 쓴 편지.

쫓다䢌 ① 억지로 떠나게 하다.
② 앞에 세우고 급히 몰다.

짝䢎 넓게 퍼지는 모양.

쬐:다䣀 볕이 들어 비치다.

쬐:다䢌 볕이나 불에 쐬거나
말리다. ⨀ 불에 쬐다.

쭈그리다䢌 ① 팔다리를 오그
리다. ② 누르거나 줄여서 부
피를 작게 하다. ⨤ 쪼그리
다. ⨀ 쭈그리고 앉다.

쭉䢎 ① 한 줄로 연이은 모양.
② 동작이 단번에 내쳐 나
아가는 모양.

-쯤䣂 말 아래에 붙어 정도를
나타냄. ⨀ 내일쯤 만나자.

쯧-쯧䢎 가엾다는 뜻으로 혀
차는 소리.

찌䢍 낚시의
위치와 물
고기가 미끼
를 먹는 상
태를 알기
위해 낚싯
줄에 달아　〈찌〉
물 위에 뜨게 한 것.

찌그리다䢌 위로 눌러서 찌그
러지게 만들다.

찌꺼기䢍 ① 물기가 다 빠지
고 남은 물건. ② 좋은 것을
골라낸 나머지.

찌다䢌 음식물을 솥 따위에 넣
어 뜨거운 김을 올려 익히
다. ⨀ 감자를 찌다.

찌다䣀 살이 올라서 뚱뚱하다.
⨀ 살이 찐 돼지.

찌푸리다䢌 얼굴이나 눈살을
몹시 찡그리다. ② 날이 음
산하게 흐리다. ⨀ 얼굴을 찌
푸리다.

찐빵䢍 밀가루를 반죽하여 팥
소를 넣고 찐 음식.

찡그리다䢌 근심스럽거나 언
짢을 때 이마나 눈살을 찌
푸리다.

찡긋䢎 상대편에게 어떤 뜻을
알아듣게 하기 위하여 눈을
살짝 찌푸리는 모양.

찢다䢌 잡아 당기어 가르다.

찧다䢌 곡식 따위를 절구에 담
고 공이로 내리치다.

ㅈ

ㅊ[치읓] 닿소리의 열째 글.

차(車)圓 기차·전차·마차·자동차 따위의 온갖 수레.

차(茶)圓 ① 차나무 등의 어린 잎을 따서 만든 음료의 재료. ② 차를 달인 음료. 커피·홍차 따위.

차-가다囤 무엇을 빼앗다시피 움켜가다.

차:가(借家)圓 집을 빌려 듦.

차갑다圈 찬 느낌이 있다.

차곡-차곡튀 물건을 가지런히 잘 쌓거나 포개거나 겹치는 모양. 에 책을 차곡차곡 쌓다.

차관(次官)圓 행정부에서 장관을 돕고, 장관을 대리할 수 있는 관리.

차:관(借款)圓 다른 나라에서 자금을 빌려 쓰는 일. [~하다]

차근-차근튀 자세하고 차례가 있게 일을 알뜰하게 하는 모양. 에 글을 차근차근 읽는다.

차다囤 끈을 달아 몸에 걸다. 에 시계를 차다.

차다쬔 ① 정한 수효가 되다. ② 더 들어갈 수 없이 가득하게 되다.

차다휑 온도가 낮다. 에 날씨가 차다.

차다囤 발로 내어 지르다. 에 공을 차다.

차:단(遮斷)圓 막아서 그치게 함. 에 교통 차단. [~하다]

차도(車道)圓 차가 다니는 길.

차도(差度)圓 병이 조금씩 나아 가는 일.

차디-차다휑 매우 차다. 에 차디찬 얼음.

차라리튀 그것보다는 이것이 오히려 나음을 나타내는 말. 에 자유가 아니면 차라리 죽음을 달라.

차량(車輛)圓 바퀴를 달아 굴러 가게 만든 기구를 통틀어 일컫는 말.

차렷困 몸과 정신을 바로 차리어 똑바른 자세를 가지라는 구령의 하나.

차례(次例)圓 나아가는·순서. 비 순서.

차례(茶禮)圓 음력 매달 초하룻날과 보름날, 또는 명절날·조상 생일 등에 지내는 간단한 낮제사.

차례-차례(次例次例)튀 차례에 따라서. 에 차례차례 구경하다.

차리다囤 ① 장만하여 베풀다. ② 정신을 가다듬다.

차림-새圓 차린 모양.

차림-차림圓 ① 차림새의 여러 모. ② 차린 일.

차:마團 마음에서 우러나는 안타까운 정을 억눌러 참으며의 뜻을 나타내는 말. 例 차마 떠날 수가 없었소.

차-멀미(車—)團 차를 타면 속이 메스껍고 머리가 몹시 어지러워지는 일. [~하다]

차별(差別)團 차이가 있게 구별함. 例 구별. 凹 평등. [~하다]

차분-하다 圈 마음이 가라앉아 조용하다.

차비:(車費)團 차를 타고 치르는 삯.

차비(差備)團 갖추어서 차림.

차:용(借用)團 물건이나 돈을 빌거나 꾸어 씀. [~하다]

차이(差異)團 서로 같지않고 틀림.

차이코프스키 (Tschaikovsky, Pyotr Ilich)團(1840~1893) 러시아의국민악파 음〈차이코프스키〉 악가. 작품에는 「백조의 호수」·「호두까기 인형」·「비창」 등이 있음.

차장(車掌)團 기차·전차·버스 따위 차 안의 안내를 맡아보는 사람.

차전-놀이(車戰—)團 동채에 탄 사람의 지휘를 받아 동채를 밀었다 잡아당겼다하다가 상대편 동채 머리를 땅에 닿게 하는 놀이. 안동지방에서 성행했던 민속 놀이의 하나.

차창(車窓)團 기차나 자동차의 창문.

차츰-차츰團 갑작스럽지 않게 조금씩 진행하는 모양.

차후(此後)團 이 다음.그 뒤.

착각(錯覺)團 잘못 깨닫거나 생각함. [~하다]

착륙(着陸)團 비행기가 육지에 내림. 凹 이륙. [~하다]

착륙-선(着陸船)團 지면에 사람이 내리는데에 쓰이는 우주선의 하나.

〈착륙선〉

착모(着帽)團 모자를 씀. 凹 탈모. [~하다]

착복(着服)團① 옷을 입음. 凹 착의. 凹 탈의.② 남의 것을 부당하게 자기 것으로 함. [~하다] 例 착복식을 하다.

착신(着信)團 편지·전보 따위의 통신이 닿음,또는 그 통신.

착실(着實)團 침착하고 성실함.

착오(錯誤)團 잘못 생각하여 사실과 맞지 않음,또는 그 잘못. [~하다]

착잡(錯雜)團 뒤섞여서 정돈되지 못함. 例 마음이 몹시 착잡하다.

착착團 일이 차례대로 잘 되어 가는 모양.

착-하다 圈 착실하고 어질다. 凹 악하다.

찬:란(燦爛)團 빛이 번쩍여서 눈부시게 아름다움.

찬-물團 데우거나 끓이지 않

은 맹물. [비] 냉수.

찬:미(讚美)[명] 아름다운 덕을 기림. [~하다]

찬:부 (贊否)[명] 찬성함과 불찬성함. [예] 찬부를 밝히다.

찬:사(讚辭)[명] 칭찬하는 말이나 글.

찬:성(贊成)[명] ① 자기의 의견이나 생각과 같다고 따름 [반] 반대. ② 도와서 함께 함. [예] 찬성 투표. [~하다]

찬:송(讚頌)[명] 칭찬하여 기림. [비] 칭송. [예] 주님을 찬송 하다. [~하다]

찬:양(讚揚)[명] 아름다움을 기리고 착한 것을 드러내어 칭찬함. [예] 공적을 찬양하다. [~하다]

찬:장[—짱] (饌-)[명] 찬그릇이나 음식 따위를 넣어 두는 장.

찬:조(贊助)[명] 뜻을 같이 하여 도와 줌. [예] 찬조 출연. [~하다]

찬찬-하다 [형] 성질이 매우 꼼꼼하고 아주 침착하다. [예] 찬찬히 살펴보다.

찰나(刹那)[명] 손가락 한번 튕기는 시간. 짧은 동안. [비] 순간. [예] 문을 여는 찰나 벨이 울렸다.

찰싹-거리다 [자][타] 잇따라 찰싹소리가 나다.

찰-흙 [명] 차진 기운이 있는 흙.

참 [명] ① 거짓이 없음. ② 옳고 바른 일. [비] 진리. [반] 거짓.

참 [부] 「정말·과연·참으로」의 뜻을 나타내는 말. [예] 참 좋다.

참:[명] 일을 하다가 잠시 쉬는 기간.

참가(參加)[명] 어떠한 모임이나 단체에 나감. [비] 참석. [반] 불참. [~하다]

참고(參考)[명] ① 살펴서 생각함. ② 어떤 일을 하는데 도움이 되는 것을 찾음. [비] 참작. [예] 참고 자료. [~하다]

참고-서(參考書)[명] 참고로 삼는 서적.

참관(參觀)[명] 어떤 모임에 참가하여 봄. [비] 관람. [예] 수업 참관. [~하다]

참-나무 [명] 상수리가 열리는 나무.

참:다[—따] [타] ① 굳은 마음으로 어려운 고비를 잘 견디어 가다. ② 때를 기다리다.

참-되다[—뙤—] [형] 거짓이 없고 신실하다. [예] 참되게 살다.

참-뜻 [명] 거짓이 아닌 참참된 뜻. [비] 진의.

참-말 [명] 참되고 거짓이 없는 말. [비] 정말. [반] 거짓말.

참모(參謀)[명] ① 모의에 참석함, 또는 그 사람. ② 군대에서 작전 등의 계획을 맡아 보는 사람. [~하다]

참배 (參拜)[명] 신이나 부처에게 배례함. [~하다]

참변 (慘變)[명] 아주 끔찍한 사고.

참-빗 [명] 빗살이 가늘고 촘촘한 빗.

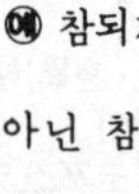
〈참빗〉

참상(慘狀)[명] 참혹한 상태.

참-새 [명] 시골의 마을 근

처에서 혼
히 볼 수 있
는 작은 새.
곡식을 해
치지만, 해
충도 잡아 먹음. 〈참새〉

참석(參席)명 어떤 모임에
나감.**비** 참가.**반** 불참.결석.
예 회의에 참석하다. [~하
다]

참신(斬新)명 처음 이루어져
새롭고 산뜻함.**예** 참신한
디자인.

참여(參與)명 참가하여 관계
함.**예** 정치 참여. [~하다]

참-외명 잎은 오이 같고 꽃
은 누르며 타원형인 열매
가 열리는 한해살이 식물.
예 먹음직스런 참외.

참정-권[―꿘](參政權)명 정
치에 참여하는 권리.

참패(慘敗)명 매우 슬프고도
끔찍스럽게 싸움에서 짐.
비 대패.**반** 대승. [하다~]

참혹(慘酷)명 끔찍하고 비참
함.몹시 불쌍함.**비** 처참.
예 참혹한 살인 사건.

참회(懺悔)명 잘못을 깊이
뉘우쳐 마음을 고침. [~하
다]

찻-삯(車―)명 차비

창(窓)명 공기나 햇빛이 들
게 하기 위하여 벽 또는 지
붕에 만든 문.

창(槍)명 옛날
무기의 한
가지. 긴 나
무 자루 끝
에 칼 날이
있는 쇠가
달려있음. 〈창〉

창:간(創刊)명 잡지 간행물을
처음으로 간행함.
반 폐간. [~하다]

창:간-호(創刊號)명 맨 첫번
째 것의 정기 간행물.**반**
폐간호.

창경:궁(昌慶宮)명 서울 종로
구에 있는 옛 궁궐.

창:건(創建)명 처음으로 세움.

창고(倉庫)명 물건을 넣어 두
는 곳집.

창공(蒼空)명 푸른 하늘.**비**
창천.

창구(窓口)명 사무실에서 바
깥 손님을 상대하여 돈이
나 문서 따위를 주고 받는
곳.**예** 은행 창구.

창:립(創立)명 사업체를 처음
으로 설립함. [~하다]

창-문(窓門)명 공기나 빛이들
어올 수 있도록 벽에 만들
어 놓은 작은 문.**준** 창.**예**
이중으로 된 창문.

창백(蒼白)명 푸른 기가 돌만
큼 해 쓱함.**예** 창백한 얼굴.

창-살[―쌀](窓―)명 창짝에
가로 세로 지른 나무오리.

창:설(創設)명 처음으로 베풂.
비 창립. [하다~]

창:설-자(創設者)명 어떤 일
을 처음으로 베풀어 놓거
나 만들어 세운 사람.

창:의(創意)명 아직까지 없
었던 일을 새로 생각해 냄.
[~하다]

창:작(創作)명 ① 처음으로생
각하여 만들어 내는 일.②
문예·그림·음악 등의 예술
작품을 자신이 궁리해서
만들어 냄.**모** 모방. [~하
다]

창:조(創造)圈 처음으로 생각해 내어 만듦.빠 창작. 빤 모방. [~하다]

창파(滄波)圈 넓은 바다의 푸른 물결.

창피(猖披)圈 ① 부끄러움. ② 체면이 사나움.

창호(窓戶)圈 창과 문을 두루 이르는 말.

창호-지(窓戶紙·窓糊紙)圈 빛이 조금 누르스름하고 줄진 결이 똑똑하며 질긴 재래식 종이.

찾다囯 숨은 것을 나타나도록 조사하다.

채圈 ①「채찍」의 준말. 장구 따위를 쳐서 소리를 내는 물건.빠 북채.

채囝 ① 어떤 상태가 계속된 대로 그냥.예 앉은 채로 읽어라. ② 집의 덩이를 세는 데 쓰는 말.예 집 한 채. ③ 큰 기구 따위를 세는 데 쓰는 말.예 이불 한 채. ④ 집의 덩이를 구별하는데 쓰는말.예 사랑채

채囝 어떠한 정도에 아직 미치지 못한 모양.예 날이 채 밝기 전.

채圈 무·오이 같은 것을 가늘고 잘게 썬 것.

채:다囯 갑자기 탁 치듯 잡아 당기다.예 매가 병아리를 채다.

채다囦 발로 참을 당하다.

채롱(—籠)圈 싸릿 개비로 엮어 만든 운두가 높은 그릇.

채:무(債務)圈 남에게 빚을 갚아야 할 의무 빤 채권.

채비(—備)圈 갖추어 차림, 또는 그 준비. 차비.예 여행할 채비를 갖추다. [~하다]

채:석(採石)圈 바위에서 돌을 떠서 냄. [~하다]

채:석-장(採石場)圈 돌을 떠내는 곳.

채:소(菜蔬)圈 온갖 푸성귀. 남새.

채:송-화(菜松花)圈 여름에서 가을에 걸쳐 자주·분홍·노랑·흰색 등 여러 가지 빛깔의 다섯 잎이 햇빛을 받아서 피고 오후에 시드는 꽃.

〈채송화〉

채우다囯 ① 자물쇠로 잠그다. ② 상하기 쉬운 물건을 찬물이나 얼음에 담그다. ③ 모자라는 것을 보태다.예 물로 배를 채우다.

채:집(採集)圈 잡아 모으거나 캐어서 모음.예 식물 채집. [~하다]

채찍圈 댓가지나 나뭇가지로 만들어 마소를 모는데 쓰는 물건.예 채찍질하다.

채:취(採取)圈 찾아서 캐어 내거나 뜯어 냄.예 미역을 채취하다. [~하다]

책(冊)圈 서적·장부·공책 따위를 두루 일컫는 말.예 책을 열심히 읽다.

책-갈피(冊—)圈 책장과 책장 사이.예 책갈피에 꽂아 두다.

책-꽂이(冊—)圈 책을 세워 꽂아 두는 물건.

책방(冊房)圈 서점. 책사예 책

방에서 빌리다.

책-벌레(冊—)[명] 독서를 지나치게 좋아하는 사람을 비유 한말.

책사(冊肆)[명] 책을 파는 가게.

책-상(冊床)[명] 책을 올려놓거나 공부를 할 때 쓰는 상.

책임(責任)[명] 맡아서 해야 할 임무. [비] 책무. 임무. [예] 의무에는 책임이 따른다.

책임-자(責任者)[명] 책임을 져야 할 사람.

책장(冊張)[명] 책의 낱낱의 장. 책의 한페이지 한페이지.

책-장(冊欌)[명] 책을 넣어두는 장.

챔피언(champion)[명] 선수권을 가진 사람. 우승자.

처남(妻男)[명] 아내의 남자 형제.

처:녀(處女)[명] ① 시집 안간 나이든 여자. [반] 총각. ② 「최초의」·「처음으로 하는」의 뜻을 나타내는 말. [예] 처녀 운전.

처:단(處斷)[명] 결단하여 처치함. [예] 반역자를 처단하다. [~하다]

처량-하다(凄凉—)[형] 황폐하고 쓸쓸하여 구슬프다.

처럼[조] 말 아래에 붙여「…과 같이」·「모양으로」등의 뜻을 나타내는 말. [예] 봉선화처럼 빨개지는 얼굴.

처:리(處理)[명] 일을 다스려 치뤄. [예] 물리적 처리. [~하다]

처마[명] 기둥과 기둥 위에 얹힌 도리 밖으로 내민 지붕의 부분.

처-매다[타] 다친 곳에 약을 바르고 붕대 따위로 찬찬히 둘러감다.

처:방(處方)[명] ① 병의 증세에 따라 약을 조제하는 방법. ② 일 처리의 방법.

처:벌(處罰)[명] 저지른 잘못에 대하여 벌을 줌. [예] 죄인을 처벌하다. [~하다]

처:분(處分)[명] 일을 처리하여 다룸. [예] 재산 처분.[~하다]

처:서(處暑)[명] 24 절기의 하나. 양력 8월23일 경에 듦.

처:소(處所)[명] 사람이 사는 곳. 물건이 있는 곳.

처:신(處身)[명] 세상을 살아감에 있어 몸을 가지는일. [예] 처신을 잘하다. [~하다]

처음[명][부] 맨 첫번. 일의 시초

처자(妻子)[명] 아내와 자식.

처:지(處地)[명] ① 자기가 당하고 있는 경우. [비] 딱한 처지에서 벗어나다. ② 지위 또는 신분.

처:-지다[자] ① 바닥으로 잠겨 가라앉다. ② 팽팽하던 것이 아래로 늘어지다. ③ 한 동아리에서 뒤떨어져 남다.

처지르다[타] ① 아궁이 따위에 마구 나무를 몰아 넣다. ② 처대다. ③ 처든지르다.

처질(妻姪)[명] 처조카.

처:참(處斬)[명] 목 베어 죽이는 형벌에 처함.

처참(悽慘)[명] 몹시 슬프고 참혹함. [예] 처참한 광경.

처:창(悽愴)[명] 몹시 구슬픔.

처:처(處處)[명] 곳곳.

처:판(處辨)圖 관아의 사무를
처리함.

처:-하다(處一)困 困①어떠
한 처지에 이르다.②어떠
한 형벌을 주다.예 무기형
에 처하다.

처:형(處刑)圖 형벌에 처함.
〔~하다〕

척圖①빈틈 없이 잘 들어 붙
는 모양.예 척 들어붙는 엿.
②몹시 늘어지거나 휘어
진 옷모양.예 척 늘어진버
들가지.

척(隻)의 배의 수효를 세는
말.예 어선 세척.

척도(尺度)圖①자.②계획
의 표준.

척척 일을 차례대로 거침
없이 잘 처리해 나가는 모
양.

척화-비(斥和碑)圖 조선 고
종 때 병인 양요·신미양요
를 치른 뒤,대원군이 서양
인을 배척하기 위하여 서
울 종로 네거리를 비롯하
여 전국 각지에 세운 비석.

천(千)圖 백의 열 갑절.

천:圖 옷·이불 따위의 감이
되는 피륙.

천:거(薦擧)圖 재주가 뛰어난
사람을 추천함.〔~하다〕

천국(天國)圖①세상에서 가
장 살기좋은 나라.예 지상
천국 ②죽은 후에 갈수있
다고 하는 영혼이 축복받
는 나라.예 천당.예 지옥.

천금(千金)圖①많은 돈. ②
엽전 천 냥.

천-냥(千兩)매우 많은 돈
을 일컫는 말.예 말 한 마
디로 천 냥 빚을 갚는다.

천:대(賤待)圖 업신여겨서
푸대접함.예 천시.예 우대
〔~하다〕

천:도(遷都)圖 서울을 옮김.
〔~하다〕

천도-교(天道敎)圖 수운
최제우를 교조로 하는
종교.

천둥(天一)圖 번개가 칠때 요
란하게 울리는 소리.예 뇌
성.

천리(千里)圖①아주 먼 길.
②십리의 백갑절.

천리마-운동 (千里馬運動)圖
공산당이 북한 동포에게강
제 노동을 시키기 위해 짜
낸 계획.

천리장:성(千里長城)圖 고려
덕종때 유 소에게 명하여
쌓게 한 천여 리의 긴 성
벽.거란과 여진족의 침입
에 대비하여 쌓았음.

천막(天幕)圖
천으로 비
나 따가운
햇볕을 가
리기 위해
집 밖에 치
는 천막.

〈천막〉

천만:-에(千萬一)캅 아주 뜻
밖의 일이나 말에 대하여
그 부당함을 이르거나 또
는 겸손의 말로 쓰는 말.

천만의 말씀 (千萬一)圖 합
당하지 않은 말이란 뜻.사
실과는 틀리는 말씀.

천문-대(天文臺)圖 천체에 관
한 모든 연구를 하기 위하
여 높다랗게 쌓아 올린 대

천문-학(天文學)圖 해·달·별
등의 본바탕·운동·크기 등

에 대하여 관찰·연구하는 학문.

천벌(天罰)圏 하늘이 내리는 벌.

천사(天使)圏 천국에서 인간 세계에 내려와 신과 사람과의 가운데에 서서 신의 가르침을 인간에게 전해 준다는 사람.

천생(天生)圏 선천적으로 타고남. 卽 천생연분.

천성: (天性)圏 본래부터 타고난 성질. 卽 천성이 부지런한 사람.

천수-답(天水畓)圏 물의 근원이 없이 비가 와야만 모를 내는 논.

천야만야-하다(天耶萬耶ー) 圏 썩 높거나 깊어서 천길이나 만 길이 되는 듯하다.

천연(天然)圏 본디 생긴 그대로의 상태. 卽 자연. 卽 천연 자원. 卽 인공.

천연 기념물(天然紀念物)圏 드물고 귀하여 특별히 지정하여 법으로써 보호하는 동물·식물·광물.

천연-두(天然痘)圏 갑자기 열이 나고 머리가 아프며 잘못하면 얼굴이 얽게 되는 전염병. 卽 마마.

천연-색(天然色)圏 자연 그대로의 빛깔. 卽 천연색 영화.

천연-스럽다(天然ー)圏 꾸밈이 없이 태연한 태도가 있다.

천자-문(千字文)圏 옛날 한문을 처음 배울 때 쓰던 교과서.

천장(天障)圏 마루나 방의 위가 되는 곳. 卽 천정. 卽 높은 천장.

천재(天才)圏 ① 타고난 재능 ② 뛰어난 재주, 또는 그러한 재주를 가진 사람. 卽 둔재.

천재(天災)圏 지진·홍수 등 자연 현상에 의하여 일어나는 재앙. 卽 천재 지변.

천주-교(天主教)圏 로마의 교황이 통할 지배하는 구교.

천지(天地)圏 ① 하늘과 땅 ② 온 세상. 卽 우주. 卽 온 천지가 깜깜해지다.

천지 신명(天地神明)圏 하늘과 땅에 있는 모든 신령. 卽 천지 신명께 소원을 빌다.

천천-하다 圏 일을 함에 있어서 거칠거나 급하지 않고 침착하다.

천체(天體)圏 우주 공간에 있는 모든 물체. 곧 해·달·지구·별따위.

천치(天癡·天痴)圏 태어날 때부터 어리석고 못난 사람. 卽 바보. 백치.

천하(天下)圏 ① 온 세상. ② 온 나라. 卽 천하 장사.

천:-하다(賤ー)圏 ① 정도가 낮다. ② 너무 많고 흔하여 귀중하지 않다.

천행(天幸)圏 하늘이 준 다행. 卽 천행으로 살아나다.

철圏 한 해를 넷으로 나눈 한 해동안. 卽 계절.

철(鐵)圏 가장 많이 쓰이는 금속 원소의 하나. 쇠.

철갑-선(鐵甲船)圏 겉을 쇠로써 단단하게 꾸민 전쟁에 쓰는배.

ㅊ

철폐 (撤廢)圏 거두어 치워 버리고 그만 둠.〔~하다〕

철학-자 (哲學者)圏 자연이나 인생 및 지식의 근본이 되는 이치를 연구하는 사람.

철회 (撤回)圏① 걷어 치움. ② 도로 찾아감.〔~하다〕

첨가 (添加)圏 덧붙임. 보탬.빤 삭감. 〔~하다〕

첨단 (尖端)圏① 물건의 뾰족하게 모난 끝.② 시대·사조·유행의 앞장.

첨부 (添附)
圏 덧붙임. 더하여 붙임〔~하다

첨성-대 (瞻星臺)圏 신라 선덕여왕 때

〈첨성대〉

만든 천문 관측 시설의 하나. 동양에서 가장 오래된 천문대.국보 제31호. 경상북도 경주시에 있음. 높이 9. 17m.

첩 (貼)의 약봉지에 싼 약을 세는 말.예 약 한 첩.

첩 (帖)의 포개어서 매어나 타내는 말. 예 사진첩.

첫-눈圏 그 해에 처음으로 내리는 눈.

첫-돌圏 세상에 나서 처음으로 맞이하는 생일.

첫-마디圏 처음으로 하는 말의 한 마디.

첫-머리圏 첫번으로 시작되는 머리

첫-솜씨圏 처음으로 하는 솜씨.

첫-여름(-녀-) 圏 여름이 시작하는 때.빤 초여름

첫-인상(첟-) (-印象)圏 첫

눈에 느끼는 인상.빤 제일 인상.

첫-째수 맨 처음의 차례.

첫-해圏 어떤 일을 시작한 처음 해.

청 (請)圏 무슨 일이 되게 하여 주기를 남에게 부탁함. 빤 청탁. 부탁. 〔~하다〕

청-각 (聽覺)圏 귀청이 울리어 일어나는 감각.

청-개구리 (靑一)圏 등은 파랗고 배는 회백 다리에는 갈색 무늬가 있는 개구리. 비가 오려고 할 때 나뭇가지 같은 데서 욺.

청결 (淸潔)圏 맑고 깨끗함.빤 불결

청과 (靑果)圏 채소·과실 따위.

청구 (請求)圏 달라고 요구함. 〔~하다〕

청국 (淸國)圏 청나라.

청-나라 (淸一)圏 [1616~1912] 중국 최후의 왕국. 명나라를 멸망시킨 여진족들이 만주에 후금을 세운 후, 1636년에 나라 이름을 청이라고 고쳤음.

청년 (靑年)圏 나이가 젊은 사람.

청동 (靑銅)圏 구리와 주석의 합금.

청동기 시대 (靑銅器時代)圏 석기 시대 다음에 청동을 써서 연장을 만들어 쓰던 시대.

청량 (淸涼)圏 날씨가 맑고 서늘함.

청렴 (淸廉)圏 인품이 조촐하고 탐욕이 없음.

청명-하다 (淸明一)圏 날씨가

맑고 깨끗하다.

청부 (請負)명 도급으로 일을 맡음. [하다~]

청사 (廳舍)명 관청에서 일을 보는 집.

청사 (靑史)명 역사. 역사의 기록. 예 청사에 길이 남을 인물.

청-사진 (靑寫眞)명 선이나 글자, 물체의 모양 등이 청색 바탕에 흰색으로 나타나도록 한 도면. 건물이나 기계의 설계도를 여러 장 만들 때 이용함.

청산 (淸算)명 셈이나 일 따위를 깨끗이 밝혀 처리함. 예 지난 일을 깨끗이 청산하다. [~하다]

청산리 싸움[―살―] **(靑山里―)**명 1920년 만주의 청산리에서 김좌진 장군이 이끄는 우리 나라 독립군이 일본군을 크게 무찌른 싸움.

청소 (淸掃)명 비로 쓸고 걸레로 닦고 하여 깨끗이 치우는 일. 비 소제. 예 대청소. [~하다]

청소 기구 (淸掃器具)명 청소를 하는 데 쓰이는 그릇. 연장 따위.

청-소년 (靑少年)명 청년과 소년. 젊은이. 예 청소년 음악회.

청소-함 (淸掃函)명 걸레·양동이 따위 청소 기구를 넣어 두는 상자. 예 청소함에 넣어 둔 기구로 닦아라.

청운교 (靑雲橋)명 불국사의 대웅전으로 들어가는 돌층층대의 아랫부분.

청원 (請願)명 어떤 허가를 내 주기를 바람. 예 청원서. [~하다]

청음 (淸音)명 맑고 깨끗한 소리.

청일 전:쟁 (淸日戰爭)명 [1894~1895] 청나라와 일본 사이에 벌어진 전쟁. 이 전쟁의 결과 일본은 우리 땅에서 청나라의 세력을 쫓고 조선 정부의 간섭을 하게 되었음.

청자 (靑瓷)명 고려 때 만든 푸른 빛깔의 자기. 비 청자기.

청:중 (聽衆)명 설교나 강연 따위를 듣는 무리. 예 청중을 의식하다.

청:진-기 (聽診器)명 병의 증상을 알아 내기 위해 몸 안의 소리를 듣는 진찰 기구.

(청진기)

청천-강 (淸川江)명 평안 북도와 평안 남도 사이를 흐르는 강. 옛 이름은 살수.

청춘 (靑春)명 젊은 시절. 비 청년. 예 아름다운 청춘.

청:취 (聽取)명 ① 사정을 잘 들음. ② 라디오 방송을 들음. [~하다]

청패 (靑貝)명 속껍질에 푸른빛을 띠고 있는 삿갓 모양의 작은 조개.

(청패)

청포 장수 (淸泡―)명 녹두로

만든 묵을 파는 사람.

청-하다(請一)目①무슨 일을 남에게 부탁하다. ②잠이 들도록 애쓰다. **예** 잠을 청하다. ③남을 오라고 부르다. **예** 손님을 청하다.

체명 가루를 쳐 내거나 액체를 받아 내는 데 쓰이는 제구.

체 그럴 듯하게 꾸미는 거짓 태도. **예** 있는 체한다.

체(滯)명 먹은 것이 잘 삭지 아니하고 위 속에 답답하게 처져 있음. [~하다]

체격(體格)명 몸의 생김새. **예** 건강한 체격.

체결(締結)명①얽어서 맺음. ②계약이나 조약을 맺음. **예** 조약체결. [~하다]

체구(體軀)명 몸뚱이.

체납(滯納)명 납세를 지체함. **예** 체납하는 일 없이 납부해 주세요. [~하다]

체능(體能)명 어떠한 일을 감당할 만한 몸의 능력. **예** 체능 검사.

체력(體力)명 몸의 힘. **예** 체력 검사.

체력 단련(體力鍛鍊)명 몸의 힘을 더욱 좋게 기르는 일.

체면 (體面)명 남을 대하는 얼굴. **비** 면목. 체모. **예** 체면을 차리다.

체법(體法)명 글씨의 모양과 붓을 눌러 글씨를 쓰는 법.

체신(遞信)명 차례로 여러 곳을 지나서 소식이나 편지 따위를 전하는 일.

체신-부(遞信部)명 우편·전신·전화 따위에 관한 일을 맡아 보는 행정 각부의 하나

체온(體溫)명 동물의 몸의 온도.

체육(體育)명 건강한 몸을 만들기위해 하는 운동. **예** 체육시간에 남녀 학생들이 열심히 체육수업을 받고 있다.

체육-관(體育館)명 체조나 경기 등을 하기 위하여 만든 건물.

체전(體典)명 체육 대회. **예** 전국 체전.

체조(體操)명 몸의 모든 기관의 발육과 건강을 위하여 행하는 운동. [~하다]

체중 (體重)명 몸의 무게.

체질(體質)명 타고 난 몸의 바탕. **예** 약한 체질.

체코-슬로바키아(Czecholo-vakia)명 동부 유럽에 있는 공산 국가. 수도는 프라하.

체포 (逮捕)명 죄인을 뒤쫓아 붙음. **예** 살인범을 체포하다. [~하다]

체험 (體驗)명 몸소 치러봄, 또는 그 경험. **비** 경험. [~하다]

첼레스타(도 Celesta)명 피아노와 비슷하게 생겼으며 철금과 같이 건반을 때려서 소리를 내는, 타악기와 건반 악기를 겸한 악기.

첼로(cello)명 바이올린과 비슷하나크고, 낮은 음을 내는 줄이 4개인 현악기.

〈첼로〉

쳐-내다目 쓰레기 따위를 모아서 일정한 곳으로 옮기다.

쳐:다-보다 團 얼굴을 들고 바라보다.

초 團 불을 켜는 데 쓰는 물건.

초(醋) 團 신맛이 나는 물.

초(秒) 图명 1분의 60분의 1.

초가(草家) 團 짚 따위로 지붕을 이은 집. 비 초가집.

초-겨울(初一) 團 초기의 겨울.

초과(超過) 團 일정한 수를 넘음.[~하다]

초급(初級) 團 맨 첫번의 등급.

초기(初期) 團 맨 처음으로 비롯되는 시기. 반 말기.

초년(初年) 團 ① 일생의 초기. ② 첫 시절.

초대(招待) 團 남을 청하여 대접함. 비 초청. [~하다]

초대(初代) 團 첫번째. 제 1 대. 예 초대 교장.

초대장 [-짱] (招待狀) 團 초대하는 내용의 뜻을 적은 편지. 예 회갑 초대장.

초등 교:육(初等教育) 團 가장 정도가 낮은 단계의 교육.

초라-하다 團 겉모양이 허술하여 보잘 것 없다. 예 초라한 내 모습. 흔 추레하다.

초록-별(草綠一) 團 초록빛의 별. 동시나 동화에서 별을 예쁘게 이르는 말.

초록-빛(草綠一) 團 초록 빛깔과 누른 빛깔의 중간 색. 곧 풀빛. 준 초록. 푸른.

초롱(一籠) 團 대·쇠 따위로 테를 만들고 비단이나 종이를 씌워 불을 켜는 등.

초롱-초롱 團 눈빛 따위가 아주 맑게 빛나는 모양.

초-만:원(超滿員) 團 정원 이상으로 사람이 꽉 참. 예 축구장은 초만원을 이루었다.

초면 (初面) 團 처음으로 대하여 봄. 반 구면.

초목(草木) 團 풀과 나무.

초-벌(初一) 團 한 가지 물건에 같은 일을 여러 차례 하여야 될 때에 맨 첫번 대강하여 낸 그 한 차례. 비 애벌. 예 초배지로 초벌을 바르다.

초보 (初步) 團 ① 첫 걸음. ② 학문이나 기술 따위의 낮은 정도의 것.

초본(抄本) 團 원본 중에서 내용의 필요한 일부만을 베낀 문서.

초-봄(初一) 團 이른 봄. 첫봄.

초-사흘(初一) 團 음력 초사흗날.

초상(初喪) 團 사람이 죽어서 장사 지내는 일까지의 동안.

초상-화 (肖像畫) 團 사람의 용모를 그대로 본떠서 그린 그림.

초석(礎石) 團 주춧돌.

초속(秒速) 團 1초 동안에 간 거리.

초순(初旬) 團 그 달의 1일에서 10일까지의 동안. 비 상순. 반 하순.

초식 동:물(草食動物) 團 식물성 먹이만 먹는 동물. 소·노루 따위.

초안 (草案) 團 초잡은 글발. 예 연설문의 초안.

초원(草原) 團 ① 풀이 난 벌판. ② 풀밭. 예 초원 위의 아름다운 집.

ㅊ

초월(超越)圖 어느 한도나 기준을 넘음. [~하다]

초인(超人)圖 보통 사람을 초월한 사람.

초-인간적(超人間的)圖 사람의 힘으로 미칠 수 없는것. 예 초인간적인 힘을 내다.

초인-종(招人鐘)圖 사람을 부르는 신호를 울리게 하는 종. 예 초인종을 누르다.

초-저녁(初一)圖 날이 어두워진 지 얼마 아니 되는 때.

초점[一쩜](焦點)圖 ① 사물의 가장 중요한 곳. ② 광선이 한 곳으로 모이는 점.

초조(焦燥)圖 애를 태우고 마음을 졸임. 예 초조하게 기다리다. 圓 태연.

초지 일관(初志一貫)圖 처음에 뜻한 바를 굽히지 않고 꿰뚫음.

초콜릿(chocolate)圖 코코아 가루에 설탕을 섞고 우유로 개어서 다진 과자.

초판(初版)圖 서적의 처음 판.

초-하루(初一)圖 그 달의 첫날. 圓 그믐.

초행(初行)圖 처음으로 감, 또는 그 길. 예 초행이라 길이 서툴다. [~하다]

촉감(觸感)圖 살갗에 닿는 느낌. 손 끝으로 만져본 느낌. 예 보드라운 촉감. [~하다]

촉박(促迫)圖 기일이 가깝게 닥쳐옴. 예 시합 날짜가 촉박하다.

촉진(促進)圖 재촉하여 빨리 나아가게 함. 예 수출을 촉진하다. [~하다]

축축-하다圖 물기가 있어서 조금 젖은 듯하다. 圍 축축하다.

촌(村)圖 도회에 멀어져 있는 시골의 마을. 圓 시골.

촌-극(寸劇)圖 아주 짧은 연극.

촌-길[一낄](村一)圖 촌으로 통해 다니는 길.

촌-뜨기(村一)圖 시골에서 사는 매우 촌스러운 사람. 圓 시골뜨기.

촌-락(村落)圖 시골의 조그마한 마을. 圓 도시

촌-사람[一싸一](村一)圖 시골에서 사는 사람.

촌-수[一쑤](寸數)圖 친족 간의 관계를 나타내는 수.

촌-음(寸陰)圖 아주 짧은 시간.

촌-충(寸蟲)圖 촌충류에 딸린 기생충. 작은 창자에서 기생하며 몸이 납작하고 길어서 10m에 이르는 것도 있고 많은 마디가 있음.

촘촘-하다圖 빽빽하고 빈틈이 없다. 예 글씨가 촘촘하다.

촛-농(一膿)圖 초가 탈 때에 녹아서 흘러 엉기는 것.

총(銃)圖 화약의 힘으로 탄환을 발사하는 무기. 소총·권총·기관총·엽총 같은 것.

총-(總)圓「온통」.「한데 모아서」등의 뜻을 나타내는 말 예 총선거.

총-각(總角)圖 결혼하지 않은 남자. 圓 처녀.

총검 (銃劍)圖 ① 총과 칼 ②

총끝에 꽂아 적을 무찌르는 데 쓰는 칼.

총검-술 (銃劍術) 명 총검을 쓰는 여러가지의 방법. 예 총검술에 능하다.

총:-공격 (總攻擊) 명 전군이 일제히 공격함. 예 총공격을 개시하다. [~하다]

총기 (聰氣) 명 총명한 기질.

총:-독 (總督) 명 남의 나라를 빼앗아 가지고 그 나라를 다스리기 위하여 가서 있는 높은 사람.

총:독-부 (總督府) 명 총독이 사무를 보는 관청.

총:리 (總理) 명 ① 전체를 모두 관리함. ②「국무 총리」의 준말. [~하다]

총:리 대:신 (總理大臣) 명 임금이 있는 나라에서 나라 전체의 일을 다스리는 가장 으뜸가는 장관.

총:명 (聰明) 명 영리하고 기억력이 좋음.

총-부리 [~뿌-] (銃-) 명 총의 탄알을 내쏘게 된 부분의 아가리. 비 총구.

총:-사령관 (總司令官) 명 전체의 군대를 이끌어 나가는 제일 높은 군인. 예 유유엔군 총사령관.

총:-선거 (總選擧) 명 의원 전체를 한꺼번에 뽑아 내는 선거. [~하다]

총성 (銃聲) 명 총 소리.

총-아 (寵兒) 명 특별히 귀여움을 받는 사람.

총-알 (銃-) 명 총을 재어 쏘는 탄알. 비 총탄.

총:애 (寵愛) 명 특별히 귀엽게 여겨 사랑함. [~하다]

총:액 (總額) 명 모두를 합한 액수. 예 연간 수입 총액이 얼마나 됩니까?

총:-연습 (總練習) 명 모두 한데 모여 통틀어서 하는 연습.

총:-영사 [-녕-] (總領事) 명 영사 중에서 가장 높은 벼슬.

총:-영사-관 [-녕-] (總領事館) 명 총영사가 주재하여 외교 사무를 맡아 보는 공관.

총:원 (總員) 명 전체의 인원수.

총:장 (總長) 명 종합 대학교의 장.

총:재 (總裁) 명 모든 사무를 총괄하여 결재 하는 일 또는 그 사람. [~하다]

총-질 (銃-) 명 총을 쏘는 짓. [~하다]

총-집 (銃-) 명 총을 넣어 두고 보호하기 위한 주머니나 곽.

총집 (叢集) 명 떼를 지어 모임.

총총 (忽忽) 명 일이 매우 급하고 바쁜 모양. 예 총총히 걸어가다.

총:-총-하다 명 하늘이 썩 맑게 개어 별빛 따위가 뚜렷하다.

총:칙 (總則) 명 전체에 공통된 법칙.

총:칭 (總稱) 명 통틀어 일컬음.

총탄 (銃彈) 명 총알. 탄환.

총:화 (總和) 명 전체의 수나 양이나 의사를 합한 것. 비 총계. 예 국민총화.

총:회 (總會) 명 그 단체 전원의 모임. [~하다]

ㅊ

활영 (撮影)圀 어떤 물체의 형상을 사진이나 영화로 찍음. [~하다]

최:고 (最高)圀 가장 높음. 제일임. 맨 최저.

최:근 (最近)圀 ① 가장 가까움. ② 지나간 지 얼마 안되는 날. 베 근래. 요즘.

최남선 (崔南善) [1890~1957] 사학가이며 문학가. 호는 육당. 신문학 운동의 선구

〈최 남선〉

자로 잡지「소년」등을 간행하였고, 독립 선언문의 초안을 썼음.

최다수 (最多數)圀 가장 많은 수효.

최:대 (最大)圀 가장 큼. 맨 최소.

최:대 공약수 (最大公約數) 圀 공약수 중 가장 큰 수. 맨 최소 공배수.

최:상 (最上)圀 맨 위. 지상. 맨 최하.

최:선 (最善)圀 ① 가장 좋음. ② 있는 힘을 다함. 벤 전력. 예 최선의 방법. 맨 최악.

최:선 (最先)圀 가장 먼저.

최:소 (最少)圀 가장 적음. 맨 최다.

최:소 (最小)圀 가장 작음. 맨 최대.

최:소 공배수 (最小公倍數) 圀 공배수 중 0을 제외한 공배수가 가장 작은 수. 맨 최대 공약수.

최:신 (最新)圀 가장 새로움.

최근에 된것. 예 최신 과학. 맨 최고.

최:악 (最惡)圀 아주 못됨. 가장 나쁨. 맨 최선.

최 영 (崔瑩)圀 [1317~1389] 고려 말의 장군. 라오뚱 정벌을 주장하다가 이성계와 대립하여 이성계 일파에게 붙잡혀 귀양 갔다가 죽음을 당하였음.

최:저 (最低)圀 가장 낮음. 맨 최고.

최:-전선 (最前線)圀 적과 맞선 맨 앞의 싸움터. 예 제일선.

최:종 (最終)圀 맨 나중. 맨 끝. 맨 최초.

최:초 (最初)圀퇴 맨 처음. 맨 최종.

최 충 (崔沖) 圀 [984~1068] 고려 문종 때의 학자로 동방의 공자 라고 불림. 9재 학당을 세워 많은 제자를 길러 내었음.

최충헌 (崔忠獻)圀 [1149~1219] 고려 후기의 무신. 무신간의 싸움에서 최후의 승리자가 되어 정권을 잡고 독재 정치를 실시하였음.

최치원 圀 [857~?] 통일신라말의 유학자이며 대문장가. 12세에 당나라로 건너가 17세에 그곳 과거에 합격하고, 한림 학사를 지냈음.

최:하 (最下)圀 맨 아래. 맨 최상.

최:후 (最後)圀 맨 마지막. 맨 끝.

추 (錘)圀 ① 저울에 달린 첫

덩이.②시계에 달려 흔들
리게 된 물건의 총칭.

추가(追加)圖 나중에 더 넣음.
[～하다]

추격(追擊)圖 쫓아서 공격함.
[～하다]

추계(秋季)圖 추기.

추기다匾 가만히 있는 사람
을 꾀어서 끌어내다. 哵 선
동하다.

추녀圖 처마 네 귀의 기둥위
에 끝이 번쩍 들린 큰 서
까래.

추다匾①숨은 물건을 찾아
내려고 뒤지다.②한 쪽을
채어 올리다.

추다匾 남을 일부러 칭찬하
여 추다.

추대(推戴)圖 모셔 올려 받
듦. [～하다]

추도(追悼)圖 죽은 사람을
생각하여 슬퍼함. [～하다]

추락(墜落)圖 높은 곳에서 떨
어짐. [～하다]

추리(推理)圖 이치를 미루어
생각함. [～하다]

추리다匾 많이 섞여 있는 데
서 골라내다. 哵 선택하다.

추모(追慕)圖 죽은 사람을
그리워함. [～하다]

추방(追放)圖 멀리 쫓아냄.
[～하다]

추분(秋分)圖 태양이 적도 위
를 직각으로 비추는 날. 9
월21일경이며, 낮과 밤의
길이가 같음.哵 춘분.

추사-체(秋史體)圖 조선 말
기의 서도가 김정희의 독
창적 글씨체.

추상-같다(秋霜—)圖 위엄있
는 호령이 몹시 두렵다.

추상-화(抽象畵)圖 실제 대상
물의 모양에 얽매이지 않
고 생각나는 대로 그리는
그림.

추석(秋夕)圖 우리 나라 명절
의 하나로 음력 8 월 15일
哵 한가위. 중추절.

추수(秋收)圖 가을에 곡식을
거둬들이는 일.哵 가을걷
이. [～하다]

추수 감:사절(秋收感謝節)圖
크리스트교 신자들이 1 년
에 한 번씩 추수한 뒤에
하나님에게 감사하는 예배
를 올리는 날. 哵 추수 감
사일.

추악(醜惡)圖 더럽고 지저분
하여 아주 못생김.

추억(追憶)圖 지나간 일이나
가버린 사람을 돌이켜 생
각함.哵 회상. [～하다]

추월(追越)圖 뒤에 따라가서
앞의 것보다 먼저 나아감.
哵 앞지르기. [～하다]

추위圖 겨울의 찬 기운.哵 더
위.

추잡(醜雜)圖 언행이 지저분
하고 잡스러움.

추적(追跡)圖 뒤를 밟아서
쫓아감. [～하다]

추접-스럽다圖 더러운 태도
가 있다.

추진(推進)圖 밀고 나아감.
힘써 어떤 일이 되게 함.
[～하다]

추천(推薦)圖 인재를 소개 하
여 쓰게 함. [～하다]

추첨(抽籤)圖 제비를 뽑음.哵
중학교 배정 추첨. [～하다
]

추출(抽出)圖 뽑아 냄. 哵어

ㅊ

냄. [-하다]

추측(推測)圀 미루어 헤아림.
᠍᠍비 추량. ~하다]

추태(醜態)圀 아름답지 못
한 짓. 더럽고 지저분한 태
도.

추풍(秋風)圀 가을철에 부
는 서늘한 바람.

추풍-령(秋風嶺)圀 경상북도
김천과 충청 북도 황간 사
이에 있는 재. 경부선 중의
최고점으로 우리 나라의
중부와 남부의 경계를 이
룸.

추후(追後)圀 일이 지나간 얼
마뒤에. ᠍᠍비 나중. ᠍᠍예 추후에
보내 주겠다.

축圀 같은 무리나 또래의 한
동아리.

축:튀 무엇이 길게 아래로 늘
어지거나 처진 모양.

축(軸)圀 ①굴대. ②둘둘 말
린 물건 따위의 가운데에
박힌 방망이. ③도형 또는
물체의 중심이 되는 부분.

축구(蹴球)圀 11사람씩 두 패
로 갈려 공을 발로 차거나
머리로 받아서 상대방 고
울에 넣어 득점하는 운동
경기.

축대(築臺)圀 높게 쌓아 올
린대.

축문(祝文)圀 제사 때 신명에
게 고하는 글.

축배(祝杯)圀 축하하는 뜻으
로 드는 술잔.

축복(祝福)圀 앞날의 행복을
빎. ᠍᠍비 축하. ᠍᠍반 저주. [~하
다]

축산(畜産)圀 가축이나 그
에 따른 생산.

축산-업(畜産業)圀 가 축을 기
르거나 그것에 의한 생산
을 업으로 하는 일.

축소(縮小)圀 줄여서 작아짐.
또는 작게 함. [~하다]

축음-기(畜音 機)圀 말이 나 음악 따 위의 음파 를 레코 드 (소리판) 에 새겨 두

〈축음기〉

었다가 그것을 다시 들을
수 있게 만든 기계. ᠍᠍비 유
성기.

축이다튀 물에 적시어서 축
축하게 하다.

축적(畜積)圀 많이 모아서 쌓
아 둠. [~하다]

축제(祝祭)圀 축하하여 벌이
는 큰 규모의 행사.

축척(縮尺)圀 어떤 도형을 줄
여서 그릴 때의 줄이는 비
율.

축축-하다휑 물기가 좀 있
어서 젖은 듯하다. ᠍᠍셈 촉촉
하다.

축출(逐出)圀 몰아 냄.. 쫓아
냄. [~하다]

축하(祝賀)圀 일의 잘 됨을
기뻐해 줌. ᠍᠍비 축복. ᠍᠍반 애
도. [~하다]

춘계(春季)圀 봄철. 춘기.

춘분(春分)圀 스물 24 절기의
넷째로 태양이 적도 위를
직각으로 비추는 날, 양력
3 월21일경이며 낮과 밤의
길이가 같음. ᠍᠍반 추분.

춘천(春川)圀 강원도의 도청
소재지로서 소양강과 북한

강이 만나는 근처에 있으며, 명승 고적으로는 시가의 동북쪽에 봉의산이 있음.

춘천-호(春川湖)閔 춘천시 서북방의 북한강을 막은 춘천냄으로 이루어진 호수. 1965년에 완공.

춘추(春秋)閔 ①봄과 가을. ②「어른의 나이」의 높임말. ③세월.

춘-하-추-동(春夏秋冬)閔 봄·여름·가을·겨울· 일년의 네 철을 이름.

춘향-전(春香傳)閔 조선시대 영조·정조 무렵에 이루어진 것으로 짐작되는 고대 한글 소설. 남녀의 애정과 계급의 타파 등을 주제로 한 작품임.

출가(出家)閔 ①제 집을 떠나 중이 됨.②집을 나감. [~하다]

출가(出嫁)閔 처녀가 시집을 감.例 출가하신 누님. [~하다]

출가 외-인(出嫁外人)閔 시집을 간 딸은 친정 사람이 아니고 남이나 마찬가지라는 뜻.

출격(出擊)閔 제 편의 진지에서 나아가 적을 침. 나가서 침. [~하다]

출고(出庫)閔 창고에서 물품을 꺼냄. [~하다]

출구(出口)閔 나가는 곳. 凰 입구.

출근(出勤)閔 일터에 근무하러 나감. 凰 퇴근. [~하다]

출근 -부(出勤簿)閔 출근하고 아니함과 지각이나 조퇴 또는 출장 등을 표하여 두는 장부.

출-납(出納)閔 금전이나 물품을 내어 주고 받아들임. [~하다]

출납 -부(出納簿)閔 금전이나 또는 물품을 내어 주는 것과 받아 들이는 것을 적은 장부.

출동 [-똥] (出動) 閔 나아가서 행동함. [~하다]

출렁 -거리다邳 깊은 데 담긴 물이 소리가 나게 자꾸 흔들리다.逊 출랑거리다.

출발(出發)閔 ①길을 떠나감. ②일을 시작함.凰 도착. [~하다]

출범 (出帆)閔 배가 돛을 달고 떠남. [~하다]

출병(出兵)閔 군사를 내어 보냄. [~하다]

출산 [-싼] (出産) 閔 출생. [~하다]

출생 [-쌩] (出生) 閔 세상에 태어남. 例 출생 신고. [~하다]

출석 [-썩] (出席)閔 ①자리에 나감.②모임에 나감. 凰 결석. [~하다]

출석-부 [-썩-] (出席簿) 閔 출석함과 아니함을 적는 장부.

출세 [-쎄] (出世)閔 ①숨어 살던 선비나 사람이 세상에 나옴.②높은 자리에 올라 잘됨. [~하다]

출신 [-씬] (出身)閔 어느 직업이나 학업을 겪고 나온 신분. 例 대학 출신.

출연 (出演)閔 강연·연극·음악·영화 따위를 나가서 함. [~하다]

출원 (出願)閔 원서를 내어

ㅊ

놓음. [~하다]
출입(出入)[명] 나감과 들어옴. [비] 나들이. [예] 출입구. [~하다]
출입-구(出入口)[명] 드나드는 어귀.
출장[-짱](出張)[명] 직무를 띠고 어느 곳으로 나감. [~하다]
출전[-쩐](出戰)[명] ①싸우러 나감. [예] 전쟁터로 출전하다. ②시합·경기에 나감. [~하다]
출정[-쩡](出征)[명] 군에 입대하여 정벌하러 나감. [비] 출전. [~하다]
출제[-쩨](出題)[명] 문제를 냄. [예] 입시문제 출제자. [~하다]
출판(出版)[명] 서적·그림 등을 인쇄하여 세상에 내어놓음. [~하다]
출품(出品)[명] 전람회 같은 곳에 물건·작품을 내놓음. [~하다]
출항(出港)[명] 배가 항구를 떠나 바다로 나감. [반] 입항. [~하다]
출항(出航)[명] 배가 항해를 떠남. [~하다]
출행(出行)[명] 먼 길을 떠남. [~하다]
출현(出現)[명] 나타남. 나타나서 보임. [~하다]
출혈(出血)[명] 피가 혈관 밖으로 나옴. [~하다]
춤[명] 장단에 맞추거나 흥에 겨워 여러 가지 몸짓을 하며 우쭐거리고 뛰노는 동작. [비] 무용.
춤-추다 [자] 손짓·몸 짓을 하여 몸을 우쭐거리면서 율동적으로 움직이다.
춥다 [형] 날씨가 차다. [반] 덥다.
충격(衝擊)[명] ①서로 맞부딪쳐서 몹시 침. ②갑자기 심한 느낌을 받는 일. [~하다]
충고 (忠告)[명] 착한 길로 권고함. 충심으로 남의 잘못을 타이름. [~하다]
충당(充當)[명] 모자라는 것을 채움. [~하다]
충동 (衝動)[명] 마음을 들쑤시어 움직이게 함. [~하다]
충만 (充滿)[명] 가득하게 참.
충무(忠武)[명] 경상 남도에 있는 항구 도시.
충무-공(忠武公)[명] 이순신 장군이 돌아가신 뒤 그 공로를 기리기 위해 나라에서 내린 호.
충분(充分)[명] 모자람이 없이 넉넉함. [예] 충분히 휴식을 취하다. [반] 부족.
충성(忠誠)[명] 참마음에서 우러나는 정성. [비] 충절. 충의. [예] 충성을 다하다. [반] 불충.
충성-심(忠誠心)[명] 나라를 위하여 애쓰는 마음.
충신(忠臣)[명] 나라와 임금을 위하여 마음과 뜻을 다하여 섬기는 신하. [반] 역적
충실(充實)[명] ①몸이 굳세어서 튼튼함. ②원만하고 성실함. [비] 착실.
충심(忠心)[명] 충성스러운 마음.
충의 (忠義)[명] 충성과 의리.
충혼(忠魂)[명] 충의를 위하여 목숨을 버린 사람의 넋.
충혼-탑(忠魂塔)[명] 나라에 충

ㅊ

성을 다하여 죽은 사람들의 넋을 모셔 놓은 탑. 🐠 충령탑.

충-효 (忠孝)🐠 충성과 효도.

취🐠 단풍취·참취 등 「취」가 붙는 산나물을 통틀어 일컫는 말.

취:급(取扱)🐠 일을 처리함. 다루어 처리함. [〜하다]

취-나물🐠 삶은 참취와 쇠고기·파 따위를 섞고 양념하여 볶은 나물.

취:득(取得)🐠 자기의 소유로 만듦. [〜하다]

취:미(趣味)🐠 ① 마음에 느끼는 재미. ② 마음에 당기어서 자꾸 좋아지는 멋. 🐠 나의 취미는 독서이다.

취:소(取消)🐠 약속하거나 발표했던 것을 나중에 없었던 것으로 함. 🐠 운동 경기를 취소하다. [〜하다]

취:수-탑(取水塔)🐠 강이나 저수지 등에서 물을 끌어 들이기 위한 관이나 수문의 설비가 되어 있는 탑 모양으로 생긴 건물.

취:업(就業)🐠 ① 일을 함. ② 취직함. [〜하다]

취:재(取材)🐠 신문사나 방송국 등에서 기사거리나 방송 자료를 구하여 얻는 일. [〜하다]

취:주-악(吹奏樂)🐠 관악기를 주로 하여 연주하는 음악.

취:지(趣旨)🐠 ① 어떤 일을 하려고 하는 까닭이 되는 것. ② 말이나 글의 요점.

취:직(就職)🐠 직업을 얻음. 🐠 취업. 🐠 실직. [〜하다]

취:-하다(醉—)🐮 골라 가지

다. 버리지 않고 가지다.

취:학(就學)🐠 교육을 받기 위하여 학교에 들어감. [〜하다]

측근 (側近)🐠 곁의 가까운 곳.

측량(測量)🐠 물건의 높이·깊이·길이·거리·크기·위치·방향 따위를 잼. [〜하다]

측량 기계 (測量器械)🐠 물건의 높이·길이·넓이 따위를 재는 기계.

측면 (側面)🐠 정면이 아닌 방면. 물체의 옆면. 🐠 정면.

측우-기 (測雨器)🐠 조선 세종 때(1442년) 세종이 만든, 비 온 양을 재던 기구. 서양보다 200년이나 앞서 만들었음.

〈측우기〉

측은(惻隱)🐠 불쌍하고 가엾음. 딱하게 여김.

측후 -소(測候所)🐠 한 지방에서 기상을 세밀히 관측하여 일기 예보·폭풍 경보 따위를 알려 주는 곳.

층(層)🐠 ① 거듭 포개진 물건의 그 켜, 또는 격지. ② 여러 겹으로 포개어 짓고, 그 사이를 층계로 잇는 건물에 있어서의 그 한 켜. 🐠 5층집.

층층-대(層層臺)🐠 여러 층으로 된 대. 🐠 층대.

치🐠 정해진 여럿 가운데의 하나를 가리키는 말. 🐠 두 달 치 봉급을 함께 받다.

치근-거리다🐮 아주 귀찮도

록 끈질기게 달라붙다시
피 가까이하며 굴다.

치다 困 바람·눈보라·물결·번
개 따위가 몹시 일어나거
나 때리다.

치다 囼 ① 손이나 물건을 가
지고 때리다. ❽ 볼기를 치
다. ② 적을 공격하다.

치다 囼 ① 점·선을 찍거나 긋
다. ② 가량으로 셈하다.

치-닫다 困 위 쪽으로 달리거
나 또는 달려 올라가다.

치료 (治療) 囘 병이나 다친데
를 고치기 위하여 손을 씀.
병을 다스려 낫게 함. ❽ 치
병. [~하다]

치르다 囼 ① 주어야 할 돈을
내어 주다. ② 무슨 일을 겪
어내다. ❽ 손님을 치르다.

치마 囘 여자의 아랫도리에입
는 겉옷. ❷ 저고리.

치맛 자락 囘 입은 치마폭의
늘어진 부분.

치밀 (緻密) 囘 자세하고 꼼꼼
함. ❽ 치밀한 계획.

치-밀다 困 아래에서 위로 힘
있게 솟아 오르다. ❷ 내리
밀다.

치-받다 囼 위 쪽으로 맞받아
밀어내다.

치-받치다 囼 버티어 위로 밀
다. 困 불길·분수 따위가 세
게 멀쳐 오르다.

치:사 (致謝) 囘 감사하는 뜻을
표함. [~하다]

치:사스럽다 (恥事 ─) 囘 떳
떳하지 못하여 부끄럽다.

치-솟다 困 높이 솟다. 힘차게
솟다.

치수 (─數) 囘 길이를 자로
잰 크기의 수.

치안 (治安) 囘 국가 사회의 안
녕과 질서를 편안하게 다
스림. [~하다]

치열 (熾烈) 囘 형세가 불길같
이 맹렬함. ❽ 극렬. 맹렬.
❹ 치열한 전투.

치우다 囼 ① 물건을 다른 곳
으로 옮기다. ② 흩어진 것
을 잘 간수하다.

치우-치다 困 한편 쪽으로
더 쏠리다. ❽ 쏠리다.

치이다 困 ① 짐승 따위가 덫
이나 무거운 물건에 걸리
어 엎어 눌리다. ② 값이 얼
마가 먹히다.

치:즈 (cheese) 囘 우유 속에
들어 있는 단백질을 굳혀
서 만든 음식물.

치장 (治裝) 囘 보기 좋게 꾸밈
❽ 단장. 화장. [~하다]

치켜-세우다 囼 남을 정도 이
상으로 칭찬하여 주다.

지키다 囼 남을 끌어 올리다.

치:하 (致賀) 囘 남의 경사를
축하하고 칭찬함. [~하다]

칙칙-폭폭 图 증기 기관차가
증기를 내뿜으며 달리는
소리.

친구 (親舊) 囘 오래 사귀어
온 벗. ❽ 친우. 동무. 벗.

친근 (親近) 囘 사이가 매우 가
깝고 정이 두터움.

친목 (親睦) 囘 서로 친하여 화
목함. ❹ 친목회.

친밀 (親密) 囘 가깝게 친하여
사이가 버성기지 않음.

친분 (親分) 囘 다정한 정분.

친선 (親善) 囘 서로 친하여
사이가 좋음. ❹ 친선 경기.

친우 (親友) 囘 썩 가까운 벗.
친한 벗.

ㅋ

ㅋ [키읔] 닿소리의 열 한째 글자.

카나(일 カナ)몡 일본의 글자 이름. 한자의 일부를 떼어서 만듦. 소리글자이긴 하나 낱소리 글자가 아니어서 불편함.

카:네이션 (carnation)몡 석죽과에 딸린 여러해살이풀. 여름에 향기 있는 홍색·백색의 꽃이 핌. 어머니날에 이 꽃을 가슴에 다는 풍습이 있음.

카:드 (card)몡 조그맣게 자른 두꺼운 종이. 표·명함·엽서·연하장 등.

카메라 (camera)몡 사진을 찍는 기계. 비 사진기.

카브랄(Cabral, Pedro Alvares)몡 [1460?~1526] 브라질을 발견한 포르투갈 항해 탐험가.

카레 라이스(curry rice)몡 인도 요리의 하나. 라이스 카레. 커리드 라이스.

카리스마(Charisma)몡 ① 기적을 행하고 예언을 행하는 신부(神賦)의 자질 (資質). ② 사회의 지도자나 지도자의 신성 불가침한 신적 (神的) 권위. 예 카리스마적 존재.

칸나(canna)몡 칸나과에 딸린 여러해살이 화초로 여름·가을에 꽃이 핌.

칼몡 물건을 베고 썰고 하는 연장.

칼-국수몡 칼로 썰어 만든 국수.

칼-날몡 칼의 날카로운 면.

칼라(collar) 몡 양복이나 와이셔츠의 깃.

칼라하리 사막(Kalahari 砂漠)몡 남쪽 아프리카에 있는 사막 이름.

칼로리(Calorie)몡 ① 음식물의 영양가의 단위. ② 물 1g을 1 기압에서 1℃ 올리는데 필요한 열량.

칼슘(calcium)몡 산에 잘 녹는 은백색의 가벼운 금속 원 원소. 석회암·뼈·조개껍데기 등의 주성분.

칼품다짜 살의를 품다.

캄캄-하다휑 ① 답답하게 매우 어둡다. 큰 컴컴하다. ② 앞길이 막막하다.

캐:다타 ① 파내다. ② 모르는 일을 밝히어 묻다.

캐슈: (cashew)몡 서인도 제도에서 자라는 캐슈우나무의 열매를 짜서 낸 기름으로 만든 칠.

캐스터네츠 (castanets) 몡 스페인의 타악기. 두 짝의 나무쪽을 손가락에 끼

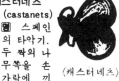

〈캐스터네츠〉

워 서로 마주 때리면서 소
리를 냄.

캥거루 (Kangaroo)명 앞다
리가 짧고 뒷다리와 꼬리
가 길며 잘 뛰고 복부에 육
아낭이 있는 짐승.

커녕조「그것은 고사하고 도
리어 그보다 못한 것도 될
수 있다」는 뜻을 나타내는
말. **예** 100원 커녕 10원도
없다.

커:-다랗다형매우 크다.

커:튼 (curtain)명 햇빛을 가
리거나 방안을 아늑하게 하
기 위하여 문이나 창문 따
위에 치는 휘장.

컬러 (colour)명 색깔.

컴컴-하다형①음울하게 몹
시 어둡다.②마음씨가 음
침하고 욕심이 많다.

컵(cup)명① 찻잔.② 유리로
만든 술잔.

케이블 카: (cable car)명강
철로 된 줄 위로 운전하는
객차나 짐차.

케이-비:-에스 (K.B.S.)명
「한국 방송 공사」란 영어
의 준말.

케이 에스-표
(KS標)명
한국 공업
규격을 나
타내는 표
시. 정부가
제품의 품
질을 보증한 '케이에스표'
다는 뜻으로 쓰임.

케이-오: (K.O.)명「녹
아웃」준말.권투에서 상대
자를 10초 안에 다시 일어
나지 못하도록 때려 눕히
는 일.

켄터키-주(Kentucky 州)명
미국 중부 지방의 한 주.

켄트-지(Kent 紙)명그림·제
도·인쇄용으로 쓰이는 종이.

켕기다재① 팽팽하게 하다.
② 마음에 거리 끼다.

켜다타①불을 붙이다.②톱
으로 나무를 세로로 썰다.
③ 기지개를 하다.

켤레의버선 따위의 두 짝으
로 된 것의 한 벌을 세는
말.

케케-묵다형일이나 물건이
매우 오래 되어 소용에 맞
지 않다.

코끼리명몸이 크고, 눈은 작
고, 코는 긴데 자유로 놀릴
수 있으며, 윗잇몸에서 길고
큰 두 개의 이가 입 밖으
로 나온 길짐승 중에 제일
큰 것.

코-뚜레명소의 코청을 꿰뚫
어 끼는 고리 모양의 나무.
다 자란 송아지 때부터 고
삐를 매는 데 씀.

코뚜레-감명코뚜레를 만드
는 재료.

코리아(Korea)명한국.

코메디(comedy)명희극.

코멘 소리명코가 막힌 것처
럼 되어 나는 소리.

코스모스 (cos-
mos)명 가
을철에 여
러 가지 빛
깔로 메지
어 피는 꽃
이름.

'코스모스'

코-앞명바로 가까이 보이는
곳.

코일 (coil)명 나사 모양으로
여러 번 감은 전선.

'케이에스표'

코:치 (coach)圐 운동 경기의 정신·기술을 지도·훈련시키는 일, 또는 그 사람.

코페르니쿠스 (Copernicus, Nicolaus)圐 [1473~1543] 폴란드의 천문학자로 지동설을 주장한 사람.

코펜하겐 (Copenhagen)圐 덴마크의 수도. 북부 유럽에서 제일 큰 도시임.

코:피 (coffee)圐 열대 지방에 나는 코피 나무의 열매를 볶아서 가루를 만든, 카페인이 많고 향기가 좋은 음료.

콘크리:트 (concrete)圐 시멘트에 모래·자갈·물을 보태어 굳힌 것.

콜레라 (cholera)圐 몹시 열이 나고 설사를 하며 또 토한 끝에 수분이 말라 죽는 무서운 병. 「호열자」라고도함.

콜로니 (colony)圐 ① 식민지. ② 취락(聚落) ③ 군락(群落).

콜롬보 (colombo)圐 새모래덩굴과의 다년생 풀.

콧-물圐 콧구멍에서 흐르는 묽은 코.

콩圐 콩과에 딸린 한해살이 곡식.

콩팥圐 ① 콩과 팥. ② 동물의 배설 작용을 맡는 기관. 囲 신장.

쾅圀 대포 같은 것이 터질때 울리는 소리. [~하다]

쾌감 (快感)圐 기쁜 마음. 즐거운 느낌.

쾌락 (快樂)圐 즐거운 기쁨.

쾌속-선 (快速船)圐 아주 빠른 속력으로 달리는 배. 囲 쾌속정.

쾌속-하다 (快速-)圐 매우 빠르다.

쾌승 (快勝)圐 시원스럽게 이김 쾌 참패. [~하다]

쾌청 (快晴)圐 하늘이 맑게 갬.

쾌쾌-하다 (快快-)圐 매우 용감하고 시원스럽다.

쾌활 (快活)圐 마음씨나 행동이 씩씩하고 활발함.

쾌히 (快-)圀 하는 것이 시원스럽게.

쿠:폰 (coupon)圐 ① 공채 증서·증권 등의 이자권(利子券). ② 한 장씩 떼어서 쓰게 되어 있는 표 ③ 판매 광고에 첨부된, 떼어내서 쓰게 되어 있는 신청권 또는 할인권.

쿡-쿡圀 여러 번 쿡하는 모양.

쿨:러 (cooler)圐 냉각기. 냉방 장치.

쿵圀 ① 멀리서 울리는 총포 소리. ② 크고 무거운 물건이 떨어질 때 울리는 소리. [~하다]

퀴리 (Curie)圐 [1867~1934] 폴란드 출생의 프랑스 물리학자. 남편과 협력하여, 「라듐」·「폴로늄」을 발견함. 노벨 물리학상과 화학상을 받음.

퀴즈 (quiz)圐 물음을 알아 맞추는 놀이. 또는 그 물음.

크나-큰圀 대단히 큰.

크다区 자라다. 커지다. 圐 어떤 표준에 비하여 부피나 길이가 많은 공간을 차지하다.

크레용 (프 crayon)圐 그림을 그릴 때 색깔을 내는 데 쓰이는 재료.

크레파스 (Craypas)圐 그림을

그리는 재료의 한 가지. 크레용 보다 색의 효과가 큼.

크로노스(Kronos)몡 그리이스 신화에 나오는 농사와 시간의 신.

크리스마스(Christmas)몡 예수가 탄생한 12월 25일. 몡 성탄절.

크리스마스 트리: (Christmas tree)몡 크리스마스에 장식으로 세우는 나무. 보통 상록수에 여러 가지 장식을 함.

〈크리스마스 스트리〉

크리스트(Christ)몡 기원전 4년경 베들레헴에서 태어나 크리스트교를 일으킨 분. 예수.

크리스트-교(Christ 敎)몡 예수 크리스트가 유태교를 바탕으로 삼아 만든 종교.

크림 전쟁(Krim 戰爭)몡 1853~1856년에 걸쳐 영국·프랑스·오스트리아·프로이센·터어키·사르디니아의 연합군과 러시아와의 사이에 벌어진 국제 전쟁.

큰-기침몡 기침이 나오지 않는 데도 점잔을 빼려고 하는 기침. 몡 잔기침. [~하다]

큰-소리몡 일이 될지 안될지도 모르면서 뱃심 좋게 장담 하는 말. [~하다]

큰-아버지몡 아버지의 형.

큰-일 [-닐]몡 ① 중대한 일. ② 큰 예식을 치르는 일. 몡 대사.

클래스(class)몡 학급. 계급.

큼직-하다몡 꽤 크다.

키몡 ① 신장. ② 선 물건의 높이.

키다리몡 키가 큰 사람의 별명.

키우다타 ① 크게 하다. ② 기르다.

키: (key)몡 ① 열쇠. ② 문제를 풀 수 있는 실마리.

킥-킥몡 연해 킥하고 웃는 소리. [~하다]

킬로-미터(kilometer)몡 1 미터의 천 배. 약호는 km.

킬로-와트몡 기호 KW. 공업상에 쓰이는 동력의 단위.

킬로와트-시(kilowatt 時)몡 일의 단위. 1 KW를 한 시간 동안 썼을 때의 전력의 소비량.

킬로 전:자 볼트몡 에너지의 단위. 1킬로 전자 볼트는 1000 볼트임.

킬킬몡 어리석게 나오는 웃음을 참으며 내는 소리. [~하다]

킵의 장치몡 고체에 액체를 반응시켜 가스를 만드는 데에 쓰는 장치. 필요에 따라 가스가 얻어짐.

킹몡 낑 (거센말).

킹(King)몡 ① 왕. 국왕. 남자 임금. 뜻이 바뀌어 으뜸·최상(最上). ② 왕의 그림이 있는 트럼프의 딱지. ③ 서양 장기의 왕말.

킹키나 나무(Quinquina)몡 꼭두서니과(茜草科)의 상록교목·남아메리카 원산으로 키니네의 원료가 됨. 몡 킹카나 나무를 심다.

ㅌ [티읕] 닿소리의 열 두째 글자.

타:개(打開)**명** 어렵고도 막혀 있는 길을 헤쳐서 엶. [~하다]

타:격(打擊)**명** ① 때려 침. ② 손해. 손실. ③ 어떠한 영향을 받아 기운이 꺾임.

타고-나다**타** 선천적으로 지니고 태어나다.

타국(他國)**명** 다른 나라. **비** 외국. **반** 고국.

타다**자** ① 불이 붙다. **예** 나무가 타다. ② 가슴 속에 불이 붙는 듯하다. **예** 애가 타다.

타다**타** ① 탈것이나 짐승의 몸 위에 몸을 올리다. **예** 차를 타다. ② 발붙이기 어려운 곳을 겨우 가다. **예** 줄을 타다. ③ 산 위를 밟아 다니거나 오르내리다. **예** 산을 타다. ③ 바람·구름·소리를 이용하여 실리거나 날리다. **예** 바람을 타고 들려오다. ⑤ 때를 이용하다. **예** 야밤을 타다. ⑥ 이용하여 미끄러지다. **예** 스케이트를 타다. ⑦ 그네 위에 올라 흔들거리다. **예** 그네를 타다. ⑧ 용액을 물에 풀다. **예** 설탕을 타다.

타:당(妥當)**명** 사리에 마땅하고 온당함.

타:도(打倒)**명** 쳐서 부수고 거꾸러뜨림. [~하다]

타:락(墮落)**명** 품행이 좋지못하여 못된 곳에 빠짐. [~하다]

타래**의** 실 등을 알맞은 묶음으로 틀어 놓은 것. **예** 실한 타래.

타:박-상(打撲傷)**명** 때려서 다친 상처.

타:산(打算)**명** 이익과 손해를 셈하여 봄.

타살(他殺)**명** 다른 사람이 죽임. **반** 자살. [~하다]

타-오르다**자** 불이 타기 시작하다.

타:원-형(楕圓形)**명** 길쭉하게 둥근 모양.

타월(towel)**명** 수건

타의(他意)**명** 다른 생각.

타-이르다**타** 잘 하도록 가르치고 말하다.

타이틀(title)**명** ① 제목. 책이름. ② 선수권.

타이틀 매치(title match) **명** 선수권을 걸고 겨루는 시합. **반** 논타이틀 매치.

타임(time)**명** ① 때. 시간. ② 걸리는 시간.

타:자(打者)**명** 야구에서 배트로 공을 치는 사람. **비** 타수.

타:자-기(打字機)**명** 손가락으로 키를 눌러서 글자를 찍는 기계. **비** 타이프라이터.

타:작(打作)**명** 곡식의 이삭을 떨어서 그 알을 거두는 일.

⑩ 마단질. [～하다]

타:전 (打電)⑩ 전보를 침.
[～하다]

타:조 (駝鳥)⑩ 아프리카·아라
비아 사막에서 사는 큰 새.
키는 2m가량이고 날지는
못하나 매우 잘 달리어 시
속 90km를 갈 수 있음.

타향(他鄕)⑩ 제 고향이 아닌
다른 고장. **⑩** 객지.

타향-살이(他鄕一)⑩ 타향에
가서 삶.

타:협 (妥協)⑩ 두 편이 좋도
록 서로 협의 함. [～하다]

탁:⑭ ① 막 힘이 없이 시원스
럽게 앞이 트인 모양. ② 갑
자기 어깨나 등을 손바닥
으로 치는 소리. **⑩** 어깨를
탁 치다.

탁구(卓球)⑩ 탁상에 네트를
치고 셀룰로이드로 만든 작
은 공을 치는 실내 경기.
핑퐁.

탁류(濁流)⑩ 흘러가는 흐린
물.

탁상 (卓上)⑩ 책상·식탁 따
위의 위.

탁아-소 (託兒所)⑩ 여자들이
일하는 시간 동안 그 어린
아이를 맡아 보살피는 곳.

탁월(卓越)⑩ 남보다 훨씬 뛰
어남.

탁자 (卓子)⑩ 서랍이 없이 높
게 만든 책상.

탁-하다(濁一)⑩ 액체나 공기
가 흐리다.

탄:광 (炭鑛)⑩ ① 석탄을 캐
어내는 광산. ② 「석탄광」의
준말.

탄:력 (彈力)⑩ 용수철처럼 뛰
기는 힘. 팽팽하게 버티는

힘.

탄:력-성 (彈力性)⑩ 뛰기는
힘이 있는 성질.

탄:로 (綻露)⑩ 비밀이 드러남
[～하다]

탄:복 (歎服)⑩ 깊이 감탄하여
굽힘. [～하다]

탄:생 (誕生)⑩ 태어나는 일.
특히 귀한 사람에게 쓰이
는 말. [～하다]

탄:생-일 (誕生日)⑩ 세상에
태어난 날. [～하다]

탄:성(歎聲·嘆聲)⑩ 탄식·감
탄하는 소리.

탄:수화-물(炭水化物)⑩ 탄
소와 수소·산소로 이루어
진 물질. 녹말·설탕 따위가
이에 속함.

탄:식(歎息·嘆息)⑩ 원통한
일이 있거나 뉘우칠때 내는
한숨. **⑩** 한탄.

탄:압 (彈壓)⑩ 남을 억지로
억누름. [～하다]

탄:약(彈藥)⑩ 탄알과 그것
을 쏘기 위한 화약의 총
칭.

탄:일 (誕日)⑩ 탄생한 날.
⑩ 탄신.

탄:전(炭田)⑩ 석탄이 묻히
어 있는 땅.

탄탄-하다⑩ 모양새가 굳고
실하다.

탄:환(彈丸)⑩ 총탄·포탄의 총
칭.

탈:⑩ 종이·나무 따위로 만
든 얼굴의 모양.

탈:⑩ ①
사고나 변
고, 또는 매
우 곤란한
일. ② 병.

〈탈〉

탈곡(脱穀)圈 곡식을 떪. 예
마당질. [～하다]

탈곡-기(脱穀機)圈 곡식의 이
삭에서 낟알을 떨어 내는
기계.

탈:-나다(頉—)邳 ① 뜻밖의
사고가 일어나다. ② 병이
나다..

탈당[—땅](脱黨)圈 소속하
였던 정당에서 떠남.⊕ 입
당. [～하다]

탈락(脱落)圈 빠져서 떨어져
없어짐. [～하다]

탈모(脱帽)圈 모자를 벗음.
[～하다]

탈선[—썬](脱線)圈 ① 차가
궤도를 벗어나는 사고. ②
언행이나 글따위가 분수
에서 벗어남. [～하다]

탈세:[—쎄](脱税)圈 납세
의 의무자가 과세액의 일
부 또는 전액을 내지않는
일.

탈영-병(脱營兵)圈 병영에서
도망한 병사.⊕ 도망병.

탈옥(脱獄)圈 죄수가 감옥에
서 빠져 도망함. [～하다]

탈의(脱衣)圈 옷을 벗음. [～
하다]

탈지-면[—찌—](脱脂綿)圈
지방분과 불순물을 빼고
소독한 솜.소독면.

탈출(脱出)圈 몸을 빼치어
도망해 나옴.⊕ 탈거. [～
하다]

탈취(奪取)圈 남의 것을 빼
앗아 가짐. [～하다]

탈퇴(脱退)圈 관계를 끊고
빠져 나옴. [～하다]

탈환(奪還)圈 도로 빼앗아
옴.⊕ 수복. [～하다]

탐(貪)圈 욕심.

탐관 오:리(貪官汚吏)圈 탐
욕이 많고 행실이 깨끗하
지 못한 공무원.

탐구(探求)圈 더듬어 구함.
[～하다]

탐-나다(貪—)邳 마음에 들
어 가지고 싶은 욕망이 나
다.

탐독(耽讀)圈 어떤 책을 유
달리 즐겨 읽음. [～하다]

탐방(探訪)圈 ① 탐문 하여
찾아 봄.② 기자 따위가 기
사거리를 얻기 위하여 사
람을 찾아 가는 일. [～하
다]

탐색(探索)圈 실상을 더듬어
서 찾음. [～하다]

탐-스럽다圈 마음이 끌리도
록 보기에 아주 좋다.

탐정(探偵)圈 몰래 살핌. 또는
그 사람. [～하다]

탐지(探知)圈 더듬어 살펴 앎
[～하다]

탐탁-하다圈 모양이나 태도
가 마음에 들고 믿음직하
다.

탐험(探險)圈 위험과 어려움
을 무릅쓰고 새로운 곳이
나 아직 속내를 알지못하
는 곳을 두루 찾아 다니며
조사함. [～하다]

탐험-가(探險家)圈 탐험을
하러 다니는 사람.⊕ 탐험
자.

탑(塔)圈 돌이나 벽돌로 쌓
아 올린 집 모양의 건축.

탑승(搭乘)圈 항공기나 선박
따위에 올라탐.

탓圈 ① 잘못된 까닭.예 모두
가 내 탓이다 . ② 잘못된

E

것을 원망하는 것. ⑩ 누구
를 탓하다.

태고(太古)圓 아주 오랜 옛날.

태권-도[―꿘―](跆拳道)
圓 손과 발을 움직여 상대
편을 넘어뜨리는 우리나라
고유의 무술.

태극-기(太極旗)圓 우
리나라의
국기.

〈태극기〉

태극-부채(太極―)圓 태
극 모양을
그린 둥근
부채.

〈태극부채〉

태:도(態度)圓 몸을 가지는
모습이나 맵시, 또는 말이
나 행동으로 나타내는 몸가
짐. ⑩ 자세.

태만(怠慢)圓 게으르고 느림.

태백-산(太白山)圓 높이 1,54
9m의 강원도와 경상 북도
의 경계에 걸쳐 있는 산.

태봉(泰封)圓 후삼국 중의 한
나라 (901~918). 신라 말
기 궁예가 세운 나라로 도
읍을 철원으로 옮긴 뒤「태
봉」이라 고쳤음.

태산(泰山)圓① 높고 큰 산.
② 크고 많음을 가리키는
말.

태산 준령(泰山峻嶺)圓 높고
큰 산과 험한 고개.

태생(胎生)圓① 어미 뱃속에
서 양분을 받아 어느 정도
발달한 뒤에 생기어 남. ⑭
난생. ② 어떠한 땅에 태어
남.

태세(態勢)圓 모양. 자세.

태양(太陽)圓① 하늘에 떠 있

는 해를 다르게 부르는 이
름. 지구와의 거리는 1억
4,945만 km, 크기는 지구의
약 130만 배이며, 표면 온
도는 약 6,000℃로 광산을
발사함. ② 늘 눈부시게 빛
나고 만물을 육성하며 희
망을 주는 것.

태양-열[―녈](太陽熱)圓 태
양에서 나오는 열.

태어-나다函 운명을 받아 가
지고 어머니의 태로부터
세상에 나오다.

태연-하다(泰然―)圕 침착하
여 천연스럽다.

태우다㕵 수레에 몸을 얹게
하다.

태우다㕵① 불이 붙게 하다.
② 마음을 졸이다.

태조(太祖)圓① 초대의 임금.
② 고려의 제1대 왕. ③ 조
선의 제1대 왕.

태종(太宗)圓 [1367~1423]
조선시대의 제3대 임금.
이름은 이방원으로 이성
계의 다섯째 아들임. 조선
을 세우는 데 공로가 컸으
며 신문고 설치 등 많은 업
적을 남겼음.

태초(太初)圓 하늘과 땅이 맨
처음 생겨 났을 때.

태평(泰平・太平)圓 나라나 집
안이 무사하고 평안함.

태평-양(太平洋)圓 아시아와
남·북 아메리카 및 오스트
레일리아에 둘러싸인 세계
최대의 바다.

태평양 전:쟁(太平洋戰爭)圓
제2차 세계 대전의 일부
를 이루는, 1941년부터 19
45년까지의 연합국 대 일

본의 전쟁. 이 전쟁의 결과로 우리나라가 해방되었음.

태평 연월(太平烟月)圈 평화스러운 세월.

태풍(颱風·台風)圈 남양의 열대 지방에서 생겨 아시아 대륙 동쪽 방면으로 불어 오는 초속 20~60m의 맹렬한 바람.

태화-강(太和江)圈 경상남도 언양에서 울산을 거쳐 동해로 흐르는 강.

택시(taxi)圈 거리를 운전하고 다니면서 손님의 요구에 따라 돈을 받고 목적지까지 태워다 주는 자동차.

택-하다(擇一)団① 고르다. ②「선택하다」의 준말.

탬버린(tambourine)圈 금속 또는 나무로 만든 테의 한 쪽에 가죽을 입히고 둘레에는 작

〈탬버린〉

은 방울을 단 타악기. 손에 들고 가죽을 치며, 흔들어 방울을 울림.

탱크(tank)圈① 철갑으로 무장을 갖추고 적을 무찌르는 전쟁에 쓰이는 차. ② 물·기름 따위를 넣어 두는 큰 통.

터圈① 건축물을 지을 땅. ② 일이 이루어진 밑자리. ③ 곳.

터널(tunnel)圈 땅 밑을 뚫은 통로.

터-닦다짜①

집 따위를 세울 자리를 만들다. ② 토대를 굳게 잡다.

〈터널〉

터:득(攄得)圈 생각하여 이치를 깨달아 알아냄. [~하다] 예 이치를 터득하다

터:-뜨리다団 무엇이 터지게 하다.

터럭圈 머리털. 털.

터무니圈① 근거. ② 일의 밑자리.

터무니-없다 圈 근거가 없다.

터벅-터벅閈 힘없이 걸어가는 모양.

터부룩-하다 圈 머리 털이나 풀나무 같은 것이 우거져서 위가 매우 수북하다.

터-잡다짜 터를 골라 정하다.

터전圈 자리를 잡고 앉은 곳. 예 터전으로 삼다.

터:-지다짜① 사건이 벌어지다. 예 일이 터지다. ② 비밀이 갑자기 드러나다. ③ 한 덩이로 된 것이 갈라지다.

턱-없다 圈① 이유에 닿지 아니하다. ② 신분에 맞지 아니하다. 예 턱 없는 욕심을 부리다.

털:다団① 흩어지거나 떨어지도록 하다. ✝. 예 먼지를 털다 ② 지닌 물건을 모조리 내다. 예 호주머니를 다 털다.

털리다☜①재물을 모조리잃다. ② 털림을 당하다. 예 도둑에게 털리다.

털썩閈 사람이 갑자기 주저앉는 모양.

텀블링(tumbling)圈 여러 사람

이 손을 맞잡거나 어깨에 올라 타 여러 가지 모양을 만드는 체조 유희.

텁석-부리명 귀 밑에서 턱까지 잇달아 수염이 난 사람을 놀리는 뜻으로 하는 말.

텃-밭명 집터에 딸린 밭.

텃-새명 한 고장에 머물러 사는 새.⬆ 철새.

텅스텐(tungsten)명 중석.

테너(tenor)명 남자의 목소리에서 가장 높은 소리.

테두리명 둘레의 줄. 둘린 줄.

테스트(test)명 검사. 시험. [~하다]

테이블(table)명 물건을 올려 놓는 기구의 하나.

테이프(tape)명 ① 가늘고 길게 만든 종이나 헝겊의 오라기. ② 녹음기에 쓰이는 긴 필름.

텐트(tent)명 천막.

텔레비전(television) 명 실지의 광경을 전파를 통해 보낸 것을 받아 볼 수 있도록 꾸며진 기계.

토건(土建)명 「토목 건축」의 준말

토공(土工)명 ① 축토·절토 따위로써 하는 공사. ② 미장이.

토굴(土窟)명 ① 흙을 파 낸 큰 구덩이. ② 땅 속으로 뚫린 큰 굴.

토기(土器)명 진흙으로 구운 그릇.

토끼명 귀가 길고 윗 입술이 세로로 갈라져 있으며, 수염이 길고 눈알이 붉은 짐승.

토-담(土一)명 흙을 쌓아 올

려서 만든 담

토대(土臺)명 ① 흙을 쌓아 올린 높은 대. ② 모든 건물의 가장 아랫도리가 되는 밑바탕. ③ 사물의 근본이나 기초.

토라지다짜 마음에 틀리어서 돌아서다.

토:론(討論)명 어떤 논제를 둘러싸고 여러 사람이 모여서 연구하고 의논함. [~하다]

토마토(tomato)명 높이 1.5 ~2 m가량, 여름에 노란 꽃이 피고 열매가 열리는 초본(草本).

토막명 크고 작은 동강.

토목(土木)명 「토목 공사」의 준말.

토목 공사(土木工事)명 흙·모래 따위로 하는 공사.⬆ 토목.

토벌(討伐)명 죄있는 무리를 군사로 침. [~하다]

토산-물(土産物)명 어느 한 고장에서만 나는 특수한 산물.

토성(土城)명 흙으로 쌓아올린 성.

토실-토실튀 보기 좋게 살이 찐 모양.

토역-꾼(土役-)명 흙일에 종사(從事)하는 일꾼.

토요-일(土曜日)명 한 주일의 맨 마지막 날.

토:의(討議)명 토론하여 의논함. [~하다]

토인(土人)명 ① 대대로 그 지방에 사는 사람. ② 생활이 깨이지 못한 사람들.⬆ 미개인. ③ 흑인.

토지(土地)圀 ① 땅. 흙. ② 지면.

토질(土質)圀 논밭의 흙의 성질.

토-하다(吐一)囲 ① 게우다. ② 뱉다. ③ 속에 있는 말을 하다.

토:함-산(吐含山)圀 경주시 동남쪽 불국사 뒤에 있는 산.

톡튄 갑자기 터지는 모양이나 소리.

톤(ton)圀 무게의 단위. 1톤은 1,000킬로그램.

톨위튄 밤이나 씨앗의 갯수를 세는 말.

톰 소:여의 모:험(Tom Sawyer 의冒險)圀 미국의 소설가 마크 트웨인이 지은 소년 소설. 외롭게 폴리 아주머니 집에서 자라난 장난꾸러기이며 명랑한 톰 소년은 그의 동무 허크와 조등과 함께 마치 해적과 같이 어떤 섬에 놀러갔다가 옛날 도적들이 보물을 감추어 두었던 동굴을 발견하고 많은 보물을 얻어 가지고 돌아오는 것을 그린 모험 이야기.

톰 아저씨(Tom一)圀 미국의 스토우 부인이 지은 소설. 책의 원이름인「엉클 톰 스 캐빈」을 우리 말로 고치면 「톰 아저씨의 오두막집」이란 뜻. 주인공인 흑인 톰과 그를 둘러싼 노예의 비참한 생활을 그렸음.

톱圀 나무나 쇠붙이를 켜는 도구.
〈톱〉

톱(top)圀 꼭대기. 맨 앞. 수석.

톱-니圀 톱의 날을 이룬 촘촘한 이.

톱니-바퀴圀 바퀴 둘레에 이빨을 만들고 그 이빨이 맞물려 돌아 축에서 축으로 동력이 전달되는 장치.

톱-밥圀 톱질할 때 나오는 나무 가루.

톱-질圀 톱으로 써는 일. [～하다]

통·(通)위튄 편지·서류 따위를 세는 말.

통(桶)圀 물 따위를 담는 나무 그릇.

통:계(統計)圀 온통 모아서 계산함.

통고(通告)圀 서면이나 말로 알리어 줌. [～하다]

통-곡(痛哭)(慟哭)圀 소리를 내어 슬피 욺.

통근(通勤)圀 집에서 근무처에 다님. [～하다]

통-나무圀 켜거나 짜개지 아니한 통째의 나무.

통나무-배圀 한개의 큰 통나무의 속을 파서 만든 배.

〈통나무배〉

통로(通路)圀 통하여 다니는 길.

통분(通分)圀 두 개 이상의 분수에서 분모를 같게 하는 것.

통상(通常)圀 특별하지 않고 예사임. 뗀 보통.

통상(通商)圀 외국과 물품을 거래함. [～하다]

통-솔(統率)圀 온통 몰아서

거느림. [~하다]

통신 (通信)圀①소식을 전함.②우편·전신·전화 등의 연락.

통신-망 (通信網)圀 소식을 전하는 사람을 여러 곳에 보내어 통신하도록 하는 조직.

통신-용 (通信用)圀소식을 전하거나 알리는 일에 씀. 또는 그 물건.

통역 (通譯)圀 서로 통하지못하는 두 말을 다 아는 사람이 뜻을 옮겨 전하여 주는 일 또는 그 사람. [~하다]

통용 (通用)圀 두루 씀. [~하다]

통:일 (統一)圀 몰아서 하나로 만드는 일. 圀통합. 圀분산. [~하다]

통일: 신라 시대[一실一] (統一新羅時代)圀 [676~935] 신라가 삼국을 통일하여 단일 민족 국가로 출발, 셋으로 갈리어지기 까지의 시대.

통일 주체 국민 회:의 (統一主體國民會議)圀 우리민족의 평화적 통일을 위해서 국민의 뜻에 따라 조직된 국가의 최고 기관.

통장 (通帳)圀 은행이나 우체국 따위에서 예금한 사람에게 예금한 내용을 적어 주는 장부. 卽예금 통장.

통:제 (統制)圀 여러 부분을 한 가지로 통일하여 제약하는 일. [~하다]

통-조림 (桶一)圀 고기·과실

따위를 오래 저장하기 위하여 양철통에 넣고 봉한 식품의 한 가지.

통지 (通知)圀 기별하여 알림. [~하다]

통지-서 (通知書)圀어떤 사실을 알려 주는 글.

통-째圀 나누지 않고 덩어리로 있는 그대로.

통:찰 (洞察)圀 온통 밝혀서 살핌. [~하다]

통:치 (統治)圀①도맡아 다스림.②국토와 인민을 지배하는 일. [~하다]

통-틀어圀 있는 대로 모조리.

통풍 (通風)圀 문을 열어 바람을 통하게 함 [~하다]

통-하다 (通-)짜타①막힘이 없이 트이다.②환하게 알다.

통학 (通學)圀 학교에 다님. [~하다]

통행 금:지 (通行禁止)圀 어떤 지역이나 시간에 통행을 금함.

통화 (通話)圀 전화로 말을서로 통함. [~하다]

퇴:근 (退勤)圀 근무처에서 시간을.마치고 물러나옴. 圀출근. [~하다]

퇴:보 (退步)圀뒤로 물러섬. [~하다]

퇴:비 (堆肥)圀 거름의 한가지. 풀이나 짚 따위를 썩혀서 만듦.

퇴:색 (退色·褪色)圀 빛이 바램. [~하다]

퇴:장 (退場)圀①회의 장소에서 일을 다 마치고 물러남.②등장 인물이 무대 밖으로 나감. 圀입장. [~하다

툭튀 ① 훤하게 트인 모양.
② 어느 한 부분이 불거져
오른 모양. 종 톡.

툭-툭 튀 ① 여러 번 슬쩍 치
는 모양이나 소리. ② 여러
번 뛰는 모양이나 소리. ③
무엇이 여러번 터지는 모
양이나 소리. ④ 여기저기
불거진 모양. 종 톡톡.

툭-하면 튀 얼핏하면. 자칫하
면.

퉁기다 튀 ① 버티어 놓은 물
건을 빠지게 건드리다. ②
기회가 어그러지게 하다.

퉁명-스럽다 튀 언동이 정답
지 못하고 불쾌한 빛을 보
이다. 밴 상냥스럽다.

퉤-퉤 튀 침을 함부로 뱉는 소
리.

튀기다 튀 힘을 모았다가 별
안간 탁 놓아 튀어 달아나
게 하다. ② 음식을 끓는기
름 따위에 넣어 부풀게 하
다.

튀다 재 ① 갑자기 터지는 힘
으로 세게 나가다. ② 공같
은 것이 부딪쳐서 뛰어 오
르다. ③ 위험을 피하려고
갑자기 달아나다.

튤:립 (tulip) 튀
5 ~ 6
월에 여러
가지빛깔의
의 종 모양
의 꽃이 피
는 여러해
살이 풀.

〈튜울립〉

트다 재 ① 피부가 갈라지다.
② 나무나 풀의 봉우리 · 싹
따위가 벌어지다. ③ 새벽
에 동쪽이 밝아지다.

트다 타 막히었던 것을 통하
게 하다.

**트랙터 (trac-
tor)** 튀 아
주 무거운
짐을 트레
일러에 싣
고 이를 끌
고 가는 특
수한 자동
차.

〈트랙터〉

**트랜지스터 라디오 (transis-
tor radio)** 튀 진공관 대신
에 게르마늄이라는 금속을
쓴 작은 라디오.

트럭 (truck) 튀 짐을 싣는 자
동차.

트로피 (trophy) 튀 우승한 사
람에게 주는 우승컵.

트이다 재 막혔던 것이 통하
다.

트집 튀 ① 말썽을 부리는 말
이나 짓. ② 한 덩이가 되어
야 할 일이 벌어진 틈.

트집 잡다 타 흠집을 끄집어
내어서 말썽을 부려 괴롭
히다.

특급 열차 (特急列車) 튀 특별
히 빠른 속도로 달리는
기차. 「특별 급행 열차」의
준말.

특기 (特技) 튀 특수한 기능.

특등 (特等) 튀 특별한 등급
밴 특수. 밴 보통.

특별 (特別) 튀 일반과 다름

특별 방:송 (特別放送) 튀 보
통 때의 정해진 차례가 아
닌 특별한 내용의 방송.

특별-시 (持別市) 튀 도와 똑
같이 중앙의 감독을 받는
지방 자치 단체의 하나. 밴

서울 특별시.

특별-히(特別—)剧별달리. 유달리

특산-물(特産物)똉 그 지방에에서 특별히 산출 또는 생산되는 물건. 똉그 지방의 특산물은 오징어이다.

특선(特選)똉 특별히 골라 뽑음. 또는 그 뽑힌 것. [~하다]

특수(特殊)똉 보통과 다름.

특유(特有)똉 특별히 갖추고 있음. [~하다]

특이(特異)똉 보통 것보다는 특별히 다름.

특정(特定)똉 특별히 지정함. [~하다]

특제(特製)똉 특별히 만듦. 또는 그 만든 물품. [~하다]

특제-품(特製品)똉 특별히 만들어 낸 물품.

특집(特輯)똉 신문·잡지 따위를 특별히 편집함.

특징(特徵)똉 특별히 눈에 뜨이는 표적. 똉특색.

특채(特採)똉특별히 채용함. [~하다]

특출(特出)똉 남보다 특별히 뛰어남.

특파-원(特派員)똉 특별히 보내는 사람. ② 외국에 보내져 뉴스 보도의 임무를 맡은 사람.

특허(特許)똉 특별히 허가함. [~하다]

특허-품(特許品)똉 특허권이 있는 제품.

특혜(特惠)똉 특별히 베푸는 은혜.

특효(特效)똉 특별히 나타나는 효험.

특효-약(特效藥)똉 어떤 병에 특별히 효험이 있는 약.

특-히(特—)똉「특별히」의 준말.

튼튼-하다휑 굳고 실하다.

틀똉 물건을 만드는 데 끌이나 또는 관이 되는 모형.

틀리다재 맞지 아니하다.

틀림똉 어그러져 다름.

틀림-없다휑 어긋남이 없다.

틀어 막다타① 말이나 행동을 못하게 하다. ② 억지로 틀어 막다.

틀어 박다타 억지로 비좁은 구멍 따위에 눌러 넣다.

틈똉① 벌어져 사이가 뜬 곳. 똉간격. ② 겨를.

틈-나다재① 겨를이 생기다. ② 서로 사이가 벌어지다.

틈-바구니똉「틈」의 낮은 말.

틈틈-이똉 시간이 날때마다.

틔우다타 트이게 하다. 똉싹을 틔우다.

티끌똉 많이 모인 티. 똉티끌 모아 태산.

티:타임(tea time)똉 차 마시는 시간. 오후에 홍차와 간단한 식사를 즐기는 시간.

티티-새 똉 참새만큼 작은 새로 여러가지색깔의 종류가 있음. 똉지빠귀.

〈티티새〉

팀:(team)똉 두 패로 나누어서 행하는 경기의 한 편짝.

ㅍ

ㅍ[피읖] 닿소리의 열 세 째 글자.

파 圐 백합과에 속하는 여러 해살이 풀로 반찬을 만들어 먹음.

파:격(破格)圐 격식을 깨뜨림. 또는 그렇게 된 격식. 〔~하다〕

파견(派遣)圐 임무를 맡겨서 사람을 보냄. 圓 파송. 〔~하다〕

파고-들다 圉圏속으로 헤쳐 뚫고 들어가다.

파:괴(破壞)圐 깨뜨려 못쓰게 함. 圓 건설. 〔~하다〕

파급(波及)圐 영향이나 여파가 멀리까지 미침. 〔~하다〕

파나마 운:하(Panama 運河) 圐 중앙 아메리카의 파나마 지협에 있는 태평양과 대서양을 연결하는 운하.

파-내다 圉문힌 것을 파서 꺼내다.

파다 圉①구멍이나 구덩이가 되도록 긁거나 쪼아 내다. ②도장을 새기다.

파도(波濤)圐 크게 일어나는 물결.

파동(波動)圐①물결의 움직임. ②어떤 일이 물결처럼 퍼짐. 圓 물가 파동.

파란(波瀾)圐①작은 물결과 큰 물결. ②어수선한 일의 실마리.

파랑-새 圐 푸른 빛깔의 새. 날개 길이 18~20 ㎝. 모기·매미·잠자리 등을 잡아 먹음. 중국·일본 등지에서 살고 겨울에는 남쪽에서 지냄.

파랗다 圐 매우 푸르다.

파르스름 -하다 圐 조금 파란 빛이 나다.

파릇-파릇 圃군데 군데 파란 빛이 산뜻하게 나는 모양. 圁 푸릇푸릇.

파리(Paris)프랑스의 수도. 예술의 도시·유행의 도시라고 불리며, 일찍이 문화가 발달된 세계적인 도시.

파:면(罷免)圐 일자리를 쫓겨남. 〔~하다〕

파:멸(破滅)圐 깨어져 멸망함. 〔~하다〕

파-묻다 圉①땅 속에 묻다. ②남몰래 깊이 숨기다.

파발(擺撥)圐 조선 시대에 공문서를 빠르게 전달하기 위하여 설치했던 역말을 갈아 타는 곳. 역참.

파브르(Fabre, Jean Henri) 圐〔1823-1915〕 프랑스가 낳은 세계적으로 유명한 곤충 학자. 곤충에 대해서 흥미를 가지고 평생동안 깊이 연구를 계속했음.

파:산(破産)圐 가산을 잃어버림. 圓 도산. 〔~하다〕

파:손(破損)圐 깨어져 헐어

짐. [~하다]

파수 (把守)**명** 경계하여 지킴. [~하다]

파악 (把握)**명** 확실하게 이해 함. [~하다]

파:열 (破裂)**명** 터짐. 찢어짐. [~하다]

파인애플 (pineapple)**명** 열대 지방에서 나는 아나나스 의 열매.

파일럿 (pilot)**명** 비행기를 조 종하는 사람. 비행사.

파자마 (pajamas)**명** 위아래 한 벌로 되어있는 서양식 잠 옷.

파:종 (播種)**명** 논밭에 씨앗을 뿌림. **비** 종파. [~하다]

파초 (芭蕉)**명** 잎이 길고 노란 꽃이 피며 바나나 비슷한 열매를 맺는 풀.

파출-소 (派出所)**명** 도시의 경 찰관이 파견되어 관할 구 역의 치안을 맡아 보는 곳.

파키스탄 (Pakistan)**명** 인디 아 서쪽에 있는 공화국.수 도는 이슬라마바드.

파:티 (Party)**명** 모임.사람들 의 모임. **예** 생일 파아티.

파:편 (破片)**명** 깨뜨러진 조각.

파:-하다 (破一)**타** 적을 이겨 내다.

파:-하다 (罷一)**자** **타** 일을 다 하다. 마치다.

판 (板·版)**명** 글씨나 그림 따위를 새긴 나무 조각이 나 쇠의 조각.

판결 (判決)**명** ① 잘잘못을 가 리어 결정하는 일. ② 법원 에서 법률을 적용하여 언 도하는 끝판의 재판. [~하 다]

판단 (判斷)**명** 옳고 그름을 가리어 냄. **비** 판별. [~하다]

판단-력 (判斷力)**명** 판단하 는 힘.

판로 (販路)**명** 상품이 팔리는 방면이나 길.

판매 (販賣)**명** 상품을 팖. **예** 새로 생산된 물건을 싼 값 으로 판매하다. [~하다]

판명 (判明)**명** 분명하게 드러 남. [~하다]

판목 (版木)**명** 인쇄하기 위하 여 글이나 그림을 새긴 나 무.

판문점 (板門店)**명** 경기도 개 성시 동쪽에 있는 마을.유 엔군과 괴뢰군의 군사연 락 장교가 회담하는 곳. **예** 판문점에서 열린 회담.

판별 (判別)**명** 판단하여 구별 함. [~하다]

판사 (判事)**명** 재판을 맡아 보는 대법관 이외의 법관.

판서 (判書)**명** 조선 시대 6 조의 으뜸 벼슬.각조의 책 임자로 지금의 장관에 해 당되는 관직.

판이-하다 (判異一)**형** 아주 다르다.

판자 (板子)**명** 나무로 된 널 조각.

판정 (判定)**명** 잘 판단하여 서 결정함. [~하다]

판정-승 (判定勝)**명** 권투·레 슬링 등에서 심판의 판정 으로 이김.

팔각 (八角)**명** 여덟 모. 팔모.

팔다 **타** ① 돈을 받고 물건이 나 권리를 남에게 주다.② 눈이나 정신을 다른 곳으로 돌리다.

◉ 멍청하게 한눈 팔고있다.

팔당-댐[～땅—] (八堂 dam) 圄 경기도 양주군에 있으며 북한강과 남한강이 만나는 곳을 막은 댐.

팔도 강산 [—또—] (八道江山) 圄 우리 나라 전국의 산과 강.

팔리다 짜 ① 다른 사람이 사가게 되다. ◉ 싸게 팔리다. ② 정신이 한쪽으로 쏠리다.

팔만 대:장경 (八萬大藏經) 圄 고려 고종 때 최우가 대장도감을 설치하여 15년 만에 완성을 보아 간행한 불경. 판목이 총 8만여 장이나 되는데 경남 합천 해인사에 보관되어 있음.

팔방 (八方) 圄 동·서·남·북·동북·동남·서북·서남의 여덟 방위.

팔방 미인 (八方美人) 圄 ① 아름다운 사람. ② 아무 일에나 능통한 사람.

팔-베게 圄 팔을 구부려서 베게로 삼는 것.

팔일오 광복 (八一五光復) 圄 제2차 세계 대전이 연합군의 승리로 끝난 1945년 8월 15일 우리 민족이 36년간의 일본 정치에서 벗어난 일.

팔자 [—짜] (八字) 圄 한평생의 운수.

팔짱 圄 두 팔을 소매에 마주 넣는 것.

팔팔 凰 적은 분량의 물이 용솟음치며 자꾸 끓는 모양.

팥 圄 콩과 같이 열매는 꼬투

리이며, 씨는 밥에 넣거나 죽을 쑤거나 떡을 만들어 먹음.

패(牌) 圄 무엇을 알릴 목적으로 종이나 나무 등에 그림이나 글씨를 그리거나 새기어 놓은 조각.

패:군 (敗軍) 圄 전쟁에 진 군사.

패:권 [—꿘] (覇權) 圄 우두머리나 으뜸의 자리를 차지한 사람이 가지는 권력.

패:기 (覇氣) 圄 으뜸을 차지하거나 뜻을 이루려는 씩씩한 기운.

패:다 圉 사정없이 마구 때리다.

패:다 圉 도끼로 장작 등을 쪼개다.

패랭이 圄 천한 사람이나 상제가 쓰는 대오리로 엮어 만든 갓.

패:망 (敗亡) 圄 싸움에 져서 망함. 凰 승리. [～하다]

패:배 (敗北) 圄 싸움에서 져서 달아남. 凰 패주. [～하다]

패스-포:트 (passport) 圄 ① 나라에서 외국 여행자에게 주는 증명서. ② 통행증 따위의 증명서.

패:장 (敗將) 圄 싸움에서 진 장수.

패:전 (敗戰) 圄 싸움에서 짐. 凰 승전. [～하다]

패:-하다 (敗—) 짜 싸움에 지다.

팽개-치다 圉 집어 던져 내버리다.

팽이 圄 채찍으로 쳐서 돌리는 장난감.

팽이-치기 圄 팽이를 채로 쳐

서 돌리는 어린이들의 놀이.

팽창(膨脹)圀 크게 번져 커짐. 늘어남. 땐 수축. [~하다]

팽팽-하다圀 ① 양쪽의 힘이 서로 비슷비슷하다. ② 튀길 힘이 있다.

팽팽-하다(膨膨一)圀 한껏 부풀어 땡땡하게 되어 있다.

퍼-내다튀 깊숙한 데에 담긴 것을 떠내다.

퍼덕-거리다짜 날짐승이 날개를 마주치며 소리를 내다.짹 파닥거리다.

퍼드덕튀 새 따위가 날개를 요란스럽게 쳐서 나는 소리. [~하다]

퍼뜩튀 어떤 생각이 별안간 머리에 떠오르는 모양.

퍼-붓다짜 ① 퍼서 붓다. ② 비나 눈이 억세게 마구 쏟아지다. ③ 마구 욕설을 하다.

퍼센트(percent)셈 100을 기준으로 하였을 때의 어떤 양의 비율. 기호는 「%」.

퍼:머넌트(permanent)圀 머리를 곱슬곱슬하게 지지는 일.짹 퍼머머.

퍼:지다짜 ① 끝이 넓적하게 또는 굵게 벌어지다. ② 널리 미치다.

퍽튀 썩 많이. 아주 지나치게

펄럭-이다짜 바람에 날려 세차게 빨리 나부끼다.

펄쩍튀 갑자기 가볍게 뛰거나 솟아 오르는 모양. [~하다]

펄쩍 뛰다짜 억울한 일을 당하였을 때 깜짝 놀라며세게 부인하다.

펄쩍-펄쩍튀 기분이 좋아 힘

있게 여러 번 뛰는 모양. [~하다]

펌프(pump)圀 물을 빨아 올리거나 또는 이동시키는 기계.

페니실린(penicillin)圀 항생물질의 하나. 1929년 영국의 플레밍이 발견. 폐렴·단독 등 세균에 의하여 곪는 병에 특히 효과가 큼. 근육주사·정맥 주사 또는 연고로도 만들어 사용됨.

페니키아(Phoenicia)圀 기원전 15세기경부터 기원전 11세기경까지 지금의 시리아·지중해 연안에 페니키아 사람이 세운 도시 국가.

페루(Peru)圀 남 아메리카의 서북부, 태평양 연안에 있는 공화국. 수도는 리마.

페르시아(Persia)圀 지금 이란의 옛 이름. 다리우스 1세 때 큰 제국을 건설하였으므로 그리이스와의 전쟁으로 세력이 약해져 기원전 33년에 망함.

페스탈로치(Pestalozzi, Johann Heinrich)圀 [1746~1827] 스위스의 교육가·교육학자. 28세 때 빈민학교를 세워 빈민 고아들과 함께 고생. 1799년 스탄쯔에서 고아원을 세움. 1800년 부르크도르프에 국민학교를 세워 사랑과 평등의 정신에서 인간성을 기르는 데 힘썼음.

펜(pen)圀 잉크나 먹물을 찍어서 글씨를 쓰는 도구.

펴다튀 ① 젖히어 놓다.예 이불을 펴다. ② 굽는 것을 곧

게 만들다.③구김살을 없
애고 반반하게 하다.

편-가르다(便-)**짜**탄 사람을
몇 패로 나누다.

편리(便利)**명** 편하고 쉬움.**반**
편의.**반**불편.

편물(編物)**명** 털실 따위로 옷·
양말 따위를 뜨는 일,또는
그 제품.

편안(便安)**명** 무사함.**반**평안.

편애(偏愛)**명** 한곳에 치우쳐
사랑함. [~하다]

편의(便宜)**명** 편하고 좋음.

편:지(便紙·片紙)**명** 소식을
알리거나 어떤 필요한 일
을 적어 보내는 글. **반**서
신 [~하다]

편집(編輯)**명** 여러 가지 재료
를 모아서 신문이나 책을
만듦.**예** 편집부. [~하다]

편집-실(編輯室)**명** 신문이나
책 따위를 만들기 위하여
원고를 다루는 곳.

편찬(編纂)**명** 여러 종류의 재
료를 모아 책의 내용을 꾸
며 냄. [~하다]

편-찮다(便-)**형**① 병으로
앓고 있다.②「편하지 아니
하다」의 준말.

편편-하다(便便-)**형** 거리
끼거나 어긋남이 없이 편
안하다.

편-하다(便-)**형**① 편리하다.
② 거북하거나 괴롭지 않다.
③ 근심이나 걱정이 없다.

펼치다탄 넓게 펴다.

평:(評)**명** 옳고 그름, 좋고
나쁨 따위를 가려서 생각
을 말하는 일. [~하다]

평강 공주(平岡公主)**명** 고구
려 평원왕의 딸. 바보 온달

에게 시집갔음.

평균(平均)**명** 적고 많은 것이
없이 고름, 또는 그렇게 함.
[~하다]

평등(平等)**명** 차별이 없고 다
같음. **반**동등. **반**차별.

평등 선:거(平等選擧)**명** 선
거 원칙의 하나. 모든 사람
이 똑같이 한 표씩의 선거
권을 가진 제도. **반**차등 선
거.

평면도(平面圖)**명** 건물이나
물체 등을 똑바로 위에서
보고 그린 그림.

평민(平民)**명** 벼슬이 없는 사
람. 보통 사람. **반**귀족.

평범(平凡)**명** 뛰어난 점이 없
이 보통임. **반**비범.

평상-시(平常時)**부** 전쟁이나
사변이 없을 때. 보통 때.
반평소. **반**비상시.

평생(平生)**명** 일생.

평소(平素)**명**① 평상시.② 평
일.

평시(平時)**명**「평상시」의 준
말.

평-시조(平時調)**명** 초장·중장
·종장으로 되어 있는 보통
시조. 글자 수가 45자 안팎
으로 가장 기본적이고 대
표적인 시조임.

평안(平安)**명** 아무 걱정이나
괴로움이 없이 두루 편함.
반편안.

평안-도(平安道)**명** 우리 나라
의 14도 중 평안 남도와 평
안 북도를 아울러 이르는
말.

평야(平野)**명** 넓은 들.

평온(平穩)**명** 고요하고 편안
함.

평원왕 (平原王)**명** 고구려의
25대 임금.

평지 (平地)**명** 평평한 땅.

평탄 (平坦)**명** ① 지면이 평평함. ② 마음이 안온함.

평행 (平行)① 나란함. ② 두 직선을 아무리 늘여도 만나지 않음.

평행 사:변형 (平行四邊形)**명** 마주보는 두 쌍의 대변이 서로 평행한 사변형.

평화 (平和)**명** ① 시끄러운 일이 없이 평안함. ② 전쟁이 없이 세상이 평온함. **비** 화평. **반** 전쟁.

평화 정신 (平和精神)**명** 전쟁이 없이 평화스럽게 살고자 하는 정신.

평화 조약 (平和條約)**명** 싸우던 나라끼리 평화를 회복하기 위하여 맺는 조약. 강화 조약.

폐: (弊)**명** 남에게 괴로움을 끼침.

폐:-결핵 (肺結核)**명** 결핵균의 침입으로 생기는 허파의 병. 기침·열·호흡 곤란 등의 증세가 일어나고 심하면 피를 토함.

폐:단 (弊端)**명** ① 좋지 못하고 해로운 일 ② 괴롭고 번거로운 일.

폐:쇄 (閉鎖)**명** 자물쇠를 꼭 채워 문을 닫음. [～하다]

폐:업 (閉業)**명** 문을 닫고 영업을 쉼. **반** 폐점. [～하다]

폐염 (肺炎)**명** 허파가 부어 오르며 열이 나고 아픈 병.

폐:점 (閉店)**명** ① 가게 문을 닫음. ② 하던 장사를 그만둠. **비** 폐업. **반** 개점. [～하다]

폐:지 (廢止)**명** 행하지 않기로 하여 그만 둠. [～하다]

폐:하 (陛下)**명** 「황제·황후」를 높이는 말.

폐:-하다 (廢－)**타** ① 있던 기관을 없애다. ② 그만두다.

폐:허 (廢墟)**명** 건물이나 성이 파괴되어 황폐하게 된 터.

폐:회 (閉會)**명** 집회 또는 회의를 마침. **반** 개회. [～하다]

포개다 **타** 여러 겹으로 겹치다.

포격 (砲擊)**명** 대포로 하는 사격이나 공격. [～하다]

포고 (布告·佈告)**명** 일반에게 널리 알리는 일. [～하다]

포고-령 (布告令)**명** 정부에서 국민에게 널리 알리는 명령.

포구 (浦口)**명** 배가 드나드는 어귀. 작은 항구.

포근-하다 **형** 따뜻하고 편안한 느낌이 있다.

포기 **명** 풀이나 나무의 뿌리를 단위로 한 낱개. **예** 무우 한 포기.

포:기 (抛棄)**명** 하던 일을 도중에서 그만 두어버림 [～하다]

포도 (葡萄)**명** 포도나무의 열매. 포도나무는 덩굴이 뻗고 한 송이에 여러 개의 열매가 달림.

포도-당 (葡萄糖)**명** 포도 같은 단 맛이 나는 즙 속에 포함되어 있는 당분의 한 가지.

포도-주 (葡萄酒)**명** 포도로 만든 술.

포동-포동 뛰 살이 통통하게 찐 모양.

포:로(捕虜)몡 전투에서 사로잡힌 적군이나 적국 사람.

포:로 송:환 몡 전쟁 상태의 종결로 포로를 석방해 본국으로 송환하는 일.

포:박(捕縛)몡 붙잡아서 결박함. [～하다]

포:부(抱負)몡 마음 속에 지닌 생각이나 자신.

포상(襃賞)몡 칭찬하고 권장하여 상을 줌. [～하다]

포섭(包攝)몡 상대를 자기편에 가담시킴. [～하다]

포성(砲聲)몡 대포를 쏘는 소리.

포:수(捕手)몡 야구에서 본루를 지키는 선수.

포:수(砲手)몡 ① 사냥꾼. ② 총꾼.

포스터(poster)몡 광고나 선전을 위하여 내붙이는 그림.

포:승(捕繩)몡 죄인을 결박하는 노끈.

포악(暴惡)몡 성질이 사납고 악함. 삔 흉악.

포:위(包圍)몡 뺑 둘러 에워쌈 [～하다]

포장(包裝)몡 물건을 종이·헝겊·판자로 싸서 꾸밈. [～하다]

포:즈(pose)몡 몸의 자세. 취하는 자세.

포:진(布陣)몡 싸움을 위하여 진을 침. [～하다]

포:착(捕捉)몡 ① 붙잡음. ② 요령을 얻음. [～하다]

포츠담 선언(Potsdam 宣言)몡 제 2 차 세계 대전이 끝날 무렵인 1945년 7 월, 베를린 교외의. 포츠담에서의 미국·영국·중국·소련 등 연합국의 회의 결과로 발표된 공동 선언. 이 회담에서 우리 나라의 해방과 독립이 약속되었음.

포:크 댄스 (folk dance) 몡 ① 민속 무용. ② 학교나 직장에서 오락으로 하는 무용

포탄(砲彈)몡 대포·화포의 탄알.

포플러(poplar)몡 버들 과에 속하는 키가 30m 이상 되는 나무. 가로수로 많이 심으며 「미루나무」라고도 함.

포:학(暴虐)몡 몹시 사나움.

포함(包含)몡 ① 속에 들어 있음. ② 속에다 겹쳐 쌈. 속에다 쌈. [～하다]

폭(幅)몡 ① 물건의 한 끝에서 다른 한 끝까지의 거리. 나비. ② 너그러운 마음과 깊은 생각. 예 폭 넓은 사람. 조각이나 족자를 셀 때에 쓰는 말. 예 그림 한 폭.

폭격(爆擊)몡 비행기에서 폭탄을 떨구어 적진을 부수는 일. [～하다]

폭군(暴君)몡 난폭한 임금.

폭도(暴徒)몡 난폭한 행동을 하는 무리.

폭동 (暴動)몡 여러 사람이 떼를 지어 난폭한 행동으로 질서를 어지럽히고 소동을 일으킴. 삔 난동. [～하다]

폭등(暴騰)몡 물건 값이 별안간 뛰어오름. 삔 폭락. [～하다]

폭력(暴力)몡 사나운 힘.억지

로 욱박지르는 힘.𝔹 완력

폭로 (暴露)𝔼 나쁜 일. 음모 비밀 등이 드러남. 또는 그렇게 함. [~하다]

폭발 (爆發)𝔼 불꽃을 일으키며 별안간 터짐. [~하다]

폭발-력 (爆發力)𝔼 폭발하는 힘.

폭발-물 (爆發物)𝔼 폭발될 성질이 있는 물건.

폭우 (暴雨)𝔼 갑자기 많이 쏟아지는 비.

폭음 (爆音)𝔼 폭발하는 큰 소리.

폭탄 (爆彈)𝔼 화약을 써서 사람이나 물건을 파괴하는 무기.

폭파 (爆破)𝔼 폭발시켜 부수어 버림. [~하다]

폭포-수 (瀑布水)𝔼 흐르는 물이 수직이나 또는 그와 비슷한 경사로 떨어지는 물.

폭풍 (爆風)𝔼 폭발로 인하여 일어나는 바람.

폭풍 (暴風)𝔼 몹시 세게 부는 바람.

폴란드 (Poland)𝔼 유럽의 중앙부. 도이칠란트 동쪽에 있는 나라. 수도는 바르샤바. 소련의 위성 국가임.

폴리에스터 (polyester) 𝔼 석탄이나 석유를 원료로 해서 만든 합성 섬유. 플라스틱이라는 합성 수지로 만들어서 건축 재료 등에 많이 쓰이는데. 쇠붙이와 맞먹을 만큼 단단하고 또 가볍기 때문에 파이프로도 많이 쓰임.

표 (標)𝔼 ① 증거가 될 만한 필적. ② 두드러지게 나타

나 보이는 특징.

표류 (漂流)𝔼 ① 물 위에 둥둥 떠서 흘러감. ② 정처 없이 돌아다님. [~하다]

표류-기 (漂流記)𝔼 표류한 경험이나 감상 등을 적은 기록.

표면 (表面)𝔼 겉으로 드러난 면. 𝔹 외면.

표백 (漂白)𝔼 깨끗이 빨아 희게 함. [~하다]

표-범 (豹－)𝔼 범과 비슷하게 생겼으나 온 몸에 굵은 점이 찍혀 있고 성질이 매우 사나운 짐승.

표본 (標本)𝔼 하나를 보이어 다른 한 종류의 물건의 표준을 삼는 물건.

표본-실 (標本室)𝔼 본 보기가 되는 물건을 보호하거나 여러 사람이 볼 수 있도록 늘어 놓은 방.

표시 (表示)𝔼 나타내어 보임. 𝔹 표현. [~하다]

표어 (標語)𝔼 어떤 생각이나 요구 등을 목표로 삼는 짤막하고 간단한 말.

표적 (表迹)𝔼 겉으로 나타난 행적.

표정 (表情)𝔼 마음 속의 생각이나 느낌이 얼굴에 나타나는 모습.

표주박 (瓢－)𝔼 둥글고 작은 박을 반으로 쪼개어 만든 바가지.

표준 (標準·表準)𝔼 ① 사물의 어떠한 목표. ② 남의 모범이 되는 것. 𝔹 기준.

표준-말 (標準－)𝔼 한 나라의 본보기로 정해 놓은 말. 𝔹 표준어. 𝔻 사투리.

표지(表紙)**명** 책의 겉장.

표지(標識)**명** 어떤 사물을 나타내기 위한 표. **예** 교통표지.

표창(表彰)**명** 남의 잘한 일을 칭찬하여 드러냄. [~하다]

표-하다(表-)**타** 나타내다.

표-하다(標-)**타** 목표를 삼다.

표현(表現)**명** 밖으로 드러내어 나타내 보임. **예** 서툰 표현. [~하다]

푯-말(標-)**명** 표를 세우는 말뚝.

푸근-하다 **형** ① 넉넉하여 마음에 느긋하다. ② 겨울 날씨가 매우 따뜻하다.

푸념 **명** 마음에 품은 불평을 말함. [~하다]

푸다 **타** 그릇 속에 담긴 곡식 따위를 떠내다.

푸드덕 **부** 날짐승이 날개를 무겁고 어지럽게 치는 소리 [~하다]

푸르무레-하다 **형** 좀 칙칙하고 옅게 푸르다.

푸르스름-하다 **형** 조금 푸르다. **큰** 파르스름하다.

푸르죽죽-하다 **형** 빛깔이 고르지 못하고 산뜻하지 않게 푸르스름하다.

푸른-곰팡이 **명** 밥·떡 따위에 생기는 녹색·청동색 곰팡이를 일컬음.

푸릇푸릇-하다 **형** 군데군데 푸르다.

푸주(-廚)**명** 소·돼지 따위를 잡아서 고기를 파는 가게.

폭 **부** ① 아주 깊고 느긋한 모양. ② 힘없이 밑으로 내려가는 모양. ③ 힘있게 깊

이 찌르는 모양.

푼:**-돈**[**-똔**]**명** 적은 돈.

풀 **명** ① 줄기가 대개 연하고 나무의 성질로 되지 아니한 식물의 총칭. ②「갈풀」의 준말.

풀다 **타** ① 맨 것을 끄르다. ② 액체에 가루 따위를 넣어 섞다.

풀리다 **자** ① 맺힌 것이나 얽힌 것이 풀어지다. ② 추워서 죄든 날이 누그러지다. ③ 이치나 문제가 밝히어지다. ④ 노여움과 원망이 없어지다.

풀무 **명** 불을 일으킬 때 바람을 불어 넣는 기구.

풀-밭 **명** 풀이 많이 나 있는 평지.

풀-숲 **명** 풀이 많은 수풀. **예** 울창한 풀숲.

품:**-다**(-따)**타** ① 가슴에 안다. ② 마음 속에 지니다.

품:**-명**(品名)**명** 물건의 이름.

품:**-목**(品目)**명** 물건의 종류를 보이는 이름.

품:**-삯**(-쌊)**명** 품팔이에 대한 삯. **비** 노임. 품값.

품:**-위**(品位)**명** 아름다움과 의젓함을 잃지 않는 몸가짐.

품:**-절**(品切)**명** 물건이 다 팔리어 없어짐. **비** 절품.

품:**-종**(品種)**명** 농작물이나 가축을 그 특성에 따라 나눈 종류.

품:**-질**(品質)**명** 물건의 좋고 나쁜 바탕이나 성질.

품:**평-회** (品評會)**명** 여러가지 생산품을 늘어놓고 평

ㅍ

가하는 일.

품:행 (品行)圐 타고난 성질 과 하는 행동

풍 (風)回 명사 아래 붙여서 풍 속이나 풍채의 뜻을 나타 내는 말. 例 동양풍. 거지풍.

풍경 (風磬)圐 처마 끝에 달아서 바 람에 흔들 려 소리가 나게 하는 금속·사기 〈풍경〉 따위로 만든 작은 종 모양 의 방울.

풍경 (風景)圐 산과 물 따위의 자연의 아름다운 모습. 卑 경치.

풍경-화 (風景畵)圐 자연의 경치를 그린 그림.

풍금 (風琴)圐 오르간.

풍기다 匝 타 냄새를 퍼뜨리다.

풍년 (豊年)圐 곡식이 잘 되고 도 잘 여무는 일, 또 그런 해. 卑 흉년.

풍덩이圐 몸 길이는 약2cm정 도이며 몸은 번쩍이는 짙 은 녹색인 곤충의 하나.

풍랑 (風浪)圐 바람과 물결.

풍류-놀이 (風流一) 圐 시· 노래·춤 등을 곁들여 노는 놀이.

풍문 (風聞)圐 떠도는 소문. 卑 소문.

풍부 (豊富)圐 아주 녁넉함. 卑 풍족. 卑 부족.

풍산-개 (豊山一)圐 함경도 풍 산 지방에서 옛날부터 나 던 이름난 사냥개. 지금은

없어져 볼 수 없게 되었음.

풍선 (風船)圐 종이·고무·비닐 따위의 주머니에 공기나 수소를 불어 넣어 공중 높 이 올리는 물건. 卑 기구.

풍설 (風雪)圐 ① 바람과 눈. ② 눈보라. ③ 몹시 심한 고 난.

풍성 (豊盛)圐 녁넉하고 많음.

풍속 (風速)圐 바람이 부는 속 도.

풍속 (風俗)圐 옛적부터 내려 오는 습관. 卑 풍습.

풍속-화 (風俗畵)圐 사회의 형편이나 습관을 그린 그 림. 卑 풍속도.

풍습 (風習)圐 풍속과 습관.

풍우 (風雨)圐 ① 바람과 비. ② 바람과 함께 내리는 비.

풍운 (風雲)圐 ① 바람과 구름. ② 영웅이 세상에 두각을 나타내는 좋은 기회와 운 수.

풍작 (豊作)圐 풍년이 되어 모 든 곡식이 잘 됨. 풍년이 든 농작. 卑 흉작.

풍전 등화 (風前燈火)圐 ① 매 우 위급한 자리에 놓여 있 음을 가리키는 말. ② 사물 의 덧없음을 가리키는 말.

풍차 (風車)圐 바람을 받아 회 전시켜 그 회전력을 다른 기계에 전하는 장치.

풍채 (風采)圐 드러나 보이는 사람의 겉모양.

풍토 (風土)圐 기후와 토지의 상태.

풍파 (風波)圐 ① 바람과 물결. 卑 풍랑. ② 험상궂게 얼크

러진 분란.

풍향(風向)圏 바람이 불어오 는 방향.

프랑스(France)圏 서유럽의 공화국. 기계·귀금속·섬유· 건축·화학공업이 성함. 수 도는 파리.

프로그램(program)圏 목록.

프로듀:서 (producer)圏 연 극·방송 프로 등을 만드는 데 지휘·감독하는 사람.

프록 코:트 (frock coat)圏 남자용의 예복으로 보통 검은 색이며 무릎까지 닿 는 저고리.

플라스틱(plastic)圏 합성 수 지. 인공적으로 만드는 나 일론·비닐론·폴리에스터 등을 통틀어 이르는 말.

플레밍 (Fleming, Alexander) 圏[1881~1955]영국의 세 균 학자. 1922년 항생 물질 「라이소짐」을 발견 하였으 며, 또 1928년 푸른 곰팡이 에서 페니실린을 발견하여 1945년 노벨 의학상을 받 았음.

피圏① 동물의 몸 안을 돌며 영양을 날라 주는 붉은빛 의 액체.凹 혈액. ② 같이타 고난 겨레붙이의 계통.凹 혈통.

피:격(被擊)圏 습격을 받음. [~하다]

피:고(被告)圏① 고소를 당 한 사람.②「피고인」의 준 말.

피곤(疲困)圏 몹시 지쳐서 피 로함.凹 피로.

피-나무圏 큰키나무로 재목 은 가구로 만들고, 껍질은 밧줄·그물·끈 등의 재료로 씀.

피:난(避難)圏 재난을 피하여 있는 곳을 옮김. [~하다]

피:난-민(避難民)圏 재난을 피하여 온 사람.

피:난-살이(避難一)圏피난하 여 사는 살림. [~하다]

피:난-처(避難處)圏 난리를 피할 만한 곳.

피노키오(Pinocchio) 圏 이탈 리아의 콜로디가 지은 공 상 설화집. 나무로 조각한 인형 피노키오가 대담하게 벌이는 모험 이야기임.

피-눈물圏 원통하여 나는 눈 물.

피-땀圏① 피와 땀. ② 온갖 힘을 들여 일할 때 나는 진땀.

피라미드 (Pyramid)圏기원전 3,000년 무 렵 이집트 에 세워진 왕의 무덤. 삼각형 모 양으로 되 어 있음.

〈피라미드〉

피:란(避亂)圏 난리를 피하여 있는 곳을 옮김. [~하다]

피로(疲勞)圏 정신이나 육체 의 지나친 활동으로 지쳐 있는 상태.凹 피곤.

피:뢰-침(避雷針)圏 벼락의 피해를 막기 위하여 지붕 위에 세워 놓은 길다란 쇠 붙이의 막대.

피륵멸 필로 된 베·무명·비단 따위를 통틀어 이르는말.

피:리멸 속이 빈 대에 구멍을 뚫고 불어서 소리를 내는 것이나 악기를 통틀어. 이르는 말.

피복 (被服)멸 옷.

피-비린내멸① 피에서 풍기는 비린 냄새.② 몹시 살벌한 기운.

피:서 (避暑)멸 선선한 곳으로 더위를 피하는 일.멘 피한. [~하다]

피:습 (被襲)멸 습격을 당함. [~하다]

피:신 (避身)멸 몸을 피함. [~하다]

피아노 (piano)멸 건반 악기의 한가지. 건반을 누르면 금속 줄 (현)을 쳐 소리를 냄.

피아니스트 (pianist)멸 피아노를 치는 사람.

피어-나다짜① 곤경이 풀리다.② 거의 죽게 된 사람이 다시 깨어나다.③ 꽃 같은 것이 피게 되다.

피우다타① 피게 하다.예 숯불을 피우다.② 수단·냄새·재주 따위를 나타내다.예 게으름을 피우다.

피:의-자 (被疑者)멸 범죄 혐의를 받고도 아직 기소 되지 않은 사람.멘 혐의자. 용의자.

피처 (pitcher)멸 야구에서 내야의 중앙에서 타자에게 공을 던지는 사람. 투수. 멘 캐처.

피폐 (波弊)멸 낡고 쇠약하

여짐.예 쇠퇴.멘 번성. [~하다]

피:-하다 (避一)짜타① 몸을 안전한 곳으로 옮기다.② 어떤 사물을 꺼리다.

피:해 (被害)멸 해를 입음. 해로운 일을 당함. [~하다]

픽뭐① 힘없이 가볍게 쓰러지는 모양.② 힘없이 싱겁게 웃는 모양. [~하다]

핀 (pin)멸 쇠붙이 등으로 바늘처럼 가늘게 만든 물건을 통틀어 이르는 말.

핀잔멸 남을 쌀쌀하게 꾸짖는 일. [~하다]

필 (匹)의 마소들을 세는 데 쓰는 말.

필경 (畢竟)뭐 마침내. 결국에는.멘 결국.

필기 (筆記)멸① 글씨를 씀. ② 말을 받아 쓰는 일. [~하다]

필기-장 [一짱] (筆記張)멸 필기하는 데 쓰는 공책.

필답 [一땁] (筆答)멸 글로 써서 해답함. [~하다]

필라멘트 (filament)멸 전구·진공관 속에 있어 전류를 통하면 빛을 내는 가는 선.

필리핀 (Philippine)멸 서태평양에 있는 섬나라. 산업은 농업이 주가 되며 사탕·야자유·마닐라삼·코프라. 연초가 5대 수출품임. 수도는 케손 시티.

필마 (匹馬)멸 한 필의 말.

필사 [一싸] (必死)멸① 죽을 결심.② 꼭 죽음.③ 죽도록 힘을 씀. [~하다]

ㅎ

ㅎ[히읗] 닿소리의 열넷째 글
자.
하튀 하도. 너무도. 매우. 예 하,
많은 괴로움을 견디어내었다.
하캄 기쁨·슬픔·감탄 따위를
나타내는 소리. 예 하, 참으
로 훌륭하다.
하고-많다튐 아주 많다.예그
런 학생들은 하고 많다.
하:교(下校)똉 공부를 끝내고
학교에서 집으로 돌아옴.뽠
등교. [~하다]
하구(河口)똉 바다로 들어가
는 강물의 어귀.
하:급(下級)똉 낮은 계급이나
등급.
하:급-생(下級生)똉 학년이
낮은 학생.
하:기(下記)똉 아래에 적음.
뽠 상기. [~하다]
하:기 방학(夏期放學)똉 여름
철에 정기로 학교에서 수
업을 쉬는 일.뽠동기 방학.
하기야튀「실상 적당하게 말
하자면야」의 뜻으로, 이미
있었던 일을 긍정하며, 아
래에 조건을 붙이는 말.
하나㉠수의 처음. 일. 똉 ①
오직 그것뿐.②한 몸.
하나치 단위.
하느-님 똉 세상 만물을 마음
대로 할 수 있으며, 옳고 그
름을 가려 사람에게 화와
복을 내린다고 생각 하는

거룩한 존재.
하느작-거리다㉵ 가벼운 것
이 바람을 받아 계속하여
가볍게 흔들리다.뢷 흐느적
거리다.
하늘똉 해와 달과 무수한 별
들이 널려 있는 무한대한
공간.
하늘-가[-까]똉 하늘의 끝.
하늘-거리다㉵ 아주 빠르고
가볍게 하느작거리다.예바
람에 코스모스가 하늘거리
다.
하늘나라 똉 =천국. 천당.
하늘-하늘튀 가볍게 흔들리
는 모양.뢷 흐늘흐늘. [~하
다]
하다㉣①행하다.② 의사를
나타내다.③무엇으로 만들
거나 삼다.④처분하다.
하다 못 해튀①정 할도리가
없다면.②있는 힘을 다하
였으나 하는 수 없다.
하루똉 ①한 날. 일일.②「하
룻날」의 준말.
하루(股紙)똉 흄. 하자(股紙)
하루 갈이똉 아침에서 저녁
까지 갈아서 마칠 수 있는
논밭의 넓이.예10년을 하루
하루-바삐튀 하루라도 빨리.
하루-속히(-速-)튀 하루라
도 빨리.뽠 하루 바삐. 예
하루 속히 통일을 이룩하
자.

하룻-강아지 圆 ① 난 지 얼마 안되는 어린 강아지. ② 세상에 대한 경험이 적고 아는 것도 없는 어란 사람을 이르는 말. 囫 하룻강아지 범 무서운 줄 모른다.

하룻-길 圆 하루 낮 동안에 갔다 올 수 있는 길.

하룻-밤 圆 ① 한 밤. ② 어떤 날 밤.

하류 (下流) 圆 ① 강이나 내의 흘러내리는 아래 편. ② 하등의 지위. 囲 상류.

하마 圎 「벌써」·「이미」의 사투리.

하마 (河馬) 圎 열대 지방의 물에서 사는 큰 짐승.

〈하마〉

하마터면 圎 자칫 잘못하였더라면. 囫 하마터면 다칠 뻔했다

하:모니 (harmony) 圆 ① 화성. 화음. ② 조화. 일치. 囫 아름다운 하아모니를 이루다.

하:모니카 (harmonica) 圆 입으로 부는 조그만 악기.

하멜(Hamel, Hendrik) 圆 [?~1692] 네델란드 선원. 폭풍으로 표류하여 제주도에 다달음. 귀국하여 「표류기」·「조선국기」를 지음.

하:복 (夏服) 圆 여름에 입는 옷. 囲 동복.

하:사 (下士) 圆 사병 계급의 하나. 중사와 병장 사이의 계급.

하:소연 圎 억울하고 딱한 사정을 간곡히 말함. [~하다]

하:수-도 (下水道) 圆 빗물이나 쓰다버린 더러운 물이 흘러 나가게 만든 도랑. 囲

하:순 (下旬) 圆 그 달 스무 하룻날부터 그믐날까지의 열흘 동안.

하얗다 圎 매우 희다. 囫 살결이 하얗다.

하얼빈(哈爾賓) 圆 중국 동북부 북만주의 헤이룽 성에 있는 도시.

하여-간 (何如間) 圎 어쨌든지. 囲 하여튼. 囫 하여간 빨리 오도록 해.

하염-없다 圎 ① 끝 맺는 데가 없다. ② 아무 생각이 없다.

하:오 (下午) 圆 정오로부터 밤열 두 시까지의 동안. 囲 오후.

하:위 (下位) 圆 아랫 자리. 囲 상위.

하:의 (夏衣) 圆 하복.

하:인 (下人) 圆 남자종과 여종을 일컫는 말.

하잘것-없다 圎 시시하여 할 만한 것이 없다.

하:지 (夏至) 圆 일년 중에서 낮이 가장 길고, 밤이 가장 짧은날. 6 월 22일경. 囲 동지.

하지만 圎 그렇지만, 그러나. 囫 하지만 그것은 옳지 못하다.

하:직 (下直) 圆 먼 길을 떠날 때에 웃어른에게 작별을 고함. 囫 하직 인사. [~하다]

하:차 (下車) 圆 차에서 내림. 囲 승차. [~하다]

하찮다 圎 「하치 않다」의 준말. 훌륭하지 않다. 대수롭

지 않다. ㊀ 하찮은 일에 왜 성을내느냐.

하천(河川)명 강·내.

하품명 졸리거나 가만히 있을 때, 또는 고단할 때에 나오는 긴 호흡. [~하다]

하:프 (harp)명 47개의 줄을 퉁겨 연주하는 옛날부터 있었던 악기.

하필(何必)부 무슨 필요가 있어서 어찌 꼭. ㊀ 왜 하필 그리로 갔나?

학(鶴)명 두루미.

학교 (學校)명 공부를 가르치고 또한 배우는 곳. ㊀ 기술학교.

학급(學級)명 같은 교실에서 같이 가르침을 받는 학생의 모임. ㊇ 반.

학급 문고(學級文庫)명 학급에서 서로 돌려 보기 위하여 마련한 책들.

학급-회 (學級會)명 반에서 여는 어린이회. ㊇ 학급 어린이 회.

학급 회:장(學級會長)명 그 학급의 일을 맡아 보고 학급회를 대표하는 학생.

학기(學期)명 한 학년 동안을 가른 기간. 우리 나라에서는 한 학년을 두 학기로 나눔.

학년(學年)명 학교에서 공부한 햇수에 따라 나눈 구분.

학대(虐待)명 몹시 못 살게 굴어 괴롭힘. [~하다]

학력(學歷)명 공부를 한 정도. ㊀ 학력 증명서.

학문(學問)명 ① 배워서 익힘. ② 체계가 선 지식. ㊇ 학식. [~하다]

학-부모(學父母)명 학생의 아버지나 어머니.

학-부형(學父兄)명 아동·학생의 부형.

학비 (學費)명 공부하는데 드는 돈. ㊇ 학자금.

학살(虐殺)명 사람을 잔인하게 마구 죽임. ㊇ 참살. ㊀ 양민을 학살한 무장 간첩. [~하다]

학생(學生)명 학업을 닦는 사람. ㊇ 생도. ㊉ 선생.

학생 백과 사전 (學生百科事典)명 학생들을 위하여 온갖 학과목에 관한 것을 모아 자세히 풀이한 책.

학설(學說)명 학자가 학문상으로 자기의 연구한 결과나 믿는 바를 주장하는 설명. ㊀ 자기 학설을 주장하다.

학술(學術)명 ① 학문과 기술. ② 학문의 방법. ② 학문과 예술.

학습(學習)명 배워서 익힘. [~하다]

학습 일기(學習日記)명 그날 그날 배운 각 학과에 대하여 특히 중요한 점을 적어 두는 일기.

학습-장(學習帳)명 공부에 필요한 것을 적는 공책.

학식(學識)명 학문을 통하여 얻게 된 지식. ㊀ 풍부한 학식.

학업(學業)명 공부하여 학문을 닦는 일.

학예-회 (學藝會)명 극·노래·무용 따위를 통해 학생들의 학습 과정이나 능력을 보여 주는 모임. ㊇ 학예 발표회.

학용-품 (學用品)圓 연필·노트·지우개 따위의 학습에 필요한 물품. 예 학용품을 아껴 써라.

학우 (學友)圓 학교에서 함께 공부하는 벗. 예 급우. 예 학우들과의 참된 우정.

학원 (學園)圓 ① 학교. ② 학문을 가르치는 곳을 통틀어 이르는 말.

학자 (學者)圓 학문을 깊이 연구하여 아는 것이 많은 사람. 예 선비. 예 유명한 학자.

한: (限)圓 넘지 못하게 정하거나 이미 정하여진 정도나 범위. 예 능력에는 한이 있다.

한: (恨)圓 마음에 맺힌 슬프고 원통한 것. 예 원한. 예 한이 맺히다. [~하다]

한가-롭다 (閑暇-)圓 별로 할 일이 없이 마음이 평안하고 조용하다. 예 조용한 오후에는 무척 한가롭다.

한-가운데圓 꼭 한복판. 가운데.

한-가위圓 음력 팔월 보름날을 큰 명절로 이르는 말. 추석 또는 중추절이라고도 부름.

한가-하다 (閑暇-)圓 한가로운 겨를이 있다. 閏 분주하다.

한갓圓 오직. 그것만으로. 예 단지. 예 한갓 상상에 지나지 않는다.

한:-강 (漢江)圓 태백 산맥에서 시작하여 강원도·충청북도·경기도·서울을 거쳐 동북쪽으로 흘러 황해로 들어가는 강.

한결圓 보다 더. 훨씬. 예 한층. 예 이발을 하니 한결 낫다.

한:계圓 ① 땅의 경계. ② 사물의 정해 놓은 범위.

한국 (韓國)圓 우리 나라. 「대한 민국」의 준말.

한국 방:송 공사 (韓國放送公社)圓 방송을 효과적으로 실시하여 문화의 발전과 국민 생활의 향상에 이바지함을 목적으로 설립된 공공 단체.

한국 은행 (韓國銀行)圓 한국 은행권을 발행하고 각 은행에 대하여 자금을 빌려 주는 은행의 은행.

한국 은행권 [-꿘] (韓國銀行券)圓 한국 은행에서 발행하는 화폐.

한국-적 (韓國的)圓 우리 나라식의. 우리 나라에만 있는. 예 한국적 종교관.

한글圓 우리 나라 글자의 이름.

한글-날圓 세종 대왕이 훈민 정음을 펴낸 날. 10월 9일.

한-길圓 사람이 많이 다니는 큰길.

한꺼번-에圓 모아서 한 때에.

한-나절圓 하루 낮의 반.

한-낮圓 낮의 한가운데. 예 정오. 閏 한밤중.

한낱圓 ① 오직. 단지 하나의. 예 한낱 이것 뿐이냐? ② 하잘것 없는.

한:-눈圓 마땅히 볼 데를 보지 않고 딴 데를 보는 눈.

한대 (寒帶)圓 북극해 연안과 남극 대륙 지방 등의 몹시 추운 지대.

한:도(限度)圏 일정하게 정하여진 정도.

한-동안圏 꽤 오랜 동안. 예 한동안 기다리다.

한:-되다(恨-)짜 마음에 걸려 평생에 원한이 되다. 예 효도를 못 한 것이 한 되다.

한-두관 하나나 둘 가량. 예 한두 사람.

한들-한들튀 가볍게 이리저리 흔들리는 모양. 예 한들 한들 바람에 흩날리는 코스모스. [~하다]

한-때圏 한동안. 얼마간의 시기.

한:라-산(漢拏山)圏 우리 나라 제주도 한복판에 있는 산으로 꼭대기에 백록담이 있고 높이는 1,950m임. 상·중·하의 세 지대에 한대·온대·아열대의 식물이 분포하고 있음.

한:량-없다(限量-)圏 끝이 없다. 예 안타깝기 한량 없다.

한려 수도(閑麗水道)圏 경상 남도 한산도에서 전라 남도 여수까지의 뱃길.

한류(寒流)圏 한대 지방에서 적도 쪽으로 흐르는 찬 바닷물의 흐름. 반 난류.

한-목튀 한꺼번에 죄다.

한-몫圏 한 사람 앞에 돌아가는 분량. 예 술래잡기 놀이에 나도 한 몫 끼었다.

한:문(漢文)圏 한자로 쓴 문장.

한-바퀴圏 한 둘레. 비 일주.

한-바탕圏튀 크게 벌어진 판. 예 싸움을 한바탕 하다.

한:-발(旱魃)圏 가물.

한-밤중[-쭝](-中)圏 밤 열두 시 쯤의 때. 비 야밤중.

한:-사코(限死-)튀 기어코. 몹시 심하게 고집하여. 예 한사코 반대했다.

한산(閑散)圏 일이 없어 한가하고 조금 쓸쓸함. 예 한산한 아침 거리.

한산(韓山)圏 충청 남도 서천군에 있는 고을. 모시로 유명함.

한산-도(閑山島)圏 경상남도 충무시 앞바다에 있는 섬. 기후가 온화하며 수산업이 발달됨.

한산도 대:첩(閑山島大捷)圏 임진 왜란 때 이순신 장군이 한산도 해전에서 일본 해군을 쳐부수어 큰 승리를 거둔 싸움.

한 석봉(韓石峯)圏〔1543~1605〕「석봉」은 호이고 원 이름은「호」. 조선 시대 선조 임금 때의 선비. 어려서부터 스스로 붓글씨를 익혔으며, 타고난 천재에다 피나는 수련을 쌓았으므로 멀리 중국에까지 이름이 알려진 명필이 되었음.

한-세상(一世上)圏 ① 한평생 동안. ② 한창 잘 사는 한 때.

한송-정(寒松亭)圏 옛날 강릉 동쪽 바닷가의 명승지에 있던 정자 이름.

한-숨圏 ① 근심이 있을 때 몰아서 쉬는 숨. ② 잠깐 동안의 휴식이나 잠. 예 한숨 자고 나니 좀 개운하다.

한식(寒食)圏 동지로부터 105

ㅎ

한-줌圀 손아귀에 들어갈 만한 분량. 예 한줌의 흙.

한:증(汗蒸)圀 불을 때어 뜨겁게 한 곳에 들어가 땀을 내서 몸을 풀거나 병을 낫게 하는 일. 예 한증탕.

한-차례圀 한 돌림의 차례. 비 한바탕.

한-참圀 일을 하거나 쉬는 동안의 한 차례. 비 한동안.

한창圀 가장 성하고 활기가 있을 때. 부 가장 활기 있게. 예 더위가 한창이다.

한천(寒天)圀 추운 하늘. ·추운 때.

한-철圀 ①봄·여름·가을·겨울 중의 한 계절. ② 가장 성한 시기. 예 조기 잡이가 한 철이다.

한-층(-層)圀 한 층계. 부 더욱 더. 예 한층 아름다워 지다.

한-탄:(恨歎)圀 원통 하거나 뉘우침이 있을 때에 한숨 쉬며 탄식함. 비 통탄. 예 신세 한탄. [~하다]

한-턱圀 기쁜 일로 한바탕 음식을 차려 내는 대접. [~하다]

한-편(-便)圀 ①한 쪽. ②한 짝.

한-평생(-平生)圀 살아 있는 동안. 비 일평생. 예 한평생을 교직에 계시다.

한:-평생(限平生)부 살아 있는 동안까지. 비 한생전.

한:해 (旱害)圀 가물로 인한 재해.

한해-살이圀 일년생.

할머니圀 ①아버지의 어머니. 비 조모. ②나이 많은 여자를 높이어 일컫는 말.

할멈圀 늙고도 천한 여자. 자기 집에서 부리는 늙은 여자.

할미-꽃圀 온 몸에 털이 있으며 이른 봄에 자주빛의 꽃이 피는 여러해살이 풀.

할복(割腹)圀 배를 칼로 쨈. 예 할복 자살. [~하다]

할아버지圀 ①아버지의 아버지. 비 조부. ②나이 많은 남자를 대접하여 일컫는 말.

할아범圀 지체가 낮고 늙은 남자.

할인(割引)圀 어떤 값에서 얼마간 감함. 예 할인 대매출. [~하다]

핥다[-따] 타 혀 끝을 물건에 대고 문지르다. 예 고양이가 우유를 핥다.

핥아-먹다 타 혓바닥으로 쓸어 먹다.

함구(緘口)圀 입을 다물고 말을 아니함. 예 함구 무언. [~하다]

함구 무언(緘口無言)圀 입을 다물고 말이 없음.

함께부 더불어 같이. 서로 더불어. 반 따로.

함:대(艦隊)圀 두 척 이상의 군함으로 이루어진 해상부대.

함:락(陷落)圀 ①땅이 무너져 떨어짐. ②성을 쳐서 적진을 빼앗음. 예 성을 함락 시키다. [~하다]

함박-꽃圀 산에 저절로 나며 5～6월에 꽃이 핌. 향기

함박꽃

가 좋아 뜰에 많이 심음. 작약.

함박-눈圈 함박꽃 송이같이 굵게 많이 오는 눈.

함부로團 ① 생각함이 없이 있는대로 마구. ② 웃사람 앞에서 버릇 없이. 예 함부로 얘기하면 못 쓴다.

함석圈 ① 아연. ② 겉에 아연을 올린 철판. 지붕을 이거나 양동이 등을 만드는 데 씀.

함:성(喊聲)圈 여럿이 함께 부르짖는 소리. 예 고함. 예 우렁찬 함성.

함:정(陷穽·檻穽)圈 ① 짐승을 잡기 위하여 파놓은 구덩이. 예 허방다리. ② 남을 속이려고 꾸며 놓은 꾀.

함지圈 ① 나무로 짜서 귀통이지게 만든 그릇. 운두가 조금 깊으며 밑은 좁고 위가 넓게 되었음. ② 「함지박」의 준말.

함축(含蓄)圈 ① 마음 속에 깊이 쌓아 둠. ② 내용이 풍부함. 예 함축된 내용. [~하다]

합(合)圈 ① 여럿을 한데 모음. ② 덧셈을 하여 나오는 답. [~하다]

합격(合格)圈 시험이나 검사에 통과함. 예 불합격. 예 검정고시 합격. [~하다]

합계(合計)圈 한데 몰아서 셈함, 또는 그 수효. [~하다]

합당(合當)圈 꼭 알맞음. 예 적당. 예 부당.

합동(合同)圈 여럿이 모이어 하나가 됨. [~하다]

합법(合法)圈 법칙에 맞음. 예 불법. 예 합법 단체.

합병(合倂)圈 두 나라를 한 나라로 합침. 예 병합. 예 분할. [~하다]

합삭(合朔)圈 달이 전혀 보이지 않을 때를 말하는 것. 지구·달·태양이 차례로 놓여 있을 때임.

합성(合成)圈 두 가지 이상의 것이 결합하여 한 개로 됨. [~하다]

합성 섬유(合成纖維)圈 석탄. 석유 등을 원료로 하여 만든 섬유. 나일론이나 비닐 섬유. 따위.

합성 수지(合成樹脂)圈 화학적으로 합성하여 만들어진 수지 모양의 물질. 플라스틱 따위.

합숙(合宿)圈 많은 사람이 한 곳에 숙박함. [~하다]

합심(合心)圈 많은 사람이 마음을 합함. [~하다]

합의(合意)圈 서로 의사가 일치함. [~하다]

합창(合唱)圈 여러 사람이 소리를 맞추어 노래함, 또 그 노래. 예 독창. [~하다]

합치(合致)圈 둘 이상이 서로 일치함. 예 의견이 합치되다.

합-치다(合一)団 ① 많은 것을 하나로 만들다. ② 뒤섞다. 예 나누다.

합판(合板)圈 여러 개의 얇은 판자를 붙여서 만든 넓은 널빤지

합-하다(合一)巫 ① 여럿이 뭉쳐서 하나로 되다. ② 마음에 적합하다. 団 여럿을

하나로 만들다. [예] 마음을 합해서 일을 하자.

항:거(抗拒)[명] 대항함. 버팀. [~하다] [비] 대항. 반항. [반] 굴복. 순종.

항:공(航空)[명] 항공기로 공중을 비행함. [예] 항공 비행. [~하다]

항:공 모:함(航空母艦)[명] 비행기를 싣고 발착시키는 큰 군함.

항:공 우편(航空郵便)[명] 항공기를 이용하는 우편. 특수 취급 우편물의 하나.

항구 (恒久)[명] 바뀌지 아니하고 오래 오래 감. [비] 영구. [예] 항구적인 모형.

항:구(港口)[명] 배가 드나들고 머물도록 시설을 갖추어 놓은 곳. [비] 포구.

항:로(航路)[명] ① 배가 다니는 길. [비] 수로. ② 비행기가 다니는 길. [예] 안전한 항로를 택하다.

항복(降伏)[명] 힘에 눌려서 적에게 굴복함. [반] 저항. [예] 항복을 받다. [~하다]

항상(恒常)[명] 늘 있어서 당연함. 보통으로 있음. [부] 늘 [비] 항시. [반] 가끔. [예] 언니는 항상 어머니 일을 도와 드린다.

항:생 물질[—찔](抗生物質) [명] 세균이나 그 밖의 생물로부터 얻어지는 살균성 물질. 페니실린·스트렙토마이신·테라마이신 따위.

항아리(缸—)[명] 아래위가 좁고 배가 몹시 부른 그릇의 한 가지.

항:의(抗議)[명] 반대의 의사를 주장함. [~하다]

항:쟁(抗爭)[명] 대항하여 다툼. [비] 항전. [~하다]

항:전 (抗戰)[명] 적과 버티어 전쟁함. [비] 항쟁. [~하다]

항:해(航海)[명] 배를 타고 바다를 건넘. [~하다]

해[명] ① 태양. ② 지구가 태양을 한 바퀴 도는 동안.

해:갈 (解渴) [명] ① 목마름을 풀어 버림. ② 비가 내려 가물을 면함. [~하다].

해:결 (解決)[명] ① 어려운 문제를 풂. ② 일을 처리하여 끝맺음. [반] 미결. [예] 사건을 해결하다. [~하다].

해:고(解雇)[명] 고용자가 피고용자를 내어 보냄. [예] 해고된 점원. [~하다].

해:군 (海軍)[명] 바다를 지키는 군대.

해:-내다 [타] ① 맡은 일을 거침없이 치러내다. ② 말다툼 따위에서 남을 이겨내다.

해:녀 (海女)[명] 바다 속에서 해삼·전복·미역 등을 따는 것을 업으로 하는 여자.

해답(解答)[명] 문제를 풀어서 답함. 또는 그 답. [준] 답. [예] 해답을 맞추다. [~하다]

해당(該當)[명] 적당하게 바로 들어 맞음.

해:당-화 (海棠花)[명] 때찔레꽃. 해변의 모래땅이나 산기슭에서 잘자라는 꽃. 5

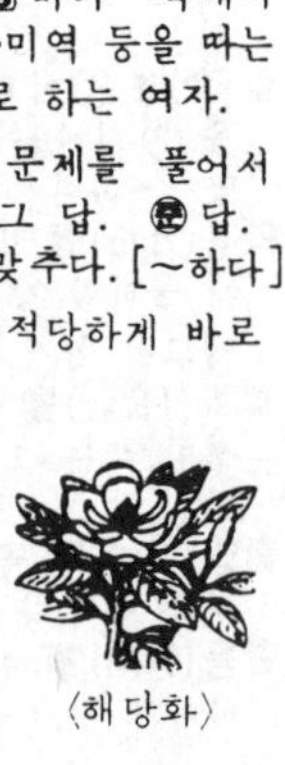
〈해당화〉

ㅎ

월에 꽃이 핌.

해:독(害毒)몡 해가 되고 독이 됨. 빤 이득.

해:독(解毒)몡 독기를 풀어 없애 버림. ㈜ 해독제. [~하다]

해:돋이[-도지] 몡 해가 막 돋아 오르는 때. 빤 일출. 빤 해넘이. ㈜ 해돋이 광경.

해:류(海流)몡 일정한 방향으로 흐르는 바닷물의 큰 흐름. 한류와 난류가 있음.

해:면(海面)몡 바닷물의 겉쪽.

해:명(解明)몡 의문을 설명하여 분명히 함. [~하다]

해:몽(解夢)몡 꿈에 나타난 일을 풀어서 좋고 나쁨을 가림. ㈜ 꿈보다 해몽이 좋다.

해-묵다쩌 여러해가 지나다.

해-바라기 몡 키가 2m 내외로 자라며 줄기나 가지 끝에 해를 향하는 둥글고 큰 꽃이 피는 한해살이 풀.

〈해바라기〉

해:발(海拔)몡 육지나 산의 해면으로부터의 높이.

해:방(解放)몡 압박하거나 가두었던 것을 풀어 놓음. 빤 속박. [~하다]

해:산(解散)몡 헤어짐. 흩어짐. 빤 분산. ㈜ 집합. 군대 해산. [~하다]

해:산-물(海産物)몡 바다에서 나는 온갖 물건.

해:석(解釋)몡 사물을 알기

쉽게 설명함. [~하다]

해:설(解說)몡 어떤 문제를 알기 쉽게 풀어서 설명함. ㈜ 문제풀이 해설. [~하다]

해:수-욕(海水浴)몡 위생·피서·운동을 목적하여 바닷물에 목욕함. 또그 목욕. [~하다]

해-시계 (一時計)몡 그림자로 시각을 헤아리는 옛날 시계

〈해시계〉

해:안(海岸)몡 육지와 바다가 맞닿는 땅. 빤 바닷가. 해변.

해:안-선:(海岸線)몡 ① 바다와 육지가 서로 접하여 길게 뻗힌 경계선. ② 해안을 따라 부설된 선로.

해:양성 기후 [-썽-] (海洋性氣候)몡 바다에 가까운 지방에 공통되는 기후. 계절에 따른 기온의 차가 심하지 않고 비가 많음. 빤 대륙성 기후.

해:열-제[-쩨] (解熱劑)몡 높아진 열을 내리게 하는 약. ㈜ 해열제를 복용하다.

해:외 (海外)몡 바다를 건너다른 나라. 빤 외국. 국외. ㈜ 해외 유학.

해:운-업 (海運業)몡 바다에서 배를 부리어 화물이나 여객을 나르는 사업.

해:임(解任)몡 임무를 내놓음. 또는 내놓게 함. 빤 해직.

해:저(海底)圈 바다의 밑바닥.

해:적(海賊)圈 바다에서 물건이나 돈을 강탈하는 도적.

해:전(海戰)圈 바다에서 싸우는 전쟁. 圓육전.

해:제(解除)圈 어떤 일을 풀어서 그 전의 상태로 되돌림. 圓폭풍 주의보 해제. [~하다]

해:초(海草)圈 바다에서 자라는 풀.

해:충(害蟲)圈 사람이나 농작물·과수 등을 해치는 벌레.

해:-치다(害ー)囹 ① 해롭게 만들다.② 남을 상하게 하거나 죽이다.圓 호랑이가 사람을 해치다.

해:풍(海風)圈 바다에서 뭍으로 부는 바람. 바닷바람.

해:협(海峽)圈 육지 사이에 끼어서 양쪽의 넓은 바다로 통하는 좁고 긴 바다. 圓대한 해협.

핵(核)圈 ①세포의 중심이 되는 알갱이.②어떤 물질이나 활동의 중심이 되는 것. 圓핵무기.

핵-무기(核武器)圈 원자력을 이용하여 만든 무기.

핵심(核心)圈 사물의 중심이 되는 부분. 중심부.

핸드-백(hand bag)圈 여자들의 손가방.

할쑥-하다匿 얼굴에 살이 빠지고 핏기가 없다.

햄(ham)圈 돼지 넓적다리 고기를 절여서 불에 슬쩍 구워 만든 식품.

햅-쌀圈 그 해에 처음으로 난 쌀.

햇-볕圈 햇살의 뜨거운 기운. 圓 따뜻한 햇볕.

행군(行軍)圈 군대나 학생이 줄지어 걸어 감. [~하다]

행동 (行動)圈 몸을 움직여 하는동작.圓행위. 圓착한 행동 .[~하다]

행렬(行列)圈 학생 등이 줄지어 걸어감. 또는 그 줄. [~하다]

행로(行路)圈 ① 사람이 걸어 다니는 길. 圓한길. ② 세상에서 살아 나가는 길.

행방(行方)圈 간 곳. 간 방향. 圓철수의 행방을 모르겠다.

행-복(幸福)圈 ① 좋은 운수. ② 걱정이 없고 마음이 흡족하여 즐거운 상태.圓행운.

행사 (行使)圈 부려서 씀. 圓 주권 행사. [~하다]

행사 (行事)圈 정해진 계획 밑에서 어떠한 일이나 의식을 행함, 또는 그 일. [~하다]

행세 (行世)圈① 세상을 살아감, 또는 그 태도. 圓처세 ② 세상에서 사람의 도리를 행함. 圓행세하는 집안. [~하다]

행실(行實)圈 평시에 가지는 몸가짐.圓품행. 圓행실이 좋은 학생.

행ー여(幸ー)圓 다행히. 운 좋게. 圓행여 무사히 오면 다행이다.

행ː여-나(幸ー)圓 「행여」의 힘줌말.

행:운 (幸運)圈 행복한 운명. 빤 불운.

행정-부 (行政府)圈 입법·사법 이외의 행정을 맡아 보는 국가 기관. 빤 정부.

행:주 (幸州)圈 경기도 고양군에 있는 임진 왜란 때의 싸움터. 권 율 장군이 왜군을 크게 무찔러 승리한 곳.

행주-치마圈 부엌 일을 할 때 치마 위에 덧입는 작은 치마. 剛 행주 치마를 두르다.

행진 (行進)圈 줄을 지어 앞으로 걸어 나아감.

행차 (行次)圈 웃어른이 길 가는 것을 공경하여 일컫는 말. 剛 임금께서 행차 하시다. [~하다]

행패 (行悖)圈 도리에 벗어난 나쁜 짓을 함, 또는 그러한 짓. 剛 행패가 심한 사람. [~하다]

행-하다 (行一)団 뜻한 바를 행동으로 나타내다.

향가 (鄕歌)圈 신라 시대에 민간에 유행하던 우리 나라 고유의 노래.

향긋-하다圈 얼마간 향기가 있다. 剛 향긋한 꽃 냄새.

향기 (香氣)圈 향 냄새. 좋은 느낌을 주는 냄새. 빤 향내. 빤 악취.

향기-롭다 (香氣一)圈 향기가 있다.

향:락 (享樂)圈 즐거움을 누림. [~하다]

향료 (香料)圈 향내를 풍기는 물질.

향:상 (向上)圈 위로 향하여 나아감. 나아짐. 빤 진보. 빤 퇴보. 剛 실력 향상. [~하다]

향수 (香水)圈 향내를 풍기는 물이나 화장품.

향수 (鄕愁)圈 고향을 그리워하는 마음.

향:연 (饗宴)圈 남에게 베푸는 잔치.

향토 (鄕土)圈 자기가 나서 자란 고향의 땅. 빤 고향.

향-피리 (鄕一)

圈 피리의 한 가지. 당 피리와 같으나 다만 둘째 구멍이 뒤에 있음. 〈향피리〉

향:-하다 (向一)재団 ① 바라보다. ② 마주 서다. ③ 마음을 그쪽으로 기울이다. ④ 가까이 가다.

허가 (許可)圈 일정한 조건을 내세워 허락하는 일. 빤 승낙. 빤 불허. 剛 건축 허가를 얻다. [~하다]

허겁-지겁團 마음이 아주 급해서 어쩔 줄을 모르는 모양. 빤 허둥지둥. 剛 허겁지겁 달려가다. [~하다]

허기-지다 (虛飢一)재 몹시 배가 고프고 기운이 빠지다.

허깨비圈 아무것도 없는데 있는 것처럼 보이는 것.

허덕-이다재 ① 여유가 없어 쩔쩔매다. 剛 가난한 살림으로 허덕이다. ② 숨이 차서 허덕허덕하다. 剛 숨을 허덕이다.

허둥-거리다 [자] 할 바를 몰라서 갈팡질팡하다.

허둥-지둥 [부] 다급하여 정신 못차리게 몹시 허둥거리는 모양. [예] 허둥지둥 달려왔다. [~하다]

허드레 [명] 허름하고 중요하지 아니하여 함부로 쓸 수 있는 사물.

허락(許諾) [명] 청하고 바라는 바를 들어줌. [비] 승낙. [반] 거절. [예] 여행을 가려고 아버지께 허락을 받았다. [~하다]

허례(虛禮) [명] 실속 없이 겉으로만 꾸미는 번거로운 예절.

허름-하다 [형] ① 값이 싸다. [예] 허름한 옷차림. ② 귀중하지 아니하다. [비] 험수룩하다. [예] 허름한 물건.

허무(虛無) [명] ① 아무것도 없고 텅 빔. ② 덧없음. [예] 허무한 인생.

허물 [명] ① 그릇된 실수. ② 살갗의 꺼풀.

허물다 [타] 짜이거나 쌓인 것을 흩어지게 하다.

허물-없다 [형] 서로 친숙하여서 체면을 헤아리지 아니

허비 (虛費) [명] 헛되게 없앰. [예] 시간을 허비하다. [~ 하다]

허사(虛事) [명] 헛된 일. [비] 헛일.

허술-하다 [형] ① 짜이지 아니하다. ② 낡아서 보기 싫다. [비] 허름하다. [예] 허술한 옷차림.

허약(虛弱) [명] 기력이 약함. [비] 쇠약. [예] 허약한 체질.

허영(虛榮) [명] 필요 이상으로 하는 겉치레.

허옇다 [형] 정도에 지나치게 썩 희다.

허울 [명] 겉 모양. 실속없는 겉치레.

허위(虛僞) [명] 거짓. [반] 진실.

허전-하다 [형] 둘레에 아무것도 없어서 서운한 느낌이 있다. [예] 네가 떠나고 나니 허전하다.

허파 [명] 가슴의 양쪽에 들어있는 호흡을 맡아 하는 기관. 폐.

허허 [부] 기뻐 웃는 소리. [작] 하하. [~하다]

허허-벌판 [명] 끝없이 넓고 큰 벌판. [예] 허허벌판에서 헤매다.

허황(虛荒) [명] 사람됨이 들떠서 믿을 수 없음. [예] 허황한 사람.

헌: [관] 「새것이 아닌 낡은」의 뜻을 나타내는 말. [예] 헌 옷.

헌:-것 [명] 낡아빠진 물건.

헌:법 [—뻡] (憲法) [명] 나라를 다스리는 데에 바탕이 되는 법. [예] 헌법 준수.

헌:병(憲兵) [명] 군대 안에서 경찰과 같은 구실을 하는 군인.

헌:신(獻身) [명] 어떤 일에 자기의 몸을 바침. [~하다]

헌:장(憲章) [명] 국가같은 데서, 그것을 기준으로 행동하려고 의논하여 정한 규칙. [예] 국민 교육 헌장.

헐:다 [자] 부스럼이 나다.

헐:다 目 ① 쌓은 것을 무너뜨리다. ② 남의 험담을 하다.

헐떡-이다 재 ① 숨을 가쁘게 쉬다. ② 신이 헐거워 자꾸 벗어졌다 신기었다 하다.

헐:-뜯다 目 남을 공연히 해쳐서 말하다.

헐렁 -하다 혱 규격이 맞지 않아 따로 놀 정도로 헐겁다.

헐레-벌떡 閉 급한 걸음으로 걸어서 숨이 가빠 헐떡거리는 모양. ㉔ 할래발딱. [~하다]

헐:-벗다 目 떨어진 옷을 입다. ㉞ 헐벗은 산에 나무를 심자.

험:상-궂다 (險狀一) 혱 모양이 험악하다. ㉞ 험상 궂은 얼굴.

험:악 (險惡) 몡 ① 마음씨가 거칠고도 악함. ② 길·날씨 따위가 험하고 사나움.

험:-하다 (險一) 혱 ① 지세가 평탄하지 않고 사납다. ② 모양이 흉칙하고 무섭다.

헛-간 (一間) 몡 문짝이 없는 광. ㉴ 곳간.

헛-되다 혱 ① 허황하여 믿기가 어렵다. ㉴ 참되다. ② 아무 보람이 없다. ㉞ 노력이 헛되다.

헛-소리 몡 ① 정신없이 중얼거리는 말. ② 미덥지 않은 말. [~하다]

헛-일 [一닐] 몡 쓸데 없는 일. 소용 없는 일. ㉴ 허사. ㉞ 찾아 봐도 헛일이다. [~하다]

헝:겊 몡 옷감의 조각.

헤딩 (heading) 몡 공을 머리로 받아 치는 짓. [~하다]

헤-매다 재 ① 이리저리 돌아다니다. ② 갈피를 잡지 못하다. ㉞ 거리를 헤매다.

헤:아리다 目 무슨 일을 미루어 생각하다. ㉴ 짐작하다.

헤어-나다 目 벗어나다.

헤어-지다 재 ① 이별하다. ② 살이 갈라지다. ㉔ 헤지다.

헤엄 몡 손과 발을 놀리어 물 속에 가라앉지 않게 하면서 다니는 짓. ㉴ 수영. [~하다]

헤이그 밀사 사:건 [一一싸一] (Hague 密使事件) 몡 1907년 이준·이상설·이위종 등이 고종의 밀서를 가지고 네덜란드의 헤이그에서 열린 만국 평화 회의에 참석하여 일본의 침략상을 호소하려던 사건.

헤치다 目 ① 흩어져 가게 하다. ② 앞에 걸리는 것을 물리치다. ③ 속에 든 것을 드러내려고 파서 젖히다. ㉞ 파도를 헤치고 나가다.

헤:프다 혱 ① 물건이 쉽게 닳거나 없어지다. ㉴ 마디다. ② 몸가짐이나 물건을 쓰는 버릇이 어설픈 데가 있다.

헥타:르 (hectare) 몡 넓이의 단위. 1 만 제곱 미터.

헬리콥터 (helicopter) 몡 보통 비행기처럼 뜨거나 내릴 때 땅위를 구르지 않

〈헬리콥터〉

ㅎ

고, 프로펠러의 도는 힘으로 곧장 뜨고 내릴 수 있는 비행기.

헹구다(他) 씻은 빨래를 다시 맑은 물에 넣어 흔들어 빨다. 예) 빨래를 헹구다.

혁명(革命)(명) ① 국체·정체도는 사회 제도나 경제 조직을 근본적으로 고치어 새로 만듦. ② 급격하게 크게 변하는 일. 예) 산업혁명. [~하다]

혁신(革新)(명) 아주 새롭게 함. 반) 보수. [~하다]

현관(玄關)(명) 일본식 집의 정면의 문간. 예) 현관까지 마중을 나가다.

현:금(現金)(명) ① 지금 몸에 지니고 있는 돈. ② 어음·채권 등이 아닌 곧 쓸 수 있는 돈.

현:대(現代)(명) 지금의 이 시대. 예) 현대 문학. 반) 고대.

현명(賢明)(명) 어질고 사리에 밝음. 예) 현명한 판단.

현무-암(玄武岩)(명) 마그마가 땅위로 흘러 나와 갑자기 식어 굳은 암석. 알갱이가 잘고 질이 치밀하여, 색이 검음.

현미(玄米)(명) 벼의 껍질만 벗기고 쓿지 않은 쌀. 반) 백미.

현:미-경(顯微鏡)(명) 몹시 작은 물체를 크게 보려고 확대하여 보는 데 쓰는

〈현미경〉

기구.

현:상(現狀)(명) 지금의 상태. 예) 현상 유지.

현:상(現象)(명) 눈 앞에 나타나서 보이는 사물의 모양이나 상태.

현수-교(懸垂橋)(명) 기둥과 기둥 사이를 케이블로 연결하고 케이블과 바닥을 강철봉으로 연결해서 만든 다리. 비) 적교.

〈현수교〉

현수-막(懸垂幕)(명) ① 방이나 극장 등에 드리운 막. ② 선전문 따위를 적어 드리운 막.

현:역(現役)(명) ① 현재 군무에 종사하고 있는 군인. 반) 예비역. ② 현재 어느 일의 한 분야에서 활약하고 있는 사람.

현:장(現場)(명) ① 사물이 현존한 곳. ② 사건이 발생한 곳. ③ 공사장.

현:재(現在)(명) ① 이제. ② 이 세상. 반) 과거.

현 제명(玄濟明)(명) [1902~1960] 우리 나라의 내너 가수이며 작곡가. 작품에

〈현제명〉

는 가극으로 「춘향전」·「왕자 호동」 등과 가곡으로 「고향 생각」 등이 있음.

ㅎ

현:지(現地)[명] 현재 어떤 일이 행하여지고 있는 곳.

현:충-사(顯忠祠)[명] 충청 남도 아산에 있는 이순신 장군의 사당.

현:충-일(顯忠日)[명] 전투 중 전사·순직한 군인이나 경찰·노무자·애국 단체원 등의 충성을 영원히 기념하는 날. 6월 6일

혈관(血管)[명] 혈액을 순환시키는 핏줄.

혈색[—쌕](血色)[명] ① 핏기 ② 살빛.

혈서[—써](血書)[명] 제 몸의 피로 굳은 결의를 나타내려고 쓴 글발, 또 그 쓰는 일.

혈안(血眼)[명] 기를 쓰고 덤비는 핏대 오른 눈.

혈압(血壓)[명] 혈관 속의 피의 압력.

혈액(血液)[명] 피. [예] 혈액형.

혈액-형(血液型)[명] 사람의 혈액 중에서 볼 수 있는 O.A·B·AB의 4형.

혈육(血肉)[명] ① 피와 살. ② 자기가 낳은 자녀. [예] 혈육의 정.

혐의(嫌疑)[명] 죄를 지었으리라고 생각되는 의심.

협동-심(協同心)[명] 서로 마음을 같이 하고 힘을 합치는 마음. [비] 협조심.

협력(協力)[명] ① 힘을 합하여 서로 도움. ② 여러 사람이 공동으로 노력함. [비] 협동·협조. [~하다]

협박(脅迫)[명] 윽박지르고 누름. [비] 위협. [예] 협박 편지. [~하다]

협상(協商)[명] 협의하여 계획함. [예] 남북 협상. [~하다]

협심(協心)[명] 마음을 서로 합함. [~하다]

협의(協議)[명] 서로 의논함. [예] 앞으로의 계획을 협의하다. [~하다]

협정(協定)[명] 의논하여 결정함.

협조(協助)[명] 힘을 모아서 도움. [반] 방해. [~하다]

협회(協會)[명] 같은 목적을 가진 사람들이 모여서 이룬 단체. [예] 무역 협회.

형(兄)[명] 동기나 같은 항렬에의 자기보다 나이가 많은 사람.

형(兄)[인대] 나이가 엇비슷한 친구의 높임말.

형(型)[명] ①「모형」의 준말. ② =골. ③ 특징을 뚜렷이 나타내고 있는 형태. [예] 스포츠형.

형벌(刑罰)[명] 죄를 저지른 사람에게 주는 벌.

형법[—뻡](刑法)[명] 범죄나 범죄를 저지른 사람에게 주는 형벌을 규정한 법.

형사(刑事)[명] ① 형법의 적용을 받는 사건. [반] 민사. ② 범인의 체포나 범죄의 수사 등에 종사하는 평복 경관.

형성(形成)[명] 어떤 모양을 이

룸. [~하다]

형세 (形勢)圈 형편과 모양. 町 형편.

형식 (形式)圈 겉 모습. 町 격식. 町 내용.

형제 (兄弟)圈 형과 아우. 町 동기.

형태 (形態)圈 사물의 생김새. 例 새로운 형태의 전쟁.

형편 (形便)圈 ① 일이 되어가는 경로 또는 결과. ② 살림살이의 형세. 町 형세. 例 사는 형편이 어렵다.

형형 색색 (形形色色)圈 가지각색. 例 형형 색색의 옷들.

혜:민-국 (惠民局)圈 고려 때 일반인의 병을 고쳐 주기 위하여 설치한 의료 기관. 조선 시대에는 「혜민서」로 이름이 바뀌었음.

혜:성 (彗星)圈 긴 꼬리를 날리며 태양의 둘레를 도는 별.

혜:초 (慧超)圈 [704~ ?] 신라 경덕왕 때의 중. 당나라에 가서 불도를 배웠음. 인디아에서 당나라까지의 여행기「왕오천축국전」이 있음.

혜:택 (惠澤)圈 은혜와 덕택. 町 은혜. 例 문명의 혜택.

호강圈 태평하고 호화로운 생활을 함. 例 호강하며 자라다. [~하다]

호걸 (豪傑)圈 도량이 넓고 기개가 있으며 지용이 뛰어나고 호탕한 남자.

호:국 (護國)圈 나라를 외적으로 부터 지킴. 例 호국정신

[~하다]

호:-기-심 (好奇心)圈 신기한 것을 좋아하는 마음.

호남 (湖南)圈 전라 남·북도 지방을 일컫는 말.

호남 고속 도:로 (湖南高速道路)圈 대전과 순천 사이의 고속 도로. 길이 268km.

호두-나무 (胡
圈 넓은 잎의 큰 키나무. 열매는 호두로 먹을 수 있으며, 나 〈호도나무〉 무는 반질반질 윤이 나서 가구나 그릇을 만드는데 쓰임.

호란 (胡亂)圈 오랑캐로 인하여 일어나는 병란. 例 병자호란.

호:랑-이 (虎狼一)圈 산에 살고 있는 몹시 사납고 무서운 짐승. 범을 달리 이르는 말.

호령 (號令)圈 ① 지휘하는 명령. ② 큰 소리로 꾸짖음. 町 구령. [~하다]

호미圈 김 매는 데 쓰는 농기구.

호반 (湖畔)圈 호수의 가. 〈호미〉

호서 (湖西)圈 충청 남도와 충청 북도를 함께 이르는 말.

호소 (呼訴)圈 딱한 사정이나 억울한 일을 남에게 이야기함. 町 하소연. [~하다]

호수(湖水)뗑 못보다 훨씬 크고 물이 많이 피어 있는곳.

호:외(號外)뗑 중대한 사건이 있을 때 임시로 발행하는 신문이나 잡지.

호:위(護衛)뗑 따라 다니면서 보호하여 지킴. 뗸 경호. [~하다]

호응(呼應)뗑① 부름에 대답함.② 서로 기맥이 통함. 뗸 수재민 돕기운동에 적극 호응하다. [~하다]

호:의(好意)뗑 남에게 보이는 친절한 마음씨. 뗸 선의. 뗺 악의. 뗸 호의에 감사하다.

호:적(戶籍)뗑 호수와 식구별로 기록한 장부. 장적. 뗸 호적 초본.

호:전(好轉)뗑① 무슨 일이 잘 되어 가기 시작함. ② 병증세가 차차 나아 지기 시작함. 뗺 악화. 뗸 사업이 호전되다. [~하다]

호:주(戶主)뗑① 한 집안의 주장이 되는 사람. ② 호주권의 주체가 되는 사람.

호텔(hotel)뗑 서양식의 여관.

호통뗑① 크게 잘못을 꾸짖음.② 대단히 화를 내어 크게 소리침. [~하다]

호:평(好評)뗑 좋게 평판함, 또는 그 평판. 뗸 호평받은 음악회. [~하다]

호화(豪華)뗑 사치스럽고 번화함. 뗸 호화 주택.

호화-롭다(豪華-)뗑 사치스럽고 화려한 데가 있다.

호화 찬:란(豪華燦爛)뗑 매우 화려하고 빛남. 매우 사치스럽고 눈부심.

호화-판(豪華版)뗑① 호화롭게 꾸민 책.② 아주 호화로운 판국.

혹뗑① 병 따위로 근육이 굳어 피부의 한 국부로 툭 불거진 살. ② 타박 따위에 의해서 근육이 한때 부어 오른 것. ③ 방해가 되는 물건.

혹(或)뗔「혹시」의 준말. 뗸 내일은 혹 비가 올지 모른다.

혹독(酷毒)뗑① 정도가 퍽 심함. ② 마음씨나 하는 짓이 매우 악함.

혹서(酷暑)뗑 몹시 심한 더위. 뗸 혹서에 시달리다.

혹시(或是)뗔① 만일에. ② 어떠한 경우에. 뗺 혹. 뗸 혹시 도둑이 아닐까?

혹시(或時)뗔 어떠한 때에. 뗸 간혹.

혼-나다(魂-)짜 몹시 놀라거나 무서워서 정신이 빠지다.

혼:동(混同)뗑① 섞어서 하나가 됨.② 뒤섞어 보거나 잘못 판단함. 뗸 물건이 혼동되다. [~하다]

혼:란(混亂)뗑① 이것 저것이 뒤섞여서 뒤숭숭함. ② 뒤범벅이 되어 질서가 없음. 뗸 문란. 뗸 혼란한 사회. 뗺 정연.

혼:성 합창(混聲合唱) 뗑 남녀가 각 성부로 나뉘어 부르는 합창.

다]

혼자[명][부] 단독으로. 자기 한 몸. [비] 홀로.

혼:잡(混雜)[명] ① 뒤섞이어서 복잡함. ② 혼란. [비] 복잡. [예] 혼잡한 교통.

혼잣-말[명] 혼자서 하는 말. 남이 듣든 말든 혼자서 중얼거리듯 하는 말. [예] 혼잣 말로 중얼거리다. [~하다]

혼:합(混合)[명] 뒤섞어서 한데 합함. [~하다]

홀랑[부] ① 전부 드러나는 모양. ② 벗어지는 모양. ③ 미끄럽게 뒤집히는 모양. ④ 물건이 구멍보다 작아서 헐겁게 들어가는 모양.

홀로[부] 외롭게. 저 혼자서만. [예] 홀로 걸어간다.

홀-몸[명] 배우자가 없는 사람.

홀-소리[−쏘−][명] 입술·코·목구멍 등에 막히지 않고 순하게 나오는 소리. [비] 모음. [반] 닿소리.

홀-소리 글자[−쏘−짜] (−字)[명] 홀소리의 글자. ㅏ· ㅑ·ㅓ·ㅕ·ㅗ·ㅛ·ㅜ·ㅠ·ㅡ· ㅣ 따위.

홀-수[−쑤] (−數)[명] 둘로 나누어 나머지가 생기는 수. 1·3·5·7… 따위. [비] 기수. [반] 짝수.

홀스타인(네 Holstein)[명] 젖소의 한 종류. 네덜란드 원산이며, 몸에 검고 흰 무늬가 있음.

홀-씨[명] 버섯·고사리·곰팡이 따위의 꽃이 피지 않은 식물에 있어서 씨와 같은 구

실을 하는 것. [비] 포자.

홀-아비[명] 아내를 여의고 혼자 지내는 남자. [반] 홀어미.

홀-어머니[명] 남편이 죽고 홀몸이 된 어머니.

홀연(忽然)[부] ① 문득 얼씬나서는 모양. ② 갑자기 사라지는 모양. [예] 홀연 나타났다 사라지다.

홍길동-전[−똥−] (洪吉童傳)[명] 조선 시대 광해군 때 허 균이 지은 소설. 서울을 배경으로 하여 조선 시대 사회 제도의 모순됨을 파헤친 사회개선 소설임.

홍 난파(洪蘭坡)[명] [1897~1941] 본 이름은 영후. 난파는 호. 와이 엠 씨 에이를 중심으로 음악 방면에 크게 활약하였음. 작품에는 「봉선화」 「성불사의 밤」 등이 있음.

홍-삼(紅蔘)[명] 수삼을 쪄서 말린 붉은 빛깔의 인삼. 약효가 썩 좋다고 함. [반] 백삼.

홍송(紅松)[명] 소나무의 한종류. 재목은 가구의 재료로 씀.

홍수(洪水)[명] ① 비가 많이와서 내나 강에 크게 불은 물. ② 많은 사물의 비유. [예] 홍수의 피해.

홍영식(洪英植)[명] [?~1884] 대한 제국의 끝무렵 사람. 외교관으로 미국에 갔었고 우정국 일을 맡아 보다가 갑신 정변을 일으킴.

홍예(虹霓·虹蜺)[명] ① 무지개.

②무지개 모양의 다리나 문.

홀-몸 명 ①혼자의 몸. 🖲 단신. ②아이를 배지 않은 몸.

홀-이불 [-니-] 명 ①여름에 덮는 얇은 이불. ②이불 안쪽에 시치는 한 겹으로 된 이불.

화:(禍) 명 몸과 마음에나 일에 뜻밖의 변고를 당하여 받는 괴로움이나 해.

화:(火) 명 몹시 못마땅하거나 언짢아서 나는 성.

-화(畵) 그림의 뜻을 나타내는 말. 🖲 정물화.

화:가(畵家) 명 그림을 잘 그리는 사람. 🖲 화백.

화강-암(花岡岩) 명 마그마가 땅 속 깊은 곳에서 식어 굳어진 암석.

화:기(火器) 명 화약의 힘으로 탄알을 멀리 내쏘게 만든 전쟁에 쓰는 기구.

화:기(火氣) 명 ①불의 뜨거운 기운. ②몹시 화를 낸 기운.

화끈 갑자기 몹시 뜨거운 느낌이 일어나는 모양. 🖲 온몸이 화끈하다.

화:-나다(火-) 자 ①몹시 못마땅하여 노하다. ②큰 근심이 있어 마음이 답답하다.

화:-내:다(火-) 자 성을 내다.

화단(花壇) 명 꽃을 심으려고 흙을 한층 높게 쌓아 놓은 곳. 🖲 화단을 예쁘게 꾸미다.

화랑(花郞) 명 신라 때에 얼굴이 잘나고 사내다운 사람을 골라서 노래와 춤과 무예를 가르치고 벼슬을 시켰던 청소년 단체 🖲 국선.

화랑-도(花郞道) 명 화랑이 지켜야 할 도리. 🖲 화랑도 정신.

화려(華麗) 명 빛나고 아름다움. 🖲 찬란. 🖲 소박.

화:력(火力) 명 ①불의 세력. ②총포의 위력. 🖲 화력 발전소.

화:력 발전소 [-쩐-] (火力發電所) 명 불의 힘으로 전기를 일으키는 곳. 🖲 수력 발전소.

화:로(火爐) 명 숯불을 담아 놓는 그릇.

화뢰(花蕾) 명 꽃봉오리.

〈화로〉

화목(和睦) 명 서로 뜻이 맞고 정다움. 🖲 화목한 가정.

화문-석(花紋席) 명 꽃 무늬를 놓아 짠 돗자리. 🖲 꽃돗자리.

화:물(貨物) 명 운반할 수 있는 물건. 🖲 하물.

화백(和白) 명 신라 때의 회의 제도. 씨족 회의에서부터 비롯되어 귀족들이 참가하여 나라의 중요한 일을 의논하였는데 만장일치로 결정하는 것이 특징이었음.

ㅎ

화:백(畵伯) 圐「화가」의 높임말.

화병(花瓶) 圐 꽃을 꽂는 병. 䢒 꽃병.

화분(花盆) 圐 화초를 심는 그릇.

〈화분〉

화:산(火山) 圐 땅 속에서 가스 또는 바위의 녹은 물이 땅 거죽으로 터져 나와서 이루어진 산.

화살 圐 활을 쏘는 데 쓰는 살.

화:석(化石) 圐 지질 시대에 살던 생물의 주검이나 발자취 등이 암석 속에 남아 있는 것.

화:성(火星) 圐 태양에서 4번째의 거리에서 태양둘레를 687일 만에 한 바퀴 돌고 있는 떠돌이별.

화:승-총(火繩銃) 圐 화승(불을 붙게 하는 노끈)의 불로 터지게 하여 쏘는 옛날 총.
〈화승총〉

화:약(火藥) 圐 불이 일며 터지는 물건. 곧 폭발물.

화:약-고(火藥庫) 圐 ① 화약을 저장하는 창고. ② 폭발의 위험성을 내포하고 있는 것.

화:약 수련법[-썹] (火藥修練法) 圐 고려 말의 장군이었던 최무선이 아들 해산에게 물려 준 책 이름. 화약을 만들거나 다루는 법

을 적은 책.

화:염(火焰) 圐 불꽃. 䢒 화염에 싸인 집.

화음(和音) 圐 높낮이가 다른 둘 이상의 소리가 한 때에 함께 어울리는 소리. 䢒 아름다운 화음.

화의(和議) 圐 싸움을 그만두자는 의논. [~하다]

화장(化粧) 圐 얼굴·머리털을 곱게 매만짐. 䢒 단장. 䢒 예쁘게 화장을 하다[~하다]

화장-품(化粧品) 圐 화장에 쓰이는 물건. 크림·분·연지·향수 등.

화:재(火災) 圐 불이 나는 변. 䢒 수재. 䢒 화재 신고.

화:전(火田) 圐 산이나 들에 불을 지르고 파 일구어 농사를 짓는 밭.

화제(話題) 圐 ① 이야기의 제목. ② 이야깃거리. 이야기.

화:주-승(化主僧) 圐 절에서 쓸 돈이나 양식을 집집마다 돌아 다니며 구하는 중. 䢒 시주승.

화:차(火車) 圐 옛날에 적을 불로 공격할 때 쓰던 수레로 된 병기.

화초(花草) 圐 꽃이 피는 풀이나 나무. 䢒 화초를 가꾸다.

화:통(火筒) 圐 기차·기선·공장 등의 굴뚝. 䢒 기차화통.

화평(和平) 圐 ① 마음이 온화하고 태평함. ② 나라 사

이에 평화롭게 지내는 교분. 예화평한 시대.

화:폐 (貨幣) 명 돈. 금화·은화·백동화·동화·지폐따위가 있음.

화:포 (火砲) 명 화약의 힘으로 탄환을 내쏘는 무기를 통틀어 일컫는 말.

화학 (化學) 명 모든 물질의 성질 및 그 화합물의 변화 법칙 등을 연구하는 자연과학의 한 부문.

화학 변:화 (化學變化) 명 모양 뿐만 아니라 물질까지도 완전히 다른 물질로 변하는 현상. 반물리 변화.

화학-사 (化學絲) 명 화학적 가공에 의하여 만들어 내는 실. 나일론실·비닐론실 따위.

화학 섬유 (化學纖維) 명 화학적 제조 공정을 거쳐서 만들어지는 섬유. 나일론·비닐론 등의 섬유.

화합 (化合) 명 두 가지 이상의 물질이 화학 변화로써 새 물질이 되는 현상. 예화합 합성 [~하다]

화해 (和解) 명 다툼질을 그치고 사이좋게 지냄. 예친구와 화해하다.[~하다]

확 부 ① 날래게 덤비는 모양. ② 매였던 것이 별안간 풀어지는 모양. ③ 별안간 불이 일어나는 모양. [~하다]

확대 (擴大) 명 확장하여 크게 함. 반축소 [~하다]

확대-경 (擴大鏡) 명 물체를 확대하여 보는 장치.

확률 (確率) 명 일어나는 모든 경우의 수에 대한 기대되는 경우의 수의 비율.

확립 (確立) 명 확실히 정해져 움직이지 않음. 예확립된 계획 [~하다]

확보 (確保) 명 확실하게 지님. [~하다]

확실 (確實) 명 틀림이 없음. 비정확. 반불확실. 예돌아올 것이 확실하다.

확인 (確認) 명 확실히 인정함. 예생사가 확인되다. [~하다]

환갑 (還甲) 명 예순한 살 되는 돌을 일컫는 말. 비회갑.

환경 (環境) 명 자기를 둘러싸고 있는 모든 것. 자기가 당해 있는 처지. 비주위. 예환경 정리.

환:기 (喚起) 명 불러 일으킴. 예주위를 환기시키다.[~하다]

환:기 (換氣) 명 탁한 공기와 새 공기를 바꾸어 넣음. [~하다]

환:담(歡談) 명 정답고 즐겁게 하는 이야기. [~하다]

환도 (還都) 명 국난으로 정부가 딴 곳으로 옮겼다가 다시 본 수도로 돌아감. [~하다]

환:등-기 (幻燈器) 명 강한 불빛을 그림·사진 따위에 대어 크게 비치도록 하는 기계.

환:산 (換算) 명 단위가 다

ㅎ

른 수량으로 고침, 또는 그
계산. [~하다]

환성(歡聲) 圐 기뻐서 부르
짖는 소리. 즐거움을 못 이
겨 부르짖는 소리. 圑 비
명. 圙 기쁨의 환성을 지르
다.

환:송(歡送) 圐 기쁘게 보냄.
圕 환영. [~하다]

환심(歡心) 圐 즐겁게 여기
는 마음.

환영(歡迎) 圐 기쁜 마음으
로 맞음. 圑 영접. 圕 환송.
[~하다.]

환원(還元) 圐 ① 본래의 모
습으로 돌아감. ② 산소와
의 화합물이 산소를 잃는
변화. 圕 산화. [~하다]

환:자(患者) 圐 병을 앓는 사
람. 圑 병자. 圙 환자 간호.

환조(丸彫) 圐 물체의 형상을
어느 방향에서도 볼 수 있
도록 새기는 조각법의 한
가지.

환:-하다 圐 ① 앞이 탁 틔어
서 막힌 것이 없다. ② 매
우 밝다. ③ 얼굴이 보기에
말쑥하고 잘 생기다.

환호-성(歡呼聲) 圐 기뻐서
부르짖는 소리.

환:희(歡喜) 圐 즐겁고 기쁨.
圙 합격 소식에 온 집안이
환희에 차다.

환:-히 圕 맑고 밝게. 또렷하
게. 圕 훤히.

활 圐 화살을 메워서 쏘는 무
기.

활개 圐 ① 새의 두 날개. ②
사람의 두 팔.

활기(活氣) 圐 ① 싱싱한 기
운. ② 활발한 기개. 圑 활
발. 생기. 圙 활기찬 젊음.

활동[-똥](活動) 圐 ①
활발하게 움직임. ② 사회
에 나가서 업무에 힘을 다
하여 수완을 나타냄. 圑
활약. [~하다]

활동력[-똥-](活動力)
圐 활동하는 힘.

활동 사진[-똥-](活動寫眞)
圐 =영화.

활동-성[-똥썽](活動性)
圐 활발히 움직이는 성질.

활로(活路) 圐 살아날 길.
생활의 길.

활발(活潑) 圐 기운차게 움
직이는 모양. 圙 활발한 움
직임.

활석[-썩](滑石) 圐 겉이
반질반질하고 바탕이 무른
광물. 약품·칠감 등에 많이
쓰임.

활약(活躍) 圐 힘차게 활동
함. 기운차게 뛰어 다님.
圙 눈부신 활약으로 우승을
거두었다. [~하다]

활엽-수(闊葉樹) 圐 잎이 넓
고 편편한 나무의 종류. 圕
침엽수.

**활자[-짜]
(活字)** 圐
인쇄에 쓰
기 위하여
글자모양으
로 만든 쇠
붙이.

〈활자〉

활주-로[-쭈-](滑走路)

명 비행장 안에 닦아 놓은 비행기가 뜨고 내리는 길 바닥.

활짝 부 ① 문 등이 시원스럽게 열린 모양. ② 매우 넓고 멀리 트인 모양. 비 활 짝. 예 활짝 갠 하늘.

황(黃) 명 낮은 온도에서 녹고, 독특한 냄새를 내며 타는 물질. 노란색의 고체이며, 잘 부서짐. 화약·성냥 등의 원료로 쓰임.

황공 (惶恐) 명 높은 자리에 눌리어서 두려움. 비 황송. 예 황공한 말씀.

황금(黃金) 명 ① 빛이 노랗고 아름다운 귀한 쇠붙이. 비 순금. ② 돈.

황급 (遑急) 부 매우 급함. 비 황망. 예 전보를 받고 황급히 달려갔다.

황녀 (皇女) 명 황제의 딸. 반 황자.

황무-지 (荒蕪地) 명 손을 대지 않고 버려 둔 거칠어진 땅. 비 불모지. 반 옥토. 예 황무지를 개척한다.

황산-벌 [- 뻘] (黃山 -) 명 지금의 충남 연산 벌판. 백제 의자왕 때 계백 장군이 결사대 5천을 거느리고 신라의 5만 대군을 맞아 겨루었던 곳.

황:-새 명 황새과에 속하는 새. 온 몸이 희고 부리·목·다리가 김.

황송 (惶悚) 명 높은 위엄에 눌리어서 매우 두렵고 거북함. 비 죄송. 황공. 예 걱

정을 끼쳐서 황송합니다.

황숙-기 (黃熟期) 명 벼나 보리 따위가 누렇게 익는 시기.

황 순:원 (黃順元) 명 [1915 ~] 우리 나라 소설가. 단편 소설집으로「기러기」·「곡예사」, 장편 소설로는「카인의 후예」·「별과 같이 산다」등이 있음.

황실 (皇室) 명 황제의 집안. 비 왕실.

황-인종 (黃人種) 명 「황색 인종」의 준말.

황제 (皇帝) 명 천자. 임금.

황-태자 (皇太子) 명 황위를 이을 황자. 동 태자.

황토 (黃土) 명 누르고 거무스름한 흙.

황-해(黃海) 명 우리 나라 서쪽에 있는 바다. 서해.

황해:-도 (黃海道) 명 경기도와 평안 남도 사이에 있는 도.

황혼(黃昏) 명 ① 해가 지고 어둑어둑할 때. ② 한창인 고비를 지나 쇠퇴하여 종말에 이른 때.

황홀(恍惚·怳惚·慌惚) 명 ① 정신이 홀릴 만큼 찬란함. 예 황홀한 꿈 ② 광채가 어른어른 하여 눈이 부심. 비 찬란.

황후 (皇后) 명 황제의 본아내. 비 왕후. 반 황제.

홰 명 새장이나 닭장 속에 가로 지른 나무 막대기.

홰:-나무 명 잎이 넓은 큰키나무. 8월에 연한 노랑빛

ㅎ

의 꽃이 피고 10월에 열매를 맺음. 재목은 가구 및 숯의 재료로 씀.

핵 團 ① 망설이지 않는 시원스러운 모양. ② 일을 재빠르게 해서 치르는 모양. ③ 물건을 힘차게 돌리거나 던지는 모양. 圆 핵 던져 버리다.

햇-불 圈 홰에 켠 불. 田 거화.

회:(會) 圈 공동 목적을 위한 여러 사람의 모임, 또는 그 단체. [~ 하다.]

회(回) 圈冠 ① 몇 번 임을 세는 말. ② 돌림 회수.

회갑(回甲) 圈 환갑.

회:개(悔改) 圈 잘못을 뉘우치고 고침. 圆 회개하고 돌아오다. [~ 하다.]

회:견(會見) 圈 서로 만나봄. 田 회합. 圆 기자 회견. [~ 하다.]

회:계(會計) 圈 ① 잘 따져서 셈함. ② 금품 출납의 사무. ③ 한데 몰아서 셈침. ④ 물건 값을 치러 주는 일. [~ 하다.]

회고(回顧) 圈 ① 돌아다 봄. ② 지난 일을 생각하여 봄. 田 회상. 圆 지난 날을 회고하다. [~ 하다.]

회고-록(回顧錄) 圈 지난 일을 회고하여 적은 기록.

회:관(會館) 圈 여러 사람이 모여서 회의를 할 수 있도록 만든 집. 圆 부녀 회관.

회:담(會談) 圈 만나서 이야기함, 또는 그 일. 田 회의. 圆 적십자 회담 [~ 하다.]

회답(回答) 圈 물음에 대한 대답. [~ 하다.]

회람(回覽) 圈 여러 사람이 차례로 돌려 가며 봄. [~ 하다.]

회복(回復) 圈 이전의 상태와 같이 됨. 圆 건강이 회복되다. [~ 하다.]

회복(恢復) 圈 쇠퇴하여진 국세·가세·병세 등이 이전의 상태와 같이 바로잡힘. [~ 하다.]

회분(灰分) 圈 뼈·피·소화액 등을 이루는 칼슘·철·인·요오드·나트륨 등을 통틀어서 이르는 말.

회:비(會費) 圈 회의 경비로 쓰려고 회원에게 걷는 돈. 圆 회비로 충당하다.

회:사(會社) 圈 돈을 벌기 위해 여러 사람이 모여 만든 단체. 圆 회사를 그만두다.

회상(回想) 圈 지나간 일을 돌이켜 생각함. 田 회고. 圆 학창 시절을 회상하다. [~ 하다.]

회오리-바람 圈 갑자기 빙빙 돌며 사납게 일어나는 바람. 田 선풍.

회:원(會員) 圈 어떤 회를 조직한 사람들.

회:원-국(會員國) 圈 국제적인 조직체의 구성원이 되어 있는 나라.

회:의(會議) 圈 여러 사람이 모이어 의논함, 또는 그 모임. 圆 직원 회의. [~ 하다]

회의(懷疑) 圈 의심을 품음. [~ 하다.]

회ː의-록(會議録) 명 의사의 기록. 회의의 전말을 적은 기록.

회ː장(會場) 명 회의를 하는 곳.

회ː장(會長) 명 회의 일을 대표하는 사람. 예 회장 선출.

회전(回轉·廻轉) 명 빙빙 돌아서 구르는 일. 또는 굴림. [～하다.]

회중 시계(懷中時計) 명 몸에 지니고 다니는 작은 시계. 비 몸시계.

회중 전ː등(懷中電燈) 명 손전등.

회충(蛔蟲) 명 거위.기생충.

회ː칙(會則) 명 회의 규칙. 비 회규. 예 회칙준수.

회포(懷抱) 명 마음 속에 품은 생각. 비 감회. 예 회포를 풀다.

회피(回避) 명 ① 몸을 피하여 안 만남. ② 책임을 지지 아니하고 피함. ③ 일하기를 꺼림. [～하다.]

회ː합(會合) 명 여러 사람들의 모임. [～하다.]

획(畫) 명 한자 글씨에서 한 번 그은 줄이나 점을 가리키는 말.

획득(獲得) 명 얼어서 가짐. 예 올림픽에서 금메달을 획득하였다. [～하다.]

횟-가루(灰-) 명 석회의 가루.

횡단(橫斷) 명 ① 가로 끊음. ② 가로 지나감. 예 횡단 보도 [～하다.]

횡사(橫死) 명 뜻밖의 재앙으로 죽음. [～하다]

횡재(橫財) 명 뜻밖에 재물을 얻음. 또는 그 재물. 예 뜻밖에 횡재를 하다. [～하다]

효ː(孝) 명 부모를 잘 섬기는 일. 반 불효 [～하다.]

효ː과[-꽈] (效果) 명 ① 보람이 드러나는 일. ② 좋은 결과. 보람이 있는 결과. 비 효력.

효ː과 음악[-꽈-] (效果音樂) 명 연극·영화·방송 등에서 장면의 효과를 높이기 위해 내는 음악.

효ː녀(孝女) 명 부모를 잘 섬기는 딸. 예 효녀 심청.

효ː능(效能) 명 효험이 나타나는 능력.

효ː도(孝道) 명 부모를 잘 섬기는 도리. 비 효심. 효성. 예 부모에게 효도하다.[～하다]

효ː력(效力) 명 ① 보람. ② 공로. ③ 효과를 나타내는 힘.

효ː성(孝誠) 명 마음을 다하여· 어버이를 섬기는 정성. 비 효심. 효도. 반 불효 예 지극한 효성.

효ː심(孝心) 명 부모에 대하여 지성으로 섬기는 마음. 효도하는 마음. 비 효성.

효ː율(效率) 명 기계가 하는 일과 기계에 공급된 모든 에네르기와의 비율.

효ː자(孝子) 명 부모를 잘 섬기는 아들.

효ː종(孝宗) 명 [1619~1659]

조선 제17대 왕. 청나라에 볼모로 잡혀 갔다 돌아온 후 인조의 뒤를 이어 왕위에 올랐음. 북벌 계획을 세웠으나 뜻을 이루지 못했음.

효:험 (效驗)명 일의 좋은 보람. 일의 효과. **예** 효험이 있는 약.

후: (後)명 ① 다음. ② 뒤. ③ 「추후」의 준말.

후:계-자 (後繼者)명 뒤를 잇는 사람.

후:년 (後年)명 ① 다음 다음 해. **비** 내명년. 내내년. **반** 재작년. ② 뒤에 오는 해.

후두두 빗방울이나 자잘한 돌등이 갑자기 떨어질 때 나는 소리. **예** 후두두 빗방울이 떨어지다.

후들-거리다재 ① 분이 나서 온몸을 자꾸 벌벌 떨다. ② 물기나 먼지를 쓴 짐승이 그 묻은 것을 자꾸 떨어 내다.

후려 내:다타 남의 정신을 호리게 하여 마구 빼앗아 내다.

후루루부 ① 호루라기나 호각 따위를 부는 소리. ② 종이나 가랑잎 따위가 이내 타 버리는 모양.

후루룩부 ① 날짐승이 날개를 별안간 가볍게 치며 나는 소리. ② 묽은 죽 따위를 서둘러서 들이마시는 소리.

후룩-후룩부 묽은 죽 같은 것을 야단스럽게 들이마시는 소리. 「후루룩후루룩」의 준

말. **예** 국물을 후룩후룩 마시다.

후릿-그물명 바다나 큰 강물에 넓게 둘러치고 여러 사람이 그물의 두 끝을 끌어 당기어 물고기를 잡는 큰 그물.

후:면 (後面)명 ① 뒤의 면. ② 뒤쪽에 있는 면. **비** 뒷문. **예** 후문으로 나가다.

후:문 (後門)명 뒤 쪽에 난 문.

후:미 (後尾)명 ① 뒤쪽의 끝. ② 대열의 맨 끝.

후:반: (後半)명 반으로 가른 뒷부분.

후:-반기 (後半期)명 한 기간을 둘로 가른 것의 뒤의 반기. **예** 후반기에 접어 들면서 부터 어려워졌다.

후:반-전 (後半戰)명 운동 경기의 경기 시간을 앞뒤로 갈랐을 경우의 나중의 경기. **반** 전반전.

후:방 (後方)명 ① 중심 으로 부터의 뒤 쪽. ② 일선보다 훨씬 뒤쪽의 안전한 곳. **반** 전방.

후:배 (後輩)명 ① 학문·나이 따위가 자기보다 낮거나 적은 사람. ② 학교 따위를 자기보다 뒤에 나온 사람. **반** 선배.

후:-백제 (後百濟)명 [892~936] 후삼국의 하나. 신라 말기에 완산주(지금의 전주)에서 견훤이 세운 나라.

후:버-댐 (Hoover Dam)명 미국 애리조나 주와 네바다 주의 경계에 있는 콜로

라도강에 다목적으로 만든 큰 수력 발전소

후보(候補)몡 ① 어떤 자리에 나아가기를 바람. 또는 그 사람. ② 장래에 어떤 자리에 나아갈 자격이 있음. 또는 그 사람. 예 후보 선수.

후:부(後部)몡 ① 뒤에 있는 부분. ② 대오나 행렬의 뒤의 부분.

후비다퇸 ① 구멍이나 틈 속을 넓게 파내다. ② 일의 속 내용을 자세히 캐다.

후:생(厚生)몡 ① 건강을 증진하는 일. ② 살림이 넉넉해지도록 하는 일. 예 후생 시설.

후:세(後世)몡 ① 뒤의 세상. ② 죽은 뒤에 오는 세상. 圓 내세. 맨 전세. 예 후세에 길이 남을 공훈.

후:손(後孫)몡 몇 대가 지나거나 또는 자기 대로부터 뒤의 자손. 맨 선조.

후:열(後列)몡 뒤로 늘어선 줄. 맨 전열.

후:원(後援)몡 뒤에서 도와줌. 圓 응원. 원조. 예 후원회[~하다]

후유웹 ① 일이 몹시 고될 때에 힘에 지쳐서 내는 소리. ② 어려운 일을 끝내고 안심하는 뜻으로 숨을 크게 내쉬는 소리.

후:일(後日)몡 뒷날.

후:진-국(後進國)몡 문명이 다른 나라보다 뒤떨어진 나라. 맨 선진국.

후:퇴(後退)몡 뒤로 물러감. 圓 퇴각. 맨 전진. [~하다]

후:-하다(厚一)혱 ① 인심이 좋다. ② 얇지 않고 두껍다. ③ 정이 두텁다. 맨 박하다. 예 후하게 대접하다.

후:항(後項)몡 뒤에 적힌 조항. 맨 전항.

후:환(後患)몡 사물에 대한 뒷날의 걱정과 근심.

후:회(後悔)몡 전날의 잘못을 깨닫고 뉘우침. 圓 참회. 예 잘못을 후회하다. [~하다]

후:-히(厚一)튄 많고 넉넉하게. 맨 박하게.

훈:계(訓戒)몡 잘 알아 듣도록 타이름. 예 싸운 두 학생을 훈계하다. [~하다]

훈:련(訓鍊·訓練)몡 ① 무술을 연습함. ② 가르쳐 익게함. [~하다]

훈:련-원(訓練院)몡 조선 시대 때 군인들의 재주를 시험보거나 싸우는 힘을 익히는 일을 맡아 보던 곳.

훈:민 정:음(訓民正音)몡 조선 4 대 세종 대왕이 지은 우리 나라 글자.모음 11 자, 자음 17 자로 되었음.

훈:시(訓示)몡 ① 가르쳐 보임. ② 아래 사람에게 주의 사항을 일러줌. [~하다]

훈훈-하다(薰薰一)혱 견디기 알맞게 덥다. 예 방 안이 훈훈하다.

훌륭-하다혱 ① 매우 좋다. ② 칭찬할 만하다.

홀쩍튄 ① 단번에 가볍게 날아오르거나 뛰는 모양. ②

콧물을 들이마시는 모양.

홀쭉-하다[형] ① 가늘게 보이다. ② 몸피가 가늘고 길다. 예 키가 홀쭉하다.

훌-훌[부] ① 큰 날짐승이나 가벼운 물건이 나는 모양. ② 큰 사람이나 짐승이 가볍게 뛰어넘는 모양.

훑다[타] ① 물건을 무슨 틈에 끼워 잡아당기다. ② 겉에 붙은 것을 떼어 없애다. 예 벼를 훑다.

훑어-보다[타] 위 아래로 자세히 눈여겨 보다.

훔쳐 먹다[타] 남의 것을 몰래 후무리어 먹다.

훔치다[타] ① 물기나 때를 닦아 내다. 예 행주로 상을 훔치다. ② 남의 물건을 후무리어 몰래 가지다.

훔켜-잡다[타] 단단하게 움켜 잡다.

훔켜-쥐다[타] 단단하게 움켜 쥐다.

훤:-하다[형] ① 앞이 탁 티어 넓고 아득하다. ② 달빛 따위가 어슴푸레하게 밝다.

훨씬[부] ① 생각보다 좀 크고 넓게. ② 어느 대충 이상으로 매우 많거나 적게. 예 생각보다 훨씬 좋다.

훨쩍[부] ① 넓고 멀리 트인 모양. ② 문 따위가 한껏 시원스럽게 열린 모양.

휠:-휠[부] ① 새가 기를 펴고 높이 떠서 날아가는 모양. 예 훨훨 날아가다. ② 불길이 세게 타오르는 모양. 예 불길이 훨훨 타오르다.

훼:방(毁謗)[명] 남이 하는 일을 잘 못하게 함. 비 방해. [～하다]

훼:방-놓다(毁謗—)[타] 남의 일을 헐뜯어 말하여 방해가 되게 하다. 예 일 하는데 훼방 놓다.

휘-감기다[자] ① 휘둘러 칭칭 감기다. ② 정신이 휘둘리다.

휘-감다[—따][타] 칭칭 둘러 감다. 빙빙 돌려 감다.

휘-날리다[자] ① 깃발 따위가 바람에 펄펄 날리다. 예 태극기가 휘날리다. ② 이름 따위를 널리 떨치다.

휘-늘어지다[자] 물기가 없이 아래로 축 늘어지다.

휘다[자] 꼿꼿하던 것이 구부러지다. [타] ① 휘어지게 하다. ② 남을 제게 굽히게 하다.

휘-덮다[타] 온통 뒤덮다.

휘-돌다[자] 어떤 사물을 중심으로 하고 돌아가다.

휘-두르다[타] ① 휘어잡고 돌리다. ② 남의 의사를 무시하고 제 뜻대로만 하다.

휘둥그레-지다[자] 뜻밖에 놀라거나 두려운 일이 있어서 눈이 둥그렇게 되다.

휘-말다[타] 제 멋대로 휘어감아 말다.

휘-몰다[타] 제 멋대로 휘어 잡아몰다.

휘-몰아치다[자] 함부로 급히 내몰리게 하다. 예 바람이 휘몰아치다.

휘-묻이(—무지)[명] 묘목을

만드는 한 방법으로, 긴 가지를 어미나무에 붙인 채 구부려서 땅에 묻어 뿌리가 나게 하는 일. [~하다]

휘어-지다 쬐 꼿꼿하던 물체가 약간 구부러지다. ☜ 못이 휘어지다.

휘영청 🖥 ① 확 트이어 시원한 모양. ② 몹시 밝은 모양. ☜ 휘영청 달이 밝다.

휘장(徽章) 🖥 옷·모자 등에 붙여 신분·지위 따위를 나타내는 표.

휘-파람 🖥 입술을 오므리고 혀끝으로 입김을 내불어 소리를 내는 짓. ☜ 휘파람을 불다.

휘:-휘 🖥 ① 여러 번 감거나 감기는 모양. ② 이리 저리 휘두르는 모양.

휘-싸다 🗐 ① 휘휘 둘러 감아서 싸다. ② 드러내지 않고 덮어주다.

휘-쓸다 🗐 ① 모조리 쓸다. ② 행동을 거침없이 제 마음대로 하다.

휴가(休暇) 🖥 ① 학교·직장따위에서 일정한 동안 쉬는 일, 또는 그 겨를. ② 말미.

휴교 (休校) 🖥 ① 학교가 과업을 한동안 쉼. 또는 그런 일. ② 학교의 수업을 학생이 한동안 쉼. [~하다]

휴식(休息) 🖥 일하는 도중 잠깐 쉼. 🕮 휴게. ☜ 휴식을 취하다. [~하다]

휴양 (休養) 🖥 피로나 병의 회복을 위하여 몸을 편히 쉼. 🕮 정양. [~하다]

휴일(休日) 🖥 일을 쉬고 노는 날. 🕮 공일.

휴전 (休戰) 🖥 ① 전쟁을 중지함. ② 교전국이 서로 의논하여 일정한 기간 싸움을 멈추는 일. [~하다]

휴전-선 (休戰線) 🖥 ① 양쪽의 합의에 의하여 이루어진 휴전 중의 군사 경계선. ② 우리 나라와 북한 공산군과의 경계선.

휴전 협정 (休戰協定) 🖥 ① 휴전을 하기로 맺은 합의 사항. ② 1953년 7월 27일에 유우엔군과 공산군 사이에 맺은 협정. ☜ 휴전 협정 체결

휴전 회:담(休戰會談) 🖥 ① 전쟁을 그만두기 위하여 양편이 만나서 서로 의논하는 일. ② 유엔군과 공산군 사이에 휴전을 하기 위한 회담으로서 이 회담 결과 휴전 협정이 맺어졌음.

휴지(休紙) 🖥 ① 못 쓰게 된 종이. ② 밑을 씻거나 코를 푸는 허드렛 종이. ☜ 휴지는 휴지통에 버립시다.

휴지-통(休紙桶) 🖥 못 쓰게된 종이 같은 것을 넣는 그릇.

휴학(休學) 🖥 학업이나 학교를 얼마 동안 쉼. [~하다]

흉 🖥 ① 다친 곳의 나은 자리. ② 비난할 만한 점. 🕮 결점. ☜ 흉터.

흉내 🖥 남의 말이나 행동을 그대로 옮겨 하는 짓. 🕮 모방.

흉내 내다 🔟 남이 하는 언행을 그대로 옮겨 하다.

흉년(凶年)🔟 농작물이 잘 되지 않은 해. 🔟 풍년. 🔟 흉년이 들어 기근이 심하다.

흉-보다 🔟 남의 결점을 들어 말하다.

흉-하다(凶一)🔟 ① 좋지 않다. ② 불길하다. ③ 성질이 나쁘고 거칠다.

흐-느끼다 🔟 흑흑 느끼어 울다. 🔟 슬픈 영화를 보면서 흐느끼다.

흐려-지다 🔟 흐리게 되다.

흐르다 🔟 ① 물이 내려가다. ② 세월이 가다. ③ 액체가 넘치어 떨어지다.

흐리다 🔟 ① 기억력·판단 또는 하는 일이 분명하지 않다. ② 다른 것이 섞이어 맑지 못하다. ③ 눈이나 귀가 똑똑히 보이거나 들리지 않다.

흐리다 🔟 ① 혼적을 지우다. ② 명예를 더럽히다.

흐림🔟 하늘의 70% 이상을 구름이 덮고 있을 경우의 날씨를 나타내는 말.

흐릿-하다 🔟 조금 흐린 듯하다.

흐뭇-하다 🔟 마음이 느긋하여 흡족하다. 🔟 흡족하다. 🔟 하뭇하다. 🔟 기특한 너의 모습에 마음이 흐뭇하다.

호지-부지🔟 끝을 맺지 못하고 흐리멍덩하게 넘겨 버리는 모양. [~하다]

흐트러-지다 🔟 이리저리 엉허어 흩어지다.

호호 🔟 ① 흐뭇하여 입술을 조금 벌릴듯이 하며 은근히 웃는 소리나 모양. [~하다]

흑-백(黑白)🔟 ① 검은빛과 흰빛. 🔟 흑백 영화. ② 옳음과 그름. 🔟 시비. 🔟 흑백을 가리다.

흑색(黑色)🔟 검은빛. 🔟 백색.

흑인(黑人)🔟 흑색 인종에 속하는 사람. 🔟 백인.

흑자(黑字)🔟 ① 검은 글자. 먹으로 쓴 글자. ② 관청이나 은행에서 수입이 지출보다 많아 이익이 생기는 일. 🔟 이익. 🔟 적자.

흑판(黑板)🔟 칠판.

흔들-거리다 🔟 이리저리 움직이다, 또는 움직이게 하다.

흔적(痕跡)🔟 남은 자취. 🔟 범인이 남긴 흔적을 찾았다.

흔-하다 🔟 ① 사물이 넉넉하게 많이 있다. ② 얻기 쉽다. 🔟 드물다. 🔟 그런 모양의 옷은 아주 흔하다.

흔-히 🔟 귀하지 않고 자주 많이. 🔟 흔히 있는 일. 🔟 자주

흘겨-보다 🔟 바로 보지 않고 눈을 옆으로 떠서 노려보다.

흘기다 🔟 못마땅하거나 언짢을 때 눈동자를 옆으로 돌려 보다.

흘깃-거리다 🔟 눈을 자꾸 흘기다.

흘깃-흘깃 흘깃거리는 모양. [~하다]

흘낏-흘낏 눈을 연해 재빨리 흘기는 모양. ❷ 할낏할낏. [~하다]

흘리다 ① 흐르게 하다. ② 물건을 물 속에 빠뜨리어 잃다. ③ 말을 귀담아 듣지 않다. ④ 흘림 글씨를 쓰다.

흙 ① 지구 표면을 이루는 토석의 총칭. ② 바위가 부서져서 가루가 된 것. ❷토양.

흙-덩어리 크게 엉기어 굳어진 흙덩이.

흙-투성이 온 몸에 진흙이 묻은 모습.

흠: (欠) ① 상처의 나은 흔적. ② 완전하지 못한 곳. ③ 물건이 썩거나 좀먹어서 성하지 않은 부분. ④ 결점.

흠뻑 ① 아주 넉넉하게. 흠족하게. ② 흐뭇하게 온통. ❸ 비에 흠뻑 젖다.

흠씬 정도가 차고도 남을 만큼 넉넉하게. ❷ 함씬.

흠:-집 [一찝] (欠一) 흠이 있는 곳.

흡사 (恰似) 거의 같음. 비슷함.

흡수 (吸收) ① 빨아들임. ② 흩어진 물건을 한데 모아들임. [~하다]

흡연 (吸煙) 담배를 피움. [~하다]

흡족 (洽足) 아주 넉넉 하여 조금도 모자람이 없음. ❸ 흡족한 생활.

흥 ① 비웃는 뜻으로 코로 웃는 소리. ② 신이 나서 감탄하는 소리.

흥: (興) 재미나 즐거움을 느끼는 마음.

흥-망 (興亡) 일어남과 망함. ❷ 성쇠.

흥:미 (興味) 마음을 즐겁게 하는 재미. ❷ 재미. ❸ 흥미 있는 놀이.

흥부 (興夫) 우리 나라의 옛날 이야기인 「흥부와 놀부」의 주인공. 마음씨 착한 동생임.

흥부-전 (興夫傳) 조선 시대에 나온 소설. 확실한 연대와 지은이는 모름. 마음씨 착한 흥부와 형인 마음씨 나쁜 놀부의 이야기임. 권선징악적인 교훈 소설.

흥분 (興奮) ① 마음이 벌컥 일어나 동함. ② 자극을 받아 신경이 동작을 일으킴. [~하다]

흥사단 (興士團) 1906년 국내에서 조직된 독립 운동 단체인 신민회의 후신으로 1913년 안창호가 미국 로스앤젤레스에서 조직한 민족 혁명 수양 단체.

흥정 ① 물건을 사고 파는 일. ② 물건을 사고 팔기 위하여 품질이나 값 등을 의논함. [~하다]

흥:-취 (興趣) 마음이 끌릴 만큼 좋은 멋이나 취미. ❷ 흥미.

흥-하다 (興一) ① 번성하여 일어나다. ② 잘 되어 가다. ❸ 망하다. ❹ 나라가 흥하

흥

다.

흘-날리다 困 흩어지게 날리
다.

흩다 目 모인 것을 헤쳐 버리
다.

흩어-지다 困 ① 모였던 것이
헤어지다. ② 물건이 널리
퍼져 헤어지다.

희곡 (戱曲) 图 연극으로서 무
대에 상연될 것을 예상하
여 쓰여진 문학의 한 형식.
⒝ 극본.

희귀 (稀貴) 图 드물어서 매우
귀함. ⒝ 희귀한 보석.

희극 (喜劇) 图 ① 사람을 웃
기는 연극. ② 웃음거리가
되는 사건. ⒝ 비극.

희끄므레-하다 圈 반반하게
생기고 빛이 좀 흰 듯하다.
⒝ 색깔이 희끄무레하다..

희로 애락 (喜怒哀樂) 图
기쁨과 노여움과 슬픔과
즐거움. 곧 사람의 온갖 감
정.

희다 圈 눈빛과 같다.

희롱 (戱弄) 图 장난 삼아 놀
리는 짓. [～하다]

희망 (希望) 图 기대하여 바
람. 앞으로 이루고자 하는
일에 대한 소원. ⒝ 소망.
⒝ 절망, 실망. [～하다]

희미 (稀微) 图 또렷하지 못함.
똑똑하지 않고 어슴푸레함.

희번덕-거리다 目 ① 희번드
르르하게 번덕이다. ② 눈
을 크게 뜨고 흰자위를 자
꾸 움직이다. ⒞ 해반닥거
리다.

희-비 (喜悲) 图 기쁨과 슬픔.

희사 (喜捨) 图 남을 위하여
기꺼이 재물을 내어 놓음.
⒝ 고아원에 피아노를 희사
하다. [～하다]

희생 (犧牲) 图 남을 위하여 몸
을 바쳐 모든 것을 돌보지
않음. ⒝ 헌신. [～하다]

희-소식 (喜消息) 图 기쁜 소
식. 좋은 기별.

희:열 (喜悅) 图 기쁨과 즐거움.
희락.

희화 (戱畵) 图 장난으로 그린
익살스러운 그림.

흰-불나방 图
미국이 원
산인 희고
작은 나방
의 하나. 농
작물의 잎
을 갉아 먹
는 해충임.

〈흰불나방〉

흰-인 (一燐) 图 공기 가운데에
서 잘 타며, 흰 연기를 내
는 화학 원소.

흰-자 图 ① 알의 노른자를 싸
고 있는 물질. ⒝ 노른자.
② 「흰자위」의 준말.

흰-자위 图 ① 눈알의 흰 부분.
⒝ 검은자위. ② 새알이나
달걀 따위의 속에 노른자
를 싸고 있는 물질.

흰자-질 (一質) 图 ＝단백질.

히로시마 (廣島) 图 일본 히로
시마현 서남부에 있는 큰
도시. 1945년 8월 6일 세계
최초로 원자탄이 투하되어
약 20만 명이 죽었음.

히말라야 산맥 (Himalaya 山
脈) 图 인디아와 중국·티벳

과의 사이에 있는 큰 산맥.

히어로 (hero) 圓 ① 영웅. ② 인기를 모으고 있는 사람. ③ 소설·회곡 등의 남주인공.

히죽 團 흡족한 듯이 잠깐 웃는 모양. 顫 해죽.

히트 (hit) 圓 ① 야구에서의 안타. ② 크게 인기를 끎. ③ 대성공. 顫 크게 히트한 노래. [~하다]

히트 송 (hit song) 圓 인기를 끈 노래.

히히 團 남을 놀리듯이 해낙낙하여 까불거리며 웃는 소리. 顫 해해. 顫 히히 거리며 웃다. [~하다]

힌두-교 (Hindu 敎) 圓 인디아에서 많이 믿고 있는 인디아 고유의 종교. 인도교.

힌트 (hint) 圓 =암시.

힐난 (詰難) 圓 결점을 따져 비난함. [~하다]

힐책 (詰責) 圓 잘못을 따져 꾸짖음. [~하다]

힘 圓 ① 변화를 일으키게 하는 작용. ② 도움이 되는 것. ③ 능력. 세력. ④ 남의 일을 도와 주려는 노력. ⑤ 폭력.

힘-겹다 휑 힘에 벅차다. 顫 힘겨운 일.

힘-껏 團 있는 힘을 다하여. 顫 힘껏 뛰어라.

힘-들다 困 ① 힘이나 마음이 쓰이다. ② 하기에 어렵다. ③ 몹시 수고가 되다.

힘-부치다 휑 어떤 일에 힘이 모자라다.

힘-살 [-쌀] 圓 몸의 연한 부분을 이루고 있는 심줄과 살. 顫 근육.

힘-세다 困 힘이 많아서 억세고 세차다.

힘-쓰다 巨 ① 힘을 들여서 하다. ② 고난을 참아가며 부지런히 해나가다. ③ 남을 도와 주다.

힘-입다 困 남의 도움을 받다.

힘-주다 困 어려운 고비 등에 힘을 한데 몰아 쓰다.

힘줄 [-쭐] 圓 힘살의 밑바탕이 되는 희고 질긴 살의 줄.

힘줌-말 圓 뜻을 강조하여 나타 내는 말.「부딪다」에 대한「부딪치다」따위.

힘-차다 휑 ① 매우 힘이 세차다. 顫 힘차게 걸어가다. ② 힘이 많이 들어 벅차다. 顫 힘없다.

등

부록편

📖 비슷한 말 찾아 보기

ㄱ

각기	각각
각색	갖가지
각처	각지
간간이	이따금
간섭	참견
간신히	겨우
간직	간수
간청	애원
간호	구완
간호사	간호부
간혹	혹간
갈다	일구다
감격	감동
감당	감내
감독	감시
감행	결행
감흥	흥취
갑자기	별안간
갑절	배
강압	억압
강연	연설
강하다	세다
갖은	온갖
개량	개선
개시	시작
개천	개울
객지	타향
거듭	반복
거의	대개
거저	그냥
거절	거부
거지	걸인
격언	금언

견디다	참다
견학	견습
결과	결말
결국	필경
결국	결말
결렬	분열
결백	청백
결혼	혼인
경비	시합
경영	운영
경우	처지
경작	농작
곡조	가락
곤충	벌레
곧	금방/바로
곧잘	제법
곱다	아름답다
공	공훈
공개	개방
공격	공략/돌격
공기	기체
공중	허공
공통	상통
과제	숙제
관가	관청
관리	공무원
광경	정경
광명	희망
광복	해방
광석	광물
교도	지도
국가	나라
국경일	경축일
국력	국세
국민	백성

국외	해외
국토	강토/영토
군사	군대
군중	대중
군함	전함
굳다	단단하다
굴복	복종
궁전	궁궐
권고	권유
권리	권익
귀국	환국
귀족	양반
극본	각본
극진	지극
근대	현대
근래	근간
근로	노동
글	문자
금년	올해
금방	금시
급속히	조속히
기초	토대
깨끗이	말끔히
꽃다발	화환
꽃병	화병
끌다	당기다

ㄴ

나루터	도선장
낙심	실망
남매	오누이
남아	남자
낮익다	익숙하다
내막	내용

냉정	몰인정	동네	마을	무리	떼
넋	영혼/정신	동무	친구	무사	무고
노래	가요	동요	동시	무술	무예
노력	진력	동지	동료	물론	무론
노소	노유	두렵다	무섭다	물음	질문
노인	늙은이			미처	아직
논두렁	논둑				
논의	의논	**ㅁ**			
농사	농업				
농사철	농기	마당	뜰	**ㅂ**	
농토	농지	마련	준비		
눈병	안질	마을	동네	바치다	드리다
뉘우침	후회	마음	정신	반	학급
늘	항상	마중	출영	반드시	꼭
		마치	흡사	발견	발명
		막	장막	밝다	환하다
ㄷ		만고	천고/만대	방안	실내
		만족	흡족	방해	훼방
다대수	대다수	말기	말엽	방황	방랑
다만	단지	말소리	음성	버릇	습성
단결	단합	망신	창피	범상	평범
단숨에	한달음에	맵시	모양	법칙	규칙
단정	단아	먼저	우선	별명	별칭
단체	집단	메	산	병사	군사
달빛	월광	명랑	쾌활	병원	의원
닭장	닭집	명마	준마	보름달	만월/망월
담당	담임	명예	영예	보물	보석/보배
당부	부탁	명절	명일	보복	앙갚음
당시	당대	모습	모양	보통	예사/평범
대단히	광장히	모욕	치욕	보호	옹호
대답	응답	모집	수집	복잡	번잡
대우	접대/대접	목숨	생명	본보기	표본/모범
대조	비교	몸	신체	봄바람	춘풍
대표	책임자	몸소	친히	부강	부유
도덕	도리/윤리	몸짓	행동	부근	근처
도로	길	묘목	모나무	부부	내외
도시	도회지	무덤	뫼/산소	부유	풍족
도중	중도	무력	완력	부인	아내
독립	자립	무렵	즈음	부자	부호
				부활	소생

분간	구별	선생님	스승님	실정	형편
불만	불평	선원	뱃사공/선인	실현	실천
불안	걱정	성가시다	귀찮다	쓰라림	고통
비난	비방	성의	정성		
비로소	처음으로	세력	권력/권세	**ㅇ**	
비록	다만	세자	태자		
비밀	기밀	세차다	힘차다	아군	우군
비하다	견주다	소모	소비	아무리	암만/비록
비행기	항공기	소문	풍문	아우	동생
빈곤	가난/구차	소용	필요	아직	여태
뽐내다	으시대다	소인	소생	안부	문안/소식
		속국	식민지	알맞다	적절하다
ㅅ		손해	손실	알몸	벌거숭이
		송가	찬송가	야욕	탐욕
사납다	고약하다	쇠다	지내다	약	대략
사리	이치	수복	탈환	양식	식량
사명	임무	수상	시상	어른	성인
사방	사면	수입	소득	어머니	모친
사연	내용	수줍다	부끄럽다	언제나	항상/늘
사용	이용	수집	채집	얼른	빨리
사자	사신	숙망	숙원/소망	여간	보통
사정	형편	순서	차례	역사	청사
사투리	방언	숨기다	감추다	연장	기구/연모
사회	집단	숭배	숭상/존경	연합	연맹
산	메	숲	삼림	염려	우려/걱정
산골	두메	슬기	꾀/재주	영광	영예/광영
산책	산보	습격	기습	영향	반향
산천	강산	승패	승부	영혼	넋
상급	고급	시골티	촌티	영화	활동사진
상대	대상	시늉	흉내	예전	그전/옛날
상업	장사	시일	날짜	예절	예의
상쾌	유쾌	시작	개시/시초	오로지	오직
상태	처지	식구	가족	오후	하오
생명	목숨	식량	양식	오히려	도리어
생산	산출	신비	신기	올	금년
생전	평생	신앙	종교	옷	의복
서울	수도	실망	낙망	완쾌	쾌유
선	금	실상	사실	왕	임금

왕실	황실	잇달아	연달아	정열	열정
왕위	왕자/제위			정원	뜰
요구	청구	**ㅈ**		정치	정사/통치
요란	소란			정확	확실
욕심	욕망	자기	자신	제공	제출
용감	용맹/과감	자랑하다	뽐내다	제작	제조
용기	패기/용맹	자립	독립	제창	주창
우대	후대	자연	천연	제한	한정
우두머리	대장	자장가	자장노래	조목	조항
우두커니	멀거니	자주	자꾸/흔히	조사	검사
우승	승리	작년	지난해	조절	조정
운명	숙명/운수	작별	이별	존중	존대/존귀
원래	본래	잡음	소음	종숙	당숙
원시	야만	장군	장수	종종	가끔
월급	봉급	장님	소경	죄송	황송
위급	위태	장사	상업	주둥이	부리
위독	위급	장수	상인	주목	주시
위치	방위	장식	치장	주일	주간
유래	내력	장하다	훌륭하다	주장	주창
유엔	국제연합	재	고개	중	승려
육중하다	무겁다	저금	저축/예금	중단	중지
은혜	혜택	적	원수	중도	중간
의견	의사	적군	적병	중심	중앙
의식	정신	전래	전승	중요	소중/중대
의욕	욕망	전멸	몰살	지난날	과거
이동	이사/이전	전선	일선	지역	지방/구역
이루	도저히	전연	전혀	지저분하다	더럽다
이바지	공헌	전원	시골/농촌	지휘관	지휘자
이의	이득/유익	전황	전세	진보	발달
이해	해석/양해	절대로	도저히	진심	진정
의숙	능숙	절찬	극찬	진찰	진단
인도자	안내자	점령	함락	진행	수행
인물	인재	점점	점차/차차	질문	질의
일반	보통	정리	정돈	집안	가정
일생	평생	정말	참말		
일지	일기	정복	정벌	**ㅊ**	
일치	합치	정세	형세		
입선	당선	정신	영혼/넋	차도	찻길

🥿 반대말 찾아 보기

가치	무가치	꿈	현실	도움	방해
간간이	자주	끊다	잇다	도착	출발
간섭	방임/불간섭	끌다	밀다	독창적	모방적
간접	직접			독특	평범
감시	방임/방관	**ㄴ**		동양	서양
개교	폐교			동지	원수
개선	개악	나	너	동해	서해
개화	미개	나가다	들어오다	두메	벌판
객차	화차	나중	처음/먼저	뒤뜰	앞뜰
걱정	안심	낙원	지옥	뒷산	앞산
건강	허약	난류	한류	들	산
건설	파괴	남서	북동	따로	함께
결과	원인	남아	여아	딸	아들
결렬	합의/통합	낭비	저축/절약	땅	하늘
결정	미정	낮	밤		
겸손	불손/거만	낱낱이	통틀어	**ㅁ**	
계속	중단	내용	형식		
계획	무계획	내일	어제	마녀	선녀
고상	비열/저속	넋	육체	마중	배웅
고원	평야/평원	넓다	좁다	만점	영점
고지	평지	녹다	얼다	만족	불만
고초	안락	녹슬다	윤나다	많다	적다
골짜기	봉우리	놀다	일하다	말기	초기
공개	비밀	느리다	빠르다	말엽	초엽
공격	방어	늘	이따금	매국	구국
공주	왕자	능력	무능력	매다	풀다
공통	특수			먼저	나중
관심	무관심	**ㄷ**		멥쌀	찹쌀
광명	암흑			멸시	우대
괴상	평범	다르다	같다	명령	복종
구별	혼동	다수	소수	모욕	영예
구석	복판	단결	분열	모음	자음
국제	국내	단념	미련	무능	유능
굳다	무르다	닫다	열다	무리	순리
권리	의무	달님	해님	무시	중시
귀엽다	얄밉다	대강	세밀히	무식	유식
기억	망각	대신	몸소	무의	유익
기한	무기한	대접	푸대접	무한	유한

묶다	풀다	복판	둘레	소년	소녀
문란	정연	본부	지부	소리글	뜻글
문명	미개	부결	가결	속	겉
문제	해답	부분	전체	속박	자유/해방
문화	야만	부인	부군	쇠약	건강
물음	대답	북극	남극	수공업	기계공업
미래	과거	문명	불명	수집	배부
미소	폭소	분열	통일	수평선	지평선
민주	독재	분주	한다	숭배	경멸
믿음	의심	불안	안심/평안	승전	패전
밀물	썰물	불쾌	유쾌	시간	공간
		비극	희극	시골	도시
ㅂ		비난	찬송/찬양	시상	처벌
		비밀	공개	시외	시내
		비싸다	싸다	시초	종말
밖	안	빈궁	부유	식목	벌목
반대	찬성			식물	동물
반사	직사			신사	숙녀
받다	주다	**ㅅ**		실시	폐지
발달	퇴보			실패	성공
발표	비밀	사나이	계집	심다	캐다
밤	낮	사납다	온순하다	쌓다	헐다
방비	공격	사망	출생		
방송	청취	사투리	표준말		
방해	협조	사회	개인	**ㅇ**	
배경	전경	산문	운문		
배달	수집	살다	죽다	아군	적군
배웅	마중	삼키다	뱉다	아내	남편
번영	쇠퇴	상륙	이륙	아이	어른
번창	쇠퇴	상쾌	불쾌	악독	인자
벌	상	생산	소비	안	밖
벌써	아직	생전	사후	안심	불안
변화	불변	서산	동산	안전	위협
별명	본명	서양	동양	암탉	수탉
병사	장교	서쪽	동쪽	암흑	광명
보통	특별	선원	선장	압박	해방
보호	박해	성공	실패	앞뜰	뒤뜰
복리	단리	성대	간소	약소	강대
복잡	단순	세차다	잔잔하다	양지	음지

얼다	녹다
욕설	칭송
용감	비굴
우대	천대
유쾌	불쾌
육식	채식
원수	은혜
의심	확신
이동	고정
이래	이전
이전	이후
의숙	미숙
인공	천연
임금	신하
임명	파면
입선	낙선

ㅈ

자연	인공
자유	구속/속박
자음	모음
작다	크다
작별	상봉
장마	가뭄
재미	싫증/고통
저물다	날새다
저축	낭비
적병	아군
전선	후방
절대	상대
절약	낭비
정당	부당
정리	문란
정복	복종
정성껏	함부로
정식	임시
정확	부정확

제자	스승
제한	무제한
조심	방심
졸업	입학
주인	객/손님
준공	착공
중심	주위/주변
즐겁다	슬프다
즐기다	싫어하다
지옥	천당
직선	곡선
진보	퇴보
진심	허위/가면

ㅊ

차도	인도
차이	공통/동일
찬성	반대
참	거짓
참가	불참
참혹	행복
창간	폐간
처녀	총각
처량한	유쾌한
천사	악마
천연	인공
청결	불결
청년	노인/노년
최고	최저
최후	최초
충분	불충분
충성	반역/불충
충신	역적
침침하다	환하다
칭찬	꾸중/비난

ㅋ

캄캄하다	환하다
크다	작다
키다리	난쟁이

ㅌ

타향	고향
탈퇴	가입
통일	분열
특별	보통
특수	일반/평범
틀리다	맞다

ㅍ

파괴	건설
팔다	사다
편리	불편
평범	특수
폭동	진압
풍부	빈곤/부족
필요	불필요

ㅎ

하차	승차
함께	따로
항구적	일시적
항상	가끔
해결	미결
향기	악취
허락	거절
현실	이상
현재	과거
화려	소박
화물선	여객선
후세	전세
희망	낙망/실망

🐢 틀리기 쉬운 말 찾아 보기

가르치다	글을 가르치다.
가리키다	방향을 가리키다.
가엾다	가엾이 된 수재민들.
가없다	가없이 너른 바다.
갖다	다 갖고 오너라.
갔다	학교에 갔다.
같다	키가 똑같다.
갑절	두 갑절(수량의 2배).
곱절	세 곱절, 네 곱절.
거닐다	혼자 공원을 거닐다.
걷다	늦지 않게 빨리 걷다.
거룩하다	거룩한 이순신 장군.
갸륵하다	성품이 갸륵한 소녀.
거저	연필을 거저 얻다.
그저	그저 도움만 바란다.
났다	불이 났다.
낮다	집터가 낮다.
낳다	아기를 낳다.
나르다	비행기가 날라간다.
너머	산 너머 내 고향.
넘어	고개를 넘어가다.
드리다	① 줄을 드리다.
	② 인사를 드리다.
들이다	① 손님을 들이다.
	② 맛을 들이다.
	③ 힘을 들이다.
맞추다	양복을 맞추다.
맞추다	① 부속을 맞추다.
	② 입을 맞추다.
마치다	일을 마치다.
맞히다	① 주사를 맞히다.
	② 구슬로 맞히다.

배다	새끼를 배다.
베다	벼를 베다.
비다	방이 비다.
벌이다	가게를 벌이다.
벌리다	팔을 벌리다.
빗	빗으로 머리를 빗다.
빚	빚을 내다.
빛	푸른 빛/얼굴 빛
빚다	송편을 빚다.
빗다	빗으로 머리를 빗다.
숯	숯에 불을 피우다.
술	머리 술이 많다.
쓸다	마당을 깨끗이 쓸다.
쓿다	쌀을 쓿다.
시키다	공부를 시키다.
식히다	더운 물을 식히다.
~어	되어, 먹어, 기어.
~여	보여주다
	'하여/이어'의 줄임말
얼음	차가운 얼음이 얼다.
어름	책상과 장롱의 어름
짚다	지팡이를 짚다.
집다	집게로 벌레를 집다.
채	산 채로 잡은 다람쥐.
체	몰라도 아는 체 한다.
하므로	공부를 잘하므로
	상을 준다. (…때문에)
함으로	일함으로써 보람을
	느낀다. (…것으로)
한데	힘을 한데 모으자.
한테	친구한테 물어 보자.
한참	학교까지는 한참이다.

🏛 속담 찾아 보기 ----------------------------------

❖ **가랑잎이 솔잎 더러 바스락거린다고 한다.**
  제 허물이 큰 줄은 모르고 남의 작은 허물을 들어 나무라는 어리
  석은 행동을 이르는 말.

❖ **가지 많은 나무 바람 잘 날 없다.**
  가지가 많은 나무는 늘 흔들리듯이 자손이 많은 부모는 항상 근
  심 걱정이 떠나지 않는다는 말.

❖ **간에 가 붙고 쓸개에 가 붙는다.**
  자기에게 조금이라도 이익이 있는 이라면 체면과 지조를 지키지
  않고 아무에게나 아첨하는 것을 이르는 말.

❖ **간에 기별도 안 간다.**
  음식을 조금밖에 먹지 못하여 자기 양에 차지 않은 것 같이 자기
  가 바라는 바에 너무나 어긋날 때 이르는 말.

❖ **남의 집 금송아지가 우리 집 금송아지만 못하다.**
  남의 것이 아무리 좋다고 해도 자기에게는 소용이 없고 나쁜 것
  일지라도 제 것이라야 실속이 있다는 말.

❖ **낮말은 새가 듣고 밤말은 쥐가 듣는다.**
  아무리 안 듣는 데서라도 말을 조심하여야 한다는 뜻. 아무리 비
  밀리 한 말도 반드시 남의 귀에 들어가게 된다는 뜻.

❖ **눈치가 빠르면 절에 가도 새우젓 얻어먹는다.**
  사람은 어떤 경우일지라도 눈치만 빠르면 궁색한 일이 없이 지낸
  다는 말.

❖ **닭 쫓던 개 지붕만 쳐다본다.**
  하려고 애쓰던 일이 실패로 돌아가거나 같이 애를 쓰다가 남에게
  뒤떨어져 어찌할 도리가 없어 민망할 때 이르는 말.

❖ **닭 잡아먹고 오리 발 내놓는다.**
  자기가 저지른 나쁜 일이 드러나게 될 때 어떤 수단을 써서 남을
  속이려 한다는 말.

❖ **도둑이 제 발 저리다.**
  죄지은 자가 그것이 폭로될까 두려워한 끝에 알지 못하는 가운데
  그것을 나타내고야 만다는 뜻.

❖ **뒷구멍으로 호박씨 깐다.**
  겉으로는 어리석은 체하면서 속마음이 엉큼하여 딴짓을 하는 사
  람을 말함.

❖ **드는 정은 몰라도 나는 정은 안다.**
  어떤 사람에게 정이 들 때는 드는 줄 모르게 들어도 정이 나가떨
  어질 때는 역력히 정이 떨어져 간다고 하여 이르는 말.

❖ **딸자식은 도둑년이다.**
  딸은 길러 출가할 때도 많은 것을 해 가지고 가며, 출가 후에도
  친정에만 오면 무엇이나 가지고 가려고 하기 때문에 이르는 말.

❖ **딸이 셋이면 문을 열어 놓고 잔다.**
  딸을 많이 둔 사람이 결혼을 시키고 나면 집안 살림이 몹시 가난
  하여진다는 뜻.

❖ **때리는 시어머보다 말리는 시누이가 더 밉다.**
  겉으로는 위하는 체 하면서 속으로 해하는 사람이 제일 밉다는
  말.

❖ **떡 본 김에 제사 지낸다.**
  무슨 일을 하려고 생각하던 중 꼭 필요한 것을 마침 구하여 그것
  을 치른다는 뜻.

❖ **떡 줄 놈은 생각도 않는데 김칫국부터 마신다.**
  해 줄 사람은 생각지도 않는데 일이 다 된 것처럼 여기고 미리부
  터 기대한다는 뜻.

❖ **똥구멍으로 수박씨 깐다.**
  속이 의뭉스러워 겉으로는 아무렇지도 않은 체하면서 딴짓을 하
  는 사람을 이르는 말.

❖ **똥 묻은 개 겨 묻은 개 나무란다.**
  자기는 큰 흉을 가지고 있으면서 도리어 남의 작은 흉을 본다는
  뜻.

❖ **똥이 무서워 피하나 더러워 피하지.**
  악한 사람을 상대하지 않는 것은 그가 무서워서가 아니라 자기마
  저 나빠질까 봐 피하는 것이라는 뜻.

❖ **말은 할수록 늘고 되질은 할수록 준다.**
  같은 내용의 말이라도 사람들의 입을 통해 전해지면 전해질수록
  과장되며 물건은 옮길수록 줄어든다는 뜻.

❖ **망둥이가 뛰니까 전라도 빗자루가 뛴다.**
  남이 한다고 아무 관련도 없고 그럴 처지도 못 되는 사람이 공연
  히 날뛰는 것을 말함.

❖ **모르면 약이요 아는 게 병.**
  아무것도 모르면 마음이 편하고 좋으나, 무엇을 좀 알게 되면 도
  리어 걱정거리만 되어 해롭다는 말.

❖ **무쇠도 갈면 바늘 된다.**
  단단하고 무딘 쇠도 갈면 가늘고 작은 바늘을 만들 수 있다 함이니
  사람은 어떤 어려운 일이라도 꾸준히 노력하면 이룰 수 있다는 말.

❖ **물은 건너봐야 알고 사람은 지내봐야 한다.**
  사람을 겉으로 보아서는 모르고 서로 오랫동안 같이 지내면서 겪
  어 보아야 바로 알 수 있다는 말.

❖ **미운 놈 떡 하나 더 준다.**
  자기가 미워하는 사람에게 술책상 후환이 없도록 후하게 대하여
  야 한다는 말.

❖ **백지장도 맞들면 낫다**
  아무리 쉬운 일일지라도 혼자 하는 것보다 힘을 합하면 훨씬 더
  효과적이라는 말.

❖ **뱁새가 황새걸음을 걸으면 가랑이가 찢어진다.**
  남이 한다고 하여 제힘에 겨운 일을 억지로 해나가려고 하다가
  도리어 큰 화를 당하게 된다는 말.

❖ **범에게 물려가도 정신을 차려라.**
  아무리 위험한 때를 당하여도 정신만 잘 차리면 살아날 도리가
  생긴다는 말.

❖ **병자랑은 하여라.**
사람의 몸은 중하고 또 중한 것이다.
병들어 남몰래 몸을 상하게 하지 말고 다른 사람에게 이야기하면
좋은 치료법도 알 수 있으니 속히 치료를 받도록 하라는 말.

❖ **불에 놀란 놈이 부지깽이만 보아도 놀란다.**
어떤 일에 몹시 혼이 난 사람은 그에 관련 있는 물건만 보아도 겁
을 낸다는 말.

❖ **빈 수레가 더 요란하다.**
참으로 아는 사람은 가만히 있는데 잘 알지도 못하는 사람이 아
는 체하고 떠든다는 뜻.

❖ **사람은 죽으면 이름을 남기고 범은 죽으면 가죽을 남긴다.**
사람이 살아 있을 때 훌륭하고 착한 일을 해야 후세까지 빛나게
된다는 말.

❖ **산 개가 죽은 정승보다 낫다.**
아무리 천한 신분으로 지내더라도 사는 것이 죽는 것보다 나은
것이니 비관하지 말고 살아가라는 뜻

❖ **소 잃고 외양간 고친다.**
이미 일을 그르친 뒤에 뉘우쳐도 소용이 없다는 뜻이니 평소에
대비를 기하라는 뜻.

❖ **서당 개 삼 년에 풍월을 한다.**
무슨 일 하는 것을 오랫동안 보고 듣게 되면 자연히 무식한 사람
도 견문이 생긴다는 말.

❖ **신선놀음에 도낏자루 썩는 줄 모른다.**
재미있는 일에 온 정신이 팔려 시간 가는 줄 모르고 일의 형편도
모른다는 말.

❖ **십년공부 나무아미타불.**
오랜 시일을 두고 노력해 온 일이 하루아침에 허사로 돌아갔을
때 쓰는 말.

❖ **아이 싸움이 어른 싸움 된다.**
처음에는 아이들끼리 싸우는데 결국 어른들까지 시비를 하게 된
다는 말.

❖ **어느 장단에 춤추랴.**
한 가지 일을 하는데 참견하는 사람이 많아 어느 말을 좇아야 하고 어떻게 해야 할는지 모르겠다는 말.

❖ **어설픈 약국이 사람 죽인다.**
잘 알지도 못하고 능숙하지도 못하면서 아는 체하며 일을 하다가 아주 못 쓰게 그르쳐 버릴 경우에 쓰는 말.

❖ **염불에는 맘이 없고, 잿밥에만 맘이 있다.**
자기가 맡은 일에는 정성이 없고, 자기 욕망을 채우기 위하여 다른 데에만 마음을 쓴다는 뜻.

❖ **올챙이 적 생각은 못 하고 개구리 된 생각만 한다.**
성공을 한 사람이 그 전에 고생하고 미천하던 때를 잊고 오만한 행동을 한다는 뜻.

❖ **우물을 파도 한 우물을 파라.**
어떤 일을 할 때 한 가지 일을 끝까지 철저히 해야 성공할 수 있다는 말.

❖ **윗물이 맑아야 아랫물이 맑다.**
윗사람이 나쁜 짓을 하면 아랫사람도 따라 잘못을 저지르게 된다는 말.

❖ **원님 덕에 나팔 분다.**
다른 사람이 좋은 대접을 받게 될 때 자기도 그 덕택으로 분에 넘친 영광을 받았다는 뜻.

❖ **잘되면 제 탓, 못되면 조상 탓.**
성공한 일에 대해서는 자기의 공로를 내세우고, 실패한 일에 대해서는 그 잘못을 자기 이외에 그 책임을 돌리거나 운명적으로 생각함을 말함.

❖ **절에 가서 젓국을 찾는다.**
당치 않은 곳에 가서 어떤 물건을 찾을 때 쓰는 말.

🏰 수수께끼

❏ **개미네집 주소는?**
   허리도 가늘군 만지면 부러지리.

❏ **타이타닉의 구명보트에는 몇 명이 탈수 있을까?**
   9명 (구명보트).

❏ **금은 금인데 도둑 고양이에게 가장 어울리는 금은?**
   야금야금.

❏ **고기 먹을 때마다 따라오는 개는?**
   이쑤시개.

❏ **별 중에 가장 슬픈 별은?**
   이별.

❏ **진짜 새의 이름은 무엇일까요?**
   참새.

❏ **붉은 길에 동전 하나가 떨어져 있다. 그 동전의 이름은?**
   홍길동전.

❏ **사람의 몸무게가 가장 많이 나갈 때는?**
   철들 때.

❏ **고인돌이란?**
   고릴라가 인간을 돌멩이 취급하던 시대.

❏ **눈치코치란?**
   눈 때리고 코 때리고.

❏ **세상에서 가장 뜨거운 바다는 어디일까요?**
   열바다.

❏ **세상에서 가장 추운 바다는 어디일까요?**
   썰렁해.

❏ **세상에서 가장 추운 바다는 어디일까요?**
   썰렁해.

❏ **세상에서 제일 더러운 집은?**
   똥집.

- ◘ 보내기 싫으면?
  가위나 바위를 낸다.

- ◘ 도둑이 도둑질하러 가는 걸음걸이를 4자로 줄이면?
  털레털레.

- ◘ 서로 진짜라고 우기는 신은?
  옥신각신.

- ◘ 재미 있는 곳은 어딜까?
  냉장고에 잼 있다.

- ◘ '개가 사람을 가르친다'를 4자로 줄이면?
  개인지도.

- ◘ '소가 웃는 소리'를 세 글자로 하면?
  우하하.

- ◘ '황당무계'란?
  노란 당근이 무게가 더 나간다.

- ◘ '천고마비'란?
  하늘에 고약한 짓을 하면 온 몸이 마비된다.

- ◘ 중학생과 고등학생이 타는 차는?
  중고차

- ◘ 왕이 넘어지면 뭐가 될까?
  킹콩.

- ◘ 초등학생이 가장 좋아하는 동네는?
  방학동.

- ◘ 스타들이 싸우는 모습을 뭐라고 할까?
  스타워즈.

- ◘ 라면은 라면인데 달콤한 라면은?
  그대와 함께라면.

- ◘ 겨울에 많이 쓰는 끈은?
  따끈따끈.

- ◘ 길가에서 죽은 사람을 무엇이라 하는가?
  도사.

☑ **진짜 문제 투성이인 것은?**
시험지.

☑ **세 사람만 탈 수 있는 차는?**
인삼차.

☑ **폭력배가 많은 나라?**
칠레.

☑ **먹고 살기 위해 하는 내기?**
모내기.

☑ **사람이 일생 동안 가장 많이 하는 소리는?**
숨소리.

☑ **눈이 녹으면 뭐가 될까?**
눈물.

☑ **귀는 귀인데 못 듣는 귀는?**
뼈다귀.

☑ **말은 말인데 타지 못하는 말은?**
거짓말.

☑ **사람이 먹을 수 있는 제비는?**
수제비.

☑ **세상에서 제일 큰 코는?**
멕시코.

☑ **세상에서 가장 빠른 닭은?**
후다닥.

☑ **간장은 간장인데 사람이 먹을 수 없는 간장은?**
애간장.

☑ **병아리가 제일 잘 먹는 약은?**
삐약.

☑ **개 중에 가장 아름다운 개는?**
무지개.

☑ **걱정이 많은 사람이 오르는 산은?**
태산.

❏ 공 중에서 사람들이 가장 좋아하는 공은?
　성공.

❏ 누구나 즐겁게 웃으며 읽는 글은?
　싱글벙글.

❏ 다 자랐는데도 계속 자라라고 하는 것은?
　자라.

❏ 떡 중에 가장 빨리 먹는 떡은?
　헐레벌떡.

❏ 똥의 성은?
　응가.

❏ 먹고 살기 위하여 누구나 한 가지씩 배워야 하는 술은?
　기술.

❏ 목수도 고칠 수 없는 집은?
　고집.

❏ 묵은 묵인데 먹지 못하는 묵은?
　침묵.

❏ 문은 문인데 닫지 못하는 문은?
　소문.

❏ 물고기 중에서 가장 학벌이 좋은 물고기는?
　고등어.

❏ 물은 물인데 사람들이 가장 무서워하는 물은?
　괴물.

❏ 물은 물인데 사람들이 가장 좋아하는 물은?
　선물.

❏ 바닷가에서는 해도 되는 욕은?
　해수욕.

❏ 배울 것 다 배워도 여전히 배우라는 말을 듣는 사람은?
　배우.

❏ 사람들이 가장 싫어하는 거리는?
　걱정거리.

☢ 사람이 즐겨 먹는 피는?
  커피.

☢ 아홉 명의 자식을 세자로 줄이면?
  아이구.

☢ 오줌을 잘 싸는 사람은 오줌싸개, 그러면 빨리 싸는 사람은?
  잽싸게.

☢ 입방아를 찧어 만든 떡은?
  쑥떡쑥떡.

☢ 장사꾼들이 싫어 하는 경기는?
  불경기.

☢ 창피한 것도 모르고 체면도 없는 사람의 나이는?
  넉살.

☢ '코끼리 두 마리가 싸움을 하다가 코가 빠졌다'를 네 자로 하면?
  끼리끼리.

☢ 이상한 사람들이 모이는 곳은?
  치과.

☢ 인정도 없고 눈물도 없는 몹쓸 아버지는?
  허수아비.

☢ 공중화장실이란?
  비행기 안의 화장실.

☢ 언제나 말다툼이 있는 곳은?
  경마장.

☢ 눈사람의 반대 말은?
  일어선 사람.

☢ 새 중에서 가장 빠른 새는?
  눈 깜짝할 새.

☢ 먹으면 죽는데 안 먹을 수 없는 것은?
  나이.

☢ 물 없는 사막에서도 할 수 있는 물놀이는?
  사물놀이.

❑ 도둑이 훔친 돈을 뭐라고 할까?
슬그머니.

❑ 소는 소인데 도저히 무슨 소인지 알 수 없는 소를 4자로 줄이면?
모르겠소.

❑ '미소'의 반대말은?
당기소.

❑ 잠자는 소는?
주무소.

❑ 쥐가 네 마리 모이면 무엇이 될까?
쥐포.

❑ 무엇이든지 혼자 다 해먹는 사람은?
자취생.

❑ 물고기의 반대말은?
불고기.

❑ 하나님도 부처님도 다 싫어하는 비는?
사이비.

❑ 세균 중에서 대장은?
대장균.

❑ 박사와 학사는 밥을 많이 먹는다는 네자의 고사성어는?
박학다식.

❑ 호랑이에게 덤벼드는 용감한 개 이름은?
하룻 강아지.

❑ 차도가 없는 나라는?
인도.

❑ 소금을 죽이면?
죽염.

❑ 유일하게 날로 먹을 수 있는 오리는?
회오리.

❑ 누구든지 노력하면 얻을 수 있는 금은?
저금.

🎴 나무를 주웠다를 세글자로 하면?
  우드득.

🎴 신하와 왕이 헤어질 때 하는 말은?
  바이킹.

🎴 불이 났는데 빨리 뛰지 않는 이유는?
  화재경보.

🎴 갓은 갓인데 못쓰는 갓은?
  쑥갓.

🎴 방바닥보다 높은 바닥은?
  발바닥.

🎴 들어갈 때는 잔뜩 짊어지고, 나올 때는 아무것도 없는 것은?
  숟가락.

🎴 모든 일을 대충하는 사람들이 모여 있는 땅은?
  얼렁뚱땅.

🎴 '초인종이 없다'를 두 글자로?
  노벨.

🎴 말을 못하는 시골 동네를 두 글자로?
  읍읍.

🎴 미술학과 학생들이 타고 다니는 버스는?
  캔버스.

🎴 개그맨들이 잘 걸리는 병은?
  요절복통.

🎴 어린이들이 가장 좋아하는 기름은?
  5월 5일(Oil).

🎴 천하장사가 타고 다니는 차는?
  으랏차차.

🎴 양 중에서 가장 뜨거운 양은?
  태양.

🎴 소고기가 없는 나라는?
  소고기무국.

☑ 펭귄이 다니는 중학교는?
  냉방중.

☑ 펭귄이 다니는 대학교는?
  빙하시대.

☑ 추장보다 높은 것은?
  고추장.

☑ 옷에 걸고 다니는 빵은?
  멜빵.

☑ '사과가 굴러가다 돌 때문에 파였어'를 4글자로?
  파인애플.

☑ 대변과 소변 중 먼저 나오는 것은?
  급한 것.

☑ 등산을 좋아하는 왕은?
  하이킹.

☑ 싸움을 잘하는 오리는?
  을지문덕.

☑ 신데렐라가 잠을 못자면?
  모짜렐라.

☑ 올라 갈 수는 없고 내려가기만 하는 것은?
  폭포.

☑ 자인데, 가장 외로운 자는?
  혼자.

☑ 인사하면서 웃으면?
  하이킥.

☑ 누를수록 더 또렷한 것은?
  도장.

☑ 떼돈을 버는 곳은?
  목욕탕.

☑ 자동차를 톡하고 치면?
  카톡.

🏛 사자성어

- **가담항설 街談巷說** : 거리 가 / 말씀 담 / 거리 항 / 말씀 설
  거리나 항간에 나도는 소문.

- **가렴주구 苛斂誅求** : 매울 가 / 거둘 렴 / 벨 주 / 구할 구
  세금 같은것을 가혹하게 거두어 백성을 핍박하는 것.

- **각골통한 刻骨痛恨** : 새길 각 / 뼈 골 / 아플 통 / 한할 한
  뼈에 사무치게 마음깊이 맺힌 원한.

- **각주구검 刻舟求劍** : 새길 각 / 배 주 / 구할 구 / 칼 검
  세상 형편에 밝지 못하고 융통성이 없음을 뜻함.

- **감언이설 甘言利說** : 달 감 / 말씀 언 / 이로울 이 / 말씀 설
  남의 비위에 맞도록 꾸민 달콤한 말과 이로운 조건을 내세워 꾀는 말.

- **감탄고토 甘呑苦吐** : 달 감 / 삼킬 탄 / 괴로울 고 / 토할 토
  옳고 그름에 관계없이 비위에 맞으면 좋고 안 맞으면 싫어함.

- **갑론을박 甲論乙駁** : 갑옷 갑 / 논할 론 / 새 을 / 얼룩말 박
  서로 자기의 주장만 내세우고 남의 주장은 반박함.

- **개과천선 改過遷善** : 고칠 개 / 허물 과 / 옮길 천 / 착할 선
  잘못을 뉘우치고 착한 사람이 된다는 뜻.

- **괄목상대 刮目相對** : 깎을 괄 / 눈 목 / 서로 상 / 대할 대
  재주나 학식이 놀랍도록 성장함.

- **견강부회 牽强附會** : 당길 견 / 강할 강 / 붙을 부 / 모을 회
  이치에 맞지않는 말을 끌어다가 자기에게 유리하게 꿰어 맞춤.

- **견마지로 犬馬之勞** : 개 견 / 말 마 / 갈 지 / 수고할 로
  자기의 노력을 낮춘 말.

- **결초보은 結草報恩** : 맺을 결 / 풀 초 / 갚을 보 / 은혜 은
  죽어서도 은혜를 갚는다.

- **경국지색 傾國之色** : 기울 경 / 나라 국 / 갈 지 / 빛 색
  나라를 위태롭게 할 정도의 미모.

- **고진감래 苦盡甘來** : 괴로울 고 / 다할 진 / 달 감 / 올 래
  고생이 다하면 즐거움이 옴.

- **공평무사 公平無私** : 공변될 공 / 평평할 평 / 없을 무 / 사사로울 사
  공평하여 사사로운 점이 없음.

- **교언영색 巧言令色** : 공교로울 교 / 말씀 언 / 시킬 영 / 빛 색
  듣기좋은 말과 보기에 아름다운 모습.

- **과대망상 誇大妄想** : 자랑할 과 / 큰 대 / 망령 망 / 생각할 상
  턱없이 과장하여 엉뚱하게 생각함.

- **과유불급 過猶不及** : 지날 과 / 오히려 유 / 아닐 불 / 미칠 급
  모든 사물이 정도를 지나치면 도리어 미치지 못한 것과 같다.

- **구우일모 九牛一毛** : 아홉 구 / 소 우 / 하나 일 / 털 모
  아주 적은 부분을 뜻함.

- **고육지계 苦肉之計** : 괴로울 고 / 고기 육 / 갈 지 / 셈할 계
  어려운 상태에서 벗어나기 위한 수단으로 어쩔 수 없이 하는 계책.

- **고장난명 孤掌難鳴** : 외로울 고 / 손바닥 장 / 어려울 난 / 울 명
  명일은 혼자하여서는 잘 되지 않는 다는 뜻.

- **곡학아세 曲學阿世** : 굽을 곡 / 배울 학 / 언덕 아 / 대 세
  학문을 왜곡하여 세상에 아부하다.

- **군계일학 群鷄一鶴** : 무리 군 / 닭 계 / 하나 일 / 학 학
  평범한 사람들 중에 매우 뛰어난 사람.

- **권토중래 捲土重來** : 말 권 / 흙 토 / 무거울 중 / 올 래
  한 번의 실패 후 다시 세력을 되찾는다.

- **근묵자흑 近墨者黑** : 가까울 근 / 먹 묵 / 놈 자 / 검을 흑
  악한 사람을 가까이 하면 물이 들기 쉽다는 뜻.

- **기고만장 氣高萬丈** : 기운 기 / 높을 고 / 일만 만 / 어른 장
  펄펄 뛸 만큼 성이 몹시 남.

- **남가일몽 南柯一夢** : 남녘 남 / 가지 가 / 하나 일 / 꿈 몽
  덧없는 부귀영화와 인생을 비유함.

- **낭중지추 囊中之錐** : 주머니 낭 / 가운데 중 / 갈 지 / 송곳 추
  유능한 존재는 드러난다.

- **내우외환 內憂外患** : 안 내 / 근심 우 / 바깥 외 / 근심 환
  안에는 근심 / 밖에는 재난.

- **녹의홍상 綠衣紅裳** : 푸를 녹 / 옷 의 / 붉을 홍 / 치마 상
  젊은 여자의 곱게 치장한 옷.

- **능소능대 能小能大** : 능할 능 / 작을 소 / 능할 능 / 큰 대
  모든 일에 두루 다 능함.

- **동문서답 東問西答** : 동녘 동 / 물을 문 / 서녘 서 / 대답 답
  묻는 말에 당치도 않는 엉뚱한 대답을 함.

- **동병상련 同病相憐** : 한가지 동 / 병들 병 / 서로 상 / 불쌍할 련
  어려운 처지에 있는 사람끼리 서로 동정하고 도움.

- **등화가친 燈火可親** : 등잔 등 / 불 화 / 가할 가 / 친할 친
  가을 밤은 글을 읽기에 좋다는 말.

- **마이동풍 馬耳東風** : 말 마 / 귀 이 / 동녘 동 / 바람 풍
  남의 말을 귀담아 듣지 않음.

- **막무가내 莫無可奈** : 아닐 막 / 없을 무 / 가할 가 / 어찌 내
  고집이 강하여 도무지 융통성이 없음.

- **막역지우 莫逆之友** : 아닐 막 / 거스릴 역 / 갈 지 / 벗 우
  막역하게 지내는 벗.

- **망양보뢰 亡羊補牢** : 망할 망 / 양 양 / 도울 보 / 우리 뢰
  이미 실패한 뒤에 뉘우쳐도 소용없음을 뜻하는 말.

- **명경지수 明鏡止水** : 밝을 명 / 거울 경 / 그칠 지 / 물 수
  맑은 거울과 멈쳐진 물 / 즉 맑고 깨끗한 마음.

- **면종복배 面從腹背** : 낯 면 / 쫓을 종 / 배 복 / 등 배
  겉으로는 복종하는 척하면서 내심으로는 배반함.

- **맥수지탄 麥秀之嘆** : 보리 맥 / 빼어날 수 / 갈 지 / 탄식할 탄
  고국의 멸망을 한탄함.

- **목불인견 目不忍見** : 눈 목 / 아닐 불 / 참을 인 / 볼 견
  딱하고 가엾어 차마 눈뜨고 볼 수 없음.

- **반신반의 半信半疑** : 절반 반 / 믿을 신 / 절반 반 / 의심할 의
  얼마쯤 믿으면서도 한편으로는 의심하는 것.

- **방약무인 傍若無人** : 곁 방 / 만약 약 / 없을 무 / 사람 인
  곁에 아무도 없는 것같이 거리낌없이 행동함.

- **발본색원 拔本塞源** : 뺄 발 / 근본 본 / 막을 색 / 근원 원
  폐단의 뿌리를 뽑아 근원을 막는다는 뜻

- **백년하청 百年河清** : 일백 백 / 해 년 / 물 하 / 맑을 청
  아무리 가도 일이 해결될 가망이 없음.

- **부화뇌동 附和雷同** : 붙을 부 / 화할 화 / 우뢰 뇌 / 한가지 동
  일정한 주의 / 주장이 없이 남의 주장을 덩달아 좇음.

- **사고무친 四顧無親** : 넉 사 / 돌아볼 고 / 없을무 / 친할 친
  의지할데가 전혀 없음.

- **사면초가 四面楚歌** : 넉 사 / 낯 면 / 초나라 초 / 노래 가
  사방이 적으로 둘러쌓여 포위되어 고립된 상태.

- **사상누각 砂上樓閣** : 모래 사 / 윗 상 / 누각 누 / 누각 각
  어떤 사물의 기초가 튼튼하지 못하여 오래가지 못함을 뜻함.

- **삼순구식 三旬九食** : 석 삼 / 열흘 순 / 아홉 구 / 밥 식
  가난하여 끼니를 많이 거른다는 뜻.

- **선우후락 先憂後樂** : 먼저 선 / 근심 우 / 뒤 후 / 즐길 락
  근심할 일은 남보다 먼저 걱정하고 즐거운 일은 남보다 나중 기뻐 함.

- **설상가상 雪上加霜** : 눈 설 / 윗 상 / 더할 가 / 서리 상
  좋지 않은 일이 연거푸 일어남을 뜻함.

- **수주대토 守株待兔** : 지킬 수 / 그루 주 / 기다릴 대 / 토끼 토
  융통성과 판단력이 부족함을 뜻함.

- **심심상인 心心相印** : 마음 심 / 마음 심 / 서로 상 / 도장 인
  말없는 가운데 마음으로 서로 뜻이 통함.

- **아전인수 我田引水** : 나 아 / 밭 전 / 당길 인 / 물 수
  자기에게 이로운 데로만 함.

- **안하무인 眼下無人** : 눈 안 / 아래 하 / 없을 무 / 사람 인
  성질이 방자하고 교만하여 사람을 업신여김.

- **양자택일 兩者擇一** : 두 량 / 놈 자 / 가릴 택 / 하나 일
  두 사람 또는 두 사물중에 하나를 골라 잡음.

- **어부지리 漁夫之利** : 어부 어 / 지아비 부 / 갈 지 / 이로울 리
  쌍방이 이해관계로 다투는 통에 제삼자가 이득을 봄.

- **어불성설 語不成說** : 말씀 어 / 아닐 불 / 이룰 성 / 말씀 설
  말이 조금도 사리에 맞지 않음.

- **염량세태 炎凉世態** : 더울 염 / 서늘할 량 / 세상 세 / 태도 태
  권세가 있을땐 아첨하여 따르고 없으면 푸대접하는 세상 인심.

- **오월동주 吳越同舟** : 오나라 오 / 넘을 월 / 한가지 동 / 배 주
  사이가 좋지 못한 사람들이 같이 있게 된 것을 뜻함.

- **요산요수 樂山樂水** : 즐거울 요 / 뫼 산 / 즐거울 요 / 물 수
  산수(山水)의 자연을 좋아 함.

- **우공이산 愚公移山** : 어리석을 우 / 공변될 공 / 옮길 이 / 뫼 산
  어떤 일이라도 끊임없이 노력하면 반드시 이룰 수 있다는 것을 비유.

- **와신상담 臥薪嘗膽** : 누울 와 / 섶 신 / 맛볼 상 / 쓸개 담
  뜻을 이루려고 어려움과 괴로움을 참고 견디는 것을 뜻함.

- **음풍농월 吟風弄月** : 읊 음 / 바람 풍 / 희롱할 농 / 달 월
  바람과 달 / 즉 자연을 읊으며 즐겁게 노는 것.

- **인과응보 因果應報** : 인할 인 / 실과 과 / 응할 응 / 갚을 보
  인업이 있으면 그에 대한 업보가 반드시 있다는 말.

- **일장춘몽 一場春夢** : 하나 일 / 마당 장 / 봄 춘 / 꿈 몽
  이룰 수 없는 한순간의 꿈 / 즉 헛된 부귀영화를 뜻함.

- **일진일퇴 一進一退** : 하나 일 / 나아갈 진 / 하나 일 / 물러날 퇴
  한번 나아갔다 물러섰다 즉, 좋아졌다 나빠졌다함.

- **자가당착 自家撞着** : 스스로 자 / 집 가 / 칠 당 / 도착 착
  같은 사람의 언행이 앞뒤가 모순됨.

- **자강불식 自强不息** : 스스로 자 / 강할 강 / 아닐 불 / 숨쉴 식
  스스로 힘써 쉬지 아니함.

- **자격지심 自激之心** : 스스로 자 / 부딪칠 격 / 갈 지 / 마음 심
  어떤 일을 해 놓고 스스로 미흡하게 여김.

- **자승자박 自繩自縛** : 스스로 자 / 줄 승 / 스스로 자 / 묶을 박
  자기의 잘못으로서 스스로 옭혀 들어감을 뜻함.

- **전전긍긍 戰戰兢兢** : 싸울 전 / 싸울 전 / 삼갈 긍 / 삼갈 긍
  매우 두려워 조심함.

- **전화위복 轉禍爲福** : 구를 전 / 재앙 화 / 될 위 / 복 복
  화가 바뀌어서 도리어 복이 됨.

- **점입가경 漸入佳境** : 점점 점 / 들 입 / 아름다울 가 / 지경 경
  점점 썩 좋은 또는 재미있는 경지로 들어 감.

- **재승덕박 才勝德薄** : 재주 재 / 이길 승 / 큰 덕 / 엷을 박
  재주는 있으나 덕이 적음.

- **주경야독 晝耕夜讀** : 낮 주 / 밭갈 경 / 밤 야 / 읽을 독
  낮에는 일을 하고 밤에는 공부함. 열심히 함을 뜻함.

- **조변석개 朝變夕改** : 아침 조 / 변할 변 / 저녁 석 / 고칠 개
  무슨 일을 자주 변경하는 것을 뜻하는 말.

- **지록위마 指鹿爲馬** : 가리킬 지 / 사슴 록 / 될 위 / 말 마
  웃사람을 속이고 권세를 마음대로 휘둘리는 것을 뜻함.

- **진퇴양난 進退兩難** : 나아갈 진 / 물러날 퇴 / 두 량 / 어려울 난
  나아가지도 물러서지도 못함. 즉 입장이 난처함을 뜻함.

- **진퇴유곡 進退維谷** : 나아갈 진 / 물러날 퇴 / 바 유 / 골 곡
  나아갈 곳과 물러설 곳이 없음. 궁지에 빠짐을 뜻함.

- **창해일속 滄海一粟** : 푸를 창 / 바다 해 / 하나 일 / 조 속
  매우 많거나 넓은 가운데 있는 보잘것 없는 작은 존재를 뜻함.

- **천고마비 天高馬肥** : 하늘 천 / 높을 고 / 말 마 / 살찔 비
  오곡백과가 무르익는 가을이 썩 좋은 절기임을 일컫는 말.

- **천의무봉 天衣無縫** : 하늘 천 / 옷 의 / 없을 무 / 꿰멜 봉
  시문 등이 자연스럽고 흠이 없음.

- **천석고황 泉石膏肓** : 샘 천 / 돌 석 / 기름 고 / 명치끝 황
  산수 자연을 몹시 사랑함을 뜻함.

- **천재일우 千載一遇** : 일천 천 / 실을 재 / 하나 일 / 만날 우
  다시 얻기 힘든 좋은 기회.

- **청출어람 靑出於藍** : 푸를 청 / 날 출 / 어조사 어 / 쪽빛 남
  제자가 스승보다 나음을 이르는 말.

- **촌철살인 寸鐵殺人** : 마디 촌 / 쇠 철 / 죽일 살 / 사람 인
  간단한 경구(警句)나 단어로 사물의 급소를 찌름의 비유.

- **침소봉대 針小棒大** : 바늘 침 / 작을 소 / 몽둥이 봉 / 큰 대
  조그마한 일을 크게 불려서 말함.

- **쾌도난마 快刀亂麻** : 쾌할 쾌 / 칼 도 / 어지러울 난(란) / 삼 마
  복잡한 문제를 솜씨 있고 바르게 처리함.

- **타산지석 他山之石** : 다를 타 / 뫼 산 / 갈 지 / 돌 석
  남의 필요치 않는 것이라도 자기의 지덕과 품성을 쌓는데는 도움
  된다는 말.

- **타상하설 他尙何說** : 다를 타 / 오히려 상 / 어찌 하 / 말씀 설
  한 가지 하는 일을 보면 다른 일은 보지도 않아도 미루어 헤아릴 수
  있음을 이르는 말.

- **탁상공론 卓上空論** : 높을 탁 / 윗 상 / 빌 공 / 논할 론(논)
  실현성이 없는 허황된 이론을 일컬음.

- **탐천지공 貪天之功** : 탐낼 탐 / 하늘 천 / 갈 지 / 공 공
  남의 공을 탐내어 자기(自己) 힘으로 이룬 체함.

- **태평성대 太平聖代** : 클 태 / 평평할 평 / 성인 성 / 대신할 대
  어질고 착한 임금이 다스리는 태평한 세상.

- **토사호비 兔死狐悲** : 토끼 토 / 죽을 사 / 여우 호 / 슬플 비
  같은 무리의 불행을 슬퍼한다는 말.

- **파기상준 破器相準** : 깨뜨릴 파 / 그릇 기 / 서로 상 / 준할 준
  깨진 그릇 맞추기.

- **파안대소 破顔大笑** : 깨뜨릴 파 / 낯 안 / 클 대 / 웃음 소
  즐거운 표정으로 한바탕 크게 웃음을 이르는 말.

- **파죽지세 破竹之勢** : 깨트릴 파 / 대 죽 / 갈 지 / 기세 세
  세력이 강하여 적을 거침없이 물리치고 쳐들어 가는 기세.

- **팔방미인 八方美人** : 여덟 팔 / 모 방 / 아름다울 미 / 사람 인
  어느 모로 보나 아름다운 미인.

- **포식난의 飽食暖衣** : 배부를 포 / 밥 식 / 따뜻할 난 / 옷 의
  의식이 넉넉하여 불편함이 없이 편하게 지냄.

- **표리부동 表裏不同** : 겉 표 / 속 리(이) / 아닐 부 / 한가지 동
  마음이 음흉 맞아서 겉과 속이 다름.

- **풍수지탄 風樹之嘆** : 바람 풍 / 나무 수 / 갈 지 / 탄식할 탄
  효도를 다하지 못한채 부모를 여읜 자식의 슬픔.

- **풍전등화 風前燈火** : 바람 풍 / 앞 전 / 등 등 / 불 화
  오래 견디지 못하고 매우 위급한 자리에 놓여 있음을 가리키는 말.

- **필부필부 匹夫匹婦** : 짝 필 / 지아비 부 / 짝 필 / 지어미 부
  보통의 남자와 보통의 여자.

- **필유곡절 必有曲折** : 반드시 필 / 있을 유 / 굽을 곡 / 꺾을 절
  반드시 무슨 까닭이 있음.

- **하석상대 下石上臺** : 아래 하 / 돌 석 / 위 상 / 누각 대
  임기응변으로 어려운 일을 처리함을 뜻함.

- **함구무언 緘口無言** : 봉할 함 / 입 구 / 없을 무 / 말씀 언
  입을 다물고 말이 없음.

- **허장성세 虛張聲勢** : 빌 허 / 베풀 장 / 소리 성 / 기세 세
  실력이 없으면서 허세만 떠벌림.

- **호가호위 狐假虎威** : 여우 호 / 거짓 가 / 범 호 / 위엄 위
  다른 사람의 권세를 빌어 위세를 부림.

- **흥진비래 興盡悲來** : 흥할 흥 / 다할 진 / 슬플 비 / 올 래
  즐거운 일이 다하면 슬픈 일이 닥쳐옴.

- **환골탈태 換骨奪胎** : 바꿀 환 / 뼈 골 / 빼앗을 탈 / 아기밸 태
  완전히 새로운 것으로 거듭남을 의미함.

- **회자정리 會者定離** : 만날 회 / 놈 자 / 정할 정 / 이별 리
  만나는 사람은 반드시 헤어진다는 뜻.

글자의 시초

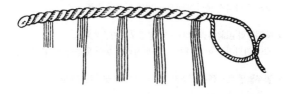

오키나와의 결승 문자

이집트의 그림 글자

우리 나라의 그림 글자

아메리카 인디언의 그림 글자

페루의 결승 문자

시베리아의 그림 글자

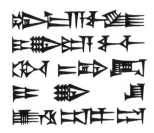

서남 아시아의 설형 문자

바르게 읽기

말소리 규칙	예 시
ㄴ이 ㄹ 위/아래에서 날 적에는 ㄹ로 소리 난다.	분리→불리 달님→달림 곤란→골란 단련→달련
ㄱ이 ㄴㄹㅁ 위에서 날 적에는 ㅇ로 소리 난다.	국력→국녁→궁녁 독립→독닙→동닙
ㅎ이 ㄱㄷㅂㅈ 위/아래에서 날 적에는 ㅋㅌㅍㅊ로 소리 난다.	먹히다→머키다 맏형→마텽 입히다→이피다 맞히다→마치다
ㄷ 다음에 이가 오면 ㅈ으로 소리나고, ㅌ 다음에 이가 오면 ㅊ으로 소리 난다.	땀받이→땀바지 끝이→끄치 해돋이→해도지
두 말이 어울려서 한 말이 된 것 중 ㅌ/ㅊ 다음에 이가 오면 ㄴ으로 소리 난다.	밭이랑→밭니랑→반니랑 꽃잎→꽃닢→꼰닢
ㅅㅊㅌ 받침 다음에 아가 오면 ㄷ으로 소리난다.	옷안→온안→오단 몇알→멷알→며달
받침 있는 말 밑에 홀소리의 토나 말끝이 오면 위의 받침이 아래로 내려와서 발음 된다.	받아라→바다라 달이→다리 입으니→이브니 잎에→이페
ㄴㄹㅁㅇ 받침 뒤에 오는 소리는 된소리로 나는 것이 있다.	인권→인꿘 살결→살껼 발전→발쩐 발달→발딸
받침이 두 개일 때는 나중 것이 그 뒤에 오는 말 홀소리에 붙어 소리남이 보통이다.	젊으니→절므니 늙은이→늘그니 앉아라→안자라 값이→갑시
ㄵㄹㄼ이 ㅎ 위에서 날 적에는 ㅊㅋㅍ으로 소리난다.	앉혀→안쳐 엱혀→언쳐 밝히다→발키다 넓히다→널피다

표준말을 알아 내는 법

방 법	예 시
거리다로도 쓰이고 대다로도 쓰이는 것은 **거리다**로 쓴다.	덤벙대다→덤벙거리다 덜렁대다→덜렁거리다
늘로도 쓰이고 눌로도 쓰이는 것은 **늘**로 쓴다.	마늘→마늘　비눌→비늘 하눌→하늘　바눌→바늘
뜨리다/트리다/떠리다/터리다는 모두 **뜨리다**로 쓴다.	깨트리다→깨뜨리다 빠떠리다→빠뜨리다
로로도 나고 루로도 나는 것은 **로**로 쓴다.	가까스루→가까스로 함부루→함부로
르다로도 쓰이고 ㄹ르다로도 쓰이는 것은 **르다**로 쓴다.	게을르다→게으르다 골르다→고르다
쁘다/뿌다는 **쁘다**로 쓰고, 프다/푸다는 **프다**로 쓴다.	가뿌다→가쁘다 고푸다→고프다
ㅂ다로도 쓰이고 웁다로도 쓰이는 것은 **ㅂ다**로 쓴다.	더웁다→덥다 고마웁다→고맙다
서/석/세(3)와 너/넉/네(4)는 다 쓴다.	서 말/ 석 삼/ 넉 자/ 네 치
-아/-어와 -았/었은 다 쓰되 말줄기의 끝 모음이 ㅏ/ㅗ 일 때에는 **-아/-았**을, ㅓ/ㅜ/ㅡ/ㅣ/ㅐ/ㅔ/ㅚ/ㅟ/ㅢ 일 때에는 **-어/-었**을 쓴다.	나아→나았다 돌아→돌았다 꺾어→꺾었다 얇아→얇았다 저어→저었다 깨어→깨었다
[이와 히의 구별] ① 말끝에 하다가 붙을 수 있는 말에는 **히**를 쓴다. ② 말끝에 하다가 붙는 말이라도 분명히 **이**로만 나는 것은 나는 소리대로 적는다. ③ ㅂ 받침이 붙어서 말이 되는 것과 하다가 붙을 수 없는 말은 **이**로 쓴다. ④ 이로도 소리나고 히로도 소리나는 것은 **히**로 쓰는 것을 원칙으로 한다.	영원하다→영원히 똑똑하다→똑똑히 깨끗하다→깨끗이 뚜렷하다→뚜렷이 가깝다→가까이 즐겁다→즐거이 꾸준히/꾸준이→꾸준히 넉넉히/넉넉이→넉넉히

초등 국어사전

초판발행 | 2024년 6월 20일

지 은 이 | 편집부
디 자 인 | 박수정·천현정
인　　쇄 | 황금자
홍　　보 | 배예영
펴 낸 곳 | 가나북스 www.gnbooks.co.kr
출 판 등 록 | 제393-2009-000012호
전　　화 | 031) 959-8833(代)
팩　　스 | 031) 959-8834

ISBN 979-11-6446-113-4(01710)